KB263869

이 책은 현대 세속 사회의 심연을 응시하며, 기독교 변증과 문화 변혁적 실천의 새로운 지평을 여는 탁월한 안내서다. 저자는 서구가 이교에서 기독교를 거쳐 탈종교적 세속 사회로 이행했다는 표피적 통념을 교정한다. 대신 그는 "초월적 기독교 문명"의 외피를 걸쳤던 서구가 다시금 "내재적 종교성"이라는 이교주의로 돌아가고 있다는 서늘하면서도 설득력 있는 진단을 내린다. 이 책은 T. S. 엘리엇의 예언적 문제의식에서 출발해, 아우구스티누스가 말한 "나그네 된 그리스도인"의 위상을 새롭게 조명한다. 저자는 역사와 철학, 법학과 신학의 경계를 자유롭게 넘나들며 자아의 신전에서 스스로 제사장이 된 현대인이 겪는 고립과 불안을 예리하게 응시한다. 그리고 인간의 실존적 진통에 대한 해답은 자아의 한계를 넘어서는 데 있음을 보여준다. 추천사를 위해 책을 펼쳤다가 이토록 강렬하게 매혹된 것은 드문 일이다. 필자가 오랫동안 탐구해온 "문화변증적 복음 전도"의 사유 체계가 이 한 권에 집대성되어 있어 마치 거대한 지적 오리엔테이션에 참여한 듯한 설렘을 느꼈다. 심오한 개념의 숲을 유려하고 정교한 언어로 길어 올린 번역자의 노고 또한 각별히 감사하다. 경합하는 종교적 서사들이 충돌하는 오늘의 공적 광장에서 복음을 증언하려면, 그리고 초월의 하늘을 지우고 자아의 절대성과 욕망의 해방을 새로운 종교적 위계로 세운 이 도성에서 문화 변혁적 사명을 감당하려면, 이만한 진지한 사유와 분투는 반드시 필요하다.

김선일 웨스트민스터신학대학원대학교 실천신학 교수

원서의 부제가 암시하듯 이 책은 고대 로마 문명의 젖줄인 테베레강에서 현대 미국의 중심부인 워싱턴 D.C.의 포토맥강에 이르기까지 이천 년에 걸쳐 이어져온 문화적 갈등을 진단하는 "종교 신학적 문명 보고서"에 가깝다. 저자는 미국 사회에서 전통적 기독교 신앙이 동성 결혼을 비롯한 여러 문화적 이슈와 충돌하는 현상을 단순한 현대적 "문화전쟁"으로 축소하지 않는다. 오히려 이를 고대 로마에서 이교와 기독교가 맞섰던 장구한 대립의 연속선상에서 이해해야 한다고 주장한다. 따라서 저자는 고대 로마의 이교와 초기 기독교의 충돌을 박해사나 신앙 대 권력의 도식으로 환원하지 않고 "도성(city)을 무엇이, 혹은 누가 신성하게 규정하는가?"라는 구조적 질문으로 끌어올린다. 이 논의의 출발점이자 귀결은 인간은 누구나 종교적 존재라는 인식이다. 이러한 관점에서 오늘날 성, 결혼, 종교 자유를 둘러싼 갈등은 새롭게 등장한 문제가 아니다. 그것은 기독교의 초월적 신앙이 로마의 공동체적·제례적 질서와 근본적으로 양립할 수 없었던 데서 비롯된, 오래된 종교적 긴장이 현대적 형태로 반복 재현된 결과라는 것이다.

　이러한 맥락에서 저자는 흔히 "세속화"로 불리는 현상을 종교의 소멸이 아니라 종교의 변형, 곧 새로운 형태의 이교주의(paganism)로 해석한다. 현대 자유주의 사회는 자체를 중립적 공간으로 표방하지만, 실제로는 법과 제도를 통해 또 하나의 신성 질서―초월이 제거된 이 세계 안에 내재한 신성―를 강력하게 강제하고 있음을 그는 차분하게 드러내기 때문이다. 이 책을 읽으며 네덜란드의 우주법 철학자 헤르만 도예베르트의 통찰이 자연스레 떠오른다. 모든 사상과 철학, 문화는 결코 중립적이지 않으며 그 이면에는 반드시 하나의 "궁극적 종교적 동인"(religious ground-motive)이 작동하고 있다는 그의 주장 말이다.

스미스의 분석은 예리하고 통찰력은 번뜩인다. 하지만 기독교가 공적 영역에서 어떤 긍정적 대안을 제시해야 하는지에 대해서는 의도적으로 말을 아낀다. 대신 묻는다. "우리는 여전히 이 세상에서 나그네로 살아가고 있는가, 아니면 이미 이 도시를 우리의 집으로 받아들였는가?" 이 질문 앞에서 오늘의 그리스도인들은 자신의 정체성을 다시 성찰하지 않을 수 없다. 인문학적 만찬을 즐기는 기분이다. 명쾌하고 흥미진진하게 쓰인 멋진 신학적 문명 비평서다. 지금 반드시 읽어야 할 책이다.

류호준 백석대학교 신학대학원 은퇴 교수, 현 다니엘의 샘 원장

스티븐 D. 스미스의 이 책은 고대 로마와 현대 미국의 문화전쟁을 병치하며 '세속 대 종교'라는 대립이 단순한 정치적 논쟁이 아니라 초월적 세계관과 내재적 세계관의 충돌이라는 근원적 신학 갈등임을 드러낸다. 저자는 현대 진보주의를 "중립적 세속성"으로 보지 않는다. 오히려 그것을 초월을 배제한 내재적 신성에 기초한 현대적 이교주의로 규정하며 문화전쟁의 실체를 도덕적·종교적 차원에서 재구성한다. 이러한 분석은 기독교를 사적 신앙으로만 한정하거나 공론장에서 배제하려는 이분법을 넘어, 신앙과 공적 이성을 분리하지 않으려는 대안적 관점을 제시한다.

다만 이교와 기독교의 대비를 선명히 드러내는 데 비해, 갈등 이후의 공적 영역에서 "공존과 제도적 타협"이라는 과제를 어떻게 풀어야 할지에 대한 논의가 부족한 점은 아쉬움으로 남는다. 그럼에도 이분법적 신학의 극복이 여전히 한국교회의 중요한 과제로 남아 있는 오늘날의 독자들은 이 책의 정밀한 분석과 통찰에 깊이 공감하게 될 것이다. 궁극적으로 이 책이 남기는 과제는 명확하다. 스미스의 진단을 한국적 현실 속에서 번역하고, 조정하며, 책임의 언어로 공론장에 매개하는 신학적 실천, 그것이 곧 우리의 몫이다.

성석환 장로회신학대학교 기독교와문화 교수, 『공공신학과 한국 사회』 저자

스미스의 책은 지금까지 쓰인 학술서 중 가장 흥미롭고 명료하며 전문 용어 없이 쓰인 책이다.

「북리스트」(별점 리뷰)

매혹적이다.

「뉴욕타임스」 로스 다우댓

정치/제도 역사와 도덕/정치 신학의 걸작으로, 스미스는 로마 제국의 이교와 유대-기독교 사이에 벌어진 문화전쟁을 미국에서 벌어지는 현대 전쟁과 짝지었다. 다신교적 이교의 내재적 종교성(또는 신학)은 과거와 현재 모두에서 초월적 종교와 상징적·문화적·정치적 주도권을 놓고 대립한다. 그는 현대 미국의 교회와 국가 관계에 관한 모순되고 난해한 법 해석을 통찰력 있게 정리해 내는 드문 법학자 가운데 한 사람으로, 이러한 맥락 속에서 자신의 논지를 설득력 있게 정당화한다. 그의 저작은 강력히 추천할 만하다.

「초이스」

기독교와 현대 이교 간의 경쟁이 서구의 미래를 결정할 것이라는 T. S. 엘리엇의 제안에 대한 우아한 해석이다.

「퍼블리셔스 위클리」

이 책은 놀랍도록 폭넓고 깊이 있는 사유의 책이다. 명료한 문체로 쓰인 이 책은 독자들을 고대로부터 이어지는 근본적인 물음들과 오늘날의 논쟁들 속으로 이끌며 그 사이의 종종 놀라운 연관성을 새로운 통찰에서 보여준다. 세속주의자와 신앙인 모두가 그의 신중하고 균형 잡힌, 그리고 관대한 논의로부터 배울 바가 많다.

앤서니 크론만 예일 대학교 법학대학원 교수

스미스 특유의 명료함과 예리함으로 쓰인 『기독교와 현대의 문화전쟁』은 역사, 법, 정치 이론, 종교의 광범위한 지평을 훑으며 인류의 가장 깊은 과거와 현재의 물음을 탐구하고 그 질문에 대한 우리의 답변이 미래를 어떻게 형성할지를 경고한다.

존 이나주 세인트루이스 워싱턴 대학교 교수

이 책은 대부분의 사람이 어렴풋이만 아는 역사에 뿌리박힌 미국의 문화전쟁에 대한 매혹적인 새로운 관점을 제공한다

더글러스 레이콕 버지니아 대학교 법학대학원 교수

Pagans & Christians in the City

Culture Wars from the Tiber to the Potomac

Steven D. Smith

도시의 지배권을 둘러싼 신이교와 기독교 간의 갈등과 경쟁

기독교와 현대의 문화전쟁

Pagans & Christians in the City

스티븐 D. 스미스 지음

노재현 옮김

새물결플러스

우리 아이들에게 바칩니다
나다나엘, 라헬, 마리아, 예셰, 크리스천

Pagans
&
Christians
in the City

목차

20세기 후반 가장 영향력 있었던 자유주의 정치철학자들, 특히 존 롤스(John Rawls)와 로널드 드워킨(Ronald Dworkin)은 정치적 도덕 이론을 제시하면서 정의의 원칙을 규명하고 (그리고 이 원칙들을 실현하기 위한 제도적 구조와 실천 방안을 제안하며), 가치 있고 도덕적으로 바람직한 삶의 방식이 무엇인지에 대한 논쟁적인 관념들 사이에서 중립성을 유지해야 한다는 특유의 주장을 펼쳤다. 이것이 거의 40년 가까운 기간 동안 자유주의의 정설이었다. 물론 보수주의자, 자연법 이론가, 신 아리스토텔레스주의자, 특정 유형의 공리주의자와 자유지상주의자, 그리고 일부 비정통("완성주의적"[perfectionist]) 자유주의자 등 비판자들도 있었지만, 중립성 유지가 단연코 지배적인 견해였다.

나도 수많은 다른 비판자들과 마찬가지로 1993년에 출간한 『도덕적 인간 만들기: 시민 자유와 공적 도덕성』(*Making Men Moral: Civil Liberties and Public Morality*)과 이후 여러 글에서 당시 정통 자유주의가 지향하거나 적어도 지향한다고 주장한 "반완성주의"(antiperfectionism 혹은 "중립성")가 바람직하지 않을 뿐 아니라 가능하지도 않다고 주장했다. 존 롤스가 나중에 (단지) 정치적 자유주의라 이름 붙이고 옹호한 이 입장은 피할 수 없이 인간 본성, 인간의 선, 인간 존엄성, 그리고 인간의 운명에 관한 논쟁적인 실질적 관념들을 전제하고 있었다. 이런 관념들은 종교적이거나 세속적인 "포괄적인 견해들"과 경쟁하는 것이었다.

오늘날 자유주의자(요즘은 "진보주의자"[progressive]라 더 자주 불리는 이)들은 중립성이라는 명분을 유지하려는 노력을 거의 하지 않는다. 여러 문화전쟁의 전선에서 우위를 점하고, 많은 경우 (적어도 현재로선) 승리했으며, 엘리트 문화 영역(예를 들어 모든 수준의 교육, 뉴스와 엔터테인먼트 미디어, 전문직, 미국 기업, 심지어 종교의 상당 부분)에서 헤게모니를 쥔 지금, 더 이상 중립을 가장할 필요를 느끼지 않는다.

예를 들어 결혼 문제를 생각해보자. 1990년대에 동성 간 결합을 결혼의 정의에 포함시키려는 노력이 본격적으로 시작됐을 때, 그 입장의 옹호자들은 자신들이 결혼이 무엇인지, 또는 무엇이어야 하는지에 대한 경쟁적 관념들 사이에서, 그리고 인간의 성적 행위와 관계에 대한 좋음과 나쁨과 옳고 그름에 대한 경쟁적 관념들 사이에서 중립적인 혼인법 체계를 세우려 한다고 자주 주장했다. 이는 당시 정통 자유주의 정치 이론—혹은 적어도 그 수사법—을 반영한 것이었다. 그러나 약 25년이 지난 지금, 미국 연방대법원(과 여러 다른 국가들의 국민투표나 입법)을 통해 결혼이 재정의된 이후에는 어느 쪽도 재정의된 결혼이 도덕성과 인간의 좋음에 대한 실질적인 관념을 담고 있다는 점을 의심하지 않는다. 이 관념들은 이전 혼인법에 담겼던 것과 상당히 (실제로는 핵심적인 면에서) 다르며, 결혼 재정의의 옹호자들은 바로 그 차이 때문에 새로운 관념이 이전 관념보다 더 우월하다고 본다.

이제 중립성이라는 명분(pretense)이 거의 버려지고 잊힌 지금 완전히 드러난 이 관점(혹은 이데올로기, 어쩌면 종교)의 실체는 무엇일까? 그리고 우리는 이것을 무엇이라 불러야 할까? 지금 당신이 읽고 있는 이 책에서 스티븐 스미스는 이 현상을 설명하고 분석하는 과제를 스스로에게 부여하며 여기에 이교(paganism)라는 이름을 붙인다. 이 명칭은 도발적이다.

그러나 스미스 교수가 그 명칭을 선택한 이유는 단순히 자극을 주려는 데 그치지 않는다. (내가 보기에도 옳게) 그가 인식하는 바는 현대 사회적 자유주의("진보주의")가 특정한 핵심적인 (그리고 구성적인) 사상과 신념을 반영한다는 점이다. 이러한 사상과 신념은 고대 지중해 세계와 그 밖의 일부 지역에서 지배적이었던 이교 전통을 부분적으로 규정했던 것들이다. 이 전통들은 유대교 분파로 시작해 이후 기독교로 알려지게 된 운동에 의해 패배했으나, 결코 완전히 사라지지는 않았다.

물론 일부 진보주의자들은 스미스가 "이교도"(pagan)라는 용어를 경멸적으로 사용하며 자신의 종교적 혹은 정치적 반대자를 비하하거나 일종의 수사적 공격을 가한다고 생각할 수도 있다. "이교도"라는 용어는 (뉴에이지 운동 추종자들이 이 용어를 차용하거나 재차용하는 경우를 제외하면) 여전히 우리 문화에서 대체로 부정적인 의미를 지니고 있어서 뉴에이지 진영 바깥에서는 자신을 공식적으로 이교도라 부르는 사람이 거의 없다. 그러나 이 책을 읽는 독자가 가장 먼저, 그리고 가장 중요하게 이해해야 할 점은 스미스가 이 단어를 사용할 때 매우 특정한 의미로 사용하고 있다는 것이다. 그는 오늘날 수많은 사람들, 특히 이데올로기적 선두에 선 이들이 예컨대 기독교 이전의 로마 사람들과 공유하는 사상과 신념을 묘사하기 위해 이 단어를 사용한다. 이것이 현대인들이 (유피테르[Jupiter], 넵투누스[Neptune], 베누스[Venus]와 같은 신들에 대한 믿음과 같은) 고대 로마인들의 모든 믿음과 생각을 공유한다는 뜻은 아니다. 오히려 그것은 오늘날 스미스가 염두에 두는 이들과 정통 그리스도인과 유대인—그리고 덧붙이자면 무슬림—을 구별해 주는 핵심적인 생각과 믿음 중 일부가, 기독교가 고대 세계에서 맞섰던 이교도들의 생각과 믿음과 비슷하다는 것을 의미한다.

세속적 진보주의자들도 다른 사람들 혹은 다른 신앙을 가진 사람들과 마찬가지로 의미, 가치, 중요성, 좋음과 나쁨, 옳고 그름에 대해 깊이 간직한, 심지어 정체성을 형성하는 믿음(identity-forming belief)을 갖고 있다. 그들은 하나님이나 초월적이고 인격적인 신을 믿지 않을 수 있지만, (로널드 드워킨이 생애 말기에 명시적으로 인정하고 주장한 것처럼) 어떤 것들은 그들에게 신성하다. 그들은 인종 정의, 성소수자[LGBT] 권리, 환경 책임 등과 같은 것을 위해 살고, 싸우며, 심지어 죽을 수도 있다. 그들에게도 믿음, 곧 신앙이 있다. 그들은 이 신앙을 합리적이고 이성적인 신앙이라고 여기지만, 그렇다고 해서 그것이 신앙이 아닌 것은 아니다. (많은 그리스도인과 유대인들도 자신의 신앙이 합리적이고 이성적이라고 여긴다. 실제로 참된 신앙은 이성적이고 합리적이어야 한다는 것이 로마 가톨릭의 교리다.) 그렇다면 스미스가 세속 진보주의 신앙을 "이교도"로 명명하는 것을 정당화하는 근거는 무엇일까? 무엇보다 이 신앙은 유신론적이지도 않고, (문자 그대로) 다신론적이지도 않다. 스미스는 다음과 같이 설명한다.

> 이교도 종교는 신성함을 이 세계 **안**에 위치시킨다. 이런 방식으로 이교주의는 세계를 내면에서부터 신성하게 만든다. 즉 **내재적** 신성과 관련한 종교성(religiosity)이다. 반면 유대교와 기독교는 **초월적** 종교성을 반영하며, 신성함을 궁극적으로 세계 **바깥**에 둔다.

물론 스미스는 이런 구분이 다소 단순화된 것임을 인정한다. 하지만 이 단순화는 주로 유대교와 기독교의 설명이나 성격 규정에서 나타나는 것이지, 세속적 진보주의에 대한 것이 아니다. 성서적 신앙은 분명 하나님을 초월적인 존재로 이해하지만, 그렇다고 해서 하나님의 내재성을 완전히 배제하지는 않는다. 유대교와 기독교 교리에서 초월적인 하나님은 이 세계에 들어옴으로써 인간 삶의 영역을 신성하게 만들지만, 동시에 그 세계를 초월한다. 그리고 하나님의 초월성은 신자에게 이 세상이 자신의 진정한 집이거나 궁극적인 집이 아니라는 의미가 된다. 달리 말해 우리는 이 세계에 잠깐 거주하는 "나그네"(resident aliens)라는 것이다. 스미스는 바로 이 점에서 유대인과 그리스도인을 이교도와 대조한다. "이교도적 태도(orientation)는…이 세상을 우리의 집으로 받아들이고, 그것을 기쁘고, 열정적으로, 심지어 경배하듯이 받아들인다."

　오늘날 기독교가 순수하게 오로지 초월성만을 강조하는 종교였다면, 이 세상을 단순히 거부하고 세상의 일에 관심을 두지 않았을 것이다. 그런 경우라면 로마의 이교도 권력자들도 기독교를 그냥 또 하나의 기이하거나 이국적인 종교로 취급하며 내버려뒀을지 모른다. 그러나 기독교는 그런 종류의 신앙이 아니었다. 그래서 기독교는 세상의 일에 관심을 가졌고, 권위, 의무, (자연법을 포함해서) 법, 정의, 공동선 등과 같은 문제에 대해 나름의 생각을 발전시켰다. 이런 생각들은 다양한 영역, 특히 매우 중요한 영역들에서 이교도적 관념과 실천에 도전했다. 그 핵심 영역 중 하나가 바로 성(sex)이었다. 스미스는 이교도적 "전제들의 모체"(matrix of assumptions) 안에서 성에 대한 기독교 관점은 급진적으로 이질적인 정도가 아니라 거의 이해 불가능한 것이었다고 주장한다. 실제로 역사적으로도 이는 사실이다. 그런데 오늘날 세속 진보주의의 "전제들의 모체" 안에서도 성에 대한 기독교 관점은 "단지 급진적으로 이질적일 뿐만 아니라 거의 이해 불가능한 것"으로 묘사해도 딱 들어맞는다. 결혼에 대한 논쟁만 봐도 그렇다. 성적으로 상보적인 배우자들이 하나의 육체로 하나가 된다는 성경적이고 자연법적인 결혼에 대한 개념은 "결혼"을 성적이고 낭만적인 동반자 관계나 생활 동반자로 이해하는 세속적 진보주의자들에게는 단순히 "이질적"일 뿐만 아니라 (진보주의자들이 결혼을 이해하는 방식대로) 동성에게 끌리고 동성과 결혼하기를 원하는 사람들에 대한 편견의 한 형태로밖에 거의 이해되지 않는다. 또는 동성 관계를 포함해서 혼인 외 성적 행위와 관계는 본질적으로 부도덕하다는 관점에 대해서 생각해보자. 이러한 관점 역시 많은 세속적 진보주의자에게는 단지 건전하지 못한 것이 아니라 비합리적이고, 터무니없으며, 충격적이고, 심지어 혐오스러운 것으로 여겨진다. 그들은 이런 관점을 종교적 비합리성, 편협함 혹은 오늘날 많은 이들이 주장하듯 정신병리로밖에 설명하지 못한다.

역사학자 카일 하퍼(Kyle Harper)는 고대 세계에서 성과 도덕에 대한 믿음이 어떻게 변화했는지를 다룬 자신의 최근 저서에서 다음과 같이 말한다. (스미스가 인용했다.) 성은 "그리스도인과 세상을 나누는 거대한 선을 형성하게 되었다." (간음, 남성의 간통, 동성애 행위, 외설적 행위 등 일체를 거부하는) 성 규범들에 대한 그리스도인의 생각들은 혁명적이었다. 그리고 이교도 사회의 기득권층은 다른 어떤 기득권층과 마찬가지로—비폭력적인 사람들이더라도—혁명가들을 환영하지 않았다. 그래서 이교도 사회는 그리스도인을 용인할 수 없었고 실제로 용인하지도 않았다. 심지어 기독교가 정치권력에 실질적인 위협이 되기에는 너무 약했던 시기에도 그랬다. 로마 당국이 제국 내 모든 소수 종교를 거부한 것은 아니었다. 지배적 이교도 신앙과 공존할 수 있는 종교는 그대로 존속을 허용했다. 그러나 로마인들은 기독교를 위협으로 인식했고, 그 인식에는 성에 대한 기독교의 관점(그리고 그에 따라 로마의 성적 행위에 대한 관념)이 크게 작용했다. 스미스의 인상적인 표현을 빌리면, 그들은 기독교가 "그 '흥겨운 춤판'을 밝게 비추는 불을 꺼버릴 것"을 두려워했다. 그리고 실제로 기독교는 결국 그렇게 했다.

우리 시대에 이르러 그 불이 다시 켜졌고 파티가 재개됐다. 1940년대에 현대 성혁명의 사도라 할 수 있는 앨프레드 킨제이(Alfred Kinsey)는 많은 사람에게 성이 인간의 본질적인 필요임을 납득시켰다. 그는 성이 심리적 건강과 온전함을 위해 일반적으로 필요하며 유대-기독교적 성도덕 규범을 받아들이면 경직되거나 심지어 비뚤어진 인격이 형성된다고 사람들을 설득했다. 1950년대에는 신이교주의의 성 아우구스티누스라 할 수 있는 휴 헤프너(Hugh Hefner)가 포르노그래피가 무해한 오락이 될 수 있고 성적 쾌락을 추구하는 "플레이보이 철학"이 현대적이고 세련된 사람들이 살아가는 방식이라고 주장했다. "게이 권리" 혹은 "성소수자" 운동은 동성애적 행위와 관계에 대한 긍정이 오늘날의 "시민권 운동"임을 확증했다. 동의하지 않는가? "동성 결혼을 인정하는 결혼 케이크나 만들어라, 편견쟁이야!"

그리스도인들과 다른 전통 종교 신자들은 완전히 밀려났다. (특히 아이들에게 미치는 부정적인 사회적 결과가 점점 더 드러나고 있음에도 불구하고) 성혁명의 주요 측면 중 어느 하나라도 되돌리는 것은 상상할 수 없을 정도로 어려워 보인다. 그 진전을 멈추거나 의미 있게 늦출 수 있다고 믿는 이도 거의 없다. 대다수 그리스도인은 이제 신이교주의가 득세한 이 새로운 시대에 자신들이 기대할 수 있는 최선은 자기 신앙에 따라 살아갈 자유와 양심상 용납할 수 없는 활동에 강제로 동참하거나 이를 도와주지 않을 권리를 어느 정도 보호받는 것뿐이라고 생각한다. 진보주의자들은 어디까지나 개인의 자율성과 자유를 옹호한다고 말한다. 물론 그 주장은 힐러리 클린턴(Hillary Clinton)의 표현을 빌리자면 "더 이상 유효하지 않은" 말이 될 가능성이 농후하다. 많은 그리스도인과 신앙인들은 이제 자녀들이 지배 엘리트, 즉 새로운 지배계급(혹은 어쩌면 옛 지배계급이지만 신이교화된 계급)의 신념에 세뇌되는 것조차 막을 수 있을지 절망한다. 그들은 우리가 새로운 디오클레티아누스(Diocletian) 시대에 들어섰다고 믿는다. 그리고 하버드 로스쿨의 마크 투슈넷(Mark Tushnet) 같은 진보적 지식인들이 이런 말을 할 때, 그들은 그것이 바로 이러한 현실을 가리키고 있다고 생각하는 것도 무리는 아니다.

문화전쟁은 끝났다. 그들은 졌고, 우리는 이겼다.…강경 노선("너희는 졌으니 받아들여라")을 취하는 것이 패배자들을 포용하려는 시도보다 낫다. 왜냐하면—기억하라—패배자들은 자유주의자들이 전혀 규범적 힘이 없다고 여기는 입장들을 옹호했고, 지금도 옹호하고 있기 때문이다. 남북전쟁 이후나 브라운 판결 이후에 패배자들에게 친절하게 대하려 했던 시도는 잘 먹히지 않았다. (그리고 1945년 이후 독일과 일본에서 강경 노선이 꽤 잘 통했던 것처럼 보인다.) 특히 성소수자 운동가들은 강경 노선을 확고히 택한 반면, 일부 자유주의 학자들은 보다 포용적인 접근을 옹호하는 듯하다. 문화전쟁의 개별 전투가 벌어질 때는 한 지역에서 승리한 뒤에도 포용적인 태도를 취하는 것이 전략적으로 의미가 있었을 수 있다. 왜냐하면 다른 전선에서도 싸움이 계속되고 있었고, 강경하게 나가면 오히려 상대의 저항이 더 거세질 수 있었기 때문이다. 하지만 이제 전쟁은 끝났고 우리는 이겼다.

그러니 당신은 지금 이러한 상황에 처해 있다. 신이교도들은 더 이상 "포용"할 생각이 없다. 진보적 정통성에 동의하지 않는 그리스도인들과 그 밖의 이견을 가진 이들은 앞으로 "강경 노선"에 직면하게 될 것이다. 그들은 제2차 세계대전 이후 패배한 독일과 일본처럼 다뤄질 것이다.

그렇다면 신이교도 정통성에 동의하지 않는 그리스도인들과 다른 이들에게 남은 질문은 "이제 무엇을 해야 하는가?"이다. 그들은 투슈넷 교수의 "강경 노선", 즉 실제로 지금 실행되고 있는 것처럼 그리스도인들이 다시는 권력을 쥐지 못하게 하고 과거에 파티의 불을 꺼버린 것에 대해 제대로 처벌하려는 이들이 추진하는 노선에 어떻게 대응해야 할까? 이 질문은 그리스도인들에게 매우 시급하고 중요한 문제다. 그러나 이 질문에 답하기 위해서는 현재 우리의 상황이 어떤지, 우리가 어떻게 이 지점에 이르렀는지에 대한 냉철하고 깊이 있는 진단이 필요하다. 스미스 교수는 바로 그 진단을 제공해주었다는 점에서 깊은 감사를 받을 만하다.

로버트 P. 조지
프린스턴 대학교 맥코믹 법학 교수

감사의 글

이 책은 오랜 시간에 걸쳐 집필된 것으로 수많은 장소와 다양한 친구, 동료, 그리고 우호적인 반대자들과 나눈 의견 교환과 대화를 통해 많은 도움을 받았다. 이 프로젝트에 도움을 준 모든 분을 다 언급하지 못할 것이 분명하니 진심으로 사과드린다. 하지만 누락이 불가피하다고 해서 책의 전부 혹은 일부를 읽어주거나 의견을 주신 분들께 감사를 표하지 않을 이유는 없다고 생각한다. 래리 알렉산더, 짐 앨런, 해리엇 베이버, 데이비드 브링크, 루이스 페레이라 코우티뉴, 마크 데지롤라미, 패트릭 디닌, 마이크 데비트, 로스 다우댓, 브라이언 덩클, 크리스 에버리, 스탠리 피시, 브루스 프로넨, 빌 갤스턴, 릭 가넷, 로비 조지, 존 이나즈, 메리 키스, 앤디 코펠먼, 토니 크론먼, 토머스 르비엔, 레이철 루, 제임스 마틴, 제니퍼 뉴스엄 마틴, 수재너 몬타, 마이클 모어랜드, 마이클 페리, 제프 포야노스키, 샘 리클리스, 네빌 로코, 코니 로사티, 마이몬 슈바르츠실트, 미카 슈바르츠먼, 메리나 스미스, 네이선 스미스, 에이드리언 버뮬, 윌리엄 쾨겔리, 존 위테, 로버트 윌컨, 그리고 조지 라이트에게 특별히 감사드린다.

이 책을 주제로 한 토론 컨퍼런스가 노터데임 대학교와 샌디에이고 대학교에서 열렸으며 이는 매우 큰 도움이 되었다. 이러한 컨퍼런스를 조직해주신 릭 가넷(Rick Garnett)과 래리 알렉산더(Larry Alexander)에게 특별히 감사드린다. 루이스 카루아나 신부(Father Louis Caruana)의 초청으로 로마 교황청 그레고리오 대학교에서 열린 "자연과 자연주의"(La Natura e il Naturalismo) 학회에서 여러 장의 내용을 요약해 발표할 수 있는 영광을 누렸고 그곳에서 받은 질문과 의견 역시 큰 도움이 되었다. 브래드 윌슨(Brad

Wilson)의 초청으로 프린스턴 대학교 제임스 매디슨 프로그램의 찰스 E. 테스트(Charles E. Test) 강연에서 이 책의 내용을 대폭 축약해 발표할 수 있는 영예도 누렸다. 그 강연에서 청중들이 던진 다양한 질문은 다시 한번 큰 도움이 되었다.

나의 학생인 제인 서스킨드(Jane Susskind)와 존 미슬리비에츠(John Mysliwiec)는 각주와 색인 작업에 귀중한 도움을 주었다. 알린 펜티코프(Arlene Penticoff)는 원고 준비를 도와주었고 책에서 다루는 역사적 발전만큼이나 구식인 나의 작업 방식과 워드프로세서 사용을 인내심 있게 받아주었다.

제1장

중대한 질문, 돈키호테 같은 제안

우리 탐구의 출발점으로 진지하게 던져진 한 가지 질문의 두 가지 변형을 생각해보자. 이 두 변형은 거의 2천 년이라는 시간을 두고 벌어진다. 첫 번째 사례는 고대 로마에서 제기된 질문이고 두 번째는 오늘날 이른바 문화전쟁과 관련해 등장하는 질문이다. 반복적으로 등장하는 이 질문은 단순하지만 심각하다. 만약 우리가 이 질문의 답을 알 수 있다면, 우리는 서구 문명의 기원, 오늘날 우리가 겪는 혼란스럽고 갈등적인 시대, 그리고 어쩌면 인간이라는 종의 본질에 대해 중요한 무언가를 이해하는 데 도움을 얻을 것이다.

플리니우스의 질문(과 테르툴리아누스의 질문)

2세기 초 글을 읽고 쓸 줄 알며 온화한(또 아첨을 잘하는)[1] 로마 신사 플리니우스—역사학자들은 그를 유명한 백과사전 편찬자였던 삼촌(베수비오 화산 폭발 때 사망)과 구분하기 위해 소 플리니우스라고 부른다—가 상관인 트라야누스 황제에게 법률 자문을 구하는 편지를 쓴다.[2] 그때 플리니우스는 지금의 튀르키예 북부에 있는 비티니아 지방의 총독으로 일하고 있었고 그

---

1 플리니우스가 트라야누스 황제에게 보낸 수많은 편지에는 아첨이 가득하다. "폐하, 저의 명성이 더 높아질 수 있는 최고의 영예는 바로 폐하와 같은 훌륭한 통치자로부터 은총을 받는 것임을 잘 알고 있습니다." *The Letters of the Younger Pliny*, trans. Betty Radice (London: Penguin, 1963), 265. 이런 칭송은 편지 전체에 두루 나타난다. 260, 264, 277, 291, 296을 참조하라.

2 이 편지는 *Letters of the Younger Pliny* 293-295에 재수록되어 있다.

지방 시민들이 이웃 몇 명을 그리스도인이라고 고발했다.[3] 이에 대해 플리니우스는 자신이 보기에 합리적인 절차를 마련했다. 고발당한 사람은 총독 앞에 끌려와 "당신은 그리스도인인가?"라는 질문을 받는다. 피고인이 "그렇다"고 답하면, 플리니우스는 그리스도인이 되는 것이 사형에 해당한다고 자세히 설명하고 같은 질문을 두 번 더 반복한다. 피고인이 계속 "그렇다"고 답하면, 플리니우스는 그를 "처형을 위해 끌고 가라"고 판결한다.

반대로 피고인이 혐의를 부인하거나 기독교 신앙을 버렸다고 주장하면, 플리니우스는 그 진실성을 시험하는 절차를 마련했다. 트라야누스 황제와 여러 이교 신들의 조각상을 준비해두고 피고인에게 그 조각상에 절하고 포도주와 향을 바치게 하며, "그리스도의 이름을 모독하라"고 명령한다. 피고인이 이 요구를 만족스럽게 이행하면 플리니우스는 그를 석방한다.[4]

이것이 플리니우스가 취한 절차였지만, 그는 이 사건들을 제대로 처리하고 있는지 확신하지 못했다. 특히 고발이 점점 늘어나고 있다는 점이 그를 더욱 걱정하게 했다. 그래서 그는 황제에게 자문을 구하는 편지를 썼다.

플리니우스는 이 심문 과정에서 다음과 같은 더 근본적인 질문도 우연히 제기했다. 왜 그리스도인들이 법적 제재를 받아야 할까? "단지 그리스도인이라는 이름만으로 처벌받아야 합니까? 비록 범죄가 없는 경우에도 처벌받아야 하나요?" 혹은 "그 이름에 연관된 범죄만 처벌해야 할까요?"[5]

플리니우스는 기본적으로 단지 그리스도인이라는 사실만으로도 사형에 해당한다고 생각하고 있었던 듯하다. 그는 (과거에 신앙을 버렸거나, 교회

3　이 사건에 대한 신중한 분석은 Robert Louis Wilken, *The Christians as the Romans Saw Them*, 2nd ed. (New Haven: Yale University Press, 2003), 15-30을 참조하라.

4　*Letters of the Younger Pliny*, 293.

5　*Letters of the Younger Pliny*, 293

에서 집사로 일했던 두 명의 여성 노예를 고문해 신문하는 등의) 조사를 벌였지만, 그리스도인들이 "일종의 타락한 사이버 종교"를 신봉하긴 해도 실제로 어떤 범죄를 저지른 것은 아니라는 점을 밝혀냈기 때문이다. 물론 그들은 "흔들림 없는 완고함"을 보였고 플리니우스는 이를 성가시게 여겼다. 하지만 "완고함"은 범죄가 아니었고 실제로 플리니우스가 발견한 죄목은 이것뿐이었다. "이들의 죄나 잘못의 전부는 이 정도였다. 그들은 정해진 날 해 뜨기 전에 모여 서로 번갈아 가며 그리스도를 신처럼 찬양하는 노래를 부르고, 범죄를 저지르지 않겠다고, 즉 절도, 강도, 간음 등을 하지 않으며, 맡겨진 것을 요구받으면 돌려주겠다고 맹세했다." 이후 그들은 "다시 모여…평범하고 해가 없는 식사를 함께했다." 이른 아침 예배와 이후의 모임조차도 플리니우스가 로마의 일반 정책에 따라 사적인 집회를 금지하는 칙령을 내린 뒤에는 중단되었다고 한다.[6]

이처럼 플리니우스는 외견상 그리스도인들이 범죄를 저지르지 않았고 심지어 칭찬할 만한 행동을 했음에도 불구하고 단지 그리스도인이라는 이유만으로 사형을 선고했다. 하지만 그는 이런 조치가 과연 옳은 일인지 의문을 품었다.

트라야누스는 플리니우스의 접근 방식에 대해 긍정적으로 평가했다. 트라야누스는 "그리스도인들을 적극적으로 색출해서는 안 된다"고 주의를 주면서 "우리 시대의 정신에 맞게" 정당한 절차를 거쳐야 한다고 했다. 그러나 총독 앞으로 끌려온 그리스도인은 "반드시 처벌해야 한다"고 명시했다. 여기서 처벌이란 플리니우스가 실제로 시행한 것처럼 사실상 사형을 의미했다. 별도의 범죄 입증은 필요 없었고 그리스도인이라는 사실만으로 충분했다. 다만 피고인이 신앙을 부인하고 "우리 신들에게 기도"를 드리면

---

6   *Letters of the Younger Pliny*, 294.

용서를 받을 수 있었다.[7]

그렇다면 **왜** 단지 그리스도인이라는 이유만으로 사형에 처해야 할까? 플리니우스는 이 질문을 제기했지만, 트라야누스는 이에 대해 아무런 답을 내놓지 않았다. 약 1세기 뒤, 이번에는 카르타고에 살던 기개 있는 그리스도인 변호사 테르툴리아누스가 이 질문을 다시—더욱 분노에 찬 어조로—제기했다. 테르툴리아누스는 "로마 제국의 통치자들"에게 보내는 『변증론』(*Apology*)에서 "우리 민족에게 가해지는 극단적인 가혹함"에 대해 정당한 이유를 요구했다.[8] 테르툴리아누스는 대부분의 점에서 그리스도인들이 다른 로마인들과 다르지 않다고 주장했다. "우리는 여러분과 함께 세상에 살며, 광장도, 도살장도, 목욕탕도, 가게도, 작업장도, 여관도, 장터도, 그 어떤 상거래 장소도 피하지 않는다. 우리는 여러분과 함께 항해하고, 함께 싸우며, 함께 땅을 경작하고, 마찬가지로 여러분과 함께 장사한다"(69).

또한 테르툴리아누스는 그리스도인들이 불성실한 시민이 아니라고 항변했다. 오히려 그리스도인들은 법을 준수하고, 가난한 이들을 돌보며(64), 정부를 돕는다. "우리는 모든 황제를 위해 끊임없이 기도한다. 장수와 제국의 안전, 황실의 보호, 용감한 군대, 충실한 원로원, 덕 있는 국민, 평화로운 세상, 즉 인간이자 황제인 그들이 바랄 만한 모든 것을 위해 기도한다"(54-55). 테르툴리아누스는 그리스도인들의 신학 교리가 세련된 로마인들에게는 황당하게 보일 수 있음을 인정했다. 그러나 그는 이런 교리들도 (이 경우에) "아무런 처벌을 하지 않는 다른 많은 것들처럼 타당하다. 즉 그것들이 어리석고 허황된 것일 수는 있어도 무해하기 때문에 결코 범죄로 간주되거나 처벌받지 않는다"(80-81)고 주장했다.

---

7   *Letters of the Younger Pliny*, 295.

8   Tertullian, "Apology," in *Selected Works* (Pickering, OH: Beloved, 2014), 1. 이후 이 저작에서 인용하는 쪽수는 본문 내 괄호 안에 표기한다.

하지만 "우리가 이렇게 두 손을 뻗어 하나님께 올려 기도하고 있을 때, [당신들은] 쇠갈고리로 우리를 찢고, 십자가에 매달며, 불길에 휩싸이게 하고, 칼로 우리의 목을 베며, 우리를 잡아먹도록 맹수들을 풀어놓는다"(55). 그리고 이런 야만적인 형벌은 단지 누군가가 그리스도인이라는 이유만으로 가해졌다. "단지 그 이름만으로 고발당하고, 그 이름만으로 공격받으며, 오직 그 소리만으로도 유죄 판결을 받는다"(8).

단지 그리스도인이라는 신분만으로 형벌이 내려졌다는 사실은 테르툴리아누스가 보기에 로마 당국이 다른 범죄와는 달리 그리스도인 신앙을 부인하는 자는 즉시 용서를 베풀었다는 점에서 더욱 분명해진다. "분명히 당신들은 다른 이들이 [범죄 혐의를] 부인할 때는 쉽게 믿지 않는다. 그런데 우리가 부인하면 곧바로 믿는다"(5). "이처럼 당신들이 모든 일에서 우리를 다른 범죄자들과 다르게 대하며, 오로지 우리의 이름[그리스도인]만을 빼앗으려 한다면…이는 이 경우에 그 어떤 범죄도 없고 오직 이름만이 문제임을 분명히 보여준다"(6).

로마인들이 종교적으로 너그러운 것으로 유명했다는 점을 생각하면, 그리스도인에 대한 박해는 더욱 이해하기 어렵게 느껴진다. 우리가 제3장에서 보겠지만, 로마 제국 통치 아래에서는 수많은 신과 의식, 종파, 신전이 비교적 조화롭게 번성했다. 로마가 지중해 세계의 여러 지역을 정복할 때 그들은 보통 현지의 정부, 문화, 종교를 가능한 한 그대로 유지했다. 피지배민이 로마의 지배를 받아들이고 반란을 일으키지 않으며 세금을 낸다면, 로마는 대체로 간섭하지 않았다. 그래서 (우리가 자주 참고하는) 유명하고 매우 박식한 역사가인 에드워드 기번은 제국의 "보편적 관용의 정신"을 칭송했다.[9] 대중 역사가 조너선 커시는 "이교도의 열린 마음과 느긋한 태도"를

9　　Edward Gibbon, *The History of the Decline and Fall of the Roman Empire*, 2 vols. (London:

묘사한다.[10] 저명한 예일 대학교의 역사학자인 램지 맥멀런은 로마를 "천상에서처럼 지상에서도 완벽하게 관용적"이라고 평한다.[11]

그렇다면 왜 로마인들은 테르툴리아누스의 표현처럼 "단지 그리스도의 이름"만으로 사람들을 고문하고 추방하며 처형해야 한다고 느꼈을까?

물론 기독교가 체제 전복적이거나 반사회적 행위와 연관되어 있다고 여겼을 수도 있다. "단지 이름"만으로도 범죄나 반역의 증거 혹은 대략적인 표식이 될 수 있다고 생각했을지 모른다. 적어도 로마 당국은 그렇게 여겼을 가능성이 있다. 이것이 그들이 그리스도인이라는 이유만으로 고문하고 처형한 이유였을까?

하지만 그 종교와 연관된 다른 범죄나 반역적 행위란 **무엇**이었을까? 실제로 기독교가 존재했던 초기 수 세기 동안 기독교는 충격적인 소문의 근원이 되었다. 그리스도인들이 근친상간, 식인, 난교에 빠진다는 이야기가 돌았다. 어떤 소문에는 그리스도인들이 아기에게 밀가루를 묻힌 뒤 죽이고 토막 내어 그 피를 마신다고 했다. 또 다른 기이한 소문에는 그들의 성일에 남녀노소가 한데 모여 잔치를 벌이고 술을 마신 뒤, 개를 등잔대에 묶고 개를 자극해 불을 끄게 한 다음, 어둠 속에서 서로 가장 가까운 이와 무차별적으로 성관계를 맺는다는 내용도 있었다.[12]

Penguin, [1776] 1995), 1:56.

10 Jonathan Kirsch, *God against the Gods: The History of the War between Monotheism and Polytheism* (New York: Penguin, 2004), 63.

11 MacMullen은 로마인들이 때때로 유대인, 그리스도인, 드루이드교 신자 등 일부 집단에 대해 엄격하게 대했다는 점을 곧바로 덧붙인다. 하지만 그는 이러한 사례들에 대해서 "인도주의적 관점이 원인이었지 편협함 때문은 아니었다"고 설명하며 그 관찰을 완화한다. Ramsay MacMullen, *Paganism in the Roman Empire* (New Haven: Yale University Press, 1981), 2. 또한 Ramsay MacMullen, *Christianity and Paganism in the Fourth to Eighth Centuries* (New Haven: Yale University Press, 1997), 2도 참조하라(고대 이교도의 "스펀지처럼 흐물흐물한 관용과 전통의 덩어리"에 대해 언급함).

12 이러한 소문들은 Minucius Felix, "Octavius," in *Ante-Nicene Church Fathers, Fathers of the*

테르툴리아누스는 이런 종류의 중상모략을 경멸로 일축했고 역사학자들도 대체로 이런 소문을 신뢰하지 않는다.[13] 식인 소문은 아마도 성찬식에서 빵이 그리스도의 몸이 된다고 믿는 기독교의 신앙을 오해하고 적대적으로 해석한 데서 비롯됐을 것이다. 근친상간에 대한 의혹은 그리스도인들이 서로 (심지어 부부끼리도) "형제", "자매"라고 부르는 관습에서 비롯됐을 수 있다.[14] 어쨌든 로마 당국이 이런 소문을 진지하게 믿었다고 보기는 어렵다. 플리니우스만 해도 그러지 않았다. 앞서 언급했듯 그의 조사에서 드러난 것은 무해하거나 오히려 모범적인 행동뿐이었다.

그럼에도 플리니우스는 그리스도인들을 처형했다. 그는 올바른 일을 하길 원했던 교양 있고 정직한 관리였으며 기독교에 대해 뿌리 깊은 적대감이나 특이한 편견을 가진 것도 아니었다. 하지만 그는 로마 총독으로서 유죄 판결을 받은 그리스도인을 처형하는 것이 자신의 의무라고 생각했다. 그리고 황제의 답변 역시 그 판단이 옳았음을 확인해주었다. 하지만 다시 한번 말하지만, 왜 그런 것일까?

우리는 이 질문을 앞으로 다시 다루게 될 것이다. 지금은 좀 더 현대적인 맥락에서 제기되는 또 다른 질문 혹은 같은 질문의 다른 버전으로 시선을 돌려보자.

Third Century, trans. Philip Schaff(London: Aeterna Press, 2014), vol. 8, 9장, pp. 10-11에 기록되어 있다. 또한 Keith Hopkins, *A World Full of Gods: The Strange Triumph of Christianity* (New York: Penguin, 1999), 209; Gibbon, *History of the Decline*, 1:522도 참조하라.

13 예를 들어, Stephen Benko, *Pagan Rome and the Early Christians* (Bloomington: Indiana University Press, 1984), 60-64; E. R. Dodds, *Pagan and Christian in an Age of Anxiety*(Cambridge: Cambridge University Press, 1965), 112을 참조하라. 다만 기독교와 연관된 기이하고 일탈적인 집단 중 하나이자 영지주의 계열인 카르포크라테스파(Carpocratians)는 실제로 매우 방종한 행위를 저질렀을 가능성이 있다(Benko, 64).

14 James J. O'Donnell, *Pagans: The End of Traditional Religion and the Rise of Christianity* (New York: HarperCollins, 2015), 79를 보라.

레이콕의 질문

더글라스 레이콕은 불가지론자이자 자유지상주의자이며, 지난 25년간 "종교 자유 분야의 가장 저명한 법률가-학자"로 불린 법학 교수다.[15] 그는 최근 동성 커플이 종교적인 이유로 자신들의 결혼식 준비를 돕지 않은 결혼 상담사, 사진사, 플로리스트 등 동성 결혼에 반대한 이들을 상대로 소송을 제기한 사건들에 대해 시의적절한 질문을 던진다. 레이콕은 이런 사건들 대부분에서 해당 서비스를 종교적 반대가 없는 다른 상담사나 제공자에게서 쉽게 구할 수 있다고 지적한다. 게다가 실제로 그는 어떤 동성 커플도 자신들의 결합에 종교적으로 반대하는 상담사의 서비스를 원하지 않을 것이라고도 말한다.[16] 그렇다면 왜 이들은 자신들에게 필요하지도 원하지도 않는 사람을 상대로 굳이 소송을 제기하는 것일까?

여기서 약간의 보완과 추가가 필요하다. 레이콕은 내가 방금 묘사한 문제를 질문이라기보다는 일종의 비난으로 제기한다. 그는 이런 소송의 원고들이 필요한 구제를 얻으려는 것이 아니라 전통적인 종교적 신념을 가진 전문가들을 업계에서 몰아내려 하는 것이라고 주장한다. 그리고 원고들 역

---

[15] 사실, 이 표현은 내가 한 말이다. Steven D. Smith, "Lawyering Religious Liberty," *Texas Law Review* 89 (2011): 917. 물론 모든 사람이 같은 평가를 내리지는 않겠지만, Laycock이 이 분야에서 차지하는 위상은 부인할 수 없다. Thomas C. Berg, "Laycock's Legacy," *Texas Law Review* 89 (2011): 901("Douglas Laycock은 종교 자유 법 분야의 거대한 인물이다").

[16] 예를 들어, Douglas Laycock과 Thomas C. Berg, "Protecting Same-Sex Marriage and Religious Liberty," Virginia Law Review 99, in *Brief* 1 (2013): 9을 참조하라. ("물론 어떤 동성 커플도 그런 상담사의 상담을 받고 싶어 하지 않을 것이다. 동성 커플에 대한 상담을 강요한다고 해서 실제로 그 커플들에게 상담이 제공되는 것은 아니며, 그것은 오히려 결혼에 대해 종교적으로 다른 신념을 가진 이들을 상담업계에서 몰아낼 위험이 있다.") 상담사가 자신의 종교적 신념에 반하는 사람들을 상담하도록 요구하는 것이 현실적으로 무의미하다는 점에 대해서는 Joseph Turner, "Counselors like Me Need Conscience Protections like Tennessee's," *Federalist*, 2016년 5월 3일http://thefederalist.com/2016/05/03/counselors-like-me-need-conscienceprotections-like-tennessees을 참조하라.

시 편협하기 때문에 그러한 행동을 한다고 본다.[17] 또한 레이콕은 동성 결혼에 반대하거나 성적 행위에 대한 규제를 지지하는 그리스도인들에게도 비슷한 비난을 한다. 이들 역시 편협하다는 것이다. 자유지상주의자인 레이콕은 이런 문화전쟁 이슈에서 양쪽 모두에 대해 분명한 불만을 드러낸다. 그는 "각자 자신의 자유만 지키고 상대방의 자유를 제한하려는 욕망을 포기하면 충분하다"고 보지만, 실제로 양측은 모두 이를 거부한다. 양쪽 모두 정당한 이유도, 얻을 것도 없는데 서로를 박해하며 "각자 완전한 승리만을 원한다"[18]고 지적한다.

경쟁 집단과 그들의 동기에 대해서 레이콕이 제시하는 "편협성" 해석은 확실히 논쟁의 여지가 있다.[19] 하지만 그가 옳다고 가정하더라도, 그의 편협성 비난은 실제 설명이라기보다는 현상에 대한 성격 규정에 가깝다. 사람들이 당신과 의견이 다르다고 해서 그들을 고소하거나, 당신의 삶에 간섭하지 않는 사람들의 사적인 성행위를 규제하는 것이 편협하다고 해보자. 좋다. 그래도 여전히 의문은 남는다. **왜** 그런 행동을 할까? 소송을 즐기거나 거액의 손해배상금을 노리는 몇몇 비뚤어지거나 기회주의적인 사람들을 제외하면, 소송에 휘말리는 것은 매우 불쾌하고 이득도 없는 일이다. 그리고 당신이 반대하는 성적 행위를 규제하는 법을 만들고 시행하는 일에도 시간과 비용이 많이 든다. 그렇다면 만약 (레이콕이 가정하듯이) 동성 커플들이 소송을 제기할 정당한 이익이 없고 그리스도인들 또한 규제를 추진할 정당한 이익이 없다면, 왜 그들은 이런 이득 없는 활동에 시간과 돈을 낭비

---

17 Laycock and Berg, "Protecting Same-Sex Marriage," 9.

18 Douglas Laycock, "Religious Liberty and the Culture Wars," *University of Illinois Law Review* 2014 (2014): 879.

19 Steven D. Smith, "Die and Let Live: The Asymmetry of Accommodation," *Southern California Law Review* 88 (2015): 703.

할까?

비록 지금 이 문제가 테르툴리아누스와 그의 고난받던 신앙의 동역자들이 직면했던 상황만큼 심각하지는 않지만, 이 현대적 질문은 그 기독교 변증가의 불만과 많은 공통점을 지닌 듯하다. 두 경우 모두 사람들이 법을 이용해 자신들이 못마땅하게 여기는 종교나 삶의 방식을 억압하는 것인데, 사실 그 종교나 삶의 방식이 실제로 그들에게 해를 끼치거나 그들의 삶을 명백하게 방해하는 것도 아니다. 그런데 왜 그런 일을 하는 것일까?

이것은 크고 중요한 질문으로 단번에 답하기는 어렵다. 플리니우스와 테르툴리아누스가 던졌던 질문과 마찬가지로 우리는 이 문제로 다시 돌아올 것이다. 다만 먼저 잠시 시선을 돌려 한 가지 제안을 살펴보자. 이 제안이 타당하다면 (처음에는 그렇지 않아 보일 수 있지만), 이 난제들에 대한 어떤 통찰을 제공할지도 모른다.

시인의 제안

제2차 세계대전 직전의 어두운 시기에 종종 난해하다고 평가받는 저명한 시인 T. S. 엘리엇(T. S. Eliot)은 케임브리지 대학교에서 일련의 강연을 진행했다. 이 강연은 『기독교 사회의 이상』(*The Idea of a Christian Society*)[20]이라는 제목으로 출간되었으며 엘리엇은 현대 독자들에게는 처음엔 그럴듯하지 않거나 심지어 불쾌하게 느껴질 수도 있지만 적어도 흥미로운 논지를 제시했다. 그의 논제는 세 가지 주요 주장, 즉 예측적 주장, 해석적 주장, 그리고 규범적 주장으로 요약할 수 있다.

---

[20] T. S. Eliot, "The Idea of a Christian Society," in *Christianity and Culture* (New York: Harcourt/Harvest, 1948), 36. 이후부터는 이 작품의 쪽수 표기를 본문 내 괄호 안에 병기할 것이다.

예측적 주장은 서구 사회의 미래가 기독교와 엘리엇이 "현대적 이교도"(modern paganism)라고 부른 경쟁 세력 간의 대결에 의해 결정될 것이라는 것이었다(48). 그는 영국 청중들에게 "저는 우리 앞에 놓인 선택은 새로운 기독교 문화를 형성하느냐 아니면 이교도 문화를 받아들이느냐의 문제라고 생각합니다"(10)라고 말했다. 미국과 영연방 국가들을 바라보며 엘리엇은 "이들 국가가 자신만의 긍정적인 문화를 발전시키려면…그들은 오직 이교도 사회이거나 기독교 사회이거나 둘 중 하나의 방향으로만 나아갈 수 있습니다"(36)라고 선언했다.

해석적 주장은 엘리엇이 살던 당시의 서구 사회를 "기독교적"이라고 규정해야 한다는 것이었다. 하지만 그것은 그 사회가 본질적으로 깊이 있거나 의식적으로 기독교적이기 때문은 아니었다. 오히려 엘리엇은 세계를 바라보며 종교적이고 문화적인 혼란을 목격했다. "그리스도인과 비그리스도인 사이의 구분"에 대해 그는 "대다수 사람은 어느 쪽도 아니고 일종의 무주공산에서 살고 있다"(39)고 관찰했다. 이런 혼란한 상황에서는 사람들의 자기 명명도 곧이곧대로 받아들일 수 없었다. "오늘날 만연한 무지 속에서 스스로를 그리스도인이라 부르는 이들 중 상당수는 그 단어의 의미를 이해하지 못하고, 반대로 기독교를 강하게 거부하는 이들 중에도 실제로는 많은 그리스도인보다 더 기독교적인 이들이 있다"(34-35). 그럼에도 서구 사회는 한때 분명히 기독교 사회였으며, "사회가 기독교적이지 않게 되는 것은 그 사회가 분명히 다른 무엇이 되었을 때에야 비로소 가능하다"(10)고 엘리엇은 보았다.

그리고 엘리엇은 아직 그런 변화가 일어나지 않았다고 생각했다. 적어도 아직까지는 아니었다. 엘리엇의 이러한 해석적 주장은 한 사회의 성격을 주민등록상 주소지(domicile)로 다루는 것과 비슷하다. 즉 당신이 다른 곳에 새로운 주소지를 확립하기 전까지는 원래의 주소지에 속한다. 예를 들어 당신이 캔자스에서 태어나고 자랐다면, 지난 반세기 동안 전 세계를 떠돌며 한 번도 캔자스에 가지 않았다 해도 어딘가에 영구적으로 거주지를 정하지 않는 한 여전히 캔자스 주민으로 간주된다.[21] 이와 마찬가지로 엘리엇은 영국과 다른 서구 사회들이 한때 기독교 사회였고, 그들이 "긍정적으로 분명히 다른 무엇"이 되기 전까지는—비록 그 안에 남아 있는 기독교적 요소가 거의 없더라도—여전히 "기독교 사회"로 남아 있을 것이라고 생각했다.

엘리엇의 규범적 주장은 기독교 사회가 이교 사회보다 더 바람직하다는 것이었다. 그렇다고 해서 기독교 사회 혹은 적어도 실현가능한 형태의 기독교 사회가 어떤 이상향(샹그릴라)이 될 것이라고 본 것은 아니었다. 오히려 그는 "우리가 어떤 개혁이나 혁명을 이루더라도, 그 결과는 언제나 인간 사회가 되어야 할 모습의 초라한 희극에 머물 것임을 기억해야 한다"[22]고 말했다. 엘리엇은 기독교 사회를 선호한다고 해서 그러한 선호가 케임브리지 대학교와 같은 명문대에서 강연을 듣는 지식인들 혹은 그 밖의 어느 누구에게도 쉽게 받아들여질 것이라고 생각하지 않았다.[23] 그러나 그는 다른 선택지는 훨씬 덜 매력적이라고 보았다. 그는 다음과 같이 말했다. "기독교 사회는 대안들을 공정하게 검토해본 뒤에야 비로소 받아들일 만한 것이 됩니다."[24] 그리고 그 대안들—즉 "이교적" 대안들—을 다시 생각해보면, 그는 "문명이 번영하고 예술 등의 창조적 활동이 지속되기를 바라는 사회라면, 기독교 사회가 되는 것이 유일한 희망"임이 분명해진다고 생

---

21 예를 들어 White v. Tennant, 31 W. Va. 790(1888)을 보라.

22 Eliot, "The Idea of a Christian Society," 47.

23 그는 "이교도가 가장 눈에 잘 띄는 가장 중요한 자리를 이미 차지하고 있다"고 인정했다. Eliot, "The Idea of a Christian Society," 18.

24 Eliot, "The Idea of a Christian Society," 18.

각했다. 물론 그 전망에는 훈련, 불편, 고통이 따르지만, "여기서나 내세에서나 지옥의 대안은 연옥뿐이다."[25]

이러한 입장은 오늘날 교양 있는 독자들에게 동의를 이끌어내거나 심지어 공감을 얻기조차 쉽지 않다. 이런 독자들은 엘리엇의 기독교 사회 선호에 단순히 동의하지 않는 데 그치지 않고 그가 제시하는 대안의 모습 자체를 당혹스럽거나 심지어 기이하게 여길 것이다. 소위 기독교 재구성주의자들(Reconstructionists)[26]의 덜 반가운 도움을 빌린다 해도 우리가 상상할 수 있는 현대적 기독교 사회의 모습은 희미할 뿐이다. 그리고 그런 사회가 어떻게 등장할지에 대한 상상도—설령 그것이 비현실적이고 아마도 디스토피아적일지라도—꾸며낼 수는 있다.[27] 하지만 이교도 사회란 대체 무엇일까? 진지하게 생각할 만한 대안이 될 수 있을까?

실제로 오늘날 "이교도" 사회를 받아들인다는 것은 과연 무슨 의미일까? 아폴론에게 황소를 제물로 바치는 관습을 부활시키는 것일까? 중요한 정치적·군사적 결정을 내릴 때 동물의 내장을 살피거나 새의 비행 패턴을 연구하는 것일까? 분명 그런 것을 원하는 사람은 아무도 없을 것이다. 토머스 불핀치가 자신의 유명한 신화집 서문에서 (아마 약간의 아쉬움을 담아) 썼듯이, "고대 그리스와 로마의 종교는 사라졌다. 살아 있는 사람 중 그 누구도 이른바 올림포스의 신들을 숭배하지 않는다."[28]

세속주의자들의 반론을 빌리지 않아도 이 문제제기는 충분히 가능하다. 엘리엇의 강연이 있은 지 15년 뒤 역시 케임브리지 대학교에서 성공회

25　Eliot, "The Idea of a Christian Society," 18-19.

26　예를 들어 Rousas John Rushdoony, *Christianity and the State*(Vallecito, CA: Ross House Books, 1986)를 보라.

27　예를 들어 Margaret Atwood, *The Handmaid's Tale*(Boston: Houghton Mifflin Harcourt, 1985)을 보라.

28　Thomas Bulfinch, *Bulfinch's Mythology* (New York: Collier Books, [1867] 1962), 13.

신자이자 문학인이었던 C. S. 루이스가 르네상스 및 중세 문학 강좌 개설 기념 강연에서 다음과 같이 말했다.

> 우리가 "이교도로 회귀하고 있다"고 경고하는 언론이나 강단의 예레미야들에게 참을성을 갖기란 어렵습니다. 만약 우리가 실제로 이교도로 돌아간다면 오히려 꽤 재미있을지도 모릅니다. 미래의 어느 총리가 웨스트민스터 홀에서 크고 활기찬 순백의 황소를 잡으려 애쓰는 모습을 보는 것도 유쾌할 것입니다. 하지만 그런 일은 일어나지 않습니다. 이런 허황된 예언 뒤에 숨어 있는 것은, 만약 그것이 단순히 부주의한 언어 이상의 것이라면, 역사의 흐름을 단순히 되돌릴 수 있다는 잘못된 생각입니다. 즉 유럽이 기독교로 "들어왔던 그 문으로 다시 나가" 본래의 자리로 돌아갈 수 있다는 생각이죠. 하지만 그런 일은 일어나지 않습니다. 후기 그리스도인은 이교도가 아닙니다. 이는 이혼했다고 해서 기혼 여성이 다시 처녀가 될 수 있다고 생각하는 것만큼이나 어불성설이에요. 후기 그리스도인은 과거 기독교와 단절되어 있으므로, 과거의 이교도와는 두 겹으로 단절되어 있습니다.[29]

같은 신앙을 가진 이에게서 이토록 단호한 비판이 나오는 상황에서 엘리엇의 논지는 희망이 없어 보일 수 있다. 그리고 만약 "이교도"를 제우스에게 황소를 바치는 의식이나, 변덕스럽거나 음탕한 신들에 대한 환상적인 이야기와 동일시한다면, 엘리엇의 논지는 확실히 설득력을 잃을 것이다. (물론 루이스 자신이 판과 나무 요정인 드리아데스, 사티로스 등 이교적인 존재들을 자신의 이야기에서 자주 활용했다는 점을 생각하면, **그가** 이교도를 이렇게까지 가볍게 여기는 것

---

29 C. S. Lewis, "De Descriptione Temporum" (lecture, Cambridge University, Cambridge, 1954), https://archive.org/details/DeDescriptioneTemporum.

도 흥미로운 일이다. 심지어 그가 이교도를 문자 그대로 이해한다고 해도 말이다.)

우리는 루이스의 비판을 피하기 위해 "이교도"가 아니라 "고전적"(classical) 지향이나 세계관과 같은 것으로 표현할 수도 있겠지만, 굳이 그럴 필요는 없을 것이다. "고전적"이라는 말은 훨씬 더 존경받는 의미를 지니고 있고, "이교도"로 불리는 종교적 요소는 받아들이지 않으면서도 고대 그리스와 로마의 "고전적" 문화를 존중할 수 있다.

실제로 (대표적으로 에드워드 기번의 『로마 제국 쇠망사』에서 드러나는) 이런 입장은 오늘날 너무나 익숙하다. 그리고 현대 세계가 여러 면에서 "고전적" 관점과 문화로 돌아갔다는 주장 역시 특별히 불편할 것도 없다. 실제로 이는 페르디난드 마운트의 최근 저서의 핵심 주장인데, 부제에서 알 수 있듯이 이 책은 "고전 세계가 우리에게 어떻게 돌아왔는가"[30]를 설명한다.

그럼에도 이러한 방식으로 엘리엇의 논제를 수정해 구제하려는 것은 실수일 것이다. 반감을 불러일으킬 수는 있겠지만, 나는 "고전적"이라는 표현보다 "이교도적"이라는 용어가 더 적합하다고 생각한다. 단지 그 표현이 더 도발적이어서도 아니고 엘리엇이 그 표현을 사용했기 때문만도 아니다. 그보다는 "이교도적"이라는 용어가 엘리엇이 인식했거나 (혹은 반드시 인식했어야 할) 어떤 점을 더 잘 드러내기 때문이다. 즉 종교―"종교"라고 부르는 것―가 문화와 성, 정치에 대해 높이 평가받는 고전적 접근 방식의 중심에 있었고, 결코 분리될 수 없는 요소였음을 인정한다는 점이다.

물론 엘리엇이 **단순히** "이교도"라고 말한 것이 아니라 "현대적 이교도"(modern paganism)라고 말했다는 점은 분명하다. 물론 이 용어가 별다른 통찰 없이 단순히 폄하하는 표현일 수도 있다. 반대로 그 겉으로 드러나는

---

30 Ferdinand Mount, *Full Circle: How the Classical World Came Back to Us* (New York: Simon and Schuster, 2010).

특징이나 현상 아래에는 우리가 "이교도"라고 부르는 고전적 관점과 행동들이 현대의 여러 운동이나 관점과 분명하게 이어져 있는 더 깊은 본질적인 연속성이 있을 수 있다. 만약 그렇다면, 엘리엇의 논지는 우리가 처한 상황을 전통적인 설명보다 더 잘 이해하게 해주는 통찰을 제공할 수 있다. 그리고 레이콕의 질문이 약 2천 년 전 테르툴리아누스가 절박하게 던졌던 질문의 변주처럼 보이듯 그에 대한 현대적 답변도 고전적 해석의 현대판으로 드러날지도 모른다.

조사

적어도 이 책은 이러한 가정을 바탕으로 전개된다. 이 책은 내가 엉뚱해 보이는 엘리엇의 제안에 대해 오랫동안 곱씹으며 사색해온 프로젝트에서 비롯되었다. 따라서 이 프로젝트는 처음에는 직관에 반하거나 어쩌면 더 심하게 보일 수도 있는 여러 주장을 검토하고 옹호하는 과정을 포함한다.

그렇다면 왜 이런 프로젝트를 시작했을까? 애초부터 만만치 않은 장애물과 뿌리 깊은 회의에 부딪힐 것이 뻔한 프로젝트를 왜 하려고 할까? 그리고 왜 다른 이들—즉 독자들—에게도 이 프로젝트에 동참할 것을 권할까?

답은 의외로 간단하다. 엘리엇의 진단이 우리에게 꼭 필요한 통찰을 제공할 수 있기 때문이다. 첫 강연의 서두에서 엘리엇은 "우리의 마음을 가득 채우는 당면한 혼란"에 대해 다소 비정통적인 해석으로 응답했다고 설명했다.[31] 또한 그는 "우리가 국제 문제와 정치 이론을 논할 때 사용하는 현재의 용어들이 오히려 현대 문명의 진짜 쟁점을 우리로부터 숨기게 만들

---

[31]　Eliot, "The Idea of a Christian Society," 5.

고 있지 않은가 하는 의심"**32**이 든다고 말했다. 실제로 "우리가 우리 사회를 묘사할 때 사용하는 현재의 용어들은…우리를 속이고 혼미하게 만들 뿐이다"**33**라고도 했다. 나 역시 비슷한 의심을 한다.

그렇다면 "현재의 용어들이 **어떻게**…현대 문명의 진짜 쟁점을 우리로부터 감추는 경향이 있을까?" 그 한 가지 가능성은 이렇다. 현대의 역사와 문화에 대한 이해는 흔히 역사가 여러 단계를 거치며 전개된다는 서사적 배경, 즉 한 단계가 다른 단계를 대체하고 일단 지나간 단계는 영원히 사라진다는 전제를 깔고 있다. 이것은 거기 가봤고 그 일도 해봤다는 식이다. 좀 더 구체적으로 말하면, 흔히 "이교도"라 불리는 문화가 지배했던 고대와 고전 세계는 기독교가 관장하는 중세 세계에 자리를 결국 내주었고 이 중세는 다시 "세속주의"로 특징지어지는 현대 세계에 의해 점차 대체되었다. 그래서 우리는 오늘날 철학자 찰스 테일러의 방대한 저서 제목처럼 "세속 시대"(secular age)**34**에 살고 있다. 역사는 멈추지 않았고, 그래서 우리는 앞으로 나아갈 수 있지만―실제로 일부 관찰자들이 주장하듯 우리는 이미 "후기 세속"(postsecular) 시기에 들어섰을 수 있지만―과거의 기독교 세계나 이교도 세계로 돌아갈 수는 없다.

오늘날 교양 있는 사람들은 이런 식의 역사적 서사와 "되돌아갈 수 없다"는 진보적 역사관을 거의 자명한 것으로 받아들인다. 그래서 동성 결혼과 같은 문화전쟁 논쟁에서 전통주의자나 저항자들은 "역사의 잘못된 편에 서지 말라"는 경고를 종종 듣는다. 이런 진보적 역사관은 심지어 C. S. 루이스 같은 전통적인 종교 사상가들조차도 현대 이교도의 가능성을 자신 있게 일축하게 하는 태도에 영향을 끼친다. 루이스는 "역사적 과정은 단순

---

32 Eliot, "The Idea of a Christian Society," 3.

33 Eliot, "The Idea of a Christian Society," 6-7.

34 Charles Taylor, *A Secular Age* (Cambridge, MA: Harvard University Press, 2007).

한 되돌림을 허용하지 않는다.…그런 일은 일어나지 않는다"고 선언한다.

역사가 이교도에서 기독교로, 그리고 다시 세속으로 진보한다고 보는 관점은 오늘날의 문화적 갈등을 해석하는 데 널리 영향을 끼친다. 이런 갈등은 흔히 진보적 "세속" 집단과 잔존하는 "종교적" 행위자들 간의 충돌로 묘사된다. 그러나 이 "세속 대 종교"라는 구도는 점점 더 불충분해 보인다. 그 이유는 문화전쟁에 참여하는 모든 진영과 집단이 전통적으로 "종교"와 연관된 특성, 즉 타협 없는 열정, "선과 악" 또는 "빛과 어둠"의 구도로 사안을 바라보는 경향, 상대를 악마화하려는 열의를 뚜렷하게 드러내고 있기 때문이다. 이런 현상은 레이콕이 오늘날의 문화전쟁에서 특히 우려하는 특징이기도 하다. 놀랍게도, 그리고 불편하게도 이러한 경향—특히 상대를 악마화하는 수사(rhetoric)에 대한 집착—은 미국 연방대법원의 일부 판결에서도 뚜렷하게 나타난다.[35]

적어도 몇몇 관찰자들은 오늘날의 문화적 갈등이 서로 경쟁하는 종교성들 사이에 이루어지는 대결로 가장 명확하게 설명될 수 있음을 인식해왔다.[36] 그렇다면 **어떤** 종교성들 사이의 대결인가? 한쪽은 복잡하긴 하지만 익숙하다. 이 진영은 주로 전통적인 로마 가톨릭교회 신자, 복음주의자, 독실한 유대인들로 구성되어 있으며, 여기에 몰몬교도와 일부 무슬림이 불안하게 동맹을 맺고 있다. 그렇다면 반대편을 움직이는 종교성은 무엇인가? 바로 이 지점에서 엘리엇의 제안이 도움이 될 수 있다. 그의 제안이 비현실적으로 보이면서도 동시에 통찰을 제공할 수 있는 이유는 그것이 서구 역

---

[35] 예를 들어 United States v. Windsor, 133 S. Ct. 2675 (2013)을 보라. 이 논의는 Steven D. Smith, "The Jurisprudence of Denigration," *U.C. Davis Law Review* 48 (2014): 675–701을 보라.

[36] 예를 들어 William Voegeli, "That New-Time Religion," *Claremont Review of Books* 15, no. 3 (Summer 2015): 12를 보라. (그는 현재의 문화적 갈등을 서로 경쟁하는 종교성들 간의 충돌로 해석하는 여러 책을 소개하고 있다.)

사를 한 방향(이교도에서 기독교, 기독교에서 세속, 그리고 후기 세속?)으로만 진보하는 것으로 이해하는 표준적이고 당연하게 여겨지는 관점에서 벗어나 역사에서 서로 대조적이고 지속적인 두 종교성 혹은 지향 사이의 끊임없는 경쟁을 포착하기 때문이다. 고전 세계에서는 이 지향 중 하나가 기독교에서 (유일하지는 않지만) 가장 두드러지게 나타났고, 경쟁하는 다른 지향은 훗날 "이교"로 불리게 된 것에서 드러났다. 그리고 이러한 대립적 지향들은 오늘날에도 여전히—엘리엇의 진단에 따르면—우리의 문화와 정치, 세계를 형성하는 데 작용하고 있다. 그것들은 약 2천 년 전 플리니우스의 질문을 자극했던 행위의 근간이었고, 오늘날 더글라스 레이콕의 질문을 자극하는 근간이기도 하다. 따라서 엘리엇의 제안을 탐구하고 옹호하는 일은 이 장 앞부분에서 언급한 질문들을 간접적이지만 잠재적으로 통찰력 있게 다루는 하나의 방법을 제공한다.

이러한 탐구와 옹호에는 상당한 노력이 필요하며, 우리가 너무나 당연하게 여기는 현재의 몇몇 가정들을 비판적으로 검토하고 재고하려는 의지도 요구된다. 우리는 이미 그러한 뿌리 깊은 가정 중 하나, 즉 역사가 한 단계를 지나면 그 이전 단계는 불가역적으로 뒤에 남겨두고 앞으로 나아간다는 생각을 살펴보았다. 우리가 앞으로 다룰 또 다른 흔한 가정은 인간을 "이익"의 담지자로 보고 이익을 증진하기 위해 주로 살고 행동한다는 관점(그리고 따라서 인간을 "합리적 이익 추구자"로 이해하고 설명해야 한다는 관점)으로, 이는 학계에서 널리 퍼져 있고 큰 영향을 끼치고 있다. (반드시 모순되는 것은 아니지만) 이러한 관점과 달리 또 다른 가능성도 있는데, 인간—혹은 대다수 인간—에게는 본질적인 종교적 차원이 있으며, 이 종교적 차원을 이해하지 않고서는 인간이 무엇인지, 왜 그가 그런 방식으로 행동하는지 제대로 이해할 수 없으리라는 것이다.

인간 본성에 대한 이러한 가정들은 인간사를 논하는 모든 논의의 전제로 갈려 있으므로 우리는 논의의 출발점에서 이 문제를 살펴볼 필요가 있다. 그다음에 우리는 후기 고대 로마로 시선을 돌려, (이후에 불리게 된) "이교"와 기독교 사이에서 때로는 눈에 띄지 않게, 때로는 매우 공개적으로 벌어진 갈등을 살펴볼 것이다. 우리는 이처럼 대조적인 종교성들이 평화롭게 공존하기 어려운 근본적인 실존적 지향을 어떻게 반영했는지 보게 될 것이다. 4세기에는 이러한 긴장이 기독교와 이교 간에 서로 정치적 주도권을 놓고 치르는 치열한 다툼으로 이어졌다.

하지만 기독교가 결국 **공식적이고 정치적으로는** 승리했음에도 불구하고 우리는 서로 대조적인 지향이 지속적으로 남아 있는 것을 보게 될 것이다. 공식적으로는 패배했지만, 이교는 고유한 실존적 지향으로서 수 세기 동안 공식 기독교와 불안한 협력과 경쟁을 이어왔다. 그리고 최근 수십 년 사이 이 이교도적인 입장은 더 공개적이고 자신감 있게 드러나고 있다. 예를 들어 로널드 드워킨, 샘 해리스(Sam Harris), 바버라 에런라이크(Barbara Ehrenreich)와 같은 존경받고 철저히 "세속적인" 사상가들의 저작에서도 그 흔적을 쉽게 찾아볼 수 있다.

마지막으로, 우리는 현재로 돌아와 기독교가 대표하는 종교성과 이교에서 드러나는 종교성 사이의 갈등이 어떻게 오늘날 우리의 상황을 이해하는 데 도움이 될 수 있는지 살펴볼 것이다.

왜 이런 수고를 들이느냐고? 내가 이미 말했듯이 이 작업의 동기는 통찰을 얻으려는 희망에 있다. 내 목표는 엘리엇과 같다. 즉 "우리로부터 현대 문명의 진짜 쟁점을 숨기기만 하는 현재의 용어들"[37]을 꿰뚫어보고 그 너머를 보는 것이다.

덧붙여 나는 시작에 앞서 엘리엇이 했던 것과 마찬가지로 **오히려 더**

---

37   Eliot, "The Idea of a Christian Society," 3.

강조해서 한 가지 단서를 밝혀두고 싶다. "내가 여러 분야에서 깊은 학자였다면 이 주제를 훨씬 더 잘 다룰 수 있었을 것이다. 하지만 나는 학자들을 위해 글을 쓰는 것이 아니라 나 자신과 같은 사람들을 위해 글을 쓰고 있다."[38] 즉 이 글은 우리 시대가 혼란스럽고 불안하게 느껴지며 기존의 "종교 대 세속" 해석과 설명이 만족스럽지 않은—학자이든 아니든—모든 이들을 위한 것이다. 어쩌면 엘리엇이 어떤 도움을 줄지도 모른다. 두고 볼 일이다.

---

38   Eliot, "The Idea of a Christian Society," 5.

종교적 인간

우리의 주제는 서구 사회의 미래가 기독교와 **"현대** 이교" 사이의 대결에 의해 결정될 것이라는 T. S. 엘리엇이 제시한 논제다. 그렇다면 가장 먼저 해야 할 일은 "이교도"란 정확히 무엇인지 분명히 하는 일일 것이다. 그래야 "현대 이교"가 어떤 모습일 수 있고 그것이 현대 기독교와 어떻게 대조될 수 있는지 살필 수 있기 때문이다. 걱정하지 않아도 된다. 이 문제들은 차차 다루게 될 것이다. 그러나 이교와 기독교는 모두 "종교"라는 더 큰 범주 안에 속하므로 잠시 뒤로 물러나 우리가 "종교"란 어떤 것인지 먼저 이해하려고 시도한다면 우리의 비교는 더욱 풍부해질 것이다.

하지만 이렇게 한 걸음 물러서는 일은 또 다른 한 걸음의 후퇴를 요구한다. 왜냐하면 "종교"가 무엇인지 정의하는 일은 결코 쉽고 빠른 작업이 아니기 때문이다. 실제로 일부 학자들은 "종교"라는 개념 자체가 정치적·학문적 목적을 위해 고안된 인위적인 근대적 산물이라고 주장하기도 한다.[1] 그래서 이 문제를 정면으로 다루기보다는 일단 우리에게 더 가까운 질문, 즉 인간이란 무엇인가라는 문제부터 우회적으로 접근하는 것이 더 나을 수 있다. 다시 말해 처음부터 **"종교**란 무엇인가?"가 아니라, "우리는 무

---

[1] 예를 들어 William T. Cavanaugh, *The Myth of Religious Violence*(New York: Oxford University Press, 2009), 57-122을 보라. Cavanaugh는 저명한 학자 Wilfred Cantwell Smith가 "근대 서구를 제외하면 우리가 '종교'라고 생각하는 것에 상응하는 중요한 개념이 존재하지 않는다는 결론에 이를 수밖에 없었다"(61)고 지적한다. 비교할 만한 논의로는 Jonathan Z. Smith, *Relating Religion: Essays in the Study of Religion*(Chicago: University of Chicago Press, 2004), 179("'종교'라는 용어의 사용과 이해가 16세기부터 본격적으로 확장되기 시작했다"는 설명)과 Nicholas Lash, *The Beginning and End of "Religion"*(Cambridge: Cambridge University Press, 1996), 13-17("'종교'라는 개념의 발명"에 대한 논의)을 참조하라.

엇인가?"라는 질문에서 출발하는 것이다.

인간과 "이익"

"우리는 무엇인가?"라는 질문은 법학, 정치학, 역사학, 사회과학에서 거의 묻지 않지만, 사실상 언제나, 적어도 암묵적으로 답하고 있는 질문이다. 이 모든 학문은 사람들―즉 **인간 존재들**―을 다루기 때문에, 그것들은 우리 인간이란 어떤 존재인가에 대한 전제를 바탕으로 논의를 전개한다.[2] 실제로 이러한 전제들은 학문적인 연구에서뿐만 아니라 우리의 일상적인 삶 속에서도, 비록 대부분은 인식되지 않은 채, 모든 평범한 대화와 결정, 상호작용에 암묵적으로 깔려 있다. 이 모든 것에는 항상 사람이 관여하기 때문에 사람이라는 존재가 어떻게 구성되어 있고, 무엇이 그들―더 정확히 말하면 **우리**―로 하여금 때로는 예측 가능하게, 때로는 당혹스럽거나 기이하게 행동하게 만드는지에 대한 가정이 필연적으로 포함되어 있다.

　(내가 속한 분야인) 법학 내에서 인간 본성에 관한 전제에 대해 아마도 가장 자의식적으로 접근하는 하위 분야는 법경제학(law and economics)일 것이다. 리처드 포스너는 경제학이 "인간은 삶에서 자신의 목적, 만족―우리가 '자기 이익'이라고 부르는 것―을 합리적으로 극대화하는 존재라고 가정한다"[3]고 설명한다. 인간에 대해 이익을 추구하는 존재로 보는 개념은 경제학뿐 아니라 사실상 어디에서나 볼 수 있는 합리적 선택 이론(rational choice theory) 등 많은 다른 학문 분야에서도 자명한 전제로 받아들여진다.

---

[2]　일반적으로는 John H. Evans, *What Is a Human? What the Answer Means for Human Rights*(New York: Oxford University Press, 2016)을 참조하라.

[3]　Richard A. Posner, *Economic Analysis of Law*, 5th ed. (New York: Wolters Kluwer Law and Business, 1998), 3-4.

아마 더 놀라운 점은 이익을 추구하는 자라는 개념이 만족의 극대화가 아니라 정의(justice)의 의미를 밝히는 데 초점을 둔 사유에도 적용된다는 것이다. 지난 반세기 동안 아마 가장 영향력 있는 정치철학자인 존 롤스가 제시한 계약론적 이론에서 정의의 내용은 가상의 인물들이 자신의 인생에서 어떤 특정한 위치에 놓일지 모르는 "무지의 베일" 뒤의 "원초적 입장"(original position)에서 선택할 정치 원칙을 상정하는 사유 실험에서 도출된다.[4] 이 계약 당사자들은 합리적 이익을 추구하는 자로 제시된다. 롤스는 "정의의 원칙이란 **자신의 이익을 증진시키려는 합리적 사람들**이 동등한 입장에서 동의할 원칙"[5]이라고 설명한다. 이 "합리적 인간"은 "자신에게 1차적 재화의 최고 지수를 가져다줄 것을 추구한다"[6]는 욕망에 의해 동기부여된다. 그리고 롤스는 "합리적 인간은…자신의 욕구를 **더 많이 충족시켜줄** 계획을 따른다"[7]고 설명한다.

보통 "이익"(interests)이라는 용어는 롤스가 말하듯 "욕구"(desires) 혹은 포스너가 말하듯 "만족"(satisfactions)과 밀접하게 연관된다. 다시 말해 어떤 것이 "이익"이 되는 것은 인간이 그것을 실제로 원하거나 필요로 느끼고 그것을 얻었을 때 (혹은 최소한 얻을 것으로 기대할 때) "만족"을 느끼기 때문이다. 이런 식으로 이해하면 "이익"은 적어도 원칙적으로는 경험적으로 검증 가능한 사실로 보일 수 있으며, 따라서 사회적 이해와 공적 의사결정에 있어 냉철한 과학적 접근과도 양립할 수 있다.[8]

---

4   John Rawls, *A Theory of Justice* (Cambridge, MA: Belknap Press of Harvard University Press, 1971).『정의론』(이학사 역간).

5   Rawls, *A Theory of Justice*, 19(강조체는 덧붙여진 것이다).

6   Rawls, *A Theory of Justice*, 144.

7   Rawls, *A Theory of Justice*, 143(강조체는 덧붙여진 것이다).

8   Charles Lindblom은 "선호, 욕구, 필요, 그리고 이익이라는 용어를 사용하는 사람들은 종종 그것들이 인간의 대사율과 같은 어떤 객관적인 속성을 가리키며…그것들이 바로 '진짜' 선호나 이익에 대한 근본적 사실이라고 여긴다"고 지적한다. Charles E. Lindblom,

물론 이 용어는 다른 목적과 의미에 맞게 충분히 유연하게 적용될 수 있다. 예를 들어 어떤 이론가는 단순히 "주관적" 이익과 더 "객관적" 이익—또는 우리가 실제로 **원하는** 것과 우리가 **마땅히** 원해야 할 것, 혹은 우리가 충분히 성찰한다면 원하게 **될** 것—을 구분함으로써 규범적 차원을 추가하려 시도하기도 한다. 이런 맥락에서 로널드 드워킨은 우리가 "기분이 좋을 때 그리고 좋기 때문에" 소중하게 여기는 "경험적 이익"(experiential interests)과 "단순한 경험적 선호를 넘어 비판적 판단을 반영하는" "비판적 이익"(critical interests)을 구분했다.[9]

이처럼 확장된 방식으로 이 용어를 사용하는 것을 금지하는 이론적 제약은 없다. 그러나 만약 이 용어가 지나치게 광범위하게 해석된다면 그 의미가 공허해질 위험이 있다. 예를 들어 드워킨처럼 이 용어를 보다 규범적인 의미로 사용할 경우, "사람들은 (성찰적으로 정당화될 수 있는) 자신의 이익을 실현하기 위해 행동해야 한다"라는 주장은 "사람들은 자신이 마땅히 추구해야 할 목적을 위해 행동해야 한다"라는 동어반복적 명제로 환원될 위험이 있다. 물론 이 명제는 참이긴 하지만 별로 통찰을 주지는 않는다. 따라서 전반적으로 볼 때 "이익 추구"라는 개념은 "이익"을 실제 인간의 욕구와 만족을 가리키는 것으로 이해할 때—롤스적 정의론이나 규범적 경제학과 같은 규범적 논의에서도—가장 엄밀하고 유용해 보인다.

만약 인간을 이익 추구자로 보는 개념이 강력한 영향력을 갖는다면, 그 이유 중 하나는 이 개념이 충분히 설득력이 있기 때문이다. 그것은 우리

Inquiry and Change: The Troubled Attempt to Understand and Shape Society (New Haven: Yale University Press, 1990), 19.

9 예를 들어 Ronald Dworkin, *Life's Dominion: An Argument about Abortion, Euthanasia, and Individual Freedom* (New York: Vintage Books, 1993), 201-2을 참조하라. 『생명의 지배영역』(로고스 역간).

의 경험과도 상당히 잘 들어맞는다. 우리는 모두 (다양한 제약 아래서) 가능한 한 완전하면서도 효율적인 방식으로 충족시키려는 이익이나 욕구를 가지고 있다. 그러나 이익 추구자 개념이 많은 목적에서 현실적이고 유용해 보이긴 해도 인간 경험의 모든 측면에 꼭 들어맞는 것은 아니다. 때로 사람들은 자신의 주관적 욕구와 필요를 충족시키려는 계산과는 다르게 행동하기도 한다. 아마 가장 두드러진 예는 사람들이 도덕적 목적이나 숭고한 대의를 위해—때로는 자신의 생명까지도—기꺼이 희생하는 경우일 것이다. 예를 들어 소포클레스의 『콜로노스의 오이디푸스』(*Oedipus at Colonus*)에 나오는 안티고네처럼 딸이나 아들이 노부모를 돌보기 위해 자신의 만족스러운 삶이나 보람 있는 경력을 포기할 수 있다. 또는 누군가는 조국을 지키거나 위험에 처한 타인을 구하기 위해 자발적으로 자신의 생명을 바칠 수도 있다. 적어도 이 용어의 일반적인 의미에서 볼 때 이런 사람들은 자신의 "이익"을 증진시키기 위해 행동하는 것으로 보이지 않는다.

물론 우리가 이미 언급했듯이 "이익"이라는 용어는 충분히 융통성이 있어서 이런 사례들까지 포괄할 수 있도록 확장될 수 있다. 우리는 어떤 도덕적이거나 영웅적으로 이타적인 사람이 부모를 돌보고자 하는 주관적 욕구를 느꼈다고—틀림없이 그랬을 것이다. 그렇지 않았다면 왜 그런 행동을 했겠는가—혹은 조국을 지키기 위해 자신의 생명을 걸고 희생하고자 하는 "이익"을 느꼈다고 단순하게 말할 수도 있다. 하지만 이것은 당사자 자신이나 이를 지켜보는 다른 사람들에게 실제로 일어난 행동이 아니다. 그 사람도 우리도 그가 남을 돕기 위해 또는 옳은 일을 하거나 의무감에서 **자신의 이익을 희생했다**고 말할 것이다. 더욱이 앞서 언급했듯이 만약 "이익"이라는 개념이 이런 모든 경우까지 포괄하도록 확장된다면, 그 개념은 공허하고 동어반복적인 것이 될 위험이 있다. "사람들은 자신의 이익을 증진시키기 위해 행동한다"는 말은 결국 "사람들은 자신이 생각하거나 원하는 바를 이루기 위해 행동한다"는 말과 다를 바 없다. 이는 실질적으로 아무런 내용도 담고 있지 않은 진술이 된다.

우리가 관습적으로 생각하는 종교는 이익을 추구하는 개념이 어색하게 적용되는 영역이다.[10] 겉보기에는 "세속적"인 시대임에도 불구하고 여전히 수백만 명의 사람들이 교회에 많은 돈을 기부하거나 일터를 비우거나 여가 시간을 희생하면서까지 그다지 흥미롭지 않을 수도 있는 예배에 참석한다. 그들은 교회가 주관하는 봉사 활동에 참여하거나 종교 공부, 성찰, 기도에 시간을 정기적으로 바치기도 한다.[11] 다시 말해 모든 인간 행동과 마찬가지로 종교적 행동 역시 이익 추구의 용어로 설명될 수 있다. "존은 사람들을 만나고 싶어서 교회에 간다"거나 "수잔은 천국에 가는 데 도움이 될 것이라고 믿기 때문에 교회에 헌금한다." 실제로 학자들은 종교 현상에 경제학적 분석을 적용해왔으며 이런 분석은 적어도 종교의 일부 측면을 이해하는 데 도움이 되었다.[12] 그러나 이런 식의 설명만으로는 종교 전체를 포착할 수 없다. 사실 순전히 이익을 추구하는 경건함은 오히려 열등하거나 정당하지 않은 종교로 여겨지기도 한다.

오래된 속담이 이야기한 것처럼 "사람은 떡으로만 살지 않는다."[13] 이익을 추구하는 개념은 인간과 인간의 태도에 대해 많은 것을 설명해주지

---

10 Jonathan Haidt, "Forget the Money, Follow the Sacredness," *Campaign Stops* (blog), *New York Times*, March 17, 2012, http://campaignstops.blogs.nytimes.com/2012/03/17/forget-the-moneyfollow-the-sacredness/?_r=0을 참조하라.

11 미국 내 종교적 실천에 관한 중요한 자료는 Robert D. Putnam and David E. Campbell, *American Grace: How Religion Divides and Unites Us* (New York: Simon and Schuster, 2010)에 수록되어 있다.

12 예를 들어 Paul Horwitz, "Freedom of the Church without Romance," *Journal of Contemporary Legal Issues* 21 (2013): 89-125; Michael W. McConnell and Richard A. Posner, "An Economic Approach to Issues of Religious Freedom," *University of Chicago Law Review* 56 (1989): 1을 참조하라.

13 마 4:4.

만, 우리에 관한 **모든 것을** 포착하거나 설명하지는 못하는 듯하다. 어쩌면 가장 중요하거나 본질적인 것조차도 설명하지 못할 수 있다. 뭔가—아마도 결정적으로 중요한 어떤 것—가 빠져 있거나 왜곡된 형태만 포함되어 있다. 그렇다면 그 빠져 있는 것은 과연 무엇일까?

인간과 의미

일부 사상가들은 인간을 단순히 이익을 추구하는 자로만 이해하는 것이 삶의 **의미나 목적**을 분별하고 그 의미와 목적에 따라 살아가려는 인간 삶의 핵심적인 부분을 간과한다고 지적한다.[14] 이런 맥락에서 심리학자 빅터 프랭클은 "인간의 주된 관심사는 쾌락을 얻거나 고통을 피하는 것이 아니라, 자신의 삶에서 의미를 발견하는 데 있다"[15]고 주장했다.

이러한 프랭클의 견해는 나치 강제수용소에서 겪은 참혹한 경험(이곳에서 그의 아내, 아버지, 어머니, 형제가 모두 사망했다)에서 비롯되었다. 그는 수용소의 혹독한 고난을 견뎌낸 이들은 겉으로 가장 건강하거나 운이 좋아 보이는 사람들이 아니라 삶에 어떤 목적을 가진 사람들이라는 사실을 관찰했다. 프랭클은 이 통찰을 일반화하여 "로고테라피"(logotherapy)라는 심리학

---

14   앞서 언급했듯이 "이익"이라는 용어는 잠재적으로 매우 폭넓고 유연하다. 따라서 이익을 추구하는 개념을 옹호하는 이들은 그 비판을 흡수하거나 무력화하기 위해 의미 있는 삶을 사는 것이나 혹은 삶의 "목적"을 찾는 것에도 "이익"이 있을 수 있다고 단순하게 인정하면서 이 비판을 흡수하거나 무력화할 수 있다. 그러나 이런 흡수는 다음 두 가지 중 어느 쪽으로든 적용될 수 있다. 한쪽에서 우리가 의미나 목적에 대한 "이익"을 가지고 있다고 말할 수 있다면, 다른 쪽에서는 삶의 "목적"이란 이익의 충족을 포함한다고 주장할 수도 있다. 이런 식의 논쟁은 사실상 아무런 의미가 없어 보인다. 중요한 질문은 주관적 "이익"에만 배타적으로 초점을 맞추는 것이 "의미"의 중요성을 왜곡하거나 축소시키는 결과를 낳는가 하는 점이다.

15   Viktor Frankl, *Man's Search for Meaning* (New York: Washington Square Press, 1963), 179. 『빅터 프랭클의 죽음의 수용소에서』(청아출판사 역간).

학파를 창시했다. 그는 다음과 같이 설명했다. "로고테라피에 따르면, 자신의 삶에서 의미를 찾으려는 노력은 인간에게 가장 근본적인 동기를 주는 힘이다."[16] 프랭클은 사람들이 가장 절실히 필요로 하는 것이 삶의 "**이유**"(why)라고 강조했다.[17] 이 **이유**가 있다면, "인간은 자신의 고통에 의미가 있다는 조건 아래에서도 고통을 심지어 감내할 준비가 되어 있다"[18]고 말했다.

비록 보다 덜한 극한의 상황에서 발전된 것이지만, 최근 "의미"에 관한 철학자 수전 울프(Susan Wolf)의 성찰도 프랭클의 견해와 비슷하다. 울프는 다음과 같이 주장한다. 우리가 행동하는 가장 중요한 이유 중 많은 것이 자기 이익의 심리학―혹은 더 순수한 "도덕적" 명령―에 잘 들어맞지 않는다. 오히려 이러한 이유들은 "우리 삶을 살아갈 가치가 있게 해주는 활동에 우리를 참여시킨다. 그것들은 우리에게 살아갈 이유를 주고 우리 세계를 움직이게 한다. 이러한 이유들과 그로 인해 생겨나는 활동들이 우리 삶에 **의미**를 부여한다."[19] "우리 삶에 **의미**를 부여하는 것은 우리의 **행복**에 대한 전망이 암울할 때조차도 우리에게 살아갈 이유를 준다."[20]

의미라는 것이 열악한 상황에서도 살아갈 이유를 줄 수 있다면, 그 반대도 성립한다. 즉 의미의 결여는 우리가 번영하는 것처럼 보이고 모든 "이익"이 충족되고 있는 상황에서도 삶을 공허하거나 견딜 수 없게 만들 수 있다. 이 점은 레프 톨스토이(Leo Tolstoy)의 자전적 기록에서 뚜렷하게 드러난

---

16 Frankl, *Man's Search for Meaning*, 154.

17 Frankl, *Man's Search for Meaning*, 121, 127, 164.

18 Frankl, Man's Search for Meaning, 179. Frankl은 20세기의 "집단적 신경증"이란 "실존적 공허" 또는 의미의 결여라고 보았다(204, 167).

19 Susan Wolf, *Meaning in Life and Why It Matters* (Princeton: Princeton University Press, 2010), 2(강조체는 덧붙여진 것이다).

20 Wolf, *Meaning in Life*, 56.

다. 그는 자신의 삶이 겉으로는 모든 면에서 풍요로웠음에도 불구하고, 바로 그 삶이 너무나 무의미하게 느껴졌기 때문에 견딜 수 없었다고 고백했다.

> 내가 오십 살이 되었을 때 나를 자살의 문턱까지 이끌었던 질문은 어리석은 아이에서 현명한 노인에 이르기까지 모든 사람의 마음 깊은 곳에 자리한 가장 단순한 질문이었습니다. 내가 경험을 통해 깨달았듯 이 질문 없이는 삶이 불가능합니다. 그 질문은 이렇습니다. 내가 오늘 하는 일이나 내일 하게 될 일에 무언가가 있을까? 내 인생 전체는 어떻게 될까?

이 질문을 다른 방식으로 표현하면 다음과 같이 말할 수 있다. 나는 왜 살고 있을까? 나는 왜 무언가를 바라거나 무언가를 행하는 것일까? 혹은 또 다른 방식으로 표현하면, 나를 기다리고 있는 죽음이라는 필연성에 의해 파괴되지 않을 어떤 의미가 내 인생에 존재할까?[21] 톨스토이는 절망스럽게도 자신이 이 질문들에 답할 수 없다는 사실을 깨달았다. "나는 내 인생 전체는 말할 것도 없고 단 한 가지 행동에도 어떤 합리적인 의미도 부여할 수 없었습니다."[22] 이러한 상태는 그 소설가에게 "두려움, 버려짐, 고독"의 감정을 안겨주었고 그는 결국 종교적 신앙에서 의미를 발견하게 된다. 여기서 그가 말하는 신앙은 신학자나 성직자들

21　Leo Tolstoy, "A Confession," in *A Confession and Other Religious Writings*, trans. Jane Kentish (London: Penguin, 1987), 34-35.

22　Tolstoy, "A Confession," 19. "이 영적인 상태는 내게 다음과 같은 방식으로 다가왔습니다. '내 인생은 누군가가 나에게 장난을 치는 어리석고 사악한 농담 같은 것이야.' 나를 창조한 그런 '누군가'가 있다고 인정하지 않으면서도 나를 세상에 태어나게 함으로써 누군가가 어리석고 사악한 농담을 하고 있다는 생각이 내 상태를 표현하는 가장 자연스러운 방식으로 느껴졌습니다"(31).

의 신앙이 아니라 평범한 노동자들의 신앙이었다.[23]

이처럼 사람들은 단순히 "이익"만을 추구하는 것이 아니라 "의미"를 추구하고 또 그 의미에 따라 살아가려고 한다. 그러나 의미란 정확히 무엇일까? 우리는 누군가의 삶이 "의미 있다" 혹은 "의미 없다"고 또는 삶에 "목적"이 있다거나 없다고 말하곤 한다. 하지만 이런 실존적 의미에서 "의미"란 무엇을 뜻하는가?

때로 의미의 옹호자들은 전적으로 주관적이고 개인적인 어떤 것―사람마다 스스로에게 설정하는 "프로젝트"나 "목표" 같은 것―을 염두에 두는 것처럼 보인다. 이런 맥락에서 빅터 프랭클은 때때로 의미를 "목표", "목적", "과업"이라고도 설명했다.[24] 이러한 설명은 그가 말하는 의미란 결국 개인이 중요하게 여기고 추구하는 개인적으로 선택한 목표에 불과한 것처럼 보이게 할 수도 있다.[25] 수전 울프 역시 의미는 반드시 거창하거나 영웅적인 것에서 오는 것이 아니며 정원 가꾸기나 첼로 연습 같은 소박한 활동에서도 얻을 수 있다고 말한다.[26]

이러한 견해에서 보면, 의미에 대한 필요성을 주장하는 것은 결국 다음과 같은 진부한 주장으로 귀결되는 것처럼 보일 수 있다. "당신에게 추구하는 목표나 소중히 여기는 프로젝트가 있으면 삶이 더 행복하고 충만해질 것이다." 그러나 이런 순전히 주관적인 개념은 울프와 프랭클 모두에게 충분하지 않았다. 비록 의미가 주관적 만족과 연관되어 있지만, 울프는 사

---

23   Tolstoy, "A Confession," 63, 63-8.

24   Frankl, *Man's Search for Meaning*, 121-22.

25   이러한 주관적 개념에 일치해서, Frankl은 의미란 개인마다 다르며 획일적인 보편적 명령이 아니라는 점을 강조했다. 예를 들어 그는 『죽음의 수용소에서』(*Man's Search for Meaning*, 122)에서 다음과 같이 말한다. "이 과업들과 따라서 삶의 의미는 사람마다 그리고 순간마다 다르다. 그러므로 삶의 의미를 일반적으로 정의하는 것은 불가능하다."

26   Wolf, *Meaning in Life*, 4.

람들이 만족을 느끼는 모든 활동이 의미 있는 것은 아니라고 지적한다. 실제로 어떤 사람들은 "하루 종일 마리화나를 피우거나, 십자말풀이를 하거나 혹은 (내 경험에 비추어볼 때) 더 나쁘게는 스도쿠를 하면서"[27] 주관적인 만족을 얻기도 한다. 이런 활동들이 주관적 만족을 줄 수는 있다. 하지만 울프에 따르면 그것들은 삶에 "의미"를 부여하지는 않는다. 왜냐하면 이런 활동들은 객관적 가치를 결여하고 있기 때문이다.[28] 그래서 울프는 "의미"에는 주관적 차원과 객관적 차원이 모두 필요하다는 "이분법적 개념"(bipartite conception)을 옹호한다.[29] 즉 그녀는 "의미란 주관적 매력이 객관적 매력과 만날 때 생겨난다"[30]고 설명한다.

그렇다면 "객관적" 가치나 매력이란 정확히 무엇일까? 울프는 자신도 "객관적" 가치가 무엇인지 만족스럽게 설명하지 못하며 다른 철학자들도 마찬가지라고 인정한다.[31]

프랭클 역시 의미의 개인적 특성을 강조하면서도 의미에는 객관적이고 자신이 선택하지 않은 차원이 있음을 중시했다. 그는 "인간의 이상을 오직 자기 자신의 발명품에 불과하다고 보는 [사르트르와 같은] 일부 실존주의 사상가들"을 반대했다. 오히려 그는 "우리 삶의 의미는 우리가 스스

27　Wolf, *Meaning in Life*, 16. 또한 47을 참조하라(사람들은 정말 터무니없는 일들을 한다. 그들은 잔디깎이 경주를 하고, 빨리 먹기 대회에 참가하며, 깃대 위에 앉아 있고, 리얼리티 TV를 시청한다").

28　Wolf가 객관적 가치의 필요성에 대한 반론에 답하는 내용은 *Meaning in Life*의 "Response" (102, 119-127)를 참조하라.

29　Wolf, *Meaning in Life*, 20. 이러한 이분법적 견해에 따르면, 삶이 의미 있으려면 객관적 조건과 주관적 조건이 모두 충족되어야 한다. 즉 의미 있는 삶이란 주체가 만족을 느끼는 삶이면서 동시에 주체 외부에 있는 어떤 가치 있는 것에 기여하거나 긍정적으로 연결되는 삶이다.

30　Wolf, *Meaning in Life*, 62.

31　Wolf, *Meaning in Life*, 45-47.

로 만들어내는 것이 아니라 오히려 발견되는 것"이라고 주장했다.[32] 더 크고 포괄적인 의미가 없다면, 일상적이고 개인적인 의미들은 효력을 잃게 된다. "내가 [수용소에서] 끊임없이 고민했던 질문은 '이 모든 고통과 우리 주변의 죽음에는 의미가 있는가?'라는 것이었다. 만약 그렇지 않다면, 궁극적으로 생존에도 의미가 없다. 삶의 의미가 단지 우연—이를테면 누가 살아남고 누가 그렇지 않은가—에 달려 있다면, 그런 삶은 궁극적으로 살아볼 가치가 전혀 없을 것이다."[33]

프랭클은 "궁극적 의미"와 "삶의 무한한 의미"를 거의 신비주의적인 언어로 때때로 말하곤 했다. 그는 "궁극적 의미란 인간의 유한한 지적 능력을 반드시 능가하고 초월하는 것"[34]이라고 말하거나, "삶의 무한한 의미란 고통과 죽음, 결핍과 죽음을 모두 포함하는 것"[35]이라고 설명했다. 따라서 이러한 의미는 심지어 강제수용소의 끔찍하고 부조리한 참상조차도 구원할 수 있는 가능성을 내포한다고 그는 보았다. "궁극적 의미"에 대한 강조는 프랭클의 후기 저작에서 더욱 두드러지게 나타난다. 그러나 프랭클은 초기 저작에서도 후기 저작에서도 "궁극적 의미"가 무엇인지에 대해 아주 명확하게 설명하지는 못했다.[36]

---

32 Frankl, *Man's Search for Meaning*, 156-57. "우리는 인간 자신의 단순한 자기표현이라는 관점만으로 가치를 다루려는 경향을 경계해야 한다. 로고스(logos), 곧 '의미'는 단지 존재로부터 스스로 솟아오르는 것만이 아니라 오히려 존재를 마주하고 서 있는 어떤 것이기 때문이다. 인간에 의해 성취되기를 기다리고 있는 의미가 사실은 단지 자기표현에 지나지 않거나, 그의 소망적 사고가 투사된 것에 불과하다면, 그 의미는 즉시 요구하고 도전하는 성격을 잃어버릴 것이다. 더 이상 인간을 부르거나 그를 소환해내어 앞으로 나아오게 만들 수 없을 것이다."

33 Frankl, *Man's Search for Meaning*, 183.

34 Frankl, *Man's Search for Meaning*, 187.

35 Frankl, *Man's Search for Meaning*, 132.

36 Frankl은 후기 저작에서 "궁극적 의미"를 종교와 연결지었으나, 그가 말한 종교는 "가장 넓은 의미에서"의 종교였고 실제로 "불가지론과 무신론까지도 포괄하는" 의미였다. Viktor E. Frankl, *Man's Search for Ultimate Meaning* (Cambridge, MA: Perseus Publishing, 2000),

"의미"는 정말 의미가 있을까?

"궁극적 의미"에 대해 제대로 설명하기 어렵다는 점 혹은 (울프가 인정하듯) 의미의 필요조건으로 보이는 "객관적 가치"를 만족스럽게 설명하기 어렵다는 점은 익숙한 반론을 불러일으킬 수 있다. 즉 "의미" 혹은 "궁극적 의미"라는 개념 자체가 사실상 사고의 혼란에 불과한 것 아니냐는 의문이다. 더 일반적으로, "궁극적 의미"라는 생각은 테리 이글턴의 표현처럼 "의미들의 의미"[37] 혹은 "삶의 의미"라는 개념과 밀접하게 닮아 있다. 이런 개념들은 회의적인 사상가들에게 종종 조롱의 대상이 되어왔다. "삶의 의미"에 대한 질문은 그들에게 사춘기 청소년이나 할 법한 질문이거나 심지어 유치하게 느껴질 수도 있다. 예를 들어 더글라스 애덤스의 슈퍼컴퓨터 "딥 쏘트"(Deep Thought)가 삶의 의미를 계산한 끝에 내놓은 답이 바로 "42"라는 농담이 떠오른다.[38] 이글턴은 "삶의 의미"라는 개념 자체가 "한편으론 투박하고 다른 한편으론 심각하게 들리는 코미디 그룹 몬티 파이선 팀의 풍자 소재로 딱 어울릴 만한 진기한 개념"[39]이라고 평한다. 이글턴의 『인생의 의미』라는 책의 헌사는 "올리버에게 이 모든 생각이 너무나 민망하게 느껴졌던"이라는 문구로 시작한다. (의미심장하게도 이글턴은 그런 민망함에 굴하지 않고 헌사에서 멈추지 않으며 실제로 이 질문에 대한 책을 썼다. 물론 그 책이 인생의 의미가 무엇인지 실제로 밝혀준다고 주장하지는 않는다.)

해체주의적 관점에서, 옥스퍼드의 철학자 앤터니 플루(Antony Flew)는

153.

37 Terry Eagleton, *The Meaning of Life* (New York: Oxford University Press, 2007), 31, 77. 『인생의 의미』(책읽는수요일 역간).

38 Douglas Adams, *A Hitchhiker's Guide to the Galaxy* (New York: Ballantine Books, 1979), 165. 『은하수를 여행하는 히치하이커를 위한 안내서』(책세상 역간).

39 Eagleton, *The Meaning of Life*, 53.

톨스토이가 의미를 찾아 고뇌하는 여정을 담은 자전적 기록을 체계적으로 해부하며 이 소설가가 근본적으로 혼란에 빠져 있었다고 주장했다.[40] 톨스토이가—책을 쓰거나, 아들을 교육하는 일 등—자기 삶의 다양한 구체적 활동에 대해 "왜?" 혹은 "무엇을 위해?"라고 묻는 것은 충분히 적절하다. 톨스토이는 이러한 구체적이고 합리적인 질문들에 대해 충분히 좋은 답을 가지고 있었다고 플루는 본다. 문제는 톨스토이가 "답을 답으로 받아들이지 않았다"[41]는 점이다. 그는 질문이 더 이상 의미를 갖지 않는 지점까지도 계속해서 "무엇을 위해?"라는 질문을 반복했다. 이는 마치 아이가 이미 가장 근본적이고 유일하게 가능한 답을 들었음에도 계속해서 "왜?"라고 되묻는 것과 같다.[42]

비슷한 맥락에서, 또 다른 옥스퍼드 철학자 R. M. 헤어(R. M. Hare)는 자신과 아내와 함께 살던 외국인 유학생이 겪은 일화를 소개했다. 평소 "쾌활하고, 활기차며, 열정적인 청년"이었던 그 학생은 카뮈의 책을 읽고 "아무것도 중요하지 않다"는 결론에 도달한 뒤 우울해졌다.[43] 헤어가 그 사건을 떠올렸을 때, 그는 이 학생의 실존적 절망이 개념적 또는 의미론적 오류에서 비롯된 것임을 지적함으로써 학생의 기분을 회복시킬 수 있었다.

---

40   Antony Flew, "Tolstoi and the Meaning of Life," in *The Meaning of Life*, ed. E. D. Klemke, 2nd ed. (New York: Oxford University Press, 1999), 209.

41   Flew, "Tolstoi," 210.

42   Flew의 냉소적인 분석은 Tolstoi에게 전혀 놀라운 일이 아니었을 것이다. 실제로 Tolstoi 자신도 비슷한 비판을 제기한 바 있다. 그는 자신의 "삶의 전체적인 의미에 대한 탐구"(Tolstoy, "A Confession," 28)에서, 자신의 질문들이 잘못된 것이라고 스스로를 설득하려 애썼다. "그 질문들은 너무나 어리석고, 단순하며, 유치하게 보였다. 하지만 막상 그 질문들에 다가가 해결하려고 하면, 나는 즉시 첫째로 그것들이 유치하거나 어리석은 질문이 아니라 인생에서 가장 중요하고 심오한 질문임을, 둘째로 아무리 고민해도 내가 그것들을 해결할 수 없음을 깨달았다"(29).

43   R. M. Hare, "Nothing Matters," in Klemke, *The Meaning of Life*, 277.

내 친구는 "중요하다"(matters)라는 단어의 기능이 관심을 표현하는 데 있음을 이해하지 못했다. 그는 중요함이 마치 수다 떨기(chattering)처럼 사물들이 하는 일(어떤 활동이나 과정)이라고 생각했다. 즉 "내 아내는 내게 중요하다"라는 문장이 논리적으로 "내 아내는 내게 수다를 떤다"와 비슷한 기능을 한다고 여긴 것이다. 만약 그렇게 생각한다면, 사람은 중요함이라는 활동이 무엇인지 궁금해할 수 있고, (아마도 카뮈의 작품과 같은 소설에 나오는 냉정하고 명확한 묘사의 도움을 받아) 세상을 유심히 관찰하면서 무엇인가가 중요하다고 불릴 만한 활동을 하고 있는지 찾아보게 된다. 그리고 그런 현상을 전혀 관찰할 수 없다면, 그 소설가는 결국 **아무것도 중요하지 않다**고 우리를 설득하기 쉽다. 이에 대한 답은 이렇다. "중요하다"는 그런 종류의 단어가 아니다. 그것은 사물들이 하는 어떤 활동을 묘사하는 것이 아니라 그것들이 하는 일에 대한 우리의 관심을 표현하는 것이다. 그러니 당연히 우리는 사물들이 중요해하는 모습을 관찰할 수 없다. 하지만 그렇다고 해서 그것들이 중요하지 않다는 뜻은 아니다.[44]

따라서 우리는 "중요하다"와 "수다 떤다"를 혼동해서는 안 된다. 플루나 헤어와 같은 냉소적 분석은 논리 실증주의자들의 태도와 맥을 같이한다. 논리 실증주의자들은 도덕적·종교적·미적 명제들을 포함한 광범위한 믿음과 주장들이 단지 무의미하거나 터무니없다고 주장했다. 그러나 철학자들은 이제 이것이 인간의 진정한 질문과 믿음에 대한 불충분한 대응이라는 점을 인식하고 있다.[45] 일부 철학자들은 "인생의 의미"라는 질문 역시 분석적 해체로는 회피될 수 없는 실질적인 질문임을 강조한다. 존 코팅햄(John

---

44   Hare, "Nothing Matters," 281.

45   Hilary Putnam, *Reason, Truth, and History*(New York: Cambridge University Press, 1981), 105-6을 보라.

Cottingham)의 말처럼 "이 질문은 결코 사라지지 않는다."[46]

그렇다면, 그 질문, 즉 결코 사라지지 않는 그 질문의 의미는 무엇일까?

의미와 시간의 드라마

또 다른 (이름도 절묘한) 철학자 존 위즈덤(John Wisdom)은 도움이 될 만한 비유를 제시한다. 우리는 때때로 극장에 늦게 도착하거나 일찍 떠나서 연극의 일부만을 보게 된다. 이럴 때 우리는 그 연극이 "무엇을 의미하는지" 묻게 되는데, "이 경우 우리는 우리가 본 부분을 이해하기 위해 앞서 어떤 일이 있었고 이후에 어떤 일이 일어나는지를 알고 싶어 한다." 하지만 때로는 연극 전체를 다 보고도 "그 연극의 의미는 무엇일까?"라고 묻는다. 이 경우에도 "우리는 의미 있고 불합리하지 않은 질문을 하고 있다. 우리의 말은 연극 전체의 성격과 의의를 파악하고자 하는 바람을 표현한다." 마찬가지로 "이 모든 것의 의미"를 물을 때, "우리는 시간이라는 드라마 속에서 질서를 찾으려고 시도한다."[47]

물론 우리는 좀 더 근본적인 질문을 하고 있을 수도 있다. 즉 우리는 "시간의 드라마"라는 것이 실제로 존재하는지를 묻는 것일 수도 있다. 위즈덤은 이런 질문도 인정한다. "시간의 드라마는 바보가 들려주는 이야기처럼 아무 의미가 없는 것일까? 아니면 의미없지 않은 것은 아닐까? 만약

46　John Cottingham, *On the Meaning of Life* (London: Routledge, 2003), 1. 참조. 『삶의 의미』 (동문선 역간). Charles Taylor, *A Secular Age* (Cambridge, MA: Harvard University Press, 2007), 677("많은 사람은 메타 질문['이 모든 것의 의미는 무엇인가']을 묻고 싶어하지 않는다. 그러나 일단 누군가에게 이 질문이 떠오르면, 그 질문을 잊으라는 충고만으로는 쉽게 떨쳐낼 수 없다").

47　John Wisdom, "The Meanings of the Questions of Life," in Klemke, *The Meaning of Life*, 257, 258-59.

의미가 없는 것이 아니라면, 그것은 희극인가 비극인가, 환희인가 재앙인가, 아니면 유쾌함과 괴로움이 영원히 뒤섞인 혼합물인가?"[48]

우리는 위즈덤의 비유를 연극 관객이 아니라 연극의 배우일 수도 있는—혹은 아닐 수도 있는—사람들의 관점으로 확장해볼 수 있다. 우리는 일종의 무대 위에 서 있고 어떤 사건이 전개되는 사람들과 장면들 한가운데서 자신을 발견한다. 하지만 과연 완성된 각본이나 드라마가 존재하는지 아니면 사람들이 더 큰 포괄적인 계획이나 목적 없이 그저 각자 자신의 목표와 프로젝트—즉 "이익"—만을 좇으며 무의미하게 어슬렁거리고 있는 것인지는 알 수 없다. 이런 상황에서 우리는 우리가 드라마의 일부인지 아닌지 알고 싶어 한다(그리고 이 질문은 충분히 의미가 있는 것이다).[49]

이처럼 "의미"에 대한 질문 혹은 더 야심찬 형태의 "의미"에 대한 질문은 대개 이런 맥락에서 제기된다. 즉 인간적인 계획과 유한한 프로젝트를 넘어 우리가 모두 어떤 더 큰 이야기—테리 이글턴의 표현을 빌리자면 "이 모든 것의 숨겨진 플롯"[50]—안에 놓여 있는지 묻는 것이다.

한번 우리가 이것을 의미라는 질문에 대한 (비유적일 수도 있는) 정식으로 받아들인다고 가정해보자. 그리고 이 질문에 긍정적으로 답하거나 적어도 긍정적 답변의 가능성을 인정한다고 해보자. 즉 "이 모든 것에는 숨겨진 플롯" 혹은 거대한 서사가 있다—혹은 **있을 수 있다**—고 여기는 것이다. 그렇다면 우리는 종교의 영역에 들어서게 된다. 실제로 우주에 어떤 더 큰 의미가 존재하며 우리는 그 의미에 따라 살아야 한다는 견해는 "종교"란 무엇인가 혹은 종교적 세계관과 비종교적 세계관의 차이가 무엇인가

₄₈ Wisdom, "Meanings of the Questions," 260.

48   Wisdom, "Meanings of the Questions," 260.

49   참조. Robert M. Adams, "Comment," in Wolf, *Meaning in Life*, 75, 83("하지만 삶의 의미에 대한 판단은 서사적 구조를 가진 어떤 것에 대한 평가다").

50   Eagleton, *The Meaning of Life*, 106.

라는 성가신 질문에 대한 그럴듯한 답이 될 수 있다.[51] 지그문트 프로이트(Sigmund Freud) 역시 "삶에 목적이 있다는 생각은 종교 체계와 함께 성립하고 종교 체계가 무너지면 함께 무너진다"[52]고 주장했다.

이러한 견해를 사려 깊게 설명한 최근의 예로는 영국 유대인 연합회의 전 수석 랍비 조너선 색스(Jonathan Sacks)가 있다. 빅터 프랭클과 수전 울프처럼 색스도 의미가 인간 삶의 중심에 있다고 주장한다. 그는 다음과 같이 말한다. "우리는 의미를 추구하는 동물입니다." 우리가 아는 한 다른 동물들은 이런 질문을 하지 않지만, 인간은 한다. "이것이 우리를 독특하게 만듭니다. 인간이란 '왜?'라는 질문을 던지는 존재입니다."[53] 색스는 "의미 있는 삶"이란 단순히 개인이 스스로 설계한 삶을 말하는 것이 아니라고 덧붙인다. "나는 우리 바깥에서 오는, 부름이자 소명이고 사명인 의미를 가진 삶을 말합니다."[54] 색스는 이러한 개념이 종교적 성격을 띤다고 설명한다.

---

51 이와 같은 맥락에서 Michael Perry는 "종교"를 "종교적 질문이거나 제한 질문"(limit question)에 연관 짓는다. 예를 들어 다음과 같은 질문들이다. "우리는 누구인가? 우리는 어디에서 왔는가? 우리의 기원과 시작은 무엇인가? 우리는 어디로 가는가? 우리의 운명과 종말은 무엇인가? 고통의 의미는 무엇인가? 악의 의미는 무엇인가? 죽음의 의미는 무엇인가? 그리고 가장 근본적인 질문, 즉 많은 다른 질문들을 포괄하는 질문이 있다. 인간의 삶은 궁극적으로 의미가 있는가, 아니면 인간의 삶은 궁극적으로 의미가 없고, 무의미하며, 부조리한가?" Michael J. Perry, *The Political Morality of Liberal Democracy* (New York: Cambridge University Press, 2010), 43(각주는 생략되었다).

52 Freud는 종교를 "너무나 명백하게 유아적이고, 현실과 동떨어진 것"이라고 경멸적으로 일축했으며(22), "삶의 목적을 결정하는 것은 단순히 쾌락 원리의 프로그램일 뿐이다"라는 환상 없는 결론을 지지했다(25).

53 Jonathan Sacks, *The Great Partnership: Science, Religion, and the Search for Meaning* (New York: Schocken, 2011), 25. "우리는 의미를 추구하는 동물입니다. 우주에서 '왜?'라는 질문을 던진 유일하게 알려진 생명체죠. 이 질문에 대해 단일하고, 입증 가능하며, 반박 불가능하고, 자명하며, 강력하고, 보편적인 답은 존재하지 않습니다. 하지만 원칙적으로 이 질문을 던지지 않으려 하거나, 우주는 단순히 '그렇게' 생겨난 것일 뿐이고 더 이상 할 말이 없다고 주장하는 태도는 애초에 과학을 가능하게 했던 바로 그 호기심, 즉 눈에 보이는 지평 너머에 있는 것을 끊임없이 추구하는 탐구 정신의 실패입니다"(288-289).

54 Sacks, *The Great Partnership*, 104.

종교란 대체로 우리가 이야기하고, 의식을 행하며, 기도를 드림으로써 의미를 끊임없이 만들고 새롭게 하는 행위입니다. 그 이야기들은 신성하고, 의식은 신의 명령이며, 기도는 신과 나누는 진정한 대화입니다. 종교란 실재하는 존재(Presence)에 대한 진정한 응답이지만, 동시에 그 존재에게 끊임없이 응답하며 살아감으로써 그 존재를 실제로 만드는 방식이기도 합니다.[55]

색스는 이 해석을 뒷받침하기 위해 철학자 루트비히 비트겐슈타인(Ludwig Wittgenstein)의 말을 인용한다.

신을 믿는다는 것은 삶의 의미에 대한 질문을 이해한다는 것이다.

신을 믿는다는 것은 세상의 사실들이 모든 것의 끝이 아님을 안다는 것이다.

신을 믿는다는 것은 삶에 의미가 있음을 본다는 것이다.[56]

비트겐슈타인의 말들은 한 가지 점에서 오해를 불러일으킬 수 있다. 모든 종교적 이해가 반드시 유신론적 성격을 띠는 것은 아니기 때문이다.[57] 그러나 의미 혹은 어떤 이야기에 대한 믿음은 일반적으로 "종교"라는 설명을 이끌어내는 종류의 믿음이다. 윌리엄 제임스(William James)가 관찰했듯 "[종교의] 보편적 메시지를 한마디로 요약할 수 있다면, 그 말은 '겉으로는

---

55   Sacks, *The Great Partnership*, 197.

56   Sacks, *The Great Partnership*, 19.

57   William James, *The Varieties of Religious Experience*, rev. ed. (New York: Barnes and Noble, 2004), 39. 『종교적 경험의 다양성』(한길사 역간).

어찌 보이든지 이 우주에서 모든 것이 헛된 것은 아니다'일 것이다."[58]

"의미"의 한계

지금까지의 논의는 인간이 단순히 이익을 추구하는 존재에 그치지 않고 그이상이라는 점을 시사했다. 우리는 좁은 의미(local meaning)뿐 아니라 더 큰의미까지 파악하고 그에 따라 살아가고자 하는 "의미를 추구하는" 존재이기도 하다. 그리고 한 관점에 따르면, 종교란 인간의 본성이 가진 이러한 의미를 추구하는 차원을 자극하며 우주적·인간적 드라마가 무엇인지 설명해주는 일종의 거대 이야기(Grand Story) 혹은 메타내러티브(metanarrative)를제공함으로써 의미를 부여한다.

그러나 이런 설명에는 반론이 제기될 수 있다. 특히 두 가지 중요한 반론을 살펴보자. 첫 번째 반론은 이런 "메타내러티브" 중심의 설명이 종교의 많은 부분을 누락한다는 것이다. 모든 종교가 메타내러티브를 제공하는것은 아니다. 그리고 그런 이야기를 제공하는 종교에서도 메타내러티브가반드시 가장 본질적이거나 핵심적인 요소라고 볼 수는 없다. 처음부터 명확하게 (적어도 명시적으로는) 존재하지 않았을 수 있다. 종교가 발전하면서후대에 정교화된(elaborated) 것일 수도 있다. 모세가 떨기나무 앞에서 경외심에 무릎을 꿇을 때,[59] 그는 어디서 왔고 어디로 가는지 알려주는 어떤 우주적 이야기에 반응한 것이 아니다. 비슷하게 기독교 역시 창조, (고통과 죽음의 세계, 즉 우리의 현재 거주지로의) 타락, 그리고 영원한 생명으로 나아가는구속이라는 우주적 내러티브를 제공한다. 이런 메타내러티브는 "나는 누

58　James, *Varieties of Religious Experience*, 44.

59　출 3장.

구인가? 왜 여기 있는가? 어떻게 살아야 하는가? 내 미래는 무엇인가?"와 같은 "의미"의 일반적 질문에 지침을 제공한다. 하지만 예수가 베드로, 야고보, 요한에게 어부의 삶을 버리고 자신을 따르라고 부를 때, 그는 이런 메타내러티브를 설명하지 않는다. 그저 "와서 나를 따르라"고 요청 혹은 명령할 뿐이다.[60]

다른 반론은 위의 설명이 종교의 토대를 인간의 **필요**, 더 구체적으로는 "의미"에 대한 필요에 두고 있다는 점을 지적한다. 하지만 종교를 이렇게 설명하는 이해에는 적어도 두 가지 문제가 있다. 첫째, 어떤 사람들은 그런 필요 자체를 느끼지 않는 것처럼 보인다. 적어도 겉보기에는 많은 사람이 "이 모든 것의 의미가 무엇인가" 혹은 "이 모든 것의 목적이 무엇인가"에 대해 크게 고민하지 않고 일하고, 자며, 먹고, 마시며, 사랑하고, 슬퍼하며 인생을 살아간다. 톨스토이가 자신의 실존적 위기를 서술한 이야기가 흥미로운 이유 중 하나는 바로 톨스토이 자신이 예외적인 인물이었기 때문일 수 있다. 더 일반적으로 종교를 "의미 제공"의 능력이라는 측면에서 명시적으로 설명하는 방식은 주로 근대적 현상일 가능성이 크다. 즉 그것은 "마법이 사라진" 세계에서 "의미 상실"이라는 널리 퍼진 근대적 분위기(sense)에 대한 반응이라는 것이다. 우리는 뒷부분에서 이 조건에 대해 더 다룰 것이다.

"의미의 필요성"에 호소함으로써 종교를 이해하는 일이 야기하는 두 번째 문제는 이런 설명 방식이 종교를 은근히 전복시킬 수 있다는 점이다. 필요에 기반한 설명은 종교를 단순한 "소원 성취"로 치부하는 냉소적 해석과 잘 맞아떨어진다.[61] 우리는—사랑이 넘치는 가정, 안정된 직장, 건강, 세

60　마 4:19.

61　예를 들어 Sigmund Freud, *The Future of an Illusion*, ed. Todd Dufresne, trans. Gregory C. Richter(Toronto: Broadview Press, [1927] 2012)을 참조하라. 『환상의 미래』(온이퍼브 역

계 평화 등—많은 것이 "필요"하다. 그러나 그렇다고 해서 우리가 이런 것들을 반드시 얻게 되는 것도 아니고 세상에 이런 필요에 상응하는 어떤 것, 즉 어떤 실재가 반드시 존재하는 것도 아니다. 프랑스 철학자 뤽 페리(Luc Ferry)는 "필요가 우리로 하여금 그 대상을 발명하게 만들고, 더 나아가 우리가 그 대상에 집착하여 온갖 궤변을 동원해 그것을 옹호하게 만들 가능성이 크다. 이런 점에서 신에 대한 필요가 내가 아는 한 신의 존재에 대한 가장 강력한 반대 논거다"[62]라고 지적한다.

그러나 적어도 일부 종교인들에게 종교는 어떤 필요나 소망에 대한 응답이 아니라 좋든 싫든 실제로 존재하거나 참된 어떤 것—때로는 불편하거나 고통스러운 것—에 대한 지각에서 비롯된다. 다시 말해, 모세가 떨기나무에서 하나님을 예상치 못한 가운데 만났을 때, 그는 이 새롭게 직면한 실재와 갑자기 자신에게 주어진 의무들에 대해 결코 기뻐하지 않았다.[63] 다마스쿠스로 가는 길에서 사울이 하나님의 현현(epiphany)을 경험할 때도 그 경험은 그가 원했던 것도 유쾌한 것도 아니었다.[64]

이러한 반론들을 언급하는 것은 종교를 "의미"에 기반해서 설명하는 일을 무시하거나 폄훼하려는 것이 아니라 "의미"와 의미에 대한 필요가 종교의 유일하거나 가장 근본적인 토대가 아닐 수 있음을 시사하기 위함이다. 그렇다면 더 근본적인 토대란 무엇일까?

간).

62 Luc Ferry, *A Brief History of Thought: A Philosophical Guide to Living*, trans. *Theo Cuffe* (New York: HarperCollins, 2011), 230.

63 출 3장.

64 행 9장.

다시 시작하기, 숭고함과 함께

또 다른 유대인 사상가인 랍비 아브라함 헤셸(Abraham Heschel)은 다른 출발
점을 제시했다. 프랭클이나 색스처럼 헤셸도 "궁극적 의미"[65]에 대해 이야
기했지만, 그는 그것을 출발점으로 삼지는 않았다. 오히려 그는 종교가 "경
이"(wonder) 또는 "경외"(awe)의 감각에서 시작한다고 주장했다. "경이 또
는 근원적 놀라움은 종교적 인간이 역사와 자연을 대하는 태도의 가장 중
요한 특징이다."[66] 이 태도는 분명히 주관적이지만, **단순히** 주관적이거나
환원적으로 주관적인 것만은 아니다. 오히려 "경외는 감정 그 이상이다. 그
것은 이해의 한 방식이다. 경외는 우리 자신을 넘어서는 더 큰 의미에 대한
통찰의 행위 그 자체다."[67]

　　종교적 경외는 우주 안에 "숭고한" 것이 존재함을 인식한다. 이 숭고
함은 아름다움과 연관되어 있지만, 그것을 초월한다. "아름다움에 대한 지
각은 숭고함에 대한 경험의 시작일 수 있다. 숭고함이란 우리가 볼 수는 있
지만 전달할 수 없는 것이다. 그것은 사물들이 자신을 넘어서는 더 큰 의미
를 가리키는 침묵의 암시다. 그것은 만물이 궁극적으로 나타내는 바로 그
것이다.…바로 이 때문에 숭고함에 대한 감각은 인간이 예술과 사유, 그리
고 고귀한 삶에서 영위하는 창조적 활동의 뿌리로 간주되어야 한다."[68]

65　　Abraham Joshua Heschel, *God in Search of Man: A Philosophy of Judaism* (New York: Farrar, Straus and Giroux, 1955), 107, 119.『사람을 찾는 하느님』(한국기독교 연구소 역간).

66　　Heschel, *God in Search of Man*, 45.

67　　Heschel, *God in Search of Man*, 74. 참조. James, *Varieties of Religious Experience*, 61("마치 인간의 의식 속에는 실재에 대한 감각, 객관적 현존에 대한 느낌, 그리고 우리가 '무언가 거기에 있다'고 부를 수 있는 어떤 것에 대한 지각이 있는 것 같다. 이 지각은 최신 심리학이 존재하는 실재들이 최초로 드러난 것으로 가정하는 개별적이고 특수한 '감각들'보다 훨씬 더 깊고 보편적이다").

68　　Heschel, *God in Search of Man*, 39.

따라서 종교는 숭고함에 대한 감각에서 출발한다. 여기서 숭고함은 단순한 주관적 감정이 아니라 우리 지각과는 독립적으로 존재하는 실재다. 그렇다면 그 실재는 어디에 있고 무엇인가? 이 점에서 헤셸은 고대 그리스 종교의 태도와 그가 "성서적 인간"(Biblical man)이라 부른 태도를 대조한다. 그리스 종교는 숭고함을 자연, 더 넓게는 세계 자체와 동일시했다. 본질적으로 그것은 세계 혹은 세계의 일부를 신성시했다.[69] 반면, 성서적 인간은 숭고함을 자연과 세계의 배후에 초월적으로 존재하는 무언가—혹은 누군가—의 현현으로 이해했다.[70]

1세기 스토아 철학자 세네카의 다음과 같은 설명을 생각해보자.

만약 당신이 오래된 나무들이 평소보다 훨씬 높이 자라 서로 얽힌 가지들로 하늘을 가리는 울창한 숲을 만난 적이 있다면, 숲의 웅장함과 그곳의 고요함, 그리고 탁 트인 공간 한가운데 펼쳐진 끊임없는 그늘에 대한 경이로움이 당신 안에 **신성**(*numen*)에 대한 감정을 불러일으킬 것이다. 혹은 바위가 깊이 침식되어 만들어진 동굴이 산을 아치 형태로 떠받치고 있고 인간의 손이 아닌 자연의 힘에 의해 넓게 파인 공간을 마주한다면, 당신의 마음은 **종교적 경외**(*religio*)로 고양될 것이다. 우리는 거대한 강의 근원을 경배하고, 숨겨진 곳에서 갑자기 솟아나는 시냇가에 제단을 세우며, 온천을 숭배하고, 그 어둠이나 헤아릴 수 없는 깊이 때문에 호수를 신성하게 여긴다.[71]

---

69   Heschel, *God in Search of Man*, 88-89.

70   "성서적 인간에게 숭고함이란 하나님의 현존이 드러나는 한 형태에 불과하다.…성서적 인간에게 세상의 아름다움은 하나님의 위대함에서 비롯된 것이다. 그분의 위엄은 우주의 숨막히는 신비를 훨씬 능가한다. 오히려…성서적 인간은 세상의 아름다움 때문에 세상을 찬양하기보다는 세상으로 하여금 그 창조주를 찬양하라고 촉구했다." Heschel, *God in Search of Man*, 95-96.

71   Valerie M. Warrior, *Roman Religion: A Sourcebook* (Newburyport, MA: Focus Pub.; R. Pullins, 2002), 2에서 재인용.

세네카의 설명은 종교가 경외심이나 숭고함의 감각에서 비롯된다는 헤셸의 견해와 일치하며 고전적 또는 이교적 종교가 숭고함을 자연이나 세계와 동일시했다는 그의 주장도 뒷받침한다.

요약하자면, 고대 종교와 성서적 종교는 모두 숭고함에 대한 경외에서 비롯된 응답이었다. 그러나 고대 종교는 숭고함을 세계 **안에서** 찾고 **세계 자체**—혹은 그 일부—를 신적인 것으로 여겼다. 반면, 성서적 종교는 숭고함이 **세계를 초월한다**고 보았다. (이 구분은 이후 장에서 매우 중요한 논점이 될 것이다.)

성스러움

헤셸은 다른 대목들에서 "숭고함"을 "성스러움"과 연결지었다.[72] 이런 점에서 그의 견해는 독일 학자 루돌프 오토(Rudolf Otto)의 고전적 저작『성스러움의 의미』와 만난다.[73] 오토는 종교의 근원이 초월적 실재, 즉 "신성"을 직접 경험하는 데 있다고 주장했다. 이 실재는 단순히 주관적인 것이 아니라 "객관적이고 자아 밖에 있는 것으로 느껴진다"(11).

오토에 따르면 성스러움은 고유하다(sui generis). 즉 성스러움 자체도 그것에 대한 경험도 다른 어떤 것으로 환원되거나 분석될 수 없다. 오토는 한 대목에서 "깊이 있는 종교적 경험"을 한 번도 해보지 않은 독자는 자신의 저서를 이해할 수 없을 것이며 "더 이상 읽지 말라"고까지 단호하게 말

---

[72] 예를 들어 Heschel, *God in Search of Man*, 117.

[73] Rudolf Otto, *The Idea of the Holy: An Inquiry into the Non-Rational Factor in the Idea of the Divine*, trans. John W. Harvey, rev. ed. (Whitefish, MT: Kessinger Publishing, [1917] 2010). 이후부터 이 책의 쪽수는 본문 내 괄호 안에 병기한다.『성스러움의 의미』(분도출판사 역간).

했다(8). 그럼에도 오토는 신성의 개념을 설명하기 위해 고심했다. 그는 "거룩한 존재에 대한 체험"(*numinous*), **"두려운 신비"**(*mysterium tremendum*)(7, 12) 등 암시적인 용어를 만들어내고 분석했다. 그리고 여러 불완전한 비유도 제시했다. 그는 성스러움의 경험이 경외심(14), "유령 이야기에서 느끼는 공포와 전율"(16), "숭고함의 감각"(42), 에로틱한 느낌(48), 아름다운 음악을 들을 때 경험하는 "기쁨에 찬 환희"(49) 등과 유사하다고 제안했다.[74]

비슷한 맥락에서 종교학자 미르체아 엘리아데(Mircea Eliade)는 영향력 있는 저서 『성과 속』에서 종교를 "성스러움"(the sacred)에 대한 감각과 그에 대한 헌신과 연결했다. 성스러움은 다른 종류의 존재 혹은 존재의 질서를 나타낸다. 그것은 "완전히 다른 차원의 어떤 것, 즉 우리 세계에 속하지 않는 실재의 현현"이다.[75] 종교적 인간에게 "세계는 그 자신을 성스러운 세계로 드러내는 만큼 세계로서, 코스모스로서 인식된다."[76]

의미와 숭고함, 필요와 진리

우리는 "종교"가 무엇인지, 그리고 그것이 인간의 본성과 경험에서 어떻게 비롯되는지에 대한 두 가지 서로 다른 설명을 살펴보았다. 첫 번째 설명에

---

[74] Otto는 성스러움이 초월적 실재이자 가치의 범주를 모두 가리킨다고 주장했다(Otto, *The Idea of the Holy*, 52). "특히 신비가들에 의해 경험될 때, 성스러움은 그 본질적이고 긍정적이며 고유한 성격으로 체험된다. 그것은 인간에게 비할 데 없는 지복을 부여하지만, 그 진정한 본질은 말로도 설명할 수 없고 생각으로도 온전히 이해할 수 없다.…그것은 어떤 '구원의 교리'에서 긍정적인 표현으로 지시되거나 암시되는 모든 축복을 포괄하는 행복이다.…그것은 인간의 이해를 초월하는 평화를 주며 그 평화에 대해 인간의 혀는 더듬거리며 겨우 몇 마디를 말할 뿐이다"(33–34).

[75] Mircea Eliade, *The Sacred and the Profane: The Nature of Religion*, trans. Willard R. Trask (Orlando: Harcourt, 1957), 11. 『성과 속』(한길사 역간).

[76] Eliade, *Sacred and the Profane*, 64.

따르면, 인간은 "의미"에 대한 필요를 가지고 있으며 이 필요는 궁극적으로 "시간의 드라마"가 무엇을 위한 것인지, 그리고 인간이 그 드라마에서 어떤 위치를 차지하는지를 설명해주는 메타내러티브에 의해 충족된다. 두 번째 설명에서 종교는 인간이 또 다른 실재와 만나는 반응에서 비롯된다 (이 만남은 유쾌하거나 유쾌하지 않을 수 있다). 이 실재는 대개 "숭고함", "신성함", "성스러움" 등으로 표현되며, 일상적이고 "세속적인" 실재와 대조된다. 한 개인이 이처럼 "신성한" 실재를 인식하고, 그것을 존중하며, 그 실재와 조화하거나 일치하는 삶을 살아가려고 노력할 때 "종교적"이라고 불릴 수 있다.

이 두 번째 의미는 윌리엄 제임스가 제안한 정의와 매우 가깝다. "**종교란…개인들이 신적인 것으로 여기는 무엇과 관계를 맺고 있다고 스스로 인식할 때 고독 속의 개인이 겪는 감정, 행위, 경험을 의미한다.**"[77] 제임스는 종종 종교를 "고독 속의 개인"이라는 순수하게 개인주의적 관점에서 정의했다는 비판을 받는다(비록 그가 종교의 공동체적 차원을 인정했고, 단지 강의에서 그 측면에 초점을 맞추지 않았다고 설명했지만 말이다).[78] 우리는 이 점을 잠시 후에 다시 다룰 것이다. 이러한 점을 감안하면, 제임스의 정의는 종교를 거룩함 혹은 성스러움과 맺는 관계로 파악하는 핵심적인 의미를 잘 포착하고 있다.

비록 서로 다르지만, "의미"와 "성스러움"에 대한 설명은 충분히 양립 가능하며 심지어 수렴하는 면도 있다. 종교적 관점에서 숭고함의 근원이자 중심인 성스러운 실재가 바로 세계에 "의미"를 부여하는 존재이기도 하다. 우리는 이 점에 대해 곧 다시 논의할 것이다. 또한 "의미" 설명은 인간의 **필**

---

77   James, *Varieties of Religious Experience*, 39. James는 종교의 제도적 성격을 인정했다.

78   James, *Varieties of Religious Experience*, 37.

요—즉 의미에 대한 필요—에서 출발하는 반면, 숭고함 설명은 **진리** 혹은 실재와의 만남에서 출발하는 것처럼 보이지만, 결국 이 두 접근법은 서로를 잘 보완해준다.

이는 종교적 관점에서 볼 때 우리가 어떤 것을 필요로 한다는 관찰이 증거적 의미를 가질 수 있기 때문이다. 즉 그것은 우리가 참여하고 있는 드라마의 본질에 대한 단서가 될 수 있다. 따라서 **필요**라는 사실은 **진리**라는 문제와 관련이 있다. 필요와 진리의 연결—혹은 당신이 좋아한다면 인간의 필요가 지니는 증거적 의미—은 최근 들어 C. S. 루이스에 의해 아마도 가장 집요하고도 설득력 있게 주장되었다.[79] 루이스는 사랑과 추구와 감정에서—말하자면 아름다움에 대한 인간의 추구에서, 또한 더 순수한 시대나 더 나은 상태를 향한 우리의 낭만적이고 향수 어린 갈망 속에서—어떤 선에 대한 욕구를 발견했는데, 이는 단지 세속적인 활동이나 성취만으로는 결코 완전히 채워질 수 없는 욕구다.[80] 이러한 욕구는 루이스에게 우리가 어떤 더 높은 선, 즉 "일시적이고 유한한 것을 초월한 선, [즉] 우리의 진정한 운명" 혹은 "우리 안에 지금도 찾을 수 있는 머나먼 본향"을 향해 나아가는 피조물임을 시사했다.[81] 그리고 루이스는 욕구라는 **사실**이 그 욕구의 **충족** 가능성을 보장하지는 않는다는 반론과 마주했다.

우리는 어떤 자연적 행복으로도 충족될 수 없는 욕구를 의식한다. 하지만 그

---

[79] 자세한 설명은 Peter J. Kreeft, "C. S. Lewis's Argument from Desire," in *The Riddle of Joy*, ed. Michael H. Macdonald and Andrew A. Tadie(Grand Rapids: Eerdmans, 1989), 249를 참조하라.

[80] 예를 들어 C. S. Lewis, "The Weight of Glory," in *The Weight of Glory and Other Addresses*, rev. ed. (New York: HarperCollins/HarperOne, 1949), 25-34를 참조하라. 『영광의 무게』 (홍성사 역간).

[81] Lewis, "The Weight of Glory," 29.

실재가 그 욕구를 충족시켜줄 것이라고 생각할 만한 이유가 있을까? "배고픈 상태가 빵이 있다는 증거는 아니다." 그러나 나는 이 말이 요점을 놓치고 있다고 생각한다. 누군가가 배가 고프다고 해서 반드시 빵을 얻게 된다는 보장은 없다. 그는 대서양의 뗏목 위에서 굶어 죽을 수도 있다. 하지만 사람의 굶주림은 그가 음식을 먹음으로써 육신을 유지하는 종족이며 먹을거리가 존재하는 세상에 산다는 사실을 충분히 입증한다. 이와 마찬가지로, 낙원을 바라는 나의 욕구가 앞으로 내가 낙원을 누리게 될 것임을 보증하진 못하지만(그럴 수 있다면 좋겠지만), 나는 그런 욕구가 어딘가 낙원이 존재하고 누군가는 그것을 누리게 될 것임을 보여주는 꽤 훌륭한 징조라고 생각한다. 한 남자가 한 여자를 사랑할 수는 있지만 그녀를 얻지 못할 수도 있다. 그러나 "사랑에 빠진다"는 현상이 성(sex)이 존재하지 않는 세계에서 일어난다면 그것이야말로 이상한 일일 것이다.[82]

회의론자에게 루이스의 논증은 선결문제의 오류처럼 보일 것이다. 만약 우리가 세계에 어떤 전체적 목적이나 설계가 있다고 전제한다면, 욕구라는 사실은 그 목적과 설계에 대한 단서가 될 수 있다. 반대로, 우리가 그런 목적이나 설계를 전제하지 않거나 세계를 무작위적인 진화에 의한 자연선택의 산물로 본다면, 충족될 수 없는 욕구와 필요를 가진 존재(즉 우리)가 진화했다고 상상하는 것은 어렵지 않다. 우리는 삶을 즐기거나 감상하는 감각을 진화시켰을 수 있고—그런 특성은 생존에 유리했을 것이다—그래서 우리는 자연스럽게 그 즐거움을 미래에 투사하여, 예를 들어 영원히 살고 싶다는 욕구를 품게 된다. 그러나 그런 가능성이 실제로 존재한다는 결론이 반드시 따라오는 것은 아니다.

82　Lewis, "The Weight of Glory," 32-3.

따라서 회의론자는 루이스의 욕구로부터의 논증이 선결문제의 오류를 범하고 있다고 생각할 것이다. 물론 신앙인은 회의론자에게 비슷한 반론을 제기할 수도 있다. 즉 회의론자들은 종교가 인간의 깊은 필요를 충족시킨다는 점을 의기양양하게 지적하며 그로써 종교를 믿을 수 없는 것으로 만들거나 단순한 소원 성취적 사고에 불과하다고 주장할 수 있다.[83] 그러나 인간의 필요가 인식론적으로 무의미하다는 결론은 오직 세계에 어떤 전체적 드라마나 설계가 없다고 전제할 때만 따라온다.

결국—의미, 위로, 인도,…영원한 삶에 대한—필요라는 사실은 신앙적 입장과 회의적 입장 모두와 양립할 수 있는 것처럼 보인다. 그러나 필요나 욕구라는 사실을 근거로 어느 한쪽 입장에서 논증을 전개하는 것은 문제가 있다. 즉 각각의 입장은 인간의 욕구가 어떤 전체적인 설계의 한 단서가 될 수 있는지 아니면 그런 설계가 존재하지 않는지를 이미 전제하고 논증을 시작한다. 결론적으로, 종교를 더 높은 실재—숭고함, 성스러움—와 인간의 만남에 대한 진리 지향적인 응답으로 이해하는 관점이 더 근본적인 설명으로 보이며, 필요나 의미에 기반한 설명은 더 근본적인 설명을 보충하지만 그에 종속된 설명으로 여겨진다. 종교적 메타내러티브는 인간의 의미에 대한 필요에 응답할 수 있지만, 그 필요 자체만으로 그 메타내러티브가 실제로 진실임을 입증할 수는 없다. 그러한 근거는 다른 곳—아마도 실제로 거룩함과의 만남 같은 것—에서 찾아야 한다.

성별의 명령

"의미"든 혹은 "숭고함"이든 이 두 가지 입장에서 종교는 유사한 기능을 수

---

[83]   Freud, *The Future of an Illusion*을 참조하라.

행한다. 바로 그것은 **성별하는** 기능을 한다. 성별은 일반적으로 사제나 왕 혹은 제의적 물건에 행해지는 것으로 생각된다. 이는 이것들에 신성한 성격을 부여하고 신성한 기능을 수행하도록 따로 구별하는 행위다. 문자 그대로 "성별"은 "신성한 것과의 결합"을 의미한다. 즉 "성별하다"란 "신성화하다" 혹은 "거룩하게 하다", 다시 말해 어떤 것을 신성한 것과 하나 되게 한다는 뜻이다.[84]

그렇다면 왜 성별이 그렇게 명령으로 요구되는 것일까? 종교에 대한 "의미" 입장에서 신성은 "궁극적 의미"의 근원이며 더 낮거나 세속적인 실재들은 이것에서 의미를 부여받는다. 앞서 우리는 인간이 추구하는 "의미" 또는 본원적 의미를 메타내러티브나 우주적 드라마로 설명한 바 있다. 그러나 그 "본원적 의미"는 또한 일종의 더 높거나 궁극적인 실재로 이해될 수도 있는데, 이는 덧없고 일상적이며 겉보기에 무의미한 인간 삶의 사건들에 구원이나 중요성—또는 "의미"—을 부여하는 역할을 한다. 따라서 성별 혹은 신성한 것과의 결합은 어떤 것—대상, 사건, 삶, 세계—에 목적과 의미를 부여한다.

종교적 관점에서 윌리엄 제임스는 "가시적 세계는 더 영적인 우주의 일부이며 그로부터 가장 중요한 의미를 끌어낸다"[85]고 설명했다. 따라서 "우리가 모든 것을 하나님 안에서 보고 모든 것을 하나님께 돌릴 때, 우리는 일상적인 사물들에서 더 높은 의미의 표현을 읽게 된다. 익숙함이 가져오는 무감각은 사라지고 존재 전체가 거룩해진다."[86] 반대로 성별되지 않은

---

84   Otto, *Idea of the Holy*, 56; Eliade, *Sacred and the Profane*, 17, 30, 32을 참조하라.

85   James, *Varieties of Religious Experience*, 418.

86   James, *Varieties of Religious Experience*, 409. 참조. E. L. Mascall, *The Christian Universe* (London: Darton, Longman and Todd, 1966), 47-48("우리의 감각이 지각하는 세계 너머 그 이면에는 또 다른 존재의 영역이 있으며…어떤 방식으로든 이 영역이 우리의 감각적 세계에 설명을 부여하고 인간 삶에 의미를 준다"고 시사한다).

현실은 무의미해진다. 즉 "아무 의미 없는 소음과 분노"가 된다.

마찬가지로 "숭고함"에 대한 종교적 설명에서 성별은 세계와 그 안의 존재들—사람, 동물, 산, 바다, 새, 꽃—에 아름다움과 숭고함, 그리고 마법 같은 매혹을 부여한다. 반대로, 세계가 성별되지 않거나 오히려 모독당한 다면, 그것은 의미도 위엄도 없는 야만적인 사실들의 집합에 불과해진다. 이와 관련해 아브라함 헤셸은 "[숭고함]이 없으면, 세계는 기운이 없어지 고 영혼은 공허하다"[87]라고 말했다.

헤셸의 비유는 원래 삼차원이었던 세계가 이제 이차원으로 납작하게 짓눌려 깊이와 높이, 산과 계곡이 모두 평평해진 모습을 연상시킨다. 또 다 른 비유로는 영화에서 음악이 완전히 삭제된 상태를 상상해볼 수 있다. 시 각적으로는 배우들이 동일한 행동을 하지만, 뭔가가 빠져 있다. 영화에 신 비와 기쁨, 로맨스와 긴장감을 부여했던 바로 그 무언가가 말이다. 성별되 지 않은 세계란 음악이 없는 영화와도 같다.

미르체아 엘리아데는 종교적 인간에게 성별이 세계에 더해주는 것이 무엇인지를 훨씬 더 강렬한 어조, 곧 "존재"라는 관점에서 설명했다.

종교적 인간은 오직 성스러운 세계에서만 살 수 있다. 왜냐하면 오직 그런 세 계 안에서만 그는 존재에 참여하고 **진정한 실존**을 가질 수 있기 때문이다. 이 러한 종교적 필요는 꺼질 줄 모르는 존재론적 갈증을 드러낸다. 종교적 인간 은 **존재**를 갈망한다. 그가 거주하는 세계를 둘러싼 혼돈에 대한 공포는 곧 무 에 대한 공포와 상응한다. 그의 세계 너머로 펼쳐진 미지의 공간—우주화되 지 않았기 때문에 성별되지 않은 공간, 아직 어떤 방향성도 부여되지 않아 구 조도 형성되지 않은 단순한 무정형의 영역—에 관해 말하자면, 이 속된 공간

87　Heschel, *God in Search of Man*, 36.

은 종교적 인간에게 절대적 비존재를 의미한다. 만약 그가 어떤 불운에 의해 그곳에 발을 들이게 되면, 그는 마치 무질서 속에서 녹아내리는 것처럼 자신의 존재적 실체가 비워지는 듯한 느낌을 받으며 결국 죽음에 이른다.[88]

요컨대 종교적 관점에서 볼 때 성별이나 신성한 것과의 결합은 삶과 세계에 의미, 아름다움, 질서—심지어 존재 자체—를 부여하기 때문에 명령적이다. 성별된 세계와 성별되지 않은 세계 사이의 미묘하면서도 거대한 질적 차이는 아마도 두 세계를 모두 경험해본 사람에게 가장 분명하게 느껴질 것이다. 즉 불신에서 진정한 신앙으로 옮겨간 사람 혹은 그 반대의 경험을 한 사람 말이다. 톨스토이의 자전적 고백은 첫 번째 경우—마비될 듯한 무의미에서 의미 있는 신앙으로의 전환—의 한 예다. 반대로—고통의 만연함을 성찰하거나 과학의 함의를 받아들임으로써—종교에서 멀어졌다고 느끼는 이들은 때때로 자신이 상실한 것으로 인해 비극적인 상태에 빠진다. 마치 한때 음악이 울려 퍼지고 색채로 빛나던 세계가 이제는 그 황홀한 특성을 잃고 칙칙하고 공허해진 것처럼 느껴질 수도 있다.

반대로 성별되지 않은 세계에서 늘 편안하게 살아온 사람에게 이렇게 가정된 차이는 비현실적이거나 환상에 불과한 것처럼 느껴질 가능성이 크다. 현실의 세계는 우리가 부여하기로 선택한 만큼의 의미만을 가진다. 그것이 이 세계가 가졌거나 가질 수 있는 전부다. 세계는 오직 아름다울 수 있는 방식으로만 아름답다. 그리고 엘리아데가 (자신이 아니라 "종교적 인간"을 대신해) 말했듯이 성별되지 않은 세계가 비존재로 전락한다고 말하는 것은 매우 부조리한 것처럼 보일 수 있을 것이다. 이 세계는 여기 우리 주변에 분명히 존재한다. 우리 역시 이 세계 한가운데에 있다. 여기에는 "비존재"의

---

88   Eliade, *Sacred and the Profane*, 64.

문제가 전혀 없다! 신성함과 그것이 부과하는 제약을 거부하는 것은 비극이 아니라 오히려 해방처럼 느껴질 것이다. 마치 안개 낀 꿈에서 깨어나 (그 꿈이 아무리 즐거웠다 하더라도) 더 이상 마법은 없지만 풍요롭고 견고한 현실의 세계를 있는 그대로 보는 것처럼 말이다.

그럼에도 성별되지 않은 세계에서 안락하게 살아온 사람조차도 때로는 뭔가 상실되었거나 결여된 듯한 느낌을 받을 수 있다. 그는 옛 문학을 읽다가 아쉬움과 함께 베버가 말한 "세계의 탈주술화"(disenchantment of the world)를 느낄 수도 있다.[89] 또는 그는 한 번도 음악을 들어본 적은 없지만 나름대로 충분히 행복하게 살아오다가 우연히 멀리서 들려오는 멜로디 한 자락을 듣고 자신이 결코 알지 못했던 어떤 숭고함의 차원이 실제로 존재하는 것은 아닌지 문득 궁금해하는 사람과 비슷한 처지에 놓일 수도 있다. 심지어 확신에 찬 성별되지 않은 사람조차도 존 스튜어트 밀처럼 의미 상실의 위기 앞에서 마비된 자신을 발견할 수 있다.[90] 그리고 밀처럼 그는 신성함의 숭고함을 자연이나 문학, 혹은 거의 신적인 특성을 부여한 연인(밀이 자신의 연인이자 훗날 아내가 된 해리엇 테일러[Harriet Taylor]에게 그랬던 것처럼)에게서 찾으려 할지도 모른다. 밀이 행한 "해리엇 숭배"(Harriet-worship)에 대해 논평하며, A. N. 윌슨(A. N. Wilson)은 밀의 친구 알렉산더 베인(Alexander Bain)의 말을 인용한다. "[밀이 테일러에게 부여한 덕의] 그런 조합은 인류 역사 전체를 통틀어 한 번도 실현된 적이 없다."[91] 그리고 윌슨은 덧붙인다. "해리엇 테일러에 대한 [밀의] 찬미는 우리에게 인류는 기독교

---

89   예를 들어 *From Max Weber: Essays in Sociology*, ed. and trans. H. H. Gerth and C. Wright Mills (New York: Oxford University Press, 1946), 155("우리 시대의 운명은 합리화와 지성화, 그리고 무엇보다도 '세계의 탈주술화'로 특징지어진다")을 참조하라.

90   J. S. Mill, "A Crisis in My Mental History—One Stage Onward," in *The Autobiography of John Stuart Mill* (Rockville, MD: Arc Manor, [1873] 2008), 5장.

91   A. N. Wilson, *God's Funeral* (New York: Norton, 1999), 51.

를 버릴 수는 있어도 숭배의 능력을 완전히 잃는 것은 훨씬 더 어렵다는 사실을 상기시킨다."[92]

죽음은 냉혹하고 피할 수 없는 사실로 때때로 우리로 하여금…무엇에 대한 필요를 느끼게 한다. 무엇에 대한 필요일까? 아마도 세속적 실존의 속된 사실을 넘어서는 무언가에 대한 필요일 것이다. "결핍에 대한 자각"(An Awareness of What Is Missing)이라는 짧은 논문에서 철학자 위르겐 하버마스(Jügen Habermas)는 스위스 극작가 막스 프리쉬(Max Frisch)의 추도식에 참석했던 일을 회상한다. 프리쉬는 불가지론자였고 그의 뜻에 따라 추도식은 사제나 기도 없이 진행되었다. 참석자 대부분은 "교회나 종교에 별로 관심이 없는 지식인들이었다." 그럼에도 프리쉬의 요청에 따라 추도식은 취리히의 성 베드로 교회에서 열렸고 프리쉬가 성 베드로 교회의 목사들에게 교회 사용을 허락해준 데 대해 감사를 표하는 메시지도 포함되었다. 하버마스는 프리쉬가 교회를 선택한 것은 "계몽된 현대가 인생의 마지막 **통과의례**(rite de passage)를 대체할 만한 적절한 방식을 종교적 방식 외에는 아직 찾지 못했다"[93]는 사실을 공적으로 선언한 것과 같았다고 추측한다.

혹은 우리는 그 교회가 추모되는 삶을 **성별하려는** 마지막이자 감동적인 시도를 반영했다고 말할 수도 있을 것이다.

상이한 욕구들

(프리쉬나 하버마스와 달리) 종교적 세계관을 긍정적으로 받아들이는 이들에

---

92   Wilson, *God's Funeral*, 52.

93   Jügen Habermas, "An Awareness of What Is Missing," in *An Awareness of What Is Missing: Faith and Reason in a Post-Secular Age*, trans. Ciaran Cronin (Cambridge: Polity Press, 2010), 15.

게 성별의 명령은 삶을 이끌고 규율하는 전혀 다른 차원의 욕구들을 제공한다. 이익을 추구하는 개념에서 좋음들은 더해지는 성격을 가지며 선택은 도구적이고 계산적이다. 어떻게 살아야 할지에 대한 결정은 끝없이 펼쳐지는 장부에서 대변과 차변(credit and debit)을 채우고 합산하는 것과 비슷하다. 그래서 현대 학자들이 인간 행동을 합리적 선택, 게임 이론, 비용-편익 분석 등으로 설명하려는 노력이 만연한 듯 보인다.

반면 종교적 관점에서 가장 중요한 명령은 의미와 아름다움, 어쩌면 존재 자체의 근원이 되는 신성한 것과의 결합을 유지하는 것이고, 이 명령은 완전히 다른 방식으로 존중되어야 하는 전혀 다른 차원의 욕구를 낳는다. 이제 결정적 고려 사항은—삶에 의미와 목적, 숭고함을 부여하는 실재인—성스러움과 조화를 이루고 그 안에 머무르는 것이다. 윌리엄 제임스는 다음과 같이 말했다. "종교적 삶을 가장 넓고 일반적으로 특징짓는다면, 보이지 않는 질서가 존재한다는 믿음과 우리 최고의 좋음은 그 질서에 조화롭게 자신을 맞추는 데 있다는 믿음으로 이루어진다고 할 수 있다."[94] 그래서 종교적인 사람은 그 조화를 유지하는 데 필수적인 거룩함이나 **순결함**을 추구한다.[95] **성별**의 반대는 물론 **모독**(desecration)이므로 종교적인 사람은 신성한 것과의 결합을 무효화하거나 약화시킬 수 있는 불순이나 부패 혹은 오염을 피하려 한다. 삶은 비용과 편익을 계산하는 것보다는 오히려 소중한 인간관계에 더 비유될 수 있다. 여기서 한 사람은 충성과 사랑을 보이려 애쓰고, 물질적 손실이 아무리 미미하더라도 작은 모욕, 배신, 무례한

---

94   James, *Varieties of Religious Experience*, 57. 또한 418도 참조하라(James는 종교적 삶을 "가시적 세계는 더 영적인 우주의 일부이며, 그로부터 가장 중요한 의미를 끌어낸다"는 믿음과 "그 더 높은 세계와의 합일 또는 조화로운 관계가 우리의 진정한 목적이다"라는 믿음에 기초하는 것으로 요약한다).

95   James, *Varieties of Religious Experience*, 255-62.

몸짓조차도 피하려 한다.

이런 순수함과 충실함에 대한 강조는 이익 충족에 초점을 맞출 때와는 전혀 다른 인지적 작동을 요구한다. 앞서 언급했듯 이익 추구는 계산적이고 도구적인 종류의 사고를 불러일으킨다. 그러나 종교적 소명은 본질적으로 계산적이거나 도구적이지 않다. 그것은 회화에서 어떤 색채가, 또는 음악에서 어떤 화음이 조화를 이루거나 방해하는지를 분별하는 미적 판단이나 감수성과 더 유사할 수 있다. 또는 사람들이 (많은 종교에서처럼) 신성한 곳에서 (이를테면 성서 등에서) 명령이 내려졌다고 믿는다면, 종교적 소명은 그 명령이 의미하는 바와 그 함의를 올바르게 해석하려는 해석학적 추론을 요구할 수 있다.[96]

이익 추구 개념과 종교적 개념이 지지하는 욕구들(desiderata)의 차이는 삶에 대한 세속적 접근과 종교적 접근 방식에서 흔히 지적되는 두 가지 차이를 설명하는 데 도움이 된다. 첫째, 종교적 방식에서는 감정 혹은 윌리엄 제임스가 "우주적 감정"(cosmic emotion)[97]이라 부른 어떤 정서가 중요한 역할을 한다.[98] 다시 말해 종교적 삶의 방식은 헤셸이 주장했듯 숭고함의 감각이나 오토가 강조한 "성스러움"의 식별에 뿌리를 두고 있다. 이러한 식별은 오토가 강조했듯 순전히 "이성적인" 작용이 아니다. 오토는 이것이 **비이성적인** 작용도 아니라고 강조한다. 실제로 성스러움에 대한 반응은 대개 매우 이성적인 형태로 정교하게 발전된다.[99] 그렇지만 성스러움의 근본적 경험은 단순한 지적 작용에 머물지 않는다.

---

96   그러나 이 경우에도 명령의 "문자"와 "정신"을 구분하기 위해 일종의 미적 감수성과 유사한 감수성이 필요할 수 있다. 예를 들어 고후 3:6을 참조하라.

97   James, *Varieties of Religious Experience*, 79.

98   James, *Varieties of Religious Experience*, 36("종교적 두려움, 종교적 사랑, 종교적 경외, 종교적 기쁨 등…종교적 대상이 불러일으킬 수 있는 다양한 감정들"에 대해 논의한다).

99   Otto, *Idea of the Holy*, 1-4.

우리가 여기서 사용한 불완전한 비유들도 오토의 주장을 뒷받침한다. 즉 친구나 배우자, 연인과의 개인적 관계에는 이성적 차원이 있지만, 그 관계가 배우자의 감정적이거나 정서적인 차원에 뿌리를 내리고 지지를 받지 않는다면 진정으로 꽃을 피우지 않을 것이다. 마찬가지로 아름다운 그림이나 음악적 걸작에 대한 미적 반응 역시 단순한 지적 작용이 아니다. 예를 들어 우리는 어떤 사람이 바흐의 협주곡을 세밀하게 설명하고 분석할 수 있으면서도 그것에서 아무런 감동을 느끼지 못한다면, 그는 진정한 협주곡을 놓치고 있다고 말할 것이다.

둘째, 이익을 추구하는 욕구와 종교적 욕구의 차이는 왜 후자가 전자에 대해 일종의 우선권과 절대적 성격을 갖는 것으로 여겨지는지를 설명해 준다. "이익"을 소홀히 하거나 무시한다는 것은 누군가가 단지 어떤 좋은 것을 조금 덜 가지는 것을 의미한다. 그는 자기가 가질 수 있는 것보다 달러한 장(혹은 백만 달러)을 덜 가질 뿐이다. 그러나 신성한 것의 요구를 거부하거나 무시한다—즉 그것을 "모독"한다—는 것은 의미와 아름다움, 심지어 (엘리아데가 말했듯) "존재" 자체가 의존하는 관계를 깨뜨리는 것이다. 그래서 종교적 추구에는 열정과 열의, 그리고 일종의 절대주의적 성격이 드러나는데, 이는 "이익"을 좇는 세속적인 사람에게는 낯설게—때로는 당혹스럽거나 비이성적으로—보인다.

물론 신앙인에게도 집을 짓고, 농작물을 심으며, 건강과 부 그리고 권력을 얻기 위해 일하는 것 등 삶의 많은 부분이 여전히 "이익"을 도구적으로 추구하는 데 할애된다. 그러나 이러한 이익을 추구하는 활동들은 신성한 것의 명령과 금지라는 틀 안에서 제약을 받으며 이루어져야 한다. 결국 의미와 아름다움, 심지어 존재의 근원과 단절된 채 부와 권력을 얻는다면 그것이 무슨 소용이 있을까? "사람이 만일 온 천하를 얻고도 자기 목숨을 잃으면 무엇이 유익하리요?"[100]

비유를 들어보자. 한 학자가 학술대회에 참석하기 위해 먼 도시로 여행을 간다고 하자. 그는 여행 중에—편안한 호텔에 머물거나, 친구들과 추천받은 식당에서 저녁을 먹거나, 그 도시의 경치나 역사적 명소를 둘러보는 등—다양한 욕구와 필요를 충족하려고 할 수 있다. 그러나 이러한 선호들은 여행의 중심 목적을 방해해서는 안 된다. 그 학자는 자신의 취향에 따라서 호텔이나 식당을 선택할 수 있다. 하지만 자신이 떠난 여행의 진정한 중심 목적이 학술대회에 참석하는 것이라면, 그는 학술대회의 핵심 세션 시간에 관광하거나 친구들과 만남을 잡아서는 **안 된다**. 그렇게 한다면 여행의 전체 목적을 무너뜨리는 셈이기 때문이다. 그래서 이러한 욕구(desideratum)는 다른 모든 욕구와 달리 절대적이며(categorical), 이와 마찬가지로 신실한 신앙인들도 충족시키고 싶은 주관적 "이익"들이 얼마든지 있을 수 있지만, 자신의 신앙에 충실하다면 이 "이익"들이 종교적 의무를 방해하도록 내버려두지 않을 것이다.

이러한 "종교"의 함의는 널리 인식되고 있으며, "종교"라는 용어가 사용되는 일상 언어 속에서도 드러난다. 예를 들어 내가 "교향악단 연주회에 가세요?"라고 묻자, 당신이 "네, 종교적인 마음가짐으로 갑니다"라고 대답한다고 하자. 나는 그 말을 통해 당신이 일종의 특별하고 거의 절대적인 헌신을 표현하고 있음을 이해한다. 즉 단순히 동의하는 차원을 넘어 그 일에 대해 열정까지 느끼고 있음을 알게 되는 것이다.

물론 이 설명은 삶에 대한 모든 설명이 그렇듯 단순화된 것이며 이상화된 것이다. 실제로는 훨씬 더 복잡하다. 신앙인은 세속적인 이익보다 종교적 선과 의무를 항상 더 우선시**해야 한다**고 믿는다. 그것이 신앙인의 신

100　막 8:36.

넘이자 열망이다. 그러나 대부분의 열망이 그렇듯 이 역시 완전히 실현되지는 않는다. "의인은 없나니 하나도 없다."[101] 신앙인은 자신의 신앙을 실천하기로 서약하고, 실패하며, 그 실패를 후회하고, 다시 고치기로 **결심하며**, 실제로 고치다가 또다시 실패하고, 또다시 후회하는 과정을 반복한다. 이것이 바로 종교적 삶의 익숙하고도 굴곡 있는 여정이다. 신앙인의 삶은 전통적인 의미에서 "이익"에 헌신하는 것이 주된 목적은 아니지만, 이익들은 언제나 끼어들고 있다.

그렇다면 우리는 이렇게 물을 수도 있다. 비종교적이고 이익을 추구하는 삶에도 이와 비슷한 면이 있을까? 비신앙인은 자신이 (환상에 불과한) "종교적" 가치나 명령에 방해받지 않고 자신의 이익을 추구할 수 있다고 **생각한다**. 그러나 그러한 욕구들이 실제로는 그에게도 영향을 끼치지 않을까?

종교와 인격성

우리는 앞선 질문을 다시 다룰 것이다. 하지만 지금 그 질문은 이 장의 기본 논증에 대한 한 가지 가능한 비판을 건드린다. 이 장은 인간을 "이익을 추구하는 존재"로 보는 개념에 대한 대안을 제시하려 했고, 그 대안으로 윌리엄 제임스가 말한 "인간의 종교적 성향"(man's religious constitution)[102]에 기반한 다른, 즉 "종교적" 개념을 제시했다. 그러나 이 관점은 **모든** 인간에게 적용되지 않는 듯 보인다. 우리는 흔히 어떤 사람은 종교적이고, 어떤 사람은 그렇지 않다고 말한다. 그렇다면 일부 사람에게만 있는 특성, 즉 인간 전체에 일반적으로 적용될 수 없는 특성이 인간의 인격성(personhood)에 대한

---

101   롬 3:10.

102   James, *Varieties of Religious Experience*, 5.

설명을 뒷받침할 수 있을까?

이 비판에 대해 대담하거나 혹은 좀 더 온건한 방식으로 답할 수 있다. 대담한 답변은 사람들이 인식하든 못하든 모든 인간은 종교적**이라**고 주장하는 것이다. 종교적 충동이나 성향은 모든 이의 내면 어딘가, 어쩌면 무의식 속이나 그 사람을 구성하는 데 기여하는 전통과 습관 속에 숨어 있다. 빅터 프랭클은 때때로 이 주장(첫 번째 입장)을 내세웠고 미르체아 엘리아데는 두 번째 입장을 제안했다.

따라서 프로이트 학파가 인간 심리의 많은 부분을 억압된 성 충동에 돌렸던 것처럼 프랭클은 자신의 임상 경험에 근거해 많은 사람이 종교적 성향을 억압한다고 주장했다. 그러나 이런 성향은 지속적인 치료 과정에서 드러난다. 프랭클은 자신이 완전히 세속적이라고 생각하는 사람들의 내면에는 "무의식적인 종교성"과 "초월성에 대한 잠재적 관계"가 내재해 있음을 알 수 있다고 말했다.[103] 그래서 그는 "종교의 편재성"(omnipresence of religion)을 선언했다. "종교적 감각은 모든 사람에게, 비록 무의식 속에 묻혀 있거나 억압되어 있을지라도 존재하고 드러난다."[104]

엘리아데는 사람들의 관습과 습관 속에서 지속적이고 광범위한 종교성을 발견했다. 그는 현대 세계의 세속화 현상을 인정하면서도 다음과 같은 말을 덧붙였다. "순수한 상태의 비종교적인 인간은 가장 탈신성화된 사회에서조차 비교적 드문 현상이다. '비종교적'이라고 하는 대다수 사람들도 사실은 자신도 모르게 여전히 종교적으로 행동한다.…자신이 비종교적이라고 느끼고 주장하는 현대인조차도 위장된 신화와 타락한 의례를 상당

---

103 Frankl, *Man's Search for Meaning*, 68. 하지만 Frankl은 자신이 "종교"라는 용어를 "가장 넓은 의미로" 사용했으며, "교파적·제도적 종교의 많은 대표자가 내세우는 좁은 의미의 신 개념을 훨씬 넘어서는 방식"으로 사용했다고 강조했다(17).

104 Frankl, *Man's Search for Meaning*, 152, 151.

량 보유하고 있다."[105]

이러한 대담한 답변의 한 형태는 신학적 전제에 근거를 둘 수도 있다. 아우구스티누스는 자신의 영적 자서전을 하나님께 드리는 고백의 형식으로 시작하며 다음과 같이 선언했다. "주께서 우리를 주님을 위해 창조하셨으니, 우리 마음은 주님 안에서 안식할 때까지 쉼이 없습니다."[106] 물론 모든 사람이 이 쉼 없음(restlessness)을 똑같이 예리하게 느끼는 것은 아니다. 이 점에서 파스칼이 말한 것처럼 인간이 도박, 스포츠, 일, 전쟁 같은 오락거리를 통해 자신의 실존적 조건이나 "비참함"을 직면하지 않으려 한다는 우울한 성찰이 참고될 만하다.[107] 그리고 물론 이런 쉼 없음을 느끼는 사람 모두가 그것을 신성함의 부재와 연결하는 것도 아니다. 아우구스티누스 자신도 이 점을 잘 알고 있었다. 실제로 그의 『고백록』은 그가 수차례 잘못된 출발, 오해, 잘못된 선택을 거쳐서야 비로소 그 연결을 점진적으로 깨달아가는 과정을 기록한 책이다. 그러나 이 관점에서 보자면, 우리가 알든 모르든 신성한 것—곧 하나님—과의 연결은 우리 모두에게 필수적이고 실제적인 것이다.

물론 이런 주장들은 비신앙인들에게 전혀 설득력이 없거나 심지어 불쾌하게 느껴질 수 있다. 더 일반적으로, 모든 사람이 자신이 인식하든 못하든 종교적 차원이나 성향을 가지고 있다는 대담한 주장은 자신이 자기 마음을 잘 알고 있다고 확신하며 그 안에 종교적 신념이나 성향, 필요, 결핍이 전혀 없다고 생각하는 사람들(예를 들어 바로 어제 이 문제를 함께 논의했던 내

---

105   Eliade, Sacred and the Profane, 204-5.

106   Augustine, The Confessions of St. Augustine, ed. and trans. Albert Cook Outler, rev. ed. (New York: Dover, 2002), 1.1. 『고백론』(한길사 역간).

107   Blaise Pascal, Pensées, trans. A. J. Krailsheimer, rev. ed. (London: Penguin, 1995), 37-43. 『팡세』(서울대학교출판문화원 역간).

친구이자 동료와 같은 이들)에게는 터무니없고 모욕적으로 느껴질 것이다. 신학자 E. L. 마스컬(E. L. Mascall)은 다음과 같이 말했다. "어느 것도 신앙인인 우리가 하나님께서 그분을 믿지 않는 이들의 마음과 삶 속에서도 직접 드러내지 않는 일종의 익명의 방식으로 역사하신다고 믿는 것을 막을 수는 없다. 그러나 우리는 그들의 불신앙을 진지하게 받아들이지 않음으로써 그들을 분노하게 해서는 안 된다."[108]

다행히 우리는 우리의 목적을 위해 이런 대담한 주장이 옹호될 수 있는지를 굳이 따질 필요는 없다(이 문제에 대해 합의가 이루어질 가능성은 낮아 보인다). 그보다는 좀 더 약하고 온건한 주장을 제시하는 것으로 충분하다. 즉 여기서 논의된 종류의 종교성이 **많은** 사람에게 충분히 중요하고 널리 퍼진 특성이기 때문에 우리가 그 특성을 무시하거나 혹은 통상적으로 이해되는 "이익" 같은 다른 무엇으로 완전히 환원하려 하기보다는 이를 고려함으로써 인간의 역사와 행동을 더 잘 이해할 수 있다는 점만으로도 충분하다.

적어도 논의를 위해서라도 인간의 인격성(personhood)에 대한 "종교적" 개념이 모든 개인에게 적용되는 것은 아니라고 일단 전제하자. 이런 점에서 이 개념은 다른 유용한 인격성의 개념들과 다르지 않다. 따라서 "인간은 이성적 동물이다"라는 전통적 주장이 많은 사람이 종종 비이성적으로 행동하고 일부는 이성적 능력이 거의 없어 보인다는 관찰 가능한 사실에 의해 부정되는 것은 아니다. 마찬가지로, 인간이 "도덕적" 존재[109]이거나 "경제적" 존재[110]라는 주장도 몇몇 사이코패스나 가끔 나타나는 금욕적 은둔자의 존재 때문에 신빙성을 잃는 것은 아니다. 마찬가지로 인간을 의

---

108   Mascall, *The Christian Universe*, 18.

109   예를 들어 Christian Smith, *Moral, Believing Animals* (New York: Oxford University Press, 2009)를 참조하라.

110   See Posner, *Economic Analysis of Law*, 3-4.

미를 추구하고 숭고함이나 신성함에 반응하는 "종교적" 존재로 보는 개념
은 어떤 인간은 스스로 깊이 경건하고, 또 어떤 이는 미지근하거나 간헐적
으로만 종교적이며, 또 어떤 이들은 토머스 네이글(Thomas Nagel)이 자신에
대해 말하듯 "수많은 사람이 세상에서 신적 목적의 표현을 볼 수 있게 (혹은
반드시 그렇게 보게) 해주는 **신성을 아는 감각**(*sensus divinitatus*)이 결여되어 있
다"는 불균등한 현실과도 충분히 양립할 수 있다.[111]

또한 다양한 인격성의 개념들은 서로 전혀 모순되거나 배타적이지 않
다. **종교적 인간**(*homo religiosus*)은 **경제적 인간**(*homo economicus*)과…**놀이하는
인간**(*homo ludens*), 그리고 **사회적 인간**(*homo sociologicus*) 등과 공존한다. 이 모
든 묘사는 어떤 개인에게는 더 잘 들어맞고 다른 이들에게는 덜 들어맞을
뿐이다. 이 공식을 빌려 변형하자면, 우리는 인간이란 한 인격 안에 두 가지
(혹은 그 이상의) 본성을 지닌 존재라고 할 수 있다. 더불어 이런 다양한 본성
들의 강도는 사람마다 다를 수밖에 없다. 윌리엄 제임스는 "모든 인간에게
종교와 다른 요소들의 혼합이 동일해야 한다고 가정해야 할까?"라고 묻고
스스로 "나는 단호하게 '아니오'라고 답한다"고 했다.[112]

그럼에도 제임스는 자신의 유명한 강연 시리즈를 이렇게 결론지었
다. "종교는 인간의 운명에 관심을 두고 우리가 아는 유일한 절대적 실재
와 접촉을 유지함으로써 인간 역사에서 영원한 역할을 반드시 하게 될 것
이다."[113] 이와 비슷하게 사회학자 에밀 뒤르켐도 "인간의 종교적 본성"이
"인류의 본질적이고 영구적인 측면"이라고 주장했다.[114] 만약 제임스와 뒤

---

111   Thomas Nagel, *Mind and Cosmos: Why the Materialist Neo-Darwinian Conception of Nature Is Almost Certainly False* (New York: Oxford University Press, 2012), 12.

112   James, *Varieties of Religious Experience*, 419.

113   James, *Varieties of Religious Experience*, 431.

114   Émile Durkheim, *The Elementary Forms of the Religious Life*, trans. Karen E. Fields (New York: Free Press, [1912] 1995), 1.『종교생활의 원초적 형태』(한길사 역간).

르켐이 옳았다면, 우리의 역사와 심지어 현재의 상황—소위 문화전쟁—을 이해하려는 시도가 종교적 차원을 충분히 고려하지 않을 때 실패와 왜곡이 불가피할 것이다. 요컨대 종교적 개념을 인정하는 것은 이익을 추구하는 개념을 부정하는 것이 아니다. 이익을 추구하는 개념은 여전히 유효하고 유용하며 강력하지만, 그것만이 전부는 아니다. 종교적 개념을 인정하는 것은 인간 행동의 어떤 측면들은 이익 추구라는 관점보다 종교적 관점에서 더 잘 이해될 수 있음을 의미한다. 반대로 행동의 모든 측면을 이익 추구라는 관점으로만 설명하려는 집착은 인간과 사회, 그리고 정치 현상을 왜곡하고 빈약하게 만드는 이해로 이어질 가능성이 높다.

공동체 차원

이 장에서 우리는 주로 윌리엄 제임스를 따라 종교가 개인에게 무엇이며 어떤 역할을 하는지에 초점을 맞추어 논의했다. 그러나 종교에는 흔히 공동체 차원이 있다는 점을 인정하지 않고 장을 마무리하는 것은 옳지 않을 것이다. 이러한 공동체 차원은 비록 "종교"를 구성하는 데 필수적이거나 충분하지는 않을지라도 단순히 부수적이거나 집합적인 것 이상인 듯하다.

공동체는 종교에 반드시 필요한 것은 아닌 것처럼 보인다. 한 개인이 혼자서도 신성한 것과 마주하고 의미를 발견**할 수 있기** 때문이다. 실제로 종교는 때때로 **반사회적** 충동을 낳기도 한다. 순수함에 대한 명령이 신앙인으로 하여금 인간 사회의 타락으로부터 스스로를 멀리하게 만들 수 있다. 성 안토니우스는 사회를 떠나 사막으로 물러났다.[115] 예수 역시 한동안

---

115 전반적으로 Athanasius, *The Life of Antony and the Letter to Marcellinus*, trans. and ed. Robert C. Gregg, *Classics of Western Spirituality*(Mahwah, NJ: Paulist, 1980)을 참조하라.

같은 일을 하셨다.[116] 주상고행자 시므온(Saint Simeon Stylites)은 시리아의 기둥 위에서 37년간 홀로 지냈다(비록 그가 생계를 위해 추종자와 숭배자들의 도움을 받았지만 말이다). 양심의 자유를 옹호한 위대한 인물인 로저 윌리엄스(Roger Williams) 역시 본래 사교적인 성격이었음에도 순수함을 추구하며 우선 잉글랜드 국교회에서, 그다음에는 매사추세츠만 식민지의 동료들로부터, 이후에는 더 엄격한 종교적 기준을 가진 플리머스 교인들로부터, 결국 아내로부터도 자신을 분리했다.[117] 윌리엄스가 점진적으로 공동체에서 도피한 것은 에드윈 가우스태드(Edwin Gaustad)의 공감 어린 전기에서 각 장의 제목으로도 드러난다. "잉글랜드에서의 추방", "매사추세츠에서의 추방", "런던에서의 추방", "교회에서의 추방", "세상에서의 추방".[118]

그러나 더 일반적으로, 종교는 신앙인들을 하나로 모으는 힘을 발휘한다. 그들은 교회, 수도원, 회당, 사원 등을 세운다. 그들은 연합을 배제해서는 자신의 종교적 열망을 온전히 실현할 수 없다고 느낀다. 안토니우스와 같은 은둔 수도사들을 따라서 베네딕토회, 이후 도미니코회, 프란치스코회, 예수회 등 공동체 안에서 함께 살고 예배하는 수도회들이 등장했다. 더 나아가 종교적 연합은 집단적 노력이 각자의 목표를 더 잘 달성하도록 돕는 단순한 상호 부조 사회(mutual assistance society) 혹은 사업체 이상의 의미를 가진다. 당신이 큰 바위를 옮기려면 다른 사람, 특히 힘센 사람들의 도움을 받는 것이 현명하겠지만, 이때 집단의 가치는 단순히 합산적이다. 힘센 한 명이 약한 두 명만큼의 역할을 할 수 있다. 그러나 종교의 공동체적 차원

---

116   마 4:1-11.

117   Steven D. Smith, "Separation and the Fanatic," *Virginia Law Review* 85 (1999): 238을 참조하라.

118   Edwin S. Gaustad, *Liberty of Conscience: Roger Williams in America* (Valley Forge, PA: Judson, 1991), vii.

은 그런 것이 아니다. 그것은 신앙인들이 영적 명령을 따르기 위해 자연스럽게 지향하는 목적이자 정점 자체인 일종의 연합이다.

예수께서는 제자들에게 "두세 사람이 내 이름으로 모인 곳에는 나도 그들 중에 있다"[119]고 말씀하셨다. 또한 예수에 의해 그리고 예수를 중심으로 세워진 교회는 단순히 그분을 기억하고 그분의 가르침대로 살고자 헌신하는 자발적 결사체가 아니다. 교회는 어떤 의미에서 그리스도 자체이며 "그리스도의 몸"이다. 신앙인들은 그렇게 믿는다.[120]

종교의 이러한 공동체적 차원은 인간의 인격성의 한 핵심 측면, 즉 사회성을 표현하거나 실현하는 수단으로 볼 수 있다. 아리스토텔레스가 말했듯 인간은 본래 사회적 동물이며 사회가 필요 없다고 느끼는 사람은 완전한 인간이라기보다는 "짐승이거나 신"[121]에 가깝다. 그러나 이러한 사회적 차원 자체는 가족, 팀, 동업 관계, 정당, 볼링 동호회, 독서 모임, 조류 관찰회 등 온갖 종류의 집단을 통해서도 충족될 수 있다. 종교 공동체는 이러한 다른 결사체들과 유사점도 있지만 차이점도 있다. 분명히 그것은 인간 사회의 한 형태이지만, 그 안에서는 친교의 성향이 의미 추구와 성스러움에 대한 감각과 결합한다.

우리는 공동체가 종교를 완성하거나 완전하게 만드는 경향이 있으며, 반대로 종교 역시 공동체를 완벽하게 하거나 완전하게 하는, 즉 **성별하게** 하는 역할을 할 수 있다고 믿는다. 공유하는 의미와 신성에 대한 공유하는 헌신을 중심으로 결속된 공동체는 예를 들어 이익 추구나 법안 통과와 같이 중요하지만 세속적인 목표에 헌신하는 공동체보다 훨씬 더 깊은 유대를

119　마 18:20.

120　예를 들어 고전. 12:27.

121　Aristotle, *Politics*, trans. Ernest Barker (New York: Oxford University Press, 1962), 1.1253a. 『정치학』(그린비 역간).

가진다. 종교 공동체의 구성원들은 말하자면 존재의 더 근본적인 차원에서 서로 연결되어 있다.

이러한 공동체적 차원에 대한 강조는 종교를 (윌리엄 제임스의 표현처럼) "고독한 개인을 위해 또는 개인에 의해 이루어지는 것"으로 보는 현대의 개인주의적 사고와는 다를 수 있다. 그러나 고대인들에게 공동체적 차원은 너무나 당연한 것이었다. 그들에게는 오히려 고립된 신앙인이 이상하게 보였을 것이다. 종교—혹은 그들이 그 단어를 사용하지도, 이해하지도 못했을 것이니 그들의 세계에서 우리가 "종교"라고 부를 만한 무언가—는 본질적으로 신전, 의례, 행렬, 연극적 축제, 대규모 집회와 오락, 그리고 제의적 입문과 연결되어 있었다.

요컨대 종교는 공동체 안에서, 더 나아가 도시 안에서 완성되는 경향이 있었다. 오늘날 우리에게는 "교회와 국가의 분리"라는 익숙한 개념 때문에 이런 자연스러운 절정이 잘 보이지 않을 수도 있다. 그러나 2,000년 전의 사람들은 그런 장애를 겪지 않았다. 종교와 도시는 실질적으로나 개념적으로나 본질적으로 분리될 수 없는 관계였다. 우리는 다음 장에서 이 결합의 가장 영광스러운 예를 살펴볼 것이다.

제3장

신들의 도시

만약 누군가가 여러분에게 인류 역사상 살기에 가장 좋았던 시기가 언제였는지 묻는다면, 어느 시대와 어느 장소를 선택하겠는가? 개츠비(Gatsby)의 "광란의 20년대"가 펼쳐진 뉴욕? 셰익스피어와 벤 존슨(Ben Jonson)의 엘리자베스 시대 영국? 레오나르도, 미켈란젤로, 로렌초 데 메디치(Lorenzo the Magnificent)가 활약하던 피렌체? 페리클레스 시대의 아테네? 쿠빌라이 칸(Kublai Khan)의 찬란한 고대 제국? 현명하고 자비로운 아소카(Ashoka) 왕이 다스리던 인도?

로마 제국을 다룬 저명한 18세기 역사가이자 흄과 볼테르 같은 지성인들과 교류했고 계몽주의 감성을 충실히 대변했던 에드워드 기번에게는 답이 분명했다.

만약 누군가가 인류 역사 중 가장 행복하고 번영했던 시기를 정하라고 요구받는다면, 그는 주저 없이 도미티아누스 황제의 죽음부터 콤모두스의 즉위까지의 시기(즉 기원후 96년부터 180년까지)를 꼽을 것이다. 로마 제국의 광대한 영토는 덕과 지혜의 인도를 받는 절대 권력에 의해 다스려졌다. 군대는 승계된 네 황제의 단호하면서도 온화한 손길 아래 억제되었고, 그들의 인격과 권위는 저절로 존경을 불러일으켰다. 네르바, 트라야누스, 하드리아누스, 그리고 안토니누스 가문의 두 황제는 자유를 모방하는 것을 사랑했고, 자신들을 법의 책임 있는 집행자로 여기는 것을 기쁘게 여겼으며, 시민 행정의 형식을 세심하게 보존했다.…이 황제들의 수고는 그들이 만들어낸 일반적인 행복을 바라보는 더할 나위 없는 기쁨으로…충분히 보상받았다."[1]

요컨대 이 시기는 "황금시대"[2]였다.

기번이 그 강렬함이나 구체성에서 다소 독특했을지 모르지만, 그의 전반적 감정은 독특하지 않았다. 고전 세계―"그리스의 영광과 로마의 위엄"[3]―에 대한 찬탄은 서양 사상가들 사이에서 반복적으로 등장하는 주제였다.[4] 실제로 적어도 르네상스 이후로 고대 고전의 정신과 **시민권**(*civitas*)을 회복하거나 재구성하려는 노력은―비록 오늘날 베르길리우스, 오비디우스, 키케로가 교과과정에서 점점 사라지고 있지만―여전히 서양 세계 형성에 큰 영향을 끼치고 있다.

하지만 왜일까? 안토니누스 황제들은 상대적으로 존경받을 만한 통치자들이었을지 모른다. 그들의 통치는 기번이 말했듯 때때로 "인류가 저지른 범죄, 어리석음, 불행을 기록한 것에 불과해 보이는" 세계사에서 상대적으로 밝은 시기로 두드러질 수 있다.[5] 그럼에도 "어떤 이"―다른 말로 어떤 남자[우리가 곧 보게 되겠지만, 여기서는 남성이라고 특정하는 것이 적절하다])―가 "주저 없이" 그 시기를 다른 모든 시기보다 선호할 것이라고 아무런 조건 없이 단언하는 것은 대담한 주장처럼 보인다. 그렇다면 그 시기를 그렇게 "황금시대"로 만든 것은 무엇이었을까? 기번이 포착하거나

---

1 Edward Gibbon, *The History of the Decline and Fall of the Roman Empire*, 2 vols. (London: Penguin, [1776] 1995), 1:103. 『로마 제국 쇠망사』(민음사 역간).

2 Gibbon, *History of the Decline*, 1:104.

3 Edgar Allan Poe, "To Helen," in *The Complete Poetry of Edgar Allan Poe* (New York: Signet Classics, 2008), 66.

4 참조. Norman F. Cantor, *Antiquity: From the Birth of Sumerian Civilization to the Fall of the Roman Empire* (New York: HarperCollins, 2003), 28("그러나 기원후 150년경의 로마 제국은 오랜 세월 동안 황금시대로 기억될 만큼 영광스러운 것이었다").

5 Gibbon, *History of the Decline*, 1:102.

포착했다고 생각한 "일반적 행복"의 근거는 무엇이었을까?

"편리함, 우아함, 그리고 화려함의 모든 정수"

기번의 넘치는 선언은 한 가지 이유를 제시한다. 바로 그 시기가 "번영"했다는 점이다. 이 번영은 **팍스 로마나**(*Pax Romana*[로마 지배에 의한 평화])와 "로마 제국의 광대한 영토"를 관통하는 교역의 자연스러운 결과였다. 이런 측면에서 로마 제국은 오늘날의 국제 정치 및 무역 협정이 추구하는 것과 동일한 상업적 목표를 달성한 셈이다. 따라서 물질적 차원에서, 적어도 부유층에게, 즉 기본적으로 기번 자신과 그의 18세기 독자들이 속했던 계층과 비슷한 계급의 사람들에게는 이 시기의 삶이 좋았다.[6] 그리고 물질적 풍요는 단순히 천박한 것이 아니었고 일종의 문화적 풍요와 세련됨이 함께했다.

이제 당신이 아주 운이 좋아 안토니누스 황제들 시대의 부유층에 속했다고 가정해보자. 기번처럼 당신은 충분히 부유하지만, 말하자면 지나치게 사치스러운 수준은 아니다. 당신은 궁전이나 광대한 시골 저택을 소유할 정도는 아니다. 그럼에도 오늘날 고고학적으로 복원된 폼페이에서 볼 수 있는 것과 비슷하게 우아하게 장식된 집에 살 수 있었을 것이다.[7] 그것은 입구 바로 안쪽 안뜰에는 장식용 연못이 있고, 웅장한 기둥, 화려한 모자이

---

6 예를 들어 Edward Gibbon, *Memoirs of My Life*, trans. Betty Radice (London: Penguin, 1984), 174을 보라("스위스의 기준으로 보면 나는 부자다. 그리고 나는 실제로 부자다. 왜냐하면 내 수입이 내 지출보다 많고, 내 지출이 내 바람과 일치하기 때문이다").

7 좋은 설명을 위해서는 Roger Ling, "The Arts of Living", *The Oxford History of the Classical World*, ed. John Boardman, Jasper Griffin, Oswyn Murray(Oxford: Oxford University Press, 1986), 718을 참조하라. 이후부터 이 저서에서 인용하는 쪽수는 본문 내 괄호 안에 병기한다.

크와 벽화, 그리스에서 수입한 조각상, 그리고 (최근의 한 역사가의 설명에 따르면) "관목, 분수, 장식용 작은 조각상, 그리고 종종 벽에 그려진 프레스코화"로 꾸며진 우아한 정원이 있는 **도무스**(*domus*[집])였다(737). 집안을 채우는 가구에는 "사자의 발, 소용돌이꼴 장식(volute), 그리핀의 앞부분 등으로 정교하게 조각된 다리가 받치고 있는" 청동 또는 대리석 탁자 등이 포함되어 있었다(731).

따뜻한 여름 저녁, 당신과 손님들은 야외에서 느긋하면서도 매혹적인 저녁 식사를 즐길 수 있다. "차양이나 덩굴 그늘 밑에서 매트리스와 베개에 편안하게 기대어 그리스식으로 팔꿈치를 괴고 앉은 채 식사하는 이들은 중앙 테이블에서 한입거리 음식을 집어 먹거나, 플리니우스의 손님들처럼 작은 배나 물새 모양의 접시에 담긴 음식을 집어 먹었다. 밤이 깊어지면 주변에 있는 나뭇가지 모양의 촛대에 램프가 켜졌고, 그중 일부는…청동 조각상 손에 매달려 있었다"(739). 저녁 요리는 호화롭고 이국적이다. "손님들은 잇달아 놀라운 요리들, 즉 향신료를 입힌 달걀노른자로 감싼 베카피코(beccafico)가 들어 있는 공작의 알, 구운 멧돼지의 배 안에 살아 있는 개똥지빠귀를 채운 요리, 소시지와 블랙 푸딩으로 가득 찬 돼지 요리, 향신료 원액 사프란이 들어간 케이크와 과일, 건포도와 견과류로 속을 채운 페이스트리로 만든 개똥지빠귀, 성게처럼 보이도록 가시로 장식한 마르멜로를 맛보았다"(740).

그리고 물론 와인도 빠질 수 없다. "좋은 빈티지의 와인 한 병 없이는 식사가 완성되지 않았다." 이런 미식의 즐거움은 "식물, 아라베스크, 신화적 장면이 양각으로 장식된 훌륭한 큰 잔, 컵, 그릇, 접시와 좀 더 단순하지만 여전히 우아한 숟가락과 국자"에 담겨 제공되었다(740).

지금까지 싫어할 만한 것이 무엇이 있을까? (나는 약간 부끄럽게도 베카피코, 마르멜로, 소용돌이꼴 장식이 무엇인지 정확히 모르지만, 모두 세련된 취향의 음식임에는 틀림없다고 추측한다.)

밖에 나가고 싶다면 당신은 시민들과 함께 고대 로마 전차 경주장인 키르쿠스 막시무스(Circus Maximus)에서 전차 경주를 관람할 수도 있다. 아니면 플라비우스 원형극장(Flavian Amphitheater[후에 콜로세움으로 알려짐])에서 열리는 박진감 넘치는 검투사 경기를 볼 수도 있다. 그곳에서 당신은 아프리카에서 수입된 이국적인 동물들의 사냥과 도살 장면에 로마 시민들과 함께 열광할 것이고, 불운한 전사의 운명을 결정할 때 황제에게 엄지손가락을 올릴지 내릴지 집단적으로 간청하며 짜릿함과 연대감을 느낄 것이다.

하지만 (어릴 적부터 운동을 꺼렸던 기번처럼)[8] 이런 박력 있고 피비린내 나는 오락에 취미가 없는 아주 조용한 성격이라면, 당신은 극장에 가는 것을 더 선호할 수도 있다. 혹은 느긋한 휴식과 담소를 위해 설계된 냉탕과 온탕, 운동 공간, 심지어 도서관까지 갖추고 조각상과 정교한 모자이크로 장식된 광대하고 우아한 공중목욕탕에서 여유를 즐길 수도 있다.

집으로 돌아와 아직 잠들 준비가 되지 않았다면, 당신은 타키투스나 리비우스가 쓴 역사서를 펼치거나, 테렌티우스나 플라우투스(혹은 그리스의 대가 중 한 명)가 쓴 희곡을 읽을 수 있다. 또는 플라톤이나 아리스토텔레스 아니면 좀 더 친숙한 현자인 키케로의 철학서를 읽을 수도 있다. 혹은 시를 감상할 수도 있다. 호메로스나 베르길리우스의 장엄한 서사시, 아니면 좀 더 가벼운 분위기를 원한다면 카툴루스가 연인 레스비아에게 바친 사랑의 시구나 오비디우스가 쓴 유혹 시를 읽을 수도 있다.

유혹에 대해 한마디 하자면 이렇다. 당신이 살고 있는 세련된 사회는 관능적 필요들도 완벽히 이해하고 넉넉히 수용한다. 실제로 로마식 표현에

---

8   Gibbon, *Memoirs*, 15, 18.

서 남성 성기를 가리키는 인기 있는 완곡어법이 바로 "필요"(necessity)다.[9] 노먼 캔터(Norman Cantor)의 표현을 빌리자면 당신의 세계는 한마디로 "성적 낙원"이다.[10] 물론 몇 가지 제약은 있다. 예를 들어 이웃의 아내와 동침하는 것은 불법이다(하지만 이런 부정이 실제로는, 어쩌면 꽤 자주 일어나기도 한다). 그리고 동성애적 만남 자체는 사회적으로 전혀 부끄러운 일이 아니지만, 그 과정에서 수동적 역할을 맡는 것은 수치스럽고 남자답지 못하다고 여겨진다. 우리는 이런 제한에 대해서 추후 더 다룰 것이다. 지금 중요한 점은 성적 행위 자체에 대해 고결한 척하는 내숭이나 도덕주의적인 장애물이 없다는 것이다.[11] 오히려 당신의 사회는 성적 쾌락을 거리낌 없이 기념하고 자극하며 그것을 충분히 누릴 수 있도록 해준다.

따라서 당신의 침실 램프나 손거울에는 아마도 꽤 상상력이 풍부한 에로틱한 이미지가 장식되어 있을 것이다.[12] 풍요의 신 프리아포스(Priapus)가 있는 벽에는 거대하고 압도적인 남근이 과일 바구니를 향해 뻗어 있는 모습이 그려져 있다. 비슷한 이미지들은 초인종이나 문설주, 그리고 우아한 공중목욕탕의 탈의실 벽에도 장식되어 있다.[13] 그리고 도심에는 사람들이 자주 찾는 수많은 매음굴이 운영된다. 이곳에서 성적 서비스는 매우 저렴

---

9 Kyle Harper, *From Shame to Sin: The Christian Transformation of Sexual Morality in Late Antiquity* (Cambridge, MA: Harvard University Press, 2013), 47.

10 Cantor, *Antiquity*, 29.

11 이 점은 Geoffrey R. Stone, *Sex and the Constitution*(London: Norton, 2017), 4-12에서 강조되었다.

12 이런 그림들은 "한 남자와 한 여자가 침대 위에서…육체적으로 결합한 모습"뿐만 아니라, "동성 간의 성행위"와 "복잡한 성적 자세들" 또는 신화적 장면—예를 들어 제우스가 백조로 변신해 레다와 함께 있는 모습—혹은 "여성들과 말들이 함께 있는 장면"이나 "남성들과 당나귀들이 함께 있는 장면" 등을 묘사하곤 했다. Harper, *From Shame to Sin*, 68.

13 Keith Hopkins, *A World Full of Gods: The Strange Triumph of Christianity* (New York: Penguin, 1999), 209을 보라.

해서 빵 한 덩이 값 정도면 충분하다.[14]

　사실 귀족 계급의 일원으로서 당신이 매음굴에서 쾌락을 즐기는 데는 다소 망설임이 있을 수도 있다. 그 이유는 그 쾌락이 비도덕적이어서가 아니라 솔직히 말해 "저속하기" 때문이다.[15] 하지만 걱정할 필요는 없다. 당신의 로마 사회에서는 노예와 맺는 성관계라는 더 우아한 방식이 용인된다. 노예는 풍부하게 존재하며 아마도 도시 인구의 약 5분의 2를 차지했을 것이다.[16] 부유한 로마인인 당신은 여러 명, 어쩌면 수백 명의 노예[17]를 소유하고 있을 것이고, 노예와 맺는 성관계에는 동의 문제가 편리하게도 고려 대상이 아니므로[18] 성적 만족을 위한 기회는 매우 풍부할 것이다.[19]

　여기서 이미 분명히 가정한 것처럼 우리는 당신이 단지 부유할 뿐 아니라 남성이라는 전제 아래서 이야기를 전개하고 있다. 여성의 경우 성적 만족의 기회는 훨씬 제한적이며, 일탈에 대한 규제는 훨씬 더 엄격했다.[20] 훗날, 수 세기 후에는 이러한 구분이 불공평하게 여겨질 것이다. 하지만 당신이 살던 사회의 기준에서는 이러한 이중적 기준이 매우 합리적으로 여겨진다(우리는 이 부분을 몇 쪽 뒤에서 더 자세히 살펴볼 것이다). 실제로 여성들 자신이 남녀의 성적 기준이 다름을 가장 열렬히 옹호하는 이들 중 하나였다.[21]

　지금까지 이야기한 이 모든 것은 매우 만족스러워 보인다. 현대 사상

14　Harper, *From Shame to Sin*, 49.

15　Harper, *From Shame to Sin*, 49.

16　Robin Lane Fox, *The Classical World: An Epic History from Homer to Hadrian* (New York: Basic Books, 2006), 461을 보라

17　Fox, *The Classical World*, 549을 보라("플리니우스 역시 수백 명, [유언장에 따르면] 최소 오백 명 이상의 노예를 소유했고 실제로는 그보다 훨씬 더 많았을 것이다").

18　이 책 이번 장에서 "도시와 성문화"를 참조하라.

19　Harper, *From Shame to Sin*, 26-37, 45-46.

20　Harper, *From Shame to Sin*, 37-45.

21　이 책 이번 장에서 "도시와 성문화"를 참조하라.

가와 윤리학자들이 좋은 삶을 규정할 때 자주 사용하는 기준이 바로 "인간의 번영"(human flourishing)이다. 물론 "인간의 번영"이 정확히 무엇을 의미하는지는 명확하지 않지만—이 용어 자체가 일부러 모호하게 쓰이기도 한다—어쨌든 그 의미가 무엇이든 우리가 지금까지 살펴본 로마 제국의 삶이야말로 이 기준에 충분히 부합하지 않을까? 적어도 기번은 그렇게 생각했다. 그가 다음과 같이 말한 것처럼 말이다. "행운의 여신 포르투나의 총애를 받은 자들은 모든 편리함, 우아함, 화려함을 한데 모았으며 그들의 자존심을 달래고 감각적 욕망을 만족시킬 수 있는 것은 무엇이든 누릴 수 있었다."[22]

물론 칭찬이 박한 평가도 있다. 언제나 반대자는 있기 마련이다. 만약 우리가 기번이 찬탄한 바로 그 시대를 살았던 풍자시인 유베날리스(Juvenal)에게 배운다면, 우리는 로마에 대해 전혀 다른 인상을 받을 수도 있다. 즉 위험한 거리와 화재가 빈번한 셋방 건물, 만연한 나태와 위선, 부패, 방탕한 남편과 신의 없는 아내들, 정직하게 생계를 유지하기란 거의 불가능한 도시, 이런 곳이 로마였다는 것이다.[23] 또한 한 비평가는 만연하고 극심한 빈곤에도 주목할 수 있다. 로빈 레인 폭스(Robin Lane Fox)는 다음과 같이 지적한다. "오늘날 이집트나 파키스탄의 피난민 임시 거주촌이야말로 우리가 이 '또 다른 로마'를 상상할 수 있는 가장 가까운 사례지만, 그곳에는 로마에서처럼 노예제가 공개적으로 받아들여지지는 않는다."[24] 로드니 스타크(Rodney Stark)는 로마 제국의 도시들을 "오늘날의 세계 중 제3세계의 도시들보다 훨씬 더 붐비고, 범죄가 만연하며, 더럽고, 질병이 창궐하며,

---

22   Gibbon, *History of the Decline*, 1:80.

23   Juvenal, *Satires*, trans. William Gifford (London: W. Bulmer and Co., 1802).

24   Fox, *The Classical World*, 462.

비참한 곳"[25]으로 묘사한다.

혹은 우리는 수천 명의 인간과 야생 동물이 귀족과 평민들로 구성된 열광적인 관중 앞에서 오락을 위해 일상적으로 도살되었던 피비린내 나는 검투사 경기로 시선을 돌릴 수도 있다. 기번은 이런 구경거리를 인정하지 않았다. 그는 이런 구경거리가 "문명화된 민족을 야만적 식인종보다도 더 타락하게 만든다"[26]라고 평했다. 그러나 늘 관대한 태도를 보였던 그는 이런 불편한 사실이 자신의 전반적인 긍정적 평가를 방해하도록 두지 않았다.

또한 영아 유기라는 광범위하고 사회적으로 용인된 관습도 있었다. 원치 않거나 건강하지 못한 아이를 둔 부모들은 아기를 거리 모퉁이나 마을 밖에 버려두고 누군가가 와서 그 아기를 데려가주기를 바랐다. 이런 희망이 완전히 비현실적인 것은 아니었다. 실제로 그렇게 버려진 아이 중 일부를 종종 노예나 창녀로 키우기 위해 데려가기도 했다. 그러나 대개 아기들은 죽음을 맞았다.[27]

알렉산드리아의 필론(Philo of Alexandria)은 "인육을 먹는 모든 짐승이 그 장소에 몰려와 아무런 방해도 받지 않고 영아들을 먹는다"[28]고 묘사했다. 기번 역시 이런 관습을 인정하지 않았지만,[29] 그럼에도 도시 전체에 대한 칭찬을 거두지는 않았다. 물론 다른 평가자들은 이런 사회적 흠결에 훨씬 더 엄격할 수 있다.

하지만 우리는 지나치게 긍정적인 기번의 평가와 유베날리스 같은 비

25　Rodney Stark, *The Triumph of Christianity: How the Jesus Movement Became the World's Largest Religion* (New York: HarperCollins, 2011), 106. 『기독교 승리의 발자취』(새물결플러스 역간).

26　Gibbon, *History of the Decline*, 2:138.

27　O. M. Bakke, *When Children Became People: The Birth of Childhood in Early Christianity* (Minneapolis: Augsburg Fortress, 2005), 26-33을 보라.

28　Bakke, *When Children Became People*, 112에서 재인용함.

29　예를 들어 Gibbon, *History of the Decline*, 1:494.

평가들의 더 어두운 묘사 사이에서 굳이 판정을 내릴 필요는 없다. 여기서 그리고 앞으로도 우리의 방침은 공감하는 관점을 취하는 것이다. 우리는 로마를 매장하기 위해서가 아니라 찬미하기 위해 이 자리에 왔다. 고전 로마는 현대의 로마―혹은 현대의 뉴욕, 런던, 파리―처럼 긍정적 평가와 부정적 평가 모두를 뒷받침할 만한 요소를 지니고 있다. 결국 그 모든 것은 우리가 무엇을 바라보고 반대로 무엇을 변명하거나 외면하느냐에 달려 있다. 여기서 우리의 당면 목적은 이 계몽주의 역사가의 넘치는 찬탄을 이끌어낸 그 세계의 본질이 무엇이었는지 이해하는 것이다. 그리고 우리는 특정 계층과 그 시대의 특정 측면에 집중함으로써 그러한 평가를 뒷받침할 만한 근거를 찾을 수 있음을 알 수 있다. "행운의 여신 포르투나의 총애를 받은 자들"에게는 분명히 살아가기에 즐거운 시대였던 것 같다.

도시의 위엄

앞서 나열한 물질적 풍요와 육체적 쾌락은 사실 매우 오해의 소지가 있으며 오히려 로마의 위대함을 **과소평가한** 것이다. 만약 그것이 부유한 로마인의 삶이 오로지 자기만족에만 몰두한 것처럼 보이게 했다면, 그것은 잘못된 인상을 준 것이다. 오히려 당신은 도시와 시민, 그리고 (신으로 여겨 당신이 희생제물을 바쳤던) 황제들과의 관계와 책임을 예리하게 의식했을 것이다. 그리고 당신은 세계를 다스리는 엄격하면서도 자비로운 지배자인 로마의 시민이라는 사실에 고결한 자부심을 느꼈을 것이다.

　로마. 이 거의 신비로운 이름은 도시와 제국 모두를 가리켰고 군사적 정복뿐 아니라 모범적인 시민이 성취한 업적의 강력한 전통과 상징성(association)을 품고 있었다.

　따라서 전차 경주나 극장 혹은 목욕탕으로 가는 길에 당신은 장엄한 공공건물과 기념비들을 지나쳤을 것이다. 이 건물들의 폐허는 1,500년 후—정확히는 1764년 10월 15일[30]—기번에게 그의 대서사적 역사 작업을 시작하도록 영감을 주었다. 이러한 웅장한 건축물들은 황제 시대에 더욱 향상되었다. 건국 황제 아우구스투스는 자신이 벽돌의 도시를 물려받아 대리석의 도시로 탈바꿈시켰다고 자랑했으며,[31] 이후 황제들은 기념비, 신전, 목욕탕, 그리고 물론 장관을 이루는 플라비우스 원형 경기장(콜로세움)을 건설했다. 기번 자신도 이 건물과 기념비들의 잔해에 깊이 감동받았다. 그는 이것들 대부분이 공공의 이익을 위해 사비로 세워졌다는 점에도 깊은 인상을 받았다.[32] 이런 건축물들은 공공 정신—또는 학자들이 말하는 "시민적 덕"—을 보여주는 우아하고도 구체적인 증거로 이후 세대부터 현재까지 부러움의 대상이 되어왔다.

하지만 이런 장관을 이루는 건축물들은 풍요로운 공공 생활의 한 가지 실질적인 표현에 불과했다. 이러한 삶의 방식은 현대 세계에서 때때로 발견되는 자기중심적이고 내향적인 "나 홀로 볼링" 문화와 극명하게 대조된다.[33] 실제로 한 현대 역사가는 다음과 같이 말한다. "고대 도시에서 은둔자로 지내는 것은 쉽지 않았다. 공적 생활은 특정 장소에서 이루어졌고 그 대부분은 도시의 특정 지역(공공건물, 신전, 원로원 건물이 둘러싼 **아고라**[*agora*]) 야외에서 이루어졌다." 이러한 공공성은 "고대의 경기와 오락을 장식한 폭발적인 색채, 화려한 행렬, 대중 시위"에서 드러났다(동시에 "의례화된 폭력…도시 내의 무질서와 소요"에서도 드러났다).[34] 이러한 공공 생활은 수도에만 국한되

---

30   Gibbon, *Memoirs*, 63.

31   Fox, *The Classical World*, 460.

32   Gibbon, *History of the Decline*, 1:70–71.

33   Robert Putnam, *Bowling Alone: The Collapse and Revival of American Community*(New York: Simon and Schuster, 2000)을 보라.

34   John Matthews, "Roman Life and Society," in Boardman, *Griffin, and Murray, The Oxford*

지 않았다. (기번이 열정적으로 목록을 나열했던) 그것은 수많은 도시 중심지로 퍼져나갔고 시리아에서 북아프리카, 브리타니아에 이르기까지 제국 전역으로 확산되었다. 이 모든 곳은 제국이 몰락한 후에도 수 세기 동안 남아 있었던 견고한 도로망으로 연결되어 있었다.[35]

물론 이러한 도로는 처음에는 군단의 신속한 이동을 위해 건설되었고 이는 곧 제국을 구성했던 광활한 영토들이 무력으로 정복되었음을 상기시킨다. 대부분의 일은 로마가 아우구스투스 통치 아래서 제국으로 전환되기 이전, 로마 공화정 말기에 여러 세기에 걸쳐 일어난 일이었다. 하지만 이 사실이 황금시대를 긍정적으로 평가하는 우리의 평가를 어둡게 하지는 않는다. 왜냐하면 로마의 통치는 억압적이기보다는 오히려 호의적이었고 로마 법과 문명의 축복이 운이 덜 좋았던 이들에게 베풀어진 수단이었기 때문이다. 적어도 기번은 그렇게 주장했다. 그는 다음과 같이 선언했다. "제국의 모든…속주가 동일하게 관대한 공공의 장엄함으로 장식되었고, 원형 경기장, 극장, 신전, 주랑, 개선문, 목욕탕, 수도교 등으로 가득 차 있었으며, 이 모든 것은 가장 평범한 시민의 건강, 신앙, 쾌락에 이바지했다."[36]

그 결과 "제국의 평화롭고 번영하는 상태는 로마인들뿐 아니라 속주 민들에게도 따뜻하게 체감되었고 솔직하게 인정받았다."[37] (기번이 거의 숨기지 않고 경멸로 바라봤던 유대인들[38] —기원후 66년, 115년, 130년에 일어난 유대인 반

History of the Classical World, 748, 763-64.

35   Gibbon, *History of the Decline*, 1:75-77.

36   Gibbon, *History of the Decline*, 1:74.

37   Gibbon, *History of the Decline*, 1:82.

38   예를 들어 다음을 보라. Gibbon, *History of the Decline*, 1:447-49("오직 한 민족만이 이러한 인류의 보편적 교류에 참여하기를 거부했다." "그들은 자신들만의 고유한 의례와 비사교적인 풍습을 완고하게 고수했다." "인간 정신의 알려진 모든 원칙에 반하여 그 이상한 민족은 자신의 감각이 주는 증거보다 먼 조상들의 전통에 더 강하게 즉각적으로 동의하는 듯 보였다").

란이 로마 군단에 의해 잔혹하게 진압되었고,[39] 기번은 **사후에** 이러한 진압을 열렬히 환영했다[40]—은 어쩌면 예외였을지도 모른다.) 기번은 이러한 낙관적인 평가를 뒷받침하기 위해 대 플리니우스(Pliny the Elder)의 말을 다음과 같이 인용했다.

> 그들[즉 속주민들]은 사회생활의 진정한 원리, 법, 농업, 과학이 처음에는 아테네의 지혜에 의해 발명되었으나 이제는 로마의 힘에 의해 굳건히 확립되었음을 인정했다. 로마의 상서로운 영향 아래 가장 사나운 야만인들조차도 평등한 통치와 공통의 언어로 하나가 되었다. 그들은 예술의 발전과 함께 인류가 눈에 띄게 증가했음을 주장한다. 또한 도시의 점점 더 화려해지는 모습, 거대한 정원처럼 가꾸어지고 장식된 아름다운 시골 풍경, 그리고 오랜 기간 이어진 평화의 축제를 찬미한다. 이 평화는 수많은 민족이 과거의 원한을 잊고 미래의 위험에 대한 두려움에서 벗어난 채 누릴 수 있었던 것이었다.

기번은 이러한 대 플리니우스의 감탄에는 "수사적이고 웅변적인 분위기"가 의도적으로 담겨 있어 선동적인 글이라는 의심을 불러일으킬 수도 있음을 인정하면서도 "그 내용은…역사적 진실에 완전히 부합한다"[41]고 주장했다.

---

39   전반적인 내용은 Martin Goodman, *Rome and Jerusalem: The Clash of Ancient Civilizations* (New York: Vintage Books, 2008)을 보라.

40   다음을 보라. Gibbon, *History of the Decline*, 1:516("우리는 무력을 행사한 군단이 광신적인 민족에게 가한 가혹한 보복에 박수갈채를 보내고 싶다. 이 민족의 암울하고 맹신적인 미신은 그들을 로마 정부뿐 아니라 인류 전체의 화해할 수 없는 적으로 만드는 듯 보였기 때문이다").

41   Gibbon, *History of the Decline*, 1:82.

"자유의 이미지"

실제로 복속의 과정은 (기번이 말한 것처럼) 로마의 지배를 "따뜻하게 체감"
하고 높이 평가했던 외국인들뿐 아니라 원래의 로마인들에게까지 미쳤다.
타르퀴니우스 왕조의 축출 이후 (곧 아우구스투스로 불리게 되는) 옥타비우스
가 권력을 장악하기까지 거의 5세기 동안 존속했던 공화정은 이제 안토니
우스 황제들의 시대에 이르러서는 먼 기억 속에만 남아 있었고 이미 오래
전에 제국의 전제 정치로 대체된 상태였다.

물론 고대 공화정 헌법의 외형적 형식은 보존되어 있었다. 그러나 그
것은 단지 허울에 불과했으며 실제로는 황제들의 거의 제약 없는 권력을
위장하는 수단이었다. 그래서 로마인들이 황금시대에 누렸던 것은 실제로
민주적 자유가 아니라 기번의 섬세한 표현을 빌리자면 "자유의 이미지"[42]
였다.

기번 자신도 로마인들이 자치권을 상실했다는 사실에 솔직했고 그 상
실이 어떻게 일어났는지 서술했다. 기원전 6세기 왕정이 폐지된 이후 500
년 동안 로마인들은 여러 민회로 구성된 정부(그 중심은 원로원이었음)와 시
민들이 선출한 관리들을 통해 자치권을 신중하게 지켜왔다. 이 관리 중 가
장 중요한 이들은 두 명의 집정관(consul)과 평민을 대표하는 열 명의 호민
관(tribune)이었다. 이들은 1년 임기로 봉직하거나 최소한 장기 집권을 막기
위해 임기가 제한되었다. 이러한 통치 시스템은 수 세기에 걸쳐 발전하고
기능했으며, 이탈리아 정복, 이어지는 (포에니 전쟁에서) 카르타고 정복, 그리
고 더 넓은 지중해 지역 정복의 기반이 되었다.

그러나 기원전 1세기에 이르러 로마는 연이어 잔혹한 내전에 휩싸였

---

42   Gibbon, *History of the Decline*, 1:96, 103.

다. 술라의 군대는 마리우스의 군대와 싸웠고, 율리우스 카이사르에게 충성한 군단은 폼페이우스가 지휘하는 군단과 맞붙었으며, 옥타비우스의 군대와 해군은 마르쿠스 안토니우스의 군대와 싸워 결국 승리했다. 술라와 다시 안토니우스와 옥타비우스 통치 아래서 수많은 유력 시민을 학살하도록 허가하는 처형 명단(proscription)이 공표되었다. 이 과정에서 도망치던 키케로 역시 체포되어 처형당했고 그의 머리와 손, 그리고 화려한 연설을 내뿜던 유창한 혀는 잘려서 로마 포룸의 연단인 로스트라에 못 박혔다. 전해지는 바에 따르면, 안토니우스의 아내 풀비아(Fulvia)는 그 혀에 침을 뱉고 머리핀으로 여러 번 찔렀다고 한다.[43] (옥타비우스, 즉 후일의 아우구스투스는 훗날 손자에게 키케로를 "박식하고 조국을 사랑한 인물"이라고 사적으로 칭찬했다고 전해진다.)[44]

안토니우스를 기원전 31년 악티움 해전에서 격파한 후, 옥타비우스는 치밀하게 꾸민 의식을 통해 자신의 사직서를 원로원에 제출했다. 그러나 그는 곧 원로원의 요청에 따라 군단의 최고사령관(임페라토르), 속주 총독(프로콘술), 호민관 등 여러 관직을 10년 임기(갱신 가능하며 실제로도 갱신됨)로 맡게 되었다. 이때 옥타비우스는 더욱 위엄 있는 새로운 이름을 부여받았다. 곧이어 폰티펙스 막시무스(*Pontifex Maximus*[최고 사제])와 감찰관의 칭호도 추가되었으며 신으로의 격상은 공식적으로는 아우구스투스 사후에 이루어졌다. 기번은 집정관과 호민관 등 다양한 정부 관직이 권력 분립의 역할을 하여 정부 권한을 견제했다고 설명한다. 그러나 이 관직들이 한 사

43　　Anthony Everitt, *Cicero: The Life and Times of Rome's Greatest Politician* (New York: Random House, 2003), 319.

44　　Plutarch, "The Life of Cicero," in Loeb Classical Library edition, vol. 7, 49.5, http://penelope.uchicago.edu/Thayer/E/Roman/Texts/Plutarch/Lives/Cicero*.html#46.3.

람에게 집중되자 그 권력은 사실상 저항할 수 없는 것이 되었다.[45]

이러한 체제는 아우구스투스의 후계자들에게도 그대로 이어졌다. 기번은 이 결과에 대해 다음과 같이 설명했다. "그 결과는 공화정의 외형으로 위장된 절대 군주제였다. 로마 세계의 지배자들은 자신의 왕좌를 어둠으로 둘러싸고, 저항할 수 없는 힘을 감추며, 겸손하게 자신을 원로원에 대해 책임을 다하는 집행자로 자처했다. 그런데 그 원로원의 최고 결정들은 바로 황제들 자신이 지시하고 또 그대로 따르는 것들이었다"(1:93).

그렇다면 이러한 자유의 상실이 기번이 이 시기를 황금기로 찬양한 평가에 반하는 요소로 작용해야 할까? 괴짜이자 청렴했던 젊은 카토(Cato the Younger)는 분명히 그렇게 생각했을 것이다. 그는 옥타비우스의 양부 율리우스 카이사르의 다가오는 독재에 굴복하는 대신 칼에 몸을 던져 스스로 창자를 끄집어내며 자결한 것으로 유명하다. 자유에 대한 기번의 답변은 더 미묘하다. 기번은 아우구스투스와 그 직계 후계자 통치 아래에서 자유의 상실이 "[로마인들의] 처지를 다른 어느 시대나 어느 나라에서 벌어진 폭정의 희생자들보다 훨씬 더 비참하게 만들었다"(1:104)고 인정했다. 그러나 그 비참함에는 두 가지 우발적 요인이 있었다. 첫째, 초기 제정기의 백성들은 "오랫동안 자유민 조상의 감정 또는 적어도 그 생각을 간직하고 있었기 때문에" 민주적 자유의 상실을 더욱 뼈아프게 느꼈다(1:105). 둘째, 그 시기 로마는 불행하게도 연이어 극도로 악명 높은 황제들의 통치를 받았다. "어둡고 냉혹한 티베리우스, 광포한 칼리굴라, 무기력한 클라우디우스, 방탕하고 잔인한 네로, 짐승 같은 비텔리우스, 그리고 소심하고 비인간적인 도미티아누스"(1:104)가 바로 그들이다.

45　　Gibbon, *History of the Decline*, 1:91. 다음 몇 단락에서는 이 책의 쪽수 표기를 본문 내 괄호 안에 병기한다.

반대로 트라야누스 시대, 즉 2세기 초에 이르면, 자치의 전통은 그저 아득한 기억에 불과해졌고 그 부재를 더 이상 원망하지 않게 되었다. 즉 이제는 "자유의 허상"—또는 헌정주의(constitutionalism)의 외적 형식—만으로도 충분했다. 게다가 이 시기의 로마인들은 "덕과 지혜"를 갖춘 통치자들의 다스림을 받는 행운을 누렸다(1:103). 실제로 안토니누스 시대는 "역사상 위대한 민족의 행복이 정부의 유일한 목표였던 유일한 시기였을지도 모른다"(1:102). 이런 계몽된 통치자들의 손에 들어간 "절대 권력"은 유익한 힘이 되었고 "덕과 지혜"가 번거로운 민회와 선거 없이도 통치할 수 있었다.

물론 "만약 그 시대의 로마인들이 합리적인 자유를 누릴 능력이 있었다면"(1:103) 공화정의 복원이 여전히 바람직했을 수도 있다. 그러나 안타깝게도 로마인들은 그런 능력을 결여하고 있었다. 사실 기번은 자신이 좋아하던 근대 사상가 몽테스키외(Montesquieu)[46]의 주장—이에 대해 제임스 매디슨(James Madison)이 『연방주의자 논집』 10번에서 유명하게 반박했다—을 따라서 자치가 소규모 공화국에서는 가능할지 몰라도 "다루기 힘든 대중"에게는 실현 불가능하다고 내다봤다(『로마 제국 쇠망사』, 1:61).

또한 "자유의 이미지"가 단순한 허상에 불과하다고 말하는 것은 지나치게 가혹할 것이다. 물론 로마인들은 더 이상 한 민족이나 한 정치 공동체로서 스스로를 다스리지 않았다. 그러나 그들은 로마법의 혜택을 누렸고(1:64) 종교 문제에 있어서는 거의 완전한 자유를 누렸다. 적어도 기번은 그렇게 생각했다(1:56-61). 이에 대해서는 뒤에서 더 다룰 것이다.

기번은 계몽된 전제 정치에 전적으로 의존하는 삶이 얼마나 불안정한지도 인식하고 있었다. 지혜롭고 자비로운 통치자 뒤를 이어 방종하고

---

46   Gibbon, *Memoirs*, 36.

사악한 통치자가 등장할 수 있기 때문이다. 실제로도 그러했다. 철학자 황제 마르쿠스 아우렐리우스의 뒤를 이은 이는 타락한 아들 콤모두스였고 (1:108-11) 이로써 황금기는 막을 내렸다. 결국 안토니누스 시대의 축복받은 번영은 영원할 운명이 아니었다. 그럼에도 그 시기는 지속되는 동안만큼은 참으로 영광스러웠다.

"세계에서 가장 종교적인 민족"

지금까지 우리는 기번이 말하는 황금기를 설명하면서 종교에 대해서는 (거대한 남근을 가진 신 프리아포스나 황제의 신격화를 말하면서) 간접적으로만 언급했다. 이러한 언급의 유보는 의도적인 것이었다. 결국 회의적이고 계몽된 근대인인 기번이 안토니누스 황제들 치하의 세계를 그토록 극찬하게 만든 것은 로마 종교가 아니었기 때문이다. (기번은 젊은 시절 로마 가톨릭으로 개종했다가 다시 신앙을 버렸으며 성인이 된 후에는 종교, 즉 "미신"에 대한 경멸을 역사 저술과 자서전에서 거의 숨기지 않았다.) 우리가 지금까지 설명한 생활—풍요, 문화, 대중 오락(검투사 경기 등), 군사 정복, 시민적 헌신—에서도 종교는 중심이 아니었다고 생각할 수 있다. 어쩌면 로마인들에게도 종교가 있었지만, 그것은 부차적인 요소였을지 모른다.

그러나 만약 이렇게 생각한다면, 우리는 잘못 생각하는 것이다. 종교는 로마 세계에 단순히 존재했을 뿐만 아니라 단순히 중요했던 정도가 아니라 본질적이었고 우리가 찬탄해온 온갖 번영의 양상들과 떼려야 뗄 수 없는 것이었다.

이 점에서 그리스 역사가 폴리비오스(Polybius)의 증언이 주목할 만하다. 그는 젊은 시절 로마에 포로로 끌려왔고 이후 명장 스키피오 아이밀리아누스(Scipio Aemilianius)와 함께 카르타고를 멸망시킨 원정에 참여했다. 그는 어떻게 로마가 한적한 지방 도시에서 단기간에 서방 세계의 거대한 정복자이자 지배자로 성장할 수 있었는가라는 근본적이고 흥미로운 질문을 던지며 역사를 집필했다. 그는 로마의 패권이 어떻게 이루어졌는지 다양한 측면에서 깊이 있게 고찰했다. 그리고 그 학술적 탐구 과정에서 (우리에게는) 다소 의외일 수 있는 한 가지 결정적 요인에 주목했다. 바로 로마인들이 주변 민족들보다 **종교적으로** 우월했다는 점이다. 폴리비우스는 다음과 같이 썼다. "로마 공화국이 다른 나라들보다 단연코 뛰어난 우위를 보여주는 영역은 바로 종교적 신념의 영역이다."[47]

폴리비오스의 견해는 결코 특이한 것이 아니었다. 로마인들이 그리스 도시국가 테오스(Teos)에서 온 사절을 맞이했을 때, 그들은 이렇게 서두를 알렸다. "우리[로마인]는 신들에 대한 경외심을 가장 중요한 가치로 삼아왔으며 이 점에 있어서 한결같았습니다. 그리고 우리가 신들로부터 받은 은총이 이에 대한 진실을 증명합니다. 우리는 또한 신성한 존재에 대한 우리의 깊은 존경심이 모두에게 분명히 드러났다고 확신합니다."[48] 비슷한 맥락에서, 키케로는 자신이 쓴 대화편에서 한 중심인물의 입을 빌려 다음과 같이 평가했다. "우리 로마의 관습을 외국인들과 비교해본다면, 다른 점에서는 우리가 그들과 비슷하거나 오히려 뒤떨어지는 경우도 있겠지만, 종교 즉 신들을 숭배하는 일에 있어서는 우리가 훨씬 뛰어나네."[49]

역사가 J. A. 노스(J. A. North)는 이 점에 대해 다음과 같이 지적한다. "공화정 후기 로마인들 자신도, 그리고 그들을 관찰하러 온 그리스인들도 로

---

47   Polybius, *The Rise of the Roman Empire*, trans. Ian Scott-Kilvert (London: Penguin, 1979), 349.

48   J. A. North, *Roman Religion* (New York: Cambridge University Press, 2000), 76.

49   Cicero, *The Nature of the Gods*, trans. P. G. Walsh (Oxford: Oxford University Press, 1998), 2.8, p. 50.

마인을 '세계에서 가장 종교적인 민족'으로 여겼다."[50]

도시의 종교

이러한 해석은 현대의 관찰자들에게 다소 놀랍거나 어울리지 않게 느껴질 수 있다. 왜냐하면 (앞의 설명에서 보았던 것처럼) 로마인들은 거의 모든 면에서 극도로 세속적이고 현실적인 민족으로 보이기 때문이다. 하지만 "종교적인 것"과 "세속적인 것"이 반드시 양립 불가능한 것일까? 우리는—거의 정의상—이 둘이 상반된다고 생각할 수 있다. 그러나 혹시 우리가 더 현대적이고 부적절한 "종교" 개념을 로마인들에게 투영하고 있는 것은 아닐까? 우리가 보게 될 것처럼 실제로 고대 세계에서 "종교적인 것"과 "세속적인 것"은 결코 반대되는 것이 아니었으며 오히려 훌륭하게 통합되어 서로를 보완하고 강화하는 관계였다. 그리고 이 두 용어가 분리되고 심지어 서로 적대적인 것으로 변모하는 혁명—주로 기독교에 의해 이루어진 혁명—은 현대 세계의 강력한(또 분열적이며 많은 반감을 불러일으키는) 특징이 되어왔다.

따라서 우리는 로마 종교와 도시의 밀접한 연관성을 좀 더 면밀히 살펴볼 필요가 있다. 사실 로마와 로마 종교는 아주 처음부터 적어도 공식 기록상으로는 떼려야 뗄 수 없이 결합되어 있었다. 예를 들어 시인 베르길리우스(Virgil)가 쓴 건국 서사시에서 로마의 전설적 조상 아이네아스(Aeneas)는 트로이의 성이 교활한 오디세우스가 이끈 트로이 목마에 숨어 잠입한 그리스 군대에 의해 멸망하던 끔찍한 밤의 사건을 감동적으로 회상한다. 아이네아스는 절망과 분노에 휩싸여 침입자들에게 무모하게 맞서고 이 비

---

⁵⁰ North, *Roman Religion*, 76.

극을 불러일으킨 아름다운 원인 제공자인 헬레네에게 복수하고자 했으나 그의 신성한 어머니 베누스에게 꾸지람을 듣는다. 베누스가 명령한다. "생각해 봐! 네가 미워해야 할 것은 그 아름다움, 즉 헬레네가 아니고 심지어 비난해야 할 사람도 파리스가 아니란다. 그건 바로 신들, 무자비한 신들이야. 이들이 트로이의 부를 무너뜨리고 있어."[51]

그렇다면 왜 신들은 그의 도시를 이토록 가혹하게 대했을까? 호메로스는 신들이 주로 시적 목적에서 트로이의 몰락을 가져왔다고 추측했다. "후세에 노래로 남기기 위해 / 파멸을 짜 넣었다!"[52] 그러나 베르길리우스는 신들이 단순히 시적인 목적만은 아닌 더 높은 목적을 가지고 있었다고 설명한다. 아이네아스가 불타는 도시로 다시 뛰어들어 혼란 속에 뒤처진 아내 크레우사(Creusa)를 찾으려 할 때, 그를 맞이한 것은 크레우사의 유령뿐이었다. 유령은 "이 모든 일이 신들의 뜻 없이 일어난 것이 아님"을 위로로 전한다. 하지만 그는 신들의 계획이 아이네아스가 바다를 건너 먼 땅, 즉 "리디아인의 티베르강이 비옥한 들판을 유유히 흐르는 / 강인한 민족의 땅"에 새로운 왕국을 세우는 것임을 설명한다.[53]

요약하자면, 신들은 트로이가 멸망해야 로마가 일어날 수 있도록 운명 지었다. 마찬가지로 로마는 신들의 도움, 즉 로마인들의 비범한 경건함에 대한 보상으로 한낱 초라하고 위기에 처한 도시에서 세계 제국으로 성장했다. 아우구스투스 시대의 역사가 리비우스에 따르면, 로물루스는 도시를 세우고 적들의 연합을 물리친 뒤 가장 먼저 한 일 중 하나로 유피테르 신전

---

51   Virgil, *The Aeneid*, trans. Robert Fagles (New York: Penguin, 2010), 2.744-747, p. 95. 『아이네이스』(열린책들 역간).

52   Homer, *The Odyssey*, trans. Robert Fitzgerald (New York: Farrar, Straus and Giroux, 1998), 8.619-620. 『오뒷세이아』(아카넷 역간).

53   Virgil, *The Aeneid* 2.963-971, pp. 101-2.

을 세웠다.[54] 이후 로마인들이 사비니인들의 공격으로 멸망 위기에 처했을 때(로마인들이 사비니인들의 딸들을 납치했다), 로물루스는 다시 한번 신전을 짓겠다고 약속하며 유피테르에게 간절히 도움을 청했고 그의 군대는 "하늘에서 들려오는 목소리라고 믿었던 것에 복종하며" 신속하게 재집결했다.[55]

로물루스가 원인 불명으로 죽은 뒤 그는 신이 되어 하늘로 올라갔다는 이야기가 전해지게 되었다(다만 리비우스는 "왕이 원로원 의원들에게 갈기갈기 찢겨 죽었다고 은밀히 주장한 소수의 반대자"가 있었다고 적고 있다).[56] 그의 뒤를 이은 왕 누마 폼필리우스(Numa Pompilius)는 점쟁이의 승인을 받아 선출되었고 종교 의식과 사제직을 정비하며 체계화한 인물로 유명하다.[57] 이후의 왕들 중에는 리비우스가 전해준 이야기처럼 더 경건한 이도 덜 경건한 이도 있었지만, 전반적으로 로마의 성장에서 신들의 역할은 두드러졌고 그들의 은총은 공화정 시기에도 이어졌다. 그러나 공화정의 종말을 가져온 정치적 혼란과 폭력의 세기 동안에는 제의와 신전이 소홀히 다뤄졌고 많은 이들이 로마의 불운을 그런 소홀함 탓으로 돌렸다.[58] 그래서 권좌에 오른 아우구스투스의 주요 정치적 과제 중 하나는 신전들을 복원하고 새로운 신전을 세우며 신들에 대한 숭배를 되살리는 것이었다.[59]

여기서 주목해야 할 것은 **신들**이라는 복수형이다. 이 문제는 더 복잡한 양상을 띠지만 적어도 표면적으로 로마 종교는 수백, 심지어 수천의 신들을 인정했다. 키케로의 대화편에 등장하는 한 인물은 "신들의 수는 셀 수

---

54 Livy, *The Early History of Rome*, trans. Aubrey de Sélincourt (London: Penguin, 2002), 43.

55 Livy, *Early History of Rome*, 44.

56 Livy, *Early History of Rome*, 49.

57 Livy, *Early History of Rome*, 51-55.

58 Fox, *The Classical World*, 427을 보라.

59 Fox, *The Classical World*, 427. 또한 Anthony Everitt, *Augustus: The Life of Rome's First Emperor*(New York: Random House, 2006), 242-43도 보라.

없을 정도"[60]라고 불평한다. 즉 올림포스의 신들―방패를 든 제우스, 길을 인도하는 헤르메스, 절름발이 대장장이 헤파이스토스, 땅을 흔드는 포세이돈 등―이 이제 유피테르, 메르쿠리우스, 불카누스, 넵투누스 등의 로마식 이름을 갖게 되었다. 이집트, 시리아, 페르시아 등 외국에서 수입된 이국적인 신들도 많았는데, 이시스, 세라피스, 마테르 마그나(키벨레)가 특히 인기 있었다. 태양, 달, 별, 강, 숲, 들판 등 자연의 신들도 있었고 집과 가정의 수호신인 라레스와 페나테스도 있었다. 그리고 물론 신격화된 황제들도 있었다. (티베리우스처럼) 그 영예를 거부하거나 (네로처럼) 극악무도한 경우를 제외하면 대부분의 황제는 죽은 뒤 신으로 추앙받으며 제의와 신전을 부여받았다.[61] 황제 베스파시아누스(Vespasian)는 임종 직전 이렇게 한탄했다. "이런, 나도 신이 되어가는 것 같군."[62]

게다가, 인간의 성품(행복, 신의, 희망)이나 삶의 다양한 조건을 의인화한 신들도 무수히 많았다. 예를 들어, 옵스(Ops, 풍요), 살루스(Salus, 신체적이고 도덕적인 안녕), 포르투나(Fortuna, 행운) 등이 있다. 혹은 키케로의 대화편에 나오는 표현처럼 단순한 "개념"(덕, 명예, 안전)조차 신격화되었다.[63] 5세기 초 기독교가 노골적인 이교도를 대체하던 시기에 아우구스티누스는 밀한 이삭을 키우는 데만도 수많은 신들로 이루어진 현장 작업반이 필요했다고 조롱하듯이 보고한다. 씨앗을 발아시키는 프로세르피나, 땅속에 있는 동안 씨앗을 돌보는 세이아, 싹이 트고 나면 줄기를 기르는 세게티아, 이삭대를 지키는 투틸리나, 그리고 줄기를 보호하는 노도투스, 밀 이삭이 여무

---

60   Cicero, *Nature of the Gods* 1.84, p. 32.

61   전반적으로 Valerie M. Warrior, *Roman Religion: A Sourcebook* (Newburyport, MA: Focus Pub.; R. Pullins, 2002), 127-38을 보라.

62   Warrior, *Roman Religion*, 138.

63   Cicero, *Nature of the Gods* 3.61, p. 129. 또한 다음을 보라. John Scheid, *An Introduction to Roman Religion*, trans. Janet Lloyd (Bloomington: Indiana University Press, 2003), 155-57.

는 각 단계마다 볼룬티나, 파텔라나, 호스틸리나, 플로라, 락투르누스, 마투타, 룬키나 등 각기 다른 신들이 관여했다.[64]

이렇게 방대한 로마의 신들은 시인들에게 오늘날 문학을 공부하는 학생들이 여전히 배우는, 흔히 "그리스·로마 신화"라고 부르는 매혹적이고 환상적인 이야기의 소재를 제공했다. 호메로스의 서사시가 이러한 이야기들을 분출한 대표적인 원천이지만, 아우구스투스 시대 로마인들에게는 오비디우스의 『변신이야기』가 이 신화들을 매혹적으로 전달했다. 그럼에도 기번은 이런 이야기들을 미신으로 치부하면서도 소년 시절과 성인이 된 이후 이 문학을 모두 즐겨 읽고 또 되풀이해 읽었다.[65]

수많은 신들은 저마다 할 일이 있었고 대체로 인간의 일상사에는 별로 관심이 없었다. 그럼에도 신들은 인간에게 복을 내리거나 재앙을 내릴 수 있었고 도와주거나 방해할 수도 있었으므로 인간들은 신들과 좋은 관계를 유지하는 것이 가장 중요했다. 로마인들은 신들을 공경하고 그들의 호의를 얻기 위해 막대한 자원을 투입했다. 바로 이런 점에서 로마인들은 자신들이 다른 모든 민족보다 종교적으로 우월하다고 여겼다.

신들에게 환심을 사기 위한 가장 중요한 행위 중 하나가 바로 (황소, 염소, 양, 돼지 등의) 동물들을 정기적으로 바치는 제의적 희생이었다. 재위 초기에 칼리굴라 황제는 정신이 이상해지기 전 3개월도 채 안 되는 기간에 16만 마리 이상의 동물을 희생제물로 바쳤는데 역사가 수에토니우스(Suetonius)에 따르면 이는 "화려한" 경건함으로 대중의 찬사를 받았다.[66] 희

---

64   Augustine, *The City of God against the Pagans*, trans. and ed. R. W. Dyson (Cambridge: Cambridge University Press, 1998), 4.8, pp. 152–53. 『신국론』(분도출판사 역간).

65   Gibbon, *Memoirs*, 14, 35, 81.

66   Suetonius, "Gaius Caligula," in *The Twelve Caesars*, trans. Robert Graves (London: Penguin, 1957), 151.

생 의식은 엄격한 정확성을 요구했다. 정해진 언어나 절차에서 벗어나면 그 제사는 신에게 받아들여지지 않았다.[67] 때로는 황제 자신이 직접 기도를 올리고, 자신과 수행원들이 희생 동물에게 기름을 바르며, 도끼로 기절시킨 뒤 목을 베어 피를 모으고 시신을 해체하면서 제사 의식을 주관하기도 했다.[68]

현대의 교회 예배와 달리, 로마의 희생제의는 단순히 엄숙한 예식이나 대단히 무거운 설교에 그치지 않았다. 그것은 잔치였고 신자들이 음식을 푸짐하게 먹고 술을 더 푸짐하게 마시는 연회였다.[69] 오감을 자극하고 뒤흔드는 각종 광경과 향기가 가득했다. 램지 맥멀런은 한 고대인의 기록을 인용한다. "제사장 자신이…피투성이가 되어 괴물처럼 서서 내장을 꺼내고 심장을 도려내며 제단 주위에 피를 붓는다."[70] 종교 축제는 신전 경내를 넘어 로마의 도시와 마을을 휘감으며 소란스럽고 다채로운 행렬로 이어졌다. 맥멀런에 따르면, 아타르가티스(Atargatis), 이시스(Isis), 키벨레(Cybele) 등 외래 신들의 숭배는 "광란에 찬 춤을 동반했고 보는 이들에게 큰 인상을 남겼으며 신도들이 대중의 시선을 끌기 위해 거리로 나서 자주 공개적으로 행해졌다. 방울, 큰북, 날카로운 피리 소리에 맞춰 머리를 뒤로 젖히거나 어깨를 격렬하게 들썩이며 울부짖음과 고함을 곁들여 빙글빙글 돌며 열광의

---

67   James J. O'Donnell, *Pagans: The End of Traditional Religion and the Rise of Christianity* (New York: HarperCollins, 2015), 31.

68   이러한 의식의 생생한 묘사는 O'Donnell, *Pagans*, 28–42을 보라.

69   Ramsay MacMullen, *Paganism in the Roman Empire* (New Haven: Yale University Press, 1981), 39.

70   MacMullen, *Paganism in the Roman Empire*, 41. MacMullen은 "고대 세계에서 (생선이나 가금류가 아니라) 소비된 대부분의 육류는 신전 경내에서 도축된 것이었고, 이들 신전은 대부분 물 공급이 원활하지 않아 쉽게 씻어낼 수 없었기 때문에, 구석구석에 내장과 찌꺼기가 더럽게 쌓였으며, 그곳에는 구름처럼 몰려든 파리뿐만 아니라 떠돌이 들개들까지 들끓었다"고 설명한다(41).

도가니에 빠졌다."[71]

신들에 대한 이야기 역시 연극이나 발레 형식으로 수천 명을 수용하는 극장에서 정기적으로 공연되었다. 이런 공연은 결코 딱딱하거나 지루하지 않았다. 로빈 레인 폭스의 말처럼 "엄청난 재미"를 주는 공연이었다.[72]

맥멀런은 "모든 종류의 악기들이…신들을 위한 제의에 동원되었고 상상할 수 있는 모든 춤과 노래, 연극, 산문 찬가, 강연, 철학적 논설, 대중적이고 교화적인 공연 등이 펼쳐졌다"[73]고 설명한다. 사실 더 엄격한 시선으로 보면, 신들을 위한 연극 공연은 너무나 외설적이고 음탕해서 거의 종교의 탈을 쓴 포르노그래피에 가까웠다. (비록 아우구스티누스 자신은 젊은 시절 극장에 가는 것을 무척 즐겼다고 고백하지만,[74] 적어도 아우구스티누스의 만년의 평가는 그러했다.[75]

로마 시민 종교의 또 다른 중요한 요소는 점술(divination) 또는 징조를 살피는 일이었다. 지도자들은 군사적이거나 정치적인 결정을 내리기 전 점을 통해 신들의 뜻을 알아보려 했다. 동물이나 새의 내장을 세밀하게 살피고 (번개, 기형아의 출생, 이가 난 두더지와 같은) "기이한 징조들"(prodigies)을 연구해 신의 의중을 파악하고자 했다.[76] 리비우스는 초기의 회의적이던 왕 타르퀴니우스(Tarquin)가 "온갖 징조의 의미를 조롱"하기 위해 점쟁이 아티우스 나비우스(Attius Navius)에게 자신이 지금 마음속으로 생각하는 일이 실제로 가능한지 물어보라고 명령한 이야기를 전한다. 점쟁이는 새들의 움

---

71 MacMullen, *Paganism in the Roman Empire*, 24.

72 Robin Lane Fox, *Pagans and Christians* (London: Penguin, 1986), 70.

73 MacMullen, *Paganism in the Roman Empire*, 24.

74 Augustine, *The Confessions of St. Augustine*, ed. and trans. Albert Cook Outler, rev. ed. (New York: Dover, 2002), 3.2, p. 32("무대 연극 또한 나를 사로잡았다. 그 안에는 내 자신의 고통스러운 모습이 가득했고, 그것은 내 마음의 불길을 더욱 부추기는 연료였다").

75 예를 들어 Augustine, *City of God* 2.8-9, pp. 59-61.

76 Fox, *The Classical World*, 290.

직임을 살핀 뒤 가능하다고 대답했고 이에 왕은 자신이 궁금해하던 것이 점쟁이가 숫돌을 면도칼로 반으로 자를 수 있는지 여부였다고 의기양양하게 선언했다. 그리고 리비우스는 다음과 같이 전한다. "믿거나 말거나 나비우스는 조금의 망설임도 없이 그 일을 해냈다."[77] 이 업적을 기려 동상이 세워졌고 리비우스는 이렇게 덧붙인다. "이 이야기를 우리가 어떻게 받아들이든 간에 중요한 사실은 점조(augury)와 점을 보는 사제직의 중요성이 그 후로 크게 높아져 평시든 전시든 중대한 일을 시작하기 전에 점을 치는 것이 필수적인 절차가 되었다는 점이다. 군대의 출정이나 민회뿐 아니라 국가의 중대한 사안까지도 새들이 허락하지 않으면 연기되었다."[78]

로마가 보다 심각한 어려움에 직면하여 깊은 숙고가 필요할 때면 다른 종류의 사제 집단이 비밀스러운 시빌라의 예언서(Sibylline texts)를 연구했다. (이 예언서는 어두운 과거에 신비로운 노파가 왕 누마에게 전한 것으로 전해진다.)[79] 또는 이례적인 의식이 시도되기도 했는데, 예를 들어 몇몇 외국인을 산 채로 묻는 일이 그것이다.[80]

신들의 도움을 구하는 일에는 특히 군사 문제가 포함되었다. 전투를 치르기 전에는 반드시 신성한 닭들을 관찰했는데, 닭들이 뿌려진 먹이를 먹으면 행운이 따랐고 먹지 않으면 패배가 임박했다는 징조였다. 카르타고와 로마 사이에 벌어진 제1차 포에니 전쟁 중 참을성 없던 장군 푸블리우스 클라우디우스(Publius Claudius)는—협조하지 않는 닭 떼를 무례하게

77　Livy, *Early History of Rome*, 75-76.

78　Livy, *Early History of Rome*, 76. 또한 Cicero, "On Divination," in *Cicero on Old Age, on Friendship, on Divination*, trans. W. A. Falconer, Loeb Classical Library(Cambridge, MA: Harvard University Press, 1923), 213, 225(왕들이 추방된 이후로, 국내외를 막론하고 어떤 공적인 일도 먼저 징조를 살피지 않고는 결코 처리되지 않았다"고 전한다)도 보라. 『노년에 관하여 우정에 관하여』(숲 역간), 『예언에 관하여』(그린비 역간).

79　Warrior, *Roman Religion*, 13, 22-23; O'Donnell, *Pagans*, 26, 92을 보라.

80　Fox, *The Classical World*, 306을 보라.

대하며 닭들을 물에 빠뜨렸는데, 닭들이 먹이를 거부하니 대신 물을 마시게 하겠다는 분노 섞인 말과 함께였다—결국 그 대가를 군사적 참패로 치렀다.[81] 적의 도시에 접근할 때 로마인들은 **에보카티오**(*evocatio*)라는 의식을 거행했는데, 이는 그 도시의 신들을 로마 편으로 끌어들이기 위해 더 우월한 숭배를 약속하는 의식이었다.[82]

희생제의와 점치는 의식은 동시에 고위 정치 관료이자 공공 사제직에 속한 사람들이 집행했다. 따라서 로마 국가의 정치 지도자들—집정관, 총독, 나중에는 황제—은 네 개의 주요 공공 사제직에서 관직을 겸임했으며 황제 자신은 국가 사제단의 최고 사제, 즉 **폰티펙스 막시무스**(*pontifex maximus*)의 역할을 수행했다.

로마인들의 공적인 종교성은 그들의 건축물에서 뚜렷하게 드러났다. 수도 로마에는 다양한 신들에게 바쳐진 우아한 신전들이 가득했고 **집**(*domus*)에서 목욕탕이나 경기장으로 가는 길에 반드시 여러 신전을 지나치게 마련이었다. 이는 제국의 다른 도시들도 마찬가지였다. 에드워드 왓츠(Edward Watts)는 후기 제국 시기 알렉산드리아를 예로 들어 이러한 종교 건축물의 만연함을 보여준다. 그는 4세기경 작성된 목록을 인용하며 "도시 내에 거의 2,500개의 신전이 있었고 이는 집 스무 채마다 하나꼴"[83]이라고 지적한다. 그러나 어떤 의미에서 이 집 스무 채에 신전 하나라는 수치도 크게 과소 평가된 것이다. 실제 비율은 거의 일 대 일에 가까웠다. 왜냐하면

---

81   Cicero, *Nature of the Gods* 2.7, p. 49.

82   O'Donnell, *Pagans*, 110.

83   Edward J. Watts, *The Final Pagan Generation* (Oakland: University of California Press, 2015), 18-19. 종교는 도시 경계에서 끝나지 않았다. Watts는 "로마의 시골 지역에는 훨씬 더 다양한 신성한 장소들이 있었다고 보고한다. 여기에는 대형 신전 단지, 동굴 및 기타 시골의 신성한 장소들, 그리고 사실상 그 땅을 지배하는 가정이 운영하는 신전 역할을 하는 다양한 농촌 건축물들이 포함된다"(19)라고 전한다.

모든 집이 일종의 작은 신전 역할을 했으며 집 안에는 가정의 수호신인 라레스(Lares)와 페나테스(Penates)에게 바쳐진 제단이 있었기 때문이다.[84] 케임브리지 대학교의 역사학자 키스 홉킨스(Keith Hopkins)는 『신들로 가득한 세계』(*A World Full of Gods*)에서 상상력을 발휘해 로마 세계를 묘사하며 자신의 가상 시간 여행자들이 다음과 같이 보고하도록 한다. "도시 입구에도, 포룸 입구에도 어디에나 신전과 신들이 있었고 그 신들에게 기도하는 사람들도 있었다. 길을 따라가다 보면 교차로마다 제단이 놓여 있었고 벽의 움푹 팬 감실마다 신상이 있었으며 지나는 이들은 손등에 입을 살짝 대고 나서 그 손을 신상 쪽으로 내밀며 경건하게 인사를 올리곤 했다. 그리고 물론, 도시의 제의적인 중심지인 이 포룸에는 신전, 제단, 신, 영웅들이 우리가 보는 곳마다 있었다.⋯광장 끝에는 웅장한 유피테르 신전이 있었고 그 뒤로는 베수비오산이 눈으로 덮인 채 장관을 이루고 있었다. 그리고 나머지 건물들도 모두 신전처럼 보였다."[85]

종교는 공간적으로만이 아니라 시간적으로도 만연해 있었다. 달력은 루페르칼리아(Lupercalia), 팔리아(Parlia), 로비갈리아(Robigalia), 사투르날리아(Saturnalia) 등 주요 종교 축제를 중심으로 구성되었으며 사제단인 폰티펙스들(pontiffs)이 이를 관리했다.[86] 1년 중 총 177일이 휴일 또는 축제일로 지정되어 있었고 이는 33명의 서로 다른 신이나 여신을 기리는 날이었다.[87]

그렇다면 앞서 언급한 세속적인 이미지들—검투사 경기와 전차 경주, 그리고 지나치게 노골적인 성문화—은 어떻게 설명할 수 있을까? 우리는 군사적이고 정치적인 활동에 종교가 스며들어 있음을 이미 살펴보았다. 마

---

84 Warrior, *Roman Religion*, 25-26.

85 Hopkins, *World Full of Gods*, 13.

86 Scheid, *Introduction to Roman Religion*, 48-54; Warrior, *Roman Religion*, 59-69.

87 Watts, *The Final Pagan Generation*, 24.

찬가지로 연극 공연 역시 신들에게 바쳐졌다.[88] 그리고 현대인에게는 다소 이상하게 들릴 수 있지만, 경기들 역시 종교적인 행사였다. 검투사와 맹수들이 서로를 죽이며 환호를 받기 전에 경기는 신들의 영광을 위해 봉헌되었다.[89] 힘든 시기, 로마 지도자들이 신들의 도움이 절실하다고 느낄 때 그들은 신들에게 바치는 특별한 경기를 때때로 후원하기도 했다.[90] 그러니 경기들에 아무리 치명적인 잔혹함이 있더라도 본질적으로 이 모든 것은 종교적 의식이었다.

놀랍게도 도시의 만연한 성문화—매음굴과 성노예 그리고 도처에 널린 남근상 등—도 마찬가지로 설명될 수 있다. 이에 대해서는 곧 더 자세히 다룰 것이다.

요컨대, 공적 혹은 시민 종교는 로마 세계 전반에 만연해 있었다. 도시와 종교는 철저히 통합되어 있었고 서로 겹치며 분리할 수 없는 관계였다. 역사가 존 셰이드(John Scheid)는 "모든 공동체적 행위에는 종교적 측면이 있었고 모든 종교적 행위에는 공동체적 측면이 있었다"[91]고 설명한다.

도시와 성문화

로마에 만연했던, 그리고 전혀 부끄러움 없는 성문화 역시 종교적이면서 동시에 시민적인 성격을 지니고 있었다. 로마 제국에서 성도덕은 두 가지 넓은 전제를 반영했다. 첫째, 성적인 충족은 자연스럽고 쾌락적이며 기본

88　Scheid, *Introduction to Roman Religion*, 106-8; Warrior, *Roman Religion*, 115-20.

89　Hopkins, *World Full of Gods*, 41.

90　See, e.g., Suetonius, "Divus Augustus," in Graves, *The Twelve Caesars*, 54.

91　Scheid, *Introduction to Roman Religion*, 20. 또한 Fox, *Pagans and Christians*, 82도 보라("신들이 사회생활의 모든 층위에 관여하며 그 존재가 곳곳에 스며 있음"을 묘사한다).

적으로 용인되는 것일 뿐 아니라 일종의 황홀한 종교적인 행위이기도 하다. 하지만 둘째, 성 행동과 충족은 도시, 즉 사회적이고 정치적인 삶의 요구에 의해 제약을 받는다.

신성한 명령. 역사학자 카일 하퍼(Kyle Harper)의 최근 연구는 이러한 전제들이 제국의 태도와 경제에 어떻게 영향을 끼쳤는지 보여준다. "남성의 성적 에너지는 반드시 어디선가 분출되어야 하는 일정한 양이었다"[92]고 하퍼는 설명한다. 따라서 "사춘기 이후 남성의 성적인 활동을 엄격하게 제한하는 것은 비현실적인 것으로 여겨졌다."[93] 물론 성은 감각적인 만족을 제공했다. 의사이자 철학자인 갈레노스(Galen)는 임상적 거리감을 유지하며 다음과 같이 썼다. "생식 기관을 사용하는 행위에는 매우 큰 쾌락이 따르고 그 사용에 앞서 격렬한 욕망이 선행한다."[94] 실제로 금욕은 (소수의 스토아 학파를 제외하면) 건강에 해롭다고 여겨졌다.[95] 그것은 메스꺼움, 열, 소화불량을 초래할 수 있었다.[96] 그러나 성적인 충족은 단순한 신체적 필요(imperative)를 넘어 일종의 종교적 행위 또는 의무로 여겨지기도 했다. 하퍼는 "기쁨과 생명의 상징인 에로스(Eros) 자체가 언제나 인기가 높았고, 성적인 열정은 내재하는 신적 힘이었다"[97]고, 즉 "신들의 신비롭고 내면적인 현존"[98]이었다고 말한다. 비슷한 맥락에서 캐시 가카(Kathy Gaca)도 "고대

---

92 Harper, *From Shame to Sin*, 47.

93 Harper, *From Shame to Sin*, 54.

94 Peter Brown, *The Body and Society: Men, Women, and Sexual Renunciation in Early Christianity*, 2nd ed. (New York: Columbia University Press, 2008), 17에서 재인용함.

95 Harper, *From Shame to Sin*, 70-78.

96 Harper, *From Shame to Sin*, 58.

97 Harper, *From Shame to Sin*, 68. 또한 57-58도 보라("와인 역시 성과 마찬가지로 내재하는 신적 힘이었으며, 그 따뜻한 황홀감에 휩싸이는 경험은 디오니소스와의 교감으로 여겨졌다").

98 Harper, *From Shame to Sin*, 67.

에는 성적 흥분, 행위, 번식 자체가 단순한 인간의 에너지가 아니라 부분적으로 내재하는 신의 힘이었다"[99]고 설명한다. 예를 들어 2세기의 로맨틱 코미디 소설 『레우키페와 클리토폰의 모험』(*Leucippe and Clitophon*)에서 주인공 클리토폰은 아폴론이 아름다운 님프 다프네를 유혹하려 했던 이야기를 담은 노래에 자신의 욕망이 "불타올랐다"고 고백한다. 그리고 "아무리 스스로 절제를 가르치려 해도 어떤 본보기가 있으면 그것을 모방하고 싶어지기 마련이다. 하물며 그 본보기가 신적인 것이라면, 도덕적 잘못에 대해 느끼는 어떤 부끄러움도 오히려 더 높은 존재에 대한 모독이 된다"[100]고 설명한다. 이후 클리토폰이 아름다운 레우키페를 유혹하려는 계획에 대해 우려하는 감정을 갖자 하인 사튀로스(Satyrus)는 그를 꾸짖으며 격려한다. "에로스[신]는 나약함을 용납하지 않습니다. 그의 무구(accoutrement), 즉 활, 화살통, 화살, 정념을 보십시오. 모두 남성적이고 용기로 가득 찬 것들이지요. 그런데 그런 신이 주인님의 내면에 있는데도 겁을 내고 주저하시다니요?" 세상 물정에 밝은 하인은 주저하는 주인을 이끌어 "용맹한 신을 섬기는 병사처럼"[101] 유혹에 나서라고 독려한다.

그러나 신의 허가를 받은 성적인 욕망은 남성 등장인물들에게만 있는 것이 아니었다. 하퍼는 저자 아킬레스 타티우스(Achilles Tatius)가 특히 여성 등장인물인 레우키페를 통해 "육체가 갖는 가장 깊은 감동이 인간을 대지를 풍요롭게 하는 신적인 힘과 연결시켜줄 뿐만 아니라 개인적인 초월까지도 가능케 하는 부부 간의 사랑(*eros*)이라는 야심 찬 비전을 전달한다"[102]고

---

99   Kathy L. Gaca, *The Making of Fornication: Eros, Ethics, and Political Reform in Greek Philosophy and Early Christianity*(Berkeley: University of California Press, 2003), 132도 보라.

100   Achilles Tatius, *Leucippe and Clitophon*, trans. Tim Whitmarsh (Oxford: Oxford University Press, 2001), 7-8.

101   Achilles Tatius, *Leucippe and Clitophon*, 22.

102   Harper, *From Shame to Sin*, 80.

설명한다. 더 일반적으로, 로마의 소설들은 "신들이 인간이 성적인 충족에서 구원에 버금가는 것을 찾을 수 있도록 정교하게 엮어놓은 세계"[103]를 그려낸다.

피터 브라운(Peter Brown)은 로마인들 자신도 감탄했을 법한 시적인 언어로 이러한 특유의 태도를 표현한다.

> 2세기에 우리가 만나는 사람들은 고전 후기 다신교라는 활동적인 우주에 여전히 속해 있었다. 그들은 신들의 교묘한 솜씨로 자신들이 동물의 세계와 긴밀하게 연결되어 있음을 알고 있었다. 그들은 매년 언덕을 새끼 양들로 가득 채우고 봄바람이 비옥한 이삭을 감싸며 계절의 사랑놀이 속에서 곡식을 익게 하는 바로 그 불같은 영혼(spirit)이 자신들의 몸속에도 고동치고 있음을 느꼈다. 그들 머리 위로 같은 불이 반짝이는 별들 속에서 빛났다. 그들의 몸과 성적인 충동은 신들이 활기 넘치는 생명력으로 뛰노는 거대한 우주의 흔들림 없는 영원함에 직접적으로 참여하고 있었다.[104]

이런 성의 신성화(sacralization)는 로마 문화에서 에로틱한 이미지—회화, 모자이크, 조각상—가 만연했던 이유를 설명해준다. 이미—등잣, 벽화 등—가정 내의 노골적인 이미지에 대해 언급한 바 있다.[105] 비슷한 묘사들은 공공장소도 장식했다. 고고학 연구의 결과를 요약하며 키스 홉킨스는 자신의 가상 시간 여행자 마사(Martha)로 하여금 다음과 같이 보고하게 한다.

---

103   Harper, *From Shame to Sin*, 21.

104   Brown, *The Body and Society*, 27-28.

105   이 책 제3장에서 "편리함, 우아함, 그리고 화려함의 모든 정수"를 보라. 또한 Harper, *From Shame to Sin*, 66을 보라("남성, 여성, 그리고 아이들까지 모두 성행위의 완성[consummation]에 이르는 다양한 단계를 묘사한 화려한 그림들에 둘러싸여 있었다").

여기 실제 폼페이의 고급 목욕탕 탈의실, 즉 남녀노소가 함께 사용하던 유일한 탈의실에서 당신은 원하든 원하지 않든 간에 노골적인 성교 장면들이 그려진 그림들을 마주하게 된다. [어떤 그림]에는 남성이 여성의 뒤에서 관계를 맺고 있었고, [다른 그림]에는 여성이 위에 올라탄 모습이었으며, [또 다른 그림]에는 여성이 독서 중인 남성을 방해하고 구강성교를 하는 장면이 그려져 있었다. 이 탈의실들은 교양 있는 고객층을 분명히 겨냥한 것이었다. 그리고 균형을 맞추기라도 하듯 남성이 여성에게 구강성교를 하는 장면도 있었다.… 다음 그림은 여성의 한쪽 다리가 운동선수처럼 남성의 어깨 위로 올라가 있었다는 점을 제외하고는 좀 더 전통적이었다.

그 뒤로는 성적 조합이 훨씬 더 복잡해졌다.…다음 두 그림에서는 두 남성과 한 여성으로 이루어진 삼인조, 그리고 이어서 두 남성과 두 여성으로 이루어진 사인조가 동성애와 이성애가 혼합된 형태로 묘사되어 있었다.[106]

이런 시각 예술의 자극은 에로틱 문학과 연극 공연으로 더욱 강화되었다.[107] 특히 봄철 플로랄리아(Floralia) 축제 기간에는 실제로 자극적인 라이브 성 공연이 펼쳐지기도 했다.[108] 홉킨스의 시간 여행자들은 이렇게 보고한다. "어느 현지 술집에는 계산대 위에 여러 개의 커다란 남근과 다섯 개의 방울을 가진 꼽추 난쟁이 모양의 청동 방울이 매달려 있었다. 술을 주문하려면 남근 중 하나를 잡아당기기만 하면 됐다. 우리는 이런 방울을 폼페이 곳곳, 심지어 대저택에서도 보았다. 어떤 것은 꽤 예술적으로 만들어져

---

106   Hopkins, *World Full of Gods*, 17–18.

107   Harper, *From Shame to Sin*, 48.

108   Sarah Ruden, *Paul among the People: The Apostle Reinterpreted and Reimagined in His Own Time* (New York: Random House, 2010), 19.

있었다."[109] 카일 하퍼는 "현대 문화에서 외설이나 음란물로 여겨질 만한 것들이 로마의 중산층과 상류층 가정에서는 평범한 일상이었다"[110]고 설명한다.

대체로 로마 문화는 성적 충족이 동성 파트너와 이루어지든 이성 파트너와 이루어지든 별로 개의치 않았다.[111] 어느 정도 성숙한 시기의 소년과 맺는 성관계는 호의로 여겨졌고 연애 시(poetry)에서도 찬양되었다.[112] 호메로스의 전통을 따라 소년은 볼에 부드러운 솜털이 막 나기 시작하는 청소년 초기에 가장 매력적인 존재로 여겨졌다.[113] 어떤 작가들은 남색이 여성과의 성관계보다 더 순수하고 고결하다고 보았는데, 그것은 "소년의 아름다움의 형태, 빛깔, 그리고 이미지가…신들이 보내준 천상의 아름다움을 상기시켜주는 강력한 표상, 즉 썩지 않는 실재의 감각적 인상"[114]이었기 때문이다. 황제 하드리아누스는 결혼을 했음에도 불구하고 자신의 젊은 애인 안티노우스(Antinous)를 각별히 아꼈으며 안티노우스는 황제의 여러 여행 길에 동행했다. 안티노우스가 비극적으로 죽은 뒤—아마도 익사(혹은 자살, 또는 종교적 희생)한 것 같은데—하드리아누스는 그를 신의 반열에 올리고 그의 이름을 딴 도시까지 세웠다.[115]

---

109   Hopkins, *World Full of Gods*, 21.

110   Harper, *From Shame to Sin*, 66. 또한 Fox, *The Classical World*, 537도 보라. "초인종, 램프, 문설주에는 발기한 남근의 이미지가 길게 그려져 있었고 손거울 테두리 등에는 매우 노골적인 성적 장면들이 있었다.…중앙의 정원을 둘러싼 주랑에는 남성 위에 올라탄 나체 여성의 그림이 있거나, 공중목욕탕 탈의실에는 남녀 간의 구강성교, 심지어 네 명이 함께하는 장면까지 묘사한 번호가 매겨진 그림들을 발견할 때, 우리는 이를 단순히 '악귀를 쫓고 행운을 비는 그림'으로 설명할 수는 없다. 그것들은 그저 성적으로 자극적인 그림일 뿐이다."

111   Harper, *From Shame to Sin*, 24, 36.

112   Amy Richlin, *The Garden of Priapus: Sexuality and Aggression in Roman Humor*(New Haven: Yale University Press, 1983), 34-44을 보라.

113   Fox, *The Classical World*, 41.

114   Harper, *From Shame to Sin*, 29-30. 또한 Richlin, *The Garden of Priapus*, 41도 보라.

115   Anthony Everitt, *Hadrian and the Triumph of Rome* (New York: Random House, 2009),

그러나 이러한 남색(소년애)과 동성애적 행위에 대한 수용에는 중요한 한계가 있었다. 로마의 성문화는 남성다움―당신이 좋아한다면 마초적―윤리에 의해 규율되었고 이 윤리는 남성이 명예롭게 참여할 수 있는 성적 행위의 범위에 제한을 두었다. 구체적으로 남성은 능동적 혹은 삽입적 역할을 수행해야 한다고 기대되었다.[116] 반대로, "여성스러운" 남성은 경멸의 대상이었으며 성관계에서 수동적 파트너가 되거나 여성에게 할당된 역할을 수행하는 것은 치욕적인 일로 여겨졌다.[117] 사라 루덴(Sarah Ruden)은 "어떤 남자는 수동적 동성애자들에게 전혀 동정심을 보이지 않는다는 점을 분명히 하기 위해 자신이 약한 소년들을 상대로 한 공격을 자랑스럽게 떠벌였다"[118]고 보고한다.

남성다움의 또 다른 필연적 결과는 자기 절제의 의무였다. 과도한 성적 방종은 기력을 약화시키는 것으로 여겨졌고 수동적 동성애처럼 여성스러운 것으로 간주되었다.[119] 따라서 성적 욕망은 분명 충족되어야 했지만, 자신의 성적 욕망에 휘둘리는 남성은 그만큼 덕이 부족한 자로 여겨졌고 이는 다른 어떤 욕망도 절제하지 못하는 남성이 비판받는 것과 마찬가지였다.

시민적 제약들. 하지만 남성다움이라는 이상이 성적 충족을 장려하는 동시에 제한했다면, 아마도 가장 중요한 제약은 사회생활의 요구에서 비롯

283-94.

116 Harper, *From Shame to Sin*, 36.

117 Harper, *From Shame to Sin*, 32-37. "주류적인 태도가 수동성에 보인 잔인함은 기독교 이전 문화들이 성적 소수자들에게 일관되게 문명적이거나 관용적이었으리라는 잘못된 선입견을 가진 사람들이 보면 충격적일 수 있다"(37)고 Harper는 설명한다. "여성스러운" 남성에 대해 느껴졌던 혐오감을 생생하게 묘사한 내용은 Ruden, *Paul among the People*, 47-54을 보라.

118 Ruden, *Paul among the People*, 53.

119 Harper, *From Shame to Sin*, 56; 또한 Brown, *The Body and Society*, 18-20도 보라.

되었다. 로마 제국 사회는 가부장적이고 위계적이었다.[120] 그리고 로마인들은 끊임없이, 심지어 집착적으로 번식의 필요성, 특히 가부장적 가족 내에서의 번식에 신경을 썼다.[121] 그래서 결혼의―기능과―의무가 강조되었다. 결혼이 사랑으로 이어지길 바랄 수도 있었지만 그것은 사치에 가까웠고, 결혼 제도의 본래 목적은 "합법적인 자녀의 생산"[122]이었다. 이런 번식에 대한 관심은 단순한 강박이 아니라 냉혹한 인구학적 현실에서 비롯된 것이었다. 피터 브라운은 평균 기대 수명이 25살 미만이었으며 100명 중 4명의 남성(여성은 그보다 더 적음)만이 50살까지 살았다고 지적한다.[123] 이렇게 높은 사망률을 고려할 때, "2세기의 시민 엘리트들에게…성과 결혼에 대한 전폭적인 헌신은 (수많은 아이와 젊은 아내의 무덤이 그림자를 드리운) 인구 붕괴의 벼랑 끝에 있다는 위기의식 속에서 죽음에 맞서는 하나의 전투 명령이었다."[124]

가부장적 가족 내에서의 번식이라는 명령은 (일하고, 전쟁에 참여하며, 정치와 시민 생활에 관여하는) 남성과 (가사를 돌보았던) 여성에게 서로 다른 역할을 부여했고 이러한 역할의 차이는 남성과 여성에게 극적으로 다른 성적 기준을 적용하는 것으로 이어졌다. 남성은―보통 이십대 중반에 이루어졌던―결혼 전에는 다양한 성적 모험을 하는 것이 기대되었고 결혼 후에도

---

120   Brown, *The Body and Society*, 9("기원후 2세기 로마 제국의 특권층에 속한 젊은이는 누구의 도전도 받지 않는 지배적 위치에서 세상을 바라보며 성장했다. 여성, 노예, 그리고 야만인들은 그와 본질적으로 다르고 열등한 존재로 여겨졌다").

121   Harper, *From Shame to Sin*, 39-40. 또한 78도 보라("로마 제국 전성기의 성적 질서는 사회적 재생산의 규범에 의해 지배되었다").

122   Harper, *From Shame to Sin*, 62.

123   Brown, *The Body and Society*, 6.

124   Brown, *The Body and Society*, xlvi. 또한 xliii을 보라("그리스-로마의 유력자들 사이에서… 남성과 여성의 육신은 죽음에 맞서 동원되었다. 그들은 진입로가 무덤으로 줄지어 있는 그 밝고 작은 도시들의 성벽을 지킬 아이들을 질서 있게 체계적으로 낳으라는 명령을 받았다").

성적 욕망을 충분히 표출할 기회를 얻었다.[125] 반면 여성—적어도 존경받는 여성—의 성적 행동은 순결이라는 이상에 의해 통제되었다. 이 이상은 최소 열두 살, 보통은 십 대 중반에 이루어졌으며 존경받는 여성에게는 사실상 의무였던 결혼 전까지 처녀성을 요구했고 결혼 이후에는 완전한 정절을 요구했다.[126] 간통을 금지하는 규범은 관습과 법(아우구스투스의 딸 율리아의 방탕한 행실에 충격을 받은 황제가 제정한 소위 **율리아 법**),[127] 그리고 아마도 가장 효과적으로는 자력 구제에 의해 집행되었다. 다른 남자의 아내와 관계를 맺는 것은 그의 재산을 훼손하는 것과 다름없었다. 적어도 로마 문학에서 간통자는 불명예를 당한 남편의 선택에 따라 살해, 구타, 거세 또는 강간을 당할 수 있었다.[128] 셉티미우스 세베루스(Septimius Severus) 통치 아래서 집정관이 된 디오 크리소스톰(Dio Chrysostom)은 간통 관련 재판이 2,000건이나 진행 중임을 발견했다.[129] 이 숫자는 금지 조항이 형식적인 데 그치지 않았음을, 그리고 동시에 위반도 적지 않았음을 시사한다.

실제 간통 금지 외에도 로마 문화는 여성의 정숙함을 요구했다. 하퍼는 "로마의 귀부인은 불결하지 않을 정도로만 단정하게 옷을 입어야 했고, 공공장소에서는 늘 보호자를 동반해야 했으며, 눈을 내리깔고 걸어야 했고, 인사할 때는 무례하게 보이더라도 단정함을 잃지 않아야 했으며, 말을 걸면 얼굴을 붉혀야 했다"[130]고 설명한다. 그러나 이러한 순결과 정숙함의

---

125   Harper, *From Shame to Sin*, 52-70.

126   Harper, *From Shame to Sin*, 37-52.

127   Harper, *From Shame to Sin*, 38-39. 법에 대한 논의와 그것이 실제로 어떻게 작용했는지는 Fox, *The Classical World*, 433-35; Richlin, *The Garden of Priapus*, 215-19; Aline Rousselle, *Porneia: On Desire and the Body in Antiquity*, trans. Felicia Pheasant(Eugene, OR: Wipf and Stock, 1988), 88-90을 보라.

128   Richlin, *The Garden of Priapus*, 216.

129   Rousselle, *Porneia*, 89.

130   Harper, *From Shame to Sin*, 41.

규범은 단순히 남성이 여성에게 강요한 것만은 아니었다. 적어도 겉으로는 여성들 스스로도 이를 적극적으로 수용하고 "열정적으로" 장려했다. "순결은 명예의 상징이었고 이는 로마 귀부인과 그녀가 과시적으로 통제했던 노예의 몸을 구분 짓는 기준이기도 했다."[131]

성의 정치경제. 이 마지막 관찰은 앞선 논의에서 자연스럽게 제기되는 질문에 대한 답이기도 하다. 즉 남성은 (지나치지 않은 선에서, 또 수동적이지 않은 삽입자 역할에만 한정해) 성적 욕망을 충족하는 것이 기대되고 여성은 결혼 전에는 처녀성을, 결혼 후에는 정절을 지켜야 했다면, 남성들은 (아내와 제한된 수의 매력적인 청소년 남성을 제외하고) 도대체 **누구와** 성관계를 맺었단 말인가? 그 답은 기본적으로 매춘부와 노예였다.

따라서 로마 도시들에서는 현대 미국 도시의 스타벅스나 타코벨처럼 사방에 사창가가 자리 잡고 있었다.[132] 역사가 디오 크리소스톰은 "도시 어디에서나—총독 관저 앞, 시장, 행정과 종교 건물 옆, 가장 경건해야 할 한 가운데에도—사창가가 버젓이 있다"[133]고 불평했다. 황제 칼리굴라는 황실 사창가를 운영했는데, (수에토니우스가 기록한 것처럼) "기혼 여성과 자유민 소년들로 채워 넣고", "그 후 시종들을 광장과 공공장소로 보내 모든 연령대의 남성들에게 와서 즐기라고 초대했으며" 필요하면 외상도 허용했다.[134] 사창가는 주점, 여관, 공중목욕탕 등 성적 욕구를 충족시키는 곳으로 널리 알려진 시설들로 보완되었다.[135] 매춘부들은 존경받는 계층의 기준 밖에 있는 빈민층에서 모집되었으며(혹은 더 정확히는 생계 때문에 징집되었으며) "도처

---

131   Harper, *From Shame to Sin*, 45.

132   Harper, *From Shame to Sin*, 47.

133   Harper, *From Shame to Sin*, 74(디오를 인용함).

134   Suetonius, "Gaius Caligula," 167–8.

135   Harper, *From Shame to Sin*, 47.

에 존재했다.”[136]

성적 충족의 또 다른 주요 원천은 남녀 노예였다.[137] 노예는 특히 귀족 계층에서 선호됐는데 이들은 매춘을 부도덕해서가 아니라 “비천하다”고 여겨 경멸했다. 수많은 노예를 소유한 덕분에 부유층은 “성적 대상들을 타인과 공유할 필요가 없었다.”[138] 노예와의 성관계는 완전히 용인되었는데, 한 로마 작가의 표현에 따르면 “모든 주인은 자신의 노예를 원하는 대로 사용할 권한이 있다고 여겨졌기”[139] 때문이다.

이처럼 (남성의) 성적 욕망이 높이 평가되고 사회 전반에 걸쳐 자극되었던 문화적 분위기를 고려하면, 로마 남성들이 매춘부, 노예, 법적으로 허용된 소년, 그리고 물론 자신의 아내라는 허용된 범위를 넘어서 성적 욕구를 충족시키려 했던 것이 놀라운 일은 아니다. 금지되어 있었지만 간통은 일어났고 그 빈도는 정확히 알기 어렵다.[140] 로마 역사가 수에토니우스에 따르면, 황제 아우구스투스는 간통을 엄격히 금지하고 딸 율리아를 방탕함 때문에 단호하게 추방했지만, 정작 자신은 로마 귀족들의 아내들과 정기적으로 관계를 맺었다. 다만 수에토니우스의 해명에 따르면 이는 음탕한 이유라기보다 잠재적 경쟁자를 염탐하기 위한 목적이 더 컸다.[141] 다른 황제들은 훨씬 더 노골적으로 방종하여 형제자매, 동료의 배우자, 아이와 심지어 유아, 다수의 상대와 함께하는 성적 난교로 자신을 만족시켰다.[142]

---

136   Harper, *From Shame to Sin*, 46. 또한 (“수많은 빈곤한 여성들이 매춘부가 될 수밖에 없었다”고 지적하는) 48도 보라.

137   Harper, *From Shame to Sin*, 26. 또한 27도 보라(“노예가 도처에 존재했다는 것은 곧 성적 접근성도 만연했음을 의미한다”).

138   Harper, *From Shame to Sin*, 49.

139   Brown, *The Body and Society*, 23에서 재인용함.

140   Brown, *The Body and Society*, 42; Richlin, *The Garden of Priapus*, 215-19.

141   Suetonius, “Divus Augustus,” 82.

142   예를 들어 Suetonius, “Tiberius”, “Gaius Caligula”, and “Nero”를 참조하라. 이 내용들은 모

또한 나이나 사회적 신분 혹은 동의 여부 등으로 인해 사회적 규범상 성관계가 허용되지 않는 소년들을 대상으로 한 착취적(predatory) 성행위도 널리 퍼져 있었던 것으로 보인다.[143] 루덴은 "어느 정도 지위가 있는 가정이라면 아들을 보호하기 위해 노예 한 명을 배정하는 것이…특히 통학길처럼 보호자가 없는 경우에는 일반적이었다"[144]고 전한다. 하지만 무사히 학교에 도착한다고 해도 안심할 수 없었으니 이는 철학자-교사들이 제자들에게 부적절한 행동을 한다는 의심이 널리 퍼져 있었기 때문이다.[145]

어떤 것은 합법적이라 여겨졌고, 어떤 것은 그렇지 않다고 여겨졌던 이렇게 다양한 방식을 통해 로마 문화는 자연스럽고 신이 허락한 성적 만족의 욕구를 충분히 충족시켰다. 카일 하퍼는 "로마 제국은 고대 지중해 도시 국가가 탄생할 때부터 시작된 성적 경제의 가장 완전하고 세련된 형태를 갖추고 있었다. 제국의 전성기에는 성적 자기 절제의 규율이 더욱 엄격해졌지만, 성적 쾌락의 제공은 그 어느 때보다도 효율적이었다"[146]고 지적한다.

도시를 신성하게 하다

우리가 앞서 살펴본 것처럼 종교는 로마 사회, 정부, (성을 포함한) 문화의 모든 측면에 깊이 통합되어 있었으며 동시대 로마인들과 이후 기번 같은 후대의 찬미자들이 경외에 가까운 감탄을 보냈던 도시를 지탱하는 역할을 했

두 Graves, *The Twelve Caesars*, 127-28, 164-65, 그리고 222-23에 각각 수록되어 있다.

143 Harper, *From Shame to Sin*, 29. 또한 Ruden, *Paul among the People*, 62-65도 보라.

144 Ruden, *Paul among the People*, 55.

145 Harper, *From Shame to Sin*, 29.

146 Harper, *From Shame to Sin*, 60.

다. 교육을 받았든 아니든 거의 모든 로마인은 종교―즉 고대 로마의 다신교(religion of the gods)―가 로마와 로마인의 삶에 필수적이라고 말하거나 아예 당연하게 여겼을 것이다.

이런 전제는 오늘날 현대인들의 정서에는 다소 낯설게 느껴질 수 있다. 우리는 "정교분리"에 익숙하기 때문이다. 그래서 우리는 다음과 같은 질문을 통해 간략히 짚어볼 필요가 있다. **왜** 로마 사회에는 종교가 필요했을까? 이 질문은 매우 중요하다. 왜냐하면 그것은 이후 장에서 다룰 이교와 기독교의 갈등과도 깊이 연결되기 때문이다.

가장 단순한 차원에서, 종교는 대중―아마 엘리트까지도―을 통제하는 데 도움을 주었기 때문에 필요하다고 여겨졌다. 냉소적인 시각에서는 이것이 종교의 주된 목적이라고 볼 수도 있다. 즉 (키케로가 직접 동의하지는 않았지만 인용한 바에 따르면) "불멸의 신들에 대한 믿음은 국가의 이익을 위해 현자들이 완전히 꾸며낸 것이며 이성으로 움직이지 않는 이들도 종교적 경외심에 의해 의무감을 느끼게 되기 때문이었다."[147] 이와 비슷하게, 역사가 폴리비오스도 로마에서 종교의 중요성을 강조하며 종교가 사람들로 하여금 자신의 의무를 다하게 하고 공직 부패를 줄이는 역할을 했다고 말했다.[148]

하지만 독실한 로마인들에게 종교는 사회와 국가에 훨씬 더 본질적인 의미를 지녔다. 이 관점에서 신들은 실제로 존재하고 강력하며 인간사에 좋게든 나쁘게든 개입하곤 했다. 이교도 서사시인 『일리아스』와 『오디세이아』, 『아이네이스』에는 신들의 호의를 얻는 것이 얼마나 절실한지, 반대로 신들의 분노를 사는 것이 얼마나 치명적인지 보여주는 장면이 가득하다.

---

147   Cicero, *Nature of the Gods* 1.118, p. 44.
148   Polybius, *Rise of the Roman Empire*, 349.

그래서 의식과 제사 그리고 점술을 정기적이고 정확하게 치르는 것이 매우 중요했다. 예를 들어 『오디세이아』에서는 트로이 전쟁에서 돌아오던 메넬라오스가 신들에게 제물을 바쳤으나 동물의 수를 아꼈기 때문에 항로에서 벗어나 수년간 지체되고, 프로테우스의 딸 님페에게 아첨하여 그녀의 아버지를 몰래 붙잡아 특별한 호의를 얻는 방법을 듣지 못했다면 완전히 파멸했을 것이라고 전한다.[149] 그리고 우리는 이미 신의 뜻을 무시한 지도자—예를 들어 신성한 닭을 모독했던 불운한 장군 푸블리우스 클라우디우스—가 자신과 부하들에게 재앙을 불러올 수 있음을 살펴본 바 있다.

그러나 종교가 가치 있었던 이유는 단순히 백성을 복종시키고 법을 지키게 하는 데 그치지 않았으며 신들의 도움을 전쟁이나 정치적 결정에 동원해야 한다는 당위성조차 넘어서는 것이었다. 키케로는 더 넓은 의미에서 신에 대한 숭배가 "성스러움에 대한 감각"을 유지하는 데 도움이 된다고 보았다. 만약 이 감각이 없다면 "우리의 삶은 혼란과 큰 혼돈에 휩싸이게 된다"[150]고 그는 말했다. 옥스퍼드의 역사가 로빈 레인 폭스가 설명하듯 신들은 "단순히 하늘 위에만 있는 존재가 아니라 폭풍 속에도, 병 속에도, 전쟁터에도, 언덕에도, 광장에도, 꿈과 이야기 속에도 어디에나 있었다." 신들은 세상에 "찬란한 아름다움과 은총"을 부여했다.[151] 이러한 주제들은 앞장에서 논의한 성별의 기능과 직접적으로 연결된다. 성별 또는 문자 그대로 "성스러운 것과의 결합"은 세상이 혼돈에 빠지는 것을 막고 오히려 궁극적인 의미와 숭고함에 연결되도록 한다.

이러한 아름다움에 대한 감각, 그리고 도시가 신들에게, 그리고 신들에 의해 성별되었다는 감각은 로마 세계에 찬란함을 부여한 핵심 요소였

---

149   Homer, *The Odyssey* 4.277–627.
150   Cicero, *Nature of the Gods* 1.4, p. 4.
151   Fox, *The Classical World*, 50.

다. 이 찬란함은 동시대인들뿐 아니라 기번이나 그와 비슷한 후대의 관찰자와 회고자들에게도 인식되었다. 물론 로마는 많은 땅을 정복했지만, 더 광대한 영토를 가진 제국(예를 들어 몽골 제국이나 소련)도 있었다. (비록 철학자-황제 마르쿠스 아우렐리우스가 종종 게르만 전선에서 야만인들과 싸우긴 했지만) 1-2세기의 로마는 상대적 평화와 상업적 번영을 누렸으나 이런 혜택을 누린 다른 문명도 있었다. 로마는 그리스의 문화적·문학적 유산을 물려받고 그들 자체적으로 어떤 기여도 했지만, 문학과 문화가 꽃핀 다른 시대, 즉 르네상스, 엘리자베스 시대, 셰익스피어 시대도 있었다. 로마는 법체계를 정교하게 발전시켰으나, 다른 공동체와 국가들도 법체계를 발전시켰고 모든 로마인이 로마 제국 아래에서 누릴 수 있었던—기번의 멋진 표현[152]인—"자유의 이미지"보다 훨씬 더 큰 정치적 자유를 누린 곳도 있었다.

그리고 기번은 다른 이들과 마찬가지로 로마 세계에서 어떤 위엄이나 장엄함—아름답고 심지어 숭고하기까지 한 무언가—을 감지했다. 이것이야말로 로마를 특별히 축복받은 존재로 돋보이게 한 요소였다. 그리고 기번 자신이 이 사실을 얼마나 인식했는지는 차치하더라도,[153] 로마인들—키케로, 아우구스투스, 그리고 훗날 쇠퇴해가던 이교도를 부활시키려 애썼던 4세기의 황제 율리아누스—은 이러한 특성을 상당 부분 로마인들만의 독특한 덕성, 즉 신들에 대한 타의 추종을 불허하는 경외심에서 비롯된 것으로 여겼을 것이다.

---

152 Gibbon, *History of the Decline*, 1:103.

153 Gibbon은 자신의 역사서 두 번째 장을 "로마의 위대함을 평가할 때 단지 정복의 속도나 범위만으로 판단해서는 안 된다"(*History of the Decline*, 1:56)라는 관찰로 시작했다. 그는 이어서 로마의 법, 정부, 철학에 대해 논의했지만, 가장 먼저 다룬 주제는 로마의 종교였으며 이를 "고대의 온화한 정신"(1:57)을 보여주는 전형으로 애정 어린 시선으로 묘사했다. 그리고 신화들을 "시인들의 한가한 이야기"라고 표현하면서도 "호메로스의 우아한 신화가 고대 세계의 다신교에 아름답고 거의 질서 있는 형태를 부여했다"(1:58)고 인정했다.

요약하자면, 후기 고대의 로마는 단순히 상대적으로 (그리고 간헐적으로) 평화로운 정치 체제이자 번영하는 경제를 가진 국가 그 이상이었다. 로마는 또한 앞선 장에서 종교와 연관 지었던 여러 가치, 즉 의미, 숭고함, 그리고 공동체가 신성한 것과 맺는 연결을 일정 부분 제공했다. 로마의 거주자, 즉 부유한 시민은 물론 가난한 피지배자조차도 (대표적으로 베르길리우스의 『아이네이스』에서 감동적으로 그려진) 거대한 서사, (도시 곳곳의 신전, 제사, 행렬에서 뚜렷이 드러나는) 숭고함 및 신성함의 연결, 그리고 이 오래되고 지속적인 의미와 숭고함의 원천에 대한 공동체적 성별 의식에 참여하는 더 크고 영광스러운 사업의 일부였다.

G. K. 체스터턴은 미국을 "교회의 영혼을 지닌 나라"[154]라고 유명하게 묘사했다. 이러한 체스터턴의 묘사는 로마 제국에도 들어맞는다. 아니 **오히려 더 강하게** 들어맞는다. 실제로 로마는 어떤 의미에서 보면 하나의 웅장한 초대형 교회(mega church)와도 같았다.

요컨대, 로마는 곧 신들의 도시였다.

그런데 무례하게 들릴 수도 있겠지만, 우리는 한 가지 의문을 품게 된다. 로마인들은 정말로 그러니까 진심으로 이 수많은 서로 다른 신들의 무리를 **믿었을까? 우리**에게 이 질문은 종교라는 주제와 떼려야 뗄 수 없다. 사람들은 어떤 종교에 대해 진지하게 논할 때면 혹은 적어도 속으로는 "그런데 이게 정말…진실일까?"라고 묻지 않을 수 없다. 로마인들도 같은 질문을 던졌을까, 혹은 적어도 그 질문을 이해했을까? 만약 그렇다면, 그들은 어떻게 대답했을까? 우리는 이 문제를 다음 장에서 살펴볼 것이다.

---

154 G. K. Chesterton, "What I Saw in America: The Resurrection of Rome Sidelights," in *G. K. Chesterton Collected Works*, vol. 21 (San Francisco: Ignatius, [1922] 1990), 45.

제4장

고대 다신교에 대한 믿음

이전 장에서는 종교가 로마 사회 전반에 어떻게 스며들어 있었는지, 그리고 어떻게 물질적 번영과 군사적 우위를 유지할 뿐 아니라 도시에 "찬란한 아름다움과 영광"까지 부여하면서 도시를 신성하게 만들었는지 설명했다.[1] 로마의 종교에는 셀 수 없이 많은 신들이 존재했다. 이 방대한 신들의 집단에 대한 숭배는 수많은 신전과 사당, 공공 제사와 행렬, 연극 공연, 그리고 정기적인 점술과 신탁의 엄숙한 자문을 통해 이루어졌다. 또한 신들은 성(sexuality)을 통해서도 자신을 드러내고 영광을 받았다. 성적 황홀경은 "신들의 신비롭고 내재하는 현존"[2]으로 이해되었다.

하지만 우리가 로마 종교를 살펴보면서 현대의 학생들이 중요하다고 여길 만한 질문을 대부분 언급하지 않았다. 로마인들은 정말로 이 모든 신과 여신을 **믿었을까**? 그들은 신들이 실제로 존재한다고 생각했을까? 그리고 신들에 관한 이야기들을, 적당한 표현이 생각나지 않아 이렇게 말하자면…진실이라고 생각했을까? 우리는 이 질문을 그냥 지나쳤지만, 완전히 무시할 수는 없다. 이 질문은 우리가 추구하는 목적에 있어 중요하기 때문이다. 우리는 이 질문에 답하려고 시도함으로써 이교적 종교성이 무엇으로 이루어져 있었는지 더 깊이 이해할 수 있게 된다. 그리고 이러한 이해는 T. S. 엘리엇이 말한 "기독교 사회"와 "현대 이교도" 사이의 선택이라는 문제가 오늘날 우리에게 어떤 의미를 갖는지 이해하는 데 꼭 필요하다.

---

1   Robin Lane Fox, *The Classical World: An Epic History from Homer to Hadrian* (New York: Basic Books, 2006), 50.

2   Kyle Harper, *From Shame to Sin: The Christian Transformation of Sexual Morality in Late Antiquity* (Cambridge, MA: Harvard University Press, 2013), 109.

따라서 이 장에서 우리는 "이교도들은 어떻게 믿었는가?"라는 질문을 던진다. 이 질문에 대한 답은 단순히 "예" 또는 "아니오"로 끝날 수 없으며 "어떤 사람은 믿었고, 어떤 사람은 믿지 않았다"와 같은 약간 더 복잡한 답으로도 충분치 않다. 답변은 계층이나 개인마다 믿음과 불신의 차이뿐 아니라 프랑스 역사가 폴 벤느(Paul Veyne)가 말한 "믿음의 양상"[3]도 고려해야 한다.

이러한 차이에도 불구하고 우리는 많은 이교도, 어쩌면 대부분의 이교도는 어떤 형태로든 신들에 대한 믿음을 유지했다는 사실을 확인하게 될 것이다. 그들의 믿음은 찬란한 도시를 신성하게 만드는 데 기여했다. 때로는 그 믿음이 단순하고 직접적인 형태를 띠기도 했고 때로는 더 세련되거나 미묘하거나 혹은 복잡하게 왜곡된 형태를 취하기도 했다. 이러한 다양한 접근법은 신자들에게 종교를 유지하는 다양한 전략, 즉 "믿음의 양상"을 제공하면서 로마 종교를 강화했다. 하지만 이러한 접근법들은 서로 충돌하기도 했고 그 결과 도시의 종교를 약화시키기도 했다. 이는 곧 믿음의 쇠퇴로 이어졌고 기독교와 같은 경쟁적인 신념 체계에 취약해지는 결과를 낳았다.

요컨대, 이교도의 신앙은 필수적이면서도 강인했지만, 동시에 다양하고 불안정한 성격을 지닌 활동이었다.

믿음은 필수적이었는가?

먼저 한 가지 예비적인 반론에 주목해야 한다. 이 반론은 우리가 이 장에서

---

3 Paul Veyne, *Did the Greeks Believe in Their Myths? An Essay on the Constitutive Imagination*, trans. Paula Wissing (Chicago: University of Chicago Press, 1983), xi. 『그리스인들은 신화를 믿었는가?』(이학사 역간).

제기한―로마인들이 실제로 이교 신들을 믿었겠느냐는―질문 자체가 잘 못된 것일 수 있음을 시사한다. 일부 역사가들은 로마인들에게는 **진리와 믿음**의 문제가 그다지 심각하게 제기되지 않았다고 주장한다. J. A. 노스는 다음과 같이 말한다. "의례 행위의 효능에 대한 참여자들의 믿음이나 불신 문제를 지나치게 강조하는 것은 실수다. 이러한 의례는 무언가를 말하는 것이 아니라 무언가를 행하는 것이다."[4] 이와 비슷하게 로버트 윌켄(Robert Wilken)은 다음과 같이 지적한다. "고대 세계의 도시들에서…사람들은 '신 들을 믿는다'고 말하지 않고 '신들을 가진다'고 말했다."[5]

어쩌면 그럴지도 모른다. 로마인들은 뛰어난 공학적 기술로 유명했다. (모든 신들을 위한 신전인) 유명한 판테온은 내부 지지대 없는 세계 최대의 돔 을 여전히 자랑한다. 로마인들은 실제 믿음이라는 내부적 지지 없이도 신 들을 위한 종교적 관행을 유지하는 지적 묘기를 부릴 수 있었던 것일까?

후대의 사상가 중에는 이런 상태를 바란 이들도 있었다. 믿음과 진리 의 문제는 사람들을 양분시키고 때로는 마비시키기도 한다. 만약 우리가 할 수 있다면, 믿음과 진리의 문제는 철학자나 과학자 혹은 그 밖의 누군가에 게 맡기고 그냥 살아가기만 하는 것이 더 낫지 않을까?[6] 그러나 현대 사회

---

4   J. A. North, *Roman Religion* (New York: Cambridge University Press, 2000), 84.

5   Robert Louis Wilken, *The Christians as the Romans Saw Them*, 2nd ed. (New Haven: Yale University Press, 2003), 58. 또한 Robin Lane Fox, *Pagans and Christians* (London: Penguin, 1986), 31도 참조하라. ("[로마인들은] 특히 신들에게 동물을 제물로 바치는 방식으로 세밀하게 종교적 의례를 행했지만, 기독교에서 말하는 강한 의미의 계시된 신앙에 헌신 하지는 않았다"). 또한 John Scheid, *An Introduction to Roman Religion*, trans. Janet Lloyd (Bloomington: Indiana University Press, 2003), 173도 참조하라("로마인의 종교 체계는 교 의가 아니라 의례에 기반을 두고 있었다. 그들의 종교 전통은 무엇을 믿어야 하는지가 아 니라 어떤 의례를 행해야 하는지를 규정했다. 그래서 각 개인은 신들과 세계 체계에 대해 자신이 원하는 대로 이해하고 생각할 자유를 가질 수 있었다").

6   예를 들어 Jeffrey Stout, "Truth, Natural Law, and Ethical Theory," in *Natural Law Theory: Contemporary Essays*, ed. Robert P. George (New York: Clarendon, 1992), 71을 보라.

에서는 믿음의 문제가 항상 불쑥불쑥 드러나는 듯하다. 우리가 다음 장에서 살펴보겠지만, 존 롤스와 같은 사상가는 시민 생활을 진리나 진실의 문제로부터 멀어지게 함으로써, 즉 진리를 덜 시급한 명령으로 만듦으로써 이러한 문제를 극복하고 일종의 시민적 조화를 이루려 한다. 만약 로마인들이 이런 문제를 피하거나 비켜갈 수 있었다면, 우리는 그들을 부러워할 만하다.

하지만 그들이 정말 그랬을까? 그럴 수 있었을까?

우리가 다음 장에서 보게 되겠지만, 로마 종교는 기독교가 나중에 그랬던 것처럼 명확한 명제적 의미에서 진리의 문제에 관심 있어 하지 않았다는 점은 분명하다. 이교도들은 신조를 정립하거나 이단을 색출하는 데 힘을 소진하지 않았다.[7] 그리고 아마도 그때나 지금이나 대부분의 사람은 삶이 요구하는 의무와 의례, 행위를 별다른 걱정 없이 우리의 삶이 의미 있으려면 참이어야 할 것들이 **참일 것**이라고 느긋하게 혹은 신중하게 가정하면서 해나간다. 어차피 그 행위들은 해야 하는 것이니 그 행위의 전제가 참인지 아닌지 고민하는 것이 무슨 도움이 되겠는가? 아마 이런 태도로 리비우스는 고대 신의 인도와 개입에 대한 이야기를 평가나 판단 없이 담담하게 전한다. 그는 이따금―이 신의 개입이 **실제로** 있었는가라는―사실성의 문제를 언급하지만, 어느 쪽이든 확정적인 결론을 내릴 필요는 느끼지 않는 듯하다.

그렇지만 진리의 문제를 완전히 몰아내는 것은 쉽지 않다. 이 질문은 언제나 어딘가에 숨어 있다가 어느 순간 우리 앞에 나타나 우리를 마주한다. 우리의 관행과 행위들은 암묵적인 전제를 바탕으로 이루어진다. 이러한 전제들은 드러나서 검토의 대상이 **될 수** 있다. 그리고 그러한 검토를 촉발하는 상황이 발생할 수도 있다. 예를 들어 "성찰하지 않는 삶은 살 가치

---

⁷   Fox, *Pagans and Christians*, 31을 보라.

가 없다"고 생각하는 소크라테스와 같은 인물이 나타날 수도 있지만, 더 흔하게는 일상 속에서 겪는 좌절이나 실패가 우리로 하여금 "나는 지금 무엇을 하고 있을까? 왜? 이게 정말 의미가 있을까?"라고 자문하게 만들기도 한다.

로마 종교의 경우를 좀 더 구체적으로 살펴보면, "신들을 가진다"는 것이 신들이…존재했다는 믿음을 전제하지 않았을까?[8] 그리고 신들에게 예를 갖추는 의례에 엄청난 시간과 자원을 쏟아부었다는 사실은 신들이 실제로 존재하고 또 반응한다는 전제를 깔고 있지 않았을까? 로마인들은 신의 뜻을 파악하는 수단으로 점조(auspices)의 효력을 믿지 않고서 어떻게 중요한 정치적·군사적 결정을 점조에 맡길 수 있었을까? 그리고 결정이나 전투가 잘못되었을 때, 실제로 그런 일이 종종 일어났지만, 로마인들은 때때로 떠오르는 의문이나 회의를 어떻게 억눌렀을까?

따라서 로마인들이 이러한 전제들과 그것이 사실인지 아닌지에 대해 완전히 무관심하게 지낼 수 있었다고 상상하기는 어렵다. 실제로 우리는 이미 점조의 효력을 의심했던 불행한 왕 타르퀴니우스와 신성한 닭의 신뢰성을 의심했던 비운의 장군 푸블리우스 클라우디우스를 언급한 바 있다.[9] 곧 우리는 철학적 기질을 가진 로마인들이 다신교적 종교를 어떻게 깊이 있게 검토했는지도 살펴보게 될 것이다.

요컨대 진리와 믿음의 문제는 분명히 **제기되었다**. 매일 모든 사람에게 그런 것은 아니었지만, 어떤 사람들에게는 때때로 그러했다. 이는 오늘날 우리가 그러한 문제에 직면하는 방식과 크게 다르지 않다. 그러므로 우리는 우리의 질문을 계속 이어가도 될 듯하다. 로마인들은 실제로 신들을 믿

8　참조. Fox, *Pagans and Christians*, 89("자연스럽게 사람은 신들이 존재했음을 믿어야 했다").
9　이 책 제3장 "도시의 종교"를 보라.

었을까? 만약 그랬다면, 어떤 의미에서였을까?

무지한 신자들, 교양 있는 경멸자들?

이 질문에 대해 반복적으로 제시되는 한 가지 답변은 교육을 받지 못하고 잘 속는 로마의 대중들은 신들을 믿었다는 것이다(그리고 그런 믿음에 기반해 신들의 지지를 주장하는 통치 권력에 순응했다는 것이다). 반면 더 교육받은 로마인들은 회의론자였으며 대중이 그들의 잘못된 믿음 속에 머무르도록 두는 것이 최선이라고 여겼다. 데이비드 흄과 에드워드 기번과 같은 18세기의 계몽주의 사상가들은 자신들의 세계를 그런 식으로 바라보곤 했다. 기번은 자신이 존경하던 동시대인들이 신중하게 감춰진 회의주의를 품고 있다고 보았다. 심지어 그들이 믿는다고 주장했음에도 불구하고 말이다.[10] 그들이 실제로는 믿는다고 **말했을지라도 정말로** 믿었을 리는 없다는 것이다. 그는 "루키아노스, 에라스무스, 볼테르가 서로 맹목적이고 광신적인 대중 앞에서 오래된 미신을 조롱하는 것이 얼마나 위험한지 인정하는 '망자의 대화'를 쓰는"[11] 프로젝트를 구상하기도 했다. 그러니 기번이 이런 태도를 로마인들에게도 투영한 것은 자연스러운 일이다. 실제로 그는 "로마 세계에 만연했던 다양한 숭배 방식은 대중에게는 모두 똑같이 진실로 여겨졌고, 철학자에게는 모두 똑같이 거짓으로 여겨졌으며, 관리들에게는 모두 똑같이

---

10   Gibbon은 자주 편지를 주고받던 한 친구에 대해 "나는 그가 자신의 숨겨진 회의주의의 진짜 모습을 내게 결코 보여주지 않았다고 크게 의심한다"고 썼다. 또 그는 "더 많이 배운 성직자들은 교회에서 읽는 것을 밀실에서는 비난하면서 은밀히 만족을 느낄 것이라고 짐작했다." Edward Gibbon, *Memoirs of My Life*, trans. Betty Radice (London: Penguin, 1984), 102, 183.

11   Gibbon, *Memoirs*, 90.

유용한 것으로 여겨졌다"[12]고 신랄하게 평했다.

물론 더 철학적인 시민 계층조차도 종교 의례와 행사에 적극적으로, 공개적으로 참여할 수 있었다. 그러나 기번은 이러한 참여가 실제 믿음을 의미한다고 생각하지 않았다. 오히려, 더 계몽된 이 하객들은 "사제의 옷 아래 무신론자의 생각을 감췄다"[13]고 본 것이다.

기번의 해석은 엘리엇의 논지와 우리의 전체적인 탐구의 의미를 축소시킨다. 이 해석은 이교도를 신들에 대한 신화적 이야기, 그리고 어쩌면 그 신들에게 바치는 공적 의례—예를 들어 유피테르에게 황소를 바치는 제사—와 본질적으로 동일시한다. 고대에도 그러한 이야기와 제사를 믿는 사람은 무지한 자들뿐이었고 이제는 아무도 그것을 믿지 않는다. 따라서 엘리엇이 말한 "현대 이교도"는 사실상 불가능한 것이 된다.

우리는 기번의 해석에 들어맞는 사례들을 실제로 발견하게 될 것이다. 그러나 다른 역사가들은 기번이 선호한 이러한 냉소적 해석이 피상적이고 설득력이 없다고 본다.[14] J. A. 노스는 "모든 **폰티펙스**(사제단)와 모든 로마 원로원이 미신적인 대중의 유익을 위해 종교적 연극을 벌이고 있었다는 생각은 그 어떤 가설보다도 비현실적으로 보인다"[15]고 지적한다. 오늘날 교

---

12 Edward Gibbon, *The History of the Decline and Fall of the Roman Empire*, 2 vols. (London: Penguin, [1776] 1995), 1:56.

13 Gibbon, *History of the Decline*, 1:59.

14 예를 들어 다음을 보라. James J. O'Donnell, *Pagans: The End of Traditional Religion and the Rise of Christianity* (New York: HarperCollins, 2015), 98; Ramsay MacMullen, *Christianity and Paganism in the Fourth to Eighth Centuries* (New Haven: Yale University Press, 1997), 79.

15 North는 이어서 다음과 같이 말한다. "또한 [이 가설은] 근본적인 오류에 기반을 두고 있는 것으로 보인다. 그 밑바탕에는 로마의 귀족들이 더 교육을 받고 세련되어질수록 신들에 대한 믿음에서 쉽게 돌아서서 신들에게 의존하지 않고도 우주를 설명할 수 있다고 믿는 일종의 과학적 유물론으로 향했다는 생각이 깔려 있다. 그러나 이러한 가정은 시대착오적이다. 오늘날에는 손쉽게 과학적 합리주의에 접근할 수 있지만 그들의 시대에는 그렇지 않았다. 신들을 배제하거나 주변화하는 철학 체계들이 있긴 했고, 로마 엘리트 중 일부는 분명히

육받은 사람들이 종교 문제에 대해 모두 똑같은 신념을 가진다고 단정하는 것이 터무니없는 것처럼—사실 교육받은 사람들 역시 온갖 다양한 것들, 심지어 서로 모순되는 것들을 믿기도 하고 믿지 않기도 한다—고전 시대의 로마인들에게도 일률적인 신앙을 부여하는 것은 설득력이 없다. 램지 맥멀런은 "누구나 예상할 수 있듯이, 심지어 교육받은 계층 내에서도 입증된 신앙의 스펙트럼은 매우 넓다"[16]고 지적한다.

이러한 다양성은 전혀 놀라운 일이 아니다. 오늘날 미국인들이 종교 문제에 대해 무엇을 믿는지 묻는다면, 우리는 종교의 형태와 신앙 방식이 극적으로 다르다고 말할 수밖에 없을 것이다. (종교라는 말이 의미가 있다고 가정한다 해도, 일부는 그조차 의심하지만) "종교"는 결코 획일적이거나 하나로 뭉쳐진 것이 아니다. 전통적인 로마 가톨릭교회의 체계적인 신학, 제도, 전례에서부터 뉴에이지의 수정(crystal)을 응시하는 사람들의 자유분방하고 형식에 얽매이지 않는 영성에 이르기까지, 종교는 실로 매우 다양한 현상이다. 그리고 사람들은 서로 다른 종교 형태를 서로 다른 방식으로 믿거나 믿지 않는다. 어떤 이들은 비교적 문자 그대로 믿고, 어떤 이들은 더 추상적이거나 은유적인 혹은 세련된 (어쩌면 궤변적인) 방식으로 믿으며, 또 어떤 이들은 전혀 믿지 않는다.

마찬가지로, 로마의 종교 역시 다양한 형태를 띠었고 서로 다른 문화적·지적 수준에서 작동했다. 이처럼 다양한 종교 형태를 믿거나 믿지 않는 방식 역시 분명히 달랐을 것이다. 우리는 이에 대해서 곧 살펴볼 것이다.

그런 체계를 이해하거나 따르기도 했다. 하지만 그렇다고 해서 엘리트 모두가 과학적 합리주의자였고 무지한 대중을 이용했다는 식의 가정으로 뛰어넘는 것은 전혀 정당화될 수 없다." North, *Roman Religion*, 31.

16 MacMullen, *Christianity and Paganism*, 79.

중심 딜레마

그렇다면 우리는 로마인의 종교적 신앙에 대해 어떤 유용한 일반화를 할 수 있을까? 그 다양성을 인정하면서도 요약적 설명에 필요한 단순화의 필요성을 인식한다면, 기원전 1세기의 박식한 학자 마르쿠스 바로(Marcus Varro)가 제안한 구분을 참고하는 것이 도움이 될 수 있다(그는 락탄티우스에 의해 "그리스인 중에서도, 로마인들 중에서는 더더욱 그보다 더 학식이 뛰어난 사람은 없었다"고 평가받았다).[17] 바로는 로마 종교의 세 가지 형태 또는 차원, 즉 신화적 형태, 시민적 형태, 그리고 자연적 혹은 철학적 형태를 구분했다.[18] 바로 자신은 신들을 음탕하고 폭력적이며 질투 많고 변덕스럽게 묘사하는 대중적 신화에 대해 냉소적이었다. 그는 이런 이야기들을 "비천한 이야기"이자 "거짓된 우화"라고 여겼다.[19] 그러나 시민적 형태와 철학적 형태의 종교에 대해서는 존중하는 태도를 보였다.

바로의 견해는 아마도 교육받은 로마인들 사이에서 공통적이었을 것이다. 문자 그대로의 믿음은 "거칠고 무식한 촌뜨기들"[20]을 위한 것이라고 여겨졌다(이 표현은 맥멀런이 교육받은 로마인들이 대중을 얕잡아보는 태도를 묘사한 것이다). 그러나 엘리트 로마인들조차도 일반적으로 혹은 적어도 공식적으로는 희생제의와 점조를 존중하거나 지지했다. 그리고 로마의 성공이 신들의 호의에 달려 있었고 앞으로도 그럴 것임을 인정했다. 우리는 이러한

17　Lactantius, *The Divine Institutes*, ed. Alexander Roberts et al. (Lexington, KY: CreateSpace, 2015), 1.6, p. 21.

18　이 주제에 대한 바로의 저작들은 현존하지 않는다. 그의 저술은 아우구스티누스의 기록을 통해 우리에게 전해진다. Augustine, *The City of God against the Pagans*, trans. and ed. R. W. Dyson (Cambridge: Cambridge University Press, 1998), 4.27, p. 176; 6.5, p. 246.

19　Augustine, *City of God* 4.27, p. 176; 6.5, p. 247.

20　Ramsay MacMullen, *Paganism in the Roman Empire* (New Haven: Yale University Press, 1981), 8.

회의와 긍정이 결합된 구체적 사례들을 앞으로 살펴볼 것이다.

그래서 신화는 적어도 문자적으로 해석한다면 거짓이었지만, 희생제의와 점조의 종교는…무엇이었을까? 진실이었을까? 필요불가결한 것이었을까? 공개적으로 부정당하지 않도록 보호된 것이었을까? 신화적 종교를 거부하면서도 도시가 의존하는 시민적 종교는 유지하려 했던 교육받은 로마인들은 일종의 딜레마에 직면했다. 결국 신화 속 신들과 신전과 제사가 바쳐지는 신들은 동일한 존재였다. 그렇다면 이야기 속 신들은 허구인데, 제사의 신들은 어떻게 사실일 수 있었을까? 그리고 고대 신화에서 전달되는 의미가 아니라면, 어떤 의미에서 "사실"일 수 있었을까?

아우구스티누스는 나중에 "신화적" 종교와 "시민적" 종교는 분리될 수 없다고 주장했다. (유피테르, 아폴로, 베누스 등) 신화 속의 신들은 바로 제사로 달래고 신탁으로 자문을 구했던 그 신들과 동일했다. 만약 한쪽에서 그들이 실재하는 존재들이 아니라면, 다른 쪽에서도 마찬가지로 실재하는 존재가 아닐 수밖에 없다. 따라서 신화적 종교가 거짓되고 해롭다면, 시민적 종교 역시 똑같이 거짓되고 해롭다.[21] 아우구스티누스는 스토아 철학자 세네카가 이 점을 이해하고 분명히 밝혔다고 보았다[22](비록 다른 이들은 아우구스티누스의 세네카 해석에 의문을 제기하지만 말이다).[23] 아우구스티누스는 바로 역시 이 점을 충분히 이해하고 있었으나 시민적 종교를 존중하는 척하며 숨겼다고 주장했다.[24] 이런 점에서 아우구스티누스의 해석은 기번의 해석과 크게 다르지 않았다.

어쩌면 기번과 아우구스티누스가 옳았을지도 모른다. 바로와 그와 비

---

21   Augustine, *City of God* 6.6, pp. 249–54.

22   Augustine, *City of God* 6.10, pp. 261–64.

23   North, *Roman Religion*, 82을 보라.

24   Augustine, *City of God* 4.31, pp. 182–84.

슷한 생각을 가진 로마인들은 이를 인정하지 않았지만, 사실은 그들이 자신의 진짜 생각을 고백할 수 없거나 원하지 않았다는 것이 바로 기번과 아우구스티누스의 주장이었다. 어쩌면 바로 같은 로마인들은 자신이 정말로 믿는 것 또는 오히려 믿지 않는 것을 고백할 용기가 없었던 것일지도 모른다. 아우구스티누스는 그런 암시를 남겼다.[25] 혹은 바로와 그가 속한 계층이 시민적 종교의 허구성을 주장하지 못한 것은 용기의 부족 때문이 아니라 신중함과 공익에 대한 고려 때문이었을 수도 있다. 만약 로마가 세계 질서와 안정의 근원이었고 로마의 통치가 신들에 대한 대중적 믿음에 의존했다면, 신중하고 공공심이 있는 시민이라면 그런 믿음을 타파하는 것을 피하지 않았을까? 사실 이것이 바로 기번의 제안이기도 하다. 그의 해석은 냉소와 관용이 묘하게 뒤섞인 시각을 보여준다.

이런 관용적이면서도 냉소적인 해석이 옳을 **수도** 있다. 하지만 이 해석은 이런 딜레마에서 벗어날 수 있는 다른, 더 세련되고 미묘한 대안들을 간과한다. 그리고 실제로 적어도 일부 교육받은 로마인들은 그런 대안들을 받아들였던 것으로 보인다. 우리는 그런 대표적 대안 두 가지를 **철학적 종교**(이것이 바로 바로가 인정한 로마 종교의 세 번째 범주였다)와 **시민적 신앙주의**(fideism)라고 부를 수 있을 것이다. 이 대안들은 키케로의 『신들의 본성에 관하여』(*On the Nature of the Gods*)라는 저술에서 드러난다(참고로 이 책은 셰익스피어의 『줄리어스 시저』에서 "브루투스, **너마저?**"[*et tu Brute*]로 유명한 그 브루투스에게, 셰익스피어가 『줄리어스 시저』에서 그린 시기보다 약간 더 평화로웠던 시절에 바쳐진 것이다).[26]

25　Augustine, *City of God* 6.10, p. 263.

26　Cicero, *The Nature of the Gods*, trans. P. G. Walsh (Oxford: Oxford University Press, 1998), 1.1, p. 3. 이후로 이 저작에서 인용하는 내용은 본문 내 괄호 안에 병기한다.

(로마의) 종교 철학

이 저술에서 키케로는 주로 자신을 몇 년 전 세 명의 나이 많은 인물들 사이에서 이루어진 종교에 관한 대화를 기록하는 젊은 기록자로 묘사한다. 하지만 이 저술은 일종의 서문으로 시작하는데, 키케로는 서문에서 "이 문제에 대해 매우 박식한 사람들의 주장들이 너무나 다양하고 서로 충돌하기 때문에…필연적으로 아카데미아 학파[즉 회의론자들]가 이렇게 불확실한 문제에 대해 동의하지 않는 것이 현명하다는 점을 강하게 시사한다"고 설명한다.

> 대부분의 철학자는 신들이 존재한다고 주장해왔으며 이는 거의 모든 사람이 자연의 인도에 따라 받아들이게 되는 가장 그럴듯한 견해다. 하지만 프로타고라스는 이에 대해 의문을 제기했고 멜로스의 디아고라스와 퀴레네의 테오도로스는 신들이 전혀 존재하지 않는다고 믿었다. 신들이 존재한다고 주장한 이들조차도 그 견해가 너무나 다양하고 서로 충돌하여 그들의 의견을 모두 나열하는 것은 끝이 없을 것이다. 신들이 어떤 형태를 띠는지, 어디에 있고 어디에 거주하는지 그들의 삶의 방식에 대해 여러 견해가 제시되며, 이 점에 대해서도 철학자들 사이에는 완전한 불일치와 갈등이 존재한다(1.1, p. 3).

이렇게 묘사로도 다 담아내기 힘든 다양성에도 불구하고 이어지는 대화에서는 키케로가 가장 적합하다고 여긴 두 가지 대안이 제시된다. 이는 스토아 학파인 퀸투스 루킬리우스 발부스(Quintus Lucilius Balbus)와 아카데미아 학파 혹은 회의론자이자 사제였던 (나중에 집정관에도 선출되는) 가이우스 아우렐리우스 코타(Gauis Aurelius Cotta)가 각각 설명한다. 세 번째 입장인 에피쿠로스 학파의 가이우스 벨레이우스(Gaius Velleius)의 견해는 너무나 단호하게, 그리고 벨레이우스 자신도 별다른 반론 없이 논파되어 진지한 후 보로 보이지 않는다.

스토아 학파의 발부스는 소란스럽고 음탕한 신과 여신들에 대한 여러 이야기를 "어리석은 것", "미신", "신성모독적인 우화"라고 단호히 일축한 다(2.63, p. 69). 이런 점에서 그는 바로의 입장을 따른다. 동시에 그는 시민 적 종교를 지지한다는 점에서도 바로를 따른다. 그래서 발부스는 점술의 필요성과 미덕을 강조하며 최근의 점술 관행의 퇴보를 개탄한다(2.8, 10, pp. 50-52; 2.163, p. 106).

신화적 종교를 비판하면서 시민적 종교를 찬양하는 과정에서 발부스 는 바로 앞서 언급한 딜레마를 정면으로 마주한다. 즉 신화적 신들에 대한 회의와 시민적 경건함에 내재된—겉보기에는 **동일한**—신들에 대한 존중 을 어떻게 조화시킬 수 있을까?

발부스의 답변은 두 가지 전략을 결합한다. 그는 신들의 존재에 대한 철학적 옹호와 그들의 존재의 성격이나 방식에 대한 철학적 재해석을 함께 제시한다. 철학적 옹호에서 발부스는 신들이 실제로 존재한다는 일련의 표 면상의 증거들을 제시한다. 그의 생각에 따르면, 이 증거들은 누적적으로 너무나 설득력이 강하다. "신의 존재는 너무나 명백해서 나는 이를 부정하 는 사람은 제정신이 아니라고 생각한다"(2.44, p. 62).

발부스의 증명 중 일부는 종교적 경험에 호소한다. 그는 "파우누스의 목소리가 종종 들렸고, 신들의 환영이 자주 목격되었으며, 이는 머리가 나 쁘거나 신성모독적인 사람이 아니라면 누구나 신들이 가까이에 있음을 인 정하게 만들었다"고 주장한다(2.6, p. 49). 제공된 다른 증명들은 보다 논리 적인 성격을 띠는데, 이 중 일부는 후대의 기독교 사상가들이 발전시켜 존재론적 논증[27]과 설계 논증[28]이라고 불리게 된 익숙한 논증들과 유사하다.

발부스가 (철학자 제논으로부터 가져온) 존재론적 논증의 버전은 기본적으로 다음과 같다. (1) 우주 자체는 그 안에 포함된 어떤 것보다도 필연적으로 더 크고 더 낫다. (2) 생명과 이성을 가지는 것이 이러한 속성이 없는 것보다 낫다. (3) 그러나 인간은 생명과 이성을 가지고 있다. (4) 따라서 우주가 그 안에 포함된 어떤 것보다 더 크고 낫다면 우주도 생명과 이성을 가져야 한다. 그렇지 않으면 우주는 그 안에 포함된 인간보다 못한 것이 되는데, 이는 터무니없다. 이 근거로 발부스는 "우주는 신이다"[29]라는 겉보기에는 범신론적인 결론에 이르지만, 그는 범신론을 명시적이거나 체계적으로 설명하거나 받아들이지는 않는다.

설계 논증은 아마도 더 익숙할 것이다. 우주에서 관찰되는 질서정연함은 그러한 질서를 창조하고 유지하는 어떤 정신이나 지능이 있다고 가정함으로써만 설명될 수 있다는 논리다. 현대의 익숙한 예는 볼테르(Voltaire)의 시계공 논증이다. 시계는 단순한 우연으로 생겨날 수 없는 복잡한 물건이다. 따라서 시계가 있다면 반드시 시계공이 있어야 한다.[30] 똑같은 목적을 위해 발부스는—해시계에는 특별히 복잡한 것이 없기 때문에—시계가 아니라 "크고 아름다운 집"[31]의 예를 든다. 그는 "천체들의 균일한 움직임과 하늘길을 탈선하지 않는 회전, 태양과 달과 별들의 개별성, 유용성, 아름다

---

27   이 논증에 대한 비판적 검토는 Peter van Inwagen, "Necessary Being: The Ontological Argument," in *Arguing about Religion*, ed. Kevin Timpe (New York: Routledge, 2009), 101 을 보라.

28   Elliott Sober, "The Design Argument," in Timpe, *Arguing about Religion*, 161을 보라.

29   Cicero, *Nature of the Gods* 2.20–22, pp. 54–55.

30   Anthony Kenny, *A New History of Western Philosophy* (Oxford: Clarendon, 2010), 571.

31   Cicero, *Nature of the Gods* 2.17, p. 53("만약 당신의 눈에 크고 아름다운 집이 들어왔다고 가정해보라. 비록 당신이 그 집의 주인을 볼 수 없다 하더라도 아무도 당신에게 그 집이 쥐나 족제비에 의해 지어졌다고 믿으라고 강요할 수는 없을 것이다.")

움, 그리고 질서, 이 모든 것의 광경만으로도 그것들이 우연의 산물이 아님을 충분히 증명한다"[32]고 열정적으로 설명한다. 그는 이러한 사실들을 관찰하며 다음과 같이 묻는다. "우리가 하늘을 올려다보고 천체들을 관찰할 때, 그것들이 질서 있게 배열된 것은 어떤 뛰어난 지능을 가진 신성한 힘 때문이라는 것보다 더 명백하고 분명한 것이 있을까?"[33] 이 점에서 그의 입장은 윌리엄 페일리(William Paley)와 같은 자연신학자들(natural theologians)과 연관된 후대의 견해와 매우 유사하다.[34]

이러한 논증들이 설득력이 있다면, 그것들은 신들의 존재 혹은 어쩌면 **한** 신의 존재를 증명하는 것처럼 보일 수 있다. 그러나 이러한 신들 혹은 신은 로마 종교의 인격화된 신들—유피테르, 베누스, 미네르바 등—과 어떻게 조화를 이룰 수 있을까? 철학적 접근법은 발부스가 어떻게 하면 신화적 종교와 시민적 종교를 함께 긍정해야 한다는 딜레마(그는 이를 정직하게 수용할 수 없었다)와 둘 다 함께 거부해야 한다는 딜레마(이 역시 그가 기꺼이 택하려 하지 않던 길) 사이에서 벗어날 수 있게 해줄까?

여기서 발부스는 자신의 철학적 전략의 두 번째 부분을 드러낸다. 보다 구체적으로, 그는 그리스와 로마의 신들이 신적 실재를 나타내는 상징적 표상으로 이해될 수 있다는 정교한 설명을 제시한다. 이 설명은 기발한 어원 해석들로 뒷받침된다. 그래서 발부스는 "이 신성모독적인 우화들 이면에는 매우 세련된 과학적 설명이 숨어 있다"[35]고 말한다. 그 결과 "우리가 이 이야기들을 경멸하며 거부한다 해도 우리는 대지의 케레스, 바다의 넵

---

32   Cicero, *Nature of the Gods* 2.15, p. 52.

33   Cicero, *Nature of the Gods* 2.70, p. 72; 2.4, p. 48.

34   Paul Helm이 편집한 *Faith and Reason*(New York: Oxford University Press, 1999), 189에 인용된 William Paley, "The Argument from Design"을 보라.

35   Cicero, *Nature of the Gods* 2.64, p. 69. 일반적으로 2.60-71, pp. 68-72을 보라.

투누스, 그리고 다른 영역의 다른 신들처럼 각각의 자연환경에 스며든 신성의 본성을 식별하고 파악할 수 있을 것이며 관습이 그들에게 부여한 이름들의 의미도 인정하게 될 것이다. 이들이 바로 우리가 존경하고 숭배해야 할 신들이다. 우리가 신들을 숭배할 때, 순수하고 진실하며 오염되지 않은 마음과 언어로 신들을 경외한다면 우리의 숭배는 가장 순결하고, 가장 거룩하며, 완전히 경건한 것이 된다."[36]

요컨대 신들은 결국 실재**한다**. 다만 그들은 대중적이고 투박한 문자적 의미에서가 아니라 더 깊은 철학적·영적, 심지어 "과학적" 의미에서 실재한다는 것이다. 이런 점에서 발부스는 이후 종교적 신플라톤주의자들,[37] 오리게네스와 아우구스티누스 같은 초기 기독교 사상가들과 그들의 수많은 추종자, 그리고 현대의 루돌프 불트만(Rudolf Bultmann)[38] 같은 "비신화화"(demythologizing) 신학자들이 널리 사용한 비문자적 해석학을 실천한 것으로 볼 수 있다. 이런 방식으로 발부스는 문자적으로 이해된 신화적 신들에 대한 거부와 보다 철학적이고 은유적으로 이해된 도시의 신들에 대한 지속적인 지지를 (적어도 자신이 만족한 정도로) 조화시킨다.

철학의 성별화

그러나 신들에 대한 발부스의 정교한 변호는 단순히 무미건조한 철학적 논의에 그치지 않았다. 그의 설명은 로마 세계와 로마 도시를 미화하고 성별하는 데 있어 이교 종교의 기능을 뒷받침하고 강화하는 역할을 했다. 우리는 발부스가 제시한 증명들이 후대 기독교 전통에서 존재론적 논증과 설계

---

36 Cicero, *Nature of the Gods* 2.71, p. 72.

37 R. T. Wallis, *Neoplatonism*, 2nd ed. (Indianapolis: Hackett, 1995), 130-37, 147-51을 보라.

38 Rudolf Bultmann, *Kerygma and Myth* (New York: Joanna Cotler Books, 2000)을 보라.

논증이라 불리는 것들과 유사하다는 점을 이미 언급했다. 그러나 이러한 설명만으로는 발부스의 논증이 지닌 전체적인 힘을 온전히 포착할 수 없다. 그의 논증은 무미건조한 철학적 논의라기보다는 훨씬 더 시적이고 지복적인(beatifying) 성격을 띤다.

그래서 발부스는 단순히 자연의 질서정연함만이 아니라 그 "아름다움", "조화", 그리고 "경이로움"을 불러일으키는 힘을 거듭 강조한다.[39] (여기서 그는 제2장에서 논의한 아브라함 헤셸과도 크게 다르지 않게 들린다.) "모든 것은 자연에 속하며 자연은 이 모든 것을 가장 아름답게 다스린다"(2.81, p. 75). 발부스는 "우리가 신적 섭리에 의해 세워진 것이라고 선언하는 사물들의 아름다움"에 대해 여러 쪽에 걸쳐 열광적으로 찬미하며 자신의 감탄을 전달하기 위해 긴 시 구절을 길게 인용하기도 한다(2.98-118, pp. 82-90).

이러한 아름다운 질서정연함은 태양과 달, 별들에서 뚜렷이 드러나며 인간에게 이르러서는 "정신, 지성, 이성, 신중함, 그리고 지혜"라는 신적 섭리의 선물로 절정에 달한다(2.147, p. 100).

인간은 다시 이러한 섭리의 선물들을 활용해 "우리 손의 작품으로⋯ 자연의 세계 안에 일종의 '제2의 자연'을 만들어내기 위해 힘쓴다"(2.152, p. 102). 이 "제2의 자연"에는 다양한 기술과 직업을 가진 인간의 도시가 두드러지게 포함된다. 도시는 이처럼 우주적 질서의 한 모습이자 그 반대이기도 하다. "우주는 말하자면 신들과 인간이 함께 거주하는 공동의 집이거나, 둘 모두를 품는 도시와 같다. 왜냐하면 오직 신들과 인간만이 이성을 사

---

39   Cicero, *Nature of the Gods* 2.15, p. 52("태양과 달과 별들의 개별성, 유용성, 아름다움, 그리고 질서"); 2.17, p. 53("우주가 화려하게 장식된, 천체들의 다양성과 아름다움을 담은 세계"); 2.19, p. 54("조화", "조화로운 활동"); 2.58, p. 67("무엇보다도 그 아름다움이 우주 전체의 장식 속에서 두드러진다"); 2.75, p. 74("하늘과 땅의 사물에 대한 경이로움에서 영감을 받은 논증"을 언급). 이후부터 이 저작의 인용은 본문 내 괄호 안에 병기한다.

용하고 정의와 법에 따라 살아가기 때문이다"(2.154, p. 103).

발부스의 입장에서 우리는 (그가 경멸했던) 신화적 종교와 동일하지는 않지만, 그럼에도 (더 세련되고 비문자적인 의미에서 이해된) 신들을 보존하고 그리하여 도시의 성별된 종교를 뒷받침하는 역할을 했던 일종의 철학적 이교도를 볼 수 있다.

시민적 신앙주의

그러나 발부스의 철학적 이교는 회의론자인 코타(Cotta)의 경멸을 불러일으킨다. 이 경멸은 지적이기도 하지만 동시에 애국적이거나 시민적인 성격도 띤다. 코타는 발부스의 논증이 철학적으로 실패했다고 생각한다. 그뿐만 아니라 그는 이러한 철학적 논증들이 발부스와 코타가 모두 인정하고 도시가 의존하는 시민적 종교를 지탱하기는커녕 오히려 위협한다고 본다.

지적 차원에서 코타는 발부스의 논증과 어원 해석을 거부하는 데 그치지 않고 체계적으로 해체하고 조롱한다. 그는 발부스가 제시한 경험적 증거를 빈정거리며 깎아내린다. 코타는 비꼬듯이 말한다. "파우누스의 발언에 관해서라면, 나는 직접 들어본 적이 없지만 당신이 들었다면 믿어주겠어. 물론 나는 파우누스가 무엇인지조차 모르지만 말이야"(3.15, p. 113). 그는 (우주는 그 안에 포함된 어떤 것보다 더 위대하다. 인간은 생명을 가지고 있고, 생명은 좋은 것이다. 따라서 우주도 생명을 가져야 한다는) 발부스의 존재론적 논증에서 사용된 논리가 똑같이 우주가 "책 읽기에 능하다"거나 "음악가다"라는 결론을 증명하는 데도 쓰일 수 있다고 주장한다(3.22, p. 115). 발부스가 우주에서 관찰한 질서정연함 역시 신들 때문이 아니라 "자연" 덕분이라고 본다(3.26-8, p. 117). 또한 코타는 우주의 아름다움과 유용성에 대한 발부스의 과장된 찬사에 대해 다음과 같이 반박한다. "쥐나 바퀴벌레, 뱀처럼 인간에

게 해롭고 파괴적인 것들에서…어떤 유익을 볼 수 있을까?"(3.65, p. 132) 이
어서 그는 익숙한 악의 논증을 다음과 같이 제시한다.

> 신이 악을 제거하고자 하지만 할 수 없거나, 혹은 그가 악을 제거할 수 있지만
> 원하지 않거나, 또는 그가 의지도 능력도 없거나, 아니면 그가 의지와 능력 모
> 두를 가지고 있을 수 있는데, 만약 그가 의지는 있지만 능력이 없다면 그는 무
> 능한 것이며, 이것은 신의 속성과 맞지 않네. 만약 그가 능력은 있지만 의지가
> 없다면 그는 인색한 것이고, 이것 역시 신의 속성과 어울리지 않네. 만약 그가
> 의지도 능력도 없다면 그는 인색하면서도 무능한 것이니, 따라서 신적일 수
> 없네. 만약 그가 의지와 능력 모두를 가지고 있다면(그리고 이것이야말로 신
> 에게 어울리는 유일한 경우지), 그렇다면 악의 근원은 무엇이며, 왜 신은 악을
> 없애지 않을까?(3.65, p. 133)

그러나 코타는 더 경건해 보이는 어조로 발부스가 실제로는 시민적 종교
를 **약화시키고 있다고** 항의한다. "당신은 신들의 존재에 대한 이런 모든 논
증을 동원함으로써 내 생각에 너무나 명백한 것을 오히려 의심스럽게 만들
고 있어"(3.10, p. 111). 그리고 발부스를 본격적으로 논파하기에 앞서, 코타
는 자신이 사제임을 당당하게 밝히며 다음과 같이 단언한다. "나는 정말로
[신들을] 옹호할 것이고 항상 그래왔네. 배운 사람이든 배우지 못한 사람
이든, 불멸의 신들에 대한 숭배에 관해 내가 조상들로부터 물려받은 신념
에서 나를 흔들 수 있는 말은 결코 없을 것이네"(3.5, p. 109).

이러한 열정적인 신앙고백은 코타가 보여주는 해체 작업과 긴장 관계
에 있는 듯 보이며, 대화의 앞부분에서 그가 "나를 불안하게 하는 여러 가
지 생각들 때문에 때로는 [신들이] 전혀 존재하지 않는다고 생각하게 되
네"(1.61, p. 24)라고 고백한 것과도 쉽게 조화를 이루지 않는다. 그렇다면 코

타가 강하게 드러내는 회의주의와 그에 못지않게 격렬한 신앙고백을 어떻게 조화시킬 수 있을까?

가장 명백한 가능성은 기번이 제시한 해석(그리고 참고로 독일의 정치 철학자 레오 스트라우스[Leo Strauss]의 전통을 잇는 현대 사상가들이 여러 중요한 철학자들을 해석할 때 자주 사용하는 방식)이다.[40] 즉 사제인 코타는 "사제의 옷 아래 무신론자의 생각을 숨기고 있다"는 것이다. 그는 신들을 믿지 않지만, 개인적이거나 공적인 목적을 위해 믿는 척한다. 그래서 그는 "친구들 사이의 대화"에서는 자신의 회의적 태도를 드러낼 의향이 있지만, 신의 존재는 "공공연하게" 의심해서는 안 된다고 동의한다(1.61, p. 24). 물론 코타는 이런 입장을 명시적으로 고백하지 않는다. 오히려 그는 자신이 신들을 **믿는다고** 항변한다. 그는 "나는 우리 종교의 어떤 요소도 경멸한 적이 없어"라고 단언하며, "로마가 이처럼 위대해질 수 있었던 것도 불멸의 신들의 최고의 은총 덕분임을 인정해"(3.6, p. 109)라고 말한다. 그러나 기번(과 레오 스트라우스)은 아마도 이렇게 답할 것이다. 이것이 바로 신중하고 애국적인 사제 코타가 **해야만 하는** 말이라는 것이다. 그는 시민적이고 공적인 목적을 위해 신을 믿는 척해야만 한다는 것이다.

그런데 이 해석도 완전히 들어맞지는 않는다. 결국 코타가 "공적인 자리"가 아니라 "친구들 사이의 대화"에서 신들에 대한 자신의 의심과 지지를 모두 표명하기 때문이다.

그렇다면 겉으로 보기에는 모순되고 내적으로도 갈등하는 코타의 발언들을 이해할 다른 방법이 있을까? 어쩌면 있을 것이다. 이런 가능성을 생

---

40 Leo Strauss, *Persecution and the Art of Writing* (London: University of Chicago Press, 1952)을 보라. Strauss의 해석 방법에 대한 간결한 요약은 Ian Ward, "Helping the Dead Speak: Leo Strauss, Quentin Skinner, and the Arts of Interpretation in Political Thought," *Polity* 41 (2009): 239-41을 참조하라.

각해볼 수 있다. 코타는 세계―그리고 세계에 대한 우리의 인식―가 서로 다른 인식론적 영역들로 나뉘어 있으며 각각의 영역에는 고유한 진리와 믿음의 규칙이 있다고 생각했을지도 모른다. 자연의 세계와 아마도 철학의 세계가 있고 그리고 또 시민의 세계가 있다. 자연과 철학의 세계에 고유한 인식론적 기준에 따라 판단할 때, 코타는 신에 대한 발부스의 논증이 심각하게 부족하다고 본다. 그러나 시민 세계에서는 다른 진리와 믿음의 규칙이 적용되고 그에 따라 다른 결론에 도달한다. 그 세계―시민의 세계―에서는 신들이 실재한다. **시민이자 사제로서** 코타는 그 세계의 진리를 전적으로 진실하게 그리고 주저함 없이 주장할 수 있는 것이다.

코타는 공적인 자리에서 신들의 존재를 인정한다. 다른 말로 하면, 이는 그가 속일 필요가 있어서가 아니라 도시의 세계에서는 신들이 실재**하기** 때문이다. 또한 그는 시민 종교를 강화하기 위해 철학적 추론을 도입하려는 발부스의 시도를 강력히 거부한다. 그러한 도입은 철학과 도시 모두에 해로울 수밖에 없는 범주의 혼란을 반영하고 초래하기 때문이다(3.5-10, pp. 109-11).

이 해석에 따르면, 코타는 시민적 신앙주의(civic fideism)라고 불릴 수 있는 입장을 제시하고 실천한다. 신들은 시민적 영역에서 그 영역에 적합한 인식론적 기준에 기초해 인정되어야 하며 다른 영역에 적합한 추론 방식으로 지지되거나 판단되어서는 안 된다. 이 해석이 코타의 의도를 정확히 포착했는지는 불확실하지만, 그의 모든 발언은 이와 일관된다. 더욱이 코타가 시민 종교의 문제를 이렇게 해결한다면, 그는 다른 맥락에서 반복적으로 사용된 전략을 활용하는 셈이다.

예를 들어 중세에는 때로 라틴 아베로에스주의자(Latin Averroists)로 알려진 사상가 집단이 "두 진리론"(two truth)을 제안해 이단성 의심을 피하려 했다. 이에 따르면 한 영역(철학)에서 진리인 것이 다른 영역(특히 신학)에서는 다를 수 있다.[41] 근래에는 비트겐슈타인적 관점을 차용한 철학자 노먼 맬컴이 종교가 고유한 규칙을 가진 독특한 "언어 게임"(language game)이라 주장했다. 종교는 "삶의 형태(life form)이며 행동에 내재된 언어"다. 이 관점에서 종교 담론은 외부적 정당화가 필요 없다. 신은 철학이나 과학과 같은 다른 게임에는 존재하지 않더라도 "종교"라는 언어 게임 안에서는 존재할 수 있다.[42]

유사하게 과학자이자 대중 작가인 스티븐 제이 굴드는 과학과 종교를 "서로 겹치지 않는 권위 영역"(nonoverlapping magisteria)으로 보아야 한다고 주장했다.[43] 각 영역은 고유한 기준에 따라 자체적으로 진리값을 가질 수 있다. 현대 법철학자들도 헌법 담론[44] 또는 법적 담론 전반의 정당성을 방어하기 위해 유사한 전략을 제안한다.[45] 비록 일반 변호사들은 이러한 이론이 지나치게 정교하다고 여길 수 있지만, 법정에서 논쟁할 때 이들은 본능적으로 유사한 전제에 따라 행동한다. 즉 법정에서는 "법적" 추론으로만 제한되어야 하며 이러한 추론은 다른 영역에서는 받아들여지지 않을 진리(법적 진리)에 도달할 수 있음을 이해한다.[46]

비슷한 방식으로, 코타 역시 시민적 종교를 고유한 인식론적 규칙을

---

41   Frederick Copleston, SJ, *A History of Philosophy*, vol. 2 (New York: Doubleday, [1962] 1993), 436-37을 보라. 『중세철학사』(서광사 역간).

42   Norman Malcolm, "The Groundlessness of Belief," in *Faith*, ed. Terence Penelhum (London: Macmillan, 1989), 193, 203.

43   Stephen Jay Gould, "Nonoverlapping Magisteria," *Natural History* 106 (March 1997): 16, http://www.science.fau.edu/sharklab/courses/evolution/pdfs/nonoverlapping%20magisteria.pdf.

44   Philip Bobbitt, *Constitutional Fate: Theory of the Constitution*(New York: Oxford University Press, 1982)을 보라.

45   Dennis Patterson, *Law and Truth*(New York: Oxford UniversityPress, 1996)을 보라.

46   전반적으로 Steven D. Smith, *Law's Quandary*(Cambridge, MA: Harvard University Press, 2004)을 보라.

지니고 오직 그 자체에만 책임지는 독특하고 가치 있는 실천으로 다루고자 했던 것처럼 보인다. 물론 사제들이나 점쟁이들이 철학자를 만족시킬 수는 없을지 모른다. 하지만 애초에 누가 철학자를 사제나 점쟁이의 상관으로 임명했단 말인가? 시민적 종교는 그 자체의 영역이며 자기 고유의 성역 안에 머무는 한 안전하며 도전을 받지 않는다.

적어도 이것이 코타에 대한 그럴듯한 해석처럼 보인다. 더구나 이러한 믿음의 방식을 실천한 고대인은 코타만이 아니었을 가능성이 크다. 고대 이교도들이 신화를 유지했던 "믿음의 양식"(modality of belief)에 대해 깊이 탐구한 폴 벤느는 "정신의 발칸화"(mental balkanization)[47]라는 개념을 제시하며 실재의 본질과 진실성의 기준이 서로 다른 다양한 "진리 프로그램"[48]을 규정하고 설명하려 한다. 벤느는 다음과 같이 말한다. "한 그리스인이 신들을 '하늘에' 있다고 여겼지만, 하늘에서 신을 실제로 본다면 깜짝 놀랐을 것이다. 누군가가 시간을 문자 그대로 해석해 '헤파이스토스가 막 재혼했다'거나 '아테나가 최근에 많이 늙었다'고 그 그리스인에게 말했다면, 그는 몹시 놀랐을 것이다. 그는 신화적 시간이 일상적 시간성과는 희미한 유사성만을 지닌다는 사실을 깨달았을 것이다."[49] 그러나 그렇다고 해서 신들에 대한 이야기들이 단순한 거짓말이나 "허구"에 불과하며 따라서 진실이 아니라 결론짓는 것은 잘못이다.

벤느는 자신의 경험에서 흥미로운 예시를 든다. "나는 유령을 단순한 허구라고 여기지만, 그럼에도 그 진실성을 느낀다. 나는 유령에 대해 거의 신경증적으로 두려움을 느끼며 죽은 친구의 서류를 정리하던 몇 달은 악몽과도 같았다. 지금 이 글을 쓰는 순간에도 목덜미의 털이 곤두서는 느낌이

---

47 Veyne, *Did the Greeks Believe?*, 41. 90도 보라("진리는 발칸화되었다").

48 Veyne, *Did the Greeks Believe?*, 21, 48, 128.

49 Veyne, *Did the Greeks Believe?*, 18.

든다. 유령이 '실제로' 존재한다는 사실을 알게 된다면 그보다 더 안심되는 일은 없을 것이다. 그러면 유령도 다른 현상들처럼 적절한 도구, 예를 들어 카메라나 가이거 계수기로 연구할 수 있는 대상이 될 테니까."[50]

따라서 코타는 기번이 말한 것처럼 위장하는 회의주의자가 아니라 자신의 믿음의 방식에서 라틴 아베로에스주의자들과 신비트겐슈타인적 "언어 게임" 이론가들을 앞서 예견한 시민적 신앙주의자였을 가능성이 있다. 그렇다면 키케로 자신은 어떠한가? 키케로는 대화의 서두에서 자신이 코타의 철학 학파에 속한다고 밝힌다.[51] 그리고 그는 논쟁의 마지막 발언 역시 코타에게 준다. 그러나 키케로는 책의 결론에서 다음과 같이 선언한다. "코타의 논증이 벨레이우스(Velleius[에피쿠로스 학파])에게는 더 진실하게 보였지만, 내 눈에는 발부스의 논증이 진리에 더 가까운 것처럼 보였다."[52] 즉 키케로는 자신이 철학적 의미에서 종교적 신자임을 표방하며 코타처럼 시민적 신앙주의자(혹은 이 해석이 설득력이 없다면 스트라우스적 회의주의자)는 아니라고 밝히는 것이다.

이것을 어떻게 받아들여야 할까? 키케로는 불성실한 것일까? 어쩌면 그럴 수도 있다. 그는 어디까지나 정치인이었고 자신에게 정치적 문제를 일으킬 만한 발언은 삼가는 법을 알고 있었다. 다른 저술에서 키케로는 도덕적 의무를 국가 혹은 공공의 이익과 밀접하게 연결시키며 사적 이익을 위해 위장하는 것은 결코 허용될 수 없지만, 공공의 이익을 위해서는 진실을 에둘러 말하는 것이 허용될 수 있다고 주장한다.[53] 또한 그는 신들에 대

---

50   Veyne, *Did the Greeks Believe?*, 87.

51   Cicero, *Nature of the Gods* 1.11, p. 6.

52   Cicero, *Nature of the Gods* 3.95, p. 146.

53   Cicero, *On Obligations*, trans. P. G. Walsh (New York: Oxford University Press, 2000), 3.93–95, pp. 116–17을 보라.

한 숭배가 국가에 이롭다고 믿었다. 그래서 신들에 대한 저술의 초반부에서 키케로는 "신들에 대한 경건함이 없다면 모든 신성함과 종교적 의무감도 사라진다. 이것들이 사라지면 우리의 삶은 혼란과 큰 무질서로 가득 차게 된다. 신들에 대한 경외심이 사라지면, 인간들 사이의 신뢰와 사회적 유대, 그리고 정의라는 독보적인 덕목도 사라질 수 있다"[54]는 견해를 긍정적으로 이야기한다.

따라서 키케로는 (아우구스티누스와) 기번이 제시한 해석에 들어맞을 수도 있다. 즉 그는 소심함에서 혹은 공공의 이익을 위해서 거짓말을 하거나 의무감에서 위장했을 수 있다. 그러나 코타의 경우와 마찬가지로 이런 해석도 완전히 들어맞지는 않는다. 왜냐하면 대화 자체에서 키케로는 불확실함을 드러내면서도 신에 대한 믿음에 끌린다는 점을 분명히 하고 있기 때문이다. 만약 이 대화가 진정성을 허락할 만큼 사적인 자리였다면, 왜 회의적인 키케로가 신에 대한 믿음을 표명했을까? 반대로, 만약 그런 (불성실한) 신앙고백이 필요할 만큼 공적인 자리였다면, 왜 그는 자신의 의심을 공개적으로 인정했을까?

제임스 오도넬(James O'Donnell)이 지적했듯 키케로는 "동시에 신앙인이고 회의론자였다"[55]고 보아야 할 것 같다.

이교 신앙의 위태로운 고수

신앙인이면서 동시에 회의론자. 이는 위태로운 입장이었지만, 그 시대나 지금이나 드물지 않았다.

---

54   Cicero, *Nature of the Gods* 1.4, p. 4.

55   O'Donnell, *Pagans*, 46.

발부스의 철학적 이교주의와 코타의 시민적 신앙주의는 둘 다 로마의 삶과 도시를 지탱하고 성별화하는 시민 종교를 유지하는 데 기여했거나 혹은 그러려고 노력했다는 점에서 상호보완적이라 볼 수 있다. 신화적 종교를 문자 그대로 받아들이기 어려웠던 교양 있는 로마인들은 이 두 대안 중 하나를 선택할 수 있었다. 일부 로마인들은 확실히 발부스의 길을 따랐다. 플로티노스, 포르피리오스, 프로클로스 같은 후기 신플라톤주의자들이 대표적인 사례다. 우리는 이들을 이후의 장에서 다시 간략히 다룰 것이다. 기번은 "새로운 플라톤주의자들"과 "유행하는 철학자들"이 "그리스 시인들의 허구에서 우화적 지혜를 추출하려는 계획"을 추진하고 "고대 신들을 최고 신의 상징이나 대리자로 숭배할 것"을 권장했다고 경멸하는 어조로 언급했다.[56]

다른 로마인들은 의도적이든 직관적이든 코타의 방식을 따랐을 것이다. (이 입장의 특성상, 그러한 신앙주의자들을 확신 있게 식별하기는 어려울 것이다. 그들의 철학이 자신들의 정체를 밝히는 것을 막았을 테니 말이다.) 이는 도시를 지탱하는 데 필요한 신앙을 유지하는 또 다른 방식이었다.

그러나 철학적 이교주의와 시민적 신앙주의가 상호보완적일 수는 있었지만, 서로 모순되어 둘 모두를 위태롭게 할 수도 있었다. 코타가 발부스를 어떻게 약화시킬 수 있는지는 대화 자체에서 명백하다. 언급된 대로 코타는 신 존재에 대한 발부스의 철학적 논증을 깎아내리며 체계적으로 해체한다. 만약 코타의 반박이 설득력을 가진다면(키케로의 서술에서 반박은 거의 압도적으로 보이며, 키케로 자신의 결론부 부인에도 불구하고), 그러한 철학적 방어막에 의존하던 로마인들은 이교 신앙의 전제와 암묵적 교리를 더 이상 인정할 수 없게 될 것이다.

56　Gibbon, *History of the Decline*, 1:561.

키케로가 최종 발언권을 코타에게 주었기 때문에 우리는 발부스가 어떻게 반박했을지 정확히 알 수 없다. 그러나 추측해볼 수는 있다. 우리가 앞서 본 것처럼 코타의 신앙주의는 진리와 믿음을 별개의 영역으로 분리하는 전략에 의존했다. 즉 한 영역에 고유한 인식론적 규칙이 다른 영역에는 적용되지 않는다는 것이다. 따라서 신들에 대한 믿음은 철학적으로는 정당화되지 않을 수 있지만 시민적 영역에서는 완전히 보증될 수 있다. 그러나 발부스는 이 접근법이 지속 불가능하다고 반박했을 것이다. 진리는 실재를 정확히 반영한 것이다. 신들이 존재한다면 존재하는 것이고, 그렇지 않다면 존재하지 않는 것이다. 신들이 인식론적 영역에서는 실재하지만 다른 영역에서는 실재하지 않는다는 것은 불가능하다. 그리고 신들이 실재한다고 믿을 이유가 있다면, 그것이 우리가 믿어야 할 바이며, 그렇지 않다면 믿지 말아야 한다.

간단히 말해 신들이 일반적으로 혹은 철학적으로 존재하지 않는다는 점을 인정하게 되면, 그들은 결국 완전히 사라질 수밖에 없다. 다시 말해 아우구스티누스가 시민 종교는 신화적 종교와 분리될 수 없다고 주장했던 것처럼 발부스 역시 시민 종교는 철학적 종교와도 분리될 수 없다고 주장했을 것이다. 이것은 매우 강력한 반론이다. 우리가 앞서 살펴본 것처럼 코타의 두 진리 접근법은 역사적으로 흔히 나타난 전략이었다. 이 방식은 한동안 필수적인 신념 체계를 사람들의 정신을 좀먹는 반론으로부터 보호하는 편리한 전략이 될 수 있다. 그러나 이 접근법에는 강력한 비판자들도 있었다. 토마스 아퀴나스는 라틴 아베로에스주의자들의 "두 진리" 전략을 강력히 비판했다.[57] 그리고 철학자 존 힉(John Hick)은 노먼 맬컴과 같은 사상가

57　이 대립을 극적으로 서술한 설명은 G. K. Chesterton, *St. Thomas Aquinas: "The Dumb Ox"* (New York: Doubleday, [1933] 1974), 70-74을 참조하라.

들이 사용한 신비트겐슈타인적 "다른 언어 게임" 접근법이 실제로는 "종교적 신앙과 실천의 핵심을 도려낸다"[58]고 설득력 있게 주장했다.

상식의 차원에서 볼 때 비판자들의 주장이 훨씬 설득력 있어 보인다. 대부분의 사람에게 진리란 세계를 정확히 반영하는 것을 의미한다. 그리고 세계는 있는 그대로 존재하며 존재하지 않는 것은 존재하지 않는다. 어떤 진술이나 믿음이 한 영역에서는 참이고 다른 영역에서는 거짓일 수는 없다.

요컨대 더 교양 있는 로마인들에게 신화적 종교―즉 욕망 많고 복수심이 강하며 변덕스러운 신들에 대한 이야기로 이루어진 종교―가 설득력을 잃으면서 시민 종교에 대한 신앙도 도전을 받게 되었다. 그러나 시민 종교야말로 로마인들이 숭배했던 "빛나는 아름다움과 품위의 도시"를 지탱하고 성별화했으며 그들의 삶에 의미와 목적, 그리고 숭고함을 부여했다. 그래서 사려 깊고 세련된 로마인들은 도전에 맞서, 벤느의 표현대로 "믿음의 양식"을 고안해 수십 년, 수백 년 동안 시민 종교를 지탱하는 데 필요한 토대를 마련했다.

그 결과로 나타난 지적 성취는 정교하고 인상적이었다. 그러나 이러한 믿음의 양식은 여전히 취약했다. 그리고 그것은 키케로의 저술에서 볼 수 있는 내적 비판뿐 아니라 이후에는 근본적으로 다른 형태의 종교성―즉 기독교―으로부터도 강력한 도전을 받게 된다. 우리는 다음 장에서 이 문제를 다루게 된다.

58　Hick은 종교적 언어가 특별한 유형의 언어임을 인정하며, 종교인들이 종종 용어를 독특한 방식으로―"문자 그대로의 서술이라기보다는 지시하는 표지로서"―사용한다는 점도 인정한다. 그럼에도 "이 표지들은 의심할 여지 없이 은유와 신화를 초월하는 실재를 가리키려는 의도로 사용된다. 그리고 이러한 의도를 억누르는 것은 종교적 언어를 왜곡하는 것이며 종교적 '삶의 형식'에서 그 중심적이고 동기를 부여하는 확신을 비워버리는 일이다." John Hick, "Seeing-as and Religious Experience," in Penelhum, *Faith*, 183, 184.

제5장

세계를 넘어 바라보다: 기독교 혁명

우리가 앞선 장들에서 살펴본 것처럼 로마 종교는 그것이 인정한 신들과 숭배 형태, 그리고 그것이 마련해준 다양한 "믿음의 양식" 모두에서 다양하고 포용적이었다. 그러나 모든 신앙을 포괄하지는 못했다. 가장 중요한 점은 유대교와 기독교를 흡수하거나 포용할 수 없었다는 것이다. 로마는 유대교와의 관계에서 간헐적인 반란과 가차 없는 탄압으로 인해 깨지곤 했던 불안정한 평화를 유지했다.[1] 기독교와의 관계는 더욱 우호적이지 못했다. 로마인들은 때로 마지못해 그리스도인을 용인하기도 했지만, 때로는 극심한 박해를 가했다. (이 박해에 대해서는 다음 장에서 더 자세히 살펴볼 것이다.)

왜 그리스도인들의 종교만은 로마의 풍요로운 다양한 숭배 집단(cult), 의례, 신심의 세계에 흡수되지 않았을까? 그 이유는 예루살렘을 중심으로 한 신앙들이 근본적으로 다른 형태의 종교성—실제로는 세계에 대한 근본적으로 상이한 지향—을 대표했고 그것이 로마인들의 완전히 세속적인 시민적 신앙심에 동화될 수 없었기 때문인 것으로 보인다. 이 점과 관련해 이스라엘의 역사학자 가이 스트룸사는 "로마 제국 초기 수 세기 동안 지중해와 근동 세계에서 일어난 종교적 변혁이 너무나도 급진적이어서 이것을 '종교 영역에서의 패러다임 전환'이라 부르는 것이 마땅하다"[2]고 주장한다. 또한 그는 "이교와 기독교 간의 갈등이 매우 매혹적인 이유는 그것이

---

1   전반적으로 Martin Goodman, *Rome and Jerusalem: The Clash of Ancient Civilizations*(New York: Vintage Books, 2008)을 보라.

2   Guy Stroumsa, *The End of Sacrifice: Religious Transformations in Late Antiquity*, trans. Susan Emanuel (Chicago: University of Chicago Press, 2009), 2.

서구 문화의 미래에 결정적인 결과"를 가져왔기 때문이라고 지적한다.[3] 케임브리지 대학교의 역사학자 키스 홉킨스는 "오늘날 우리가 당시 [기독교가] 로마 세계의 이교도들에게 얼마나 낯설고 불쾌하게 느껴졌는지 상상하기조차 어렵다"[4]고 설명한다.

이 장에서 우리는 유대교와 기독교를 로마 종교와 갈라서게 만든 "혁명"[5]의 본질을 파악하려고 한다. 우리는 유대교와 기독교가 이교와는 근본적으로 다른 종교성을 대표했으며 그로 인해 제국이 결국 기독교를 받아들인 것이—비록 실천에서는 완전히 이루어지지 않았을지라도, 열망과 이상에 있어서는—(마치 그것이 삶에서 분리될 수 있는 별개의 영역인 것처럼) 단순히 "종교"의 변화에 그치지 않고 인간이 세계와 도시에 대해 갖는 근본적 태도의 변화를 의미하게 되었음을 살펴볼 것이다.

이교도와 그리스도인들은 정말 그렇게 달랐을까?

그러나 우리가 역사적 해체주의자 또는 회고적 회의론자(concilator)라고 부를 수도 있는 최근 몇몇 수정주의적 역사가들은 이교도와 그리스도인 사이에 존재한다고 여겨졌던 차이점이 사실은 그렇게 근본적이지 않았으며, 그 갈등은 대부분 자신들을 정의하기 위해 두려운 적이 필요했던 분파주의적

---

3   Stroumsa, *The End of Sacrifice*, 101. 참조. Paul Veyne, *When Our World Became Christian*: 312-394, trans. Janet Lloyd (Cambridge: Polity Press, 2010), 19("기독교와 이교주의 사이에 존재하는 심연"을 묘사한다).

4   Keith Hopkins, *A World Full of Gods: The Strange Triumph of Christianity* (New York: Penguin, 1999), 76.

5   다음을 보라. Pierre Chuvin, *A Chronicle of the Last Pagans* (*Revealing Antiquity*), trans. B. A. Archer (Cambridge, MA: Harvard University Press, 1990), 11(기독교의 출현을 "정치적·지적·종교적 혁명"으로 묘사한다).

그리스도인들이 만들어낸 것이라고 주장한다.[6] 만약 이 해체주의자-회의
론자들이 옳다면, 이 장에서 제기한 질문이 잘못된 방향으로 나아간 것처
럼 보일 수 있다. 따라서 본론에 들어가기 전에 우리는 이교와 기독교 사이
의 갈등이 스트룸사와 홉킨스 같은—그리고 다른 많은—학자가 생각했던
것만큼 중요한 것인지 의문을 갖게 하는 주요 논거들을 잠시 살펴볼 필요
가 있다.

해체주의적-회의론적 해석에는 두 가지 주요하고 상호 연관된 논거
가 있다. 첫째, 우리가 이미 살펴본 바와 같이 다른 이들이 "이교"라고 부르
는 것은 단일한 종교 체계가 아니었다. 오히려 이 용어는 수많은 신들, 의
례, 이야기, 관행을 포괄하는 방대한 범주로 사용되었다. 기독교 역시 초기
에는(또는 그 이후에도) 단일하고 엄격하게 정의되고 조직된 운동이 아니었
다.[7] 따라서 "이교"와 "기독교" 사이에 진정한 갈등이 존재할 수 없었다. 혹
은 그렇게 보일 수 있다. 왜냐하면 두 용어 모두 실제로 단일하거나 조직된
운동이나 종교 형태를 가리키지 않기 때문이다. 둘째, 그리고 이와 관련하
여 소위 이교도들은 스스로를 "이교도"라고 생각한 적이 없었다. 그리스도
인들이 그 단어 자체를 만들어내지 않았다 하더라도 그 범주를 만들어낸
것은 그리스도인들이었으며, 이는 주로 자신들의 운동에 합류하지 않은 이

---

6   Douglas Boin, *Coming Out Christian in the Roman World: How the Followers of Jesus Made a Place for Themselves in Caesar's Empire*(New York: Bloomsbury Press, 2015)을 보라. 비슷한 주제들이 James J. O'Donnell의 *Pagans: The End of Traditional Religion and the Rise of Christianity*(New York: HarperCollins, 2015)에서도 드러난다. 전반적으로 유사한 시각이 담긴 책으로는 Candida Moss, *The Myth of Persecution: How Early Christians Invented a Story of Martyrdom*(New York: HarperCollins, 2013)가 있다.

7   참조. Peter Brown, *The Body and Society: Men, Women, and Sexual Renunciation in Early Christianity*, 2nd ed. (New York: Columbia University Press, 2008), xxxvii("이 시기 내내 기독교가 보여준 무한한 다양성"을 언급한다). 초기 기독교의 다양성은 James D. G. Dunn, *Christianity in the Making*. Vol. 3: *Neither Jew Nor Greek*(Grand Rapids: Eerdmans, 2015)에서 강조된다.『형성기 기독교의 통일성과 다양성 상·하』(새물결플러스 역간).

들을 경멸적으로[8] 분류하기 위한 것이었다.[9]

순수히 기술적인 관점에서 볼 때, 이러한 관찰은 대체로 정확해 보이며 결코 새로운 것도 아니다. 실제로 가이 스트룸사는 로마 종교와 기독교, 그리고 후기 유대교 사이의 차이가 "패러다임 전환"을 이루는 매우 "급진적"인 것이라고 주장하면서도, "'이교'는 물론이고 '기독교'조차도 사실상 인위적으로 만들어진 어떤 단일성을 대표하지 않는다"고 지적한다. "기독교는 초기 몇 세기 동안 다양한 형태로 존재했으며 '이교'라는 개념은 물론 기독교 사상가들의 창작에 불과한 것이고 구체적인 실체에 대응하는 것이 아니다."[10]

논리적으로 볼 때 이러한 기술적 관찰로부터 이교와 기독교 사이에 본질적이고 근본적인 갈등이 없었다거나, 양자 간의 명백한 차이점들이 인위적이거나 구성된 것에 불과하다고 결론 내리는 것은 논리적 비약이다. 애완동물 애호가들이 오랜 세월 동안 "개"와 "고양이"의 상대적 우수성에 대해 대조하고 논의해왔음을 상상해볼 수 있다. 실제로 "개"라는 명칭 아래에 분류되는 개체들은 크기, 색, 행동 면에서 매우 다양하다. 또한 어떤 동물도 스스로를 "개"라고 부른 적은 없다. 이 용어와 범주는 온전히 인간이 외부에서 부여한 것이다. 고양이도 마찬가지다. 결과적으로 "개"와 "고양이" 사이에 본질적인 대립이 있다고 여기는 것은 잘못된 관점이다.

이와 같은 결론은 타당하지 않다. "개"와 "고양이"라는 범주, 그리고 우리가 세계를 이해하고 파악하는 데 사용하는—세균, 행성, 강, 섬, 도시,

---

8 비록 그 용어가 "시골뜨기"(country bumpkin)와 같은 뜻의 욕설이었다는 주장이 종종 제기되긴 하지만, 최근의 신중한 분석은 이러한 해석에 의문을 던지고 있다. Alan Cameron, *The Last Pagans of Rome*(New York: Oxford University Press, 2011), 14-32을 보라.

9 예를 들어 O'Donnell, *Pagans*, 5-6, 159-64, 214; Boin, *Coming Out Christian*, 112-18을 보라.

10 Stroumsa, *The End of Sacrifice*, 2-3.

동물, 식물 등―대부분의 일반 용어나 범주는 (보통 개, 고양이, 세균, 식물, 강 등과 같은 해당 대상들이 직접 그 용어로 자신을 설명할 수 없거나 하지 않기 때문에) 구체적이고 다양한 실체를 설명하려는 목적으로 인간이 만든 것이다. 문제는 이러한 용어와 범주들이 실제로 세계의 공통점과 차이점을 파악하는 데 유용한가 하는 점이다. 유사하게 "이교"와 "기독교"라는 구분 역시 고대 말기부터 오늘날에 이르기까지 널리 사용되어온 만큼 이 용어들이 이처럼 역사적으로 유용하게 기능해왔음을 시사한다.

최근의 한 화해적 저서는 고대 말기의 종교 상황을 조명하는 과정에서 당시 그리스도인을 오늘날의 성소수자(LGBT) 운동과 비교한다.[11] 이 책은 제목, 헌정사, 본문 전반에 걸쳐 성소수자 운동에 대한 암시를 담고 있는 것이 인상적이다. 이러한 비교가 역사적 상황을 어떻게 비추어주는가? 저자가 펼치는 논지의 핵심은 과거와 현재의 사람들이 이질적으로 보이는 집단에 대해 종종 불신했지만, 실제로 이웃으로서 서로를 알아가고 교류함으로써 (한 장의 제목 표현대로 "옆집으로 이사 온 새로운 이웃들"을 알게 됨으로써) 차이가 그다지 중요하지 않으며 인간적 우정을 형성하는 데 장애가 되지 않는다는 점을 발견했다는 것이다. 그리스도인들은 이러한 조용한 교류를 통해 차츰 "카이사르가 건립한 로마 제국 내에서 [자신들의] 자리를 만들어갔다."

이 이야기 전개가 설득력을 가지려면, 저자는 주로 눈에 띄지 않았던 그리스도인들―즉 "조용한 이들"[12]―을 강조하고 부각시켜야 한다. 이들은 드러나지 않게 함께 섞여 지내기를 기뻐했고 로마의 종교 축제에 참여해 (예루살렘 공의회에서 선언한 최소한의 필수적 금지 사항조차 무시한 채)[13] 이교

---

11   Boin, *Coming Out Christian*을 보라.
12   Boin, *Coming Out Christian*, 15-35.
13   행 15장.

신들에게 바쳐진 고기도 거리낌 없이 먹었다. 다시 말해 저자는 과거에도 오늘날에도 보다 엄격한 그리스도인들에게서는 느슨하거나 신앙에서 이탈한 혹은 "미지근한"[14] 신자로 여겨질 만한 그리스도인들을 높이 평가하고 있다. 반대로, 저자는—사도 바울, 사도 요한, 테르툴리아누스, 키프리아누스, 페르페투아, 아타나시우스, 암브로시우스, 나지안조스의 그레고리오스, 아우구스티누스, 요한네스 크리소스토모스 같은 중요한 인물을 포함해[15]—더 열성적인 그리스도인들을 비합리적이거나 "비사교적"[16]이라고 여기며 불합리한 사람들로 간주해 주변부로 밀어내려 한다. 하지만 이들은 기독교 운동의 지도자와 모범이 되었고, 기독교의 경전을 기록하고 해석했으며, 교리를 정의하고, 때로는 십자가나 화형대, 사자 굴에 던져지는 고난을 감수하면서도 신앙을 고백했던 인물들이다. 이외에도 여러 가지 조정이 필요하다. 그러나 우리는 역사적 기록을 이와 같은 화해적 서사에 맞추기 위해 어떤 방식으로 잘라내고 왜곡해야 하는지를 여기서 일일이 설명하지 않아도 된다.[17] 설령 역사적 기록에 대해 이러한 조정이 이루어진다 하더

14　참조. 계 3:15-16("내가 네 행위를 아노니, 네가 차지도 아니하고 뜨겁지도 아니하도다. 네가 차든지 뜨겁든지 하기를 원하노라. 네가 이같이 미지근하여 뜨겁지도 아니하고 차지도 아니하니 내 입에서 너를 토하여 버리리라").

15　Boin, *Coming Out Christian*; 사도 바울은 38-40; 사도 요한은 40; 테르툴리아누스는 21; 키프리아누스는 31; 페르페투아는 29를 보라. 아타나시우스는 128; 암브로시우스는 121-124; 나지안조스의 그레고리오스는 118-120; 아우구스티누스는 128; 요네스 크리소스토모스는 128을 보라.

16　Boin, *Coming Out Christian*, 37.

17　다음은 그 한 가지 예시다. 362년 황제 율리아누스는 이교의 우위를 회복하려는 정책의 일환으로 그리스도인들이 학교에서 가르치는 것을 사실상 금지하는 칙령을 발표했다. 옥스퍼드 대학교의 역사가 Averil Cameron에 따르면, "이 조치는 그리스도인들이 교사로 활동하는 것을 완전히 차단하는 결과를 낳았다. 당시 수사학과 문법이 교육 과정의 대부분을 차지했기 때문이다." Averil Cameron, *The Later Roman Empire* (Cambridge, MA: Harvard University Press, 1993), 94. 역사가들은 이 조치가 이교 황제가 승인하지 않는 기독교 신앙을 가진 사람들을 배제한 아주 급진적이고 전례 없는 방책이었으며 문화 형성에 대한 통제권을 행사하려는 시도였다는 점을 지적해왔다. 예를 들어 Edward J. Watts, *The Final Pagan*

라도 기독교가 4세기에 정치적 지배를 얻은 이후 이야기는 방향을 잃게 된다. 제국 내 이웃들의 인정을 받게 되자 보다 전투적이고 비사교적인 성향의 기독교 분파가 권력을 장악했고, 이는 이교도는 물론 더 온건하고 합리적인 그리스도인들에게도 큰 해악이 되었다.[18]

이 책이 고대 기독교와 현대 성소수자 운동 사이에 설정하고자 시도하는 유추를 유익하다고 여기는 이들에게 이 결과는 분명 불길하게 느껴질 것이다. 어쨌든 책 전체의 전개와 그 어두운 결말 모두에서, 실제로는 저자의 화해적 의도와는 정반대의 교훈이 남는다. 로마의 이교도들과 더욱 헌신적인 (혹은 비사교적이거나 불합리하다고 볼 수 있는) 그리스도인들 사이에는 실질적이고 심각한 불일치가 존재했다.

이와 관련해 더 설득력 있는 보충 설명으로 역사학자 웨인 믹스의 지적이 있다. 그는 초기 기독교에서 "대다수 교인의 일상생활은 대부분의 측면에서 개종하지 않은 이웃들과 거의 구별되지 않았다"[19]고 말한다. 그런

Generation(Oakland: University of California Press, 2015), 113-15을 참조하라. 프린스턴 대학교의 역사학자 G. W. Bowersock는 이 금지령이 의도한 효과에 대해 "한 세대도 지나지 않아 제국의 교양 있는 엘리트들은 이교도가 될 것"이라고 설명한다. G. W. Bowersock, *Julian the Apostate* (Cambridge, MA: Harvard University Press, 1978), 84. 이교도 역사학자로서 율리아누스를 크게 칭송하던 암미아누스 마르켈리누스조차도 이러한 조치를 "감당할 수 없는 것"이라고 평가했다. Ammianus Marcellinus, *The Later Roman Empire* (A.D. 354-378), ed. and trans. Walter Hamilton(London: Penguin, 1986), 298을 보라. ("[율리아누스가] 제정한 법들은 억압적이지 않았다.…그러나 몇 가지 예외가 있었다. 그중에는 그리스도인들에게 이교 신을 숭배하지 않는 한 수사학이나 문법을 가르치는 것을 금지하는 가혹한 칙령이 포함되어 있었다.") 그러나 Boin은 이 사건을 서술할 때 먼저 이 금지령을 평범한 조건문처럼 바꾼다. 즉 만약 그리스도인들이 그리스·로마 신들에 대해 교육하기를 거부한다면 교사로 고용되어서는 안 된다고 해석한다. 이런 식으로 서술하면 그리스도인들이 교사가 될 수 없었던 것은 단순히 그들이 그런 내용을 가르치기를 거부했기 때문인 것처럼 들린다. 이어서 Boin은 그리스도인들이 이러한 심각한 배제 조치에 대해 느낀 분노마저도 별 것 아닌 것처럼 묘사한다. 즉, "교육 정책에 대한 논쟁이 영적 전쟁으로 변질된 것"에 불과하다고 서술했다(120).

18　Boin, *Coming Out Christian*, 110-37.

19　Wayne A. Meeks, *The Origins of Christian Morality: The First Two Centuries* (New Haven:

데 이것이 어떻게 다를 수 있었겠는가? 예수를 전하는 메시지를 듣고 믿게 된 사람도 자연스럽게 이전과 마찬가지로—그리스어나 라틴어 등—같은 언어를 사용했고, 이전처럼 일하며, 옷을 입고, 음식을 먹었다. 같은 이유로 그리스도인들도 선과 악, 미덕과 악덕에 대해 대체로 이전에 사용하던, 또는 이웃 이교도들이 사용하던 어휘를 그대로 썼다.[20] 따라서 "기독교 도덕의 무엇이 새로웠는지 혹은 그 경계를 명확하게 그을 수 있는지 말하는 것은 참으로 어렵다."[21] "기독교의 미덕과 악덕에 대한 언어는 너무도 평범해서 공격자들이나 옹호자들 모두가 왜 그토록 소란을 피웠는지조차 이해하기 어려울 정도다."[22]

그리고 그럼에도 표면적인 유사성과 연속성 아래에는 근본적이고 변혁적인 차이들이 포착될 수 있음을 믹스는 보여준다. 그 결과 "이토록 미미하고 눈에 띄지 않던 시작으로 인해 문화적 가치의 지각 변동이 시작되었다."[23]

결국 우리는 이 장에서 제기된 질문을 다시 추구해볼 수 있을 것 같다. 즉 비록 미묘하긴 하지만 어떻게 기독교의 종교성이 이교의 종교성과 근본적으로 달랐을까?

그러나 이교와 기독교 내의 다양성과 이교도와 그리스도인 사이의 유사성을 인정한다고 해서 우리의 탐구가 봉쇄되는 것은 아니지만, 분명하고 단순한 범주를 기대하지 말라는 경계가 필요하다. 다양한 학자들은 여러 구분점을 제시한다. 로마 종교는 다신교적이었던 반면, 유대교와 기독교는

Yale University Press, 1993), 2.

20　　Meeks, *Origins of Christian Morality*, 15.

21　　Meeks, *Origins of Christian Morality*, 2.

22　　Meeks, *Origins of Christian Morality*, 66(원저자의 강조체는 생략했다).

23　　Meeks, *Origins of Christian Morality*, 1.

일신교적이었다고 한다.[24] 로마 종교는 신조(creed)가 아니라 의례(ritual)에 초점을 맞췄으나, 기독교는 진리와 교리, 신앙 그리고 이단에 관심을 기울였다.[25]

로마 종교는 겉으로 드러나는 행위의 경건함을 중시했던 반면, 유대교, 특히 기독교는 내적 인간, 즉 마음과 영혼의 상태에 깊은 관심을 기울였다.[26] 로마 종교는 **이 세계**의 문제였으나, 특히 기독교는 **내세**를 강조했다.[27] 로마의 신들은 합당한 제물을 요구했지만 대부분의 경우 도덕성에는 무관심했다(심지어 본보기가 되지도 않았다). 유대교와 기독교의 하나님은 도덕적 삶에 깊이 헌신했다.[28] 이러한 구분들은 역사적 증거에 일정한 근거가 있기는 하지만, 반드시 항상 명확하게 적용되는 것은 아닐 수 있다. 비트겐슈타인이 설명한 익숙한 대비를 빌리자면, 우리가 발견하는 것은 두 가지 전적으로 동떨어진 종교성의 불변의 본질이라기보다는 부분적으로 겹치면서도 구분될 수 있는 "가족 유사성"일 수 있다.

---

24   예를 들어 Jonathan Kirsch, *God against the Gods: The History of the War between Monotheism and Polytheism*(New York: Penguin, 2004)을 보라.

25   예를 들어 Scheid, *Introduction to Roman Religion*, 19, 173을 보라. 또한 다음의 책들도 보라. Chuvin, *Chronicle of the Last Pagans*, 10; Veyne, *When Our World Became Christian*, 33-36; Hopkins, *World Full of Gods*, 80. 참조. Stroumsa, *The End of Sacrifice*, 90에서("로마에서 종교의 정의란 의례의 준수였으며, 신앙은 실제로 독립적인 역할을 하지 않았다"고 설명한다). Robin Lane Fox는 "이교에는 이단이라는 개념 자체가 존재하지 않았다"고 언급한다(*Pagans and Christians*, 31).

26   이와 같은 맥락에서, Stroumsa는 "내면적 삶의 변화라는 개념은 고대 도시의 공식 종교뿐만 아니라 신비 종교들에도 알려지지 않은 것이었다"고 지적한다. 그는 "만약 이 변화의 본질(이교에서 기독교로의 변화)을 한 단어로 규정해야 한다면, 나는 종교의 내면화를 강조한 헤겔의 분석을 받아들일 것이다"라고 제안한다(*The End of Sacrifice*, 15, 2). 또한 Wilken, *The Christians*, 63-65; O'Donnell, *Pagans*, 69도 참조하라.

27   예를 들어 Scheid, *Introduction to Roman Religion*, 19을 보라.

28   예를 들어 O'Donnell, *Pagans*, 66을 보라. ("[신들은] 대부분 인간이 옳은 일을 하든 하지 않든 별로 신경 쓰지 않았다. 도덕적 교훈, 바른 삶을 사는 것, 죄를 피하는 것―이것은 인간의 몫이지 신들의 일이 아니었다.")

그럼에도 우리는 제2장에서 논의한 것처럼 종교란 성스러움에 대한 감각과 관계로 이해할 수 있다는 점을 기억한다면 중요한 각 가족의 차이를 이해할 수 있다. 그렇다면 우리는 이교와 유대교, 기독교에 대해 이렇게 질문할 수 있다. (소위) 성스러운 것은 무엇이며, **어디에** 존재하는가?

성스러운 것의 위치

이와 관련해 독일의 이집트학자 얀 아스만의 연구는 중요한 통찰을 제공한다. 이 장의 서두에 인용한 스트룸사와 마찬가지로 아스만은 이집트, 그리스, 로마의 이교적 종교성에서 유대교 및 기독교의 일신교 신앙으로의 전환이 근본적이고 중대한 변화를 의미하며, "어떠한 정치적 격변보다도 오늘날 우리가 살아가는 세상에 더 깊은 영향을 끼쳤다"[29]고 주장한다. 이 전환은 "새로운 정신적 태도와 영성을 가져왔으며 이는 서구의 인간관을 결정적으로 형성했다."[30]

그렇다면 도대체 무엇이 그처럼 근본적이고 변혁적인 차이였을까? 아스만은 이 질문에 대한 답을 쉽게 밝히지 않는다. 그가 가장 특징적이고 자주 주장하는 바는 이교의 다신교와 유대교 및 기독교의 일신교 사이에 근본적이고 엄청난 결과를 초래한 차이가 있었다는 것이다. 적어도 겉보기에 그렇다. 그러나 아스만은 그 입장을 보충하고 다시 한번 보충한다.

기술적 관점에서 볼 때, 이교는 다신교이고 기독교는 일신교였다는 주장은 기껏해야 지나치게 단순화한 주장이다. 학자들은 이교 전통에서도 일신교적 요소가 발견된다는 점을 지적한다. 일부 이교도들은 다양한 신들을

---

29 Jan Assmann, *The Price of Monotheism*, trans. Robert Savage (Stanford: Stanford University Press, 2010), 1.

30 Assmann, *The Price of Monotheism*, 2.

하나의 신적 존재의 서로 다른 얼굴로 이해했다.[31] 4세기의 기독교 변증가 락탄티우스(Lactantius)는 여러 이교 시인과 사상가들이 다양한 이교 신을 본질적으로 하나의 신적 존재의 가면 또는 현현으로 이해했음을 나열했으며 인용했다.[32] 우리는 이미 키케로의 『신들에 본성에 관하여』 대화록에 등장하는 스토아 학파의 발부스라는 인물의 신학적 설명에서 이러한 관점을 본 적이 있다. 발부스는 복수의 신들을 은유적으로 변호하면서도 한편으로는 "우주가 곧 신이다"[33]라고 주장하며, 다양한 신들은 그 신성의 서로 다른 측면을 나타낸다고 말했다. 이런 표현들을 살펴보며 아스만은 "신의 유일성은 일신교의 발명이 아니라 다신교적 종교의 중심 주제이기도 하다"[34]고 언급한다.

반대로 기독교의 일신교 역시 최소한 복잡하고 논쟁의 여지가 있었다. 그리스도인들은 한 분 하나님을 믿었으나 그 한 분 하나님은 어떤 방식으로든 세 위격으로 구성되어 있었다.[35] 또한 그리스도인들은 천사와 어떤 면에서는 이교의 하위 신들이 맡았던 역할을 대체한 성인들의 무리에 대한 신앙을 갖게 되었다.[36] 이런 이유로 아스만은 "고대 종교를 설명하고 분류

---

31   예를 들어 Stroumsa, *The End of Sacrifice*, 103(여기서는 "이교적 일신교의 존재"를 언급하고 있다), 5(여기서는 "예를 들어 플라톤주의자 켈수스는 그리스도인 오리게네스보다 더 엄격하게 일신교적이었던 것으로 보인다"고 말한다)을 보라. 좀 더 일반적으로는 Garth Fowden, *Empire to Commonwealth: Consequences of Monotheism in Late Antiquity*(Princeton: Princeton University Press, 1994)를 참조하라.

32   Lactantius, *The Divine Institutes*, ed. Alexander Roberts et al. (Lexington, KY: CreateSpace, 2015), 1.5, pp. 18-20.

33   이 책 제4장에서 "(로마의) 종교 철학"을 보라.

34   Assmann, *The Price of Monotheism*, 31.

35   Paul Veyne는 (완전히 신학적으로 정확하다고 할 수는 없지만) "기독교가 경배의 대상으로 하나님, 그리스도, 그리고 나중에는 성모 마리아라는 두 개 혹은 세 개의 초자연적 대상(존재)을 제시한다는 점에서 문자 그대로 다신교였다"고 언급한다(*When Our World Became Christian*, 20).

36   Peter Brown, *The Rise of Western Christendom: Triumph and Diversity, A.D. 200-1000*, rev.

하는 도구로서 '통일성과 다수성의 대립'은 사실상 아무 쓸모도 없다"[37]고 주장한다.

그렇다면 만약 아스만의 주장이 표면적으로 시사하는 것처럼 근본적 차이가 다신교와 일신교의 차이에 있지 않았다면 정작 중요한 구분점은 무엇이었는가? 아스만은 먼저 "중요한 것은 한 신과 여러 신의 구분이 아니라 종교에서 진리와 허위, 참된 신과 거짓 신, 올바른 교리와 그릇된 교리, 지식과 무지, 신앙과 불신의 구분"[38]이라고 설명한다. 이런 점에서 아스만은 "(고대 이스라엘 종교, 유대교, 기독교를 포함한) 성서적 종교"가 "참된 종교와 거짓 종교의 구분을 전혀 알지 못했던 모든 이방적인 이전 문화들과 대조를 이룬다"[39]는 점을 시사한다. 성서적 종교가 진리와 허위에 관심을 쏟았다는 점은 "종교 역사에서 혁명적 혁신"[40]이었다.

아마도 그럴 것이다. 그렇지만 만약 진정한 변혁이 이교의 무관심에서 유대인과 그리스도인의 진리 집착으로의 전환이었다면 굳이 다신교와 일신교의 구분을 그렇게 강조할 필요가 있었을까? 이 두 대조점은 서로 상당히 독립적으로 보인다. 다신교도 진리 문제에 관심을 가질 수 없을까? (앞 장에서 키케로의 『신들에 본성에 관하여』에 대한 논의만 봐도 적어도 일부 이교도들은 그런 질문에 관심이 **있었음**을 알 수 있다.) 반대로 한 신을 상정하는 종교라 해도 명제적 진리에 대해 관용적이거나 관대한 태도를 가질 수 있지 않은가? 우리는 현대적 사례로 유니테리언주의나, 인도의 여섯 명의 장님과 코끼리 우화처럼 평화적 통합을 강조하는 이야기를 떠올릴 수 있다. 이런 식으로

---

ed. (West Sussex, UK: Wiley-Blackwell, 2013), 161-65을 보라.

37 Assmann, *The Price of Monotheism*, 31.

38 Assmann, *The Price of Monotheism*, 31.

39 Assmann, T*he Price of Monotheism*, 5, 11.

40 Assmann, *The Price of Monotheism*, 23.

아스만은 문제를 더 복잡하게 만들지만, 동시에 좀 더 명확하게 한다. 즉 두 번째로 그는 보완 설명을 제시하면서 정말로 중요한 차이는 신의 수나 진리 자체에 대한 관심보다 신성의 성격이나 위치에 있다고 한다. 구체적으로 그리고 핵심적으로 이교의 신들은 (비록 강력하고 불멸이긴 해도) **이 세상에 속하고 이 세상 안에서** 활동하는 존재들이었다. 이에 비해 유대교와 기독교의 하나님은 "세상을 **창조한 분**이고 세상의 과정을 이끌고 그 존재를 유지하는 **시간과 공간 너머에** 거처하는 보이지 않고 은밀하며 영적인 하나님"[41]이다.

요약하면, 결정적으로 중요한 차이는 유대교와 기독교의 하나님이 홀로 존재하고 이교도의 신들은 다수라는 데 있지 않다. 오히려 진정으로 중요한 것은 그 신들과 세계의 관계, 더 나아가 신들의 형이상학적 지위라고 할 수 있다.[42] 즉 유피테르, 유노, 아폴로 등 이교의 신들은 세상**의 일부**이며 시간과 공간의 피조물이다. 제임스 오도넬이 설명하듯 "신들은 본질적으로 세계 자체의 가장 강력한 부분이었으며 그 세계 밖에 따로 존재하는 존재들은 아니었다. 올림포스가 지나치게 현실적으로 느껴졌을 때에도 행성들이 신들의 거처로 여겨졌고 그 너머의 우주 영역이 가장 높고 완전한 공간으로 여겨졌으나 분명히 그 역시 이 세계 **안에** 속한다고 여겨졌다."[43]

반대로, 후기 유대교와 기독교의 하나님은 단순히 세계의 일부가 **아니**

---

41 Assmann, *The Price of Monotheism*, 39(강조체는 덧붙여진 것이다).

42 Paul Veyne은 "기독교의 독창성은 이른바 일신교에 있는 것이 아니라 하늘과 땅 모두를 창조한 신이 지닌 거대한 본성에 있다. 이러한 거대함은 이교의 신들에게는 낯선 것이다"라고 지적한다. 기독교의 신은 "형이상학적인 신"이었다. Veyne, *When Our World Became Christian*, 20.

43 O'Donnell, *Pagans*, 67. 또한 Wilken, *The Christians*, 91을 보라("그리스인의 관점에서 신은 지상 위의 어떤 영역에 거주했지만, 세상, 즉 코스모스[*kosmos*] 바깥에 존재하는 것은 아니었다. 땅과 하늘은 모두 동일한 코스모스의 일부이며 이 코스모스는 영원히 존재해왔다. 세계는 초월적 신에 의해 창조된 것이 아니다").

며 시간과 공간에 갇혀 있지 **않기** 때문에 세계를 창조하고 유지할 수 있다.

따라서 제2장에서 제안한 바와 같이 종교를 성스러움에 대한 관계로 이해한다면, 이교 종교는 성스러운 것의 위치에 있어서 유대교 및 기독교와 차이를 가진다. 이교 종교는 세계 **안에** 성스러운 것을 위치시킨다. 그래서 이교는 내재적인 성스러움을 바탕으로 세계 자체를 내면에서 성별할 수 있다. 즉 이교는 **내재하는** 성스러움에 근거한 종교성을 보여준다. 반면 유대교와 기독교는 **초월적** 종교성을 드러낸다. 이들은 궁극적으로 성스러운 것을 세계 **밖**, 즉 "시간과 공간 너머"에 둔다. 물론 "내재적인 것"과 "초월적인 것" 사이에 간단하고 명확한 이분법을 적용하는 것은 지나치게 단순화한 것이다(이런 이론적 구분은 일반적으로 항상 그렇기 때문이다). 이는 부분적으로 기독교의 신이 초월적일 뿐 **아니라** 내재적이기도 하고 심지어 성육신하기도 했기 때문이다. 이런 구분에서 그 같은 단순화가 불가피한 것임을 인정하면서도 우리는 아스만, 헤셀[44] 등과 함께 이 구분이 이교와 기독교(또는 더 일반적으로는 성서적) 종교성의 근본적 차이를 밝히는 데 가치가 있음을 이해할 수 있다.

이와 같은 신에 대한 개념의 차이는 그동안 다소 우연하고 난해하게 여겨져온 일신교와 다신교의 연결 고리를 설명하는 데 도움이 될 수 있다. 유대인과 그리스도인이 고백한 종류의 초월적 하나님은 그리스 철학자들과 나중의 기독교 신학자들이 설명한 이유로 인해 필연적으로 유일해야 한다.[45] 아리스토텔레스는 형상만 유사한 것들이 서로 구별되는 것은 질료 때문이라고 가르쳤다.[46] 내 책상 위의 펜과 당신의 펜이 모양, 색상, 기능이 같

44　앞서 제2장의 논의를 보라.

45　예를 들어 Saint Thomas Aquinas, *Summa Theologica*, trans. Fathers of the English Dominican Province (New York: Benziger Brothers, 1948), I, q. 2, arts. 2-3을 보라.

46　A. C. Lloyd, "Aristotle's Principle of Individuation," *Mind* 79 (October 1970): 519을 보라.

더라도 내 펜은 전혀 다른 물질 혹은 원자를 가지고 있기 때문에 동일하지 않다. 그러나 이러한 논리에 따르면, 동일한 형상이나 신적 속성을 가진 **비물질적** 존재들에 대해서는 복수로 이야기하는 것이 말이 되지 않는다. 한 신과 다른 신을 구분할 근거가 없기 때문이다. 이런 논리는 이미 기원전 5세기에 크세노파네스(Xenophanes)와 같은 사상가로 하여금 신의 필연적 단일성을 수용하도록 이끌었다.[47]

또한 우리는 진리의 문제가 유대교와 특히 기독교에서 왜 더 큰 중요성을 갖게 되었는지도 이해할 수 있다. 만약 여러 신들이 존재하고 저마다 어떤 형태로든 신성을 주장할 수 있다면, 당신이 어느 신을 혹은 어떤 유형의 신을 숭배하든 별로 중요하지 않을 것이다. 아마 이 신들은 사실상 같은 신들의 가족에 속하지만, 각기 다른 장소에서 다른 이름으로 불리거나 혹은 동일한 신적 실재의 단순히 서로 다른 현현이나 양상을 가리키는 명칭일 수도 있다.[48] 그렇다면 그 실재가 자신을 어떤 이름으로 부르는지에 대해 신경 쓸 이유가 없다. 반대로 만약 단 한 분의 최고 신이 우주의 주재자로 존재하고 다른 모든 신들은 허구이거나 (초기 그리스도인들이 믿었던 것처럼) 사기꾼 혹은 악마라면,[49] 당신이 무엇(혹은 누구)을 경배하는지에 대한 진실을 아는 것이 훨씬 더 절박하고 중요해진다. 누가 존재하지도 않는 존재 혹은 더 나아가 실제로는 악마적이고 해로운 존재에게 경배하고 제사드리는 실수를 범하고 싶겠는가?

---

47   Jonathan Barnes, *Early Greek Philosophy* (London: Penguin, 1987), 95-97을 보라.

48   See Robin Lane Fox, *The Classical World: An Epic History from Homer to Hadrian* (New York: Basic Books, 2006), 50("다신교도였던 그리스인들은 많은 신들을 받아들였으며 해외에서 만난 신들도 보통 자신들의 신이 또 다른 지역적 형태로 나타난 것이라고 여기고 숭배했다").

49   Edward Gibbon, *The History of the Decline and Fall of the Roman Empire*, 2 vols. (London: Penguin, [1776] 1995), 1:459-60.

세상에서 더는 안식처가 없는가?

신성의 형이상학적 지위와 성스러움의 위치에 대한 이러한 개념적 구분은 고상하고 학문적인 것으로 보여 평신도보다는 신학자나 철학자만이 이해할 수 있는 것처럼 느껴질 수 있다. 만약 우리가 어느 이교 신전이나 기독교 예배 장소에 가던 신실한 신자를 붙잡고 "당신은 초월적인 성스러움과 단순히 내재한 성스러움 중 어느 것에 신앙을 두고 있습니까?"라고 묻는다면, 아마 "죄송한데 무슨 말씀인지 잘 모르겠습니다"라는 반응을 얻기 쉬울 것이다. 그렇다면 이렇게 물어볼 수도 있겠다. "하나님이나 신들이 세상을 무에서 창조하셨다고 믿습니까, 아니면 하나님이나 신들 자체가 자연의 일부라고 생각합니까?" 어쩌면 이런 질문이 더 의미 있는 대답을 끌어낼 수도 있겠지만, 그럴 가능성은 높지 않다. 사실 그런 질문이 결정적인 의미를 가질까? 그에 대한 대답은 사람들이 실제로 느끼고 살아가며 예배하는 방식에 아무런 차이를 만들어내지 않을 수도 있다.

우리는 이런 의심을 더 심화시킬 수 있다. 그리스도인들은 하나님이 시간과 공간을 초월한 존재, 심지어 (그것이 무엇을 의미하든) "존재" 그 자체도 초월한 분이라고 말할 수 있다. 하나님은 초월적인 분이시다. 하지만 그리스도인들은 동시에 하나님이 내재하는 분이며 이 세상과도 완전히 관련되어 있다고 말한다. 게다가 이 세상에 살아가는 인간으로서 그리스도인들은—(중세 및 근세 초기 수많은 조각과 회화에서, 그중 가장 유명한 것은 시스티나 경당 천장화에서 묘사된) 근육질이고 위엄 있는 백발의 인물로—하나님을 인간적인 이미지와 개념을 통해 필연적으로 상상할 수밖에 없다.[50] 달리 그들이

---

50 참조. E. L. Mascall, *The Christian Universe* (London: Darton, Longman and Todd, 1966), 53("일부 집단에서는 종교에서 형상[image]을 사용하는 일을 조롱하는 것이 관례가 되었지만, 우리가 그런 형상을 사용하는 것을 어떻게 피할 수 있을지 알기 어렵다").

할 수 있는 일이 뭐가 있었을까? **우리가** 할 수 있는 게 있었을까?" 우리 역시 마찬가지다. 우리는 인간이기에 세상과 인간의 용어와 이미지로 관계 맺는 것은 불가피하다.

결국 요약하자면―결국 우리가 살아가며 구체적으로 상상할 수 있는 유일한 세계가 바로 이 세계인데―하나님이 자연 세계를 초월한다는 이런 추상적인 신학적 주장이 실제적으로 어떤 의미를 지니는가?

맞다, 실제로 그렇다. 아마 즉각적이고 직접적으로 그 효과가 나타나지는 않을 것이다. 즉 평범한 농부나 구두장이가 어느 날 갑자기 하나님이 초월적이라는 사실을 알게 된 뒤 즉시 자신의 의견이나 삶의 방식을 바꾸는 것은 아니다. 하지만 성스러운 것의 위치에 대한 이러한 추상적 차이가 근본적으로 세계를 대하는 태도나 지향점을 달라지게끔 하며, 이는 삶의 가장 일상적인 측면에까지 영향을 미치고 깊은 함의를 지닌다. 먼저 이러한 지향점의 차이에 대해 살펴보고, 이어서 이것들의 차이가 실제로 어떻게 구체적인 결과로 이어지는지 몇 가지 예를 살펴볼 것이다.

다시 한번 강조하자면, 이교의 기능은 자연과 세상을 신성화하거나 성별하는 데 있다. 우리가 제2장에서 보았듯이 아브라함 헤셸은 그리스인들이 "자연의 근원적 힘들을 거룩하게 여기고" "자연" 자체를 "궁극적인 숭배의 대상"으로 삼았다고 주장했다.[51] 이와 비슷한 맥락에서 얀 아스만은 "신들의 세계는 코스모스, 인간, 사회로 이루어진 세계와 대립하지 않고 이러한 것들에 구조와 질서를 부여하는 원리로 의미를 부여한다"고 설명한다. 즉 "신들의 세계야말로 인간의 운명과 삶의 세부를 자리 잡게 해주는 토대다. 기쁨과 슬픔, 위기와 해결, 시대의 흐름과 변화 등 온갖 인간사의 사건들

---

[51]　Abraham Joshua Heschel, *God in Search of Man: A Philosophy of Judaism* (New York: Farrar, Straus and Giroux, 1955), 88, 90.

은 신들의 운명과 연결될 때에야 비로소 전체로서 의미를 갖게 된다."[52]

정리하자면 이교 종교가 성스러운 것을 세계 안에 위치시킴으로써 세상에서 이루어지는 삶에 형태와 의미, 그리고 숭고함을 부여했다. 이교는 세상을 성별하는 데 도움을 주었고 인간이 거주하기에 적합하고 질서 정연하며 심지어 아름다운 집으로 만들었다(물론 인간이 신들에게 합당한 제사를 드려 신들이 기꺼이 협조해야만 가능하지만 말이다). 아스만에 따르면, 고대의 다신교적 종교는 "신자들이 세상에서 안식처를 찾도록 이끈다."[53] 도시는 세계의 일부이자 실제로는 (발부스의 주장처럼)[54] 일종의 "제2의 자연" 혹은 세계의 이미지이므로, 이교는 도시 역시 성별하는 역할을 했다. 우리가 제3장에서 보았듯 이 성별화는 단순한 이론적 가설이 아니라 수많은 건물과 의례, 연극, 행렬, 축일에 구체적으로 구현되었다.

요약하자면 이교도들에게 이 도시와 이 세계는 우리의 안식처였고 여전히 그렇다. 이것이야말로 우리에게 주어진 유일한 안식처이며 이 삶과 그 안의 좋은 것들만이 우리가 관심을 가져야 할 전부다.

물론 무신론자도 이와 비슷한 말을 할 수 있다. 어쩌면 거의 똑같은 말을 반복할지도 모른다. 하지만 결정적인 차이가 있다. 이교도는 자기 집이 이 도시, 이 세계, 이 삶이라는 사실을 기쁘게 찬미하며 심지어 황홀하게 선언할 수 있었다. 왜냐하면 우리의 안식처는 신들과의 연결로 인해 성별된 곳이기 때문이다. 이 세계가 우리의 안식처라는 것은 단순히 "이것밖에는 없으니 어쩔 수 없다"는 무신론자의 소극적 의미가 아니라 신들이 이 안식처를 "빛나는 아름다움과 호의"로 채워주었다는 것을 인정하는 데서 오는

52　Assmann, *The Price of Monotheism*, 40-41.

53　Assmann, *The Price of Monotheism*, 9.

54　앞의 제4장 "철학의 성별화"를 보라.

깊은 의미 때문이다.[55]

즉 이교적 지향은 이 세상을 우리의 안식처로 받아들이며 그것도 기쁨과 환희, 경외심으로 받아들인다. (적어도 이것이 이교적 지향의 한 측면임은 분명하나 앞으로 더 어두운 다른 측면들도 만나게 될 것이다.) 반대로 유대교와 기독교의 초월적 일신교는 이처럼 편안한 세상에서의 안식을 뒤흔든다. 세상은 분명 하나님에 의해 창조되고 유지되지만, 이제는 하나님과 분리되어 있으며 기독교 교리에서는 인간의 타락으로 인해 이 분리가 더욱 심화된다. 그리스도인들(과 또한 유대인들)은 결국 이교의 세계 성별화를 무너뜨리고 대신 헤셸이 설명한 것처럼 "자연의 탈신성화"[56]를 이루었다. 그 결과 아스만의 말처럼 일신교 신자는 "더 이상 이 세상에서 완전히 안식하지 못하게 된다."[57] 유대교와 기독교는 "세계에 완전히 몰입하는 종교"와 달리 "거리두기의 종교"인 것이다.[58]

기독교에서는 이러한 거리두기가 복합적인 지향을 만들어냈으며 이는 과거에도 지금도 비그리스도인에게 (그뿐 아니라 종종 그리스도인 자신들에게조차) 이해하기 어렵고, 실제로 유지하기는 더욱 힘든 태도였다. 만약 기독교가 그저 명확하게 "이 세상"을 타락한 세계로 규정해 철저히 거부하고 도피하려 했더라면, 오히려 입장은 더 단순했을 것이다. 일부 기독교 이단들은 정말로 이런 관점을 취했다.[59] 실제로 정경으로 자리 잡은 기독교 성

---

55 Fox, *The Classical World*, 50.

56 Heschel, *God in Search of Man*, 91.

57 Assmann, *The Price of Monotheism*, 42.

58 Assmann, *The Price of Monotheism*, 43.

59 Everett Ferguson, *Church History*, vol. 1 (Grand Rapids: Zondervan, 2005), 98; Paul Tillich, *A History of Christian Thought: From Its Judaic and Hellenistic Origins to Existentialism*, ed. Carl E. Braaten (New York: Touchstone, 1967), 34-35을 보라. 『그리스도교 사상사』(대한기독교서회 역간).

경조차도 거듭 "세상에 물들지 말라"고 제자들에게 경고하며,[60] 때로는 정말로 세상을 단호히 정죄하는 것처럼 보인다.[61] 수년 동안 기둥 위에 앉아 지냈던 주상고행자 시므온이나 사막에서 살며 해가 진 후에만 하루 한 끼 혹은 며칠에 한 번씩 빵과 물로 연명했던 성 안토니우스(Saint Antony)의 모습은 세상에 대한 이런 경멸을 전형적으로 보여주는 것처럼 보인다.[62]

그러나 동시에 기독교는 세상을 단순히 악으로 간주하는 견해를 일찍이 이단으로 규정했다. 비록 타락했으나 세상은 참 하나님께서 창조하신 것이기에 본질적으로 선하다. 즉 세상은 시련이나 저주처럼 멀리하거나 경멸해야 할 것이 아니라 축복처럼 감사해야 할 대상이다.[63]

우리는 이처럼 복합적이고 도전적인 태도를 이해하기 위해 세계의 탈성별화가 그리스도인들이 자연, 현세의 재화, 성(sexuality), 도시 등 다양한 관련 주제에 대해 생각하는 (혹은 생각하려고 노력하고) 방식에 어떤 영향을 주었는지 살펴볼 수 있다.

---

60   약 1:27; 4:4. 또한 예를 들어 요 15:16-19; 갈 1:4; 요일 5:19도 보라.

61   예를 들어 요일 2:15-17. "이 세상이나 세상에 있는 것들을 사랑하지 말라! 누구든지 세상을 사랑하면 아버지의 사랑이 그 안에 있지 아니하니, 이는 세상에 있는 모든 것이 육신의 정욕과 안목의 정욕과 이생의 자랑이니 다 아버지께로부터 온 것이 아니요 세상으로부터 온 것이라. 이 세상도 그 정욕도 지나가되 오직 하나님의 뜻을 행하는 자는 영원히 거하느니라."

62   Athanasius, *Life of Antony* 2.7.

63   Robert Louis Wilken, *The Spirit of Early Christian Thought: Seeking the Face of God* (New Haven: Yale University Press, 2003), 136-38; Colin Gunton, "The Doctrine of Creation," in *The Cambridge Companion to Christian Doctrine*, ed. Colin E. Gunton (Cambridge: Cambridge University Press, 1997), 141, 147-48; Tillich, *History of Christian Thought*, 41-43을 참조하라.

자연

앞서 언급했듯 이교는 자연을 성별화했다. 즉 모든 산과 골짜기, 강마다 고유한 신이 있었다. 반면 기독교는 이러한 성별화를 거둬들였다. 그렇다고 해서 기독교가 자연 그 자체를 부정했던 것은 아니다. 기독교 역시 자연이 하나님의 선한 창조물임을 가르쳤다. 자연이 더 이상 이교에서처럼 "성스러운 것"은 아니었지만, 하나님의 창조물로서 여전히 "성례적인"(sacramental) 특성을 지니고 있었다. 기독교의 섬세한 처방은 (하나님의 작품을 감사하지 않고 폄하하는 일이기 때문에) 자연 세계의 아름다움을 부정하지 않는 동시에 (일종의 우상숭배가 될 수 있기 때문에) 그 아름다움에 도취되어 머무르는 것도 경계하라는 것이었다. 즉 자연의 아름다움을 인정하고 감상하되 그 너머의 창조주에게로 시선을 돌려야 한다는 것이었다.

아테네의 아테나고라스는 황제 마르쿠스 아우렐리우스에게 편지를 쓰면서 비유를 통해 이러한 차이를 설명하고 "그리스도인들이 왜 우주를 숭배하지 않는지"를 밝혔다. 예를 들어 아테나고라스는 다음과 같이 말한다. 사람들이 황실을 방문할 때 "혹시라도 왕궁의 아름다운 건축물을 보면 잠깐 감탄의 시선을 보낼 수 있지만, 진짜로 존경을 표해야 할 대상은 궁전 자체가 아니라 바로 임금님 자신입니다." 또 "음악 경연대회에서 심사위원이 류트 연주자를 지나치고 악기에 월계관을 씌우는 일은 없습니다." 마찬가지로 "세상은 틀림없이 아름답습니다. 하지만 우리가 숭배해야 하는 대상은 세상 그 자체가 아니라 그것을 지으신 분(창조자)입니다."[64]

아우구스티누스는 이 점을 시적으로 표현했다.

---

64   Athenagoras, *A Plea for the Christians*, trans. B. P. Pratten (Pickerington, OH: Beloved, 2016), 18.

[내가 사랑하는] 이 하나님은 누구신가? 내가 땅에 묻자 그가 대답했다. "나는 그분이 아니야." 그리고 땅 위의 모든 것들도 똑같이 고백했다. 내가 바다와 깊은 곳과 그 안의 기는 것들에게 묻자 그것들이 답했다. "우리는 그대의 하나님이 아니네. 우리보다 위를 찾아보게." 내가 스치는 바람과 그 속에 사는 모든 것에 물었더니 다음과 같이 답했다. "아낙시메네스는 속았어, 나는 하나님이 아니야." 내가 하늘과 해와 달과 별들에게 물었으나, "우리는 그대가 찾는 그 하나님이 아니야"라고 했다. 그래서 나는 내 육신의 문에 둘러선 이 모든 존재에게 대답했다. "너희는 내가 찾는 하나님이 아니라는 걸 얘기해줬으니, 그 하나님에 대해 좀 말해다오." 그랬더니 모두가 큰 소리로 외쳤다. "그분이 우리를 만드셨어." 내 질문은 피조물의 아름다움을 바라보면서 나왔고 그들의 대답은 그 안에 있는 질서의 아름다움에서 비롯되었다.[65]

추상적으로 보면 자연에 대한 이러한 태도들은 중요한 차이를 보인다. 그러나 실제로 그 차이가 얼마나 의미 있는가 하는 점은 여전히 명확하지 않을 수 있다. 이교도는 자연 자체가 신적이라고 생각한다. 반면 그리스도인은 자연이 신적인 존재가 아니라 신의 창조물이자 신성을 반영하는 것이라고 주장한다. 그래서 이교도는 별이 빛나는 밤하늘을 올려다보며 "참으로 **신성**이 느껴진다!"라고 감탄할 것이고, 신학적으로 까다로운 그리스도인은 "이 얼마나 신성의 숭고한 **현현**인가!"라고 말할 것이다. 실제 삶에서 이런 차이가 얼마나 중요할까? 이교도는 예를 들어 베르길리우스의 『게오르기카』(*Georgics*)와 같은 시를 통해 자연을 찬미할 수 있겠지만, 그리스도인 역시 마찬가지일 수 있다. 성 프란치스코(Francis)의 유명한 "피조물의 찬

---

65 Augustine, *The Confessions of St. Augustine*, ed. and trans. Albert Cook Outler, rev. ed. (New York: Dover, 2002), 10.9, p. 176.

가”나, 제라드 맨리 홉킨스(Gerard Manley Hopkins)의 “얼룩진 아름다움”(Pied Beauty) 등을 생각해보라.

> 영광을 받으소서, 주여, 얼룩덜룩한 모든 것들이여…
>
> 모든 것이 다채롭고, 독창적이며, 소박하고, 기이하며…
>
> 빠르고 느린 것, 달콤하고 시큼한 것, 눈부시고 어두운 것;
>
> 그분은 변함없는 아름다움을 낳으시나니,
>
> 그분을 찬미하라.[66]

이처럼 자연에 대한 이교도와 그리스도인의 태도 차이가 실제로는 그렇게 큰 실천적 차이를 가져오지 않는 경우도 있지만, 이후 살펴볼 다른 주제들에 이르면 그 차이점은 훨씬 더 두드러지게 나타난다.

좋음에 대하여

이교적 개념에서 인간은 이런 다양한 세속적 좋음을 추구함에 있어 신들의 도움을 구한다. 생명, 건강, 부와 권력, 영광과 명성, 평화, 행복. 이 모든 것은 우리가 제2장에서 살펴본 인간의 “이익을 추구하는 개념”이 인간의 행동을 지배하는 바람직한 목적으로 여기는 것들과 대체로 일치한다. 이러한 좋음들은 개인이나 사회가 내리는 판단에서 도구적 이성을 작동시키는 근거이기도 하다.

반면 기독교는 이러한 세속적 좋음에 대해 복합적이지만 근본적으로

---

66 Gerard Manley Hopkins, “Pied Beauty,” *Poetry Foundation*, 2017. 7. 1. 접속https://www.poetryfoundation.org/poems-andpoets/poems/detail/44399.

다른 태도를 제시했다. 기독교는 그것들의 좋음 자체를 부정하지 않았다. 다시 말해 이 세계는 참된 하나님의 창조물이므로 좋으며 이 세계의 쾌락과 아름다움 역시 참된 좋음들이다. 그러나 그것들은 궁극적인 좋음이 아니다. 보다 궁극적인 좋음, 즉 "영원한 생명"(eternal life)이라 불리는 것이 존재한다. 이 세상적 좋음들은 그보다 하위에 놓여야 하고, 그렇지 않으면 그 가치마저 상실하게 된다.

"영원한 생명"이란 표현은 신약성경에서 여러 번 반복되며 기독교 신앙의 목표와 보상으로 제시된다.[67] 사도신경도 이것을 반복한다. 즉 "나는…영원한 생명을 믿습니다." 아우구스티누스 역시 거듭 "영원한 생명이 최고의 좋음(Supreme Good)이다"[68]라고 강조했다.

그렇다면 "영원한 생명"이란 무엇인가? 그리스도인에게 이 말은 두 가지 뜻을 내포한다. 문자 그대로는 죽음 이후에도 생명이 계속되거나, 육체의 부활을 통해 이어지는 끝없는 생명, 즉 영원히 지속되는 삶을 뜻한다. 동시에 영원한 생명은 하나님의 생명에 참여하며 하나님과 더불어 사는 삶, 즉 영원하신 분과 함께하는 삶이라는 의미도 내포한다. 순교자 유스티누스는 "영원하고 순수한 삶을 향한 열망에 이끌려 우리는 만물의 아버지이자 창조주이신 하나님과 함께하는 거처를 구한다"[69]고 말했다.

이 두 측면 모두에서 기독교적 지향은 이교와 크게 대조된다. 물론 많은 고대 그리스인과 로마인들 역시 언젠가 죽음 이후의 어떤 실존을 **소망**

67　예를 들어 마 19:16; 롬 2:7; 딤전 6:12; 딛 1:2; 요일 1:2; 유 21.

68　Augustine, *The City of God against the Pagans*, trans. and ed. R. W. Dyson (Cambridge: Cambridge University Press, 1998), 19.4, p. 918.

69　예를 들어 "The First Apology of Justin Martyr," in *The First and Second Apologies of Justin Martyr*, trans. Alexander Roberts and James Donaldson(Cumming, GA: St. Polycarp, 2016), 8장, 23을 보라.

하긴 했다.[70] 그리고 이른바 신비 종교(mystery cults) 중 일부는 신도들이 내세에서의 삶을 준비하도록 실제로 노력하기도 했다. 하지만 역사학자 존 셰이드는 이런 신비 종교들 역시 "구원이나 영성의 종교"가 아니었다고 말한다. "이 신비 종교들이 추구한 안녕이나 구원도 전통적인 신앙에서 제공된 것과 마찬가지로 철저히 물질적인 성격이 있었으며, 이 현세 즉 현재와 관련된 것이었다. 물론 그 종교들은 죽음이 악이 아니라고 가르치고 내세에 대한 희망을 제공했지만, 무엇보다도 이 세상에서의 행복한 삶을 추구했고 어쩌면 이 생을 연장하거나 사후에 죽은 이를 돕는 것을 목표로 했다."[71]

셰이드는 "이러한 신비 종교들과 기독교 사이에는 어떠한 유사성도 없다. 이 종교들은 죽음에 대한 승리의 메시지도, 본질적으로 새로운 계시도 전하려 하지 않았다"[72]고 결론내린다. 특히 이교도들은 육체의 부활이나 최후의 심판 개념을 거부했다. 실상 가이 스트룸사는 이것이야말로 "지성적인 이교도들이 기독교에서 가장 혐오하게 된 특징 중 하나"[73]였다고 지적한다.

또한 이교도들은 신들이 이 세상에서의 좋음을 이루는 데 도와주기를 바라긴 했지만, 대체로 그 너머에 있는 더 높은 좋음—곧 신들과의 합일(union with the gods)—과 같이 현세의 번영을 초월하는 어떤 좋음을 상상하지 않았다.[74] 이교도들에게는 이 세상—즉 현재 이 순간—의 좋음이야말로 누릴 수 있는 최상의 것이었다고 할 수 있다. 이에 반해 그리스도인들은

---

70   예를 들어 Fox, *The Classical World*, 48을 보라.

71   Scheid, *Introduction to Roman Religion*, 186-87.

72   Scheid, *Introduction to Roman Religion*, 188.

73   Stroumsa, *The End of Sacrifice*, 9.

74   하지만 Fox, *Pagans and Christians*, 102-67을 보라(여기서 저자는 이교도들이 실제로 신들을 직접 보고 만나기를 기대했던 다양한 방식을 설명하고 있다).

"눈으로도 본 적이 없고, 귀로도 들은 적이 없으며, 인간의 마음에 떠오른 적도 없는" 복된 상태를 열망했다.[75] 물론 그렇다고 해서 그리스도인들에게 이 세상의 좋음들이 진정한 좋음이 아니었다는 뜻은 아니었다. 다만 만약 이 세상적 좋음들을 궁극적인 좋음으로 삼아 추구하게 되면, 역설적으로 그 좋음들은 본래의 좋음을 잃고 악으로 변질될 수 있다는 것이다.

이 사고방식은 아우구스티누스의 『고백록』에서 끊임없이 그리고 수려하게 중심 주제로 전개된다. 이 영적 자서전에서 아우구스티누스는 어린 시절 유치한 놀이에 몰두하다가 사춘기에는 성적 쾌락과 친구들과의 방탕에 빠져들었던 경험을 이야기한다.[76] 청년기에 그는 재능 있고 야망 넘치는 젊은이로서 아프리카의 외진 고향을 떠나 번영과 명예를 좇아 로마와 밀라노로 떠난다. 이 시기에도 성적 쾌락의 유혹은 여전히 그에게 중요했다(제5권).

그러나 아우구스티누스는 점차 적어도 추상적으로나마 감각적 쾌락보다는 지혜를 추구해야 한다는 확신을 갖게 된다. 그리고 이 확신은 가까운 친구의 갑작스러운 죽음으로 더욱 굳어진다. 그와 친구는 모든 것을 함께 즐기며 우정을 나누었지만, 이제는 아무리 애써도 회복할 수 없는 상실감을 느끼게 된다. 아우구스티누스는 "내 마음은 이 슬픔으로 완전히 어두워졌고 어디를 봐도 죽음이 보였다"(4.9, p. 51)라고 회상한다.

그는 이 경험을 통해 "죽을 수밖에 없는 것들에 집착한 영혼은 모두 불행하다. 잃게 되면 산산조각 나고 그제서야 잃기 전부터 이미 불행했음을 깨닫게 된다"(4.11, p. 52)고 일반화한다.

그럼에도 출세주의와 성적인 쾌락에 여전히 깊이 빠져 있던 아우구스

---

75   고전 2:9.

76   Augustine, *Confessions* 1-3. 이후부터는 이 책의 쪽수 표기를 본문 내 괄호 안에 병기하고, 쪽수는 Outler 판본을 따른다.

티누스는 이러한 세속적 좋음의 추구를 쉽게 포기하지 못한다. 비록 지성적으로는 기독교의 진리를 인정하게 되었지만, 세상의 유혹은 여전히 강력했다. 그는 자신에게 "그런데 잠깐만"이라고 말하며 회심을 미룬다.

> 이 삶도 분명 즐겁고 저마다의 달콤함이 있지.…이를 섣불리 버려서는 안 된다.…보아라, 명예로운 자리를 얻는 것도 중요한 일이야. 내게 무엇이 더 필요할까? 아무것도 없어도, 영향력 있는 친구가 많이 있고 내가 좀 더 힘을 써서 요구하면 총독직도 받을 수 있을지 몰라. 그리고 재산이 있는 아내도 얻을 수 있어.…이것이야말로 내 바람의 극치일 것이다.…나는 이런 생각들을 말하며 수많은 의견의 바람에 내 마음이 이리저리 흔들렸다(6.19-20, p. 99).

성적 쾌락은 특히나 포기하기 어려운 것이다. 아우구스티누스는 유명하게도 "주님, 저를 정숙하게 하소서. 그러나 아직은 말고요"[77](8.17, p. 139)라고 기도했다.

그러나 결국 학문적 탐구와 신비 체험, 그리고 밀라노의 명망 있는 주교이자 웅변가이자 박식한 인물인 암브로시우스, 철학자이자 기독교로 개종한 빅토리누스(Victorinus)와 같은 그리스도인들의 영향과 모범을 통해 아우구스티누스는 기독교 신앙을 더 깊이 받아들일 수 있게 된다. 이 신앙은 그에게 더 높은 좋음―곧 영원한 생명 또는 하나님과 하나 됨―을 가리키는데, 그것은 현세적 좋음들이 지닌 천박함과 일시성을 넘어 궁극적으로 충만함을 주는 것이다. 이러한 새로운 이해는 아우구스티누스가 어머니 모니카와 함께 그녀의 임종 직전 경험한 신비 체험에서 절정에 이른다.

---

77 이는 의역이다. 실제 인용문은 "저에게 정결과 절제를 허락하소서. 그러나 아직은 말고요"이다.

어머니와 아들은 "성도들의 영원한 생명이 어떤 것인지 함께 논의한다. 곧 눈으로 본 적도, 귀로 들은 적도, 인간의 마음에 떠오른 적도 없는 그 생명에 대해" 이야기한다. 그들의 대화는 점차 "장차 올 그 삶에 비하면 이 세상의 가장 고상한 감각적 체험이나 가장 밝은 빛의 황홀감조차도 감히 비교조차 할 수 없고, 심지어 언급할 가치도 없다는 경지"(9.23-24, p. 163)로 그들을 이끌어간다. 아우구스티누스는 이 경험을 회상하며 "당시 우리의 대화 속에서 이 세상의 모든 기쁨은 참으로 하찮게 여겨졌다"라고 적었다. 그리고 이렇게 덧붙이기도 했다. "만약 이 [체험]이 지속될 수 있고…이 내적인 기쁨이 보는 이를 완전히 압도하여 그 삶이 우리가 지금 한숨을 쉬며 갈망했던 바로 그 한순간의 깨달음과도 같이 영원히 그러할 수 있다면—**이때야말로** '네 주인의 기쁨에 참여하라'는 말씀의 진정한 실현이 아니겠는가?"(9.25-26, p. 164)

그럼에도 세속적 좋음 역시 본질적으로 **좋다**는 사실에는 변함이 없다. "아름다운 육체와 금, 은, 그리고 만물에는 모두 저마다의 아름다움이 있다. 촉각에는 저마다의 쾌감이 있고 다른 감각들 역시 각자의 대상에서 즐거움을 찾는다. 이 세상 명예 역시 저마다의 영광이 있고 지배하거나 이기는 능력에도 그만의 기쁨이 있다.…이 모든 하위의 가치에도 각각의 즐거움이 있지만, 이 모든 것은 그것들을 만드신 나의 하나님과는 도무지 견줄 수 없다. 의로운 이들이 하나님 안에서 참된 기쁨을 누리니, 그분은 곧 마음이 바른 자들의 참된 달콤함이시다"(2.10, p. 25).

요컨대 그리스도인은—옛날이나 지금이나—섬세한 도전에 마주하고 있다. 그들은 이 세상 안에서 살아가며 그 아름다움과 축복을 기뻐해야 한다. 이런 점에서는 삶의 방식이 이교도와 그리 다르지 않아 보일 수도 있다. 그러나 결국에는 진정한 궁극적 좋음은 세계가 아니라 하나님이심을, 그리고 이 세상은 자신들의 진정한 안식처가 아니라는 사실을 결코 잊지 말아

야 한다.[78]

성과 도시, 성과 우주

앞서 언급했듯이 아우구스티누스가 특히 포기하기 어려웠던 이교적 세계관의 한 측면은 이교의 개방적이고 자유로운 성문화였다. 우리가 앞서 제3장에서 살펴본 바와 같이 성에 대한 이교의 관점에는 두 가지 주요 전제가 있었다. 첫째, (이성 간이든 동성 간이든, 결혼 안이든 바깥이든) 성적 충족은 (적어도 남성들에게는) 본질적으로 자연스럽고 선한 것으로 여겨졌으며 이는 "신들의 신비롭고 내재하는 현존"[79]의 표현이었다. 성적 만족을 위한 기회는 배우자뿐만 아니라 도시가 관리하는 창녀나 노예들과의 관계에서도 풍부하게 존재했다. 그러나 둘째, 성적 행위는 도시의 필요에 종속되어야 했는데, 바로 그래서 평판 좋은 여성들은 결혼을 해야 했고, 결혼 전에는 순결해야 하며, 결혼 후에는 금욕해야 했다.

이러한 이교적 전제의 틀 안에서 성에 대한 그리스도인의 견해는 매우 낯설고 거의 이해 불가한 것으로 비쳐졌다.[80] 물론 "기독교적" 성도덕이란 주장 자체가 지나친 단순화이기도 하다. 그때도 지금도 기독교 사상가들은 성에 대해 서로 다른 이해를 갖고 있었다. 아울러 성에 대한 그리스도인의

---

78   히 13:14.

79   Kyle Harper, *From Shame to Sin: The Christian Transformation of Sexual Morality in Late Antiquity* (Cambridge, MA: Harvard University Press, 2013), 67.

80   Harper, *From Shame to Sin*, 101("기독교의 기준과 동시대 성적 관습 사이의 엄청난 괴리"를 설명한다). 또한 Kathy L. Gaca, *The Making of Fornication: Eros, Ethics, and Political Reform in Greek Philosophy and Early Christianity* (London: University of California Press, 2003), 293도 참조하라("'음행을 피하라'는 바울의 무조건적인 명령은 그리스인들과 다른 이방인들에게 매우 혁신적인 것이었으며 그 목적은 그들이 실제로 누리던, 혹은 철학자들의 경우에는 그러해야 한다고 생각했던 종교적 성생활을 대체하는 것이었다").

견해는 그 시대의 플라톤주의자, 스토아 학파, 피타고라스 학파 등 여러 사상에 영향을 받았다.[81] 그럼에도 카일 하퍼의 설명처럼 기독교의 성 윤리는 "패러다임의 변화"이자 "인류 도덕의 심대한 지각 변동"이었다.[82]

가장 두드러진 변화는 구체적인 규칙과 금지에서 나타났다. 기독교에서는 남녀 모두에게 결혼 내에서만 성관계가 허용되었기에 더 이상 "이중적 기준"이 없었다.[83] 동성 간의 성관계와 소년애는 명확히 금지되었고,[84] 매춘 역시 (완전히 사라지지는 않았지만) 규제되고 억제되었다.[85] 그러나 개별적인 금지들보다 더 중요한 점은 이 모든 규칙을 뒷받침하는 "새롭고 근본적인 성 윤리의 논리"[86]였다. 기독교 성 윤리의 저변에는 로마의 기존 태도와 관습에서 비롯된 전제가 아니라 완전히 다른 전제들이 자리 잡았다.

기독교가 이교와 공유하지 않은 주요 전제들은 다음과 같다. 성행위가 필수라는 관점과 카일 하퍼가 말하듯이 "인류가 성적인 충족에서 구원에 버금가는 무언가를 찾을지도 모른다"[87]는 생각은 기독교에는 분명히 적용되지 않았다. 도리어 그리스도인들은 금욕적 삶이 가능할 뿐 아니라 칭찬할 만하다고 봤기 때문에 성의 포기가 그리스도인의 사유에 중요한 주제가 되었다.[88] 또한 기독교 성 윤리는 성적 만족을 자연스럽고 당연하게 여기면

---

81   두 가지 요점은 Gaca, *The Making of Fornication*에서 자세히 다루어지고 있다. 그럼에도 Gaca는 성에 대한 기독교와 비기독교의 이해 사이에 단절이 있음을 강조한다. 비록 그리스도인들이 스토아 학파나 피타고라스 학파의 사상에 영향을 받았을지라도 이 사상들은 기독교적 이해 안에서 근본적으로 변형되었다.

82   Harper, *From Shame to Sin*, 8, 18.

83   Sarah Ruden, *Paul among the People: The Apostle Reinterpreted and Reimagined in His Own Time* (New York: Random House, 2010), 15.

84   Harper, *From Shame to Sin*, 155-56.

85   Harper, *From Shame to Sin*, 186-88.

86   Harper, *From Shame to Sin*, 8.

87   Harper, *From Shame to Sin*, 21.

88   이 주제는 Brown, *The Body and Society*에서 자세히 전개되고 있다.

서도 성관계에서 수동적인 남성은 비난하는 로마식 남성성의 전제를 따르지 않았다.[89] 기독교의 성 윤리는 단지 가문 내에서 사회적이고 정치적인 요구에 따른 질서 있는 재생산에만 근거하지 않았다.[90] 카일 하퍼의 설명에 따르면, "도시가 아니라 우주"[91]가 도덕의 틀이 되었다.

따라서 기독교적 관점에서 인간의 몸은 사도 바울이 말했듯이 "성령의 전"[92]이었다. 바울의 이해에 따르면, 몸은 "성별된 공간이자 개인과 신성 사이를 중재하는 접점"[93]이 되었다. 허락받지 않은 성행위는 그 공간을 더럽히거나 모독하는 기능을 했다.[94] 로마와 그리스가 적당한 성생활을 장려한 것과 대조적으로, 기독교의 관점에서는 "몸의 성 기관은 단순히 적절한 균형을 유지해야 할 대상이 아니라 오염으로부터 보호받아야 할 존재"[95]였다. 그리고 "고대에서 무해하게 여겨졌던 초심자의 성생활은 이제는 분명한 죄, 곧 하나님의 뜻에 대한 위반으로 영원히 울려 퍼지는 죄"[96]가 되었다.

거리를 둔 현대의 비평가에게 이 논리는 다소 선결 오류의 문제처럼 보일 수 있다. 논의를 위해 인간의 몸이 성전이고 적어도 파생적인 의미에서 신성하다고 치자. 그렇다 해도 누군가가 성관계가 어떤 식으로든 가정

---

89   Harper, *From Shame to Sin*, 99("마찬가지로 초기 기독교 문헌은—한 가지 예외를 제외하고—수동성에 대한 악의적인 공격을 전혀 다루지 않는다.…이는 사내다움과 성도덕주의의 정확한 종합이 기독교 담론에서는 완전히 부재했기 때문이다"). 또한 Ruden, *Paul among the People*, 66-67도 참조하라.

90   Harper, *From Shame to Sin*, 87.

91   Harper, *From Shame to Sin*, 8.

92   Harper, *From Shame to Sin*, 87.

93   Harper, *From Shame to Sin*, 93.

94   또한 Gaca, *The Making of Fornication*, 144을 참조하라("그리스도인의 몸은 [바울이 말하듯] 성령의 전이고, 음행은 '몸에 대한' 죄[고전 6:18-9]이며, 이는 성전을 신성모독하는 것과 다르지 않다").

95   Harper, *From Shame to Sin*, 91.

96   Harper, *From Shame to Sin*, 92.

상 불순하다고 가정하지 않는 이상, 왜 그것이 그 신성을 훼손하는 것으로 인식되어야 할까? 우리가 본 바와 같이 이교도들에게는 정반대의 설명이 적용되는 것 같았다. 성적 열정은 불순한 것이 아니라 오히려 "신들이 내재하는 현존"[97]이었다.

그런데 그리스도인의 관점에서는 그 명제조차 이 문제를 악화시켰다. 성적 열정이 "신들의 내재하는 현존"을 반영한다고 가정하자. 그러면 우리는 묻게 된다. 그 신들이 **누구냐**고? 그리고 이교도들의 대답은 에로스 혹은 베누스였을 것이고,[98] 술이 첨가된 성적 열정이라면 디오니소스일 수도 있으며, 거대한 음경의 프리아포스일 수도 있다. 다시 말해 외래이거나 거짓 신들이었다.

이 관찰은 왜 초기 그리스도인들이 음행을 우상숭배와 동등하게 간주했는지를 설명하는 데 도움이 된다.[99] 결혼의 신성한 결속 안에서 한 파트너와만 성관계를 맺는 제한은 일신교와 관련되었다. 반대로 로마의 보다 광범위한 성적 방종 관행은 다신교의 발현이었다. 결과적으로 "바울에게 로마 사회의 성적 무질서는 세계가 하나님으로부터 소외된 가장 강력한 상징이었다."[100]

이와 같이 성도덕은 "그리스도인과 세상을 가르는 확연한 경계선이 되었다."[101] 이 경계는 콘스탄티누스 통치 아래서 기독교가 정치적으로 승인되자마자 바로 작동하지는 않았다. 하퍼는 오히려 새로운 성도덕의 시행이 6세기 중엽 황제 유스티니아누스의 치세까지 효과적으로 이루어지지

---

97   Harper, *From Shame to Sin*, 67.

98   Brown, *The Body and Society*, 18.

99   Harper, *From Shame to Sin*, 94. 이 점은 Gaca, *The Making of Fornication*, 119–146에서 상세히 다루어지고 있다

100   Harper, *From Shame to Sin*, 94.

101   Harper, *From Shame to Sin*, 85.

않았다고 전한다. 그럼에도 멀리서 보면 그 변화는 극적이었고, "행동 규칙뿐 아니라 인간과 국가, 우주와의 관계에 대한 개념에 있어서도 '혁명'에 해당했다."[102] 그리고 "성(sex)은 그 모든 것의 중심에 있었다."[103]

하퍼는 이 변화에 대해 불만이 있거나 적어도 양가적인 태도를 보이는 것 같다. 그는 로마 체제에서 매춘부와 노예들이 잔인하게 착취당한 모습을 신랄하게 묘사하지만, 새로운 기독교 도덕에 대해서도 비판적이다. 그는 이 변화가 무모하게 이루어졌다고 암시한다. "기독교 규범은 고대 후기의 전통적인 방식들의 굳어진 윤곽에 대한 최소한의 고려 없이 마치 산(acid)처럼 그 직물을 갉아먹었다."[104] 그리고 상실된 것에 대해 애틋한 어조를 취한다. "솔직한 에로티시즘의 전통은 시들어가고 사랑을 묘사하는 시각적 표현들은 서서히 사라진다. 폼페이 벽화의 따뜻한 에로티시즘은 사라졌고 그리스 로맨스의 매혹적인 감성도 사라졌다."[105] 유스티니아누스가 새롭게 시행한 기독교 도덕은 "폐허와 격렬한 청교도주의의 안개"[106]를 반영했다.

앞으로 보게 되겠지만, 새로운 기독교 체제에 대한 이와 비슷한 비판적 시선과 이교 세계가 사라진 것에 대한 유사한 아쉬움은 수 세기 동안 울려 퍼졌으며 오늘날까지도 태도와 의제에 영향을 미치고 있다.

---

102   Harper, *From Shame to Sin*, 18.

103   Harper, *From Shame to Sin*, 1.

104   Harper, *From Shame to Sin*, 12.

105   Harper, *From Shame to Sin*, 14-15.

106   Harper, *From Shame to Sin*, 1. 비슷한 맥락에서 Gaca, *The Making of Fornication*, 304-5을 참조하라.

한 도시인가, 두 도시인가?

이교적 성도덕과 기독교적 성도덕은 극명하게 달랐지만, 그리스도인들이 무력한 소수일 때는 실질적으로 반드시 충돌하는 것은 아니었다.[107] 만약 그리스도인들이 매춘부나 노예와의 성관계를 삼가고 성관계를 결혼에 한 정한다면, 이런 절제는 이교적 성의 표현을 방해하지 않았다. 하지만 다른 한 영역, 즉 우리가 시민적 감수성 혹은 도시에 대한 태도라고 부를 수 있는 부분에서는 차이가 갈등을 야기할 가능성이 더 컸다.

우리가 제3장에서 보았듯 로마 정부와 로마 종교는 밀접하게 얽혀 있 었다. 로마와 그 외 지역에서 이교는 일반적으로 도시, 즉 지상의 도시인 그 리스의 폴리스, 로마 도시, 그리고 이후 제국의 종교였다.[108] 존 셰이드는 고 대 로마나 다른 도시들의 건립자들이 그 도시들의 종교도 함께 건설하고, 그 종교의 규칙도 정했다고 진술한다.[109] 결과적으로 "고대 로마인의 종교 적 행태를 이해하려 할 때, 우리는 **도시 이데올로기**의 근본적 중요성을 절 대 잊어서는 안 된다.…집단생활의 이상이 대부분의 종교 행위의 양상을 결정했다."[110]

더 구체적으로 우리가 제3장에서 이미 본 것처럼 로마 종교는 로마의 정치 및 시민 생활과 철저하게 통합되어 있었다. 종교, 정치, 시민 문화가 융합되어 신들의 위엄이 정치 공동체와 그 통치자를 지지하는 데 전적으

---

107 하지만 Gaca, *The Making of Fornication*, 293("바울이 형성하고자 한 반음행적 사회 질서는 어떤 이방 신들의 종교적 성적 유산과도 평화롭게 공존할 수 없었다")을 참조하라.

108 Jan Assmann은 "모든 위대한 [이교] 신들은 각자의 도시의 신들이다." 그리고 "이 숭배 는 도시의 지배자로서 신들에게 바치는 경의에 다름 아니다"라고 설명한다. Assmann, *The Price of Monotheism*, 41.

109 Scheid, *Introduction to Roman Religion*, 20.

110 Scheid, *Introduction to Roman Religion*, 16.

로 투입되었고 그 역도 마찬가지였다. 공동체는 종교적이었고 종교는 공동체적이었다.[111] 그리고 그러한 종교 생활은 도시와 통치자에 대한 신하들의 충성을 전면적으로 끌어내는 역할을 했다. 애국심과 이교도 신앙은 서로 겹쳐 있었다.

이에 반해 대부분의 그리스도인들도 정치 공동체와 그 통치자들에게 충성을 바칠 수 있고 바쳐야 한다고 믿었지만 그 믿음은 전혀 다른, 더욱 복잡한 전제들에 근거하고 있었다. 이교도인 로마인들은 이 세상 안에 있고 이 세계의 일부인 내재하는 신들에게 경배를 올리고 달래는 의식을 행했다. 반면 그리스도인들은 초월적인 하나님을 숭배했다. 하나님은 세속적인 일에도 적극적으로 관심을 가지고 관여했지만(심지어—이교도들의 시각에서는 부끄럽게도[112]—스스로 죽음과 고통을 겪는 인간이 되기까지 자신을 낮추었다), 그는 궁극적으로는 시간과 공간을 초월한 존재였다. 이러한 신학적 차이는 세상에 대한 태도의 차이로 나타났는데, 이교도들은 세상 안에 완전히 속해 있었던 반면, 그리스도인들은 영원을 위해 살기를 열망하며 세상 안에 있으되 세상에 속하지 않는 삶을 지향했다.

이러한 개념적이고 태도적인 차이는 결국 개인이 정치 공동체 및 그 통치자들과 맺는 관계에 대해 근본적으로 다른 인식을 낳았다. 이교는 도시를 신성시한 반면, 기독교는 정반대였다. 비록 그리스도인들도 도시에 살면서 충성을 느꼈지만, 그들은 이교도들이 누릴 수 있었던 것과 같은 완전하고 배타적인 의미에서 도시 시민이 될 수 없었다. 오히려 아우구티누스가 자주 사용했던 비유를 빌리자면(의미심장하게도, 이 비유는 제국이 기독교를 수용한 **이후**에도 계속 사용되었다), 그리스도인들은 세상과 도시에 살지만

111　Scheid, *Introduction to Roman Religion*, 20.
112　Wilken, *Spirit of Early Christian Thought*, 102–3을 보라.

"순례자"에 더 가까웠다.

이런 태도는 기독교 성경에 단단히 뿌리를 두고 있다. 사도 바울이 쓴 것으로 전해지는 히브리서는 그리스도인들에게 다음과 같은 것을 상기시킨다. 즉 족장 아브라함이 본래 태어난 도시를 떠나 "약속의 땅[팔레스타인]에서 이방인처럼 거처를 삼았다.…그는 건축자이며 설계자인 하나님이 세운 터전을 가진 도시를 희망"했다.[113] 아브라함의 아내와 자손들도 그에 동참했다. 이 존경받는 조상들은 "세상에서 나그네이자 이방인임을 인정했다. 그런 말을 하는 사람들은 자신들의 고향을 찾고 있음을 보여준다. 그들이 떠난 고국을 생각했다면 돌아갈 기회가 있었을 것이다. 대신 그들은 더 좋은 나라, 즉 하늘에 있는 나라를 갈망했다. 그러므로 하나님은 그들의 하나님이 되는 것을 부끄러워하지 않으시니 그들을 위해 도시를 예비하셨다."[114]

이러한 논리의 결론은 "이곳에는 영원한 도시가 없고 다가올 도시를 기다리고 있다"[115]는 것이다.

후대의 기독교 작가들도 이 주제를 되풀이하고 확장했다. 20세기 일부 신학자들이 열심히 채택한 은유에서,[116] 초기 익명의 한 그리스도인은 디오그네투스(Diognetus)라는 인물에게 보낸 편지에서 그리스도인들이 자신들이 잠시 거주하는 지상의 도시들에서 "거주하는 외국인"(resident aliens)임을 다음과 같이 표현하며 기본 입장을 밝혔다. "그들은 그리스 도시와 비

---

113 히 11:9-10.

114 히 11:13-16.

115 히 13:14.

116 예를 들어 Stanley Hauerwas와 William H. Willimon, *Resident Aliens: Life in the Christian Colony*(Nashville: Abingdon, 1989)를 참조하라. 또한 George Weigel, *Soul of the World: Notes on the Future of Public Catholicism*(Grand Rapids: Eerdmans, 1996), 32-36도 참조하라.

그리스 도시 양쪽에서 거주하지만…옷차림, 음식, 그리고 전반적인 생활 방식에서는 그 나라의 풍습을 따른다. 그럼에도 그들의 삶의 전반적인 양상은 비범함을 드러낸다. 그들은 각자 나라에 살지만 단지 외국인으로서 살 뿐이다. 그들은 시민으로서 모든 일에 참여하면서도 외국인으로서 모든 것을 감내한다. 모든 타국이 그들의 집이며 모든 집이 그들에게는 타국이다.…그들은 땅 위에서 그들의 날들을 보내지만, 천국에서 시민권을 가진다."[117]

다른 더욱 영향력 있는 은유에서 아우구스티누스는 두 도성이라는 이미지로 비슷한 생각을 유명하게 전달했다.[118] 아우구스티누스는 그리스도인들은 지상의 도성에서 순례자이며 그 도성은 필요하고 가치 있는 기능을 수행하므로 우리의 지지를 받을 만하다고 가르쳤다. 하지만 우리의 궁극적인 유대감과 가장 깊은 충성은 바로 천상의 도성, 즉 하나님의 도성에 있어야 한다고 한 것이다.[119]

이 근본적인 차이를 표현하자면, 아마도 역설적이게도 이교도의 **다신교 종교**는 어떤 면에서 **정치적 단일주의**(political monism)와 일치했던 반면, 기독교 **유일신교**는 오히려 일종의 정치적 다신주의—적어도 **정치적 이원주의**(political dualism)—를 초래했다는 것이다. 이교도 종교는 지상의 도성, 즉 폴리스나 로마, 로마 공화국, 후에는 제국을 지지하고 신성화하는 역할을 했다. 다양한 신들의 후원 아래 인간은 단 하나의 도성, 즉 정치와 사제

---

117 "Epistle to Diognetus," in *Ancient Christian Writers: The Works of the Fathers in Translation*, trans. James A. Kleist, SJ (New York: Newman Press, 1948), 135, 139.

118 Augustine, *City of God*. 예를 들어, 14.28, p. 632을 보라. "그러므로 두 도성은 두 사랑에 의해 창조되었는데, 곧 자신을 사랑하여 심지어 하나님을 경멸하기까지 하는 땅의 도성과 하나님을 사랑하여 자신을 경멸하기까지 하는 천상의 도성이다. 그러므로 하나는 스스로를 자랑하고 다른 하나는 주님 안에서 자랑한다. 하나는 사람들에게서 영광을 구하고 다른 하나는 하나님 안에서 최고의 영광을 발견한다."

119 예를 들어 Augustine, *City of God* 19.17, pp. 945-47; 19.26, pp. 961-62을 보라.

직의 정교하게 통합된 혼합체로 이루어진 도성의 신하였다. 반면 그리스도인들은 **한 분** 하나님을 숭배했지만 **두 도성**, 즉 지상의 도성과 천상의 도성의 신하였다. 두 도성은 모두 실재하고, 모두 가치 있으며, 모두 하나님이 정한 것이다. 그러나 그리스도인들의 진정한 고향이자 궁극적인 충성의 대상은 천상의 도성이었고 이것이 아우구스티누스의 대표적 저작의 제목의 배경이 되었다.

그리스도인들이 자신을 한 도성이 아니라 두 도성의 시민으로 여기고 궁극적인 충성을 천상의 도성에 바친다는 사실은 복잡하지만 중요한 실천적인 함의를 지녔다. 이 입장은 일종의 정적주의(quietism) 혹은 체념을 지지할 수 있었다. "이 도성, 이 세상에서 우리의 삶은 영원의 긴 시간 중 잠시일 뿐이니 여기서 벌어지는 상황에 대해 지나치게 걱정할 필요가 있을까?" 특히 초기 그리스도인들이 그리스도의 재림이 세상의 도성을 신속히 끝내리라 기대했던 시기에 두드러졌으나 이러한 정적주의적 주제는 수 세기 동안 계속해서 울려 퍼졌다.[120]

반대로 천상의 도성에 대한 믿음—더 넓게는 이 세상을 심판할 수 있는 초월적 실재나 진리에 대한 믿음—은 그리스도인들에게 이 세상의 현실에만 매여 있던 이교도들이 가지지 못한 비판적 시각과 기준을 제공했다. 그 초월적 기준은 이교 세계에서 당연하게 여겨졌던 관행들, 예를 들면 유아 살해, 노예 제도, 불평등, 가난한 자와 병든 자들에 대한 방치를 비판하고 결국에는 개혁하는 데 사용될 수 있었다. 역사나 사회가 어떤 이상적인 상태를 향해 나아가야 한다는 생각이 초월적 종교, 특히 기독교의 등장과 함께 나타난 것은 우연이 아니다.[121]

120　H. Richard Niebuhr, *Christ and Culture* (New York: HarperCollins, 2001), 45-82을 보라. 『그리스도와 문화』(IVP 역간).

121　일반적으로 Karl Löwith, *Meaning in History: The Theological Implications of the Philosophy of*

그러나 보다 직접적이고 문제적인 점은 두 도성을 향한 그들의 충성심이 그리스도인들로 하여금 이교도들이 제공할 수 있었고 때로는 이교 권력자들이 요구했던 것과 같은 전면적이고 분할되지 않은 충성을 지상 도성에 바칠 수 없게 만들었다는 것이다. 초기 기독교 세기에는 이러한 충성의 분열이 심각하고 때로는 격렬한 갈등과 박해의 원인이 되었다.

요컨대 가이 스트룸사, 피에르 쉬뱅(Pierre Chuvin), 얀 아스만과 같은 학자들이 설명했듯이 기독교는 "종교 혁명"에 해당했다. 그리고 기존 체제는 대개 혁명가들을 호의적으로 대하지 않는다. 로마인들도 예외는 아니었다. 우리는 이 점을 다음 장에서 살펴볼 것이다.

History(Chicago: University of Chicago Press, 1949)을 참조하라.

제6장

이교도 박해의 논리

우리는 초기 2세기의 지방 총독인 플리니우스와 그로부터 수십 년 후 기독
교 변호사이자 변증가인 테르툴리아누스가 제기한 질문에서 이 책을 시작
했다. 즉 왜 로마 당국은 단지 그리스도인이란 이유만으로 사람들을 박해
하고 기소하며 종종 처형까지 했는가 하는 것이다. 총독 플리니우스는 그
리스도인들을 성가실 만큼 완고하고 미신적인 존재로 여겼지만, 그의 조사
는 그리스도인들에게서 어떠한 범죄 행위도 발견하지 못했다. 그럼에도 플
리니우스는 그리스도인임을 자백하는 자를 어떤 다른 범죄 증거도 없이 처
형하도록 명령했다. 그리고 그의 황제 트라야누스는 이 정책을 승인했다.
한편 변증가 테르툴리아누스는 그리스도인들이 법을 준수하고 자신과 어
려운 이웃을 돌보며 황제와 제국의 번영을 위해 쉬지 않고 기도하는 모범
적 시민임을 주장했다. 그럼에도 그는 로마 당국에 이렇게 항의했다. "[당
신들은] 우리의 몸을 쇠갈고리로 찢고, 십자가에 매달며, 불길 속에 내던지
고, 칼로 우리의 목을 베며, 야수들을 우리에게 풀어놓는다."[1]

왜일까? (테르툴리아누스와 같은 초기 그리스도인들을 제외하고는 오늘날의 역
사학자들에게) 종교적이고 문화적인 관용으로[2] 찬사를 받는 로마인들이 왜
그저 그리스도인이라는 이유만으로 사람들을 감금하고, 노예로 삼으며, 고
문하고, 죽이기까지 했을까? 플리니우스는 확신하지 못했고 트라야누스에
게 물었지만 답을 얻지 못했다. 테르툴리아누스는 정당한 이유가 없다고
확신했고 그래서 "로마 세계의 통치자들"에게 격렬히 항의했다.

---

1   Tertullian, "Apology," in *Selected Works* (Pickering, OH: Beloved, 2014), 55.

2   앞의 제3-4장을 참조하라.

이 질문을 제1장에서 제기했지만 미뤄두었는데 이제 답을 생각해볼 준비가 되었다. 추론하고 종합해보면 플리니우스 같은 이교도와 테르툴리아누스 같은 그리스도인은 모두 상대방이 조금만 덜 비합리적이었다면 평화롭고 상호 존중하는 공존이 가능**했을 것**이라고 여기게 된 이유를 알 수 있다. 하지만 그렇게 보였던 것은 서로가 상대를 오해하고 잘못 판단했기 때문이다. 이교도와 그리스도인 양측 모두가 **자신들에게** 공정하고 합리적으로 보이는 상호 양보의 조건을 제시했지만 여러 이유로 상대방은 그것을 받아들이지 않았고 받아들일 수도 없었다. 상호 수용 가능한 공존 조건을 이루지 못했기 때문에, 이교도들이 권력을 쥐고 있는 한 그리스도인들은 자연스럽게 의심을 받았고 종종 박해당했다.

이번 장에서 우리는 그리스도인들이 이교도들에게 제안한 평화로운 공존 조건과 이교도들이 그리스도인들에게 제시한 대안적 조건을 살펴볼 것이다. 그리고 우리는 양측 어느 쪽도 자신의 믿음과 헌신을 희생하거나 배반하지 않고서는 상대방의 조건을 받아들일 수 없었던 이유를 알게 될 것이다. 그러므로 그리스도인에 대한 로마의 박해가 일어났고 수 세기에 걸친 이교와 기독교 간의 투쟁이 벌어졌다. (그리고 이는 어느 정도는 현대의 문화전쟁과도 연결되지만, 그것은 이후 장에서 다룰 것이다.)

(간헐적인) 박해의 사실

그리스도인들이 박해를 받았다는 사실은 놀라운 관찰로 보이지 않을지라도 상반된 오해들이 있으므로 우선 다음 두 가지를 분명히 해두는 것이 유용하다. 첫째, 박해는 실제로 발생했다는 점이다. 최근에 많이 주목받은 한

책과는 달리 박해는 그리스도들이 "발명한" "신화"가 아니었다.[3] 둘째, 그런 박해가 지속적이지 않고 간헐적이었다는 점이다.

그리스도인들에 대한 가장 초기의 박해는 신약성서에 기록되어 있다. 예를 들어 예수는 자신의 추종자들에게 "사람들이 너희를 욕하고 박해하며 내 이름 때문에 거짓으로 모든 악한 말을 할 것이다"[4]라고 경고했다. 복음서들은 예수 자신이 유대 당국의 선동에 의해, 그러나 로마 총독 본디오 빌라도의 동의와 도움으로 십자가에 못 박혔음을 설명한다.[5] 또한 사도행전은 로마 당국의 감독 아래 또는 지시 아래 이루어진 공적이고 사적인 박해 사례들을 기록하는데, 스데반이 돌에 맞아 죽음, 야고보의 처형, 베드로의 투옥, 바울과 복음을 전한 그의 동료들이 당한 각종 기소와 비공식적 제재 등이 그것이다.[6]

바울 자신도 여러 지역 기독교 공동체가 겪은 박해에 대해 여러 서신에서 자세히 언급했다. 그는 그 공동체들이 그러한 고난을 견딜 수 있도록 믿음을 강화하려고 노력했다[7]. 그리고 사도 요한이 쓴 것으로 전해지는 이상하고도 수수께끼 같은 요한계시록은 학자들에 의해 심각한 지속적 박해에 대한 풍유적 응답으로 해석되어왔다.[8]

후대의 기독교 전통은 교회의 초기 주요 지도자들인 베드로와 바울이 로마에서, 아마도 네로 황제의 통치 아래에서 처형당했음을 자신 있

---

3   Candida Moss, *The Myth of Persecution: How Early Christians Invented a Story of Martyrdom* (New York: HarperCollins, 2013).

4   마 5:11.

5   마 27장.

6   행 7:57-60; 12:1-3; 14:4-6, 19; 16:19-24; 17:5-9; 21:30-32.

7   고후 1:1-10; 빌 2:17-18; 살후 1:1-10; 딤후 3:10-14.

8   예를 들어 Steven J. Friessen, *Imperial Cults and the Apocalypse of John: Reading Revelation in the Ruins* (New York: Oxford University Press, 2001).

게 회상했다.[9] 영어권에 영향력 있게 소개된 『폭스의 순교자 열전』(*Book of Martyrs*)에서 모아진 다소 불확실한 전통들은 다른 많은 혹은 대부분의 초기 제자가 끔찍하게 처형당한 이야기를 전한다. 시몬 베드로 외에도 두 명의 다른 시몬들—유다의 형제와 열심당원—이 십자가에 못 박혔다.[10] 복음서 저자인 마가는 "몽둥이로 심하게 맞은 뒤 십자가에 못 박혔고, 그 후에…참수되었다."[11] 또 다른 복음서 저자인 마태는 창에 찔려 죽었다. 빌립은 "십자가에 못 박히고 돌에 맞아 죽었다."[12] 이런 식이다. 적어도 존 폭스가 이렇게 전했다.

이후 수십 년 동안 공식적인 그리스도인 박해는 간헐적으로 일어났지만, 그때마다 참혹했다. 그리스도인들은 콜로세움이나 다른 도시의 경기장으로 보내져 맹수들에게 잡아먹혔다. 또는 끔찍한 조건의 황제 광산에서 노동형을 선고받기도 했다. 기독교 여성들은 매음굴에서 일하도록 보내졌다.[13] 일부 그리스도인들은 "쇠 의자"에서 산 채로 구워지기도 했다.[14] 네로 황제 시절, 로마 역사가 타키투스는 그리스도인들이 "맹수 가죽을 뒤집어쓰고" "개들에게 찢기거나" "밤에 불붙는 횃불로 만들어져 햇빛을 대신했다"라고 기록했다.[15]

4세기의 교회 역사가 에우세비오스는 그런 박해 사례를 수없이 기록

---

9   Diarmaid MacCulloch, *Christianity: The First Three Thousand Years* (London: Penguin, 2009), 134, 161; P. G. Maxwell-Stuart, *Chronicle of the Popes: The Reign-by-Reign Record of the Papacy over 2000 Years* (London: Thames and Hudson, 1997), 12-16을 보라.

10   *Foxe's Book of Martyrs* (New Kensington, PA: Whitaker House, 1981), 6.

11   *Foxe's Book of Martyrs*, 7.

12   *Foxe's Book of Martyrs*, 9.

13   Adrian Goldsworthy, *How Rome Fell: Death of a Superpower* (New Haven: Yale University Press, 2009), 98-99.

14   Eusebius, *The Church History*, trans. Paul L. Maier (Grand Rapids: Kregel Academic, 1999), 175.

15   Tacitus, *The Annals of Imperial Rome*, trans. Michael Grant (London: Penguin, 1959), 365.

했으며 때로는 "전통"이나 이전 시기의 편지 또는 저작들을 근거로 꼼꼼하고 때로는 지루할 정도로 출처를 열거했다.[16] 사도 시대 이후의 순교자 대부분은 비교적 무명으로 남았다. 로마 도시에는 고대 순교자들의 이름을 딴 (때로는 그들의 성유물을 보관하고 있다고 주장하는) 교회가 수십 곳 있지만, 오늘날 거의 알려지지 않은 이들이 많다. 그러나 이그나티오스, 폴리카르포스, 페르페투아, 유스티누스, 오리게네스, 키프리아누스 등 몇몇은 전설적인 지위를 얻었다.

고대와 현대의 역사가들은 모두 그리스도인 박해가 적어도 제국 차원에서는 산발적이었다고 동의한다.[17] 에우세비오스는 그리스도인들이 겪은 박해를 때때로 선정적으로 기록했지만, 모든 황제가 박해에 가담한 것은 아니라고 명확히 했다.[18] 에우세비오스는 자신이 직접 겪은 이른바 4세기 초 대박해 이전에 기독교가 "그리스인과 비그리스인을 막론하고 모든 이로부터 존경과 자유를 인정받았고, 통치자들이 우리 민족에게 호의를 베풀고 심지어 지방을 다스리게 했으며, [이교의] 희생제사라는 고통스러운 문제에서 해방시켰다"고 전했다. "황제의 궁전에서는 황제의 가족 구성원—

---

16 에우세비오스의 『교회사』 서문에서 Paul Maier는 다음과 같이 말한다. "에우세비오스가 자주 인용하거나 의역하고 요약하는 그의 출처들은…여기서 일일이 열거할 필요가 없다. 그는 언제나 정보 출처를 꼼꼼하게 밝히기 때문이다. 요세푸스, 헤게시푸스, 유스티누스, 이레나이우스, 알렉산드리아의 디오니수스 등 다수의 인물에 대한 그의 의존은 명확하고 인정된다. 현대인의 기준으로 볼 때 지나치게 많이 빌렸다고 여겨질 수도 있지만, 그의 자료 대부분은 에우세비오스의 기록에 적절히 편입됨으로써 그 탁월한 보존성을 유지했다. 그는 자신이 직접 관리했던 카이사레아의 방대한 도서관, 이는 오리게네스가 설립하고 팜필로스가 돌본 곳, 그리고 예루살렘에 있던 주교 알렉산드로스가 설립한 도서관에서 많은 자료를 얻었는데, 이것이 그의 기록에서 그리스(헬레니즘)와 동방에 대한 강조가 나타나는 이유다"(16).

17 예를 들어, Robert Louis Wilken, *The Christians as the Romans Saw Them*, 2nd ed. (New Haven: Yale University Press, 2003), 24; Keith Hopkins, *A World Full of Gods: The Strange Triumph of Christianity* (New York: Penguin, 1999), 109-10.

18 Eusebius, *The Church History*, 107, 120-22, 146-55, 289-315.

아내, 자녀, 하인들—이 공개적으로 신앙을 실천하도록 허락되었다. 모든 총독은 교회 지도자들을 존경했고, 각 도시에서는 대규모 집회가 열렸으며, 신자들은 새롭고 넓은 교회에서 예배드렸다."[19]

에우세비오스와 동시대 인물인 기독교 학자 락탄티우스는 비슷한 맥락에서 글을 썼다. 그는 그리스도인들이 겪은 공포와 그들을 박해한 이들의 끔찍한 죽음을 묘사한 책에서 "많은 덕망 있는 군주들이 로마 제국의 배를 이끌고 있던 동안에는 교회가 적들로부터 심각한 폭력 공격을 받지 않았다"[20]고 명확히 밝혔다.

물론 대부분의 정부 업무는 지방이나 지역 차원에서 이루어졌고, 지방 당국이나 공식 명령 없이도 때로는 지방 민중들의 박해가 있었는지에 대한 증거가 부족해 박해의 정도를 가늠하기 어렵다.[21] 지방 총독 플리니우스는 말이 많은 관리로 황제 트라야누스에게 자주 편지를 보냈으며 그 편지들이 보존되어 있어 그가 어떤 역할을 했는지 어떤 다른 로마 관리보다 더 많이 알 수 있다.[22] 우리가 아는 한 가지는 플리니우스가 그리스도인임을 이유로 사람들을 처형했는데, 이는 어떤 독특한 반기독교 감정 때문이 아니라 그가 총독으로서 해야 하는 일이라 믿었기 때문이다. 다른 지방 관리들도 같은 전제 아래서 비슷하게 행동했을 가능성이 없지 않다.[23]

---

19 Eusebius, *The Church History*, 289.

20 Lactantius, *On the Manner in Which the Persecutors Died, Addressed to Donatus*, ed. Alexander Roberts et al. (Lexington, KY: CreateSpace, 2015), chap. 3, p. 8.

21 W. H. C. Frend, *The Rise of Christianity* (Philadelphia: Fortress, 1984), 181을 참조하라(공식적인 기소를 억제할 수는 있는 절차적 보호장치가 있었지만, "여론의 모든 계층이 지지하는 폭도들의 폭력에 대해서는 어떤 보호도 없었다"고 지적한다). 또한 294도 참조하라.

22 Wilken, *The Christians*, 2-15.

23 하지만 Hopkins, *World Full of Gods*, 120을 보라("모든 로마 총독이 그리스도인들을 처형한 것은 결코 아니었다. 한 총독은 고소가 소송 남용에 불과하다고 생각해 사건을 기각했으며 또 다른 총독은 지나치게 열성적인 자칭 순교자들에게 죽기를 원한다면 스스로 목을 매거나 절벽에서 뛰어내리라고 말했다").

이후 몇 년 뒤, 순교자 유스티누스는 로마 원로원에 보낸 항의문에서 우르비쿠스(Urbicus)라는 로마 총독이 단지 그리스도인이라는 이유만으로 내린 처형들을 언급했다.[24] 또 유스티누스는 비슷한 조치들이 현지 총독들에 의해 곳곳에서 부당하게 이루어지고 있다고 덧붙였다.[25] 만약 그 도시에서 공식적인 처형이 실제로 일어나지 않았다면 유스티누스 자신이 직접 로마 원로원 의원들에게 그런 불만을 제기했을 것 같지 않다.

하지만 확실한 증거가 부족해서 얼마나 많은 그리스도인이 처벌이나 처형을 받았는지 정확히 알기 어렵다. 네로 통치 아래에서 그리스도인 사망자 수가 몇 백에서 천 명 미만이라는 추정이 있다.[26] 로마의 지배 아래서 순교한 전체 그리스도인 수에 대한 추정치는 만 명 미만부터 거의 십만 명에 이르기까지 극적으로 다양하다.[27] 예상할 만하게도 (존 폭스 같은) 기독교 변증가들은 수치를 부풀린 경향이 있고 반기독교적 역사가들은 더 적게 평가하는 경향이 있다. 에드워드 기번은 그리스도인들에 대한 경멸과 로마인들에 대한 거의 찬미에 가까운 감탄으로, 기독교 순교자들에 대한 이야기를 "잘 다듬어지지 않은 허구와 오류의 덩어리"[28]로 다뤘다. 계몽주의 역사

---

24 "The Second Apology of Justin Martyr," in *The First and Second Apologies of Justin Martyr*, trans. Alexander Roberts and James Donaldson (Cumming, GA: St. Polycarp, 2016), 2장, pp. 122-23.

25 "Second Apology of Justin Martyr," 1장, p. 121.

26 Rodney Stark, *The Triumph of Christianity: How the Jesus Movement Became the World's Largest Religion* (New York: HarperCollins, 2011), 138.

27 "Body Count of the Roman Empire," 2011 3월 최종 업데이트, http://necrometrics.com/romestat.htm.

28 Edward Gibbon, *The History of the Decline and Fall of the Roman Empire*, 2 vols. (London: Penguin, [1776] 1995), 1:515. 좀 더 최근의, 그러나 비슷한 맥락에서 보면, Candida Moss의 연구가 있다. Moss가 박해는 초기 그리스도인들이 "발명"한 "신화"라고 주장하는 것은 역사적 사실에 대해서만 아니라 Moss 자신의 서술 내용에 대해서도 심히 오도하는 표현이다. Moss는 기독교 순교 이야기들이 역사적으로 신뢰할 만하지 않다고 주장하면서도, "그렇다고 해서 순교자가 전혀 없었거나 그리스도인들이 결코 죽지 않았다는…뜻은 아니다.

가인 그는 박해의 정도와 심각성을 줄이는 데 유리한 모든 추론을 담은 긴 장을 썼다.

기번은 자신의 해석적 가정에 대해 명확히 밝혔다. 로마인들은 "다신교에 대한 보편적 관용"[29]을 지니고 있었고 로마의 관리들은 "편협한 신봉자들의 격렬한 열정이 아니라 절제된 입법자들의 정책에 의해 움직였다."[30] 그러한 문명화된 민족은 박해에 기울지 않았을 것이며, 그것은 그들의 성격에 맞지 않는 일이었다. (물론 기번은 괴테, 칸트, 바흐의 땅에서 제3제국 시기에 자행된 잔혹한 행위들을 목격하지 못했다.) 반면에 그리스도인들은 잘 믿고 미신적이었기 때문에 그들의 보고는 신뢰하지 않아야 한다고 보았다.[31] 만약 그리스도인들이 (우리가 혹은 적어도 기번이 알기로는 불관용하지 **않았던**) 로마인들의 불관용을 보고했다면, 그리스도인들은 아마 사실을 잘못 전했을 가능성이 높으며, 실제로는 자신들의 "무자비하고 끈질긴 열정"[32]을 상대방에게 투사했을 것이다. 기번은 **일부** 그리스도인들이 로마인들에게 처형당한 사실을 부인하지 않았지만, 그 수는 그리스도인들이 생각하는 것보다 훨씬 적었을 것이라고 보았다.

일부 사람들이 우리에게 매우 부당하게 느껴지는 이유로 잔인하게 고문당하고 무자비하게 처형당한 것은 분명하다"라고 덧붙인다. Moss, *The Myth of Persecution*, 124-25. 그녀가 박해를 축소해서 다루는 것은 주로 박해의 범위를 거의 사라질 정도로 좁히는 일련의 혼란스러운 구분들에 기반한다. 예컨대 Moss는 "박해"(persecution)와 "기소"(prosecution)를 구분하며(14, 159), "박해" 범주에서 일반적인 반체제 법률에 따른 처벌(그리스도인을 특정하여 적용한 법률이나 칙령에 따른 것이 아닌 경우)과 권력자들이 "맹목적 증오"(blind hatred)가 아니라 정당한 이유라고 믿었던 근거로 가한 처벌을 제외한다. 예를 들어 164도 보라("그리스도인들이 기소되거나 처형되었다고 해도, 설령 부당했을지라도 반드시 그들이 박해받았다는 뜻은 아니다. 박해란 보통 어떤 집단이 맹목적 증오 때문에 부당하게 공격과 비난을 받는 것을 의미한다").

29　Gibbon, *History of the Decline*, 1:514.

30　Gibbon, *History of the Decline*, 1:524.

31　예를 들어 Gibbon, *History of the Decline*, 1:526, 576-77.

32　Gibbon, *History of the Decline*, 1:539.

비록 희생자의 수가 얼마였는지는 확실하지 않지만, 이 종교가 존속했던 처음 3세기 동안 상당수의 교회 지도자를 포함해 수천 명의 그리스도인들이 그리스도인이라는 이유만으로 고문당하고 투옥되거나 처형되었다는 점은 분명해 보인다. 이는 다시 한번 질문을 불러일으킨다. 왜 그랬을까?

기독교와 시민의 충성

우리가 앞 장에서 살펴보았듯이 이교도의 종교성은 그 도시가 신들과 연결되어 신성하게 여겨진다는 믿음을 통해 시민들의 지지를 확보하는 역할을 했다. 반면 그리스도인들은 전혀 다른 개념을 가지고 있었다. 그들은 자신들을 세상의 순례자 혹은 궁극적인 충성의 대상을 이 세상의 도시가 아니라 하늘의 본향으로 삼는 "외국인 거류민"으로 여겼다. 개인과 도시 간의 관계에 대한 이교와 기독교의 개념에는 큰 차이가 있었지만, 그렇다고 해서 실제로 이 두 개념이 반드시 양립 불가능한 것은 아니었다. 실제로 그리스도인과 이교도 양측은 모두 때로는 정의롭고 상호 수용 가능한 조건에서 평화롭게 공존할 수 있다고 제안하기도 했다. 그러나 이런 제안을 하면서도 양측은 모두 상대방의 헌신과 신념을 완전히 이해하거나 인정하지 못했다.

먼저 기독교의 입장부터 살펴보자. 그리스도인들은 궁극적인 충성이 신적 주권자와 천상의 도시에 있다고 믿었지만, 동시에 지상 도시의 충실한 시민도 될 수 있다고 강조했다. 그들은 이것을 전적으로 성실한 마음으로 말할 수 있었고 실제로 그들의 성경 자체가 이를 명령하고 있었기 때문이다. 비록 암시적이긴 했지만, 예수는 "가이사의 것은 가이사에게 바치라"[33]

---

[33]　마 22:21.

고 가르쳤다. 사도 바울 역시 놀랍거나 혹은 (비록 논란의 여지는 있지만) 최소한 창의적인 논리를 통해 신적 주권의 실재로부터 지상의 통치자에게 복종해야 한다는 의무를 도출했다. "사람은 누구나 위에 있는 권세에 복종해야 합니다. 모든 권세는 하나님께로부터 온 것이며, 이미 있는 권세들도 하나님께서 세워주신 것입니다.…그러므로 진노를 두려워해서만이 아니라 양심을 생각해서도 복종해야 합니다. 같은 이유로, 여러분은 또한 조세를 바칩니다. 그들은 하나님의 일꾼들로서 바로 이 일을 하는 데 힘쓰고 있습니다. 여러분은 모든 사람에게 의무를 다하십시오. 조세를 바쳐야 할 이에게는 조세를 바치고, 관세를 바쳐야 할 이에게는 관세를 바치며, 두려워해야 할 이는 두려워하고, 존경해야 할 이는 존경하십시오."[34]

이러한 가르침에 따라 테르툴리아누스는 우리가 제1장에서 살펴본 대로 다음과 같이 주장했다. "우리(그리스도인)는 황제들 모두를 위해 끊임없이 기도합니다. 우리는 기나긴 수명을 위해, 제국의 안녕을 위해, 황실의 안전을 위해, 용맹스러운 군대, 충성스러운 원로원, 덕 있는 백성, 평안한 세상, 인간이자 황제로서 황제가 바랄 만한 모든 것을 위해 기도합니다."[35] 이와 유사하게 아테네의 아테나고라스도 마르쿠스 아우렐리우스 황제에게 다음과 같이 진술했다. "우리는 모든 사람 중에서도 신과 황제의 통치에 가장 경건하고 의로우며 충성스럽게 행동하는 자들입니다."[36] 순교자 유스티누스 역시 안토니누스 피우스 황제에게 다음과 같이 탄원했다. "우리(그리스도인)는 어디에서나 다른 누구보다도 더 열심히 당신이 임명한 관리들에

---

34 롬 13:1, 5-7(새번역). 물론 모든 그리스도인이 이러한 논리를 받아들인 것은 아니었다. Steven Friessen은 요한계시록이 다른 메시지를 전한다고 주장하는데, 즉 "로마 제국의 권위는 악마적이었다"는 것이다. Friessen, *Imperial Cults*, 202.

35 Tertullian, "Apology," 54-5.

36 Athenagoras, *A Plea for the Christians*, trans. B. P. Pratten (Pickerington, OH: Beloved, 2016), 5.

게 보통세이든 특별세이든 그가 가르쳐준 대로 세금을 바치고자 애써왔습니다."[37]

테르툴리아누스, 아테나고라스, 유스티누스는 사실상 평화로운 공존을 위한 조건을 제안했던 것이다. 테르툴리아누스는 "로마 제국의 통치자들"[38]에 대해 이렇게 주장했다. 보통 당신들은 사람들에게 설령 그 믿음이 아무리 어리석게 보여도 자신들이 믿고자 하는 대로 믿도록 내버려둡니다. 다만 그들이 정부에 충성하고 반체제적으로 행동하지 않는 한 말입니다. 우리가 원하는 것도 바로 그 관대함의 적용일 뿐입니다. 우리는 법을 따르고, 우리의 공동체를 돌보며, 황제와 제국을 위해 기도하고 지원합니다. 이 정도면 충분하지 않습니까?[39]

만약 테르툴리아누스가 비범한 선견지명을 지녔다면 자신의 제안을 롤스의 용어로 표현했을지도 모른다. 다양한 종교와 문화가 존재할 때(로마 제국에는 그 다양성이 넘쳤다), 정의로운 정치 공동체는 각자의 "포괄적 교리"가 현저하게 다른 시민들 간의 "중첩적 합의"(overlapping consensus)에 기반해야 한다는 것이다.[40] 이교적 세계관과 기독교적 세계관 혹은 "포괄적 교리"는 분명히 매우 달랐지만, 지상 통치자에 대한 충성과 그들이 제정한 법률에 대한 복종을 명하는 점에서 일치했다. 바로 이 점에서 "중첩적 합의"가 형성된 것이다. 물론 이 합의는 오늘날의 "자유주의적 합의"와 같은 것

---

37   "First Apology of Justin Martyr," in *First and Second Apologies*, 17장, 38.

38   Tertullian, "Apology," 1.

39   테르툴리아누스는 설사 기독교 교리가 로마인들에게 터무니없게 보이더라도, "그런 경우라 할지라도, 그것들은 (당신들이 벌을 가하지 않는) 다른 많은 것들과 다를 바 없습니다. 내 말은 그것들은 어리석고 꾸며진 이야기들인데 아무 해도 없는 것으로 간주되어 결코 범죄로 기소되거나 처벌받지 않는 것들 말입니다"라고 주장했다. Tertullianus, "Apology," 80-1.

40   John Rawls, *Political Liberalism* (New York: Columbia University Press, 1996), 133-72을 보라. 『정치적 자유주의』(동명사 역간).

은 아니었으나 제국의 권위를 뒷받침하는 정의롭고 상호 존중이 있는 정치 공동체의 유지를 가능케 했다.

그렇다면 로마인들은 이러한 공존의 조건을 받아들일 수 있었을까? 실제로 어떤 때는 그랬고 실질적으로도 그렇게 한 경우가 있었다.[41] 로버트 윌켄은 "로마 제국 내 대부분 지역에서 그리스도인들은 이웃과 조용하고 평화롭게 지내며 소란 없이 자신의 일을 처리했다"[42]고 지적한다. 앞서 살펴본 대로 에우세비오스 역시 유사한 주장을 했다. 그리스도인들은 대부분의 기간 동안 "그리스인과 비그리스인을 막론하고 모든 사람에게 존경과 자유를 인정받았다."[43] 하지만 이런 공존은 어떤 원칙에 대한 합의에서 비롯된 것이라기보다는 실용적인 타협이 더 컸다. 그때나 지금이나 사람들은 자신의 기본 믿음을 완전히 인식하거나 솔직하게 드러내지 않음으로써, 따라서 자신과 이웃의 세계관 사이의 근본적 불일치를 애써 넘어가거나 무시함으로써 함께 살아갈 수 있었다.[44] 요컨대 이교도들은 종종 그리스도인을 참아내기는 했지만 기독교적 정치 협력 조건을 진정으로 이해하고 수용할 수는 없었다.

우리는 앞 장에서 이교도들이 그리스도인을 더 잘 알게 되면서 그들을 제국의 동등한 신민으로 받아들일 수 있게 되었다고 주장한 책을 잠깐 주

---

41   Hopkins, *World Full of Gods*, 111(기독교에 대한 로마 당국의 정책이 "우리가 우리 자료를 신뢰할 수 있다면, 잔혹한 탄압에서 법적 보호, 그리고 관대한 무관심에 이르기까지 변화무쌍했다"고 진술한다).

42   Wilken, *The Christians*, 16.

43   Eusebius, *The Church History*, 259.

44   참조. Ramsay MacMullen, *Paganism in the Roman Empire* (New Haven: Yale University Press, 1981), 133. "사람들의 마음속에는 가장 상반되는 믿음들이 공존할 수 있는데, 어느 순간 갑자기 서로가 용납할 수 없다는 사실이 인식되기도 한다. 바로 그런 식으로 그리스도인과 이교도들은 312년 이전과 이후 모두 제국의 도시들에서 여러 세대에 걸쳐 평화롭게 공존했으며 끔찍한 폭력이 드물게 일시적으로 그 평화를 흔들었다."

목했다.[45] 그러나 실제로는 그 반대에 더 가까웠다. 기독교가 여전히 낯설고 잘 알려지지 않은 종파로 남아 있을 때 로마 당국은 기독교를 특별히 의심하거나 억압할 현실적인 이유가 거의 없었다. 어차피 로마인들은 온갖 이국적인 종교 집단도 그냥 받아들이는 데 익숙했다. 하지만 새 신앙의 교리와 헌신이 보다 명확하고 강하게 제시되면서 로마가 기반을 두고 있던 이교적 종교성과 기독교가 양립 불가능하다는 사실이 점점 더 두드러지게 드러났다.

우리는 이처럼 양립 불가능한 이유를 크게 네 가지, 즉 충성, 반역, 신성모독, 자유라는 관점에서 살펴볼 수 있다.

효과 없는 충성

테르툴리아누스와 같은 그리스도인들은 제국과 황제에 대한 충성을 고백하는 데 있어 진심이었을 수 있다. 그러나 로마인들은 단지 내면적이거나 주관적인 성실성만을 문제 삼은 것이 아니었다. 그들은 신하들이 충성을 나타낼 수 있는 공식적이고 경험적으로 검증 가능한 방식도 발전시켰다. 구체적으로 신하들은 신들과 신성한 황제들에게 공식적이고 눈에 보이는 희생제물을 바칠 것이 기대되었다. 플리니우스가 기소된 그리스도인들을 시험했던 방법도 이 관습에 기반했다. 자신들을 무죄로 입증하려면 피고인들은 신들에게 희생제물을 바쳐야 했다.[46]

희생제물이 바쳐지는 구체적인 방식은 지역과 도시마다 달랐던 것으로 보인다. 아우구스투스의 승리 이후 신성한 황제 숭배는 널리 퍼져 나갔

45　Douglas Boin, *Coming Out Christian in the Roman World: How the Followers of Jesus Made a Place for Themselves in Caesar's Empire*(New York: Bloomsbury Press, 2015)을 보라.

46　이 책 제1장에서 앞부분을 참조하라.

다. 일부는 지역적이었고, 일부는 지방 도시 단위였으며, 어떤 것은 더 작은 단위이기도 했다.[47] 그러나 다양한 형태로, 스티븐 프리센이 설명하듯이 "아시아 지역의 제국 숭배는 로마 제국 사회 전반에 완전히 침투하여 아무것도 건드리지 않은 것이 없었다. 따라서 제국 숭배를 공적 종교, 오락, 상업, 통치, 가정 예배 등과 분리하기는 거의 불가능하다."[48] 브루스 윈터는 "1세기 그리스 동부와 로마 제국 서부에서 이런 제례 활동에 참여함으로써 모든 사람이 **로마의 평화**(*pax romana*)라는 신성한 축복을 가져다준 자들에게 공개적으로 일치된 충성을 표현할 기회를 얻었다"[49]고 관찰한다. 하지만 "기회"라는 표현은 다소 적절치 않은데 충성을 표현하는 것이 선택 사항이 아니었기 때문이다. "모든 시민은 황제에게 충성을 표현해야 **했으며**…그 황제들에게는 그리스도인들이 예수에게 사용한 것과 같은 칭호가 붙었다."[50]

그리스도인들에게 이 요구는 심각한 신학적·실천적 문제를 야기했다. 그들은 당연히 신들을 믿지 않았고—아니면 "신들"이 사실은 악마들이라고 믿었으며[51]—황제들이 신성하다고 믿지도 않았다. 그렇다면 실제로는 존재하지 않거나 적어도 진짜 신이라고 볼 수 없는, 그저 겉보기에만 신인

---

47   Friessen, *Imperial Cults*, 25-131을 보라. 또한 75도 참조하라. "제국 숭배는 공동체 생활 전체에 스며들어 있었다. 여러 도시와 마을에는 황실을 위한 다양한 신전과 작은 사당들이 있었으며, 다른 신들의 신전에서도 제국 숭배가 예배의 일부를 이루었다. 지방 도시의 제국 숭배는 아고라, 불레우테리온(*bouleuterion* 또는 집회소), 체육관, 목욕탕 등 신전 이외의 여러 기관에서도 이루어졌다. 축제들은 보통 희생제물이 바쳐지는 장소를 넘어 행진이 이어졌기 때문에 모든 공공장소가 서로 다른 시간 가격을 두고 이런 행사에 동원되었다. 제국 숭배는 도시 생활의 한 측면으로서 자주 그리고 다양한 형태로 접할 수 있었다."

48   Friessen, *Imperial Cults*, 203.

49   Bruce W. Winter, *Divine Honours for the Caesars: The First Christians' Responses* (Grand Rapids: Eerdmans, 2015), 59.

50   Winter, *Divine Honours*, 277(강조체는 덧붙여진 것이다).

51   Gibbon, *History of the Decline*, 1:459-60.

존재들에게 희생제물을 바치는 시늉을 한다고 해서 아무런 실질적인 해도 발생하지 않는다고 가정하고, 그대로 제의를 계속 행할 수 있었을까? 일부 그리스도인들은 이런 편리한 결론에 도달했다.[52] 그러나 다른 이들은 그러한 행위를 신앙의 배신이자 금지된 우상숭배의 행위로 여겼다.[53]

저자가 확실하지 않은 한 초기 기독교 문헌이 순교자 유스티누스와 그의 몇몇 동료들의 사례에 이 과정이 어떻게 전개되었는지를 서술하고자 한다.[54] 그들은 로마 총독 루스티쿠스(Rusticus) 앞에 끌려가 자신들이 그리스도인인지에 대해 질문을 받았다. 그들은 자신들이 그리스도인임을 인정했다. 추후 조사가 이루어진 뒤 루스티쿠스는 그들에게 신들에게 희생제물을 바칠 것을 제안했다.[55] 유스티누스는 "정신이 온전한 사람은 경건함에서 불경건함으로 떨어지지 않습니다"[56]라고 말하며 거절했다. 그의 동료들도 마찬가지로 거절했다. 그러자 루스티쿠스는 판결을 내렸다. "신들에게 희생제물을 바치기를 거부하고 황제의 명령에 굴복하지 않은 자들은 매질당하고 법에 따라 참수형에 처할 것이다."[57] 그리고 이 판결은 그대로 집행되었다. 그다음 세기의 영향력 있는 아프리카 주교 키프리아누스(Cyprianus)의 재판과 처형 기록에서도 매우 비슷한 절차가 드러난다.[58]

초기 몇십 년 동안 그리스도인들은 때로 유대인들이 받은 면제를 주장

---

52   Winter, *Divine Honours*, 196, 222; Boin, *Coming Out Christian*, 30.

53   Winter, *Divine Honours*, 222-25.

54   "Martyrdom of the Holy Martyrs Justin, Chariton, Charites, Paeon, and Liberianus, Who Suffered at Rome," trans. M. Dods, in *The Ante-Nicene Fathers*, ed. A. Roberts and J. Donaldson, 10 vols. (Peabody, MA: Hendrickson, 1994), vol. 1, http://www.clerus.org/clerus/dati/2001-02/19-999999/Tmarty.html.

55   "Martyrdom of the Holy Martyrs," 4.

56   "Martyrdom of the Holy Martyrs," 4.

57   "Martyrdom of the Holy Martyrs," 5.

58   Robert Louis Wilken, *The First Thousand Years: A Global History of Christianity* (New Haven: Yale University Press, 2012), 72-74을 보라.

하여 희생 의식에서 면제받을 수 있었다. 이는 예루살렘 성전에서 행해지는 희생제물이 원래 로마 신하들에게 요구되는 표준 희생제물을 대신할 수 있다는 가정에 기반한 것이었다.[59] 결국 초기 그리스도인들은 유대인들이었고—바울과 격렬한 논쟁을 벌였던—초기 기독교 지도자 중 일부는 회심한 그리스인과 로마인들조차도 할례와 같은 유대인의 풍습과 관습을 받아들여야 한다고 주장했는데, 이는 그리스도인들이 여전히 이 유대인 면제를 주장함으로써 황제와 다른 신들에게 희생제물을 바치는 요구를 피하려는 목적이었다.[60] 그러나 그리스도인과 유대인 사이의 분열이 더욱 뚜렷해지면서,[61] 그리스도인들은 유대인 면제 주장을 포기했고, 그 결과 심각한 딜레마에 직면하게 되었다. 즉 희생제물을 바치거나 (그렇게 함으로써 신앙을 배신하거나) 아니면 희생제물을 거부하거나 (이럴 경우 참수형을 포함한 엄중한 법적 처벌에 직면) 하는 문제였다.

이 딜레마는 때때로 상업 활동과 관련해 발생했다. 브루스 윈터는 "상업 거래에 참여하기 위한 전제조건으로서 [그리스도인들은] 황제들에게 특정한 신적인 예를 표해야 했다. 그렇게 하지 않으면 일상생활에 필요한 물품을 확보할 수 없었고 모든 물품은 1세기 도시의 공식 시장을 통해서만 사고팔 수 있었기 때문"이라고 설명한다.[62] 신하들은 경제 활동을 할 수 있는 허가를 받아야 했고 "그때에만 필요한 생필품을 사고팔 수 있었다."

하지만 불이행에 대한 제재는 단순히 시장에서 배제되는 것에 그치지

---

59 Winter, *Divine Honours*, 117, 243.

60 Winter, *Divine Honours*, 192-95.

61 이 분열이 언제, 어떻게 일어났는지는 복잡한 역사적 문제다. 일반적으로 James D. G. Dunn, *Christianity in the Making.* vol. 3: *Neither Jew Nor Greek*(Grand Rapids: Eerdmans, 2015)을 보라.

62 Winter, *Divine Honours*, 286.

않고 추방이나 "즉결 처형"까지 포함할 수 있었다.[63] 상업 활동뿐만 아니라 그리스도인들을 이런 위험한 상황에 몰아넣는 다른 사회 활동들도 있었다. 기번은 "수많은 신과 다신교 의식들은 사업이나 여가, 공적 및 사적 생활의 모든 상황과 밀접하게 얽혀 있어 때로는 인간 사회의 교류 및 모든 사회적 행위와 오락을 포기하지 않고는 그것들을 피하기가 불가능해 보였다"고 관찰했다. 특유의 냉소를 담아 기번은 "광장에서나 극장에서 혐오스러운 행위를 피하며 경건한 공포를 가진 그리스도인들은 친구들이 환대의 신들을 부르며 서로의 행복을 위해 술잔을 기울이는 모든 사교 행사에서 지옥 같은 덫에 갇히는 것을 발견했다"[64]고 덧붙였다.

어떤 그리스도인들은 끈질긴 압력에 굴복해서 이교 희생제사를 수행하며 요구에 순응했지만, 다른 이들은 거부했다. 로마인들에게 이 거부는 충성의 실패를 의미했고 박해와 처벌이 예견되었다.

반역

그러나 그리스도인들은 단지 충성을 보이는 데 부족했을 뿐만 아니라 의도했든 아니든 적극적이고 분명하게 로마 권위의 기반을 전복했다.[65] 그것은 그리스도인들이 세상에 전한 교리가 근본적으로 로마 정치 체제에서 시민 충성과 의무의 근거를 배척하고 약화시켰기 때문이다. 기번은 "복음의 신앙을 받아들임으로써 그리스도인들은…관습과 교육이라는 신성한 유대를

63　Winter, *Divine Honours*, 286.

64　Gibbon, *History of the Decline*, 1:460-61.

65　참조. Wilken, *The Christians*, 125("그러나 그리스도인들이 단순히 시민 생활에 참여를 거부함으로써 도시를 전복하기만 한 것이 아니라 자신들이 살던 사회의 기초를 약화시켰다").

해체하고, 국가의 종교 제도를 침해하며, 조상들이 진리로 믿거나 신성하게 여긴 모든 것을 건방지게 경멸했다"[66]고 설명했다.

실용적인 당국자들은 물론 이런 모순을 간과할 수 있었다. 그들은 그리스도인들이 조용히 있으면 그들의 근면과 세금 덕분에 도시는 혜택을 받을 수 있으므로, 그리스도인들이 신앙의 전복적 함의를 드러내지 않고 암묵적으로 또는 비밀스럽게 신앙생활을 하기만 하면 무난히 돼도 된다고 생각했을 것이다. 이것은 앞서 본 것처럼 트라야누스가 플리니우스에게 준 조언과 거의 같았다. 그리스도인들이 통치자 앞에 소환되어 명확히 기소된다면 "처벌해야 하지만,"[67] 적극적으로 찾아다니며 체포하려 해서는 안 된다는 것이었다. 케임브리지 대학교의 역사학자 키스 홉킨스는 "기독교가 매우 적은 규모였기 때문에 로마 국가는 그것을 효과적으로 탄압하는 데 거의 신경 쓰지 않았다"[68]고 지적한다.

안타깝게도 그리스도인들은 종종 눈에 띄지 않고 머무르는 데 만족하지 않았다. 결국 그들은 자신들의 종교를 창시한 창시자로부터 모든 피조물에게 복음을 전하라는 명령을 받았다.[69] 그리고 사도 바울과 동료들이 초기 세대에 정도를 위해 보여준 극적인 노력은 즉각적 후속 세대에게 그대로 이어지지 않았지만, 많은 그리스도인은 여전히 "좋은 소식", 즉 **자신들의** 관점에서 매우 좋은 소식이었으나 공개적으로는 이교의 관습과 헌신을 파괴하는 소식을 전해야 한다는 충동을 느꼈을 것이다.[70] 기번은 한 사건을 전

---

66   Gibbon, *History of the Decline*, 1:518.
67   이 책 제1장에서 앞부분을 보라.
68   Hopkins, *World Full of Gods*, 82.
69   마 28:19-20.
70   참조. Gibbon, *History of the Decline*, 1:451-52("새로 회심한 이에게 가장 신성한 의무는 자신이 받은 헤아릴 수 없는 축복을 친구와 친척들에게 전파하고 자비롭지만 전능한 신의 뜻에 대한 범죄적 불복종으로 엄중한 벌을 받게 될 거부를 미리 경고하는 일이 되었다").

하는데, 백부장 가운데 한 명인 마르켈루스(Marcellus)가 한 공적인 축제에서 갑자기 무기와 군장을 버리고 전쟁과 이교의 우상숭배를 포기하며 오직 예수만을 따르겠다고 선언했다. 그는 즉시 사형 선고를 받고 참수당했고 기번은 "어떤 정부도 그런 행동을 용인할 수 없었을 것"[71]이라고 차분히 언급한다.

『폭스의 순교자 열전』은 히에로니무스(Jerome)에게서 전해진 이야기를 전하는데 이 이야기는 (역사적 사실 여부와는 상관없이) 문제를 잘 보여준다. 이야기 속에서 사도이자 베드로의 형제인 안드레(Andrew)는 아카이아에서 복음을 전파했고 지방 총독 아이게아스(Aegeas)는 사도의 활동이 시민 종교를 약화시키고 있다고 우려했다. 그 결과 대치가 벌어졌고 안드레는 분명히 다음과 같이 말했다.

로마의 통치자들은 진리를 이해하지 못한 것이며, 하나님의 아들이 인류를 위해 하늘에서 세상에 오셔서 사람들이 신이라며 숭배하는 손상된 우상들이 **신들이 아니며** 오히려 가장 잔혹한 **악마들**이라 가르치고 선언하셨다. 이 악마들은 인류의 적이고 하나님을 노하게 하는 것 외에는 아무것도 가르치지 않는 존재로 하나님은 괘씸히 여기시고 그들을 외면하신다. 그래서 이 악마의 사악한 섬김으로 인해 사람들은 모든 악행에 빠지고 죽은 후에는 오직 그들의 악한 행위만이 남게 된다.[72]

아이게아스가 불쾌해하며 안드레를 십자가형에 처하라고 명령한 것이 놀랄 일일까?

---

71 Gibbon, *History of the Decline*, 1:562.
72 *Foxe's Book of Martyrs*, 7-8.

이교도들의 의심에 대한 결정적 반박은 궁극적으로 아우구스티누스의 대작 『하나님의 도성』에서 제시되었다. 아우구스티누스의 책이 쓰인 5세기 초에는 제국이 공식적으로 기독교화되었지만 이교도들은 여전히 많이 존재했고 410년 고트족의 로마 약탈 사건으로 인해 비평가들은 이 비극의 원인이 전통적인 신들을 떠난 결과라고 주장했다. 이에 대해 아우구스티누스는 이교를 가차 없이 공격했다. 이교의 신들은 악마였다.[73] 그들은 로마의 정치적·군사적 성공에 대한 공로를 가질 자격이 없었고 오히려 로마인들의 성격에 사악함을 심는 역할만 했다.[74] 실제로 로마 국가는 결코 완전한 의미에서 진정한 공화국이 아니었는데, 키케로가 주장했듯이 "진정한 공화국"은 정의에 기반하며 불의한 악마들의 거짓 신들은 결코 정의로운 통치를 뒷받침할 수 없었기 때문이다.[75] 아우구스티누스의 연구가 진행되면서 날선 비판들은 잔혹한 조롱으로 발전했다.[76]

이 교리 및 국가의 이교 종교 의존에 대한 격렬한 비난에서, 아우구스

73　Augustine, *The City of God against the Pagans*, trans. and ed. R. W. Dyson (Cambridge: Cambridge University Press, 1998), 7.33, 307(이교의 신들은 "악마들이다. 죽은 자의 혼령의 모습으로 또는 이 세상 존재의 외형 아래서 신으로 여겨지길 바라는 악마들"이라고 주장한다).

74　Augustine, *City of God*, bks. 2, 4.

75　Augustine, *City of God* 2.21, pp. 76-80. 그러나 덜 야심적인 정의 아래에서는 아우구스티누스가 로마가 공화국이었음을 인정했다(19.21, 950-951; 19.24, 960-961).

76　Augustine, *City of God*, bks. 4, 6, 7. 예를 들어, 한 구절에서 아우구스티누스는 이교도들이 결혼의 완성을 돕기 위해 다양한 신들을 배치한 것을 비웃는다. 결혼식을 돕는 유가티누스(Jugatinus), 신부를 집으로 인도하는 도미두쿠스(Domiducus), 신부를 집에 들이는 도미티우스(Domitius), 신부가 남편과 함께 있도록 하는 만투르나(Manturna), 그리고 결합의 여러 단계를 돕는 비르기넨시스(Virginensis), 수비구스(Subigus), 프레마(Prema), 페르툰다(Pertunda), 베누스(Venus), 프리아푸스(Priapus) 등이 있다. 아우구스티누스는 조롱 섞인 어조로 묻는다. "결혼 준비자들이 모두 떠난 뒤에 왜 침실을 신들의 떼로 가득 채우는가? 만약 적어도 남자가 그 일에 임하면서 신들의 도움이 필요했다면, 한 명의 신이나 여신으로 충분하지 않았을까? 베누스 혼자서 그 역할을 감당하지 않았겠는가?…결혼한 부부가 남녀의 수많은 신들이 참석해 이 일을 지켜보고 있다고 믿는데, 왜 그들은 수줍음에 압도되어 남자는 덜 흥분하고 여자는 더욱 망설이지 않는가?"(4.9, 258)

티누스는 기독교 사상 전반에 암묵적이거나 덜 명료하게 드러났던 내용을 표현한 것에 불과하다고 할 수 있다. 실제로 순교자 유스티누스, 아테나고라스, 테르툴리아누스, 오리게네스, 락탄티우스 등 초기 기독교 사상가들도 유사하지만 다소 덜 포괄적인 이교 비판을 이미 내놓은 바 있었다. 그리고 이 비판들이 말로 표현될 때 그것들은 기독교 이전 로마 국가의 이교적 토대에 대해 대담하고 단호하게 전복적 성격을 띠었다.[77]

신성모독

심지어 현대의 철저히 세속적인 관찰자에게마저 오늘날 그 가정들이 다소 터무니없게 보일지라도, 로마 국가가 세워진 이교적 전제를 전복시키려 했던 안드레 같은 그리스도인들에 대한 로마의 우려를 이해할 수 있을 것이다. 개인적으로 신들의 존재를 의심하는 관대하고 실용적인 로마 관리조차도—다시 말해 기번이 묘사하거나 적어도 가정해본 바로 그 유형의 관리조차도[78]—이런 전복적인 행위에는 이의를 제기했을 것이다.

하지만 물론 많은 로마인은 이 문제를 단순히 실용적인 시각에서 보지 않았다. 많은 이들은 문자 그대로든 아니면 키케로의 대화편에 나오는 스토아 철학자 발부스가 설명한 더 철학적인 의미에서든 신들을 진실로 믿었다. 만약 당신이 그런 믿음을 가진 로마인이라면, 당신은 신들이 실제로 존재하며 적절히 존중되고 달래지기만 하면 국가를 인도할 의지와 능력이 있다고 믿었을 것이다. 반대로 신들을 모욕하거나 화나게 하면 그들은 공동체에 재앙을 내릴 수 있었다(호메로스 베르길리우스 같은 이교도들이 쓴 고전들에

---

77   또한 Wilken, *The Christians*, 124-25도 보라(켈수스가 그리스도인들이 "그들이 살던 사회의 기초를 약화시켰다"고 비판한 것을 설명한다).

78   이 책 제4장에서 앞부분을 보라.

서 자주 그러했듯이 말이다).

이 관점에서 보면, 기독교는 필연적으로 깊이 전복적인 세력으로 보였을 것이다. 단지 그 교리가 국가의 종교적 전제와 모순되었기 때문만이 아니라 더 중요한 것은 그리스도인들이 신들을 거역하고 모욕했기 때문이다. 기독교의 존재 그 자체—이교적 경건함에 비추어볼 때 일탈적이고 신성모독적인 교리—는 일종의 신성모독, 즉 "신성의 상실"이었다. 요컨대 기독교는 단순히 신들에 대한 사람들의 **신앙**을 약화시킬 뿐만 아니라 사람들과 그들의 통치자, 그리고 신들 사이의 실제 관계도 방해했다. 이는 **신들의 평화**(*pax deorum*)를 깨뜨린 것이다.[79]

그리스도인의 신성모독에 대한 로마의 우려는 박해가 보통 어려운 시기에 심해졌다는 사실에서 뚜렷이 드러난다. 기번은 "제국이 최근에 역병, 기근 또는 패배한 전쟁과 같은 재난을 겪거나, 테베레강이나 나일강이 범람하거나 범람하지 않았거나, 지진이 났거나, 계절의 질서가 어그러졌다면, 미신적인 이교도들은 그리스도인들의 범죄와 불경이 마침내 신의 정의를 자극했다는 것을 확신했다"[80]고 진술한다.

여기서 기번의 계몽주의적 냉소, 즉 일반적으로 그리스도인에게 향하는 "미신적"이라는 경멸이 이교도들에게 적용된다. 그러나 실제로 이교도들이 재난을 기독교 탓으로 돌린 것은 단순히 비이성적인 희생양 만들기가 아니었으며 적어도 이교적 경건의 전제하에서는 꽤 논리적인 귀결이었다. 사실 이 논리는 이교도만의 것은 아니었다. 성서에서는 한 사람의 범죄가 때로는 이스라엘 공동체 전체에 하나님의 진노를 불러올 수 있다.[81] 이 신성모독의 논리에 따라 황제 디오클레티아누스(Diocletian) 시절의 "대박해"

79　Moss, *The Myth of Persecution*, 175을 보라.

80　Gibbon, *History of the Decline*, 1:537.

81　예를 들어 수 7장을 보라.

는 원래 좌절한 점성가들이 십자가 표시를 한 그리스도인들을 탓하면서 촉발되었거나 당시 사람들이 그렇게 이야기했다. 분노에 차 있던 디오클레티아누스는 즉시 주변의 모든 그리스도인에게 분노를 돌렸고[82] 가장 잔인한 박해가 시작되었다.

자유(와 존엄성)

지금까지 살펴본 바와 같이—그리스도인들이 요구된 제사를 수행함으로써 제국에 대한 충성을 공개적으로 보여주기를 거부한 사실, 기독교가 로마 국가의 기반을 이루던 신념들과 정면으로 모순되며 이를 전복시킨 사실, 그리고 기독교가 로마인들과 그들의 신들 사이의 관계를 사실상 훼손한 사실만으로도—로마인들이 테르툴리아누스와 같은 기독교 변증가들이 제안한 공존의 조건을 받아들일 수 없었던 이유는 충분하다. 그러나 이와 더불어 다소 형태는 불분명하면서도 어떤 의미에서는 이러한 상황을 완전히 이해하도록 도움을 주는 더욱 근본적인 요소가 있었으며 이 요소는 기독교와 로마의 내재적 종교성이 드러내는 긴장을 조명한다. 이는 오늘날 우리 사회에서 자유—종교적·지적·도덕적 자유—또는 "존엄성"이라는 개념으로 설명될 수 있는 가치와 관련되어 있다.

제5장에서 언급한 바와 같이 현대 학자들은 때로 기독교와 이교의 차이를 다음과 같이 설명해왔다. 즉 기독교는 **진리**에 관심이 있었고 이교는 그렇지 않았으며 기독교는 **도덕성**에 관심이 있었고 이교는 그렇지 않았다는 식이다.[83] 그러나 우리의 검토에 따르면 이러한 구분은 지나치게 단순화

---

82   Lactantius, *On the Manner*, 10장을 보라. 또한 Averil Cameron, *The Later Roman Empire* (Cambridge, MA: Harvard University Press, 1993), 45을 보라.

83   이 책 제5장에서 앞부분을 보라.

되어 있다. 그럼에도 기독교는 정밀한 신조와 교리를 통해 신학적 진리를 정식화하고 신학적 오류나 이단을 식별하며 배제하는 데 강한 헌신을 드러냈는데, 이러한 태도는 이교적 사고방식과는 전혀 상이한 것이었다. 역사학자 로빈 레인 폭스는 "이교 문화에는 이단이라는 개념 자체가 존재하지 않았다"[84]라고 지적한다. 마찬가지로 그리스도인들은 특히 성적 도덕성을 포함한 도덕적 문제에 대하여 강박적이고 청교도적인 관심을 나타냈는데, 이는 이교적 감수성과는 전혀 어울리지 않는 것이었다.[85]

이러한 기독교적 헌신은 시간과 공간의 한계 밖에 존재하면서 인간에게 "영생에 이르는 좁은 길"을 제시한 초월적 하나님에 대한 믿음에서 기인했다.[86] 기독교의 관점에서 모든 인간의 삶은 "영원의 관점 아래"서 진행되며 그리하여 언제나 초월적 기준에 의해 심판을 받는다. 다시 말해 인간의 모든 삶은 **심판**을 받는다. 경건한 신자들에게 이러한 초월적 기준 혹은 심판의 사실은 자유를 침해하는 것이 아니었다. 오히려 그것은 자유의 본질이었다. 예수는 "너희가 진리를 알지니 진리가 너희를 자유케 하리라"[87]라고 가르쳤다. 아우구스티누스 역시 복음이야말로 "참된 자유"를 가져온다고 확언했다.[88] 그는 이렇게 설명했다. "선한 사람은 비록 종일지라도 자유인이며 악한 사람은 비록 왕으로 군림하더라도 종이다. 그는 단지 한 사람에게 종이 아니라 더욱 비참하게도 자기 악행의 수만큼의 주인들에게 종이 된다."[89] 반면 도덕적 제약이 전혀 없는 상태는 단지 "방황하는 자유"에

---

84   Fox, *Pagans and Christians*, 31.

85   이 책 제5장에서 앞부분을 보라.

86   이 책 제5장에서 앞부분을 보라.

87   요 8:32.

88   Augustine, *City of God* 2.29, p. 92.

89   Augustine, *City of God* 4.4, p. 147. 또한 14.11, p. 609도 보라. "의지의 선택은 악덕과 죄의 종이 되지 않을 때만 참으로 자유롭다. 하나님께서는 인간의 의지에 그러한 자유를 주셨으나, 그것은 인간 자신의 잘못으로 인해 상실되었고 그 자유는 오직 그것을 주실 수 있는 분

불과하다.[90]

그리스도인들이 믿었던 초월적 기준은 시간이 흐르면서 그들에게 어떤 행위—유아 살해, 검투사 시합, 나아가 노예 제도—가 설령 알려진 모든 인류 사회에서 널리 시행되고 받아들여져왔다 할지라도 불의하고 비도덕적인 것이라고 선언할 수 있게 만들었다. 프로타고라스는 "인간이 만물의 척도다"[91]라고 말한 바 있다. 이러한 전제에 따른다면, 만약 (노예 제도나 유아 살해 같은) 행위가 인간들에 의해 보편적으로 수용되었다면 그것을 평가할 다른 기준은 무엇이 있을 수 있겠는가? 그러나 기독교는 프로타고라스의 전제를 단호히 거부했다. 만물의 척도는 인간이 아니라 궁극적으로 하나님이며,[92] 따라서 노예제와 같이 모든 사람이 받아들인 관습일지라도 근본적으로 잘못된 것일 수 있다.

그러나 또 다른 의미에서, 그리고 충분히 이해할 만한 차원에서 진리와 도덕에 대한 영속적이고 포괄적인 신적 기준의 주장은 한 남성의 생각과 예배, 그리고 법의 허용 범위 안에서 원하는 방식대로 살아갈 자유에 대한 억압적인 제약으로 비칠 수 있었다(그리고 반감을 일으킬 수도 있었다). (여기서는 실제로 자유를 누릴 수 있었던 로마의 남성 시민을 의미하므로 남성을 가리키는 표현을 사용하는 것이 적절하다). 이교적 세계관에서는 한 남성이 무엇을 믿을

에 의해서만 회복될 수 있다. 그러므로 진리가 말씀하시기를 '아들이 너희를 자유롭게 하면 너희가 참으로 자유로우리라'고 하셨다."

90　Augustine, *The Confessions of St. Augustine*, ed. and trans. Albert Cook Outler, rev. ed. (New York: Dover, 2002), 3.5, p. 34.

91　Plato, *Theatetus*, trans. Harold North Fowler (London: W. Heinemann, 1921). 『테아이테토스』(아카넷 역간).

92　참조. Jan Assmann, *The Price of Monotheism*, trans. Robert Savage (Stanford: Stanford University Press, 2010), 55("오직 하나님이 율법을 주시는 분이자 심판자이신 종교적 맥락 안에서만 인간의 판단과 하나님의 판단이 현저히 어긋날 수 있다는 사상이 비로소 가능케 된다").

지, 어떤 신에게 예배할지, 그리고 비교적 넓은 한도 안에서 자신의 성적 행위를 어떻게 할지를 자유롭게 결정할 수 있었다. 반대로 기독교 안에서 **이런** 종류의 자유는 부정되었다. 아니, 형식적으로는 자유가 지속되었을지 몰라도 그 자유의 행사 가운데 어떤 것은 승인되었지만 어떤 것은 잘못된 것으로, 심지어 파멸에 빠뜨릴 죄악으로 정죄되었다. 이는 마치 무서운 감시자와도 같은 빅브라더(Big Brother)가 사람의 모든 행위와 말, 그리고 모든 일탈적이거나 욕망에 사로잡힌 생각까지 낱낱이 살피며 꾸짖는 것과 같았다. 키스 홉킨스는 이교도들이 "초기 그리스도인들이 죄책감을 과도하게 부각시킨 것"에 대해 부정적인 반응을 보였다고 논평한다.[93]

설령 그리스도인들의 정죄하는 견해가 법에 의해 제도적으로 적용되지 않았을지라도(사실 그리스도인들이 힘없는 소수자였던 동안 그것을 법적으로 강제하기란 거의 불가능했기 때문이다), 말하자면 자유가 법적 제재로 직접 제한되지 않았다 할지라도, 이교적 관습과 신념에 대해 정죄하는 태도는 여전히 이교도들에게 모욕적으로 다가올 수 있었으며, 오늘날의 표현으로는 그들의 "존엄성"을 침해하는 일로 여겨질 수 있었다. 그 가능성은 3세기의 기독교 변증가 미누키우스 펠릭스(Minucius Felix)가 기록한 『옥타비우스』(*Octavius*)라는 대화편에서 드러난다. 이 대화는 미누키우스의 두 친구, 곧 독실한 그리스도인 옥타비우스와 이교도 카이킬리우스 사이의 대화를 전하는 형식이다. 세 사람이 로마 외곽 오스티아에서 목욕을 하러 가던 길에 신 세라피스(Serapis)의 형상을 지나게 되는데, 카이킬리우스는 자기 손에 입을 맞춘 뒤 그 손을 형상의 입술에 대며 이교도의 관습을 따른다.[94] 이에 옥타비우스는 카이킬리우스가 듣는 앞에서 자신의 친구가 저 돌덩이에

---

93   Hopkins, *World Full of Gods*, 88.

94   Minucius Felix, "Octavius," in *Ante-Nicene Church Fathers, Fathers of the Third Century*, trans. Philip Schaff (London: Aeterna Press, 2014), 8권, 2장, p. 3.

"대낮에 그 자신을 내어 맡기도록"[95] 허용한 것을 꾸짖는다. 카이킬리우스는 예측대로 분개하며 "옥타비우스의 말은 나를 몹시 괴롭히고 불쾌하게 했네"[96]라고 항의한다. 이어 그는 그리스도인들의 하나님은 "온갖 곳을 이리저리 뛰어다니며 어디에나 존재해. 그들은 이 신을 성가시고 불안정하며 심지어 부끄러움 없는 호기심쟁이로 만들어버리네. 왜냐하면 그는 행해지는 모든 일 앞에 있고 모든 장소를 드나들며 돌아다니기 때문이야"[97]라고 논박한다.

대화 속에서 옥타비우스와 카이킬리우스 간의 갈등은 거의 기적적으로 해소된다. 옥타비우스가 긴 대화를 통해 이교도 친구가 기독교의 진리를 받아들이도록 설득하는 데 성공했기 때문이다. 카이킬리우스는 이 호의적인 일을 행한 그리스도인 친구에게 감사를 표하고 세 친구는 "기쁘고 유쾌하게" 자리를 떠난다.[98] 그러나 대부분의 사회적 만남이 이처럼 믿기 어려울 정도로 행복한 결론으로 끝나지는 않았기 때문에, 그리스도인들의 지나치게 엄격한 태도는 자유를 성가시게 혹은 심지어 견딜 수 없을 정도로 제한하는 억압으로 여겨졌으며, (오늘날의 용어로 표현하자면[99]) 정죄받는 이교도들의 "존엄성"에 대한 모욕으로도 간주될 수 있었다. 기번은 "이교도들은 방금 나타난 보잘것없는 종파가 제국의 동포들이 오류에 빠졌다고 감히 정죄하고 그들의 조상들을 영원한 형벌에 내몰았다는 사실에 분노했

---

95   Minucius Felix, "Octavius," 3장, pp. 3-4.

96   Minucius Felix, "Octavius," 4장, pp. 4-5.

97   Minucius Felix, "Octavius," 10장, p. 12.

98   Minucius Felix, "Octavius," 40-1장, pp. 48-9.

99   오늘날의 법과 인권 옹호 담론 속에서 점점 더 중요해지고 있는 "존엄성" 개념에 대한 논의는 Mark L. Movsesian, "Of Human Dignities," *Notre Dame Law Review* 91 (2016): 1517; Jeremy Waldron, "Dignity, Rights, and Responsibilities," *Arizona State Law Journal* 43 (2012): 1107; James Q. Whitman, "The Two Western Cultures of Privacy: Dignity versus Liberty," *Yale Law Journal* 113 (2004): 1191을 참조하라.

다"[100]고 진술한다. 또한 이와 같은 불만의 흔적은 플리니우스(Pliny)가 그리스도인들이 "굳세게 꺾이지 않는 완고함"에 집착한다고 비판한 데서도 드러난다. 그는 이러한 이유만으로도 그들의 행위에서 실제로 어떠한 범죄를 발견하지 못했음에도 그리스도인들이 형벌을 받을 만하다고 주장했다.[101]

기독교의 초기 삼 세기 동안 로마인들은 당연히 기독교를 무시하거나 거부할 자유를 가졌고, 따라서 기독교가 수반하는 이교의 자유에 대한 제약도 거부할 수 있었다.[102] 그리고 실제로 로마인의 대다수는 바로 그렇게 했다. 그럼에도 기독교가 강요하려 했던 제약—이교적 관점에서는 부당하고 불합리하게 보였던 제약—과 그리스도인들의 비난적이고 독단적인 태도는 로마인들이 기독교를 의심하고 테르툴리아누스와 같은 변증가들이 제시한 조건에 따라 평화로운 공존을 받아들이지 않으려 한 이유를 강화했을 것이다.

이교의 (받아들일 수 없는) 공존의 조건

이교도들이 기독교가 제시한 공존의 조건을 받아들일 수는 없었지만 그들은 다른 방식으로 대응할 수 있었으며 실제로 그렇게 했다. 즉 이교도들은 자신들의 조건을 내세우며 평화로운 공존을 제안했던 것이다. 그리고 이 조건들은 최소한 (이교적 시각에서 보면) 매우 공정하고 합리적으로 보였을 것이다. 따라서 그리스도인들이 이러한 지나치게 합리적으로 보이는 이교의 제안을 완강하게 거부한 사실은 기독교에 대한 탄압을 정당화시켜주는

100　Gibbon, *History of the Decline*, 1:560.
101　이 책 제2장을 참조하라.
102　Hopkins, *World Full of Gods*, 82-83을 보라.

더욱 강력한 근거가 될 수 있었다.

본질적으로 이교가 제시했던 가능성은 다음과 같았다. 곧 기독교와 그리스도인들은 수많은 다른 제의와 종파들이 이미 이교라는 넓은 그늘 아래 수용되어온 것과 동일한 조건에서 받아들여질 수 있었다는 점이다. 대부분의 경우 로마인들은 서로의 제의와 신들을 호혜주의 원칙에 따라 포용할 수 있었다. 즉 "당신이 내가 섬기는 신을 존중한다면, 나도 당신의 신을 존중하겠다." 왜 기독교도 같은 방식으로 포용될 수 없었겠는가?[103] 어차피 "신들의" 가족은 한계 없이 확장될 수 있었다. 그것은 로마의 원래 신들뿐만 아니라 전체 그리스 만신전, 더 나아가 이집트와 시리아 등지에서 유입된 신들로 확장될 수 있었다. 그렇다면 기독교의 하나님 역시 동일하게 포용적이고 보편주의적인 조건 속에 포함될 수 있지 않았겠는가? 최소한 이교적 시각에서는 그렇게 보였을 것이다.

교회사가 에우세비오스에 따르면(그는 이 보고를 테르툴리아누스로부터 전해들었다), 황제 티베리우스는 예수에 대해 듣고 그를 만신전에 포함시키자고 **자발적으로**(*sua sponte*) 제안했다. 그러나 원로원 의원들은 이 새로운 종교에 대해 충분히 알지 못한다는 이유로 황제의 제안을 승인하기를 거부했다.[104] 물론 이 보고의 정확성은 의심될 만하다.[105] 그럼에도 이 이야기는 적절한 정황과 요청이 있었다면 실제로 가능한 발전의 한 단면을 **보여준다.** 후대에 황후 마마이아(Mammaea)는 기독교 철학자이자 변증가인 오리게네스를 불러 신학적 문제에 대해 대화를 나누고자 했다. 그녀의 아들인

---

103 이미 언급한 것처럼 제국의 시민들은 신격화된 황제와 "신들" 앞에 작은 존경의 표시를 드리는 것이 분명히 요구되었다. 그러나 솔직히 이것이 그렇게 큰 부담이었을까? 짧고 **형식적인**(*pro forma*) 충성 서약을 읊조리거나, 제단에 약간의 포도주를 붓거나, 향 한 꼬집을 뿌리는 일이 그토록 어려웠던 것일까? Wilken, *The Christians*, 25-27.

104 Eusebius, *The Church History*, 59-60.

105 예를 들어 Gibbon, *History of the Decline*, 1:550을 참조하라.

알렉산데르 세베루스 황제는 포용적인 성향을 보이며 (아브라함, 오르페우스, 그리고 아폴로니우스의 동상이 있는) 개인 예배실에 예수의 동상을 그것들 옆에 두었다. 심지어 알렉산데르가 예수를 위한 신전을 세우려 했다는 소문도 돌았다. 또 다른 소문에 따르면, 필리푸스 아라부스 황제는 실제로 기독교로 개종했다는 말도 있었다.[106] 한편, 박식한 이교 철학자 포르피리오스(Porphyry)는 기독교의 가장 격렬한 비평가 중 한 사람이었지만 예수를 사후에 신적 지위로 높여진 인류의 현자 목록에 포함시킨 저술을 남기기도 했다.[107]

다른 로마 당국자들도 만약 그리스도인들이 동의했다면 동일한 조건으로 수용할 의사를 갖고 있었을 가능성이 크다.[108] 실제로 일부 그리스도인들은 동의하기도 **했다**. 앞서 언급했듯 어떤 이들은 신들에게 작은 제물의 의례를 행하고 다른 면에서는 이웃 이교도들과 우호적으로 함께 어울리며 지냈다.[109] 한 현대의 역사가도 이러한 화해적 태도를 적극적으로 긍정하며, 이러한 조건을 받아들일 의향이 있었던 그리스도인들은 로마 사회 안에서 꽤 원만하게 지냈던 것으로 보인다고 덧붙인다.[110]

우리가 앞서 살펴본 것처럼 기독교가 제안했던 공존의 방식은 오늘날

---

106 이러한 이야기들은 Gibbon, *History of the Decline*, 1:553-54에 기록되어 있다.

107 Wilken, *The Christians*, 148-53을 보라.

108 분명 플리니우스는 피소된 그리스도인들에게 로마의 신들을 숭배할 뿐만 아니라 "그리스도의 이름을 욕하라"는 요구까지 했다. 이 책 제2장을 보라. 다른 로마의 통치자들도 같은 요구를 했을 가능성이 있다. 그러나 이러한 두 번째 요구는 그리스도인들이 자신들의 하나님을 배타적이고 유일한 신으로 고집한다는 (옳은) 전제를 바탕으로 부과되었을 공산이 크다. 만일 그리스도인들이 그리스도를 많은 신들 가운데 하나로만 대할 의향이 있었더라면, 로마 당국의 반응도 아마 달라졌을 것이다.

109 Boin, *Coming Out Christian*, 29-31을 보라. Gibbon, *History of the Decline*, 1:549도 참조하라("모든 박해에는 자신들이 공적으로 고백했던 신앙을 공개적으로 부인하거나 포기한 수많은 불충실한 그리스도인들이 있었다").

110 일반적으로 Boin, *Coming Out Christian*을 참조하라.

의 롤스적 어휘로 설명할 수 있다. 즉 기독교와 이교의 "포괄적 교리"는 근본적으로 크게 달랐지만, 양자는 모두 지상 권력자에 대한 복종을 요구했으며 이 공통점이 바로 정의로운 정치 공동체의 토대를 이루는 "중첩적 합의"를 제공할 수 있었다. 그러나 이교의 공존 제안은 롤스적 틀 안에서 동일하거나 심지어는 더 설득력 있게 설명될 수 있다. 즉 이교적 접근은 공동체를 진리 혹은 절대적 진리에 대한 주장 위에 세우려 하지 않고 우리가 "이성적 합리성"(reasonableness)이라고 부를 수 있는 것 위에 세우고자 했던 것이다. 그리고 이 합리성은 사교성, 상호 존중, 호혜적 조건 속에서 다른 이들의 관습과 신념을 수용하려는 의지로 이해될 수 있다.[111]

이러한 "합리성"의 정신 안에서 본다면 로마가 요구한 충성의 표시란 결코 공격적이지 않았던 것이었고 지키기에도 쉬운 것이었다. 사실상 필요한 것은 단순하고 무해한 제스처에 불과했다. 기번은 다음과 같이 설명한다. "만일 [그리스도인들이] 단지 향 한 꼬집을 제단 위에 뿌리는 것에 동의하기만 했다면 그들은 법정에서 안전하게, 그리고 오히려 칭찬을 받으며 물러날 수 있었다".[112] 키스 홉킨스는 지적인 이교도가 그리스도인 친구에게 이렇게 따져 묻는 장면을 상상한다. "왜 자네는 타협할 수 없는가? 누군가가 자네와 같은 그리스도인들에게 황제의 이름으로 맹세하라고 하거나, 황제의 건강을 위해 작은 술잔을 부으라고 한다 해도 그게 그렇게 끔찍한 일은 아닐 것이네. 자네는 단지 형식상 우리의 공적 축제에 동참할 수는 없

---

111   이러한 경향에 대한 현대 정치사상의 논의는 "Political Liberalism and Truth," *Legal Theory* 5 (1999): 45을 참조하라.

112   Gibbon, *History of the Decline*, 1:537-38. 또한 Robin Lane Fox, *The Classical World: An Epic History from Homer to Hadrian* (New York: Basic Books, 2006), 548도 보라(여기서 저자는 "사람들에게 많은 것을 요구한 것이 아니었다. 다만 신들에게 향 한 꼬집을 바치라는 것이 전부였다. 그러나 그것조차 거부한다면 죽임을 당해야 했다"라고 지적한다).

는가?"[113]

그러나 더욱 열성적인 그리스도인들은 이처럼 겉보기에 무해해 보이는 제스처조차 취하려 하지 않았고 또한 이교도들이 말하는 "합리적"이고 공정한 협력 체제에 참여하려 하지 않았다. 반대로 그리스도인들은 대부분의 종파들이 로마 종교 체제 안에 포용될 수 있었던 상호 존중의 원칙 자체를 거부했다. 그리스도인들은 자신들의 하나님이 오직 참되신 한 분 하나님이시며 로마의 여러 신들은 거짓 신들 혹은 귀신(demons)에 불과하다고 주장했다. 거리를 두고 이 상황을 바라본다면, 이교도의 관점에서 그리스도인의 이러한 태도가 교만하고, 비사교적이며, 불합리하게 보였을 이유를 쉽게 이해할 수 있다. 로버트 윌켄은 다음과 같이 설명한다. "그리스도인들은 오직 자신들의 신앙만이 진리라고 가르치는 종교적 광신자들, 스스로 의롭다고 여기는 외부인들, 오만한 혁신자들로 여겨졌다."[114]

그러나 동시에 독실한 그리스도인들이(그들 이전의 유대인들과 마찬가지로)[115] 이런 조건을 받아들일 수 없었던 것은 충분히 이해할 만하다. 그들은 로마의 겉치레식 호혜를 위선으로 여길 수밖에 없었다. 기독교 신앙은 무엇보다도 예수가 유일하신 참 하나님이라고 가르쳤다. 따라서 예수를 수많은 신 중 하나로 받아들이겠다는 이교적 제안은 사실상 포용의 초대가 아니라 그리스도인들에게 자기 신앙을 버리고 다신교 이교도로 전향하라는 권유와 같았다. 많은 신 중 하나로만 이해되는 그리스도는 더 이상 그리스

---

113   Hopkins, *World Full of Gods*, 210.

114   Wilken, *The Christians*, 63을 보라. 또한 Gibbon, *History of the Decline*, 1:536-37도 참조하라("오직 그리스도인들만이 인류의 신들을 혐오했고 이 엄숙한 축제들에서 그들의 결석과 침울한 태도로 인해 마치 공동체의 행복을 조롱하거나 애도하는 듯 보였다").

115   Assmann, *The Price of Monotheism*, 19을 보라("유대인들에게 야웨는 '아슈르'[Assur]나 '아몬'[Amun] 혹은 '제우스'로 번역될 수 있는 존재가 아니었다. 이것이 바로 이교도들이 결코 이해하지 못한 것이었다")

도인들이 믿고 예배하는 그리스도가 아니었다. 락탄티우스는 다음과 같이 설명했다. "만일 그분께 드려지는 영광이 다른 자들과 나누어진다면 그분은 더 이상 예배를 받지 못하신다. 왜냐하면 그분의 종교는 우리에게 오직 그분만이 단일하신 하나님이심을 믿도록 요구하기 때문이다."[116] 따라서 로마인들이 이해한 일반적 정책, 즉 "우리가 너희와 너희 신을 받아주겠다. 그러나 너희도 우리의 신들을 받아들여라"는 말은 그리스도인들에게 있어서는 기만적이거나, 적어도 앞뒤가 맞지 않는 무지한 말처럼 들릴 수밖에 없었다. 그것은 곧 "우리가 너희의 종교를 받아들이겠다. 다만 너희가 사실상 그것을 버리고 우리 이교 종교를 받아들이는 한에서 말이다"[117]라는 뜻이었다.

현대의 (불완전한) 비유 하나가 도움이 될 수 있다. 학교 교육 과정에 창조론을 포함시켜야 한다고 주장하는 이들은 종종 포용과 상호 존중의 언어를 사용한다. "당신들 진화론자와 우리 창조론자들은 생명의 기원에 대해 서로 다른 이론을 가지고 있다. 그러니 두 이론을 똑같이 가르치자"[118]라고 제안하는 것이다. 한편으로는 이 제안이 매우 합리적이고 폭넓게 관용적인 제안처럼 보일 수 있다. 하지만 많은 과학자들과 교육자들에게 그것은 허위의 상호성처럼 느껴진다. 왜냐하면 그 "두 이론"은 본질적으로 비교될 수 없는 것이기 때문이다. 하나는 과학적으로 뒷받침되고 다른 하나는 그렇지 않기 때문이다. 따라서 "동등한 시간을 주자"는 제안은 사실상

---

116   Lactantius, *The Divine Institutes*, ed. Alexander Roberts et al. (Lexington, KY: CreateSpace, 2015), 1.19, p. 46.

117   참조. MacMullen, *Paganism in the Roman Empire*, 94(여기서 저자는 "그리스도와 야웨가 다신교 체제 속으로 끌려 들어갔는데 이는 단지 오래된 회합에 새로운 구성원으로 편입된 것에 불과했다"라고 지적했다).

118   이러한 "균형 잡힌 대우" 입장에 대한 설명은 Edward J. Larson, *Evolution: The Remarkable History of a Scientific Theory* (New York: Random House, 2004), 257-59을 보라.

불량 상인의 제안과 비슷하다. "내가 당신이 가진 (합법적인) 화폐를 받아줄게. 다만 당신이 내 (위조) 화폐도 받아준다면 말이야." 진화론과 창조론을 경쟁하는 "이론"으로 동일시한다는 것은 과학에 대한 왜곡이자 배신이 된다. 실제로 진화론자들은 흔히 그렇게 본다. 그리스도인들은 로마 제국 안에서 이와 유사한 입장이었다. 비록 이교도들이 자신들의 종교적 관점 속에서는 그것을 이해하지 못한 채로 그리스도인들을 융통성 없고, 독단적이며, 공존의 대상이 못 되는 자들로 여기기는 했지만 말이다. 아테나고라스(Athenagoras)는 그리스도인의 관점을 한 철학자와 다른 철학자 간의 대화라는 관점에서 황제 마르쿠스 아우렐리우스에게 설명하려 했다.[119] 인간으로서도 부끄러울 만큼 비열하게 행동하는 수많은 유한하고 변화하는 신들을 신격으로 이해하는 것은 당연히 받아들일 수 없는 것이다. 그렇지 않은가? 반대로, 심지어 이교 철학자들과 시인들조차도 최종적으로 신은 반드시 하나라는 사실을 인정했다. 아테나고라스는 이렇게 탄원했다. 그렇다면 왜 그리스도인들이 유한한 신들을 예배하는 것을 거부하고 오직 유일하고 참되시며 무한한 하나님만을 예배한다는 이유로 형벌을 받아야 할까요?

아테나고라스는 황제의 철학적 통찰력을 거듭 칭송하며 마르쿠스 아우렐리우스가 자신의 주장의 정의로움을 알아주길 희망했다. 그러나 그의 희망은 보상받지 못했다. 후일 아우구스티누스는 이 궁극적 갈등의 본질을 명쾌하게 설명했다. 그는 그리스도인과 이교도는 모두 "이 죽을 삶에 필요한 것들을 공동으로 사용한다"라고 말했다. 하늘의 도성, 곧 기독교 공동체 역시 "필연적으로 이 [지상의] 평화를 이용할 수밖에 없으며", 또한 그렇게 하는 한 "지상의 도성의 법을 기꺼이 순종하는 데 주저하지 않는다." 그 결과 "조화가 보존된다." 그러나 문제가 발생하는 지점은 이교도들이 다수의

---

119 일반적으로 Athenagoras, *A Plea for the Christians*을 보라.

신들에 대한 숭배를 강요할 때다. "그러나 하늘의 도성은 오직 유일하신 한 분 하나님만 예배해야 함을 안다.…바로 이 차이 때문에 하늘의 도성은 지상의 도성과 종교의 법을 공유할 수 없었다. 이 점에서 지상의 도성과 이견을 가질 수밖에 없었고, 결국은 다른 생각을 가진 자들에게 부담이 될 수밖에 없었다. 그리하여 하늘의 도성은 적대자들의 분노, 미움, 박해를 짊어져야 했다."[120]

로마인들은 정말 관용적이었는가?

우리는 앞서 많은 현대 역사가가 로마 당국은 특히 종교 문제에 있어 놀라울 정도로 관용적이었다고 평가한다고 언급한 바 있다.[121] 실제로 그리스도인들조차도 로마의 지배 아래서 다양한 종교적 제의들이 번성하며 자유롭게 존속했던 사실을 인정하지 않을 수 없었다. 아테나고라스 역시 황제에게 다음과 같이 밝혔다. "[로마의 지배를 받는] 모든 민족과 백성 가운데 사람들은 원하는 제물을 바치고 원하는 신비 의식을 자유롭게 거행합니다. 이집트인들은 심지어 고양이나 악어, 뱀, 독사, 개들까지도 신들 가운데 포함시킵니다. 그런데 이러한 행위들을 황제께서도 그리고 법도 모두 허락하고 있습니다. 이는 결국 각자가 자신이 선호하는 신을 섬기는 것이 필요하다고 여기기 때문입니다."[122]

그러나 동시에 우리가 이미 살펴본 것처럼 (그리고 아테나고라스가 신랄하게 토로했듯) 로마인들은 때때로 그리스도인들에 대한 잔혹한 박해에도 가담했다. 그리스도인들이 황제에게 충성을 고백했고 심지어 그를 위해 기도

120　Augustine, *City of God* 19.17, pp. 945–46.

121　이 책 제4장을 참조하라.

122　Athenagoras, *A Plea for the Christians*, 5.

하기까지 했으며 대체로 평온하고 책임감 있게 행동했음에도 불구하고 말이다. 분명 로마의 박해 정책은 무분별하게 악의적으로 시행된 것은 아니었다. 앞서 본 바와 같이 그것은 (적어도 이교적 전제 위에서는) 충분히 합리적인 이치에 따른 것이었다. 그렇다 해도 로마 제국이 종교적으로 관용적이라고 평가해온 익숙한 판단은 수정되어야 하지 않을까?

이 질문 자체가 이해하기 어렵고 아마 잘못 제기된 것일지도 모른다. 그러나 첫 번째로 관찰할 점은 로마인들 스스로는 자신들의 관행을 관용이라는 개념으로 설명하거나 옹호하지 않았으리라는 점이다. 그들에게 관용은 이상적인 덕목도 정립된 미덕도 아니었다. J. A. 노스가 지적하듯이 "만약 관용이 있었다 해도 그것은 원칙에서 비롯된 관용이 아니었다. 우리가 아는 한, 국가나 개인이 다양한 종교 형태들을 반드시 관용해야 한다는 고정된 신념은 존재하지 않았다. 그것은 훨씬 후기 역사 시대의 발상이다. 진실은 로마인들이 그들에게 해롭지 않아 보이는 것들을 그냥 용인했을 뿐이며 잠재적으로 위험을 끼칠 수 있다고 보이는 순간에는 더 이상 받아들이지 않았다는 것이다. 다만 그들은 동시대 종교들의 많은 제의 안에서 별다른 해악을 보지 못했을 뿐이다."[123]

실제로 관용은 비교적 최근에 이르러서야 긍정적 가치나 덕목으로 여겨졌다. 근대적 "가치의 전환"(transvaluation of values) 이전까지 잘못이나 오류를 용인하는 것은 주로 비겁함, 정직하지 못함 혹은 용기의 부재로 간주되었다. 그래서 에단 셰이건(Ethan Shagan)은 다음과 같이 설명한다. "1640년대 이전에는 국가가 종교적 일탈을 처벌할 특권을 갖는 것이 거의 만장일치로 '온건하다'고 칭송받았고 반대로 광범위한 종교적 관용 주장들은

---

123 J. A. North, *Roman Religion* (New York: Cambridge University Press, 2000), 63.

거의 일치되게 '극단적'이라고 비난받았다."[124]

실제로 다른 맥락에서라면 그러한 과거의 논리 역시 오늘날에도 쉽게 이해될 수 있다. 학교 교장이 집단 괴롭힘을 묵인하거나, 직장의 관리자가 성적 비하 발언과 농담, 암시를 참아준다 해도 "관용"의 가치를 들먹이며 공감을 얻지는 못할 것이다. 반대로 이런 악에 대해서는 오늘날 당당하고 정의롭게 "무관용" 정책이 요구된다.

그럼에도 "종교적 관용"이 로마인의 가치가 아니라 **우리의** 가치임을 인정하고 나서도 **우리**는 여전히 이교 세계가 종교적으로 관용적이었다고 묘사할 수 있을까? 그렇기도 하고 아니기도 하다. 그러나 아마도 관용적이었다는 답보다는 아니었다는 답이 더 타당할 것이다. 로마의 이교는 분명 매우 다양한 신들과 제의들을 포괄하고 수용하는 데 성공했다. 하지만 다시 말해 그것은 어디까지나 **로마가 제시한** 조건을 받아들이는 종교들만 포함시킨 것이었다. 사실 로마적 접근은 **관용**이라기보다는 **무관심과 동화**(assimilation)의 조합으로 설명하는 편이 더 정확할 것이다. 이런 정책은 오늘날 우리가 종교적 관용과는 잘 연결하지 않는 방식이다.

실제로 J. A. 노스가 지적하듯 로마 당국은 사람들이 어떤 신을 어떤 방식으로 숭배하건 대체로 상관하지 않았다. 얀 아스만은 일반적으로 다음과 같이 말한다. "이교적 고대의 다신교와 관련하여 '관용'이라는 말을 꺼내는 것에는 의미가 없다. 여기에는 양립 불가능성의 기준 자체가 없기 때문이다. 다른 민족들의 종교와 관련해서 굳이 '관용해야 하는' 무언가가 존

124　Ethan Shagan, *The Rule of Moderation: Violence, Religion, and the Politics of Restraint in Early Modern England* (Cambridge: Cambridge University Press, 2011), 288. 일반적으로 Alexandra Walsham, *Charitable Hatred: Tolerance and Intolerance in England, 1500-1700* (Manchester: Manchester University Press, 2008)을 참조하라.

재하지 않았던 것이다."[125] 더구나 로마인들은 다양한 외래의 신들에 대해 관용했다기보다 오히려 그것들을 로마의 종교 체계 안으로 편입시켰다. 이 점에서 로드니 스타크는 다음과 같이 제안한다. **다른** 종교들과의 집합으로 이해하기보다 로마의 이교 전체를 하나의 종교적 "체계"로 이해하는 것이 더 설득력이 있다.[126] 각기 다른 신들과 여신들에게 헌신된 제의들은 사실상 하나의 광대한 종교의 부분들이었으며 이는 여러 로마 가톨릭 신자들이 수많은 성인들에 대해 특별한 애착 대상을 갖는 동시에 여전히 하나의 큰 믿음의 틀 안에 속해 있는 것과 다르지 않았다.

그러나 이렇게 말하는 것이 다양한 종교 제의를 로마적 조건 속에서만 수용했던 로마인들을 비판하는 것은 아니다. 그들이 달리 무엇을 할 수 있었겠는가? 아니, 어느 누구라도 달리 무엇을 할 수 있었겠는가? 자신들이 받아들이지 않는 전제와 기준 위에서 낯선 종교들을 그대로 수용하고 포용할 수 **있었겠는가**?

결국 로마의 이교를 관용이라는 기준으로 평가하는 것은 그것이 칭찬이든 비난이든 잘못된 접근으로 보인다. 우리가 말할 수 있는 것은 이교 종교에는 다양한 신과 제의를 포함하거나 수용할 수 있는 자원이 분명 있었지만, 동시에 수용 가능한 범위에는 한계가 있었다는 사실이다. 특히 어려운 시대에 기독교는 그 한계 바깥에 위치했다. 실용적 이유로는 가끔 묵인될 수는 있었으나 진정으로 존중되거나 관용될 수는 없었다. 비슷하게 기독교 역시 다양한 신앙과 종교적 태도를 허용하거나 포용할 수 있는 나름

---

125 Assmann, *The Price of Monotheism*, 18. 또한 H. A. Drake, *Constantine and the Bishops: The Politics of Intolerance* (Baltimore: Johns Hopkins University Press, 2000), 453도 보라("만일 이교도들이 강제를 설파하지 않았던 적이 있었다면, 그것은 단지 강제할 만한 대상 자체가 없었기 때문이었다. 제국에 속한 모든 민족이 공유한 신앙 체계는 다신교였으며 차이가 있다면 특정 신들의 이름과 특정 의례의 세부 사항 정도에 불과했다").

126 Stark, *The Triumph of Christianity*, 10.

의 방식이 있었지만, 여전히 그 경우에도 한계가 존재했다(이 한계는 기독교가 제국의 우선적 종교가 된 이후 분명히 드러나게 된다). 장기적으로 보아 기독교의 이중적 구조—곧 하늘의 도성과 땅의 도성, 각각의 정당한 관할권에 대한 헌신—는 "교회와 국가의 분리"라는 원리로 발전하게 되었고, 이는 수많은 신앙인과 비신앙인들이 비교적 평화롭게 공존할 수 있는 기반을 제공했다. 그러나 이런 형태의 분리가 발달하는 데는 수 세기가 걸렸다. 그리고 그것이 과연 기독교적 토대가 침식되거나 거부되는 상황에서도 유지될 수 있을지는 여전히 불확실하다.[127]

"관용"이라는 별로 설명력 없는 용어를 차치하고 보면, 분명한 사실은 이것이다. 초기 몇 세기 동안 이교와 기독교는 때때로 현실적 필요나 편의 때문에 동일한 공간에서 나란히 존재하기도 했지만, 평화로운 공존을 가능케 하는 상호 수용 가능한 조건을 끝내 마련하지 못했다. 그들의 경험은 "그저 사이좋게 지내는 것"이 얼마나 어려운지를 보여주는 증거로 남아 있으며 그 어려움은 오늘날까지도 여전히 계속되고 있다(이 문제는 후속 장에서 더 논의될 것이다).

---

[127] 아래 제10장과 11장을 참조하라. 또한 Steven D. Smith, *The Rise and Decline of American Religious Freedom* (Cambridge, MA: Harvard University Press, 2014); Steven D. Smith, "Discourse in the Dusk: The Twilight of Religious Freedom"(review essay), *Harvard Law Review* 122 (2009): 1869을 보라.

제7장

도성을 향한 투쟁

이른바 (긴장감을 깨뜨리자면) 기독교 시대라 불리는 초기 수 세기 동안 로마 안에서는 이교도들과 그리스도인들이 도성에 대한 지배권을 두고 투쟁했다. 초기에는 이 투쟁이 억눌려 있고 철저히 일방적이어서 기독교가 무력해 보였으나 4세기 들어 황제 콘스탄티누스가 개종하면서 상황은 본격적인 경쟁으로 바뀌었다. 콘스탄티누스의 개종은 힘없던 그리스도인들에게 결정적으로 유리한 균형추 역할을 했기 때문이다. 그럼에도 투쟁은 계속되었고 양측 모두 예상치 못한 승리와 좌절을 번갈아 경험했다. 그러나 세기 말이 되자 사실상 싸움은 종결되었다. 기독교가 승리한 것이다.

혹은 적어도 후대의 시각에서 보면 그렇게 보인다. 동시대인들의 인식은 달랐을 것이다.[1] 초기 수 세기 동안 투쟁이라고 할 만한 것을 감지한 사람은 거의 없었다. 왜냐하면 이교가 압도적인 우위를 누렸고 기독교는 (우리가 앞 장에서 살펴본 대로) 변두리에 갇힌 채 사실상 힘을 잃은 존재로 간헐적으로 박해와 탄압을 받는 처지였기 때문이다. 심지어 콘스탄티누스의 역사적 개종으로 기독교가 새로운 중요성을 지니게 된 이후에도, 그리고 콘스탄티누스와 그 황제의 후계자들이 이교 의례들을 제한하는 칙령들을 반포하기 시작한 이후에도 에드워드 왓츠(Edward Watts)가 대표적인 이교도 웅변가 리바니우스(Libanius)와 로마 법무관 프라이텍스타투스(Praetextatus)를 포함해서 "마지막 이교 세대"라 부른 사람들은 지배권을 둘러싼 실제적 투쟁을 전혀 감지하지 못했다. 그들에게 있어서는 다소 성가시지만 대체로

---

1   Peter Brown은 "투쟁"이라는 해석이 4세기 후반과 5세기 초의 기독교 저술가들에 의해 정식화되었다고 주장한다. Peter Brown, *Power and Persuasion in Late Antiquity: Towards a Christian Empire* (Madison: University of Wisconsin Press, 1992), 128-29.

집행되지 않는 종교 규제들이 있었을 뿐이었다. 왓츠가 묘사하듯 "마지막 이교 세대의 엘리트들은 더 신경 쓸 만한 것들이 있었다. 그들에게는 돈을 벌고 영예를 획득하며 즐길 만한 기회를 누리는 것이 더 중요했다. 그러면서도 그들은 체제와 공개적으로 협력할 수 있었다. 설사 사적으로는 그것을 비판한다 할지라도 말이다."[2] 이러한 대표적인 이교 귀족들은 자신들이 사는 세상을 이렇게 여겼다. "세상은 신들로 가득 차 있었고, 언제나 신들로 가득 차 있으며, 앞으로도 언제나 신들로 가득할 것"[3]이라고 말이다. 그런 의미에서 그들은 그 세상이 본질적으로 달라질 수 있다는 생각을 아예 할 수 없었다.

그러나 세기말이 되자 세상은 달라져 **있었다**. 이제 기독교가 공식적으로 지배권을 갖게 되었고 이교는 (비록 현실에서는 완전히 그렇지 않았다 해도) 공식적으로 추방당했다.

그렇다면 이교도들에게 전혀 상상할 수 없었던 이 엄청난 변혁은 **어떻게** 일어난 것일까? 그리고 우리의 목적과 관련해서 더 중요한 것은 기독교의 공식적인 승리와 이교의 공식적인 패배가 미래에 대해 이 두 종류의 종교성과 그것들이 대표하는 지향(초월을 향한 지향과 단지 내재적 거룩을 향한 지향)과 관련하여 무엇을 의미했는가 하는 질문이다.

이 질문 중 첫 번째—어떻게 기독교가 이교보다 우위를 점하게 되었는가—는 수많은 유능한 역사가들의 관심을 끌어왔다. 그 가운데는 우리의 계몽주의적 친구 에드워드 기번도 있다(그는 이 문제를 "중요하지만 아마도 다소 지루할 수 있는 탐구"라고 불렀다).[4] 그러나 역사가들 사이에서는 해답에

---

2   Edward J. Watts, *The Final Pagan Generation* (Oakland: University of California Press, 2015), 89.

3   Watts, *The Final Pagan Generation*, 36.

4   Edward Gibbon, *The History of the Decline and Fall of the Roman Empire*, 2 vols. (London:

대한 의견이 일치하지 않았다. 우리는 여기서 이 질문을 비교적 간략한 방식으로 다시 다루려 한다. 새롭거나 확정적인 답변을 제시하기 위해서가 아니라—사실 우리는 확정적인 답은 거의 불가능하다는 것을 보게 될 것이다—이 질문과 가능한 답변들이 곧바로 두 번째 질문, 그리고 현대 상황에 대한 우리의 평가와 직결되기 때문이다. 보다 구체적으로 말해 기독교가 이교에 대해 과연 승리했는지, 그렇다면 어떤 방식으로, 또 어떤 차원에서 승리했는지에 대한 물음은 우리가 앞서 언급했던 현대 서구 사회가 기독교와 "현대적 이교" 사이에서 선택해야 한다는 T. S. 엘리엇의 명제를 어떻게 평가할 것인가와 긴밀하게 연결되어 있다.

두 가지 해석(과 우리가 고려할 수 없는 세 번째 해석)

기독교의 정치적 승리에 대한 대표적인 해석들은 크게 두 가지 범주로 나뉜다. 하나의 범주는 우리가 **"대체"**(displacement) 주제라 부를 만한 해석이고 다른 하나는 **"억압"**(suppression) 주제라 불릴 만한 해석이다. 전자는 문화적·지적·영적 요인을 강조하며 후자는 정치적·강제적 요인에 주목한다.

(대체로 기번의 견해이기도 했던)[5] 첫 번째 유형의 해석에 따르면, 기독교는 새 종교로서 제국의 민중들의 필요에 더 잘 응답했기 때문에 자연스럽게 이교를 대체하게 되었다. 옥스퍼드의 역사학자 E. R. 도즈는 다음과 같이 주장한다. 4세기쯤 되면 "이교는 일종의 산송장처럼 보였는데 국가의 지원이라는 손길이 거두어진 순간부터 서서히 붕괴하기 시작했다."[6] 그래

Penguin, [1776] 1995), 1:497.

5   Gibbon, *History of the Decline*, 1:497–99.

6   E. R. Dodds, *Pagan and Christian in an Age of Anxiety* (Cambridge: Cambridge University

서 이교는 새롭게 등장하거나 외래에서 유입된 다양한 종교와 신앙들에 의해 도전을 받았다. 결국 그 가운데 승자로 자리 잡은 것이 기독교였으며 내재된 어떤 특징 때문에 더 매력적이고 효과적이었던 까닭에 이교를 대체할 수 있었다.

대체 해석은 이교와 기독교 각각의 종교적 성격에서 서로 다른 특징을 강조할 수 있다. 이러한 강조점의 차이는 인간 심리와 동기에 대해 전제하는 바가 다르기 때문이다. **공동체적** 혹은 문화적 설명은 기독교가 이교보다 더 만족스럽고 포괄적인 공동체 의식을 제공했다고 제안한다.[7] 우리가 **신조적**(creedal) 설명이라 부를 만한 해석은 기독교의 교리와 가르침이 결국 이교의 신화와 주제들보다 더 믿을 만하게 여겨졌다고 본다.[8] **영적** 설명에 따르면, 기독교는 이교보다 사람들의 영적 필요를 더 잘 충족시켰다고 볼 수 있다.[9] 예를 들어 의미에 대한 필요, 즉 우리가 제2장에서 논했듯 인간이 찾는 의미의 필요가 바로 그 사례다. 이 다른 해석들은 물론 상호 배타적이지 않다. 기독교가 한 가지 이상의 차원에서 더 잘 대응했을 가능성은 충분하다.

아니 어쩌면 그렇지 않을 수도 있다. 다른 주요 해석 범주, 곧 보다 정치적 강조점을 가지는 해석은 후기 제국에서 이교가 저절로 사멸해가고 있었다든지 혹은 기독교가 문화적·신조적·영적 우월성 때문에 이교를 대체했다는 견해를 단호히 부정한다.[10] 램지 맥멀런은 이교가 단순히 점진적으

Press, 1965), 132. 『불안의 시대 이교도와 기독교인』(그린비 역간).

7　이 장의 후반부를 참조하라.

8　이 장의 이번 절 후반부를 참조하라.

9　이 장의 이번 절 후반부를 참조하라.

10　다음을 보라. Ramsay MacMullen, *Paganism in the Roman Empire* (New Haven: Yale University Press, 1981), 62-73(여기서는 이교의 활력을 보여주는 증거를 제시한다); Ramsay MacMullen, *Christianity and Paganism in the Fourth to Eighth Centuries* (New Haven: Yale University Press, 1997), 13("오히려 이교의 참된 활력은 인정된다. 그리고 그

로 노쇠해가지 않았고 "2세기와 3세기에 걸쳐 [이교 안에서] 전반적인 활력의 회복을 볼 수 있다"[11]고 주장한다. 따라서 실제로 일어난 일은 개종자 콘스탄티누스와 그의 황제 후계자들이 진실한 신앙인이 되었고 맥멀런이 "이제 지배 종교가 된 기독교가 발휘한 살육적인 불관용"이라고 부른 태도로 그들의 권위와 힘을 사용해 이교를 짓밟았다는 것이다.[12]

어느 해석이 다른 해석을 완전히 그리고 결정적으로 무너뜨릴 것 같지는 않다. 어쨌거나 실제로 2, 3, 4세기에 이교의 매력이 약화되고 있었는가 하는 질문에 우리가 확실히 답할 수 있을까? 신전들은 여전히 열려 있었던 것 같다. 제물도 계속 바쳐졌다. 점조(augury)도 여전히 행해졌다. 그러나 이런 활동이 실제로 무엇을 증명하는가?

오늘날의 유사한 질문을 떠올려보자. 미국에서 전통 기독교는 쇠퇴하고 있는가? 물론 여전히 많은 사람이 교회에 출석하고 자신들의 교단 소속을 밝히며 교회에 헌금을 바치고 있다. 그러나 이러한 행위가 진정한 기독교 신앙을 반영하는가? 아니면 단지 더 피상적인 무엇, 즉 습관적이거나 대물림된 반복에 불과한 것일까? 혹은 오히려 현대 세계가 야기하는 난감한 도전에 대한 방어적 반작용으로서 실제로는 확고한 확신이 아니라 절박한 신앙과 의미의 위기를 드러내는 것은 아닐까? 기독교는 살아 있고 생동감 있는 것일까, 아니면 도즈의 표현을 빌리면 "일종의 산송장"에 불과한 것일까? 이런 물음에 답하려 할 때 오늘날의 평론가들, 사회학자들, 신학자들은 방대한 양의 증거들을 다룬다. 신앙을 표방하는 인구 통계의 수치, 교회

최후의 운명을 설명하려면, 또한 그와 맞서는 힘, 즉 이교의 소멸을 단호히 결의한 긴급하고도 강력한 세력을 인정해야 한다").

11   MacMullen, *Paganism in the Roman Empire*, 106.

12   MacMullen, *Paganism in the Roman Empire*, 14.

출석률, 재정 기여도의 통계 등 수많은 데이터가 있지만,[13] 그 광대하고 모호한 정보의 바다에서 그들이 추출하는 결론은 크게 다르다.[14]

이에 비해 고대 세계로 돌아가 보면, 그 시대의 종교성을 측정할 수 있는 증거는 극히 일부 단편밖에 존재하지 않는다. 따라서 우리가 로마인과 그리스인들이 기존의 이교 신앙에 대해 실제로 어떤 감정과 믿음을 가졌는지를 신뢰할 만하게 파악할 가능성이 얼마나 되겠는가? 맥멀런은 이교는 기독교 통치자들과 기독교 군중들에 의해 폭력적으로 억압되기 전까지는 번성하고 있었다고 자신 있게 주장한다. 그러나 동시에 그는 다음과 같은 점을 인정한다. "우리는 과거를 대상으로 여론조사를 할 수 없다. 또한 출처 속에서 스스로를 드러내는 순간들은 너무 적어서 특정한 [종교적] 행위가 참여자들에게 어떤 의미를 가졌는지에 대해 광범위한 일반화를 정당화하기는 어렵다."[15]

어쨌든 이렇게 유능한 역사학자들 사이에서 의견 불일치가 있다는 사실을 고려하면, 이 책에서 만족스러운 해결책이 제시될 가능성은 낮아 보인다. 다행히도 우리는 우리의 목적을 위해서 "대체" 해석과 "억압" 해석 중 어느 쪽이 더 많은 진리를 담고 있는지 굳이 결정할 필요는 없다. 그러나 우리는 두 해석 범주 각각과 관련된 논증과 증거들을 살펴볼 필요는 **있다.** 그것들이야말로 우리 탐구의 핵심 질문들에 영향을 미치기 때문이다. 즉 기독교가 (승리했다면) 어떤 의미에서 승리하게 **된** 것인지, 이교가 실제

---

13   예를 들어 Robert D. Putnam and David E. Campbell, *American Grace: How Religion Divides and Unites Us*(New York: Simon and Schuster, 2010)을 보라.

14   예를 들어 Peter L. Berger, "The Desecularization of the World: A Global Overview," in *The Desecularization of the World*, ed. Peter L. Berger(Washington, DC: Ethics and Public Policy Center; Grand Rapids: Eerdmans, 1999), 1-19과 Steve Bruce, *Religion in the Modern World: From Cathedrals to Cults*(New York: Oxford University Press, 1996)을 비교해보라. 피터 버거, 『세속화냐? 탈속화냐?』(대한기독교서회 역간).

15   MacMullen, *Christianity and Paganism*, 149을 참조하라.

로 (소멸했다면) 어떤 의미에서 그렇게 소멸하게 된 것인지 말이다.

그러나 이러한 증거들을 검토하기 전에, 우리는 기독교의 부상에 대한 전혀 다른 유형의 설명을 먼저 언급할 필요가 있다. 우리가 그 설명을 언급하는 까닭은 오늘날의 학자들이나 학생들이 그 설명을 제안하거나 고려할 만한 것이어서가 아니라 4세기 그리스도인들에게는 그것이 당시의 중대한 정치적·문화적 전개를 이해하는 **바로 그** 결정적인 설명처럼 보였을 수 있기 때문이다. 우리는 이것을 **섭리적·악마론적**(providential-demonic) 설명이라고 부를 수 있다. 기번이 지적했듯이 그리스도인들의 시각에서 볼 때 기독교가 이교를 제압하게 된 이유는 간단히 말해 기독교는 **참되고** 이교는 그렇지 않기 때문이었다.[16] 그러나 이 설명은 실제 주장보다 약화된 서술이다. 당시 그리스도인들은 기독교와 이교 사이의 투쟁을 단순한 세속적 갈등으로 보지 않았으며 그것을 선의 세력과 악의 군단이 맞서는 거대한 우주적 전쟁의 일부로 이해했다. 게다가 선과 악의 싸움에 대해 말할 때 그것은 단순한 은유가 아니었다. 안토니우스(Antony)가 광야에서 맞닥뜨린—그가 말하길 "많은 기도와 금욕"[17]으로 물리쳤다는—악마 군단들은 단순한 시적 의인화가 아니었다. 아타나시우스(Athanasius)의 기록에 따르면 그들은 각기 다양한 모습으로 나타났다. 야생 짐승들—"사자, 곰, 표범, 황소, 뱀, 독사, 전갈, 늑대"—의 형태뿐 아니라 여성 유혹자, 심지어 신실해 보이나 교활한 수도사의 모습으로도 출현했다.[18] 키스 홉킨스는 "유대인, 이교도, 그리스도인들의 사유 세계에서 악마들이 얼마나 만연해 있었는가"[19]를

---

16   Gibbon, *History of the Decline*, 1:447.

17   Athanasius, *The Life of Antony and the Letter to Marcellinus*, trans. and ed. Robert C. Gregg, Classics of Western Spirituality (Mahwah, NJ: Paulist, 1980), 47.

18   Athanasius, *Life of Antony*, 38, 48, 50.

19   Keith Hopkins, *A World Full of Gods: The Strange Triumph of Christianity* (New York: Penguin, 1999), 207.

지적한다.

이 선과 악의 행위자들 사이에 벌어진 전투는 땅 위에서 일어나지만, 더욱 중요한 것은 그것이 천상의 영역에서도 전개되고 있다는 점이다. 그리고 기독교의 승리는 하나님의 군대가 결국 사탄의 무리를 물리침으로써 이루어진다. 피터 브라운은 다음과 같이 설명한다.

> 기독교와 이교 간의 갈등은 4세기와 5세기의 기독교 자료들에서는 땅이 아니라 하늘에서 벌어진 것으로 묘사된다. 이교의 종말은 그리스도께서 이 땅에 오신 사건과 함께 시작되었다. 그것은—우리가 보다 세속적인 역사가들처럼 테오도시우스 1세의 통치기에 일어난 사건이라고 여기는 것이 아니라—그리스도께서 갈보리 언덕 위 십자가에 달리신 바로 그 순간이었다. 그때 하늘과 땅은 무너지는 신전들의 굉음으로 진동했다. 기독교 교회가 그리스도인 황제들과 동맹해 제사를 폐지하고 신전들을 폐쇄하며 파괴한 것은 단지 최종적이고 신속한 소탕 작전에 불과했으며 그것은 수 세기 전에 이미 그리스도께서 악마들의 그늘진 제국 위에서 거두신 승리를 단지 땅 위에 드러낸 것일 뿐이었다.[20]

그럴 가능성은 있다. 그러나 그러한 명제에 대한 어떤 평가는—그리고 사실상 그 명제를 정확히 제시하는 일조차—(나와 같은) 현대 학자들의 권한을 넘어서는 일이다. 선과 악 사이에, 혹은 하나님과 그분의 신자들이 악마와 그의 부하들에 맞서는 우주적 전쟁이 실제로 존재하는지, 그리고 그 전쟁이 특정 시점마다 어떻게 전개되어왔는지는 현대 학자가 겸손히 자신의

---

20 Peter Brown, *Authority and the Sacred: Aspects of the Christianisation of the Roman World* (Cambridge: Cambridge University Press, 1995), 4-5(원저자의 각주는 생략했다).

무능을 고백할 수밖에 없는 질문들이다. 기독교의 승리가 참됨과 섭리적 도움 덕택이었는가를 따지는 일을 거부하면서, 기번은 교묘하게 자신은 단지 "2차적 원인들"이라고 부를 수 있는 것들에 초점을 맞추겠다고 설명했다.[21] 이 점에서, 적어도 이 책의 맥락에서만큼은 우리는 기번의 방식을 따를 수밖에 없다.

따라서 여기서 말하는 모든 것은 실제 전투 당사자들의 눈에는 가장 중요한 사실들을 완전히 놓친 것으로 보일 수도 있고 영원히 예정된 사건들을 우연한 결과들로 취급하는 것처럼 보일 수도 있음을 인정한다. 그럼에도 우리는 스스로를 제한하여 고대의 이교와 기독교 사이의 갈등에 대한 두 가지 주요한 동시대적 해석, 즉 대체 해석과 정치적 혹은 억압 해석에 집중할 것이다.

서방 세계가 어떻게 기독교를 위해 정복되었는가(그리고 정복되지 않았는가)

정치적 투쟁. 역사적 해석들 사이에는 상당한 차이가 존재하지만, 이교와 기독교 사이에 때로는 잠재적으로, 때로는 공개적으로 전개되었던 투쟁의 몇몇 측면과 사건들은 비교적 확실하게 회상될 수 있다. 이러한 사건들이 기독교의 **성공**을 설명하는 전부인지 여부는 단정할 수 없더라도 적어도 우리의 논의를 위해 신뢰할 만한 틀을 제공해준다.

우리가 앞서 보았듯이 기독교 시대 초기 세기들 동안 로마 당국은 기독교를 대체로 의심과 반감을 가지고 대했으며 그 이유는 앞 장에서 살펴본 바와 같이 충분히 이해 가능한 정치적·사회적 이유들 때문이었다. 로마는 이러한 불신을 억압적인 조치로 표현했으며 그 가운데는 때때로 가혹한

---

21   Gibbon, *History of the Decline*, 1:447.

형벌과 처형도 있었다. 얼마나 많은 그리스도인이 실제로 처벌되거나 처형되었는지는 알 수 없지만, 확실히 말할 수 있는 것은 기독교 박해가 지속적이거나 보편적인 형태는 아니었으나 여러 차례 반복되었고 일단 시작되면 그 억압은 매우 잔혹했다는 사실이다.

3세기 중엽―제국의 존속 자체가 위협받던 심각한 정치적·군사적·경제적 위기의 시기[22]―많은 역사가가 "혼란의 시대"라 부른 시기에 황제 데키우스와 발레리아누스는 혹독한 박해 정책을 추진했다. 그리고 다시 4세기 초에 황제 디오클레티아누스와 그의 공동 통치자 갈레리우스, 그리고 후계자 막시미누스 다이아의 통치 아래서 이른바 "대박해"로 불리게 된 탄압이 시행되었다. 당대의 기독교 사상가이자 수사학자였던 락탄티우스는 이 참혹한 시기를 직접 목격하며 다음과 같이 기록했다.

교회의 장로들과 여러 직분자들이 증거나 자백도 없이 체포되어 유죄 판결을 받았고 가족들과 함께 처형장으로 이끌려갔다. 산 채로 화형에 처할 때는 성별이나 연령의 구별이 없었으며 수가 너무 많았기 때문에 한 사람씩 차례로 불태울 수 없어서 한 무리를 한꺼번에 불길로 에워싸 태워버렸다. 종들은 맷돌을 목에 매단 채 바다에 던져졌다. 남은 하나님의 백성들에게도 박해는 덜하지 않았다. 재판관들은 각 신전마다 흩어져 모든 사람을 제사에 참여하도록 강요했다. 감옥은 포로들로 가득 찼고 이제껏 들은 적 없는 형벌들이 고안되었다. 그리고 혹시라도 그리스도인에게 공정한 재판이 이루어질까 염려한 나머지 법정 곁에 제단을 두어 모든 소송 당사자가 재판을 받기 전에 향을 바치도록 강요했다.[23]

---

22   Michael Grant, *The Climax of Rome* (London: Weidenfeld and Nicolson, 1968), 5-6을 보라.

23   Lactantius, *On the Manner in Which the Persecutors Died, Addressed to Donatus*, ed. Alexander Roberts et al. (Lexington, KY: CreateSpace, 2015), 15장, p. 21.

이러한 상황 속에서 "참수형은 극히 소수에게만 허락된 자비였다."[24] 락탄
티우스는 거의 병적인 집착에 가까운 흥미를 가지고 그리스도인들을 처형
하기 위해 고안된 끔찍하게 느리고 고통스러운 방법들을 자세히 묘사했으
며, 더욱이 박해자였던 황제 갈레리우스와 다이아가 비참하게 죽어가는 장
면을 길게 서술하며 섬뜩한 만족을 드러내었다.[25] 락탄티우스는 자신이 기
록한 모든 내용이 "잘 아는 사람들의 증언에 근거한 것"이며 "사실이 일어
난 그대로를 기록했다"[26]고 주장했지만, 그의 묘사는 상당 부분 의심의 여
지가 있다. 예를 들어 갈레리우스의 창자에 구더기가 들끓어 냄새가 "도시
전체에 퍼질 정도였다"고 한 설명이 실제로 그런 정도였을지는 확실치 않
다. 그리고 다시 말하지만, 얼마나 많은 그리스도인이 재판을 받고 고문당
하고 죽임을 당했는가는 정확히 알 수 없다.

그럼에도 박해가 일어났다는 사실 자체는 분명하다. 로버트 마커스는
"4세기 초의 대박해는 로마의 보수 세력이 전통적인 합의를 위협하는 위험
한 존재를 제거하기 위해 벌인 마지막 시도였다"[27]고 설명한다.

그러나 상황은 비교적 갑작스럽게 뒤바뀌었다. 콘스탄티누스라는 야
심찬 신흥 정치가가 (312년에 어떤 환상을 보았다고 주장한 뒤) 다소 모호한 형

24　Lactantius, *On the Manner*, 22장, p. 31.

25　Lactantius, *On the Manner*, 33장, p. 44. 갈레리우스가 통치한 지 열여덟 해째 되던 해에 하
　　　나님께서 그를 고칠 수 없는 질병으로 치셨다. 악성 종기가 그의 은밀한 부위 아래쪽에서
　　　생겨 점차 퍼져 나갔다. 결국 그의 장이 밖으로 흘러나오고 하반신 전체가 썩었다.···신체의
　　　진액이 거꾸로 흐르자 병이 창자까지 번졌고 몸 안에서는 구더기가 생겼다. 악취는 극도로
　　　심해 그 궁궐만이 아니라 도시 전체에 진동할 정도였다. 그럴 만도 한 것이 방광과 장에서
　　　구더기들이 통로를 갉아먹어 구별이 사라졌고 그는 견딜 수 없는 고통 속에서 온몸이 썩
　　　어 한 덩어리의 부패한 살로 변해버렸기 때문이다. 다이아의 고통스러운 죽음은 49장(62-
　　　63)을 참조하라.

26　Lactantius, *On the Manner*, 52장, p. 65.

27　Robert Austin Markus, *Christianity and the Secular* (Notre Dame: University of Notre Dame
　　　Press, 2006), 21.

태로 기독교를 받아들였고, 곧 로마 외곽의 밀비오 다리 근처에서 수적으로 우세한 적군을 상대로 결정적 승리를 거두었으며, 이후 공동 황제의 자리를 거쳐 제국의 단독 통치자가 되었다. 콘스탄티누스는 (공동 황제 리키니우스와 함께) 이른바 밀라노 칙령을 발표해 기독교 신앙을 관용의 범주에 두겠다고 선언했다. 하지만 그는 곧 더 나아가 기독교 교회와 감독들을 위해 각종 특권과 막대한 재산을 부여하며 그들을 적극적으로 후원하기 시작했다.[28]

그가 이러한 변화를 단행한 **이유**는 지금까지도 논란의 대상이다. 일부 역사학자들은 그를 정치적 목적을 위해 기독교를 수용한 "냉혹한 기회주의자"[29]로 보았다. 스위스의 저명한 역사학자 야콥 부르크하르트는 콘스탄티누스를 "본질적으로 종교심이 없는" 인물로 규정하며 그가 "멈출 줄 모르는 야망과 권력욕에 사로잡혀 있었다"[30]고 평했다. 반면 오늘날 지배적인 견해는 콘스탄티누스가 진실하고 심지어 열정적인 회심자였다고 본다. (물론 기독교가 아내와 자식을 살해하는 일을 금한다는 점에서 다소 유별난 회심자이긴 했지만 말이다.) 그의 개종이 정치적으로 특별한 이익을 가져온 것도 아니었다.[31] 어느 쪽이든 단 한 세대가 지나기도 전에 기독교는 박해받는 종교에

---

28   W. H. C. Frend, *The Rise of Christianity* (Philadelphia: Fortress, 1984), 484-88, 503-5을 보라.

29   Adrian Murdoch, *The Last Pagan: Julian the Apostate and the Death of the Ancient World* (Stroud, UK: Sutton, 2003), 5.

30   Jacob Burckhardt, *The Age of Constantine the Great*, trans. Moses Hadas (New York: Pantheon, [1852] 1949), 292.

31   종합적으로 논쟁의 개요와 콘스탄티누스가 진정으로 신앙적 회심자였다는 논지를 다룬 연구로는 Peter J. Leithart, *Defending Constantine: The Twilight of an Empire and the Dawn of Christendom* (Downers Grove: InterVarsity, 2010), 79-96을 참조할 수 있다. 또한 Diarmaid MacCulloch, *Christianity: The First Three Thousand Years* (London: Penguin, 2009), 191에는 다음과 같은 평가가 나온다. "(콘스탄티누스는) 다소 변덕스럽기는 했지만 매우 개인적이고 진지한 방식으로 기독교 신앙에 관여하게 되었음은 의심의 여지가 없다." 『3천년 기독교 역사』(CLC 역간). 또 Paul Veyne, *When Our World Became Christian: 312-394*, trans.

서 오히려 제국이 선호하는 신앙으로 전환되었다.

기독교를 우대하면서도 콘스탄티누스 자신은 종교적 관용의 원칙을 유지했다. 프랑스 역사학자 폴 벤느는 다음과 같이 설명한다. "그는 모든 시민이 그리스도인이 되기를 깊이 원했음에도 불구하고…[콘스탄티누스는] 결코 이교도들을 박해하거나 그들의 표현의 자유를 억압하지 않았다. 또한 그는 그들의 출세에 불이익을 주지도 않았다. 미신적인 자들이 스스로 멸망하기를 원한다면, 그들에게는 그렇게 할 자유조차 있었다."[32]

실제로 제국의 권위가 종교적 문제에 행사된 부분은 주로 그리스도인들 자신에게 향해 있었다.[33] 박해가 끝나자마자 그리스도인들은 즉시 복잡한 신학 논쟁에 빠져들었다. 콘스탄티누스는 이 논쟁적 분위기에 크게 실망했다. 기번은 다음과 같이 평한다. "그는 전체 [삼위일체] 논쟁의 기원이 하나의 사소하고 미묘한 질문, 곧 난해한 교리상의 문제가 주교의 어리석은 질문과 장로의 경솔한 답변에서 비롯되었다고 여겼다."[34] 황제는 분노하며 주교단을 꾸짖었다. "야만인들조차…하나님을 알고 경외하는 법을 배웠건만, 그대들은 다만 분열과 증오를 조장하고 솔직히 말하자면 인류를 파멸로 이끄는 일만 하고 있지 않은가."[35] 그러나 이교도들에게는 이러한

Janet Lloyd(Cambridge: Polity Press, 2010), 121을 참조하면, 그는 이렇게 말한다. "결국 고대 세계의 기독교화는 오직 한 개인, 즉 콘스탄티누스에 의해 촉발된 혁명으로 평가되어야 하며 그 동기는 전적으로 종교적인 것이었다."

32 Veyne, *When Our World Became Christian*, 8. 11에서 그는 이렇게 말한다("그는 누구도 개종하도록 강요하지 않았으며 이교도들을 제국의 최고 관직에까지 임명했다. 또한 이교 제의에 반대하는 어떤 법률도 제정하지 않았다. 그는 로마 원로원이 국가의 공식 제사장들과 공적 제의를 계속 지원하도록 허락했으며 이러한 전통은 이전과 다름없이 지속되었고 거의 그 세기 말까지 이어졌다"[각주는 생략함]).

33 Hugo Rahner, *Church and State in Early Christianity*, trans. Leo Donald Davis, SJ (San Francisco: Ignatius, [1961] 1992), 46-49을 보라.

34 Gibbon, *History of the Decline*, 1:789.

35 H. A. Drake, *Constantine and the Bishops: The Politics of Intolerance* (Baltimore: Johns Hopkins University Press, 2000), 4에서 인용함.

기독교 내부의 교리 다툼이 오히려 잘된 일이었다. 기번은 "기독교의 분열이 이교도의 몰락을 잠시 지연시켰다"[36]고 말했다.

그렇다고 콘스탄티누스가 이교도들을 완전히 관대하게 대했거나 혹은 그들을 잊은 것은 아니었다. 에우세비오스의 기록에 따르면 그는 적어도 몇몇 이교 사원의 폐쇄를 명령했다.[37] (하지만 이에 반하는 증거도 있다. 이교도 연설가 리바니우스는 훗날 "콘스탄티누스는 전통적 예배 형식을 전혀 변경하지 않았다"고 증언했다.)[38] 콘스탄티누스가 이교 의식을 금지했다는 주장에 대해 기번은 신빙성을 낮게 보았지만, 그가 점술과 관련된 몇몇 행위들을 금지한 것은 사실이라고 언급했다. 또한 황제는 종교의 자유를 약속하면서도 백성들에게 자신을 본받아 기독교를 받아들이도록 권면했다. "그는 종교의 자유의 신성함을 훼손하지 않고 이교도들의 두려움을 자극하지 않으면서 느리고 신중한 걸음을 통해 다신교의 낡고 불완전한 체제를 점차 무너뜨려 갔다."[39]

(잠재적 가족 경쟁자들의 학살, 내전, 그리고 두 형제의 요절 등 복잡하고 격동적인 사건들을 거쳐서) 콘스탄티누스의 아들이자 결국 그의 후계자가 된 콘스탄티우스(Constantius)는 아버지처럼 기독교를 후원했으나 많은 주교에게 이단으로 비판받은 아리우스파적 해석에 따라 신앙을 이해했다. 이로 인해 황제와 교회 사이에는 때로 폭력적 충돌을 동반한 긴장이 끊임없이 이어졌다. 이제 그리스도인들은 더 이상 이교 황제에게 박해받지 않았지만, 정작 기독교 황제로 불린 통치자에 의해 삼위일체 신앙을 고백하는 그리스도인

---

36   Gibbon, *History of the Decline*, 1:827.

37   Watts, *The Final Pagan Generation*, 48.

38   Watts, *The Final Pagan Generation*, 49에서 인용함.

39   Gibbon, *History of the Decline*, 1:825.

들이 차례로 탄압당하고 괴롭힘을 당하는 상황이 발생했다.[40]

그럼에도 일종의 기독교적 질서가 계속 우세한 위치에 있었다. 341년에 콘스탄티우스는 이교적 제사를 금지하는 명령을 내렸으며 15년 후에는 이 금지령을 어길 경우 사형에 처할 수 있는 실제적 형벌 조항을 추가하고 신전의 폐쇄까지 명했다. 그러나 이러한 가혹한 조치들은 실제로 집행되지 않았던 것으로 보이며 이교 관리들 또한 거의 주목하지 않았다.[41] 기번은 이 금령이 "발표되지 않은 채 작성되었거나, 발표되었더라도 집행되지 않았다"[42]고 결론지었다. 실제로 357년에 로마를 방문한 콘스탄티우스는 (자신의 아버지와 후대의 기독교 황제들[황제 그라티아누스 이전까지]처럼 이교 사제단의 **최고 사제**[pontifex maximus] 칭호를 그대로 보유한 상태에서)[43] 로마의 여러 이교 사원을 우호적으로 시찰했다.[44] 에드워드 왓츠에 따르면, "법령에도 불구하고 대부분의 신전은 여전히 열려 있었고 신들의 조각상과 형상들이 도시 곳곳을 내려다보았으며 제국 전역(로마를 포함한 많은 지역)에서 공적 제사가 지속되었다. 더 나아가 각 가정의 전통적 종교 의례 역시 거의 영향을 받지 않은 채 이어질 수 있었다."[45]

그렇지만 이러한 느슨한 집행에도 불구하고 반이교적 법령과 선례들은 서서히, 그러나 꾸준히 축적되고 있었다. 그러던 중 361년에 정세가 또 한 번 급변했다. 콘스탄티우스가 갑작스럽게 죽음을 맞으며 또 하나의 내전 발발이 미처 무르익기 전에 끝났고 그의 자리를 학식과 개성으로 유명

---

40 Rahner, *Church and State*, 49–60을 보라.

41 Watts, *The Final Pagan Generation*, 86–89.

42 Gibbon, *History of the Decline*, 1:827.

43 Gibbon, *History of the Decline*, 1:827n172.

44 Watts, *The Final Pagan Generation*, 89; Alan Cameron, *The Last Pagans of Rome* (New York: Oxford University Press, 2011), 33.

45 Watts, *The Final Pagan Generation*, 102.

했던 사촌 율리아누스(Julian)가 이어받았다. 그는 너무 어리고 위협이 되지 않는 존재로 여겨져 앞선 가족 학살에서 제외된 인물이었다. 새로운 황제는 즉시 자신이 이교도임을 공개적으로 선언했다. "나는 신들 앞에서 두려움을 느낀다. 나는 그들을 사랑하고 공경하며 숭배한다."[46] 기번은 그에 대해 이렇게 평했다. "아테네와 로마의 신들에 대한 경건하고 진실한 헌신이야말로 율리아누스에게서 가장 지배적인 열정이었다."[47]

율리아누스 자신은 신들이 자신의 헌신에 응답해 자신을 축복했다고 믿었다.

> 율리아누스 자신은 비교적 절제된 침묵을 지켰지만, 우리는 그의 충실한 친구이자 웅변가였던 리바니우스의 증언으로부터 그가 신들 및 여신들과 끊임없이 교통하며 살았음을 안다. 신들이 자신들이 사랑한 영웅과 대화를 나누기 위해 인간 세상으로 내려왔고 잠든 그를 깨울 때는 그의 손이나 머리카락을 살며시 건드렸으며 다가올 위험을 미리 알려주었고 그의 삶의 모든 행동을 무오한 지혜로 인도했다는 것이다. 율리아누스는 그러한 천상의 손님들과의 교제를 통해 유피테르의 음성과 미네르바의 음성, 아폴로의 모습과 헤르쿨레스의 모습을 구별할 만큼 친밀한 인식에 이르렀다고 한다.[48]

새로이 천명한 옛 신앙에 따라 율리아누스는 제국 규모로 동물 제사를 부활시켰다. 한 동시대인은 그를 두고 "만일 율리아누스가 오래 통치한다면

---

46 G. W. Bowersock, *Julian the Apostate*(Cambridge, MA: Harvard University Press, 1978), 16 에서 인용함.

47 Gibbon, *History of the Decline*, 1:864.

48 Gibbon, *History of the Decline*, 1:873.

뿔 달린 가축 종은 멸종하고 말 것이다"[49]라고 농담했다. 율리아누스는 종교 관용을 표방했지만, 실제로는 고위 관직에 이교도를 우대 임명했고,[50] 카파도키아의 기독교 주교[51]가 폭도들에게 살해당했을 때도 그 폭도를 처벌하지 않았다(다만 그가 주교의 훌륭한 장서를 몰수했다는 기록만이 남아 있다).[52] 또한 옛 이교 신전 터에 세워진 교회 건물을 헐어 그 자리에 다시 신전이 재건되도록 명령했다.[53]

그러나 가장 논쟁적이었던 조치는 그리스도인들에게 학교 교육직을 금지한 칙령이었다. 그 이유는 그들이 신들을 믿지 않으므로 고전 저작들을 가르칠 도덕적 자격이 없다는 것이었다.[54] 프린스턴 대학교의 역사학자 G. W. 바워삭은 이 금지령의 결과에 대해 "한 세대가 채 지나기도 전에 제국의 교육받은 엘리트 계층은 모두 이교도로 변할 것"[55]이라고 평가했다. 에이드리안 머독 역시 "이 조치는 매우 절묘한 수였다. 신체적 강압 없이도 기독교를 한두 세대 만에 사회의 가장자리로 밀어내어 사실상 사라지게 만들 수 있었을 것"[56]이라 분석했다. 하지만 이 조치는 큰 분노를 일으켰으며 심지어 율리아누스를 크게 존경했던 (그의 군대 소속) 이교도 장교이자 역사학자 아미아누스 마르켈리누스조차 강하게 반발했다.[57] 에드워드 왓츠는

49　Gibbon, *History of the Decline*, 1:878.

50　참조. Gibbon, *History of the Decline*, 1:892("율리아누스의 교묘한 정책의 목적은 그리스도인들로 하여금 세상의 눈에 존경받게 만들었던 모든 세속적 명예와 이익을 박탈하는 데 있었다"고 Gibbon은 주장했다).

51　Bowersock, *Julian the Apostate*, 80-81.

52　Gibbon, *History of the Decline*, 1:901n120.

53　Gibbon, *History of the Decline*, 1:895.

54　Bowersock, *Julian the Apostate*, 83-85.

55　Bowersock, *Julian the Apostate*, 84.

56　Murdoch, *The Last Pagan*, 139.

57　Ammianus Marcellinus, *The Later Roman Empire (A.D. 354-378)*, ed. and trans. Walter Hamilton (London: Penguin, 1986)을 보라.

율리아누스의 이러한 교육 배제 정책이 로마 역사상 순전히 신념만을 이유로 시민들에게 법적 제재를 가한 첫 사례였다고 지적한다.[58]

결국 국가 권력의 지원을 받는 이교가 마치 복수라도 하듯 제국 안에서 다시 등장한 셈이었다.[59]

율리아누스는 고대와 현대를 막론하고 매혹적인 인물로 남아 있다. 그는 근대 이후 방대한 역사 연구뿐만 아니라 소설과 희곡, 그리고 시 등 다양한 문학적 상상력을 자극해왔다.[60] 그는 학구적이면서도 단정치 못한 옷차림을 했고 (철학자들을 흉내 내어 당시 유행에 대한 반항으로) 수염을 길렀으며, 신비주의적이면서 금욕적이고 성적으로 절제된 삶을 살았다. 그는 처음에는 전혀 예상 밖의 인물이었지만, 유능한 군사 지도자로서 갈리아와 게르마니아 지역에서 제국에 반대하던 세력을 진압했다.[61] 또 그는 통치와 군사 활동을 병행하며 철학과 역사, 그리고 종교에 대한 저술들을 남겼는데, 그 가운데 기독교를 맹렬히 공격한『갈릴리인들에 대하여』(*Against the Galileans*)가 특히 잘 알려져 있다. 그가 "헬레니즘"이라 부른 자신의 이교 신앙은 학문적 교양과 철학적 세련됨을 지녔으면서도 동시에 고대적 신 숭배와 복점에 대한 경건한 헌신을 결합한 것이었다.[62]

58　Watts, *The Final Pagan Generation*, 113-14.

59　G. W. Bowersock은 율리아누스에 대해 이렇게 주장한다. "그는 종교 문제에 대해 완전한 제거 이외의 다른 해결책을 결코 고려한 적이 없었다. 그가 그리스도인들을 바라보는 시각은 처음부터 철저히 배타적이었다." Bowersock, *Julian the Apostate*, 85.

60　Murdoch, *The Last Pagan*, 206-18을 보라.

61　일반적으로는 Bowersock, *Julian the Apostate*, 12-20, 33-45을 보라. 율리아누스의 단정치 못한 옷차림과 외모에 대해서는 Gibbon, *History of the Decline*, 1:854-55을 보라.

62　율리아누스가 권력을 잡기 직전에 벌어진 장면에 대한 아미아누스의 묘사는 다음과 같다. "최고 권위를 놓고 콘스탄티우스와 맞서려 하던 율리아누스는 제물의 내장을 살피고 새의 비행을 관찰하며 그 길흉을 점치는 일에 몰두하고 있었다. 그는 자신의 앞날이 어떻게 전개될지를 간절히 알고자 했으나 제시된 징조들은 애매하고 불분명해 여전히 장래에 대한 의심을 떨칠 수 없었다. 마침내 갈리아 출신의 수사학자 아프룽쿨루스(Aprunculus), 즉 이 방면의 점술에서 뛰어난 대가로 알려진 인물이…간(肝)을 살펴본 끝에 피부가 두 겹으로

일부 역사학자들은 만일 율리아누스의 통치가 더 길어졌다면 그가 기독교를 억압하고 이교를 제국의 공인된 지배 종교로 복원하는 데 성공했을지도 모른다고 추정한다.[63] 물론 그가 구상한 이교 부흥은 완전한 복고는 아니었다(기독교의 이점을 일부 수용한 개혁된 형태였을 것이다. 예컨대 엄격한 성직 계층 제도와 가난한 자들을 돌보는 윤리적 실천 같은 점들이 그런 요소였다).[64] 그러나 그는 황제로서 재위한 지 불과 2년도 되지 않아 불길한 징조들을 무시한 채 자신을 알렉산드로스 대왕과 동일시하려는 강한 열망에 이끌려 페르시아 원정을 결심했다.[65] 그는 병사들과 함께 티그리스강에 도착하자 뜻밖에도 지원선 천 척 이상을 모두 불태우도록 명령했다.[66] 이는 고대와 현대의 역사가들을 모두 당혹케 한 결정이었으며 병사들에게도 큰 충격이었다. 퇴

덮인 간을 발견했으며 거기서 앞으로 일어날 일을 알아냈다고 공포했다. 율리아누스는 이것이 자신의 기대를 부추기려는 허위의 발명일지도 모른다고 의심하여 낙담했지만, 곧 스스로 훨씬 더 설득력 있는 징조를 직접 경험했다. 그것은 분명하게 콘스탄티우스의 죽음을 상징하는 것이었다. 콘스탄티우스가 킬리키아에서 사망하던 바로 그 순간[이 사실은 당시 율리아누스의 귀에까지 닿지 않았다], 율리아누스가 말에 올라탈 때 그의 오른손을 붙잡고 있던 병사가 미끄러져 땅에 쓰러졌다. 그때 여러 사람이 분명히 들었다고 하는데, 율리아누스는 '나를 권좌로 올려주었던 자가 쓰러졌다!'라고 외쳤다고 한다." Ammianus, *The Later Roman Empire*, 234.

63   Peter Brown, *The World of Late Antiquity, AD 150-750* (San Diego: Harcourt, 1971), 93; Veyne, *When Our World Became Christian*, 99(율리아누스의 요절만 아니었더라면 "기독교는 312년에 콘스탄티누스에 의해 열렸다가 이제 영원히 닫혀 버렸을 하나의 역사적 괄호에 불과했을지도 모른다"고 Veyne는 주장했다); Murdoch, *The Last Pagan*, 139. Gibbon은 이에 대해 보다 회의적인 입장을 취했다. Gibbon, *History of the Decline*, 1:879, 908을 보라.

64   Bowersock, *Julian the Apostate*, 87-88. 율리아누스가 이교 제사 제도를 정비하고 개혁하려 한 첫 번째 황제는 아니었다. Lactantius, *On the Manner*, 37장을 보라(막시미누스 다이아가 시도한 개혁 노력들을 묘사한다).

65   율리아누스가 자신을 알렉산드로스 대왕과 동일시한 것에 대해서는 Bowersock, *Julian the Apostate*, 15, 78, 101을 참조하라. 그가 불길한 징조들을 무시한 행동에 대해서는 Bowersock, 107-11을 보라. 이에 대한 다른 해석으로는 Murdoch, *The Last Pagan*, 157-59을 참조하라.

66   Bowersock, *Julian the Apostate*, 114-15; Murdoch, *The LastPagan*, 179-80; Gibbon, *History of the Decline*, 1:937-38을 보라.

로를 스스로 끊은 군대는 낯선 영토 깊숙이 진격할 수밖에 없었다.

　잘못된 판단과 서투른 실행으로 인해 원정은 곧 수렁에 빠졌다. 군대는 적군의 공격뿐 아니라 부족한 보급과 타는 듯한 더위에 시달렸다.[67] 결국 율리아누스는 원정 실패를 인정하고 기진맥진하여 사기가 꺾인 장병들을 이끌고 퇴각을 시도했으나 도중에 어디선가 날아온 화살을 맞고 전사했다. 전설에 따르면 그는 마지막 숨을 내쉬기 전 이렇게 말했다고 한다. "갈릴리인이여, 그대가 이겼도다."[68] 반면 그의 동시대인이자 추종자였던 아미아누스 마르켈리누스는 율리아누스가 임종 직전 소크라테스처럼 이교 철학자들과 함께 영혼의 불멸에 대해 담담히 논의했다고 전한다.[69]

　절망적인 퇴각을 지휘할 지도자가 필요해지자 고전 중인 군단들은 급히 뛰어난 이교도 장교 살루티우스(Salutius)를 추대했지만 그는 위험한 직책을 거절했다. 이에 그들은 또 다른 고위 장교 가운데 우연히도 기독교 신앙을 가진 요비아누스(Jovian)를 선택했다.[70] 요비아누스는 불리한 상황에서 군대를 페르시아 영토에서 간신히 철수시키는 데 성공했다(하지만 이는 상당한 영토를 페르시아에 넘겨주는 참담한 협정의 대가였다). 그의 통치는 짧았지만 그 뒤를 잇는 황제들 역시 모두 그리스도인이었다. 요비아누스는 종교 관용 정책을 펼쳤고 그의 뒤를 이은 발렌스(Valens)와 발렌티니아누스(Valentinian)도 그 노선을 따랐다.[71] 그러나 시간이 지나면서 (어떤 역사가의 분석에 따르면)[72] 이 정책은 "대박해"의 공포와 율리아누스의 반기독교적 정책이 되살린 불안감 속에서 점차 엄격한 방향으로 전환되었다. 특히 스페

67　Gibbon, *History of the Decline*, 1:940-43.

68　Murdoch, *The Last Pagan*, 190.

69　Ammianus, *The Later Roman Empire*, 294-95.

70　Bowersock, *Julian the Apostate*, 118.

71　Watts, *The Final Pagan Generation*, 116; Gibbon, *History of the Decline*, 1:980.

72　Drake, *Constantine and the Bishops*, 409을 보라.

인 출신으로 극히 정통파 성향을 지녔던 황제 테오도시우스는 일련의 강력한 법령을 제정해 이교 사원을 폐쇄하고 제사를 금지했다.[73]

이러한 조치의 범위와 실제 집행 정도를 두고는 역사학계의 견해가 갈리지만,[74] 전체적인 흐름만큼은 분명했다. 그것은 곧 기독교의 공식적 상승과 이교 신앙의 억압이었다. 그리고 황제들이 그런 조치를 주저할 때는 때로 과격한 수도사 무리와 열성 신자들이 직접 나서서 그 일을 수행했다.[75] 그 결과 알렉산드리아의 세라피스 신전이 파괴되었고 뛰어난 여성 이교 학자 히파티아(Hypatia)가 살해되는 사건이 벌어졌다.[76]

상징의 정치학. 기독교가 이교를 제치고 지배적 신앙으로 자리 잡은 과정을 설명할 때, 우리는 그 변화를 결정적으로 알리는 분수령 같은 칙령이나 법령을 찾고 싶은 유혹에 빠지게 된다. 아마도 콘스탄티누스 시대에 일부 이교 사원을 폐쇄시켰던 명령? 혹은 콘스탄티우스가 이교 제사를 사형죄로 규정한 법령? 아니면 391년과 392년에 테오도시우스가 이교 숭배를 보다 광범위하게 금지한 칙령일지도 모른다.[77]

그러나 이러한 설명들은 곤란한 문제에 부딪힌다. 당시 법령들 가운데 일부는 겉보기에 매우 엄격해 보이지만 실제 이교 종교 생활에는 거의 영향을 미치지 않은 듯하다. 에드워드 왓츠가 지적하듯 리바니우스나 프라이텍스타투스처럼 사회적으로 저명하고 정치에 적극 참여했던 이교도들은

---

73   Watts, *The Final Pagan Generation*, 182, 207.

74   이러한 문제들에 대한 증거를 신중히 검토한 연구로는 Alan Cameron, *The Last Pagans*, 33-92.

75   Drake, *Constantine and the Bishops*, 408; Averil Cameron, *The Later Roman Empire* (Cambridge, MA: Harvard University Press, 1993), 76.

76   Drake, *Constantine and the Bishops*, 401, 409-11; Brown, *Power and Persuasion*, 89-103, 119.

77   Watts, *The Final Pagan Generation*, 207.

그러한 조치들을 거의 인식하지 못했던 것으로 보인다.[78] 그것들은 대부분 문서상의 금령에 불과했으며 실제로 집행되지는 않았다. 더욱이 콘스탄티누스, 콘스탄티우스, 테오도시우스 같은 황제들조차 이러한 반이교적 조치들을 채택하면서도 여러 방식으로 이교를 묵인하거나 심지어 지원하기도 했고,[79] 알려진 이교 신자들을 제국의 고위직에 상당수 임명했다. 기독교에 결코 우호적이지 않았던 기번조차도 심지어 테오도시우스 통치 아래에서도 "기독교 신앙고백이 시민적 권리를 누리기 위한 필수 자격으로 간주되지 않았으며 오비디우스의 신화를 믿고 복음의 기적을 완강히 거부한 이단자들이 특별한 불이익을 겪지도 않았다. 궁정과 학당, 군대, 원로원은 공개적으로 헌신한 이교도들로 가득 차 있었으며 그들은 구별 없이 제국의 모든 관직과 군사적 영예를 누렸다"[80]고 인정했다.

그렇다면 콘스탄티우스, 테오도시우스 등 기독교 황제들이 내린 외견상의 이교 금지령들은 어떻게 이해해야 할까? 그것들은 단지 열성적인 기독교 비판자들을 달래기 위한 상징적 제스처였을 뿐 실제로 효력을 의도한

78　예를 들어 Watts, *The Final Pagan Generation*, 89, 102, 207-9.

79　예를 들어 Brown, *World of Late Antiquity*, 88을 보라. "콘스탄티누스는…아테네 시민들로부터 이교적 경배를 기꺼이 받았으며 콘스탄티노플을 꾸미기 위해 에게해 일대의 고전적 이교 조각상들을 수집했다. 그는 한 이교도 철학자를 동료로 대우했고 이집트의 이교 유적지를 순례하던 한 이교 제사장의 여비를 직접 부담하기도 했다."

80　Gibbon은 다음과 같이 덧붙였다. "테오도시우스는 미덕과 재능에 대한 관대한 존중을 보여주었는데, 그 증거로 이교도 원로원 의원이었던 심마쿠스(Symmachus)에게 집정관(consul)의 품위를 수여했으며, 이교도 웅변가 리바니우스에게는 개인적 우정을 표현했다. 그리고 이 두 명의 이교 옹호자들은 결코 자신의 종교적 신념을 바꾸거나 숨기라는 요구를 받지 않았다. 이교도들은 말과 글에서 가장 방종한 자유를 누렸다. 유나피우스(Eunapius), 조시무스(Zosimus), 그리고 플라톤 학파의 광신적 교사들의 역사적·철학적 저작은 기독교적 사상과 행동에 대한 격렬한 적의로 가득하며, 그들을 향한 가장 신랄한 비판을 담고 있다. 만약 이러한 대담한 비방문들이 공식적으로 알려졌다면, 우리는 기독교 황제들의 현명한 태도를 칭찬해야 할 것이다. 그들은 미신과 절망의 마지막 발악을 경멸의 미소로 바라보았기 때문이다"(88-89).

것은 아니었을까? 확정적인 대답은 없다. 그러나 분명한 것은 그러한 법령들이 실질적으로 강제력을 거의 갖지 못했더라도 상징적 영향력만큼은 중대했다는 사실이다. 이와 같은 공개적 상징 조치들은 제국이 스스로를 점차 기독교적 세계로 인식하도록 만드는 데 일정한 역할을 했다.

에드워드 왓츠의 분석에 따르면, 콘스탄티우스의 이교 제사 금지령은 겉으로는 단호했으나 실제로는 거의 무력한 "상징적인 정책들"이었다.[81] 그러나 그것이 곧 중요성을 축소하는 것은 아니다. 상징은 정치적 의미에서 실제만큼 중요하다. 현대의 한 저명한 정치학 연구는 정치 공동체가 "상상된 것"이라고 주장한다.[82] 그것은 물리적 사실이 아니라 시민들의 의식 속에서 형성되는 정신적 구성물이며 공적 상징이야말로 그 집단적 상상을 형성하는 핵심 재료라는 것이다. 이교도와 기독교 진영은 모두 이 논리를 암묵적으로 이해하고 있었다.

따라서 4세기 말 기독교 황제들이 신전과 베스타 처녀들의 재정 지원을 중단했을 때, 그 조치가 이교도들에게 물질적 지원의 상실만을 의미한 것은 아니었다. 그것은 공적 후원의 박탈로 인식되었고 바로 그 점이 그리스도인들로부터는 환영을, 이교도들로부터는 적개심을 불러일으켰다.[83] 기번은 이교 원로원파의 입장을 다음과 같이 설명했다. **"로마의 제사가 국가의 명의뿐 아니라 국가의 경비로 집행되지 않는다면** 그 제사는 그 효력과 능력을 잃게 될 것이다."[84]

바로 이러한 공적 후원이야말로 당시 교회에서 가장 강력한 인물로 꼽

---

81   Watts, *The Final Pagan Generation*, 102.

82   Benedict Anderson, *Imagined Communities* (London: Verso, 2006).

83   Watts, *The Final Pagan Generation*, 183("이러한 생각의 일부에는 국가가 공적 의식을 진정한 공동 경건의 표현으로 드러내기 위해서는 그 의식의 경비를 부담해야 한다는 관념이 포함되어 있었다").

84   Gibbon, *History of the Decline*, 2:75(강조체는 덧붙여진 것이다).

히던 밀라노의 전투적인 주교 암브로시우스(Ambrose)가 가장 문제 삼았던 부분이었다. 이교도 원로원 의원 심마쿠스가 "유언으로 성전 제단에 헌금한 사람들"[85]에게서 비롯된 재원이라며 신전 자금의 반환을 주장하자 암브로시우스는 황제에게 이렇게 논박했다. 설령 자금의 출처가 개인의 기부였더라도 그것은 이미 오래전부터 공적 재정의 일부로 간주되어왔으며, 그러므로 황제가 그 돈을 다시 이교 제의의 용도로 돌린다면 "이는 그대 자신의 금고에서 내어주는 것처럼 보일 것이며", 곧 제국이 이교 숭배를 공적으로 후원하는 인상을 주게 된다고 지적한 것이다.[86] 오늘날의 표현을 빌리면, 이미지 효과가 결정적이었다.

이외에도 보다 시각적이고 일반 시민들에게 한층 눈에 띄는 상징적 변화들이 있었다. 에드워드 왓츠의 설명에 따르면, 고대의 이교 신전들은 "사람들을 시각적으로 압도하기 위한 목적"을 지녔다.[87] 따라서 이러한 신전들이 하나둘씩 기독교 교회로 전환될 때, 대체의 상징성은 누구에게나 명확히 드러났다. 또 때로 황제의 묵인이나 직접적 허락 아래 기독교 군중이 이교 신전을 파괴할 때도 동일한 메시지가 퍼졌다.[88] 이런 이유로 율리아누스 황제가 자신의 단명한 이교 부흥 정책 속에서 교회를 헐고 그 자리에 다시 신전을 세우도록 명한 것은 놀랍지 않다.

마찬가지로 웅장한 새 기독교 교회와 바실리카들은 (로마나 피렌체 등의 도시가 지금도 그렇듯) 도시의 하늘 경치[89]를 압도했다. 피터 브라운의 보고

---

85 Symmachus, *Relation* 3, 13항에 대한 정보는 https://people.ucalgary.ca/~vandersp/Courses/texts/sym-amb/symrel3f.html (J. Vanderspoel의 소개글).

86 Ambrose, Epistle 17, 3항에 대한 정보는 https://people.ucalgary.ca/~vandersp/Courses/texts/sym-amb/ambrepf.html(J. Vanderspoel의 소개글).

87 Watts, *The Final Pagan Generation*, 137.

88 Drake, *Constantine and the Bishops*, 409; Gibbon, *History of the Decline*, 2:78-87을 보라.

89 Brown, *Power and Persuasion*, 120-21을 보라.

에 따르면, 이 건축물들과 그 안에서 이루어지는 의식들은 "방문자들을 경탄하게 만들었다." 한 후기 고대의 여행자는 동료에게 이렇게 편지를 썼다. "예배 때 사용하는 촛불, 향, 등불, 그리고 그 밖의 물건들의 수와 무게는 상상도 할 수 없소.…정말 말로 표현할 길이 없소." 브라운은 이렇게 평한다. "교회들은 황제의 어떤 칙령보다 훨씬 더 강력하고 끊임없이 '교회와 제국의 섭리적 결합'을 선포하고 있었다."[90] 이 메시지의 시각적이고 구체적인 힘을 잘 알고 있던 밀라노의 암브로시우스는 이교뿐 아니라 당시 황실을 지배하던 아리우스파 이단에 맞서기 위해 웅대한 바실리카들을 세우고 때로 황제의 칙령이나 군대의 압력에도 굴하지 않고 그 건물들을 지키려 싸웠다. 그것은 단순한 건축이 아니라 신학적 진리와 교회의 공적 권위를 시각적 형태로 제시하려는 영적 전투의 일환이었다.[91]

승리의 제단(Altar of Victory)은 고대 로마 제국에서 중요한 공적 상징물이었다. 황제 아우구스투스가 원로원 건물 입구 옆에 처음 설치한 이 승리의 여신 빅토리아를 기리는 사당에는 거대한 지구 위에 서서 월계관을 든 여성상이 장식되어 있었다. 기번은 이 승리의 제단에 대해 이렇게 설명한다. 제단에는…"세계를 상징하는 구(globe) 위에 서서 흘러내리는 옷을 입고 활짝 펼친 날개를 지녔으며 뻗은 손에는 월계관을 들고 있는 위엄 있는 여신상이 장식되어 있었다. 원로원 의원들은 이 여신의 제단 위에서 황제와 제국의 법을 준수할 것을 맹세했고 그들의 공개 회의에 앞서 포도주와

---

90   Peter Brown, *The Rise of Western Christendom: Triumph and Diversity, A.D. 200-1000*, rev. ed. (West Sussex, UK: Wiley-Blackwell, 2013), 77.

91   암브로시우스의 이러한 활동과 노력에 대한 상세한 설명은 Garry Wills, *Font of Life: Ambrose, Augustine, and the Mystery of Baptism*(New York: Oxford University Press, 2012)에 담겨 있다. 또한 Averil Cameron, *The Later Roman Empire*, 78을 참조하라("교회 건축이 실제적으로 미친 영향"에 대한 관찰을 볼 수 있다).

향을 바치는 엄숙한 제사가 관례적으로 거행되었다."[92] 357년에 콘스탄티우스가 이 제단을 제거하도록 명했으며 이교도 황제 율리아누스는 이를 다시 복원했다. 이후 382년에 기독교 황제 그라티아누스가 다시 제단을 철거하자 이교도 원로원 의원이자 로마 행정관인 심마쿠스가 발렌티니아누스 2세 황제에게 제단 복원을 요구하는 웅변적 청원을 작성했다. 그러나 이 청원은 주교 암브로시우스의 강력한 반대에 부딪혔다.

모든 논쟁 참가자는 이 신전의 상징적 중요성을 인정했다. 심마쿠스는 제단 철거가 흉작을 비롯한 여러 가지 "불운"[93]을 불러왔다고 주장했지만, 주로 이 신전을 유지하는 것이 로마가 과거에 지녔던 이교적 전통과 스스로를 동일시해온 그 정체성을 끊지 않고 이어가는 길이라고 강조했다. "우리는 수 세기에 걸친 신의를 지켜야 하며 우리의 조상들이 그들의 조상들을 기쁘게 따랐듯 우리도 따라야 한다."[94] 암브로시우스는 "모든 신전에 제단이 있고 승리의 신전에도 제단이 있다"[95]고 인정했으며 실제로 이교도들은 "모든 곳에서 제사를 거행한다"고 말했다. 그러나 심마쿠스의 제안은 달랐다. 심마쿠스는 "로마시의 원로원 회의장에서" 그리스도인 의원과 이교도 의원들이 함께 모여 회의하는 그 장소에 이교도의 신전을 설치하자고 요구했다.[96] 이곳은 "모든 회의가 그 신전 제단의 권위 아래 이루어져야 하는"[97] 매우 중요하고 공적인 공간이었다. 그러한 상징적 제단의 설치는 "신

---

92   Gibbon, *History of the Decline*, 2:73.

93   *Symmachus, Relation* 3, 14항.

94   Symmachus, *Relation* 3, 8항.

95   Ambrose, Epistle 18, 31항에 대한 정보는 https://people.ucalgary.ca/~vandersp/Courses/texts/sym-amb/ambrepf.html(J. Vanderspoel의 서론).

96   Ambrose, *Epistle* 18, 31항.

97   Ambrose, Epistle 17, 9항. 주교는 이 점을 더욱 강조하거나 과장하면서 이렇게 말했다. "제단에서 나오는 연기와 재, 신성모독의 불꽃에서 튀는 불똥, 그리고 타오르는 연기가 신자들의 숨과 목을 막을 것이다"(9항).

앙에 대한 모욕"[98]이었다. 이렇듯 상징적 행위는 용인될 수 없었기에 암브로시우스는 만약 황제가 이 제단의 복원을 승인한다면 그는 신앙을 배반하는 것이며 따라서 예배의 특권을 박탈당할 것이라 경고했다. "그대가 교회에 올 수는 있으나 제사장이 없거나 그대를 거부하는 사람을 만나리라."[99]

이 제국의 중심적 상징을 둘러싼 치열한 논쟁 속에서 암브로시우스가 승리했고 심마쿠스의 청원은 기각됐다. 모든 당사자가 인정했듯 이 상징적 승리는 제국이 기독교 제국인지 이교 제국인지를 정의하는 데 매우 중요했다. 이와 같은 상징을 둘러싼 투쟁에서 기독교가 승리함으로써 이교가 아니라 기독교적 정체성의 도시—"상상된 공동체"[100]—를 구축할 수 있었다.

문화적·영적 투쟁. 그렇다면 기독교의 최종 승리는 오로지 위로부터 내려온 결과로서 황제들의 미온적인 강제력 행사와 다소 일관된 상징적 지지에 의한 것일까? 적어도 일부 역사가들은 황제들이 문화적 변화를 주도하거나 유발한 것이 아니라 그들의 정책이 문화적 변화에 대응하거나 반영된 것이라고 제안한다.

벨기에 학자 프란츠 퀴몽(Franz Cumont)의 기초적 연구는 2세기에서 4세기에 걸친 고전적 이교의 타락과 신용 상실을 포착한다. 이 쇠퇴는 이시스, 세라피스, 미트라 숭배와 같이 동방에서 유입된 제의가 점점 인기를 얻는 데서 드러난다.[101] 퀴몽은 "신화 속 신들과 영웅들은 더 이상 순전히 문

---

98   Ambrose, *Epistle* 17, 31항.

99   Ambrose, *Epistle* 17, 13항.

100   Anderson, *Imagined Communities*, 앞서 언급된 부분을 보라.

101   Franz Cumont, *The Oriental Religions in Roman Paganism* (Chicago: Open Court, 1911), 196-212을 보라. 또한 Brown, *World of Late Antiquity*, 63을 보라("서유럽에서 동방 제의가 확산된 것은 1-2세기의 뚜렷한 현상이다. 이 제의들은 이주민들에게, 그리고 이후에는 현지 신자들에게도 자신이 속한 집단의 소속감과 충성심을 부여해주었으며, 이는 그들이 자신이 속한 도시의 시민적 기능을 통해서는 얻지 못했던 것이었다").

학적인 존재를 넘지 못했다. 고대 로마의 전통적인 국교는 죽었다"[102]고 주
장한다. 다른 학자들도 동의한다. 노먼 캔터는 "기원후 150년경까지 고대
다신교가 가졌던 생명력은 거의 사라졌으며 신들은 개인들의 삶에서 거
의 혹은 전혀 역할을 하지 못했다. 고대의 신들을 기리는 국가 신전들은 종
교적 공간이라기보다 시민의 문화 공간으로 탈바꿈했다"[103]고 말한다. 안
토니아 트리폴리티스는 "정치적·사회적·지적 삶의 기초였던 전통 제의와
신들에 대한 신뢰가 약해지고 민중은 고대의 신들에게 더 이상 희망이나
신앙을 두지 않았다"[104]고 말한다.

하지만 앞서 언급했듯이 다른 역사가들은 이 해석에 반대한다.[105] 방대
한 증거에도 불구하고 이 논쟁을 명확히 해결하기는 어려우며 자료가 부족
한 이상 결론에 이르기 어려워 보인다. 그러나 우리는 후기 고대의 이교와
새롭게 부상한 기독교를 상호 비교하면서 각 신앙이 지닌 지적이고 영적인
강점과 한계를 살펴볼 수 있다. 비교는 공동체, 신앙고백, 영적 혹은 실존적
요소라는 세 가지 측면에서 이루어질 수 있다.

---

102 Cumont, *Oriental Religions*, 203-4.

103 Norman F. Cantor, *Antiquity: From the Birth of Sumerian Civilization to the Fall of the Roman Empire* (New York: HarperCollins, 2003), 39. 또한 Jonathan Kirsch, *God against the Gods: The History of the War between Monotheism and Polytheism* (New York: Penguin, 2004), 93을 보라("기원후 1세기에 이르면, 그리스와 로마의 고전적 이교는 이미 쇠퇴하고 있었다"고 주장했다).

104 Antonia Tripolitis, *Religions of the Hellenistic-Roman Age* (Grand Rapids: Eerdmans, 2002), 2. 언급했듯 E. R. Dodds는 4세기의 이교를 "일종의 산송장"이라고 묘사했다. Dodds, *Pagan and Christian*, 132.

105 예를 들어 MacMullen, *Paganism in the Roman Empire*을 보라. 또한 다음을 보라. Robin Lane Fox, *Pagans and Christians* (London: Penguin, 1986), 115("2세기와 3세기까지도 대다수 민중의 경건심은 시인들과 철학자들의 조롱을 견디며 살아남았다"), 123("초기 기독교 시대가 되면, 종교적 삶의 형태는 다양하게 발전했으나 [이교적인] 신적 만남이라는 사상은 사라지지 않았고 오히려 그들과 함께 성장했다"), 669(그리고 "이교적 제의들은 쉽게 사라지지 않았다"고 주장했다).

단 처음부터 몇 가지 주의점이 있다. 모든 사람이 공동체를 원하는 것도 아니고, 똑같은 유형의 공동체를 필요로 하는 것도 아니다. 옛날이든 지금이든 어떤 사람들은 같은 생각을 가진 이들과 긴밀한 공동체 생활을 하는 것을 위안이나 만족으로 여기지만, 다른 이들은 그것을 답답하게 느낀다. 마찬가지로 신앙고백의 신빙성과 영적 효능에 대한 판단도 개인에 따라 매우 다르다. 한 사람에게 자명하고 고양시키는 진리로 보이는 것이 다른 이에게는 모욕적이고 어리석은 것으로 보일 수 있다.

이교와 기독교 양 진영은 모두 자신들의 신앙이 영적으로 우월하다고 자신 있게 주장했으며 현대 학자들 역시 때로 그런 평가를 내린다.[106] 하지만 여기서는 최종적인 판단을 내리는 척하지 않겠다. 우리의 목적에 맞게 이 두 종교는 모두 분명하고 뚜렷한 강점을 지녔다는 점만 확인해도 충분하다. 이런 신중한 평가는 특정한 이교 요소나 모습이 사라지거나 억압될 수는 있어도 이교 자체가 완전히 소멸했거나 완전히 사라질 수 있었던 것은 아니라는 점을 시사한다. 실제로 이교는 결코 완전히 사라지지 않았다.

먼저 공동체 측면을 살펴보자. 노먼 캔터는 "[기독교] 교회는 대체로 무료하고 무질서한 로마 제국 사회에 속한 사람들에게 소속감과 우정, 돌봄의 기관을 제공했다"[107]고 주장한다. 피터 브라운 역시 "기독교의 매력은 공동체 의식의 급진적 성격에 있었다. 개개인은 넓고 익명적인 세상에서 소규모 공동체로 들어갈 수 있었고 그 안에서 요구와 관계가 분명해졌다"[108]고 평가했다. 이 새로운 공동체의 특징 중 하나는 평등성이었다. "교

---

106 일반적으로 다음을 보라. MacMullen, *Christianity and Paganism*(전반적으로 이교를 관용적이고 매력적으로, 기독교를 억압적으로 묘사한다); Veyne, *When Our World Became Christian*, 19, 22(기독교가 이교보다 명백히 우월하다고 주장한다). (이후 이 책에 나오는 내용을 참조하라.)

107 Cantor, *Antiquity*, 39.

108 Brown, *World of Late Antiquity*, 68.

회에는 황제의 자유민 신분을 얻은 황제의 궁정 권력가가 있었고 그 권력가의 해방 노예가 주교의 직책을 맡았으며 황제의 정부가 교회를 보호하고 귀족 여성들이 교회를 후원했다."[109] 그리고 이 공동체는 빈곤한 자와 병든 자를 돌보는 것으로 유명했다. 심지어 이교도 역사학자 기번조차 기독교 공동체의 그 특징을 높이 샀다.[110]

물론 공동체가 더욱 밀착될수록 내부적 갈등이나 질투는 더욱 고통스러워질 수 있다. 이런 문제는 이미 신약의 서신들에서 각 교회의 분열과 부자에 대한 편애 경향을 꾸짖는 구절들에서 드러난다.[111] 보통 에우세비오스의 증언을 불신하던 기번도 디오클레티아누스 시대에는 "[기독교] 회중마다 사기, 시기, 악의가 만연했다"[112]고 언급했다. 게다가 기독교 공동체에 속하는 것은 종종 이교적 사교계, 오락, 축제 등에서 완전한 참여를 포기하는 일이었다. 한 공동체를 얻는 대신 다른 공동체를 잃게 되는 셈이었다.

그리고 설령 기독교 공동체가 이상적 상태에 근접했고 교회가 제공하는 공동체를 고대하는 사람을 대상으로 삼는다 해도 기독교에 입문하는 일은 그 입장 조건이 신앙고백을 승인하는 것이므로 이교도들에게는 종종 불쾌하거나 터무니없게 느껴졌다. 이 문제는 그리스도인과 이교도 모두에게 신빙성(believability)이라는 쟁점으로 이어진다.

우리가 이미 살펴본 바와 같이 기독교 이전 시대에도 많은 교양 있는 로마인들은 신들에 대한 신화들을 믿기 어렵다고 여겼고 이후 그 상황은 점차 여러 숭배 운동과 신들이 범람하게 되면서 더욱 어려워졌던 것 같

109　Brown, *World of Late Antiquity*, 66.

110　Gibbon, *History of the Decline*, 1:493. 자세한 내용은 Rodney Stark, *The Triumph of Christianity: How the Jesus Movement Became the World's Largest Religion*(New York: HarperCollins, 2011), 112-19을 보라.

111　예를 들어 고전 1:10-17; 약 2:1-9을 보라.

112　Gibbon, *History of the Decline*, 1:559.

다.[113] 폴 벤느는 기독교가 등장할 무렵 "이미 6-7세기 전부터 이교는 위기에 처해 있었다. 너무 많은 우화와 순진함으로 가득 차 있었으며 경건하고 교양 있는 이교도는 더 이상 무엇을 믿어야 할지 알지 못했다"[114]고 주장한다.

전통적이지만 교양 있는 이교도들이 이러한 곤란함을 해소하기 위해 택한 한 가지 방편은 신화를 좀 더 비유적으로 해석하는 것이었다. 이미 우리는 키케로의 신들에 대한 대화에서 스토아 학파 인물 발부스가 취한 이 비유적·철학적 접근을 보았다.[115] 이후의 사상가들은 이 방법을 더욱 정교하게 발전시켰다.[116] 예를 들어 사투르누스가 자신의 자녀를 먹는 이야기는 씨앗이 자신이 자란 땅으로 돌아가는 자연의 이치를 나타내는 비유로 해석될 수도 있고, 혹은 시간(즉 사투르누스, 크로노스)이 자신이 낳은 모든 것을 결국 파괴한다는 실존적 진리를 시적으로 표현한 것으로 볼 수도 있다.[117] 좀 더 철학적 해석에서는 유피테르를 하늘로, 유노를 땅으로, 미네르바를 플라톤적 이데아로 보기도 했다. "하늘은 모든 것이 만들어지는 **근원**, 땅은 그것이 만들어지는 **재료**, 이데아는 그것을 어떤 형상으로 만들지 결정하는 **틀**"이라는 식이다.[118] 기번은 다음과 같이 비판적으로 평했다. "이교 신화의

---

113 Dodds, *Pagan and Christian*, 133을 보라. "그리스와 로마의 일반적인 종교 관용 정책은 너무 많은 선택지들로 혼란스러운 상황을 낳게 되었다. 숭배할 예식도 너무 많았고 신비 종교도 많았으며 인생철학 또한 너무 많아서 무엇을 선택해야 할지 알 수 없었다. 한 종교적 보험 위에 또 다른 보험을 쌓아올릴 수는 있지만, 그럼에도 불안은 사라지지 않았다."

114 Veyne, *When Our World Became Christian*, 43-44. 하지만 Veyne는 "평범한 민중들 사이에서 이교는 대체로 받아들여졌으며, 그 결과 튼튼하게 뿌리내릴 수 있었으므로, 무한정 지속될 수도 있었던 것이다"(44)라고 부연한다.

115 이 책 제4장을 보라.

116 R. T. Wallis, *Neoplatonism*, 2nd ed. (Indianapolis: Hackett, 1995), 130-37, 147-51을 보라.

117 바로에게 돌려지는 이러한 해석들은 Augustine, *The City of God against the Pagans*, trans. and ed.R. W. Dyson (Cambridge: Cambridge University Press, 1998), 6.8, p. 255;7.19, p. 290에서 검토되고 비판된다.

118 이것이 바로 아우구스티누스가 *City of God* 7.28, p. 303에서 설명한 바로의 해석이다(강조

전승이 각기 다르게 이야기되었으므로 거룩한 해석자들은…어떤 우화에서도 자신이 선호하는 종교적·철학적 체계에 적합한 뜻을 끌어낼 수 있었다. 벌거벗은 베누스의 음란한 형상은 억지로 도덕적 교훈의 발견으로 변형되고…아티스의 거세는 태양이 회귀선 사이를 도는 현상이나 인간 영혼이 악과 오류에서 분리되는 것의 상징으로 설명되었다."[119]

이런 철학적 해석 전략은 (키케로의 대화에서 흄의 선구자격인 코타 같은 인물에게) 무익한 꾀로 보일 수 있다. 실제로 코타 자신도 그렇게 말했다.[120] 이교를 비판한 기독교 사상가 아테나고라스, 락탄티우스, 아우구스티누스 등은 이 점을 집요하게 물고 늘어졌다. 만약 신적 실재가 단일하고 육체적이 아니라 영적이라면, 그 신적 존재를 솔직하게 인정하고 경배하는 게 낫지 않은가? 굳이 신성을 수천 개의 소인화된 하위신으로 쪼개고 각 신을 실재가 아니라 단지 은유나 유비로 여기는 데 무슨 의미가 있는가?[121]

유대교와 기독교의 성서도 때때로 이와 유사한 난처함을 불러일으켰고, 기독교 사상가들 역시 그런 곤란함에서 벗어나기 위해 비슷한 철학적 해석이나 유비적 해석 전략을 구사하곤 했다. 실제로 기독교는 수많은 오래된 이야기들이 이교 신화와 마찬가지로 신앙인의 믿음이나 도덕적 감수성을 시험하는 경전과 씨름해야 했다. 오리게네스와 아우구스티누스 같은 세련된 그리스도인들은 이러한 어려움에 종종 유비적 또는 은유적 해석으로 대응했다.[122] 이런 해석학적 전통에서 아담의 아들 아벨과 셋, 그리고 셋

체는 덧붙여진 것이다).

119 Gibbon, *History of the Decline*, 1:869.

120 이 책 제4장에서 "시민 종교"를 참조하라.

121 Augustine, *City of God* 7.28–30, pp. 303–6. 또한 일반적으로 Athenagoras, *A Plea for the Christians*, trans. B. P. Pratten(Pickerington, OH: Beloved, 2016)도 보라.

122 이교와 기독교의 풍유적 해석의 유사성에 대한 논의는 Dodds, *Pagan and Christian*, 130–31을 보라.

의 후손 에노스는 그리스도와 교회를, 그리고 노아의 방주[123] 역시 그리스도와 교회를 상징하는 것으로 해석되기도 했다.[124] 반면 아벨을 살해한 가인(성서에서는 도시의 창시자로 언급됨), 아브라함의 첩 하갈, 그리고 하갈의 아들 이스마엘 등은 모두 땅의 도시를, 반면 아브라함의 아내 사라와 예루살렘은 하늘의 도시를 상징한다는 해석이 가능했다.[125]

이러한 상징 해석은 매우 복잡하고 다층적으로 전개되어 하나의 상징이 또 다른 상징의 상징이 되기도 했다.[126] 실제로 바로 이러한 해석학적 가능성의 발견이야말로 아우구스티누스가 오랜 불신 끝에 성경과 기독교를 받아들일 수 있었던 계기였다.[127] 그는 훗날 성서가 어떻게 해석되어야 하는지 다양한 해석 방법론을 자세히 논술한 저술도 남겼다.[128]

물론 기독교 신앙에서는 이러한 해석에 한계가 있었다. 이교 비평가들은 복음서의 핵심적인 역사적·신학적 주장—곧 하나님이 예수라는 사람 안에 성육신했다거나, 예수가 동정녀에게서 태어났다거나, 그가 십자가형 뒤에 부활했다는 주장—을 신랄하게 비판했다. 그러나 이러한 본질적인 주장들에 대해 기독교 변증가들은 굳게 방어하고 반드시 고수해야 했다. 오리게네스나 아우구스티누스 같은 기독교 변증가와 켈수스나 포르피리오스 같은 날카로운 이교 지성인들 간의 성서 해석과 역사 논쟁은 오늘날의 신앙인과 회의론자들 사이에서 벌어지는 논쟁만큼이나 치열하고 정

---

123   Augustine, *City of God* 15.26, p. 686.

124   Augustine, *City of God* 4.18, pp. 670-71.

125   Augustine, *City of God* 15.1-3, pp. 634-37.

126   Augustine, *City of God* 15.2, p. 637.

127   Augustine, *The Confessions of St. Augustine*, ed. and trans. Albert Cook Outler, rev. ed. (New York: Dover, 2002), 5.24-25, pp. 81-82; 6.8, p. 89.

128   Augustine, *On Christian Doctrine*, trans. J. F. Shaw (New York: Dover, 2009). 『그리스도교 교양』(분도출판사 역간).

밀하게 이루어졌다.[129] 반면 신학적으로 덜 중심적인 성서 이야기들은 보다 영적이거나 은유적인 해석으로 재해석될 수 있었고 실제로 그렇게 해석되곤 했다.[130]

그러나 이교도와 그리스도인은 모두 불쾌하거나 황당하게 보일 수 있는 이야기를 순화하기 위해 영적이거나 철학적인 해석을 시도할 수 있었지만, 이러한 철학적 방향 전환은 결국 장기적으로 기독교에 더 유리하게 작용했다. 이는 철학이 성스러운 것을 초월적인 방향으로 이끌도록 작동했기 때문이다. 플라톤의 좋음의 이데아는 이교의 신들과는 달리, 그리고 히브리인과 그리스도인의 하나님과 마찬가지로 부패하고 타락한 이 세상 안에 존재하는 것이 아니었다. 그래서 스토아 학파나 신플라톤주의자들이 철학을 동원해 결국 이 세상 안에 **있고** 이 세상으로부터 비롯되는 신들의 집합을 옹호하려는 시도에는 본질적 모순이 있었다. 마치 그들은 힘을 잃은 신들을 사실상 서서히 죽음에 이르게 하는 요법을 처방하는 셈이었다. 신플라톤주의자 이암블리코스와 후기 아테네 학파에 대해 R. T. 월리스는 "그 학파가 의도하지 않았던 결과 중 하나는 전통적인 신들로부터 유일하게 남아 있던 인격적 생동감(personality)을 점차 소진시킨 것이었다. 따라서 이암블리코스 이후 철학적 토대 위에 전통적인 숭배를 재정립하려 했던 이들은 역설적으로 기독교의 승리를 보장한 셈이 되었다"[131]고 평했다.

아우구스티누스는 이교 신들을 철학자의 더 고상한 가르침과 조화시

---

129 이와 같은 논쟁에 관한 통찰력 있는 연구로는 Robert Louis Wilken, *The Christians as the Romans Saw Them*, 2nd ed.(New Haven: Yale University Press, 2003)을 참조하라.

130 Gibbon은 예상대로 이러한 해석 방식이 이교도들에게 사용되었을 때나 그리스도인들에게 사용되었을 때나 별다른 인내심을 보이지 않았다. 그는 비꼬듯이 이렇게 논평했다. "문자적 의미가 신앙과 이성의 모든 원리에 어긋남을 인정한 이들은 풍유라는 두터운 베일 뒤에 숨으면 자신들이 안전하고 무적이라 여기게 된다." Gibbon, *History of the Decline*, 1:457.

131 Wallis, *Neoplatonism*, 137.

키려고 풍유적 해석에 매달린 바로 같은 사상가들의 모순과 임의성에 대해 가차 없이 조롱했다.[132] 그는 플라톤을 상세히 열정적으로 칭찬하는 동시에[133]—실제로 자신의 기독교 전향 과정에서 플라톤의 책들이 중요한 역할을 했다고 밝혔지만[134]—플라톤을 동원해 이교 신 숭배를 정당화하려는 후기 철학들의 개연성과 일관성 없음은 단호하게 비판했다.[135]

우리가 다시 신앙의 설득력 문제로 돌아가겠지만, 먼저 영적이거나 실존적인 효능의 관점에서 생각해보자. (이교와 기독교 가운데) 어느 쪽 신앙이 사람들의 삶에 더 깊은 의미를 부여하고 그들이 일상을 살아가는 세계에 더 높은 숭고미를 제공했는가?

각 신앙에는 분명한 강점이 존재했다. 우리가 이미 제3장에서 살펴본 바와 같이 이교는 세상과 정치 체제를 신성하게 하고 복되게 만드는 기능을 수행했다. 로빈 레인 폭스는 신들이 세상에 "찬란한 아름다움과 호의"를 부여했다고 설명한다.[136] E. R. 도즈에 따르면, 철학적으로 해석된 이교에서는 "전체 우주 구조가 신적 질서의 표현으로 여겨졌으며 그 자체로 아름답고 숭배의 대상으로 느껴졌다."[137] 폭스 역시 "신들은 삶의 가장 원초적인 패턴, 즉 탄생, 성교, 죽음, 청소년기, 결혼, 출산에 어디서나 깊이 관여했다"[138]고 지적한다. 이러한 복된 신성화(beatification)는 단지 철학적으로 훈련받은 소수만이 아니라 다수 민중에게도 생생한 방식으로 확장되었다. 그것은 제사 의식의 색감과 냄새, 극장의 음악과 소용돌이, 행렬의 웅장함

---

132   Augustine, *City of God*, bks. 6-7.

133   Augustine, *City of God*, 8.5-9, pp. 318-25.

134   Augustine, *Confessions* 7.13, p. 114.

135   Augustine, *City of God*, bks. 8-10.

136   Robin Lane Fox, *The Classical World: An Epic History from Homer to Hadrian* (New York: Basic Books, 2006), 49-50.

137   Dodds, *Pagan and Christian*, 6.

138   Fox, *Pagans and Christians*, 83.

과 율동, 경기장과 경마의 인파와 함성, 소란 등을 통해 표현되었다. 그리고 물론 성적 친밀감의 황홀 속에서 "신들의 신비롭고 내재적인 임재"를 느끼고 받아들이는 경험도 이에 포함되었다.[139]

요컨대 이교는 세상을 신성화하고 아름답게 만들었다. 어떤 이들에게는 그 아름다움이 더욱 슬프게 느껴지기도 했다. 피터 브라운은 "물질적 형상에 의해 드러나고 한층 신비롭게 힘을 발휘하게 된 이교 신의 '신적 아름다움의 메아리'"를 언급하며 "마지막 이교도들을 위로한 것은 보이지 않는 존재의 친밀하고 손에 잡히지 않는 임재에 대한 의식이었다"[140]고 지적한다. 그러나 이렇게 삶과 세계를 신성화하는 이교의 체계에도 명확한 한계가 있었으며 그중 두 가지가 두드러진다.

첫째, 그리고 가장 결정적으로 모든 실제 남녀에게 이 모든 아름다움은 결국 호메로스의 표현대로 "죽음의 어두운 안개"[141]로 급작스럽게 끝나고 만다. 죽음 이후에 대한 전망은 모호했고 행복할 것이라는 기대는 거의 존재하지 않았다. 호메로스는 "증오스러운 어둠"과 "죽은 자들의 집, 곧 축축하고 썩어가는 그 공포는 죽지 않는 신들조차 혐오하게 만든다"[142]고 묘사한다. 베르길리우스는 슬프게 읊었다.

아, 인생의 가장 좋은 시절은 언제나 먼저 불행한 인간 곁을 떠난다;

그 빈자리를 채우는 것은 질병과 고통스런 노년;

끝내 죽음의 무자비함이

---

139 이 책 제3장에서 "성과 도시"를 보라.

140 Brown, *World of Late Antiquity*, 78.

141 Homer, *The Odyssey*, trans. Robert Fitzgerald (New York: Farrar, Straus and Giroux, 1998), 4.192. 『오뒷세이아』(숲 역간).

142 Homer, *The Iliad*, trans. Robert Fagles (New York: Penguin, 1998), 13.776, p. 363; 20.78-79, p. 505. 『일리아스』(숲 역간).

그들을 세상에서 쓸어가 버리는구나.[143]

카툴루스 역시 슬프게 노래했다.

해는 진다, 그리고 다시 떠오르지만
우리에게는 짧은 낮이 끝나고 나면
한 번뿐인 끝없는 밤이 있어서 우리는 그 밤을 영원히 잠들며 보내네.[144]

둘째, 신들이 세상에 아름다움과 매혹을 부여할 수는 있지만 그들의 행동과 목적은 실제로 인간, 즉 **우리**와 별로 관련이 없었다. 어떤 신이나 여신이 (특히 그 인간이 아킬레우스나 아이네아스처럼 신과 인간의 일시적 만남에서 태어난 존재일 경우) 어떤 특별한 인간에 대해 혹은 어느 나라에 대해 때때로 호감이나 혐오를 가질 수 있었다. 『일리아스』에서는 제우스의 허락 아래 신들이 그리스와 트로이 사람들을 위해 적극적으로 개입하지만, 전반적으로 신들은 마르쿠스, 가이우스, 율리우스 같은 평범한 인간의 기쁨과 슬픔에는 무관심했다.

과연 이러한 한계들이 이교가 유한한 인간 삶에 의미를 제공하는 능력을 얼마나 저해했을까? 언제나 그렇듯 뚜렷하고 단일한 정답은 없다. 죽음에 대한 태도는 다양하다. 스토아 철학자인 황제 마르쿠스 아우렐리우스는 죽음의 불가피함에서 오히려 인생의 고난과 변덕을 견디게 해주는 음울한 위안을 찾는다. "아주 조금만 지나면 너도 죽을 것이고, 곧 네 이름조차 남

143　Virgil, Georgic III, in *The Georgics of Virgil*, trans. James Rhoades, 2nd ed. (London: Kegan Paul, Trench, Trubner and Co., 1891), 66.

144　Catullus, *Carmina* 5, E. L. Mascall, *The Christian Universe*(London: Darton, Longman and Todd, 1966), 20에서 인용함.

지 않게 될 텐데, 불행을 무엇 때문에 걱정하겠는가?"[145]

오뒷세우스는 아름다운 님페 칼립소가 약속한 불멸을 거절하고 대신 아내 페넬로페가 기다리고 있는 자신의 집으로 돌아가기를 선택한다.[146] 그리고 이따금 주장되는 바대로 죽음이라는 피할 수 없는 사실이야말로 인간 삶에 형태와 의미를 부여하고, 용기와 숭고한 인격이 가능케 하는 것이다.[147] 『일리아스』의 전사들은 신들보다 더 흥미롭고 존경할 만한 인물로 느껴진다. 왜냐하면 아킬레우스와 헥토르, 그리고 그 전우들은 결국 반드시, 곧 죽음의 집으로 내려가야만 한다는 것을 알고서 자신의 영생, 곧 불멸의 이름은 오직 영광을 쟁취하는 데 달렸음을 깨닫고 용기와 지략을 다해 분투하기 때문이다. 그들이 죽음을 앞에 두고 나아가는 그 노력엔 분명 숭고함이 존재한다.

그럼에도 호메로스의 전제가 남긴 비극적 감각과 본질적인 허무도 있다. 인간이 바랄 수 있는 가장 좋은 소망이란 영광스럽게 싸워 죽는 것이며 그 자신이 이미 세상을 떠난 뒤에야 시인들이 부르는 노래에 그의 이름이 남을 뿐이라는 전제다. 소포클레스가 묘사한 노년의 오이디푸스는 이렇게 묻는다. "그렇다면 영광과 훌륭한 명성이 무슨 소용인가? 그 흐름 속에서 사라져 아무것도 되지 않는데."[148] 마르쿠스 아우렐리우스도 이에 동의했다. "죽음 이후의 명성은 망각과 다를 바 없다."[149] 영웅은 죽음을 받아들

145　Marcus Aurelius, *Meditations* (New York: Dover, 1997), bk. 4, p. 21. 『명상록』(숲 역간).

146　Homer, *The Odyssey* 5.212-234.

147　참조. Fox, *The Classical World*, 47("호메로스의 서사시에서 주된 이미지는 무덤 너머의 삶이 없다는 것이다.…인간의 처지에 대한 이 탁월한 시각은 영웅의 삶에 더욱 애수와 비극적 아름다움을 더한다. 우리는 우리가 행한 바 그 자체이며, 인생에서 얻은 명성이 곧 우리의 불멸성이다").

148　Sophocles, "Oedipus at Colonus," in *Sophocles: The Three Theban Plays*, trans. Robert Fagles (London: Penguin, 1982), 274-75행, p. 299.

149　Aurelius, *Meditations* 2.15.

여 그 한계 내에서 의미를 찾으려 하지만 기회만 있다면 결코 끝나지 않는 충만한 삶으로 기꺼이 그것을 바꾸지 않을까? 그래서 트로이 평원 전투 한복판에서 용감한 전사 사르페돈(Sarpedon)은 전우 글라우코스(Glaucus)에게 다음과 같이 고백한다.

> 아아, 내 친구여, 만일 자네와 내가 이 전쟁에서 벗어나 영원히 살 수 있다면,
>
> 늙음도 겪지 않고 불멸할 수 있다면,
>
> 나는 결코 다시 선두에서 싸우지도
>
> 자네를 명성 얻는 전장으로 데려가지도 않을 것이네.
>
> 그러나 지금은 죽음의 운명이 우리를 기다리네.
>
> 수천의 죽음이 우리를 공격할 준비를 하고 있으며
>
> 살아 있는 그 누구도 이것을 피할 수 없네—그래서 우리는 돌진하네!
>
> 적에게 영광을 안겨주든, 아니면 그 영광을 우리가 차지하든 말야![150]

이 유한한 인간 조건의 비극적 허무는 호메로스의 아폴론이 다음과 같이 말하는 데서도 드러난다.

> 불쌍한 인간이여…
>
> 잎사귀와 같구나, 막 피어나 태양의 열기를 가득 받고
>
> 대지의 은총을 먹다 이내 시들어 죽으니.[151]

그리고 신들 가운데 으뜸인 제우스 역시 태양신의 통찰을 되풀이한다.

150　Homer, *The Iliad* 12.374-381, pp. 335-36.
151　Homer, *The Iliad* 21.528-530, p. 535.

지상의 모든 생명체 중

숨 쉬며 기어다니는 존재 가운데 가장 고통받는 이는 인간이다.[152]

오뒷세우스가 저승에서 아킬레우스의 영혼에게 여기서 그가 죽은 자들의 군주처럼 보인다고 위로하자, 명장 아킬레우스는 다음과 같이 답한다.

죽음에 대한 괜한 말은 하지 마시오, 빛나는 오뒷세우스!

맹세코, 차라리 살아 있는 한, 남의 노예가 되겠소―

궁핍한 소작농의 삶을 구차하게 이어가더라도―

이곳 저승에서 모든 죽은 자를 다스리느니 말이오.[153]

이에 반해 기독교는 인간 삶과 운명에 대해 전혀 다른 그림을 제시했다. 이교 시인들처럼 기독교 작가들 역시 인생의 짧음을 애잔하게 노래하곤 했다. 한 사도가 서신서에서 "모든 육체는 풀과 같고 그 영광은 풀의 꽃과 같으니"[154]라고 말한 것처럼 말이다. 아우구스티누스는 "모든 사람은 잠시 후 죽으니"라고 말한다. "잠깐의 안개처럼 사라지는 것을 복이라 여길 수 없다."[155] 그러나 남녀는 무덤에 머무르지 않고 부활해 신실한 삶을 살았다면 하나님과 함께 영생을 누리게 된다는 것이었다. 이것이 바로 복음의 좋은 소식이며 그리스도인은 부지런히 이를 온 세상에 전파했다.

"오 죽음아, 너의 승리가 어디 있느냐?" 사도 바울은 환호했다. "오 무

---

152   Homer, *The Iliad* 17.515-516, p. 457.

153   Homer, *The Odyssey* 11.255-258.

154   벧전 1:24-25.

155   Augustine, *City of God* 4.5, p. 149.

덤아, 너의 쏘는 것이 어디 있느냐?"[156] 뤽 페리는 "기독교 메시지의 완전한 독창성은 문자적 불멸성—곧 부활, 영혼만이 아니라 개별 인간의 몸 자체의 부활—이라는 좋은 소식에 있다"[157]고 단언한다.

역사가 폴 벤느는 영생의 메시지가 이교보다 기독교에 엄청난 영적 우위를 제공했다고 본다. 기독교에서는 한 사람의 삶이 "갑자기 우주적 계획 안에서 영원한 의미를 획득하게 되었으며 이는 어떠한 철학이나 이교 사상도 결코 부여해줄 수 없는 것이었다"[158]고 주장한다. 에드워드 기번은 현세 이후 삶에 대한 사상은 "모든 교양 있고 지성 있는 사람이 경멸로 거부한 허황되고 터무니없는 의견"[159]이라고 보았다. 그 계몽주의 역사가 역시 불멸의 약속이야말로 기독교의 최대 매력 포인트였다고 논했다.[160] 어쩌면 기번 스스로도 인생의 짧음을 생각할 때 일종의 시적 우울을 떨치지 못했기 때문일 것이다. "현재는 순식간에 지나가고 과거는 이미 사라졌다. 미래의 전망은 어둡고 불확실할 뿐이다."[161] 이 저명한 역사가의 회고록은 다음과 같이 끝난다. "나는 마지못해 시간의 단축과 희망의 상실이라는 두 가지 원인이 인생의 저녁녘을 언제나 더 침울한 색채로 물들인다는 점을 인정하지 않을 수 없다."[162]

벤느와 기번의 이런 평가는 이교도 중에도 결국 사후 세계 개념을 수용한 이들이 있음을 보여준다. 이미 아미아누스가 전한 것처럼 이교 황제

156　고전 15:55.

157　Luc Ferry, *A Brief History of Thought: A Philosophical Guide to Living*, trans. Theo Cuffe (New York: HarperCollins, 2011), 84-85.

158　Veyne, *When Our World Became Christian*, 19.

159　Gibbon, *History of the Decline*, 1:464.

160　Gibbon, *History of the Decline*, 1:447. 또한 1:510을 보라("재난과 인간의 멸시로 고통받는 마음은 미래의 행복에 대한 신성한 약속을 기꺼이 귀담아 듣는다").

161　Edward Gibbon, *Memoirs of My Life*, trans. Betty Radice (London: Penguin, 1984), 175.

162　Gibbon, *Memoirs*, 175.

율리아누스는 임종에 영혼의 불멸을 엄숙하게 고백했다.[163] 아우구스티누스는 이러한 후기 이교의 사상에 대해 신들이 현세에만 은총을 준다는 통속적 믿음을 신랄하게 비판한 후, 자신의 대작에서 신들이 죽은 뒤에도 복을 준다고 가르친 후기 이교 철학을 반박하는 데 네 권의 분량을 할애했다.[164]

또한 벤느는 기독교가 이교보다 결정적으로 유리했던 점 하나로 하나님이 인간을 돌본다는 것—전적으로 헌신한다는 점—을 강조한 교리를 꼽는다. 벤느는 "이교 신들은 무엇보다 자신들을 위해 산다"고 말한다. "반면 그리스도, 곧 신이자 인간인 존재는 인간들을 위해 자신을 희생했다."[165] 그리하여 "기독교는 '한 천재적 집단 발명의 힘'…즉 인류의 운명, 나아가 내 영혼과 그대의 영혼을 포함해 각 개인의 영혼의 구원을 무한히 자비롭게 돌보는 하나님의 개념 덕분에 성공을 거둘 수 있었다. 그 하나님은 왕국들, 제국들, 전체 인류뿐 아니라 개개인과 깊이 관련된 신이었다."[166]

벤느는 자신이 "불신자"[167]임을 밝히면서도 이러한 교리로 "이교에 대한 기독교의 영적 우월성은 너무나 자명했다"[168]고 단언한다. "창조와 구속이라는 역사적이고 형이상학적인 서사시 덕분에 이제 인간은 자신이 어디

163　이 책 제7장을 참조하라.

164　Augustine, *City of God*, bks. 6–10.

165　Veyne, *When Our World Became Christian*, 22.

166　Veyne, *When Our World Became Christian*, 21. 참조. Brown, *World of Late Antiquity*, 51–52(기독교가 "혼자 있을 수 있는 하나님, 즉 그분의 '돌봄'이 우주 전체에 온화하지만 대단히 비인격적이고 분산된 은혜로 흘러가는 대신, 집중되고 인격적인 상태로 남아 있는 하나님"에 대한 필요에 호소했다는 점을 주장한다.)

167　Veyne, *When Our World Became Christian*, 24.

168　Veyne, *When Our World Became Christian*, 15. 참조. Hopkins, *World Full of Gods*, 78("기독교 혁명은 사랑과 자비라는 급진적 메시지를 전파했고 어리석고 배우지 못한 자도 지혜로울 수 있으며 단순한 의인이 박식한 철학자보다 더 논리를 펼칠 수 있고 부자는 가난한 자에게 관대해야 하며, 성인은 병든 이들을 돌봐야 한다는 이념을 내세웠다").

서 와서 무엇을 위해 존재하는지 알게 되었다."[169]

물론 이러한 명백한 영적 우월성은 실제로—부활, 영생, 무한히 사랑하시는 하나님에 대한—기독교의 "좋은 소식"이 진실하다는 전제에 근거한다. 이 점은 다시 신빙성의 문제로 귀결된다. 이교도에게 한 신이 (그저 아름다운 여인과의 일시적 결합이 아니라 평범하고, 고되며, 고통스럽고, 치욕스러운 삶 전체를 살아가는) 인간이 되어 여인의 뱃속에서 태어나고 스스로 붙잡혀 끔찍하고 수치스런 죽음에 처해지며 그것도 오직 한심한 인간 종족을 구하기 위해 그렇게 한다는 생각 자체가 경멸할 만한 터무니없는 이야기였다. 락탄티우스는 이교의 반론을 다음과 같이 요약한다.

> 그들은…하나님이 인간이 되기를 원했고 육신의 나약함을 짊어진 것이 합당하지 않으며 자발적으로 고난과 고통, 죽음에 복종한 것이 합당하지 않다고 말한다.…왜 그가…스스로를 그토록 겸손하고 연약하게 만들어 인간에게 경멸당할 수 있었으며 징벌까지 당했는가? 왜 나약하고 죽을 수밖에 없는 자들에게 폭력을 당했는가? 왜 자신의 힘이나 신적 지식을 통해 인간의 손길을 막지 않았는가? 왜 마지막 죽음의 순간에라도 그 위엄을 드러내지 않았는가? 그는 힘도 없이 재판을 받고 죄인처럼 판결받아 죽을 수밖에 없는 존재로 처형당했다.[170]

결국 이교도 눈에 비친 기독교의 개념은 신성에 어울리지 않고 기독교가 약속한 의미나 숭고함은 공허하게 느껴졌다. 실상 공허하다는 것보다 더 심각한데, 왜냐하면 영원한 복락이라는 거짓 약속을 내세움으로써 기독교

---

169 Veyne, *When Our World Became Christian*, 29.

170 Lactantius, *The Divine Institutes*, ed. Alexander Roberts et al. (Lexington, KY: CreateSpace, 2015), 4.22, p. 194.

는 실제 우리가 살아가는 **이** 세계―현재 우리가 의존할 수 있는 유일한 세계―에서 이교가 (비록 일시적이고 비극의 그림자를 띠었지만) 제공했던 숭고함을 빼앗아버리는 결과를 낳기 때문이다. 기독교가 신들을 몰아내자 세상에서 아름다움은 사라졌고 그만큼 더 애잔한 아름다움은 씁쓸한 공허로 대체되고 말았다.

"신이 없는 세계에서 살아가기 바라는 이유가 뭐란 말인가?" 황제 마르쿠스 아우렐리우스는 물었다.[171] 기독교의 승리와 함께 이 질문은 더 이상 가상적인 것이 아니게 되었다.

실존적 지향

이처럼 이교와 기독교의 상반된 강점과 약점은 궁극적으로 세상 속 삶을 바라보는 두 가지 다른 지향, 즉 실존적 태도를 반영한다. 이 두 지향은 당시에도 지금도 분명하게 구분되어 관찰될 수 있다. (물론 이것들은 소위 이상형에 불과하며 실제로는 순수한 형태로는 드물고 이 밖에도 다른 지향들이 존재할 수 있다. 우리는 이후 장에서 세 번째 중요한 지향도 다룰 것이다.) 우리는 모두 세상에 잠시 머물게 된다. 그렇다면 우리는 이 삶과 이 세계를 어떻게 받아들여야 할까? 우리는 어떤 태도나 어떤 입장을 취해야 할까?

한 지향에 따르면, 이 세상의 삶 그 자체로 충분하다. 그래야 한다. 왜냐하면 우리가 믿을 만한 유일한 삶, 유일한 세계가 바로 이곳이기 때문이다. 삶은―적어도 그럴 수 있다면―아름답고 때로는 숭고하기도 하지만, 그 아름다움과 숭고함은 끝이 있고 오직 이 세상 안에서만 실현된다. 성스러움은 **여기**에 존재하지만, 바로 지금 여기서 존재한다. 다른 것은 없으며

171　Aurelius, *Meditations* 2.8.

있을 필요도 없다. 적어도 우리 같은 필멸자들에게는 말이다.

다른 지향에서는 이 세상 삶의 아름다움과 숭고함을 인정한다. 그뿐만 아니라 많은 기독교 사상에서처럼 비록 실질적으로 신성하지는 않을지라도 이 세계가 일종의 성례적(sacramental) 성격을 갖는다고 주장할 수도 있다. 그러나 이 관점에서는 세상이 그 자체로는 충분하지 않다. 오히려 세상이 지닌 복된 아름다움과 숭고함은 더 초월적인 실재를 반영하는 것이며 그 자체를 넘어선 복된 존재, 즉 "눈으로도 보지 못하고 귀로도 듣지 못하며 사람의 마음에도 들어오지 않은 복됨"[172]을 지향하는 표지에 지나지 않는다. 만일 그 초월과 단절되어 있다면, 이 세상의 삶은 허무해지고 의미를 상실한 공허함이 된다. 그리고 동물과 달리 자신이 곧 무로 해체될 운명이라는 사실을 깨닫는 인간은 (호메로스가 묘사한 제우스의 말대로) "지상의 모든 숨쉬고 기어다니는 것 가운데 가장 고통받는 존재"[173]가 된다.

아마도 어떤 기독교 사상가도 이 관점을 아우구스티누스보다 더 애절하고 깊게 표현하지는 못했을 것이다. 제5장에서 살펴보았듯 그의 고전 『고백록』은 본질적으로 첫 머리에서 이렇게 노래된 인식, 즉 "주님, 주께서 우리를 주님을 위해 지으셨으니, 우리 마음은 주님 안에서 쉴 때까지 쉼이 없습니다"[174]에 그가 어떻게 이르게 되었는지를 들려주는 이야기다. 세상의 좋음은 우리를 매혹하고 즐겁게 하지만, 그 매력은 결국 일시적이다. 아우구스티누스 자신도 성적 친밀감의 쾌락을 깊이 인식했고 그것을 포기하기를 몹시 꺼려했다. 그래서 그 유명한 갈등 어린 기도, "주여, 저를 정결하

---

172   고전 2:9.

173   Homer, *The Iliad* 17.515–516.

174   Augustine, *Confessions* 1.1, p. 1. 이후부터 이 저작에서 인용한 내용의 출처는 본문 내 괄호 안에 병기한다.

게 하소서. 그러나 아직은 안 됩니다"(8.17, p.139)[175]를 남겼다. 그러나 궁극적으로 세속적인 좋음은 우리를 만족시킬 수 없다. 그것들은 모두 "빛나는 환영"에 불과하며 마치 꿈속에서 먹는 음식처럼 "잠자는 자들은 그것으로 결코 배부를 수 없다"(3.10, p.37). 그것들은 "영속하지 않고 도망가듯 사라진다"(4.15, p.55). 인생 자체만 놓고 보면, 실제로 그것은 "삶 속의 죽음"이거나 "죽음 속의 삶"(1.6, p.4)일 뿐이다.

그렇다, 이 세계는 선하다. 그러나 그 자체로는 충분치 않다. 아우구스티누스는 하나님께 다음과 같이 고백한다. "주님, 영혼이 주님이 아닌 곳을 향할 때마다 그 마음은 슬픔에 매이게 됩니다. 비록 주님과 자기 자신 외부의 아름다운 것들에 마음을 붙일지라도 그 모든 것은 주님에게서 존재를 부여받지 않았다면 아무것도 아니었을 것입니다"(4.15, p.61).

기독교와 이교 중 어느 쪽이 더 영적으로 효과적이었는지 혹은 이 세상 삶에 대한 내재적 지향과 초월적 지향 중 어느 쪽이 더 진실하고 만족스럽다고 할 수 있는지는 결정적으로 이 지점에서 아우구스티누스가 옳았는지 여부로 귀결될 수 있다.

이교와 기독교를 이런 실존적 지향의 관점에서 이해하면, 왜 결국 어느 한 종교적 형태도 상대방을 완전히 소멸시키지 못했는지 쉽게 알 수 있다. 아마 어느 시대에도 각 지향이 자신의 추종자를 가지지 않은 적은 없었을 것이다. 이것들에 어떤 이름이 붙여지든 말이다. 실제로 대부분의 인간은 개체로서 두 지향의 힘과 끌림을 경험하고 때로는 각 방향으로 마음이 기울기도 했을 것이다.

그래서 세상의 아름다움과 인생의 쾌락은 소중해 보이고 충분해 보인

175　이는 의역이다. 실제 인용문은 "정결과 절제를 내게 주소서, 그러나 아직은 안 됩니다"이다.

다. "시 한 권, 포도주 한 병…그리고 그대가 곁에 있다면…두말없이 그것이 천국이다."[176] 무엇이 더 필요할까? 더 이상 바랄 것이 있을까? 그러나 곧 무미건조함이 찾아온다. 인생은 덧없고 공허하다. 음식은 무미하고 음악은 그저 소리일 뿐이며 육체적 아름다움도 더이상 마음을 설레게 하지 않는다. "저 멀리 길게 드리운 날들은 기쁨보다 아픔에 더 가까운 천 가지를 쌓아두고 기쁨은 어디론가 사라지며 아무리 보아도 찾을 수가 없다"[177]고 소포클레스의 합창대가 침울하게 노래한다. 혹 기쁨이 그 맛을 유지한다고 해도 우리는 그것이 곧 사라질 것임을 안다. 정말 이게 전부일까? 만약 그렇다면, 삶의 의미란 무엇인가? 감각적 만족에 이른 영혼은 더 깊은 영적 기쁨을 갈망하게 되고 어쩌면 신앙 안에서 그것을 찾기도 한다. 적어도 한동안은. 그런데도…의심이 남는다. 이 신앙, 이 "영원한 생명"의 희망은 단지 환상이나 희망 사항일 뿐인가? 영적 구도자는 필멸자인 우리가 실제로 누릴 수 있는, 비록 제한적이고 덧없기는 하지만 유일한 참된 만족을 허망한 환상과 맞바꾸고 있는 것일까?[178]

"너희 그리스도인들은 모든 만족스러운 쾌락을 스스로 거부하잖아"라고 키스 홉킨스가 묘사하는 경멸에 찬 이교도는 말한다. "그런데 대체 무엇을 위해서 그러는가? '죽은 뒤 영생에 대한 꿈'을 위해서 말이지. 터무니없는 희망을 바탕으로. 왜냐하면 '우주는 그 누구도 그 비밀을 알지 못하는 공간'이기 때문이지."[179] 그와 비슷한 맥락에서 "경건한 옛 선조들은 천

---

176   *The Rubaiyat of Omar Khayyam*, trans. Edward Fitzgerald, ed. Stanley Appelbaum (New York: Dover, 1990), 12행, p. 27.

177   Sophocles, "Oedipus at Colonus," 1381-383행, p. 358.

178   참조. Gibbon, *History of the Decline*, 1:520("대다수의 이교도들은 오직 현세의 이익에만 감사하며, 나사렛 예수께서 인류에게 베풀어주신 생명과 불멸이라는 헤아릴 수 없는 선물을 거부했다").

179   Hopkins, *World Full of Gods*, 216.

사의 완전함을 본받으려 헛되이 애쓰다가…모든 지상적이고 육체적인 즐거움을 경멸하거나 경멸하는 척했지만", 기번은 다른 길을 권한다. "현재라는 실존 상황에서 몸은 영혼과 불가분하게 연결되어 있으므로 그 충직한 동반자가 누릴 수 있는 즐거움들을 순결함과 절제 속에서 맛보는 것이 우리의 이익이라고 여겨진다."[180]

이런 상식적인 견해 앞에서 기독교 운동은 세속적이고 일시적인 쾌락보다 영적인 선이 더 탁월하다는 확신을 충실한 신자들에게 심어주려는 수 세기 동안의 투쟁이었다. 아우구스티누스는 『고백록』에서 자신의 영혼 안에서 벌어지는 이 싸움을 회고했고 『하나님의 도성』에서는 역사의 전체 흐름 속에 그 투쟁을 투영했다. 이 투쟁은 항상 본성적 성향에 맞서 싸워야 하기에 영원히 반복되어야만 한다. 아우구스티누스 역시 이 점을 명확하게 인식했다. 따라서 "지상의 도성에 정체성을 느끼는 이들 가운데서도 궁극적으로는 천상의 왕국에 들게 될 자가 있고 그 반대도 있을 수 있다."[181] 심지어 그 성인 역시 궁극적인 결론에 대해 확신하지 못했다.[182]

그래서 도미티아누스, 데키우스, 디오클레티아누스 같은 황제들이 그리스도인을 처형할 수는 있었지만 신자들에게서 천상의 희망을 빼앗을 수는 없었다. 반면 테오도시우스나 훗날의 유스티니아누스 같은 황제는 법과 폭력을 동원해 이교의 흔적을 억누를 수 있었다. 그들은 신전을 폐쇄하고 동물 제사를 금지할 수 있었다. 하지만 이교란 그런 외적 표상만으로 소멸되는 것이 아니라 바로 이 세상에서의 삶을 신성화하면서 그 너머의 세계는 부정하거나 최소한 실질적으로 무관심하게 여기는 내재적 지향으로 이해될 때, 어느 기독교 황제나 주교도 이교의 실질적 본질을 폐기하지 못했

---

180   Gibbon, *History of the Decline*, 1:478-79.

181   Augustine, *City of God* 1.35, p. 49; 18.49, p. 896.

182   Augustine, *Confessions* 10.48, p. 200.

다. (이따금 그들의 지나치게 세속적인 행실이 드러내다시피) 심지어 그들 자신 안에서도 그것을 폐기하지 못했다.

만일 이런 폐지가 실제로 가능하다면, 그것은 기독교가 아니라 과학과 세속주의에 의해 이루어질 것이다. 이 점에 대해서는 이후의 장에서 다루겠다.

제8장

기독교의 지붕 아래서

우리는 앞선 장에서 4세기 말엽에는 기독교가 적어도 정치적 영역에서 이교를 제압했음을 살펴보았다. 테오도시우스 황제—와 그 이후의 유스티니아누스 황제—같은 이들이 이교적 예배와 관습에 대한 법적 제한을 더욱 강화했다. 그렇게 해서 흔히 "기독교 세계"(Christendom)라고 불리는, 그리고 때로는 비판적으로 일컬어지는 기독교의 정치적 지배 시기가 시작되었다. "기독교 세계"의 국가들은 T. S. 엘리엇이 인식했던 바와 같이 여전히 관성적으로 혹은 기본적으로는 기독교적 색채를 지니고 있으나 이제 "근대적 이교"에 의해 대체될 위험에 처한 현대의 혼란스러운 상황의 역사적 전조로 이해되는 기독교 사회들이었다.

그러나 과연 이교는 완전히 사라진 것인가 아니면 단지 지하로 숨어든 것인가? 혹은 일상 속에 그대로 숨겨져 남아 있었던 것인가? 오랜 세월에 걸쳐 깊이 뿌리내린 종교성이 황제의 몇몇 칙령과 몇 개의 신전을 파괴하는 일만으로 단번에, 그리고 완전히 없어졌다고 보기는 어렵다. 피터 브라운은 "제국의 공적 신앙의 싸움이 기독교에 의해 패배한 지 한 세기 반이 지난 후에도 철학자 프로클로스(Proclus)는 여전히 천둥 뒤의 고요한 저녁의 정서 속에서 신들에게 바치는 사적인 찬가들을 쓰며, 전적으로 이교적인 『신학의 원리』(*Elements of Theology*)를 저술하고 있었다"[1]고 기록한다. 그리고 역사학자들은 이교가 농촌 지역이나 아테네와 같은 특정 거점들에서 수십 년, 심지어 수 세기 동안 잔존했음을 지적한다.[2]

---

1   Peter Brown, *The World of Late Antiquity, AD 150-750* (San Diego: Harcourt, 1971), 73.

2   Peter Brown, *Power and Persuasion in Late Antiquity: Towards a Christian Empire* (Madison: University of Wisconsin Press, 1992), 129(그는 "6세기 말까지 그리고 그 이후에도…제국

그럼에도 5세기 혹은 6세기 말까지 이르러서는 이교가 대부분 효과적으로 억제된 것으로 보인다. 역사학자들의 일반적인 견해도 그러하다.[3] 만일 우리가 바로가 언급했던 신화적이고 시민적인 형태의 고전적 이교만을 염두에 둔다면,[4] 그러한 사망선고는 대체로 타당하다 할 것이다. 그러나 만약 우리가 이교를 단순히 이러한 구체적인 공적 형태가 아니라 존재론적인 방향성이자 이 세상을 신성시하는 내재적인 종교성의 한 형태로 고찰한다면, 전혀 다른 판단이 도출될 수 있다.

이번 장에서 우리는 공식적인 기독교의 공적인 통제 아래서 이교가 여러 방식으로 계속 생명력을 유지해왔음을 간략히 살펴볼 것이다. 먼저 가장 두드러지면서도 어쩌면 가장 사소한 차원에서 이교의 외적인 특징들—즉 미국 헌법 용어를 빌리자면 "상징적인 요소와 사건들"(badges and incidents)[5]—이 그 자체의 형태로 혹은 공식적인 기독교 신앙과 문화 속에 통합된 형태로 보존된 방식을 살펴본다. 이어서 우리는 이교가 서구의 역사적 기억과 상상 속에서 얼마나 강력하고 감응적인 형성력으로 지속되었

의 동부 전역의 작은 도시들에 확고히 자리 잡고 있던 다신교 신자들"에 대해 묘사하고 있다). 참조. Henry Chadwick, *The Early Church*, rev. ed. (London: Penguin, 1993), 168-69. "농촌 지역에는 마을 사람들이 옛 이교적 관습에 깊은 애착을 가지고 있었으며, 특히 출생, 결혼, 그리고 죽음과 관련된 풍습에서 그러했다. 서방의 여러 속주에서는 수 세기 동안 토지를 일구는 농민들 사이에 오랫동안 남아 있던 이교적 미신을 뿌리 뽑는 일이 수 세기에 걸친 목회적 과제였다. 그러나 도시들, 심지어 시리아나 소아시아와 같이 기독교의 요새로 불리던 지역에서도 은밀한 의식들, 때로는 제사까지도 7세기 후반까지 계속 행해지고 있었다."『초대교회사』(CH북스).

3 예를 들어 Peter Brown, *Authority and the Sacred: Aspects of the Christianisation of the Roman World* (Cambridge: Cambridge University Press, 1995), 11-19; Edward Gibbon, *The History of the Decline and Fall of the Roman Empire*, 2 vols. (London: Penguin, [1776] 1995), 2:71을 참조하라.

4 이 책 제4장에서 앞 부분을 참조하라.

5 Jones v. Alfred H. Mayer Co., 392 U.S. 409, 439 (1968)을 보라. (그는 13차 수정 헌법이 의회로 하여금 노예 제도의 "상징적 표지와 그 부수적 결과들[badges and incidents]"을 다루기 위한 규제를 시행할 수 있도록 허용한다고 설명한다.)

는지를 검토한다. 그것은 한편으로는 이교가 억압되면서 잃어버린 아름다움과 자유를 회복하려는 (향수 어린 기억의) 형태로, 다른 한편으로는 그것을 패배시키고 억눌렀다고 여겨지는 세력—즉 기독교—을 향한 잔존하는 분노나 원망의 부정적인 형태로 남아 있었다.

마지막으로 우리는 이교의 실질적 본질(즉 이 세상과 그 안의 선한 것들을 신성시하는 존재론적 지향으로서의 이교)이 어떻게 생존하고 번성했는지를 살펴보게 될 것이다. 물론 대체로 이러한 지향은 자신을 "이교"로 명명하지 않았고 지금도 그렇게 하지 않는다. 그러나 고대의 이교 역시 스스로를 "이교"라고 부르지 않았다는 점에서 이는 다르지 않다.

이처럼 이교가 다양한 방식으로 지속되어왔다는 사실은 한 가지 전혀 다른, 어쩌면 놀라운 질문으로 우리를 이끈다. 그것은 바로 이교가 근절된 것이 아니라 오히려 기독교가 겉으로 승리한 이후에도 여전히 지배적인 문화적 위치를 점하고 있었던 것은 아니냐는 것이다. 이 질문에 대한 답은 복잡하다. 어떤 의미에서는 서구 세계가 언제나 기독교적이기보다는 오히려 이교적이었던 것으로 보일 수도 있다. 어떤 면에서 기독교는 실질적인 현실보다는 외피나 표면적 장식에 가까웠다. 아마도 이러한 사실을 가장 뚜렷이 증언해온 이들은 바로 기독교의 성직자, 설교자, 그리고 예언자들이었을 것이다. 그들은 일관되게 세상, 곧 겉보기에는 기독교적이라고 여겨지는 세상이 실제로는 기독교가 선포하는 초월적인 실재를 이해하거나 받아들이는 데서 얼마나 멀리 떨어져 있는지를 지적해왔다. 그러나 만일 기독교가 단지 외피에 불과하다 하더라도 그 외피는 나름대로 중요한 의미를 가진다. 그것은 이교가 생존하고 오히려 번성할 수 있었던 하나의 지붕(canopy)이 되었기 때문이다. 보다 비유를 덜 사용하자면, 기독교는 문화와 정치 담론이 기능해온 규범적 이상 혹은 권위 있는 기준을 제공해왔다고 할 수 있다.

이상적인 규범이 현실 안에서 여러 한계를 지녔음에도 불구하고 광범위하게 수용되었다는 사실은 로마의 몰락과 근대 세계의 출현 사이의 세기들을 "기독교적"이라거나 혹은 "기독교 세계"라고 묘사하는 것이 결코 허위가 아님을 시사한다. 그것은 약화된 형태이지만 결정적인 의미에서 T. S. 엘리엇과 많은 이들이 보았던 것처럼 실로 "기독교" 사회였다.

결국 이교적 대안과 기독교적 대안은 모두 지속되어왔다. 이교는 새로 고안될 필요가 없었다. 그것은 줄곧 우리 곁에 존재해왔다. 만일 기독교의 지붕을 제거하고 기독교적 규범과 이상을 부정한다면 남는 것은 곧 이교일 것이다. 이런 의미에서 기독교적 사회와 이교적 사회 사이의 선택은 여전히 생생한 가능성으로 남아 있다.

이교의 지속되는 흔적들

기독교가 공식적으로 가장 우월한 지위를 얻게 되었다고 해서 사람들이 수 세기 동안 자신의 삶을 형성하고 지탱해왔던 관습, 언어, 사고방식을 곧바로 포기하리라고 기대할 수는 없었다. 실제로 고대의 이교적 관습과 특징들은 두 가지 기본적인 방식으로 살아남았다.

첫째, 이교의 제사가 폐지되고 이교의 신전이 파괴되었을지라도 다른 형태의 이교적 징표들은 여전히 남아 있었다. 주술적이고 점성적인 관습, 곧 이교를 연상시키는 행위들은 수 세기 동안 계속 번성했다.[6] 그와 마찬가지로 이교의 용어와 이름들도 지속되었다. 거의 아무도 그 사실을 의식하지 않지만 오늘날에도 우리 요일의 이름은 그리스-로마나 북유럽 신들의

---

6 전반적으로 Keith Thomas, *Religion and the Decline of Magic: Studies in Popular Beliefs in Sixteenth and Seventeenth Century England*(Oxford: Oxford University Press, 1971)을 참조하라.

이름을 따르고 있다(태양[Sun], 달[Moon], 티우[Tiw], 보단[Wodan], 토르[Thor], 프리게[Frige], 사투르누스[Saturn]).[7] 달의 이름도 비슷하다. 1월은 로마의 신 야누스(Janus), 3월은 마르스(Mars), 4월은 아프로디테(Aphrodite), 5월은 마이아(Maia), 6월은 유노(Juno), 7월과 8월은 신격화된 최초의 두 카이사르(율리우스와 아우구스투스)의 이름을 따서 붙여진 것이다.

둘째, 많은 이교의 관념과 관습들은 비유적으로 말하자면 세례를 받아 변형된 채 존속하거나 오히려 번성했다. 그것들은 거의 변형되지 않은 형태로 기독교의 신앙과 문화 속에 통합되었다. 이 과정을 상징하는 것은 판테온이라 불리는 장엄한 로마 건축물이다. 이 건물은 여전히 온전한 상태로 보존되어 있다(그리고 매년 수백만 명의 방문객이 찾고 있다). 이 건물 자체가 "모든 신들"을 뜻하는 이름을 지닌 이교의 신전이었지만, 그 건물은 오히려 기독교 순교자들에게 헌정된 교회로 다시 이름 붙여지면서 보존되었다. 수많은 이교의 신전, 성소, 관습들에도 동일한 일이 일어났다.

이와 관련하여 키스 토머스는 다음과 같이 회상한다.

초기 기독교 지도자들이 옛 이교의 요소들을 자신들의 종교적 실천 안으로 흡수하려 했던 악명 높은 태도는 잘 알려져 있다.…우물, 나무, 돌에 대한 고대의 숭배는 폐기되기보다는 변형되었고 이교의 장소들이 기독교의 장소로 전환되어 이방의 신들 대신 성인들과 연관지어졌다. 이교의 축제들 역시 교회의 절기로 흡수되었다. 새해의 첫날은 그리스도의 할례 축일이 되었고 5월 1일은 성 필립과 성 제임스 기념일, 하지 축제의 전날은 세례 요한의 탄일이 되었다. 다산 의식은 기독교적 행렬로 바뀌었고 율 나무 장작(Yule Log)은 그리스

---

306   기독교와 현대의 문화전쟁

도의 탄생을 기념하는 축제에 포함되었다.[8]

또한 램지 맥멀런은 기독교가 어떻게 큰 폭으로 이교 관행을 흡수하거나 병합했는지 설명한다.[9] 기독교 축일들은 전통적인 이교 축제와 일치하도록 조정되어 사람들이 여전히 예전처럼 행진하고 축제를 즐길 수 있게 했다. 전례 의식들은 이교에서 유래한 촛불 점화, 종 울리기, 교회 입구에서 절하기 또는 경건한 입맞춤과 같은 관습을 받아들이고 변용했다. 평신도 기도와 청원의 내용은 대부분 변하지 않았지만 다신교의 신들 중 하나에게 드려지는 대신 이제는 여러 성인 중 한 사람을 향해 드려졌다.[10]

맥멀런은 "교회의 승리는 소멸이 아니라 포용과 동화의 확장이었다"[11]고 결론 내린다. 이교의 공식적인 종말 이후 천 년이 지난 르네상스 시대에 야콥 부르크하르트는 "종교 축제와 관련된 많은 지역적이고 대중적인 관습들이 유럽 고대 기독교 이전 신앙의 잊힌 조각들"[12]이라고 관찰했다. 실제로 그는 "이탈리아의 대중 신앙은 이교적 요소가 그만큼 견고했기 때문

---

8   Thomas, *Religion and the Decline of Magic*, 54.

9   Ramsay MacMullen, *Christianity and Paganism in the Fourth to Eighth Centuries* (New Haven: Yale University Press, 1997), 150-59. 또한 Peter Hunter Blair, *The World of Bede* (Cambridge: Cambridge University Press, 1990), 63을 보라. "그 [이교] 신전들은 결코 파괴되어서는 안 되었으며 오직 그 안에 있는 우상들만 파괴되어야 했다. 만약 신전이 잘 지어졌다면, 그 신전은 사람들로 하여금 익숙한 장소에서 계속 예배할 수 있도록 하나님을 예배하는 일에 봉헌되어야 했다. 사람들은 자신들의 관습대로 소 희생을 빼앗기지 않아야 했으며 적절한 날에는 이전에 신전이었던 곳 근처에 나무로 된 가건물을 세워 이를 기념하는 종교적 잔치를 벌여야 했다. 그 잔치에서 가축은 더 이상 악령에게 바쳐지는 희생물이 아니라 하나님께 감사하며 자신들의 음식으로 도살되었다."

10   성인들의 증가와 그들이 자연에 신성함을 회복시키는 기능에 대해서는 Peter Brown, *The Rise of Western Christendom: Triumph and Diversity, A.D. 200-1000*, rev. ed. (West Sussex, UK: Wiley-Blackwell, 2013), 161-65을 참조하라. 『기독교 세계의 등장』(새물결 역간).

11   MacMullen, *Christianity and Paganism*, 159.

12   Jacob Burckhardt, *The Civilization of the Renaissance in Italy*, trans. S. G. C. Middlemore (London: Penguin, [1860] 1990), 306. 『이탈리아 르네상스 이야기』(한길사 역간).

에 확고한 토대를 가졌다"[13]고 생각했다.

물론 이교 관습들이 성공적으로 "세례를 받아" 그 자체로 기독교가 된 측면이 있지만 강제 개종은 제거될 수 있는 것이기도 하다. 그런 경우 이교의 흔적들은 여전히 남아 있으며 본래의 성격으로 되돌아갈 준비가 되어 있다.

서구 상상 속 이교의 지속성

(요일 이름과 같은) 이름들과 관습들이 새롭게 형성되는 문화와 전례의 형태에 흡수됨에 따라 대부분의 제의 수행자는 자신의 이교적 기원을 결국 잊어버리게 되었다. 어떤 이들은 역사의 흐름과 기억의 쇠퇴가 이러한 지시와 관습들에서 실질적인 이교 요소를 제거했다고 주장할 수 있다(예컨대 오늘날 아무도 로스앤젤레스를 천사의 도시로 생각하지 않는 것처럼 말이다). 이에 대해 로빈 레인 폭스는 "이 연속성의 거의 전부가 가짜다. 이교의 많은 세부 사항이 완전히 의미가 바뀐 기독교적 맥락에서 설정되었다"[14]고 주장한다.

서구 사상과 문화 속에서 이교는 종종 반대로 기억되고 부활하려는 시도의 대상이 되었다. 서구의 사상가들과 문화는 고대 문명, 즉 고전적인 과거—그중에서도 이교적 요소들—를 의식적으로 다시 기억하고 부흥시키고자 했다. 이들은 이교와 연관된 자유와 아름다움이 기독교에 의해 파괴된 데 대해 깊고 적극적인 분노를 품고 있었다. 실제로 많은 서구 미술, 문학, 그리고 정치적이거나 종교적이거나 혹은 문화적인 사상 논쟁은 이러한 긍정적이고 부정적인 주제를 끊임없이 재연하고 재구성하는 것이었다. 이

---

13   Burckhardt, *Civilization of the Renaissance*, 307.

14   Robin Lane Fox, *Pagans and Christians* (London: Penguin, 1986), 22.

런 방식으로 이교, 특히 고전적인 이교는 서구의 역사적 상상력에서 두드러지고 존경받는 위치를 유지해왔다.

이교가 남긴 유산의 긍정적인 측면과 부정적이거나 비난적인 측면은 서구 역사 전반에 걸쳐 울려 퍼졌으나 각각 특정 시대나 운동과 밀접히 연관된다. (이교를 포함한) 고전 과거의 긍정적인 측면 또는 긍정적 덕목을 회상하고 회복하려는 노력은 우리가 "르네상스"라 부르는 시기의 핵심이다. 부정적이거나 비난적인 측면은 "계몽주의"라 불리는 시대의 중심 주제였다.

잃어버린 세상에 대한 갈망. 잃어버린 것으로 인한 후회나 향수는 다양한 형태로 나타났다. 그중 하나가 바로 시다. 예를 들어 오웬 데이비스는 다음과 같이 말한다. "위대한 독일 시인 괴테와 요한 폰 실러는 로마와 그리스의 신들과 그들이 숭배받던 신성한 숲과 연못의 조화로운 아름다움에 빠져들었다. 영국에서는 낭만주의 시인 워즈워스, 특히 키츠와 셸리가 풍경에 이교적 매력을 불어넣었다."[15] 예컨대 워즈워스의 시 "위대한 신이시여! 나는 오히려 낡은 신조에 젖은 이교도가 되고 싶소"[16]는 그가 본 현대 상업주의적 세계의 영적 황폐함에 대한 반작용이었다.

또한 하인리히 하이네의 장난스럽고도 애틋한 이야기인 "망명 중인 신들"(Gods in Exile)에는 기독교가 등장하면서 신들이 "다양한 변장과 가장 은밀한 은신처 속으로 피신해야만 했고 이 가엾은 망명자들은 피난처와 암브로시아를 빼앗기고 생계를 위해 평범한 직업에 종사하며…넥타르 대

---

15   Owen Davies, *Paganism: A Very Short Introduction* (Oxford: Oxford University Press, 2011), 91을 보라.

16   William Wordsworth, "The World Is Too Much with Us," in *Six Centuries of Great Poetry: A Stunning Collection of Classic British Poems from Chaucer to Yeats*, ed. Robert Penn Warren and Albert Erskine (New York: Dell, 1955), 364.

신 맥주를 마실 수밖에 없었다"[17]고 전한다. 그럼에도 이 신들은 때때로 변장을 하고 나타나 인간들 앞에 모습을 드러내곤 했다. 하이네는 "고대 신전 잔해 속 은신처에서 일어나 다시 한번 그들에 대한 고대의 기쁘고 신성한 봉사를 수행하고…스포츠와 즐거움 속에 위선적인 가장이나 영적인 도덕 경찰의 간섭을 두려워하지 않고 고대 이교세계의 경쾌한 춤, 캉캉 댄스를 미친 듯이 추며 소리치고 환희하며 열광하는 희미하고 우아한 환영들의 무리를"[18] 묘사했다.

때때로 그리움은 더 나아가 이교적 과거를 회복하려는 적극적인 노력을 낳았다. 아마도 이 충동의 가장 두드러진 표현은 우리가 르네상스라고 부르는 것이다. 그 이름 자체가 재탄생을 의미하며 당시 사상가들과 예술가들이 추구한 재탄생의 대상은 물론 고대 그리스와 로마의 고전 유산이었다.

르네상스는 여러 가지 역사적 해석을 낳았으며 어떤 해석은 "르네상스"라는 표현 자체가 유용하지 않다고 부정하기도 한다.[19] 그러나 분명한 점은 14세기, 15세기, 16세기 사상가들과 예술가들이 이탈리아에서 시작하여 전 유럽에서 고대의 저술, 사상, 예술을 적극적으로 회복하고 자신들의 글쓰기, 사상, 예술, 정치 체제를 고대의 선례에 맞추려 했다는 것이다. 이 "새 문명"에서 야콥 부르크하르트는 "그 선봉에 선 이들이 고대인들이 알았던 것을 알고 고대인들이 썼던 대로 글을 쓰려 했으며 고대인들이 생각하고 느꼈던 방식대로 생각하고, 곧 느끼기 시작했기 때문에 영향력이

---

17   Heinrich Heine, "Gods in Exile," in *The Prose Writings of Heinrich Heine*, ed. Havelock Ellis (Lexington, KY: CreateSpace, 2013), 155, 156.

18   Heine, "Gods in Exile," 159.

19   Charles G. Nauert, *Humanism and the Culture of Renaissance Europe*, 2nd. ed. (Cambridge: Cambridge University Press, 2006), 3.

있었다”[20]고 단언했다. 이 회복의 노력이 고대 종교에만 국한된 것은 아니었다. 그리스와 로마의 수사학, 법률, 정치, 시, 건축, 조각, 회화 등이 모두 포함되었다. 그러나 이교적 요소들도 그 한 부분이었다.

아마도 이 이교적 요소는 르네상스 예술가들의 그림과 조각에서 가장 생생하게 나타난다. 보티첼리, 베로네세, 티치아노 등과 같은 거장들이 그린 그리스와 로마 신화의 여러 장면을 묘사한 수백 점의 작품들은 이 시대를 특징짓는 문화적 분출의 필수적인 부분을 이루고 있다.[21] 예를 들어, 폴 존슨은 다음과 같이 평가한다. “보티첼리는 고대 신화를 주제로 사용할 뿐 아니라 〈비너스의 탄생〉(*The Birth of Venus*), 〈봄〉(*Primavera*) 등을 통해 자신의 작품에 영적 내용을 부여한 최초의 위대한 르네상스 예술가였다.” 보티첼리에게 “이교는 그의 강점이었고 신화는 그의 영감의 원천이었다.”[22] 좀 더 일반적으로 말하자면 “르네상스는 중요한 한 측면에서 고대 이교 전통의 예술적이고 지적인 미덕을 현대 문명 사회 속에서 기리는 축제였다.”[23]

의문이 생긴다. 이처럼 이교의 신과 이야기에 대한 예술적 환희가 진정한 이교를 반영하는 것인가, 아니면 단지 이교적 이미지와 주제를 현대적인 목적에 맞게 차용한 것인가? 확실히 알기 어렵고 이 질문 자체가 타당한지도 알기 어렵다. 보티첼리가 자신의 경쾌하고 매혹적인 베누스를 그

---

20 Burckhardt, *Civilization of the Renaissance*, 136.

21 조반니 보카치오는 14세기에 *The Genealogies of the Pagan Gods*라는 책을 통해 이교 신들을 알기 쉽게 설명했다. Paul Johnson, *The Renaissance: A Short History*(New York: Random House, 2002), 31을 참조하라. 『르네상스』(을유문화사 역간).

22 Johnson, *The Renaissance*, 142. 또한 Paul Strathern, *Death in Florence: The Medici, Savonarola, and the Battle for the Soul of a Renaissance City*(New York: Pegasus Books, 2015), 61을 보라(그는 보티첼리가 피치노와 시인 폴리차노를 만난 후 그의 작품은 “깊은 변화를 겪었다. 종교적 장면 대신 고전 신화에서 나온 이교 주제를 묘사하기 시작했다”고 주장한다).

23 Johnson, *The Renaissance*, 179.

릴 때, 그가 실제로 그 여신이 육체적으로 존재하며 우아하게 나타나 인간 사건에 적극 개입하고 심지어 『일리아스』와 『아이네이스』에서처럼 인간과 교류한다고 믿었을 거라고는 짐작하기 어렵다. 폴 스트래던(Paul Strathern)이 설명하듯이 피코 델라 미란돌라는 "초기 고전적이고 이교적인 신들을 보다 더 추상적인 형이상학적 사상의 구체화로 보아야 한다는 전제로 이교 신화와 그 주제들의 문학적·예술적 활용을 변호하는 책을 썼다.…이런 관점에서 베누스 여신은 미의 추상적 이상으로 여겨졌다."[24] 유사하게, 교황 율리오 2세를 기념하는 바티칸 경당에 그려진 라파엘로의 파르나소스(Parnassus)에 등장하는 아폴론과 칼리오페는 실제로 거룩한 산에 머무는 신들이 아니라 지혜와 시의 상징으로 이해되었다.

그러나 앞서 우리가 본 바와 같이 후기 고대의 많은 교양 있는 로마 이교도도 아마 비슷한 말을 했을 것이다. 신들은 실제로 존재하지만, 신화에서 묘사된 것처럼 문자 그대로가 아니라 세상을 움직이고 자연 속에 나타나는 숭고한 실재의 상징이다.[25]

따라서 르네상스가 주로 기독교적이었는지 아니면 이교적이었는지에 대해서는 역사학자의 관점과 신념에 따라 다양한 해석이 가능하다. 르네상스에 대한 현대적 사고에 큰 영향을 준 부르크하르트는 교회 내 만연한 부패에 대한 반응으로 많은 이탈리아인이 대체로 기독교 신앙을 상실했다고 보았다. 어떻게 그럴 수 있겠는가? "수도사와 세속 성직자들에게 붙은 악명은 무수히 많은 사람의 경건한 믿음을 깨뜨렸음이 분명하다."[26] 그리고

---

24   Strathern, *Death in Florence*, 83.

25   이 책 제4장, 제5장, 제7장을 참조하라.

26   Burckhardt, *Civilization of the Renaissance*, 295. 또한 312-13도 보라(그는 "고전 고대는… 삶의 이상이 되었고, 고대의 사색과 회의주의가 많은 경우 이탈리아인들의 사고를 완전히 지배하게 되었다"고 주장한다).

부르크하르트는 그 시기 사상과 예술에는 강력하고 진정한 이교적 차원이 존재한다고 보았다. "이 [르네상스] 인문주의는 실제로 이교적이었으며 그 영역이 15세기 들어 확장됨에 따라 더욱 그랬다."[27]

기독교 신앙에 대한 통치자들의 공적인 표현은 매우 흔했다. 그러나 에드워드 기번의 정신을 잇는 부르크하르트는 이것이 진정한 기독교 신앙이 아니라 정치적 계산에 불과하다고 보았다.[28] 또한 "교양 있는 계층에서 이루어진 성인 숭배는 본질적으로 이교적 형태를 띠는 경우가 많았다."[29] 이교 경향은 많은 르네상스 인물이 점성술과 예언, 그리고 점괘를 광범위하게 존중했던 데서도 드러난다.[30]

어쩌면 그럴 수 있다. 그러나 당시 사상가들은 자신들이 기독교에서 이교로 되돌아갔다고 인정하지 않았다. 때로 그들이 그런 비난을 받으면, 그들은 그것을 부인하고 자신들의 정통 기독교 신앙을 옹호했다.[31] 부르크하르트-기번-레오 스트라우스 같은 해석이 시사하듯 그 옹호가 위선일 수 있지만, 우리가 정말 그렇게 확신할 수 있을까?

따라서 다른 역사학자들은 르네상스의 영향력 있는 인물들이 기독교에 지속적으로 헌신했음을 강조했다. 찰스 노어트는 페트라르카와 피치노 같은 르네상스 사상가들이 중세 학문적 방법과 관념에 도전하면서도 진실로 헌신적인 그리스도인이었다고 주장한다.[32] 그들은 이교의 과거뿐 아니라 중세 암흑기에 혼탁해지고 부패했다고 여겨졌던 과거 기독교의 순수함

---

27   Burckhardt, *Civilization of the Renaissance*, 319.

28   Burckhardt, *Civilization of the Renaissance*, 312.

29   Burckhardt, *Civilization of the Renaissance*, 309. 또한 322도 보라("그들은 기독교를 다루면서도 기독교를 이교화하지 않을 수 없었다").

30   Burckhardt, *Civilization of the Renaissance*, 323-44.

31   Burckhardt, *Civilization of the Renaissance*, 138; Nauert, *Humanism*, 29, 77; Johnson, *The Renaissance*, 31.

32   Nauert, *Humanism*, 64-70.

을 회복하려고 했다.[33] 노어트는 "르네상스 인문주의의 내재적이고 일반적인 무신론은 19세기 역사가들이 만든 것이며 (이를 승인했던) 세속적인 자유주의자들과 (이를 두려워했던) 보수적인 로마 가톨릭 신자들의 관점이지 르네상스 자체의 관점은 아니다"[34]라고 주장한다.

실제로 이 해석을 뒷받침할 기록도 있다. 결국 르네상스의 글과 예술에서 기독교 주제는 이교 주제만큼 널리 퍼져 있었고 어쩌면 더욱 널리 퍼져 있었다. 베누스, 바쿠스, 쿠피도, 아폴로의 화려한 그림들과 함께 수많은 경건한 마돈나, 바울, 베드로, 히에로니무스의 그림들이 있다. 물론 구유에 누워 있는 예수, 목양하는 예수, 죽고, 부활하여 승천하는 예수, 세상의 심판자로 군림하는 승리자 예수를 묘사한 수많은 그림과 조각도 있다. 레오나르도의 〈최후의 만찬〉과 미켈란젤로의 시스티나 경당 천장화(주변에 몇몇 여사제들도 등장한다)도 있다. 그리고 보티첼리와 미켈란젤로 같은 예술 천재들, 피치노와 피코 델라 미란돌라 같은 르네상스의 선구적 학자들이 모두 사보나롤라의 친구이자 찬미자였고 때로는 제자였다는 사실이ー어떤 이들에게는 실망스럽거나ー놀라울 수 있을 것이다. 사보나롤라는 불과 유황으로 세상이 곧 종말을 맞이할 거라는 종말 설교로 피렌체의 교양 있는 시민들을 매료시킨 유명한 도미니코회 수도사로서 책과 세속적 허영을 불태우는 대형 화형을 주도했다.[35]

부르크하르트는 교회의 부패에 대한 반응으로 인해 신앙이 상실되었다고 강조하면서도 그 시대의 "성유물에 대한 광적인 헌신"[36]과 "필수적인

---

33   Nauert, *Humanism*, 153-63.

34   Nauert, *Humanism*, 64.

35   Strathern, *Death in Florence*, 100, 106, 134, 147, 149을 보라.

36   Burckhardt, *Civilization of the Renaissance*, 307.

것으로 느껴지는 성례전의 지속적인 필요성"[37]을 인정했다. 또한 그는 "조롱자와 회의론자들조차도 견디기 어려웠던 부흥주의의 전염병"[38]도 언급했다. 부르크하르트는 나폴리의 알폰소 왕에 대해 "기독교적 감정과 이교적 감정이…그의 마음속에서 얼마나 이상하게 혼합되었는가!"[39]라고 말했다. 르네상스의 많은 예술가와 사상가 혹은 정치인에게도 같은 말을 할 수 있을 것이다.

따라서 보티첼리가 한동안 이교적 이미지를 즐길 수 있었고 다시 더 엄숙한 기독교 주제로 돌아설 수 있었던 점은 그리 놀랄 일이 아니다.[40] 또한 피코 델라 미란돌라는 교회로부터 이단으로 규탄받은 대담하고 학식 있는 인문주의 저작을 쓴 후 성 프란치스코처럼 수도사가 되기 위해 자택과 첩을 포기하는 것을 진지하게 고려했다(100, 209). (프란치스코와 아우구스티누스가 비슷한 유혹과 목표와 싸웠지만, 그들과는 달리 피코는 끝내 믿음이나 행동할 의지를 완전히 갖지 못했다.)

피렌체의 실질적인 통치자였던 로렌초 데 메디치(Lorenzo de Medici["위대한 자"])는 (마키아벨리가 말한 대로) 남성과 여성 둘 다와 함께 "베누스의 일에 놀랄 정도로 깊이 관여했을지도 모른다"(4, 84). 그는 재치 있고 음란한 민요를 썼고(37), 설교자 사보나롤라를 음모로 반대했으며, 피렌체 예술과 문학에서 이교적 작품을 적극적으로 장려했다. 그러나 그는 다시 종교적 시를 쓰기 시작했고 지나친 세속주의로 인해 자신과 도시의 영혼을 망친 것은 아닌지 걱정했다(93, 105). 그리고 최후의 순간에는 적대자였던 사보나롤라를 불러 고해성사를 받고 죄를 사해달라고 간청했다(4-10, 124-25).

37　Burckhardt, *Civilization of the Renaissance*, 306.

38　Burckhardt, *Civilization of the Renaissance*, 310.

39　Burckhardt, *Civilization of the Renaissance*, 149.

40　Strathern, *Death in Florence*, 147. 이후 이 책의 인용문 쪽수는 본문 내 괄호 안에 병기한다.

(그 성직자는 응했다.)

그래서 보티첼리는 그리스도인인가 이교도인가? 피코는? 로렌초는? 우리에게는 물론 그들에게도 확신할 길이 없었다. 부르크하르트는 자신의 해석을 제시했지만 다른 이들도 그런 해석을 했고 이 문제는 본질적으로 추측적이라고 인정하며 "인간 정신의 움직임, 갑작스러운 번뜩임, 확장과 정지는 영원히 우리 눈에는 수수께끼로 남을 것"이라고 적절하게 결론지었다.[41] 르네상스 자체가 이교적이면서 동시에 기독교적이었는가라는 질문에 대한 가장 정확한 대답은 아마⋯그렇다일 것이다.

역사학자 폴 존슨은 르네상스를 "유럽 역사상 최초의 대규모 문화전쟁"[42]으로 인식한다. 유사하게, 폴 스트래던은 최근 연구에서 철저하게 영적인 사보나롤라와 세속적이지만 (깊이 경건했던) 위대한 자 로렌초의 갈등을 사실상 피렌체에서 벌어진 "영혼을 위한 투쟁"으로 본다. 로렌초는 1492년에 사망했고, 사보나롤라는 몇 년간 피렌체에서 지도자로 번창했으나 정치적 운명이 바뀌면서 시뇨리아 광장에서 유죄 판결을 받고 화형당했다. (매일 수천 명의 방문객이 피렌체의 걸작들을 감상하기 위해 유명한 우피치 미술관에 들어가면서 이곳을 밟는데, 그곳에 전시된 미술품의 일부는 이교적이고 일부는 기독교적이다.) 그래서 "영혼을 위한 투쟁"은 계속되었다.

스트래던은 르네상스 시기에 피렌체에서 벌어진 갈등이 "처음에는 유럽에서 시작하여 그다음은 아메리카에서 수 세기에 걸쳐 반향을 일으켰으며, 마침내 전 세계적으로 그 갈등이 지속되고 있다"[43]라고 진술한다. 적어

41　Burckhardt, *Civilization of the Renaissance*, 291. 참조. Johnson, *The Renaissance*, 32(그는 "14세기와 15세기의 이러한 거장들이 그들의 종교적 열정의 강도에서 기복이 있었다"고 말한다).

42　Johnson, *The Renaissance*, 55.

43　Strathern, *Death in Florence*, 10. 르네상스는 이교와 기독교 신앙이 혼합되어 공개적으로 축하되는 시기였으며 때때로 금욕적인 로마 가톨릭교회가 개신교의 도전에 대응하기 위해

도 공식적으로 우리는 기독교가 우위를 유지했지만 그러한 공식 기독교의
지붕 아래서 영원한 투쟁은—사회에서, 로렌초와 보티첼리 그리고 그 시
대 사람들의 영혼 속에서, 그리고 그들의 후손들의 마음과 생각 속에서—
지속되었다고 말할 수 있다.

기독교에 대한 비난. 이교적이었던 과거를 그리워하거나 최소한 존중
하는 마음은 시와 미술뿐만 아니라 에드워드 기번, 램지 맥멀런 등 여러 역
사가의 역사 작업에서도 나타난다. 그러나 이 작업은 이교가 겉보기에는
기독교에 의해 패배했음에도 서양의 기억 속에 깊고 지속적인 원한—때로
는 증오—을 남긴 방식을 보여준다. 그 증오는 그 이교를 억압한 기관, 즉
기독교에 대한 것이다.

성서적 종교가 서구 문명에 미친 영향에 대한 공정하고 포괄적인 평
가는 부정적 기여와 긍정적 기여를 모두 인정할 것이다. 부정적인 면에서,
얀 아스만과 다른 이들은 유대교와 기독교가 세상에 새로운 형태의 불관용
을 도입했다고 지적한다. 아스만은 신중하게 판단하며 관용적인 이교와 불
관용적인 기독교라는 낯익은 단순한 서술에 빠지지 않는다. 그는 이교 종
교가 폭력과 억압을 지지할 수 있었으며 이교가 관용으로 칭송받을 이유
가 없다고 말한다.[44] 이교 종교는 진리에 크게 관심이 없었으므로 관용을
나타낼 이유나 기회가 없었기 때문이다. 그럼에도 아스만은 보다 독점적이
고 진리에 대한 야심 찬 관심과 주장을 가진 유대교와 기독교가 세상에 새

반종교개혁을 시도하면서 끝났다고 여겨진다. 그러나 이교적 과거에 대한 애정은 거의 사
라지지 않았다. 그러한 애정은 바로크 시대에는 베르니니(Bernini)의 〈아폴론과 다프네〉,
〈프로세르피나 유괴〉, 트로이에서 자신의 아버지를 안고 아들을 이끄는 〈아이네아스〉 조
각상에서 극적으로 나타난다. 또는 그 조각가가 만든 〈트레비 분수〉의 오케아노스와 트리
톤들이 뿜어내는 물줄기, 루벤스가 신화 장면을 수없이 묘사한 작품들, 또는 르네상스 이후
수백 점의 그림과 조각에서도 볼 수 있다.

[44]　Jan Assmann, *The Price of Monotheism*, trans. Robert Savage (Stanford: Stanford University
　　　Press, 2010), 18.

로운 형태의 불관용을 도입했다는 것을 인정해야 한다고 생각한다.[45] "원시 [다신교] 종교들의 세계는…가장 다양한 형태의 폭력과 공격성으로 가득 차 있었으며 그중 많은 형태가 단일신 종교가 권력을 잡으면서 길들여지고 문명화되거나 심지어 제거되었다.…그러나 이 종교들이 동시에 세상에 새로운 형태의 증오, 즉 이교도들, 이단, 우상숭배자들과 그들의 신전, 의식, 신들에 대한 증오를 가져온 것 또한 부인할 수 없다."[46]

기독교가 특히 불관용적으로 묘사되는 경우가 많으며 주로 거칠고 덜 세밀한 표현으로 서구 문화에 광범위하게 퍼져 있다. 이러한 주제는 데이비드 흄과 에드워드 기번 같은 18세기 계몽사상가들에 의해 적극적으로 제기되었으며 램지 맥멀런, 찰스 프리먼, 조나단 커쉬[47]와 같은 현대 역사가들에 의해 더 강렬하게 부각되고 있다(댄 브라운과 같은 작가들이 더 대중적인 방식으로 다룬 것을 언급하는 것은 말할 필요도 없다). 옥스퍼드 역사학자 에이버릴 캐머런은 다음과 같이 진술한다.

고대 역사가들은 전통적으로 초기 기독교에 대해 편향된 저술, 즉 "숨겨진 의도"에 대해 경계했다. 그러나 아이러니하게도 로마 제국의 기독교화 시기를 다루는 학술서에서는 반대지만 똑같이 편향된 관점에서 서술하는 경우가 많았다. 합리주의적 시각이든 노골적인 마르크스주의 관점이든 기독교의 진전은 본질적으로 부정적으로 여겨졌다.…기독교가 "쇠퇴", "권위주의", "비이성"과 관련지어지는 편견에서 벗어나기란 매우 어렵다. 이런 부정적 인식은

---

45   Assmann, *The Price of Monotheism*, 20.

46   Assmann, *The Price of Monotheism*, 16.

47   MacMullen, *Christianity and Paganism in the Fourth to Eighth Centuries*; Charles Freeman, *AD 381: Heretics, Pagans, and the Dawn of the Christian State* (New York: Overlook Press, 2008); Jonathan Kirsch, *God against the Gods: The History of the War between Monotheism and Polytheism* (New York: Penguin, 2004).

"어둠"이나 "황혼" 같은 단어로 표현되며 고전주의를 깊게 선호하는 관습 때문에 기독교는 이성적이지 않고 받아들이기 어려운 영역으로 밀려난다.[48]

또한 기독교가 성적으로 억압적이었다는 비난도 많이 제기된다.[49] 노먼 캔터가 말하듯 기독교는 로마 제국의 "성적 낙원"[50]을 망치고 억압했다. 유스티니아누스 황제가 기독교적 성 윤리를 시행하면서 벌어진 변화에 대해 카일 하퍼는 다음과 같이 탄식한다. "폼페이 벽화의 따뜻한 에로티시즘과 그리스 로맨스의 매혹적 감성이 사라졌다."[51] 대신에 우리에게는 그저 "폭력적인 청교도주의만 남았다."[52]

이런 비난들은 역사적 사실에 근거한다. 십자군 전쟁과 종교 재판이 있었다(그리고 비판적인 독자들은 이러한 점들이 더욱 자주 언급되고 강조될 필요가 있음을 지적한다). 그러나 긍정적인 면도 있다. 공정한 평가라면, 기독교가 개

---

48   Averil Cameron, *Christianity and the Rhetoric of Empire: The Development of Christian Discourse* (Berkeley: University of California Press, 1991), 25-26.

49   이 주제는 Geoffrey R. Stone, *Sex and the Constitution*(London: Norton, 2017)에서 광범위하게 다뤄지고 있다.

50   Norman F. Cantor, *Antiquity: From the Birth of Sumerian Civilization to the Fall of the Roman Empire* (New York: HarperCollins, 2003), 29.

51   Kyle Harper, *From Shame to Sin: The Christian Transformation of Sexual Morality in Late Antiquity* (Cambridge, MA: Harvard University Press, 2013), 14-15.

52   Harper, *From Shame to Sin*, 1.

인의 존엄에 대한 존중,[53] 인권,[54] 평등에 대한 헌신,[55] 가난한 이들에 대한 관심[56] 등 오늘날 우리가 현대 문명의 가장 중요한 특징으로 여기는 여러 가치를 이루어내는 데 상당한 기여를 했다는 점을 인정할 것이다. 이런 가치들은 고대 이교와는 달리 인간이 "하나님의 형상대로 창조되었으며", 하나님이 그 피조물과 자녀들에게 (심지어 "가장 작은 자들"에게도)[57] 무한한 사랑과 관심을 갖고 자신을 바치셨다는 성서적 주장에 근거한다.

현대 과학이 기독교 세계관을 더 이상 지탱할 수 없게 만들었다고 선언하면서도,[58] 프랑스의 철학자 뤽 페리는 "노예제 위에 세워진…본질적으로 귀족적인 세계였던 그리스 세계"와 대조적으로 기독교가 "인류가 본질적으로 동일하며 인간의 존엄에 있어 모두가 동등하다는 개념, 즉 그 시대

---

53   참조. Sarah Ruden, *Paul among the People: The Apostle Reinterpreted and Reimagined in His Own Time* (New York: Random House, 2010), xix. "누구보다도 바울은 서구 개인 인간 존재를 창조했다. 그 존재는 무조건적으로 하나님께 소중하며, 그러므로 다른 인간들의 배려를 받을 자격이 있다. 바울이 서서히 (때론 충격적으로) 일어난 모든 사회적 변화, 즉 서구의 특색을 이루는 권리와 자유의 발전을 의도했다는 어떤 징후도 없다.…그러나 그가 전파한 사상, 즉 하나님의 사랑은 숭고하고 무한하며 모든 이가 즉각적으로 알 수 있다는 생각에서 광범위한 사회 변화가 필연적으로 뒤따랐다. 그 어떤 지성도 우리 자신을 이루는 데 그만큼 공헌하지 못했다."

54   Luc Ferry, *A Brief History of Thought: A Philosophical Guide to Living*, trans. Theo Cuffe (New York: HarperCollins, 2011), 60을 보라. 일반적으로 Michael J. Perry, *The Idea of Human Rights* (New York: Oxford University Press, 1998), 11-41을 참조하라(그는 인권이 종교적 토대를 기반으로 한다고 주장한다).

55   예를 들어 Jeremy Waldron, *God, Locke, and Equality: Christian Foundations of John Locke's Political Thought* (Cambridge: Cambridge University Press, 2002)을 보라.

56   예를 들어 Robin Lane Fox, *Augustine: Conversions to Confessions* (New York: Basic Books, 2015), 21을 보라. "[고대 이교 사상가이자 웅변가인] 리바니우스가 '행복하게' 굶주리는 사람들을 묘사한 반면, 요한네스 [크리소스토모스]는 안디옥의 가난한 이들 가운데 그리스도가 임재하신 모습을 보았다. 그는 그곳에 계셨으며 요한네스의 설교가 강조하듯이 꼭 필요한 자선 행위를 호소하고 계셨다.…적어도 [아우구스티누스의] 설교 중 5분의 1은 비슷하게 암울한 용어로 가난한 이들의 곤경을 묘사하며 그들에게 구호를 베풀도록 격려하고 있다."

57   마 25:40.

58   Ferry, *Brief History of Thought*, 144-45, 263.

에는 전례 없는 사상으로 오늘날 우리의 민주적 유산 전체가 그것에 빚지고 있는 개념을 도입했다"[59]고 설명한다.

세속주의의 역사를 다루면서, 그레이엄 스미스 역시 "개인의 인간적 가치와 존엄, 공적 이성의 공유, 역사 속에서의 인류 사회의 진보, 그리고 세계를 탐구할 수 있는 인간의 능력 등의 사상은 모두 기독교 신학의 원천으로 거슬러 올라갈 수 있다"[60]고 주장한다.

그러나 이러한 기독교 혹은 유대-기독교적 유산의 측면은 특히 고등교육을 받은 비평가들 사이에서 종종 간과되거나 축소되어 기독교의 표면적인 불관용성과 억압성에 초점이 맞추어지곤 한다. 이러한 맥락에서 펜실베이니아 대학교의 사회학자 로스 코펠은 "거시적 차원에서 볼 때, 종교와 신앙의 순효과란…수천 년에 걸친 끔찍한 전쟁, 집단학살, 노예제의 이데올로기, 성적 착취, 고문, 타인을 인간으로 보지 않는 가치의 왜곡, 테러리즘, 그리고 조직화된 증오"[61]라고 지적한다. 이러한 "순효과"에 대한 코펠의 평가는 객관적인 관점에서 보면 혐오스러울 만큼 왜곡되어 있을 뿐 아니라 오히려 암담할 정도로 희극적으로 느껴지기도 하지만, 이는 초월적 종교성이 끼친 부정적 영향만을 기억하고 그 긍정적 공헌은 당연시하는 지식인들의 경향을 정확히 반영한다(그리고 그로 인해 가능해진 평가이기도 하다).

어떤 의미에서 이러한 비난과 책임 전가의 경향은 충분히 예측 가능한 것이다. 이는 논쟁적으로 보자면 앞선 몇 쪽에서 살펴본 바와 같이 이교에 대한 긍정적 기억의 반대면에 불과하다고 할 수 있다. 만약 고전적 로마가

---

59 Ferry, *Brief History of Thought*, 72. 또한 71-78도 참조하라.

60 Graeme Smith, *A Short History of Secularism* (London: I. B. Tauris, 2008), 15.

61 참조. Ross Koppel, "Public Policy in Pursuit of Private Happiness," *Contemporary Sociology* 41 (2012): 49-52.

기번이 주장한 대로[62] "황금시대"였고 고전적 이교가 즐거움과 활력, 아름다움, 포용성을 지닌 세계였다면, 그러한 찬란한 세계를 억눌렀던 힘―즉 기독교―에 대해 깊은 원한을 품는 것은 자연스러운 일이며 그 역사적 세력에 대해 정반대의 성격들을 부여하게 되는 것도 이해할 수 있다.

이교에 대한 긍정적 평가로부터 기독교에 대한 부정적 비난이 도출되는 이러한 경향은 이른바 "계몽주의" 시기에 두드러지게 나타났다. 이에 따라 피터 게이는 자신의 찬탄과 존경이 담긴 계몽주의의 역사에서 이 운동을 "근대적 이교주의의 부상"[63]으로 해석한다. 그렇다면 계몽주의 사상가들은 어떤 의미에서 "이교적"이었는가? 게이의 설명에 따르면, 주로 그들이 기독교를 향해 가했던 강력한 비판과 거부에서 그러했다. 게이는 "계몽주의의 가장 전투적인 구호, 즉 **그 악한 것을 짓밟아라**(Écrasez l'infâme)는 바로 기독교 그 자체, 기독교 교리의 모든 형태, 기독교 제도, 기독교 윤리, 그리고 인간에 대한 기독교적 관점에 맞서 외쳐진 것이었다"[64]고 설명한다. 계몽주의는 결국 "기독교에 맞선 위대한 대대적 투쟁"[65]으로 요약될 수 있었다.

이 같은 기독교에 대한 적대감은 계몽주의 운동의 가장 유명한 인물과 영어권을 대표하는 지도적 인물 모두에게서 분명히 나타났다. 게이는 볼테르에 대해 다음과 같이 설명한다.

그가 생의 마지막 16년 동안 쏟아낸 방대한 팸플릿의 홍수 속에서…기독교에 대한 혐오가 거의 강박에 가까운 수준으로 드러난다. 그 악한 것(l'infâme)이

---

62   이 책 제3장 "자유의 이미지"를 보라.

63   Peter Gay, *The Enlightenment: An Interpretation; The Rise of Modern Paganism* (New York: Norton, 1966).

64   Gay, *The Enlightenment*, 59.

65   Gay, *The Enlightenment*, 296.

라는 표현을 단순히 불관용이나 광신 혹은 로마 가톨릭에 대한 비판으로 한정하려는 해석자들은 볼테르 자신이 그 격정적인 세월 동안 무수히 반복해서 내린 결론 즉 "모든 이성적인 인간, 모든 명예로운 인간은 기독교라는 종파를 혐오해야 한다"를 회피한다. 이것이 볼테르의 마지막이자 가장 격렬한 투쟁의 핵심 메시지였다. 그는 그것을 불경과 익살, 때로는 외설적인 방식으로 무수한 변주를 통해 반복했다. 그 어떤 것도 그의 풍자의 대상에서 안전하지 못했다. 삼위일체, 성모 마리아의 정결, 미사에서 그리스도의 몸과 피, 이 모든 것은 가차 없이 희화화되었다.[66]

게이는 데이비드 흄을 "완전한 현대 이교도"[67]라고 불렀으며 흄은 종교에 대한 자신의 저서에서 이교 다신교와 기독교 단일신교를 비교하면서 다신교에 현저히 더 높은 평가를 내렸다. 흄은 다신교는 본질적으로 "사교적"이라 주장한 반면, 유대교와 기독교 같은 단일신교는 근본적으로 교조적이고 불관용적이라고 보았다. 그러한 불관용은 "사제와 광신자들의 노력"에서 드러나는데, 이는 "로마와 마드리드의 종교재판과 박해"로 제도화되었으며 "덕, 지식, 자유애"에 대해 치명적인 보복을 가해 "사회는 가장 수치스럽고 무지하며 타락과 속박 상태에 놓이게 된다"[68]고 했다. 죽어가던 흄은 자신의 나라 사람들이 "기독교 미신"에서 더 많이 벗어나지 못한 것을 한탄했고 영국인들이 "가장 깊은 어리석음과 기독교 및 무지로 다시 빠져들고 있다"[69]고 걱정했다.

---

66   Gay, *The Enlightenment*, 391.

67   Gay, *The Enlightenment*, 401.

68   David Hume, *The Natural History of Religion*, ed. H. E. Root (Stanford: Stanford University Press, [1757] 1956), 51. 『종교의 자연사』(아카넷 역간).

69   Gay, *The Enlightenment*, 403.

계몽주의 사상가들은 기독교를 무지, 어리석음, 불관용과 연관 짓는 데 매우 성공적이었으며 이 연관성은 후대의 마르크스, 니체, 밀, 그리고 (최근 역사적 기록이 회상하듯 기독교 신앙에 긍정적이거나 호의적으로 비칠 만한 모든 것에 대해 끈질기게 적대적인 사람이었던)[70] H. L. 맨켄과 같은 언론인들에 의해 은연중에나 공격적으로 강화되었다. 이로 인해 그 연관성은 많은 문학 및 지식계에서 사실상 공리처럼 받아들여지고 이후 작가들과 (코펠 교수 같은) 논객들은 위험 부담 없이 이를 자신들의 논지로 활용할 수 있게 되었다.[71] 로드니 스타크는 특히 로마 가톨릭 역사에 대한 여러 악명 높은 허위 사실들이 "서로를 강하게 보완하며 우리 공통 문화에 깊이 자리잡아 그것이 사실이 아닐 수 없게 보인다"[72]고 지적했다. 작가들과 지식인들은 이러한 반기독교적 주제를 내세움으로써 자신들의 세련됨과 자유, 관용, 그리고 "이성"에 대한 동정을 드러낼 수 있으며 동료들로부터 심각한 도전을 받을 걱정 없이 그렇게 할 수 있었다. 실제로 그들은 오랫동안 수십 년에서 수 세기에 걸쳐 이 오래된 주제를 반복해서 되풀이해왔고—지금도 계속해서 **반복하고 있으며**—아이러니하게도 스스로를 선구자적인(avant-garde) 용기와 독립적 사고를 지닌 인물로 간주한다.[73]

그렇다면 우리는 다음과 같이 질문할 수 있을 것이다. 게이가 암시하는 것처럼 기독교에 대한 적대감만으로 누군가를 "이교도"라고 부를 수 있을까? 우리의 계몽주의 친구인 에드워드 기번은 아마 이에 반대했을 것이

70　Mark Noll, *Damning Words: The Life and Religious Times of H. L. Mencken* by D. G. Hart (Grand Rapids: Eerdmans, 2016), 서문, x.

71　20세기 주요 영문 저자들 사이에 나타난 반기독교적 주제에 대한 개관은 Maurice Cowling, *Religion and Public Doctrine in Modern England*, vol. 2, *Assaults*(Cambridge: Cambridge University Press, 1985), 186-283을 참조하라.

72　Rodney Stark, *Bearing False Witness: Debunking Centuries of Anti-Catholic History* (West Conshohocken, PA: Templeton Press, 2016), 6.

73　예를 들어 Stone, *Sex and the Constitution*을 보라.

다. 기번은 기독교를 경멸했으나 우리가 보았듯이 그는 이교 종교에서 발견한 "미신" 역시 똑같이 비난할 태세였다.[74] "이교도"로 분류되려면, 적어도 우리가 용어를 사용한 바에 따르면, 기독교에 반대하는 동시에 보다 내재적인 종교성에 대한 지향성을 보여야 할 것이다.

계몽주의 인물 중 일부는 분명히 그런 지향성을 보였고 데이비드 소킨이 보여준 바와 같이 계몽주의에는 강한 종교적 성향이 있었다.[75] 게이는 철학자들이 때때로 "권력에 대한 경외감이나 자연의 위대한 질서에 대한 경외감"을 느꼈거나 "프로이트가 '대양 같은 감정'(oceanic feeling)이라고 부른 우주와의 일체감, 즉 많은 시적이고 종교적인 감정의 근원이 되는 감정에 의해 동기를 부여받았다"고 인정한다. 그러나 계몽주의 사상가들은 그러한 감정을 "억누르거나 제거"했으며 이는 그들의 사상에서 "주류가 아니었다."[76] 따라서 우리는 내재적 종교성의 지향에 관한 탐색을 (제9장에서 보게 될) 그러한 지향이 보다 명확하고 당당하게 드러나는 현대 사상가들에 이르기까지 미룰 수 없다.

이교적 지향

우리의 논의는 고대 말기에 기독교에 의해 공식적이고 명백하게 패배했음에도 불구하고 이교가 다양한 방식으로 지속되었음을 시사한다. 즉 이교의 사건이나 특징들이 기독교 문화에 남아 있거나 통합되었고 르네상스와 이

---

74   예를 들어 Gibbon, *History of the Decline*, 1:498-99을 보라.

75   David Sorkin, *The Religious Enlightenment: Protestants, Jews, and Catholics from London to Vienna* (Princeton: Princeton University Press, 2008). Sorkin은 "종교적 계몽주의는…온건한 계몽주의나 [반종교적] 급진 계몽주의보다 더 많은 영향력 있는 지지자들을 가졌고 당대에 더 큰 권력을 행사했을지도 모른다"고 주장한다(21).

76   Gay, *The Enlightenment*, 122.

후 시기에 나타난 이교 문명에 대한 향수와 회복의 노력이 있었으며 특히 학식 있는 계층과 계몽된 계층 사이에서 기독교에 대한 깊은 원한이 지속적으로 존재해왔다는 것이다. 이 모든 것은 **고전적** 이교―고대 그리스와 로마의 이교―가 기독교에 의해 억압되었다고 알려졌음에도 계속해서 울려 퍼졌다고 말할 수 있는 이유들이다.

덜 눈에 띄지만 더 중요한 것은 우리가 앞서 언급한 내재적 신성에 대한 지향, 즉 이교적 지향이 지속되거나 혹은 영원히 반복되는 현상이라는 점이다. 이것은 이 세상의 선을 신성화하고 숭배하는 태도로서 "성스러운 것"이 존재하며 그것이 바로 **이** 세상과 **이** 삶 속에 있다는 것을 믿는 지향이다. 이런 의미에서 고전적 과거에 대한 모든 기억이 설령 지워진다고 하더라도 (어쩌면 일부 인구 집단에서는 그럴 수도 있을 것이다. 예컨대 고전학과가 문을 닫고 호메로스, 베르길리우스, 오비디우스, 키케로 또는 기번을 읽는 학생이 줄어드는 것처럼 말이다.)[77] 이교는 계속 남아 있을 것이고 앞으로도 그럴 가능성이 크다고 말할 수 있다.

사실 이교는 인류의 자연스러운 상태라고 주장할 만하다. 결국 우리는 태어나는 순간부터 죽는 순간까지 **이** 세상 안에서 보고 듣고 느끼고 행동한다. 이 세상은 우리가 직접적이고 개인적으로 아는 세계이며, 확신할 수 있는 세계다. 반면 우리는 이 세상 너머의 어떤 것도 추론이나 암시 혹은 신앙에 의존해야만 구별할 수 있다. 따라서 우리는 자연스럽게 우리가 알고 우리가 살아가는 이 세계 안에서 의미와 숭고함을 찾게 된다. 이런 실존적

77　참조. Nauert, *Humanism*, 8(그는 유감스럽게도 "우리 시대를 고전적 유산의 대부분을 버린 시대"로 언급한다). 또한 Anthony Grafton et al., *The Classical Tradition*(Cambridge, MA: Belknap Press of Harvard University Press, 2010), ix을 참조하라(그는 "문명화되고 문명을 양성하는 교육을 받은 사람들이 갖던 고전 전통에 대한 친숙함이 점점 드물어지고 있다"고 한탄한다).

의미에서 이교는 고대의 선례에 영향을 받을 수는 있지만 그 지원 없이도 자연스럽게 발생할 것이다. 그리고 기독교는 그 자연스러운 지향을 완전히 없앨 수 있을 것이라 기대할 수 없다.

실제로 그것을 원하지도 않았다. 앞 장들에서 논의한 바와 같이 기독교의 입장은 이 세상의 선함을 부인한 적이 없고 다만 그것이 궁극적인 선이 아니며 그 선함이 보다 초월적인 근원에서 비롯된다고 주장하는 것뿐이다. 만약 기독교가 이 세상의 선함과 숭고함에 대한 감각을 완전히 무너뜨렸다면 그것은 자신의 사명을 배반하고 일종의 영지주의 이단에 빠진 셈일 것이다. 오히려 그리스도인들이 추구하는 섬세한 목표는 그러한 숭고함에 대한 감각을 유지하고 심지어 강화하면서도 그것을 더 높은 초월적 선, 즉 하나님께 종속시키는 것이다. 이 과제는 본질적으로 한 사회에서 어쩌면 어떤 개인에게도 한 번에 완벽하게 달성될 수 없는 것이다.

더욱이 기독교 교사들은 그 점을 누구보다도 강하게 강조해왔다. 수 세기 동안 기독교 지도자들은 신자들에게 세례나 견진 혹은 고백 때 자신들이 약속했거나 속하려고 했던 신앙을 상기시키기 위해 교회에 나오라고 간청해왔다. 그러한 예배의 중심적 특징은 설교이며 그 설교의 지속적인 주제는 인류의 타락—사람들이 이 세상의 신들과 재물에 빠져 있다는 점—과 따라서 인간을 그들의 진정한 선으로 인도하는 (또다시 인도하고 계속 인도하는) 거듭남의 절실한 필요성이다. 이미 언급한 사보나롤라를 떠올릴 수 있으며 다른 이들은 조나단 에드워즈가 울부짖는 신도들에게 "진노하시는 하나님의 손에 있는 죄인들"[78]이라고 책망하는 장면을 떠올릴 것이다. 때로는 이런 상기들이 더욱 부드럽고 격려하는 태도로 이루어지기도 했다.

---

78 이 유명한 설교는 여러 차례 재출간되었다. Jonathan Edwards, *Representative Selections*, ed. Clarence H. Faust and Thomas H. Johnson (New York: Hill and Wang, 1935), 155-72을 참조하라.

어떤 경우든 그리스도인들이든 아니든 대부분의 사람이 이 세상의 재물에 대한 우상숭배에 빠지는 경향성은 기독교 내에서 만연한 주제였다. 이 주제는 우리가 여기서 "이교"라고 부르는 지향이 계속 영향을 미치고 있음을 인정하는 것이다.

이교의 지속적 지배?

우리는 이 장을 고대 말기에 기독교의 승리로 인해 이교가 사라졌다고 보는 일반적 견해를 살펴보며 시작했다. 이러한 견해에 도전하려 했지만 우리의 논의는 정반대 결론에 다다른 것으로 보일 수 있다. 즉 정치적 패배에도 불구하고 실제로는 이교가 우세한 문화적 위치를 유지해왔다. 기독교는 주로 이교적 세계를 덮는 얇은 외피에 불과했다. 그것은 일상적 현실을 감싸는 "성스러운 지붕"[79] 같은 것이었으며 그 현실은 일부 이교적 요소와 세속적 요소가 섞인 것이었다.

그렇다면 이 반대 판단이 옳은가? 그렇기도 하고 그렇지 않기도 하다. 앞서 우리가 논의한 이유들로 인해 이교가 인류의 자연스러운 상태라고 말하는 것은 타당하다. 그리고 거의 모든 장소나 시대에서 외형상으로는 기독교 세계의 통치를 받거나 그렇지 않은 곳에서조차도 일상생활을 자세히 들여다보면 기독교 이상과 현격히 다른―폭력, 탐욕, 육욕, 교만 등의―수많은 행위와 태도를 발견하게 될 것이다.

그러나 우리가 서구 세계를 이교도로 재분류하기에 앞서 반드시 고려해야 할 점 두세 가지가 있다. 첫째는 우리가 이미 언급한 바와 같이 서구의

---

79   참조. Peter L. Berger, *The Sacred Canopy: Elements of a Sociological Theory of Religion* (New York: Random House, [1967] 1990).

대부분의 시대와 개인들에게 초월적 지향성과 이 세상의 재물에 대한 내재
적 지향성 간의 갈등이 지속적인 투쟁의 양상을 띠었다는 것이다. 따라서
대부분의 시대와 사람들은 단순히 이교도이거나 단순히 그리스도인이 아
니었으며 오히려 그들은 이 두 지향성 사이에서 흔들리고 방황해왔다.

둘째, 비록 기독교 가르침을 완전히 준수하지는 못했지만 적어도 고대
말기부터 근대 시대까지 서구의 정부와 개인들은 기독교의 교훈과 교리,
그리고 의식을 일종의 공인된 규범적 이상과 지배적 권위로 반복해서 인정
해왔다. 그 인정은 긍정적 형태와 부정적 형태로 반복해서 표현되었다.

긍정적인 표현들은 만약 우리가 그것들에 주의를 기울인다면 널리 퍼
져 있고 두드러진다. 그래서 우리는 기독교가 왕과 황제를 성직에 임명하
는 데 동원되는 것을 보며, 출생, 결혼, 사망 등 인간 삶의 중요한 여러 사건
에서도 볼 수 있다. 이미 우리는 현세적 명성을 누린 로렌조 데 메디치가 오
랜 적수인 사보나롤라를 불러 자신의 종부 성사를 집례하게 했던 사실을
보았다. 또한 우리는 예수, 성모, 성인들을 주제로 한 수천, 수만 점의 회화
작품들이 유명한 화가나 무명의 화가들에 의해 그려져 유럽과 미국의 수많
은 도시 교회들을 장식하고 있음을 볼 수 있다. 그러한 그림들에는 후견인
이나 기부자의 모습이 그려지는 경우가 흔한데, 그들은 대개 귀족이나 상
인으로 욕심과 다툼, 가끔 또는 반복적으로 방탕한 삶을 살았지만 그럼에
도 성모와 어린 예수 앞에 무릎 꿇고 작은 겸손한 모습으로 묘사되고 기억
되기를 원한다.

중세 시대에 정치적인 수사(rhetoric)에서 기독교가 권위로 인정된 것
은 명백하다. 왕이 교회와 싸우면서도 자신의 목적을 위해 성서와 기독교
를 의지했고 동원했다는 사실에서도 알 수 있다.[80] 또한 현대의 정치적인

---

80   William Chester Jordan, *Europe in the High Middle Ages* (London: Penguin, 2001), 85-87;

수사에서도 고대 이교도들에게는 전혀 매력적이지 않았을 주제를 불러일으키며 기독교 유산의 일부인 주제들이 암묵적이고 간접적으로 드러난다. 데이비드 벤틀리 하트가 다음과 같이 말한다.

우리 중에서 가장 열렬한 세속주의자조차도 대체로 인권, 경제적이고 사회적인 정의, 빈민에 대한 구제, 법적 평등, 인간의 기본 존엄성 같은 개념을 고수한다. 고대 서구 문화는 이를 어리석다고 여기기보다는 이해불가능한 것으로 보았다. 결국 우리가 이교도의 먼 자손이었더라면 이 모든 것을 믿지 못했을 것이다. 우리 조상들이 한때 하나님은 사랑이시고, 자선은 모든 덕의 기초이며, 우리는 모두 하나님의 눈앞에서 평등하고, 굶주린 이를 먹이지 않거나 고통받는 이를 돌보지 않으면 그리스도에게 죄를 짓는 것이며, 그리스도는 자신의 형제 중 가장 약한 자를 위해 목숨을 바치셨다고 믿지 않았다면 말이다.[81]

물론 이러한 기독교적 신앙 표현이 군주, 상인, 심지어 교황과 성직자들의 외형적 종교성에서 위선으로 의심받을 충분한 근거가 있다. 그들의 삶은 경건함보다는 세상의 재물을 기독교가 약속한 더 높은 축복보다 선호하는 경향을 반영하기 때문이다.[82] 그러나 그 위선은 오히려 여기서 제기한 명제, 즉 기독교의 권위가 규범적 이상으로서 서구 역사 대부분에 걸쳐 인정되고 수용되었다는 점을 부인하는 것이 아니라 확인시켜줄 뿐이다. 사람은

Brian Tierney, *The Crisis of Church and State, 1050-1300* (Toronto: University of Toronto Press, 1964); Walter Ullmann, *Principles of Government and Politics in the Middle Ages* (New York: Routledge, [1961] 2010), 57-114을 보라.

81　David Bentley Hart, *Atheist Delusions: The Christian Revolution and Its Fashionable Enemies* (New Haven: Yale University Press, 2009), 32-33. 『무신론자들의 망상』(한국기독교 연구소 역간).

82　이 비판은 David Niose, *Nonbeliever Nation: The Rise of Secular Americans*(London: St. Martin's Press, 2010), 37-42에 열정적으로 제시되어 있다.

근본적으로 이교도일 수 있지만 그리스도인이 되기를 희망할 수 있다. 그렇다면 그의 실제 행동은 (성실한) 열망에 비해 위선적으로 보일 것이다. 아니면 설령 그가 그러한 열망 없이 단지 대중이나 후세를 위해 위선적인 종교 행위를 행한다고 하더라도 그는 최소한 기독교 이상의 공적 권위를 인정하는 셈이다.

더 일반적으로, 기독교를 하나의 이상이나 기준으로 인정한다는 사실은 앞서 논의했듯 기독교 비평가들이 흔히 제기하는 비판에서도 강렬하게, 비록 의도치 않았더라도 드러나게 마련이다. 가장 익숙한 비판들은 본질적으로 기독교가 자신들의 이상과 약속을 지키지 못했다고 비난하는 것인데, 그 이상과 약속은 비평가들 자신도 적어도 암묵적으로는 권위 있는 것으로 받아들이는 것이다. 그러나 이러한 이상과 약속은 대체로 고대 이교도들조차 권위 있는 것으로 인정하지 않았을 것이다.

따라서 기독교의 군주와 성직자들은 자신들이 적으로 여기는 대상에 대한 폭력과 전쟁을 지지한다는 비판을 받는다. 가장 흔히 언급되는 사례가 십자군 전쟁과 종교 재판이다. 그러나 로마 세계에서 적에 대한 이런 군사적 정책은 결코 실패로 인식되지 않았다. 오히려 로마인들은 전쟁에서의 승리를 눈부신 행진들("승리들")로 대대적으로 축하했으며 정복자들은 찬양받고 패자는 조롱과 야유를 받으며 굴욕적으로 로마 군중들 앞에 불려 나갔다.[83] 또한 로마의 정복은 트라야누스 기둥이나 티투스 개선문 같은 기념비적 건축물에 후대를 위해 기록되었는데, 이 자랑스런 기념물들은 다키아인과 유대인의 학살장면을 대리석에 새겨 모두가 볼 수 있게 해주었다. 따라서 기독교의 폭력을 비난하는 비평가들은 기독교의 기준을 받아들이고 그것을 기독교에 대해 사용하고 있는 셈이다.

---

83   Greg Woolf, *Rome: An Empire's Story* (New York: Oxford University Press, 2012), 72을 보라.

또한 기독교는 노예제를 수용하거나 농노나 여성 계급을 궁핍하고 억압된 상태로 내버려둔 것에 대해서도 비판받는다. 이런 비판은 충분히 타당할 수 있으나, 이것 역시 모두 **기독교 기준**에 따른 것이다. 반면 이교도의 관습과 관점에서 보면 이러한 사회적 불평등은 결코 결점으로 간주되지 않았을 것이다.[84]

요컨대 수 세기 동안 기독교는 격렬하고도 타당한 비판에 직면해왔고 계몽주의 이후 그 비판은 더욱 격화되고 존중받거나 흔해졌다. 그러나 그 비판들 자체는 대개 기독교의 가치와 원칙, 그리고 이상에 기초한 것이다. 따라서 비평가들은 의도치 않게라도 이상으로서 기독교의 권위를 인정한 것이 된다. 그런 면에서 T. S. 엘리엇이 말했듯 서구 사회를 (적어도 잠재적으로) 기독교 사회라고 묘사하는 것은 여전히 적절해 보인다.

세속적 대안?

우리는 서구 사회가 기독교라는 외피에도 불구하고 오히려 이교적인 요소를 더 많이 품고 있다는 주장에 대해 두 가지 답변이 있다는 점을 지적했다. 첫째, 기독교와 이교, 초월적 종교성과 내재적 종교성 간의 갈등은 사회 내부와 개인의 내면에서 계속된 투쟁이었다는 점이다. 그래서 단순히 "기독교적"이거나 "이교도적인" 사회나 사람을 일관되게 정의하는 것은 오해를 일으키기 쉽다. 둘째, 실제 일상생활에서는 만연한 이교 풍습에도 불구하고 서구 역사 대부분의 기간 동안 대다수 사람과 사회는 의식하든 의식하지 못하든 기독교를 일종의 권위와 이상으로 인정해왔다는 점이다. 기독교가 깊은 실체보다는 외피에 가까웠던 경우에도 그 외피는 문화와 사회를

---

84   Woolf, *Rome*, 82-93.

평가하고 조직하는 이상으로서 중요한 역할을 했다.

하지만 현대적 시각에서 볼 때 또 다른 반론이 하나 더 있을 수 있는데, 그것은 기독교와 이교 또는 초월적 종교성과 내재적 종교성이 유일하거나 가장 중요한 이분법적 선택지라는 전제에서 출발하는 것처럼 보인다는 점이다. 그 전제에 따르면, 기독교를 가장한 어떤 개인이나 사회가 명백히 비기독교적 행태와 신념을 보일 경우 그것은 실상 이교도라는 결론에 이른다. 그러나 이 추론은 다른 대안의 존재 가능성을 간과한다. 그리고 현대의 관점에서 볼 때 그 대안은 압도적으로 분명한 하나, 즉 세속주의일 수 있다.

즉 어떤 사람이 그리스도인이 아니거나 **진정한** 그리스도인이 아니라면(또는 유대교, 이슬람교, 다른 종교의 신자라면), 그가 반드시 "이교도"는 아니다. 오히려 오늘날에는 그 사람이 종교적이지 않고 "세속적"일 가능성이 훨씬 더 높다. 적어도 전통적인 종교에 속하지 않는 사람들이 자신을 대체로 그렇게 인식한다. 따라서 오늘날 개인이나 사회가 마주한 중요한 선택은 초월적 종교와 내재적 종교 사이의 선택이 아니라 종교적으로 살 것인가 그렇지 않을 것인가에 대한 문제다. 다른 말로 하자면, 종교인으로 살 것인가 "세속인"으로 살 것인가의 문제인 셈이다. 실제로 대부분의 서구 사회는 후자를 선택했으며 "세속화"되었다.

지금까지 살펴본 내용은 적어도 어느 정도까지는 익숙한 이야기이며 상당 부분 사실일 것이다. 하지만 세속주의 역시 자주 생각했던 것보다 훨씬 복잡한 양상을 띠고 있음이 밝혀질 것이다. 세속주의는 여러 형태로 존재하고 그중 적어도 하나의 영향력 있는 형태는 일종의 가면으로서 기능하며 엘리엇이 말한 "현대 이교"의 부활을 감추는 역할을 해왔다. 우리는 다음 장에서 이것이 어떻게 일어났는지 살펴볼 것이다.

제9장

세속주의와 이교

오래된 적대 관계도 강력한 새로운 경쟁자가 나타나면 쓸모없게 될 수 있다. 중세 초기 동로마 제국에서는 페르시아인과 비잔틴인 간의 갈등이 전투적인 이슬람의 등장으로 무의미해졌다. 20세기 중반 서유럽 국가 간의 오래된 질투는 위협적인 소련의 등장에 가려졌다. 스포츠에서는 래리 버드가 이끄는 보스턴 셀틱스와 매직 존슨이 이끄는 LA 레이커스 간의 경쟁이 마이클 조던이 이끄는 시카고 불스의 등장으로 기억 속으로 사라졌다.

고전 시대의 기독교와 이교 간의 오래된 갈등도 그렇게 되었을 것으로 여겨졌다. 기독교는 적어도 공식적이고 정치적인 면에서는 4세기, 5세기, 아니면 6세기에 승리했다고 여겨진다. 이전 장에서 설명했듯 이교는 완전히 근절된 것이 아니라 지하로 밀려 들어갔을 뿐이다. 그것도 뿌리 뽑힌 것이 아니라 겨우, 그리고 그것도 가끔씩만 지하로 숨어들었뿐이다. 그래서 오래된 갈등은 정치적이고 문화적인 표면 바로 아래서 계속 타오르고 있었다. 그러다 새로운 세력이 등장했는데, 그것이 바로 세속주의(secularism)였다. 고전적인 기독교-이교의 적대관계는 멀리 있는 기억으로 밀려나고 대신 현대 세속 사회가 나타났다. 찰스 테일러가 지적했듯, 이 현대 세속 사회는 "인간 역사상 전례 없는"[1] 새 현상이며 고유한 약속과 문제, 도전을 안고 있다.

이것은 익숙한 이야기다. 지난 세기 동안 대부분의 주요 사상가가 여러 형태로[2] 이 이야기를 전해왔고 적어도 표면적으로는 이 이야기가 상당

---

1   Charles Taylor, *A Secular Age* (Cambridge, MA: Harvard University Press, 2007), 1.

2   Jose Casanova는 다음과 같이 설명한다. "알렉시스 드 토크빌, 빌프레도 파레토, 윌리엄 제임스를 예외로 할 수 있을지 모르지만, 세속화 이론은 카를 마르크스에서 존 스튜어트 밀,

한 타당성을 지닌다. 그러나 우리의 실제 역사는 이 표준적 이야기가 상정하는 것보다 훨씬 복잡하고 당혹스럽다. 이 장에서 우리는 이러한 복잡성 일부를 살펴볼 것이다.

더 구체적으로 이교와 기독교 혹은 내재적 종교성과 초월적 종교성 간의 오래된 갈등은 결코 사라지지 않았다. 반대로 그 반목은 여전히 견고하게 유지되고 있다. 기독교는 예상과 달리 조용히 사라지지 않았다. 적어도 아직은 그렇지 않다. 정통 유대교 같은 다른 초월적 종교성의 형태들도 마찬가지다. 이 점은 명백하고 널리 인정받고 있다. 덜 명백한 것은 내재적 종교성─또는 우리가 명명하는 것처럼 이교─이 (프로테우스처럼) 단지 형태와 모습을 바꾸었을 뿐 사라지지 않았다는 점이다.[3]

서양에서 이교와 기독교 또는 내재적 종교성과 초월적 종교성 간의 오래된 경쟁이 다시 활기를 띠는 징후를 보이고 있다. 제임스 오도넬은 다음과 같이 말한다. "종교에 대해 고대인들이 생각하고 말하던 방식은 우리가 뒤떨어진 이교도들과 아무 공통점도 없다고 생각하는 사람들 사이에서조

오귀스트 콩트에서 허버트 스펜서, E. B. 타일러에서 제임스 프레이저, 페르디난트 퇴니스에서 게오르크 지멜, 에밀 뒤르켐에서 막스 베버, 빌헬름 분트에서 지그문트 프로이트, 레스터 워드에서 윌리엄 G. 서머, 로버트 파크에서 조지 H. 미드에 이르기까지 모든 창시자에 의해 공유되었다. 실제로 이 합의는 이론이 논쟁의 대상이 되지 않을뿐더러 누가 봐도 당연시되어 시험할 필요조차 없었다는 것이다." Jose Casanova, *Public Religion in the Modern World* (Chicago: University of Chicago Press, 1994), 17. 또한 David Martin, O*n Secularization: Toward a Revised General Theory* (New York: Routledge, 2005), 8-9을 보라 (여기서 "세속화 이야기의 보편성과 그것들이 처방과 기술을 겸비한 다양한 방식"에 대해 언급하고 있다).

3 이교가 이 점에서 특별한 것은 아니다. 기독교 역시 후기 고대 시대와는 매우 다르다. Peter Brown, *The Body and Society: Men, Women, and Sexual Renunciation in Early Christianity*, 2nd ed. (New York: Columbia University Press, 2008), xvii을 보라("[우리 시대의 기독교는 말할 것도 없고] 중세 전성기 기독교[high and late Middle ages]는 로마 세계의 기독교와 거의 지중해 이슬람 국가의 도덕적 지평을 갈라놓는 커다란 심연만큼 넓은 간극에 의해 분리되어 있다"고 언급한다). 차이점은 "기독교"라 자처하는 주요 현대 집단은 존재하지만 "이교"라 자처하는 주요 현대 집단은 존재하지 않는다는 것이다."

차 여전히 강력하게 남아 있다."[4]

그리고 더욱 흥미롭거나 적어도 혼란스럽게도 이 모든 일은 세속주의라는 외관 아래서 일어나고 있다. 외관은 단순한 환상이 아니라 건물의 실제 본질적인 일부이며 건물에 성격을 부여한다. 건물을 그냥 지나치거나 잠시 머무르지만 들어가지 않는 이들에게는 그 외관이 곧 건물 자체다. 그러나 실제로 그 외관은 훨씬 더 큰 건물의 겉모습일 뿐이며 사람들이 실제로 살고 일하며 사랑하고 다투고 때로는 서로 공격하는 내부 공간을 숨긴다. 고대부터 이어온 내부 구조를 현대 외관으로 덮은 오래된 로마 가톨릭 교회처럼—우리가 살고 있는—현대는 눈에 띄는 세속주의의 겉모습 뒤에 고대 세계로 거슬러 올라가는 계속된 갈등을 가리고 있다.

세속화: 두 가지 사건의 개요

세속화 이야기를 전하는 일반적인 방식은 서로 다른 두 유형 또는 차원의 세속화에 이르는 (적어도 이르렀다고 간주되는) 두 가지 주요 발전이나 사건을 강조하는 경향이 있다. 한 사건은 정치적이고 법률적인 발전에 초점을 맞추어 **정치적** 세속주의를 낳았다. 다른 사건은 더 철학적인 발전을 특징으로 하며—이러한 발전은 처음에는 인식론적이고 이어서 존재론적인데, 흔히 "자연주의"(naturalism)라 불리는 것으로—적어도 일부 영역에서는 보다 **포괄적**이거나 철학적인 세속주의를 만들어냈다.[5]

정치적 사건은 16세기와 17세기 기독교 세계의 붕괴 이후 혼란 속에

4　James J. O'Donnell, *Pagans: The End of Traditional Religion and the Rise of Christianity* (New York: HarperCollins, 2015), 66.

5　여기서의 유사성은 Rawls의 잘 알려진 정치적 자유주의와 포괄적 자유주의 간의 구분을 의도한 것이다.

서 일어난 일련의 파괴적인 "종교 전쟁들"을 설명한다. 신성 로마 제국 내 로마 가톨릭과 개신교 간 비교적 소규모의 슈말칼덴 전쟁(Schmalkaldic War, 1546-1547), 16세기 후반의 더 크고 긴 프랑스 종교 전쟁(악명 높은 성 바르톨로메오 축일 학살 포함), 1618년부터 1648년까지 대륙에서 벌어진 더 참혹한 30년 전쟁, 17세기 중반의 영국 내전 등이 그것이다. 수십 년간의 폭력과 정치적 분열을 거친 후 중세 공식 기독교를 기반으로 사회와 정부를 재정비하려는 시도가 실현 가능한 것이 아니라는 점이 점차 명확해졌으며, 이는 종교가 다원적인 세상에서 정부가 평화와 안정을 유지하려면 종교 영역에서 벗어나 "세속" 영역에 머무르는 것이 최선이라는 여론 형성으로 이어졌다.[6]

물론 앞서 서술한 단락은 상당한 정도의 역사적 통합, 단순화, 그리고 어쩌면 왜곡까지도 담고 있다. 실제로 종교 전쟁이 곧바로 공적인 세속주의의 수용으로 이어지지는 않았다. 오히려 30년 전쟁을 끝낸 베스트팔렌 조약은 "그 지역의 통치자의 종교가 그 지역의 종교가 된다"(*cuius regio eius religio*)라는 원칙을 공식화함으로써 신앙고백 국가의 시대를 연 셈이 되었다.[7] 실제로 정부의 세속주의가 종교적 다양성을 대신하여 선호되는 해결책으로 받아들여지게 된 시기가 정확히 언제인지 말하기는 어렵다. 오히려

---

6   일반적으로 Mark Lilla, *The Stillborn God: Religion, Politics, and the Modern West*(New York: Vintage Books, 2007)를 참조하라. 『사산된 신』(바다출판사 역간). 또한 Charles Taylor, "Modes of Secularism," in *Secularism and Its Critics*, ed. Rajeev Bhargava (New York: Oxford University Press, 1998), 32을 보라(여기서 "현대 서구 세속주의의 출발점은 종교 전쟁이며 정확히 말하자면 전쟁의 피로와 공포 속에서 그 탈출구를 찾으려는 시도였다"고 언급한다); Wolfhart Pannenberg, *Christianity in a Secularized World* (New York: Crossroad, 1989), 11-14, 18.

7   Craig Calhoun, "Secularism, Citizenship, and the Public Sphere," in *Rethinking Secularism*, ed. Craig Calhoun et al. (New York: Oxford University Press, 2011), 75, 80을 보라. ("베스트팔렌 조약의 결과물은 종교가 없는 유럽이 아니라 대부분 신앙고백 국가로 이루어진 유럽이었다")

이는 우리가 (혹은 적어도 우리 중 일부가) 이제 와서 붙잡고 과거에 투영하는 비교적 최근의 여전히 논쟁적인 생각이라고 주장할 수도 있는데, 그렇게 함으로써 역사가 부여하는 어떤 정당성 또는 불가피성이라도 주장하려고 시도하는 것이다.[8]

그러나 역사의 길이 아무리 우여곡절이 많았더라도 적어도 정치적이고 문화적으로 영향력 있는 집단 내에서는 오늘날 그 생각이 널리 공유되고 있다. 조셀린 매클루어(Jocelyn Maclure)와 찰스 테일러가 긍정적으로 보고하듯 "'세속주의'는 다양한 세계관과 선에 대한 개념을 가진 시민들로 구성된 어떠한 자유민주주의에서든 필수적인 구성 요소라는 데 폭넓은 합의가 있다."[9] 이 합의는 현대 미국 헌법 해석에도 반영되어 있는데, 이 해석은 정부가 "세속적 목적"만을 위해 행동해야 하며 종교로부터 분리되고 "중립적"이어야 한다고 말한다.[10]

세속주의의 정치적 차원은 종교적 신앙이나 실천의 소멸을 자체적으로 요구하지 않고 단지 종교를 사적 영역에 배치하는 것을 의미한다(어떤 설명에 따르면, 종교가 공적 영역에서 얽히고 오염되는 것보다 오히려 사적 영역에서 더 번성할 수도 있다).[11] 이에 비해 다른 한편의 더 철학적인 흐름은 더 야심차며 종교의 일반적 쇠퇴를 예견하고 요구한다. 이 발전의 중심 사례가 바로 현

---

8   Jocelyn Maclure and Charles Taylor, *Secularism and Freedom of Conscience*, trans. Jane Marie Todd (Cambridge, MA: Harvard University Press, 2011), 17을 보라(여기서는 그들이 주장하는 세속주의 개념, 그리고 자유민주주의 사회에서 전 세계적 합의를 얻고 있다고 인식하는 그 개념은 "역사적으로는 비교적 최근에 등장한 것이다"라고 단언한다). 일반적인 서술로는 Steven D. Smith, "The Plight of the Secular Paradigm," *Notre Dame Law Review* 88 (2013): 1409을 보라.

9   Maclure and Taylor, *Secularism and Freedom*, 2.

10   Lemon v. Kurtzman, 403 U.S. 602, 612-13 (1971).

11   Andrew Koppelman, *Defending American Religious Neutrality* (Cambridge, MA: Harvard University Press, 2013), 46-77을 보라.

대 과학의 부상이다. 현대 과학은 세계를 과거보다 더 비종교적으로 바라보도록 가르친다.[12] 과학은 자연주의적 전제에 기반해 작동하고, 우주를 구성하는 것은 과학적 탐구가 가능하고 경험적으로 관찰 가능한 물질적 또는 자연적 대상으로 된 사물들이다.[13] 이런 관점은—적어도 과학 연구와 설명의 목적을 위해서—(영이나 하나님과 같은) 비자연적이거나 종교적 실체 혹은 (계시와 같은) 비경험적이거나 종교적인 인식 방법을 배제하기 때문에 세속적이다. 그리고 과학이 (철학이나 신학 등 과거 학문과 달리) 세계 이해와 세계 변형에 있어서 눈에 띄는 진보를 이룩했다는 사실은 다른 학문에서도 일종의 과학 선망(science envy)을 낳았고 그래서 과학처럼 되고자 하는 열망을 낳았다. 이 열망은 적어도 학계 내에서는 지속적인 자연주의—그리고 따라서 세속주의—를 뒷받침하게 되었다.[14]

---

12   Graeme Smith, *A Short History of Secularism*(London: I. B. Tauris, 2008), 20-41을 보라.

13   이런 맥락에서, 철학자 John Searle은 20세기와 21세기에 교육받은 사람들이 반드시 가져야 한다고 말하는 "실재의 이미지"를 다음과 같이 설명한다. "세상은 우리가 편리하다고 생각하지만 완전히 정확하지는 않은 입자라고 묘사하는 존재들로 완전히 이루어져 있다. 이 입자들은 힘의 장(field) 안에 존재하며 시스템으로 조직되어 있다. 시스템의 경계는 인과 관계로 정해진다. 시스템의 예로는 산, 행성, H_2O 분자, 강, 결정체, 아기들이 있다. 일부 시스템은 생명 시스템이고 우리 작은 지구상에서 생명 시스템은 많은 탄소 기반 분자를 포함하며, 수소, 질소, 산소를 상당히 많이 사용한다. 생명 시스템의 종류들은 자연 선택을 통해 진화하고 이것들 중 일부는 특별히 의식을 일으키고 유지할 수 있는 신경계와 같은 세포 구조들을 진화시켰다. 의식은 생물학적이며 따라서 물리적 특성이지만, 물론 인간 두뇌나 다양한 동물 두뇌와 같은 특정 고차원 신경계의 정신적 특성도 가진다." John R. Searle, *The Construction of Social Reality*, (New York: Free Press, 1995), 6.

14   예를 들어 철학자 Hilary Putnam은 "철학자들은 자신들의 논문이나 저서에서 자신들이 '자연주의자'이며 자신이 변호하는 견해 또는 설명이 '자연주의적'이라고 눈에 띄는 부분에서 밝힌다; 이러한 선언은 스탈린 시기 소련에서 '이 견해가 스탈린 동지의 입장과 일치한다'고 선언하는 기사들과 비슷하다; 후자의 선언과 마찬가지로 '자연주의적이지 않은 견해'(스탈린 동지의 입장과 일치하지 않는 견해)는 저주받은 것으로 간주되며 올바를 수 없다고 여겨진다'고 설명한다." Hilary Putnam, "The Content and Appeal of 'Naturalism,'" in *Naturalism in Question*, ed. Mario de Caro and David MacArthur (Cambridge, MA: Harvard University Press, 2004), 59.

분명히 "자연주의자"라고 자처하는 사람들 사이에서도 "자연"이 무엇을 포함하는지, "과학"이 무엇인지, 그리고 과학이 세상을 아는 유일한 방법으로 간주되어야 하는지에 대한 논쟁이 활발히 벌어지고 있다.[15] 더구나 과학자들은 때때로 자신들의 방식을 **방법론적 자연주의**(methodological naturalism)라고 부르는데, 이는 과학적 활동의 작업 목적을 위해 자연주의적 가정을 사용하지만, 자연 세계를 넘어선 실재가 있는지 여부에 대해서는 확정적인 입장을 취하지 않는 접근법이다. 따라서 뛰어난 과학자 아이작 뉴턴의 예를 따라 과학자들은 말하자면 업무를 떠난 시간에는 독실한 종교인이 될 수도 있다. 그렇다 하더라도 과학의 눈에 띄는 성공들은 과학 신봉자들로 하여금 세계에 대한 다른 비과학적 관점들이 열등하고 원시적이며 신뢰할 수 없다고 생각하도록 이끌 수 있다. "과학이 만물의 척도다"라는 표어가 이를 잘 보여준다.[16]

이러한 맥락에서 고전 그리스와 기독교 세계관에 대한 예리하고도 공감 어린 묘사들 뒤에 철학자 뤽 페리는 과학이 이런 세계관을 무력화시켰다고 선언한다. "비판적이고 박식한 태도를 가진 누구에게도 고대 모델이나 기독교 모델은 더 이상 신뢰할 만하지 않다."[17] 과학자들 자신도 때때로 이와 비슷한 주장을 한다.[18]

세속화 이야기의 여러 측면을 분리하여 다룰 수도 있지만, 그 측면들

---

15   "자연주의자들" 사이에서 이러한 질문에 제시된 다양한 견해에 대해 도움이 될 만한 조사는 다음을 보라. Mario de Caro and David MacArthur, "Introduction: The Nature of Naturalism," in de Caro and MacArthur, *Naturalism in Question*, 1–20.

16   Wilfrid Sellars, *Science, Perception, and Reality* (Atascadero, CA: Ridgeview, 1963), 173.

17   Luc Ferry, *A Brief History of Thought: A Philosophical Guide to Living*, trans. Theo Cuffe (New York: HarperCollins, 2011), 97.

18   이 맥락에서 물리학자 Steven Weinberg는 "우주가 더 이해될수록, 그것은 또한 더 무의미해 보인다"고 자신 있게 선언한다. Steven Weinberg, *The First Three Minutes: A Modern View of the Origin of the Universe* (New York: Basic Books, 1977), 154.

을 상호 보완적으로 적절하게 설명할 수도 있다. 정치적 세속주의는 단지 정치적 전략으로만 여겨지지 않고, 현실(reality)이 실제로 그러한 방식이라는 반영으로 받아들여질 때 더욱 견고해 보일 것이다. 포괄적 또는 철학적 세속주의는 사실일 뿐만 아니라 선하며 좋은 질서와 정치적 평화에 도움이 된다고 타당하게 주장할 수 있다면 더욱 설득력이 있을 것이다. 따라서 놀랍지 않게도 실제 세계에서 정치적 세속주의와 포괄적 세속주의는 종종 서로 얽혀 나타난다.[19] 그것들이 결합하면 거의 거부할 수 없을 만큼 강력해 보인다. 앞서 언급한 바와 같이 저명한 사회 이론가들 사이에서 현대 세계가 점점 더 "세속적"이 될 것이라는 거의 보편적인 예측이 나온 이유다.

그렇다 할지라도 세속주의의 두 차원은 분리해서 이해되고 평가될 수 있다. 포괄적 세속주의를 수용하지 않더라도 정치적 세속주의를 지지하는 것은 전적으로 가능하다[20](그리고 원칙적으로는 그 반대도 마찬가지다).[21] 두 종류 중 철학적 또는 포괄적 세속주의가 그 함의 측면에서 더 광범위하며 (어떤 이들에게는) 더 불안하게 느껴질 수 있다.

성스러움의 폐지

과학적 또는 자연주의적 세계관과 결부된 포괄적 세속화는 막스 베버가 표

---

19 예를 들어 David Niose, *Nonbeliever Nation: The Rise of Secular Americans*(London: St. Martin's Press, 2010)을 보라.

20 예를 들어 다음을 보라. Jacques Berlinerblau, *How to Be Secular: A Call to Arms for Religious Freedom* (New York: Houghton Mifflin Harcourt, 2012), 53-68; Darryl Hart, *A Secular Faith: Why Christianity Favors the Separation of Church and State* (Chicago: Ivan R. Dee, 2006).

21 다시 말해 완전히 자연주의적인 세계관을 가졌더라도 "종교"가 사회적으로 가치 있고 필요한 기능을 수행한다고 생각할 수 있다. 예를 들어 John Gray, *Black Mass: Apocalyptic Religion and the Death of Utopia* (New York: Penguin, 2011), 207-9을 보라.

현한 대로 "세계의 탈주술화"[22]를 의미한다. 과학과 세속주의는 기독교가 시작한 과정을 완성하는 것으로 볼 수 있다. 고전 세계는 "마법적인 세계"로, 곧 신들로 가득 찼다. 모든 언덕, 골짜기, 강과 호수에는 그에 걸맞은 신이 있었다. 이 신들은 질투하거나 보복적인 성향도 있었지만, 숲과 강에 사는 ("님포마니아"[nymphomania, 색정광]라는 용어의 어원이 되는) 매혹적인 님페나 오기기아섬에서 방황하는 오뒷세우스를 유혹하며 위로해준 아름다운 칼립소처럼 매력적이기도 했다. 그러다가 유대교와 이후 기독교가 와서 이러한 공포스럽거나 매혹적인 신들을 물리치고 진정한 한 분 하나님, 곧 육체가 없고 시간과 공간에서 초월적인 엄격하고 고귀한 주권자를 내세웠다. 그래서 세계 자체—인간이 실제로 살고 있는 알려진 세계—는 즉각적으로 신성함으로 충만하지 않은 세상이 되었다. 현대 포괄적 세속주의의 자연주의는 이 먼 신마저도 해체하여 우주를 신성함과 마법이 완전히 결여된 상태로 만든다.

이런 세계관은 다른 종류의 실존적 지향을 제시한다. 앞 장들에서 우리는 두 가지 지향을 살펴보았다. 하나는 이교와 연관된 내재적 종교적 지향으로 신성함의 실재를 인정하지만 그 신성함을 자연이나 이 세상의 삶 안에서 찾는다. 다른 하나는 기독교와 연관된 초월적 신성함을 주장하는 것으로 세계 안에 진입하기는 하나 궁극적으로는 자연 너머에 있다. 이 두 지향과 대조적으로 과학적 자연주의와 관련된 현대 세속주의는 신성함의 존재 자체를 부인한다. 현대적 개념은 말하자면 존재론적 평등주의로, 물질과 에너지로 이루어진 우주에서는 기독교나 이교의 "성스러운 것" 혹은 "신성한 것"에 해당하는 다른 차원의 존재(또는 존재 너머)가 있을 자리가 없

---

22   예를 들어 *From Max Weber: Essays in Sociology*, ed. and trans. H. H. Gerth and C. Wright Mills (New York: Oxford University Press, 1946), 155 ("우리 시대의 운명은 합리화와 지성화, 그리고 무엇보다도 '세상의 탈주술화'로 특징지어진다").

다. 오직 서로 다른 더 혹은 덜 복잡한 물질의 배열이나 시스템만 존재할 뿐이다.[23]

인간은 아메바보다 훨씬 더 복잡하며 아메바가 수행할 수 없는 기능들을 할 수 있다. 아메바는 철학 논문을 쓸 수도, 바이올린 협주곡을 연주할 수도 없다. 그러나 기본적인 물질 측면에서 보면 둘 다 같은 공통 요소, 같은 종류의 분자로 이루어져 있으며, 단지 그 개수가 다르거나 그 배열이 다를 뿐이다. 그리고 둘 다 "있는 그대로"일 뿐이며 인간이나 아메바 모두 일시적인 물질적 존재를 초월하는 어떤 "목적"이나 텔로스를 가지고 있지 않다. 이러한 맥락에서 생물학자 E. O. 윌슨은 "우리 종을 포함한 어떤 종도 유전적 역사에 의해 창조된 명령 이상의 목적을 갖고 있지 않다. 종들은 물질적이고 정신적인 진보의 방대한 잠재력을 지니지만, 즉각적인 환경 외부에 있는 어떤 존재로부터의 내적 목적이나 지침은 갖고 있지 않다"[24]고 주장한다.

이 새로운 영적으로 메마른 상태를 다음과 같이 은근히 영웅적인 (또는 아마도 영웅을 흉내 낸) 표현으로 말한 철학자가 버트런드 러셀이다.

인간은 자신들이 이루려는 목적을 예견하지 못한 원인들의 산물이며 그의 기원, 성장, 희망과 두려움, 사랑과 믿음은 단지 원자의 우연한 배열의 산물에 불과하다. 어떤 불, 용기, 생각과 감정의 강렬함도 죽음을 넘어서 개인의 삶을 유지할 수 없고 수많은 세월의 모든 노동, 모든 헌신, 모든 영감, 인간 천재성의 한낮의 밝음은 태양계의 광대한 죽음 속에서 멸망할 운명이며, 인간 업적의

---

23   이 세계관에 대한 지속적인 비판적 탐구는 Joseph Vining, *From Newton's Sleep*(Princeton: Princeton University Press, 1995)을 보라.

24   Edward O. Wilson, "On Human Nature," in *The Study of Human Nature: A Reader, ed. Leslie Stevenson,* 2nd ed. (New York: Oxford University Press, 2000), 271, 272.

모든 성전은 무너진 우주의 잔해 아래 묻힐 수밖에 없다. 이 모든 것은 완전히 논쟁의 여지가 없지는 않으나 이것도 인정하지 않는 철학은 설 자리가 없을 정도로 거의 확실하다. 이러한 진리의 껍데기 안에서만, 오직 굴하지 않는 절망의 견고한 토대 위에서만 영혼의 거처는 안전하게 세워질 수 있다.[25]

탈주술화된 세계가 과연 인간에게 적합한가?

이러한 모습이 세속화 과정에서 드러나기 시작하면서 함께 자주 제기된 질문은 다음과 같다. 인간이 과연 이렇게 엄격히 비어 있고 본질적으로 무의미한 세계의 두려움 속에서 실제로 살 수 있는가? 제2차 세계대전 이후에 글을 쓴 프린스턴 철학자 월터 스테이스는 회의적이었다. 그는 다음과 같이 말했다. 과학이 "우리에겐 세계에 대한 새로운 상상적 그림을 제공했다. 이 새로운 그림에 따르면 세계는 목적이 없고 무의미하며 무감각하다. 자연은 단지 움직이는 물질일 뿐이다."[26] 스테이스는 이 새로운 세계관이 "조용하고 눈에 띄지 않지만 인류 역사상 가장 위대한 혁명이었으며 그 중요성은 세계에 울려 퍼진 어떤 정치적 혁명보다 훨씬 크다"[27]고 생각했다. 그 이유는 "이 세계의 질서가 목적 없고 무의미하다면 인간의 삶 역시 목적 없고 무의미하기 때문이다. 이는 모든 것은 헛되고 모든 노력이 결국 무가치하다"[28]는 점 때문이었다.

이처럼 "모든 것이 허무하다"는 의기소침한 절망 속에서도 스테이스

---

25   Bertrand Russell, "A Free Man's Worship," in *Why I Am Not a Christian* (New York: Simon and Schuster, 1957), 104, 107. 『나는 왜 기독교인이 아닌가』(범우사 역간).

26   W. T. Stace, "Man against Darkness," in *Man against Darkness and Other Essays* (Pittsburgh: University of Pittsburgh Press, 1967), 6-7.

27   Stace, "Man against Darkness," 6.

28   Stace, "Man against Darkness," 7.

는 "철학자들과 지식인들이 일반적으로…도덕에 대한 진정한 세속적 토대를 발견할 수 있을지도 모른다"[29]는 희미한 희망을 품었다. 실제로 스테이스 이전과 이후의 "철학자들과 지식인들"은 이 과업에 헌신해왔다. 그렇다면 그들은 어떻게 해왔는가?

일반적인 접근 방식 중 하나는 "공리주의" 혹은 "결과주의"로 묘사되는 것으로, 그것은 도덕을 인간의 욕구나 선호를 최대한 충족시키기 위해 어떻게 삶을 살아야 하는지를 규정하는 도구적 관점으로 본다. 제2장에서 다룬 바와 같이 이런 종류의 도덕은 "이익 추구형" 인간 개념을 기초로 하는 경제학이나 합리적 선택이론과 같은 학문들에서 자명한 것으로 간주된다. 그리고 실제로 이익 충족이나 선호 충족에 초점을 맞춘 결과주의는 철학적 자연주의의 탈주술화된 세계와 가장 부합하는 규범적 입장으로 보인다. 인간은 진화 과정을 거쳐 존재하며 욕구와 선호를 가진다. 이것들은 자연적이고 경험적으로 관찰 가능한 사실인 것 같다. 어느 행위나 정책이 그 욕구나 선호를 더 충실히 혹은 효과적으로 만족시킬 수 있다. (비록 질문이 복잡하고 답이 논쟁적일지라도) 이 또한 경험적 연구의 대상이다. 따라서 이익 지향적 도구주의는 자연주의 세계관 내에서 자연스럽고 규정된 태도로 보인다.

그러나 결과주의적이고 도구주의적인 접근법에는 익숙한 반론들도 따른다. 비록 자체적으로는 정당할지라도 많은 이들에게 자기를 위한 이익 추구나 욕구 충족이 우리가 생각하는 도덕이나 윤리가 추구하는 바가 아니라는 점이 명백해 보인다.[30] 만약 도덕의 목적이 단지 욕구 충족과 같은 그리 고상하지 않은 것이라면, 왜 누군가가 남의 선을 자기 이익을 위한 **상호**

---

29   Stace, "Man against Darkness," 11.

30   Nancy Ann Davis, "Contemporary Deontology," in *A Companion to Ethics*, ed. Peter Singer (Oxford: Blackwell, 1991), 205을 보라.

교환(*quid pro quo*) 방식이 아닌 방식으로 신경 써야 하는가? 관대함, 이타주의, 자기희생, 영웅주의, 사랑에 대한 정당성은 무엇인가?

공리주의자 데이비드 흄은 인간의 공감이라는 특성을 가정함으로써 이러한 문제에 답하려 했다. 우리는 우연히도 다른 이들을 실제로 **돌보도록** 구성되어 있으며,[31] 그래서 자신의 행복이 다른 이들의 행복과 연결되어 있기 때문에 그들을 돕는다는 것이다. 어쨌든 때로는 그럴지도 모른다. 그러나 흄의 낙관적이고 편리한 인간학에 의문을 제기하는 관찰 가능한 인간 행동도 분명히 많다. 최고의 회의론자로 평가받는 흄이 이 점에 대해 다소 낙관적으로 보이는 것도 흥미롭다. 그리고 자기성찰을 통해 자신 안에 그런 공감이나 타인에 대한 감정을 발견하지 못하는 독특한 사람에게는 뭐라고 말해야 할지 알기 어렵다. 그 사람이 이익을 위해서라면 다른 사람을 짓밟는 것을 왜 피해야 하는가? 소시오패스나 이기주의자는 본질적으로 자선가나 성인보다 더 또는 덜 칭찬받을 만한 존재가 아니다. 그저 그들은 단지 서로 다른 욕구와 이익을 가진 사람들일 뿐이다.

물론 결과주의자들은 이러한 반론에 대한 반박을 갖고 있다.[32] 여기서 그 논쟁을 검토할 필요는 없다. 반박이 설득력이 없다고 여기는 사람들은 도덕에 대한 다른 설명을 찾을 것이다. 아마도 세속적 이성에 기초한 도덕의 또 다른 가장 영향력 있는 기반은 칸트적 접근에 있다. 이 접근은 "정언명령"(categorical imperative)을 선언하는 데 기초하며 이는 우리가 보편적 법

---

31 David Hume, "An Enquiry concerning the Principles of Morals," in *Enquiries concerning Human Understanding and concerning the Principles of Morals*, ed. L. A. Selby-Bigge, 3rd ed. (New York: Oxford University Press, 1975), 167, 212-84.

32 Philip Pettit, "Consequentialism," in Singer, *A Companion to Ethics*, 230을 보라. 나는 개인적으로 결과주의에 대한 주요 반대 의견들에 대해 종교적 근거를 지닌 해답을 제시하려고 노력해왔다. 이에 대한 자세한 논의는 Steven D. Smith, "Is God Irrelevant?" *Boston University Law Review* 94 (2014): 1339을 보라.

칙으로서 의지할 수 있는 격률이나 원칙에만 따라 행동해야 한다는 것이다.[33] 이 명령은 우리가 이성적 존재라는 본성에서 나온 것으로 여겨진다.

다시 의문이 제기된다. 당신이 자기 이익을 고려해 행동함으로써 개인적인 상황을 개선할 수 있다면, 왜 단순히 모든 사람이 같은 방식으로 행동하는 것을 원하지 않는다는 이유만으로 그런 행동을 삼가야 하는가? 칸트주의자는 "당신은 이성에 반하는 행동을 하고 있으며 수행적으로 자기모순에 빠지고 있습니다"라고 말한다. 이에 대해 당신은 "저는 그런 점은 신경 쓰지 않습니다"라고 응답할 수도 있다. "그렇다면 당신은 완전히 이성적인 존재의 순수함과 자유를 갖지 못하게 됩니다." "이미 말했듯이 이마누엘 씨, 저는 신경 쓰지 않습니다." 그리고 만약 당신이 칸트처럼 수행적 자기모순에 대해 불편함을 느낀다면, 약간의 재치만 있으면 당신은 거의 모든 원하는 행동에 대해 보편적으로 적용 가능한 준칙을 만들어낼 수 있다. 예를 들어 "만약 들키지 않을 자신이 있고 자신의 재산을 지킬 만큼 충분히 강하다면 무엇이든 원하는 것을 취하라" 혹은 "항상 [○○○(여기에 자신의 이름을 넣으시오)] 자신에게 가장 이로운 방식으로 행동하라"와 같이 설정할 수도 있다.

어쩌면 당신은 "당신의 준칙에 고유명사, 특히 자신의 이름이 들어가면 안 된다"는 지적을 들을 수도 있다. 그러나 왜 안 되는가? 고유명사를 사용하는 것에 논리적 모순이 있는가? 누군가는 "그런 준칙은 **도덕적 준칙이 아니다**"라고 할지 모르지만, 이는 논점을 미리 가정하는 것이다. 만약 어떤 칸트주의자가 고유명사의 금지를 강하게 주장한다면, 입법자들이 "특별법률"에 대한 헌법적 금지에 대응하기 위해 사용하는 일반화 방법을 활용

---

33   Immanuel Kant, *Groundwork of the Metaphysic of Morals*, trans. H. J. Paton (New York: Harper and Row, 1964), 82-84.

해서 이를 우회할 수 있다. 뉴욕주 의회가 뉴욕시에만 적용되는 법을 직접 제정할 수 없다면, "인구가 800만 명이 넘는 모든 도시"에 적용되는 법을 만들 수 있다. 약간의 재치만 있으면 나 역시 내 도덕적 준칙을 이런 방식으로 설정할 수 있고 당신도 마찬가지다.

칸트 철학에서 특히 주목할 만한 부분이자 도덕가들이 가장 많이 의존하는 명령은 우리가 항상 사람을 **수단**이 아닌 **목적**으로 대해야 한다는 것이다.[34] 이 교훈적인 명령은 자기모순을 피하라는 형식적인 명령보다 더 실제적인 도덕 내용을 제공하는 것처럼 보인다. 그러나 "**왜** 우리는 모든 사람을 반드시 목적으로 대해야 하는가?"라는 질문이 다시 제기된다. 자연주의적 전제를 따를 때, 왜 반드시 그렇게 해야 하는가? 우리가 그 명령을 받아들인다 해도 기본적인 정언 명령에서 이 규범을 도출하는 것은 어렵거나 불가능해 보인다. 논리적 모순 없이 당신은 "[○ ○ ○(여기에 자신의 이름을 넣으시오)]는 **목적**으로 대우받아야 하며, 다른 모든 사람은 **수단**으로 대우받아야 한다"는 준칙을 선택할 수 있다(그리고 그것이 보편적 법이 되기를 열망할 수도 있다). 당신은 아마도 일관되게 "나는 마땅히 목적으로 대우받을 **자격이 있다**" 또는 "나는 목적으로 대우받을 **권리가 있다**"는 식으로 배타적으로 선언하는 것이다. 왜냐하면 당신이 자신에게 제시할 수 있는 (자기의식, 이성, 언어 능력, 자유롭게 선택할 수 있는 능력, 인생 계획을 세울 수 있는 능력 등의) 자격이나 가치가 다른 모든 인간에게도 똑같이 적용되기 때문이다. 그런데 당신은 굳이 이렇게 취약한 방식으로 자신의 준칙을 설정할 필요가 있을까?

관찰자의 관점에서 보면, "합리성과 자유 선택을 가진 존재들은 고유한 가치를 지니므로 수단이 아닌 목적으로 대우받아야 한다" 같은 주장들

---

[34] Kant, *Groundwork of the Metaphysic*, 100-102.

은 자연주의적이고 탈주술화된 세계에서 이미 제거되었다고 여겨지는 더 의미가 풍부하고 신성하게 여겨지던 세계—즉 성스러움—를 어떻게든 구하거나 몰래 다시 들여오려는 미약한 시도처럼 보인다. 이러한 암암리의 몰래 들여오기가 없다면, "제임스는 인생 계획을 세울 수 있는 능력이 있다"에서 "제임스는 내재적 가치를 가지며 존중받을 권리가 있다"로 나아가는 논리적 연결은 명백한 논리적 비약으로 보인다. 외부의 관점에서 볼 때, 칸트 윤리학을 내세우는 사람들은 결국 모든 인간이 신적 존재에 의해, 그리고 하나님의 형상으로 창조되었기 때문에 성스러움 혹은 무한한 가치, 또는 고유의 존엄성을 가진다는 유대-기독교 사상을 회복하려는 셈이다.

그러나 순수하게 자연주의적 전제에 따르면 이러한 호소는 불가능해 보인다. 인간은 수십억 년에 걸친 맹목적 자연 선택의 산물로 만들어진 아주 복잡하게 상호 작용하는 분자 시스템에 지나지 않는다. 존 그레이가 말하듯 인간은 "짚으로 만든 개"[35]일 뿐이다. 또는 스티븐 호킹이 설명하듯 "인류란 중간 크기 행성 위에 있을 뿐인 화학적 찌꺼기에 불과하다."[36]

따라서 결과주의 전략과 칸트주의 전략은 모두 충분히 설득력이 있다고 보긴 어렵다. 물론 몇 문단만으로 수 세기 동안 이어진 도덕 철학 논의나 고도로 정교한 칸트의 체계를 단정적으로 처리할 수는 없다. (진지한 철학자들이 수십 년간 깊이 고심해온 입장을 이렇게 간단하고 무례하게 다루는 것은 교만하고 불경스럽게 느껴질 수도 있다.) 지금 우리는 결론을 내릴 필요는 없다. 철학자들이 윤리의 세속적 근거를 제공하고자 노력해온 것은 사실이지만, 그들이 그것에 성공했는지는 의문이다.[37]

---

35 John Gray, *Straw Dogs* (New York: Farrar, Straus and Giroux, 2002).

36 Paul Davies, *Cosmic Jackpot: Why Our Universe Is Just Right for Life* (New York: Penguin, 2007), 222에서 인용함.

37 이 문제에 대해 부정적인 결론에 이르는 고전적 논의를 원한다면 Alasdair MacIntyre, *After*

논증을 위해 세속적 논변들이 성공했다고 가정하더라도—즉 윤리 혹은 "도덕"의 세속적 근거를 마련했다고 해도—그것만으로 이 세계가 인간에게 정말 가치 있는 삶의 공간이 될 수 있을까? "도덕"이란 게 흔히 성가신 제약의 원천으로 여겨질 뿐인데, 어떻게 그것이 긍정적으로 인생에 의미를 부여할 수 있는가? 우리는 제2장에서 빅터 프랭클과 수전 울프 같은 사상가들이 궁극적으로 사람들이 원하는 것은 "이익"의 충족이나 단순한 "도덕"이 아니라 "의미"라고 주장한 것을 살펴보았다. 그리고 울프는 의미에는 객관적 가치가 필요하며 **객관적 가치**란 철학자들이 설명하는 데 어려움을 겪었던 것이라고 인정한다.[38] 설령 "세속적 도덕성"이 성공적으로 **의무**를 부과한다 해도, 그런 도덕은 그 의미까지 제공하지 못할 수 있다. 오히려 인간의 삶을 좀 더 도덕적으로 존중받게 만들 순 있을지 몰라도 더 제한적이고 여전히 공허하며 무의미하게 남아 있을 수도 있다.

그렇다면 어떻게 해야 할까? 한 가지 대안은 현실이 아무리 암울하더라도 그 진실을 받아들이는 것이다. 즉 러셀이 말한 "굴하지 않는 절망의 단단한 토대" 위에 삶을 구축하는 길이다. 그렇게 한다면, 우리가 살아가는 이 탈주술화되고 목적 없는 세계에서 (스테이스가 권고했듯이) "조용한 만족 속에 어쩔 수 없는 것은 체념으로 받아들이고 불가능한 것은 기대하지 않으며 작은 은혜에 감사하는"[39] 태도로 살아갈 수 있다. 고대에도 이러한 조용한 체념의 삶, 즉 에피쿠로스주의적인 삶의 방식이 오래된 선례로 전

Virtue: A Study in Moral Theory, 3rd ed.(Notre Dame: University of Notre Dame Press, 2007)을 보라. 『덕의 상실』(문예출판사 역간). 이와 유사한 입장의 대중적인 논문은 Arthur A. Leff, "Unspeakable Ethics, Unnatural Law," *Duke Law Journal* 1979, no. 6 (1979): 1229을 참조하라.

38　이 책 제2장 "인간과 의미"를 보라.

39　Stace, "Man against Darkness," 16-7.

해진다.[40] 만약 우리가 이러한 삶을 축소시키는 접근이 충분히 충족되지 않는다고 느낀다면, 깊이 성찰할 때(이 사실을 굳이 깊이 생각하지 않는 것이 현명할 수 있다) 그것들이 결국 단순한 환상으로 여겨질지라도 우리는 삶에 방향과 가치를 부여하는 허구나 환상의 필요성을 받아들이고 수용할 수도 있다.[41] **실상** 우리 삶에는 참된 의미가 없지만, 그 반대인 척하는 것도 그 자체로 즐거운 일이다.

그러나 다른 관점에서 보면, 이 모든 암울함은 오히려 당황스럽고 불필요하게 느껴질 수 있다. 그 이유는 윌슨이나 러셀 같은 과학자들과 철학자들이 (때로는 뭔가 우쭐한 허세와 함께 때로는 지나친 자기연민을 드러내는 듯한 방식으로) 그려내는 목적 없고 무의미하며 탈주술화된 우주라는 그림을 받아들여야 한다고 과학이 우리에게 요구하는 것은 아니기 때문이다. 반대로 인간의 경험에는 그러한 그림과 상충하거나 오히려 그것을 뒤흔드는 요소가 많다.

적어도 많은 사람이 그렇게 믿고 있다. 이런 점에서 세속화의 흐름이 가져올 종교의 쇠퇴라는 예측은 당황스러울 만큼 잘못된 것으로 드러났으며 아니면 최소한 매우 성급한 판단이었다고 볼 수 있다. 이런 당혹스러움은 두 가지 현상에서 드러난다. 하나는 아주 명백한 현상이고 다른 하나는 좀 덜 명백한 현상이다.

명백한 현상은 전통적이고 초월적인 종교의 지속이다. 덜 명백한 변화는 놀라운 문화 영역들에서 내재적 종교—혹은 현대적 이교로 부를 만한

---

40   A. A. Long, *Hellenistic Philosophy: Stoics, Epicureans, Sceptics*, 2nd ed. (Berkeley: University of California Press, 1986), 14–21을 보라. 에피쿠로스적 삶의 방식을 옹호하는 최근에 출간된 대중적인 저서로는 Stephen Greenblatt, *The Swerve: How the World Became Modern*(New York: Norton, 2011)이 있다.

41   이와 같은 맥락에서 참고할 만한 저서로는 Richard Joyce, *The Myth of Morality*(Cambridge: Cambridge University Press, 2001)가 있다.

것—의 재등장이다.

초월적 종교의 지속

1968년 사회학자 피터 버거는 "21세기가 되면, 종교적 신자들은 오직 작은 종파들 안에서 세계적으로 확산되는 세속 문화에 저항하며 함께 모여 있는 모습으로만 남을 것"[42]이라고 예측했다. 그러나 세기가 끝나갈 무렵 버거와 같은 생각을 했던 이들이 내다본 전망이 크게 빗나갔음이 분명해졌다. 종교는 사라지지 않았고 (이동의 조짐은 일부 확인되었지만) 오히려 감소의 흔적 조차 보이지 않았다.

버거는 이를 인정했다. 그는 후에 "우리가 세속화된 세계에 살고 있다는 가정은 사실이 아니다"라고 선언했다. "오늘날 세계는 [유럽 및 '서구식 고등 교육을 받은 사람들로 구성된 국제적인 하위문화'라는 예외를 제외하면] 여전히 극도로 종교적이며 어떤 지역에서는 역사상 그 어느 때보다 더 종교적이다. 이는 역사가와 사회과학자들이 느슨하게 '세속화 이론'이라고 부르는 관련 문헌 전체가 근본적으로 잘못되었다는 뜻이다."[43]

이와 유사하게 최근 출간된 『신의 세기』(God's Century)에서 세 명의 정치학자는 종교가 전 세계적으로 정치에 강력한 영향력을 계속 행사하고 있으며 앞으로도 수십 년간 그러할 가능성이 높다고 주장한다. 실제로 최근 수십 년간 종교와 정치에 미치는 종교의 영향력은 오히려 더 강력해졌다.[44]

42　Peter Berger, "A Bleak Outlook Is Seen for Religion," *New York Times*, February 25, 1968, 3.

43　Peter L. Berger, "The Desecularization of the World: A Global Overview," in *The Desecularization of the World*, ed. Peter L. Berger (Washington, DC: Ethics and Public Policy Center; Grand Rapids: Eerdmans, 1999), 1, 2, 9, 10.

44　Monica Duffy Toft, Daniel Philpott, and Timothy Samuel Shah, *God's Century: Resurgent Religion and Global Politics* (New York: Norton, 2011). 종교 자체와 관련해서 저자들은 "여

캐나다의 정치학자 란 허르슐은 "세계 인구의 절반, 아니 그 이상이 종교가 공적 영역에 남아 있을 뿐만 아니라 정치적이고 헌법적인 영역에서 핵심 역할을 하고 있는 국가들에서 살고 있다"[45]고 체념하듯 보고한다.

열렬한 세속주의자들은 이러한 상황을 한탄하며 전통적인 종교를 시대에 뒤떨어진 무지의 산물이나 과학을 경멸하는 것으로 묘사한다. 실제로 일부 신자들에게는 그러한 이미지가 맞을 수 있다. 예컨대 미국 등지에는 진화론을 거부하는 상당한 "근본주의자" 집단이 존재한다.[46] 그러나 독실한 과학자들을 포함해 과학적 진리와 종교적 신앙이 서로 보완적이며 갈등 관계에 놓인 것이 아니라고 보는 신앙인들도 많다.[47]

이와 같은 맥락에서 랍비 조너선 색스는 과학과 종교가 "위대한 협력 관계"라고 주장한다. 색스는 "과학은 인류의 두 가지 가장 위대한 정신적 성취 중 하나"[48]라고 말한다. 그러나 과학은 우주적 의미를 부정하는 설명과 삶과 우주에서 의미를 인식하는 설명 중 어느 하나를 판가름할 능력이 없다. 두 설명은 모두 과학적으로 인지 가능한 사실과 진리에 똑같이 부합한다.[49] 색스는 "첫 번째 이야기는 '왜'가 없다고 하고 두 번째는 '왜'가 있다고 말한다. 두 이야기에서 과학은 동일하다. 차이는 우리가 '왜?'라는 질

러 예측과 달리, 세계 인구 중 로마 가톨릭, 개신교, 이슬람, 힌두교 신자들의 비율이 1900년 50퍼센트에서 2000년 64퍼센트로 증가했다"고 설명한다(2). 또한 "대략 지난 40년 동안 전 세계적으로 종교의 정치적 영향력이 극적으로 증가했다"고 말한다(9, 원저자의 강조는 삭제했다).

45 Ran Hirschl, *Constitutional Theocracy* (Cambridge, MA: Harvard University Press, 2010), 47.

46 예를 들어 Edward J. Larson, *Summer of the Gods: The Scopes Trial and America's Continuing Debate over Science and Religion* (New York: Basic Books, 1997), 264-65을 보라.

47 Edward J. Larson, *Evolution: The Remarkable History of a Scientific Theory* (New York: Random House, 2004), 284-85을 보라.

48 Larson, *Evolution*, 292.

49 Larson, *Evolution*, 20-25.

문을 어디까지 밀어붙이려 하느냐에 달려 있다"[50]라고 말한다.

과학자이자 신학자인 앨리스터 맥그래스는 이 점을 다음과 같이 설명한다.

수학자이자 과학자인 나의 옥스퍼드 동료 존 레녹스(John Lennox)는 이 점을 명확히 드러내는 좋은 예시를 사용한다. 케이크를 과학적으로 분석한다면, 그것의 화학적 구성과 물리적 힘에 대해 자세히 논할 수 있을 것이다. 그런데 이런 분석이 우리가 그 케이크가 생일을 축하하기 위해 구워졌다는 사실을 알게 해주는가? 그리고 이것이 과학적 분석과 모순되는가? 물론 아니다. 과학과 신학은 서로 다른 질문을 던진다. 과학은 사물이 어떻게 발생하는가, 즉 어떠한 과정을 거치는가에 관심을 갖는다. 신학은 왜 사물이 발생하는가, 즉 어떤 목적을 위해 발생하는가를 묻는다.[51]

따라서 전통적이고 초월적인 종교는 과학을 경계할 수도 있고 친근하게 받아들일 수도 있다. 어떤 경우든 버거와 같은 이론가들이 한때 예측했던 것처럼 전통 종교가 가까운 미래에 사라질 가능성은 낮아 보인다.

실제로 전통 종교와 특히 기독교는—아프리카, 라틴 아메리카, 미국, 그리고 (강력한 정부의 반대에도 불구하고) 중국[52] 등—일부 지역에서 더 번성하는 것으로 보이고 유럽 등 다른 지역에서는 그렇지 않은 것처럼 보인다.[53]

---

50   Jonathan Sacks, *The Great Partnership: Science, Religion, and the Search for Meaning* (New York: Schocken, 2011), 24.

51   Alister McGrath, *Surprised by Meaning: Science, Faith, and How We Make Sense of Things* (Louisville: Westminster John Knox, 2011), 43. 『우주의 의미를 찾아서』(새물결플러스 역간).

52   Yu Jie, "China's Christian Future," *First Things*, August 2016, https://www.firstthings.com/article/2016/08/chinas-christian-future을 보라.

53   Philip Jenkins, *The Next Christendom: The Coming of Global Christianity*, 3rd ed. (New York:

또한 미국에서 최근 조사들은 "무종교자"—즉 종교적 설문에서 "없음"을 선택하는 사람들—의 비율이 증가하는 추세를 보여준다.[54] 하지만 자신을 무신론자 또는 비신자라고 선언하는 사람이 늘었다 해도 실제로 종교성 자체가 감소했다고 해석할 필요는 없다. 곧 살펴보겠지만 어떤 종교에도 소속되지 않았다고 밝히는 사람들조차 종종 영성과 신성한 것에 대한 신념과 헌신을 공개적으로 인정한다. 이러한 현상은 최근 수십 년간 가장 영향력 있었던 (그리고 철저히 세속적이었던) 영어권 법학자이자 철학자인 로널드 드워킨의 삶에서도 잘 나타난다.

로널드 드워킨의 성스러움을 향한 탐구

드워킨은 철저히 세속적인 사상가였지만, 초기 저작들부터 현대 법사상의 도구적이고 이해득실을 계산하는 경향에 일관되게 저항해왔다. 그는 도구주의적 정책에 근거한 법이나 정부 행위를 능가하는 으뜸패이자 조건적 제약으로 기능하는 "권리"의 중요성을 옹호했다.[55] 그는 법경제학적 접근을 비판했다.[56] 그는 법의 해석에서도 입법자의 주관적 의도나 현 정책입안자의 공리주의적 목적이 아니라 최고의 도덕 철학에 따라 법을 해석해야 한다고 주장했다.[57]

하지만 세속적이고 자연주의적인 세계에서 이러한 권리와 무조건적

Oxford University Press, 2011)을 보라.

54 이후에 다뤄지는 "내재적 종교인들의 대열"을 보라.

55 Ronald Dworkin, *Taking Rights Seriously* (Cambridge, MA: Harvard University Press, 1977). 『법과 권리』(한길사 역간).

56 Ronald Dworkin, *A Matter of Principle* (New York: Clarendon, 1985), 237-89을 보라.

57 Ronald Dworkin, *Law's Empire* (Cambridge, MA: Belknap Press of Harvard University Press, 1986). 『법의 제국』(아카넷 역간).

제약 그리고 도덕적 규범은 어디서 비롯되는 것인가? 드워킨의 탁월한 학문적 경력은 이러한 문제에 대한 오랜 씨름으로 볼 수 있다.

예를 들어 초기의 한 논문에서 그는 일종의 정제된 도덕적 관습주의를 받아들이는 듯 보였다.[58] 우리의 도덕적 헌신은 관습적 성격을 지닌 것이지만, 드워킨은 피상적이거나 성찰되지 않은 관습이 아니라 신중히 성찰된 관습이어야 한다고 주장했다.[59] 하지만 이런 입장은 취약해 보인다. 만약 도덕이 단지 관습에 근거한다면, 우리가 그 관습을 신중하게 성찰해야 할 이유는 무엇인가? 도대체 무엇을 **위해** 관습을 검토한단 말인가?

드워킨은 일관성 등 여러 기준을 들었다.[60] 하지만 왜 일관성을 추구해야 하는가? 만약 관습의 진위 여부를 심판할 수 있는 근본적 도덕적 진리가 있다고 한다면, 관습이 일관성을 지니는지는 중요하다. 이른바 모순률 아래서 (과학이나 수학적 명제에도 마찬가지로 적용되는 것처럼) 내부적 모순은 오류의 표시가 된다. 그러나 도덕이 단순히 관습에 불과하고 그 관습을 평가할 객관적이거나 외부적인 기준이 없다면, 키 큰 사람과 키 작은 사람 혹은 월요일과 수요일, 그리고 화요일과 목요일에 대해 각각 다른 도덕 관습을 가져도 무슨 문제가 있겠는가? 내가 화요일에는 타코를, 수요일에는 피자를, 목요일에는 케밥을 먹는 습관이 있다면, 아무도 그것이 일관되지 않다고 비판하지 않는다. "내가 (좋아서) 그렇게 한다"는 것만으로 충분한 근거가 된다. 실제로 그것이 오직 유효한 근거일 수 있다. 만일 도덕성도 단지 관습적이라면 마찬가지가 되어야 할 것이다.

관습 이상의 것이 필요해 보였다. 이후의 한 논문에서 드워킨은 공리

58　Ronald Dworkin, "Liberty and Moralism," in *Taking Rights Seriously*, 240.

59　Dworkin, *Taking Rights Seriously*, 248-53. 이번 장은 원래 1966년에 발표된 논문을 재수록한 것이다.

60　Dworkin, *Taking Rights Seriously*, 251.

주의의 논리를 공리주의 자체에 맞서거나, 공리주의적 선호를 증진하기 위해 아무런 제약 없이 정책을 시행하는 것에 반대하기 위한 전략으로 활용했다. 그가 반대했던 (예를 들면 포르노 규제법과 같은) 몇몇 법적 규제가 모든 사람의 효용을 동등하게 고려해야 한다는 공리주의의 전제를 위반한다고 그는 주장했다.[61] 이 논증은 기발했지만, 비평가들은 여기에 치명적인 결함이 있음을 설득력 있게 지적했다.[62] 드워킨은 이 비판을 인정하지 않으면서도 이후에 발표한 논문에서는 자신이 최소한 도덕적 실재론이라 **부르는** 입장으로 나아간다.[63] 그는 도덕적 질문에는 객관적으로 옳은 답이 있다고 주장한다. 예를 들어 그는 노예 제도가 관습적이었든 아니든 사람들이 그것이 잘못되었다고 믿었든 아니든 언제나 잘못이었다고 말한다.

그러나 같은 논문에서 드워킨은 도덕성이 "객관적"이라고 선언하면서도 그것이 실제로 어떤 객체는 아니라고 주장한다. 즉 도덕성은 "우주의 일부"[64]가 아니다. 이러한 입장은 일부 독자(적어도 한 명의 독자)를 당혹스럽고 불만스럽게 만들었다. 만약 도덕성이 "우주의 일부"가 아니라면 도대체 어떤 의미에서 도덕성이 실제로 존재하거나 "객관적"일 수 있다는 것인가?

거의 같은 시기에 드워킨은 낙태와 안락사 같은 생사 문제를 탐구하면서 "성스러움"이라는 개념을 내세웠다.[65] 그는 "성스러움"은 반드시 종교

---

61   See Ronald Dworkin, "Do We Have a Right to Pornography?" in *A Matter of Principle*, 335.

62   John Hart Ely, "Professor Dworkin's External/Personal Preference Distinction," *Duke Law Journal* 1983 (1983): 959; H. L. A. Hart, "Between Utility and Rights," *Columbia Law Review* 79 (1980): 828.

63   Ronald Dworkin, "Objectivity and Truth: You'd Better Believe It," *Philosophy and Public Affairs Journal* 25 (1996): 87.

64   Dworkin, "Objectivity and Truth," 90, 99, 105.

65   Ronald Dworkin, *Life's Dominion: An Argument about Abortion, Euthanasia, and Individual Freedom* (New York: Vintage Books, 1993), 25, 68-101. 『생명의 지배영역』(이화여자대학

적 개념일 필요는 없다고 주장하면서 "성스러운" 혹은 "침해 불가능한" 가치와 단순히 "도구적" 가치 사이의 구분을 강조했다.[66] 드워킨이 이 "성스러움"이라는 개념에 집착한 것은 그가 도구주의에 저항하고 공리주의적 법과 정책에 대한 무조건적 제약을 옹호하기 위해 항상 필요로 했던 개념을 마침내 찾은 듯하게 보였다.

하지만 "성스러움"에 대한 드워킨의 해명은 어설프고 (그 자신이 인정하듯이) 미온적이었다. 종교적 기반에서 분리된 후에 "성스러움"이란 과연 무엇을 의미하는가? 드워킨은 어떤 사물이 "성스럽다"거나 "침해 불가능하다"고 여겨야 하는 근거로 그 대상이 우리가 존중하는 오랜 과정, 예를 들어 예술가의 창조물이나 자연 선택을 통해 만들어졌기 때문이라고 제안한다. 우리는 훌륭한 그림을 "성스럽다"고 생각하는데, 그것은 예술가가 그림을 그리는 데 시간과 노력, 천재성을 쏟아부었기 때문이다. 또 우리는 하나의 식물이나 동물이 수억 년의 진화를 거쳐 탄생했기 때문에 그 종의 소멸을 아쉬워하는데, 이것은 "자연의 투자에 대한 낭비"[67]로 여겨지기 때문이라는 것이다. 하지만 이러한 설명은 설득력이 떨어지는 듯하다. 우리가 렘브란트의 그림을 평가할 때 그가 작품에 얼마나 많은 시간을 들였는지가 정말 중요한가? 만약 다빈치가 (베르니니가 교황 인노첸시오 10세의 대리석 흉상을 그렇게 만들었다고 전해지듯) 〈모나리자〉를 일주일 만에 완성했다면, 우리는 그것을 걸작의 반열에서 내릴 것인가?[68]

교 생명의료법연구소 역간).

66 Dworkin, *Life's Dominion*, 25, 71-78.

67 Dworkin, *Life's Dominion*, 79.

68 Dworkin의 "과정" 설명은 그 자신도 인정하듯이 더욱 의심스러운 점이 있었다. 오직 일부 과정만이 우리에게 그러한 반응을 불러일으키는 것처럼 보이기 때문이다. Dworkin은 다음과 같이 인정한다. "우리는 오랜 자연적 과정을 거쳐 만들어진 모든 것—예를 들면 석탄이나 석유 매장지—을 침해 불가능하다고 여기지 않는다. 집을 짓기 위해 나무를 베거나 소와 같은 복잡한 포유류를 식량으로 도살하는 일에 대해 거리낌이 없는 이들도 많다."

이런 문제 제기와 다른 반론들에 직면했을 때, 드워킨은 "성스러움"에 대한 자신의 "과정"이나 "투자의 손실" 설명을 실제로 적극적으로 변호하지 않았다. 대신 그는 단순히 많은 사람이 실제로 가지고 있다고 생각하는 직관을 기술하고 있다고 주장했다(동시에 그가 더 발전되고 세련된 설명을 제공한다고 주장하면서 이 용어들로는 사람들이 일반적으로 신념을 표현하지 않는다는 점도 인정했다). 그리고 이렇게 재구성한 직관을 사람들에게 귀속시킨 뒤에도 드워킨은 그런 표면상의 직관이 궁극적으로 합리적이거나 정당화될 수 있는지는 본인 역시 의문이라고 밝혔다. 그는 다음과 같이 설명했다. "나는 종교적 형태든 세속적 형태든 예술과 자연에 대해 이렇게 널리 퍼진 확신들을 추천하거나 변호할 목적이 아니다. 아마도 이것들은 모두 어떤 회의론자들이 주장하듯 일관성 없는 미신에 불과한 것일지도 모른다."[69]

이처럼 드워킨의 복잡한 논의는 본질적으로 "성스러움"이라는 종교적 개념에 기대어 도구주의 반대를 지지하려는 불분명한 시도에 불과했다. 그는 그 개념에 의미를 부여하는 전제들을 명확히 받아들이려 하지 않았을 뿐 아니라 본인이 인정한 대로 그 개념을 설득력 있게 변호하지도 못했다. 그래서 그의 유고로 출간된 마지막 저서에서 드워킨은 "종교"를 명시적으로 받아들인다. 물론 그가 "종교적 무신론"이라 부른 형태로 말이다.[70]

이제 드워킨이 주장한 바에 따르면, 종교는 반드시 하나님이나 신들에 대한 믿음을 포함할 필요가 없다. 그가 말한 "종교적 태도"는 두 가지 신

Life's Dominion, 80. 그렇다면 왜 어떤 오랜 과정의 산물은 그 과정 때문에 "성스럽다"거나 "침해 불가능하다"고 여기면서, 다른 오랜 과정의 산물은 언제든 활용하거나 소모해도 된다고 여기는 것일까?

69 Dworkin, *Life's Dominion*, 81.

70 Ronald Dworkin, *Religion without God* (Cambridge, MA: Harvard University Press, 2013), 1. 이후부터는 이 책의 쪽수 표기를 본문 내 괄호 안에 병기한다. 『신이 사라진 세상』(블루엘 리펀트 역간).

넘 또는 판단에 근거한다. 첫째, "인간 삶에는 객관적 의미나 목적이 있다"는 것이다. 둘째, "우리가 '자연'이라고 부르는 것―우주 전체와 그 모든 부분―은 단순한 객관적 사실에 불과한 것이 아니라 그 자체로 숭고하며 내재적인 가치와 경이로움을 지닌다"(10). 드워킨에 따르면 이러한 것들은 "가치"에 대한 판단이며 반드시 감정적 요소를 포함한다(10, 19-20).

그러나 이러한 판단들은 **단순히** 주관적이거나 감정적인 반응에 그치는 것이 아니라 우주 속에 실제로 존재하는 실재들에 대한 반응이자 인식이다(6, 20-21). 이러한 설명을 바탕으로 드워킨은 "이 두 가지 [가치들]―삶의 내재적 의미와 자연의 내재적 아름다움―을 삶에 대한 완전히 종교적인 태도의 전형으로 삼아야 한다"(11)고 주장했다. 그리고 종교적 태도는 베버와 과학과 자연주의 이론가들이 영원히 잃어버렸다고 선언한 바로 그 "주술"(enchantment)을 우리에게 되돌려준다(11).

우연히도 드워킨이 제시한 두 가지 헌신은 우리가 제2장에서 다룬 종교의 두 가지 주제와 거의 정확히 일치한다. 한 가지 주제는 빅터 프랭클과 조너선 색스 같은 사상가들과 연관되는데, 이들은 종교를 "의미"에 대한 인간의 만연한 욕구와 필요에 적극적으로 응답하는 것으로 본다. 이것이 드워킨이 말하는 종교의 첫 번째 요소다. 다른 주제는 미르체아 엘리아데, 루돌프 오토, 아브라함 헤셸이 강조했듯이 종교를 인간이 "성스러움" 혹은 "거룩함"과 조우한 결과로 이해한다. 오토와 마찬가지로 드워킨도 종교적 경험을 "초자연적인"(numinous) 경험이라고 설명했고 헤셸과 마찬가지로 "숭고함", "경외", "경이" 같은 표현으로 종교적 태도를 나타냈다(2-3, 10).[71] 또한 오토, 헤셸, 색스와 마찬가지로 드워킨은 이런 판단과 감정이 단순히

---

71 또한 Dworkin, *Religion without God*, 24을 보라("종교적인 사람은 우주를 '내재적인 경이와 아름다움을 지닌 무엇'으로 인식한다").

주관적 반응에 그치는 것이 아니고 우주 속에 객관적으로 실재하는 무엇인가를 식별하는 작용이라고 주장했다. 비록 그들은 이것을 과학자들의 자연주의적 방법으로는 포착할 수 없는 것으로 여기지만 말이다.

하지만 그러한 사상가들과 다르게 드워킨에게 그런 "무엇"이란 실재는 인식되는 숭고함 너머나 이면에 존재하는 어떤 하나님이나 신들이 아니다. 오히려 그 숭고함은 인간 삶의 일부분을 포함하는 자연 자체의 속성이나 한 양상이다. 이런 의미에서 드워킨의 종교는 내재적 성격을 지닌 것처럼 보인다. 숭고함 혹은 성스러움은 삶과 자연의 내면 안에 그 일부로 존재하는 것이지 그 너머나 바깥에 자리하는 것이 아니다.[72]

드워킨 종교의 내재적 성격은 그가 긍정적으로 논의한 스피노자나 아인슈타인에 대한 부분에서 가장 뚜렷이 드러난다. 드워킨은 자신이 옹호한 "종교적 무신론"의 대표로 이들의 철학을 제시했다. 스피노자는 끊임없이 신에 대해 말했다. 하지만 "스피노자의 신은 모든 것 밖에 존재하며 자신의 의지로 우주와 그 법칙을 창조한 어떤 지성적 존재가 아니다. 그의 신은 단

---

[72] 확실히 이 점에 대해 Dworkin은 혼재된 신호를 보였다. 책의 초반부에서 그는 "초자연적인 것", "자연의 저편에 있는 무엇", 혹은 "우주 전체를 관통하는 어떤 초월적이고 객관적인 가치"를 지지하는 듯했다(*Religion without God*, 6). 또 자신의 견해를 "자연주의"와 구별하려고 애썼다. 예를 들어 13쪽에서 "종교적 태도는 모든 형태의 자연주의를 거부한다"고 주장하기도 했다. 그러나 다른 부분에서는 앞서 살펴본 대로 Dworkin은 "우리가 **'자연'**−우주 전체와 그 모든 부분−이라고 부르는 것은 단순히 사실적 대상이 아니라 그 자체로 숭고하다. 즉 내재적 가치와 경이로움으로 충만하다"고 말했다(10[강조체는 덧붙여진 것이다]). 그는 "가치"의 영역과 "과학"의 영역(22-29) 혹은 기술적 사실의 영역(만일 신이 존재한다면, 그는 "아주 특이한 종류의 과학적 사실"이 되기 때문에 Dworkin에게 이 영역은 신에 관한 주장도 포함하는 영역이다)을 일부러 또 꼼꼼하게 구분하기도 했다. Dworkin은 종교가 기술적 사실이 아닌 가치의 영역에 속한다고 강조했다. 이는 분명히 다소 혼란스러운 명제들의 결합이다. 즉 숭고함이 객관적으로 실재하지만 사실의 영역에는 속하지 않는다는 명제들이다. 그럼에도 숭고함이 자연 안에 있느냐 밖에 있느냐를 묻는다면, Dworkin의 노선을 감안할 때 "자연 **안에 있다**"고 답하는 것이 더 타당해 보인다. 숭고함은 세계의 한 측면, 특징, 차원으로 볼 수 있지만, 자연주의적 과학이 다루는 "사실의 문제"를 초월하는 성격도 있는 것이다(23).

지 **다른 관점에서 바라본** 물리 법칙 전체일 뿐이다"(38-39[강조체는 덧붙여진 것이다]). 그럼 다른 관점이란 무엇인가? 드워킨은 여기서 스피노자와 동일한 신 개념을 받아들인 아인슈타인을 언급한다. 아인슈타인에게 신은 무엇이었는가? 드워킨에 따르면, "아인슈타인은 인격적 신을 믿지 않았다. 대신 '자연'을 숭배했다. 그는 경외의 눈으로 자연을 바라보았고 자신과 다른 과학자들도 그 아름다움과 신비 앞에서는 겸허해야 한다고 생각했다"(40).

이것이 드워킨이 궁극적으로 설파한 내재적인 "종교적 무신론"의 모습이다. 이는 그가 현대 세계의 만연한 도구주의에 맞설 수 있는 정언 명령적 특성을 지닌 무엇, 곧 "침해 불가능"하거나 "성스러운" 어떤 것, 그리고 세상에 "주술"을 되찾아줄 수 있는 무엇을 오랫동안 찾아 헤맨 끝에 내린 마지막 답이었다(6, 11-12).

탈주술화에서 재주술화로

확실히 드워킨이 과연 자신에게 진정 필요한 것을 찾아냈는가 하는 점은 의문이 남는다. 그는 세계의 숭고함이 "자연 너머에 있다"고 주장했으나 그 "자연 너머"의 것이 정확히 무엇인지, 그것이 다른 더 순수하게 자연주의적인 실재들과 어떻게 관계를 맺거나 그로부터 어떻게 파생되는지에 대한 존재론적 설명은 따로 제시하지 않았다. 마치 누군가가 우주와 그 구성물을 질량, 시간적 지속, 운동, 물리적 인력과 척력 등과 같은 자연주의적 특성들로 설명하다가…아, 그리고 또 "숭고함"도 있다. 게다가 "객관적 가치"도 있다라고 덧붙이는 셈이다. 이러한 추가 요소들은 어딘가 부조화스럽게 느껴진다. 드워킨의 "신 없는 종교"는 자연주의적 세계에서 무의미와 도덕의 문제를 해결하기 위한 일종의 **독단적인 주장**(*ipse dixit*) 또는 "(비)**데우스 엑스 마키나**"([non]*deus ex machina*[절박하지 않은 해결책])처럼 보인다.

우리는 이 문제를 다시 논의하게 될 것이다. 현 단계에서 중요한 점은—도덕적 관습주의에서 변형된 공리주의, 도덕적 실재론, 그리고 종국에는 "신 없는 종교"에 의한 "주술"로 이어지는—드워킨의 긴 방랑 여행(odyssey)이 다른 사상가들과 나아가 엘리트 세속 문화 전반에서도 관찰되는 하나의 패턴을 보여준다는 것이다. 1단계에서 사상가들은 "주술이 깃들었던" 고대 세계를 아련하게 추억하면서 그 세계는 아, 이제 영원히 되찾을 수 없게 되었다고 선언한다. 과학은 비판적 역량을 지닌 현대인에게 그런 세계를 더 이상 제공해줄 수 없게 만들었다. 이러한 상실에 대한 첫 반응은 세계의 탈주술화와 무의미를 선언하는 것이다. 그 선언은 호메로스의 영웅들처럼 결국 아무 희망도 없이 전투를 계속하지만 오히려 그 죽음을 의식하며 더 고귀해지는 것처럼 때로 (스테이스처럼) 체념적인 절망 혹은 (러셀처럼) 장렬한 영웅적 만족을 동반한다. 그리고 다시금 성찰한 끝에 세속 사상가들은 윤리나 도덕이 여전히 **가능하다**고 선언한다. 오히려 그들은 우리가 윤리나 도덕을 더 견고한 세속적 토대 위에 올려놓을 수도 있다고 주장한다.[73] 또 한 번 성찰을 거치면, 그들은 세속적이고 자연주의적인 세계가 생각만큼 주술이나 객관적 가치를 결여하고 있지는 않다는 긍정의 소식을 전한다. 스테이스가 말한 "운동하는 물질뿐인 세계" 속에 이상하게도…아름다움, 가치, 선한 주술, 성스러움이 존재한다.

이런 것들이 단지 주관적 감정에 그치는 것은 아니다. 그것들은 객관적으로 실재한다. 그런데 우리는 어쩌다 그것들이 모두 사라졌다고 생각하

---

[73] 예를 들어 Martha C. Nussbaum, "Skepticism about Practical Reason in Literature and the Law," *Harvard Law Review* 107 (1994): 740을 보라("만약 우리가 초월적 토대에 대한 희망을 마땅히 그래야 하는 것처럼 정말로 인간 윤리에 있어서 무의미하거나 관련 없는 것으로 생각한다면, 그 희망의 붕괴 소식은 우리가 생각하고 행동하는 방식에 아무런 변화를 주지 않을 것이다. 우리는 단지 이전부터 해오던 사고의 과정에 계속 몰두할 뿐이다").

게 되었을까? 모든 실존적 불안의 이유는 무엇이었나? 우리는 또는 우리의 부모 세대는 왜 사르트르와 카뮈, 새뮤얼 베케트에게 그렇게 매혹됐던가? 우리는 그리고 그들은 도대체 무슨 생각을 하고 있었던 것일까?

드워킨이 의미와 재주술화를 향한 영적 여정의 길에서 외로운 여행자인 것은 결코 아니다. 우리는 이 주술 혹은 성스러움의 재발견을 대표하는 최근에 주목할 만한 인물 두 명을 더 생각해볼 수 있다. 이 두 사람은 모두 세속적이고 무신론적이며 과학적인 입장을 견지한다. 그러나 그들은 모두 일상적 과학의 일반적 용어나 범주를 뛰어넘는 무언가—즉 실재하는 무언가—를 식별한다.

『신앙의 종말』(*The End of Faith*)과 다른 유사한 작품들의 저자이자 무신론을 공격적으로 표방하는 샘 해리스는 최근의 저서에서 개인적으로 약물에 의해 유도된 "존재의 상태"를 경험했다고 밝힌다. 이 경험 속에서 "사랑과 자비, 타인의 기쁨을 향한 기쁨이 한없이 확장되어갔다."[74] 그리고 이와 유사한 그 자신과 타인들의 신비적 혹은 명상적 경험들을 바탕으로 해리스는 "인간 조건을 이해하는 데 있어서 과학과 세속 문화가 일반적으로 인정하는 것 이상이 실제로 존재한다"[75]고 진술한다. 그는 "종교"라는 용어를 완강히 거부하고 "과학적 회의주의의 가장 깊은 원리에 충실하려 한다"고 주장하면서도 이 추가적 차원을 설명하기 위해 **영적 · 신비적 · 관조적 · 초월적**과 같은 용어를 사용한다(10, 7). "수백만 명의 사람들이 **영적**이고 **신비적**이라는 표현만으로 설명 가능할 것 같은 경험을 했다"고 해리스는 말

---

74 Sam Harris, *Waking Up: A Guide to Spirituality without Religion* (New York: Simon and Schuster, 2014), 5.

75 Harris, *Waking Up*, 6. 또한 202을 보라("영성은 세속주의, 휴머니즘, 합리주의, 무신론, 그리고 합리적인 남녀가 비합리적인 신앙 앞에서 취하는 이 밖의 모든 방어적 태도 속에서 남아 있는 가장 큰 빈틈이다"). 이후로는 이 책의 쪽수 표기를 본문 내 괄호 안에 병기한다.

한다(11). 이런 경험 속에서 "자기 자신이 분리된 개체라는 감각을 상실하고 경계 없는 열림의 의식을 경험할 수 있다. 다른 말로 하면, 우주와 하나가 된 듯한 느낌"을 갖게 된다(43). 그리고 앞서 언급했듯 이러한 하나 됨에는 "사랑, 자비, 기쁨"이 동반된다(5).

해리스는 이런 경험의 근원으로 초자연적인 것 혹은 형이상학적 기이함을 가정하지 않는다. 오히려 그는 그것이 보다 확장된 인간 의식의 발현이라고 여긴다. 신비적 경험은 "인간 의식의 가능성에 대해 많은 것을 말해 주지만, 우주 전체에 대해서는 아무것도 말하지 않는다"(43-44). 해리스는 의식이 "신비"이며 "우리는 의식이 어떻게 발생하는지에 대해 아무것도 모른다"(51, 205)고 인정한다. 그럼에도 그는 신비적 경험을 단지 의식의 한 측면으로 해석함으로써 자신에게 두려운 "종교"라는 범주에 빠지는 것을 피할 수 있었다. 그는 확고하고 자신만만한 투사의 태도로 "세계의 모든 종교는 단지 지적 폐허에 불과하다"고 일관되게 주장한다(5). (예외가 있다면, 불교 정도일 듯하다[21-31].)

해리스가 드워킨의 무신론적 종교의 일원이 될 수 있다는 점에는 논란의 여지가 있다. 그는 "종교"라는 **용어**를 거부한다. 그리고 초월이 의식 안에 있는 것일 뿐 "우주 전체"의 일부가 아니라는 그의 주장도 그에게 자격을 제한할 수 있다. 그러나 꼭 그렇지만은 않을 수도 있다. 결국 객관적 아름다움과 가치가 단지 주관적인 것이 아니라 실재하는 것이라고 주장하면서도 드워킨 자신은 이런 복된 특성들이 우주의 **어디에** 자리하는지 분명하게 설명하지 않았다. 그렇다면 왜 그 특성들이 인간의 의식 속에 자리할 수 없는가? 그리고 해리스가 불교에 대해 갖는 존경심도 있다. 해리스의 견해 역시 내용상 드워킨과 같은 일반적 계열(family)에 속하는 것으로 보인다.

이 점에서 또 다른 저명한 무신론자이자 작가인 바버라 에런라이크의 최근 영적 자서전은 훨씬 더 인상적인 사례를 보여준다. 에런라이크는 자신을 "합리주의자, 무신론자, 과학을 전공한 사람"이라고 규정하면서 10대 시절 "인생의 목표로… '왜'를 알아내는 것, 즉 우리의 짧은 존재에 어떤 의미가 있는가?"[76]라는 질문을 세웠다고 회고한다. 이후 과학 분야에서 경력을 쌓으면서 그녀가 배우고 받아들인 자연주의적 세계관은 **그 질문**을 무효화하기보다는 오히려 더욱 두드러지게 만들었다. "도대체 왜 무언가가 존재하는가? 왜 우주적 무의 완벽함을 잠시나마 어지럽히며 어떤 무언가의 혼란과 뒤섞임이 횡단하고 있는가?"(85)

전통 종교에 답을 기대할 선택지는 에런라이크에게 차단되어 있었다. "나는 무신론 속에 태어나 그 안에서 자랐다. 나의 가족은 상사나 사제, 신이나 악마를 막론하고 모든 형태의 권위를 거부하는 자랑스러운 노동 계급 전통에서 무신론을 습득했다. 이것이 나의 사람들, 나의 부족을 규정한 것이다. 우리는 **믿지 않았다**"(3).

에런라이크는 인생 내내 이러한 무신론적 유산을 충실히 지키면서도 10대 시절 짧은 준-신비적 체험을 몇 차례 기억한다고 말한다(47-53). 그 경험 속에서 그녀는 "또 다른 우주가 우리 세계에 아주 가깝게 포개어져 있는데, 평소에는 보이지 않지만, 어느 순간 경계막이 얇아진 틈새로 그 우주가 우리 쪽으로 빛을 발하는 듯했다"(52)는 식의 감각을 느꼈다. 이 경험들은 캘리포니아 론 파인에서 새벽녘 산책 중 겪은 충격적이며 변혁적인 체험, 또는 신현(epiphany)으로 절정에 이른다(127). 그녀는 그 경험이 "언어의 관할 영역을 벗어난" 형언 불가능한 것임을 강조하면서도 그 느낌을 설명하려 애쓴다. "세계가 불 속에서 활활 살아 움직였다. 그것 말고는 달리 어떻게 설명할 수 있을까? 어떤 환상이 보였던 것도 예언자의 목소리나 토템

---

76   Barbara Ehrenreich, *Living with a Wild God: A Nonbeliever's Search for the Truth about Everything* (New York: Twelve, 2014), xx, 1. 이후로는 이 책의 쪽수 표기를 본문 내 괄호 안에 병기한다. 『신을 찾아서』(부키 역간).

동물의 방문이 있었던 것도 아니었다. 오직 어디에나 불타는 현존뿐이었다. 무언가가 내게 쏟아져 들어오고 나는 그것 속으로 쏟아져 들어갔다. 이것은 동양 신비주의가 약속하는 '전체'(The All)와의 수동적 축복의 합일이 아니었다. 오히려 그것은 모든 것을 통해 한꺼번에 내게 돌진해오는 살아 있는 실체와의 격렬한 만남이었고, 그 경험이 지독하게 무언으로 남을 수밖에 없는 이유 중 하나는 불을 정말 가까이서 관찰하다 보면 필연적으로 그 일부가 되어버리기 때문이었다"(116).

이 "신현"의 의미를 밝히고자 하는 탐구는 에런라이크의 남은 생애 대부분을 차지하게 되었다. 그 경험 직후 그녀는 친구에게 "나는 신을 보았어"라고 말했다. 그러나 곧바로 말을 거두며 "농담일 뿐이고 여전히 무신론자로서 확고해"라고 설명했다(116). 이후 수십 년간 대학원 공부, 글쓰기, 정치적 활동, 두 자녀 양육에 몰두하며 때로는 **왜**라는 질문을 잊기도 했지만, 이후 다시 신비적 체험이 이어지며 그 탐구 역시 되살아났다. 마지막 장에서 그녀는 자신이 "현존" 또는 "타자"(216, 221)라고밖에 부를 수 없는 무엇을 어떻게 개념화할 수 있는지 여러 가능성을 추측하며 과학 자체가 "근세와 합리성의 이름으로 우리 종이 수 세기 동안 받아들인 집단적 자기중심성—즉 우리 자신의 의식이나 행위자 외에는 아무것도 존재하지 않는다는 세계관"(234)을 극복하는 방향으로 나아가고 있다는 점을 성찰한다.

내재적 종교인들의 대열

이 세 가지 사례 중 에런라이크의 사례가 가장 극적이지만, 아마도 가장 비전형적일 것이다(그녀는 "미국인 중 거의 절반이 '신비적 경험'을 했다고 보고한다"

고 덧붙인다).[77] 예를 들어 드워킨은 숭고함과 성스러움에 대해 이야기했지만, 에런라이크가 론 파인에서 겪은 신현과 비슷한 체험을 보고한 적은 없다.

다만 드워킨은 자신의 이러한 그리 두드러지지 않은 "신 없는 종교"가 널리 공유되고 있다고 매우 개연성 있게 시사한다. 모두는 아니고, 약간 불공정할 수도 있지만,[78] 드워킨은 종교와 진화론을 위해 싸우는 저명한 과학 저술가인 리처드 도킨스를 비종교적 자연주의자로 분류했다. 도킨스는 드워킨의 저서에서 여러 차례 비판의 대상이 된다.[79] 그러나 도킨스는 예외에 속한다.

수백만 명의 자칭 무신론자들도 신앙인들이 종교적이라고 여기는 것과 유사할 뿐만 아니라 그에 못지않게 심오한 확신과 체험을 갖고 있음을 알 수 있다. 그들은 "인격적" 신은 믿지 않지만, 우주 안에 "우리보다 더 위대한 힘"이 있다고 믿는다고 말한다. 그들은 자신의 삶에 대해 피할 수 없는 책임감을 느끼며 타인의 삶을 존중할 의무를 인식한다. 그들은 잘 산 삶을 자랑스러워하고 지나고 나서 허무하게 느껴지는 삶은 때로 위로할 길 없는 후회로 받아들인다. 그들은 그랜드캐니언의 경관을 단순히 인상적이라고만 보는 것이 아니라 숨 막히게 신비롭고 아름답다고 느낀다. 그들은 우주에 대한 최신 발견에 단순히 흥미를 느끼는 것이 아니라 매혹되고 열광한다. 그들은 이런 체험이 단

---

77   Ehrenreich, *Living*, 216.

78   Dawkins at least sometimes seems to endorse the same Einsteinian sense of the mystery and beauty of the world that is central to Dworkin's "religion." 적어도 때때로 Dawkins 역시 Dworkin의 "종교"에서 핵심이 되는 아인슈타인식 세계의 신비와 아름다움에 대한 감각을 지지하는 것처럼 보인다. Richard Dawkins, *The God Delusion* (New York: Houghton Mifflin, 2008), 40. 『만들어진 신』(김영사 역간).

79   Dworkin, *Religion without God*, 5, 42-43.

지 즉각적인 감각적 반응이나 알 수 없는 감정만이 아니라 자신들이 느끼는 힘과 경이로움이 행성이나 고통만큼이나 실제적이라고, 도덕적 진실과 자연의 신비는 단순히 경외를 불러일으키는 것이 아니라 경외하기를 요구하는 것이라고 확신한다.[80]

드워킨은 이러한 판단, 감정, 확신이 도킨스와 같은 사상가들이 옹호하는 "사실만이 전부"라는 자연주의적 설명으로 모두 해소할 수 없고—"논파해 버리는 것"(explained away)이 아니라—오히려 온전히 인정해야 할 성격이라고 제시한다. 많은 사람이 이런 판단과 감정을 갖고 있지만 그것을 부정하거나 설명하려고 하지 않는다면, 드워킨은 그들이 "종교적" 관점에 따라 살아가고 있다고 본다.

그렇다면 이 내재적 종교인들의 공동체는 얼마나 클까? 앞서 언급했듯 드워킨은 "자신을 무신론자로 생각하는 수백만 명"이 이 집단에 속한다고 주장했다. 이는 과장일지 모른다. 그러나 정반대의 가능성도 있다. 미국 퓨 재단(Pew Foundation)의 최근 연구에 따르면, 2007년에서 2014년 사이에 우주에 대해 경외나 경이로움을 느낀다고 밝힌 자칭 무신론자 비율은 37%에서 54%로, 불가지론자는 48%에서 55%로 증가했다.[81] 무신론자와 불가지론자 그룹을 넘어, 드워킨의 묘사는 "종교적이지는 않지만 영적"이라고 자신을 설명하는 증가 추세의 그룹에도 들어맞을 수 있다.[82] 또 미국 인구 중 "없음"으로 분류되는 비율적으로 적지만 늘어나는 집단에도 들어맞을

80　　Dworkin, *Religion without God*, 2-3.

81　　David Masci and Michael Lipka, "Americans May Be Getting Less Religious, but Feelings of Spirituality Are on the Rise," Pew Research Center, January 21, 2016, http://www. pewresearch.org/facttank/ 2016/01/21/americans-spirituality을 보라.

82　　Masci and Lipka, "Americans May Be Getting Less Religious, but Feelings of Spirituality Are on the Rise"을 보라.

수 있다.[83] 이들 중 일부는 드워킨이 분류한 도킨스식 환원주의적 자연주의자에 가깝겠지만, 많은 이들은 신에 대해 회의적이고 전통적 의미의 "종교"에 의심을 품으면서도, 드워킨이 묘사한 아름다움이나 도덕적 진지함에 대해 비슷한 판단을 공유하는 것으로 보인다.[84]

드워킨은 "종교"의 범주를 기존의 유신론[85]을 넘어 확장함으로써 그러한 사람들을—비록 (해리스처럼) "종교"라는 **용어** 자체를 꺼리는 경우도—아우를 수 있는 범주를 설정했다. 실제로 더 전통적인 종교—특히 기독교—에 속한다고 자처하는 사람 중에서도 엄밀하게는 내재적 종교인 쪽에 가까운 사람이 많을 수 있다. 이 집단에는 습관이나 가족 전통 등으로 "로마 가톨릭"이나 "감리교" 등으로 신분을 등록하지만 드워킨이 말한 아름다움과 가치의 경험만을 갖고 초월적 신에 대한 실질적인 헌신은 없는 종교적으로 미온적인 대다수가 포함될 수 있다. 심지어 적극적으로 예배에 참석하는 신자들도 고대 기독교 신앙고백을 암송하면서 초월적 신보다는 내재적 존재에 더 가까운 신념을 유지할 수 있다. 마틴 가드너는 "오늘날

---

83   Michael Lipka, "A Closer Look at America's Rapidly Growing Religious 'Nones,'" Pew Research Center, May 13, 2015, http://www.pewresearch.org/fact-tank/2015/05/13/a-closer-look-atamericas-rapidly-growing-religious-nones을 보라.

84   Among Americans who say their religion is "nothing in particular," 48 percent reported regularly feeling a sense of awe or wonder at the universe. 종교가 "특별히 없음"이라고 답한 미국인 중 48%는 우주에 대해 경외감이나 경이로움을 정기적으로 느끼고 있다고 보고했다. 관련 내용은 Masci and Lipka, "Americans May Be Getting Less Religious, but Feelings of Spirituality Are on the Rise"에서 확인할 수 있다.

85   실제로 "무신론자"와 같은 자기 표식은 사람들이 실제로 가진 신념을 제대로 보여주지 못하거나 오해를 불러일으킬 수 있다. 예를 들어, 퓨 리서치에 따르면 미국인의 약 9%는 신을 믿지 않는다고 답하지만, "무신론자"라고 자신을 묘사하는 사람은 약 3%에 불과하다. 그런데 그 3%의 무신론자 중 약 8%는 오히려 신이나 우주적 영(spirit)을 믿는다고 답한다. Pew Research Center, November 5, 2015, http://www.pewresearch.org/fact-tank/2015/11/05/7-facts-about-atheists/을 보라.

저명한 그리스도인이 실제로 무엇을 믿는지 알아내기란 매우 어렵다"[86]고 지적한다. 그는 "전 세계 수백만 로마 가톨릭과 개신교 신자들이 자유주의적 교회에 다니며 연주되는 음악과 뜨뜻미지근한 설교를 듣고 (개신교라면) 무조(tuneless)의 무미건조한 찬송가를 부른다. 습관 때문에 사도신경을 암송하지만 한마디도 믿지 않는 경우도 있다. 만약 설교자가 예를 들어 예수의 시신이 실제로 되살아났는지에 대한 설교를 감히 한다면, 교인들은 곧 그를 내쫓을 방도를 찾을 것"[87]이라고 덧붙인다.

결국 정확한 수는 셀 수 없다. 그럼에도 내재적 종교인의 교회는 위대한 이교도 시인 월트 휘트먼의 표현을 빌리자면 "거대하며 수많은 존재를 포함한다"[88]는 것이 가장 타당할 것이다.

이교의 승리?

(드워킨이 주장한 것처럼) "수백만 명의 사람들"이 지닌 이러한 유형의 종교성, 곧 내재적 성스러움에 대한 신념은 T. S. 엘리엇이 주장했듯 "현대의 이교"라고 불러도 무방할 것이다. 제4장에서 제시한 구분을 다시 떠올리면, 이것은 "신화적 이교"가 아니다. 물론 실제로 **자신을** "이교도"라 **부르며** 자연신

---

86   Martin Gardner, introduction to *The Ball and the Cross*, by G. K. Chesterton (New York: Dover, 1995), vi.

87   Gardner, introduction to *The Ball and the Cross*, vii. 참조. Frank Viola and George Barna, *Pagan Christianity? Exploring the Roots of Our Church Practices* (Carol Stream, IL: Tyndale House, 2002). (그는 현대 기독교의 많은 의식과 예배가 진정한 기독교라기보다 오히려 더 이교적이라고 주장한다.) Viola와 Barna는 "이교적"이라는 용어를 "기원 자체가 기독교적이거나 성경적인 것이 아닌 관행과 원칙을 일컫는 것"이라고 다소 느슨하게 정의한다 (xxxv).

88   Walt Whitman, "Song of Myself," *Modern American Poetry*, July 13, 2017 접속; http://www. english.illinois.edu/maps/poets/s_z/whitman/song.htm.

을 숭배하는 사람들이 존재하기도 한다.[89] 서점에는 오컬트나 초자연 현상에 대한 서적이 가득하고 이런 소재를 다룬 영화—때로는 이교 신의 이름을 따온 슈퍼히어로 영화—가 넘쳐난다. 하지만 이것들은 우리가 여기서 논의하는 사회적으로 중요한 영향력과 문화적 동력을 가진 집단은 아니다. 오늘날 아무도(혹은 거의 아무도) 제우스, 아테나, 아폴론 등이 아직도 올림포스산에 살면서 인간사에 간섭한다는 주장을 하지 않는다.

이러한 점에서 현대의 이교는 고대의 교양 있는 계층이 받아들였던 이교와 크게 다르지 않다. 그들 역시 신화들을 "꾸며낸 이야기"로 간주했으며 종종 신들을 영적 실재의 상징으로 여겼다.[90] 본질적으로 "현대 이교"란 키케로의 『신들에 본성에 관하여』에서 나오는 발부스라는 인물을 통해 설명한 (혹은 적어도 자신의 주장에 따르면 키케로 자신이 제시하는) 내재적 종교성 혹은 "철학적 이교"의 현대적 변형일 것이다.[91]

바버라 에런라이크는 이 해석을 명확하게, 그리고 다소 개인적 방식으로 뒷받침하는 증거를 제공한다. 그녀는 어릴 적부터 지금까지 스스로 무신론자임을 고백하지만, "내가 거부했던 유신론은 사실상 일신론, 즉 기독교, 유대교, 그리고 이슬람이 대표하는 특정 입장의 신관이었다. 여기서 '한 분 하나님', '유일신'은 단지 하나일 뿐만 아니라 완전하다." 반대로, "도덕적이지 않은 신, 다신론자의 신들, 동물 신들, 이런 것들은 다 괜찮았다. 그들은 약속을 하지도, 믿음을 요구하지도 않는 것처럼 보였기 때문이

---

[89] 현대에 자신을 "이교도"라고 부르는 운동들에 대한 논의는 Owen Davies, *Paganism: A Very Short Introduction*(Oxford: Oxford University Press, 2011), 106-22을 참조하라. 몇몇 독자들은 최근 몇 년 사이에 이른바 이교가 스칸디나비아에서 다시 부활하고 있다고 내게 조언해주었다. 예를 들어 "Enormous Increase in Pagan ÁatrúReligion,," *Iceland Monitor*, March 28, 2017, http://icelandmonitor.mbl.is/news/culture_and_living/2017/03/28/enormous_increase_in_pagan_asatru_religion_in_icela을 보라.

[90] 이 책 제4장에서 "무지한 신자들, 교양 있는 경멸자들?"을 보라.

[91] 이 책 제4장에서 "무지한 신자들, 교양 있는 경멸자들?"을 보라.

다."[92] 그러나 그녀는 이런 신들의 존재를 적극적으로 주장하지도 않는다. 에런라이크가 론 파인에서 겪은 신현과 이후 체험의 의미를 해석하는 방식은 전통 종교가 아니라 "무수한 현현을 통해 생명이 빛나고 맥박치는 세계, 신이나 여러 신들 혹은 최소한 살아 있는 현존이 모든 사물에서 불꽃처럼 타오르는 세계"[93]를 가리킨다. 이는 다시 한번 고대의 교양 계층이 받아들였던 철학적 이교와 크게 다르지 않은 현대 이교라 할 수 있다.

정리하자면, 드워킨, 에런라이크, 수백만 명의 "무종교인", 자신을 "영적"이라고 생각하는 수백만 명, 또 초월적 신에 대한 실질적 신앙이 없는 채 전통 교파에 소속감을 표하는 수백만 명에게 (그들이 이 용어를 수용하든 회피하든) "종교"는 내재적 의미와 아름다움으로 기독교 출현 이전에 세계에 주술이 깃들었던 그 방식으로의 회귀를 뜻한다. 그것은 성경의 하나님에 의해 엄격한 심판을 받는 세계가 **아니다.** "현대 이교"만큼 간명한 이 입장 혹은 영적 지향을 묘사하는 말이 또 있을까?

이렇게 볼 때 이교는 결코 변방적이거나 이국적인 현상이 아니다. 오히려 이교는 우리를 둘러싸고 있다 해도 과언이 아닐 것이다. 적어도 문화적으로 우리는 그 안에서 살고 움직이며 존재한다고 할 수 있다.[94]

이런 맥락에서 페르디난드 마운트는 『완전한 순환: 고전 세계는 어떻게 우리의 곁으로 돌아왔는가』에서 "종종 우리도 모르는 사이에 우리가 풍요롭고 다양한 삶을 살아가는 방식은 그리스인과 로마인들이 삶을 누렸던 방식과 거의 소름끼칠 정도로 그대로 닮아 있다"[95]고 주장한다. 우리가 그

---

92   Ehrenreich, *Living*, 213.

93   Ehrenreich, *Living*, 215.

94   참조. 행 17:28.

95   Ferdinand Mount, *Full Circle: How the Classical World Came Back to Us* (New York: Simon and Schuster, 2010), 1.

리스와 로마에 많은 것을 빚지기만 한 것이 아니라 "크고 작은, 사소하고 깊이 있는 여러 측면에서, 우리가 곧 그들이며 그들이 곧 우리"[96]라는 것이다. 마운트는 자신의 이 주장이 "우리가 앞으로 나아가고 있고 새로운 곳을 향해 가고 있다는…현대성의 이데올로기"[97]와 반대된다고 인정한다. 그럼에도 그는 고대와 현대 세계를 비교하는 여러 장에서 현대 사회가 과학, 예술, 정치, 성(특히 "고대 세계의 소박하고 자연스러운 성적 생활로의 복귀를 갈망하는 신[Neo] 이교적 욕구"가 있다고 봄),[98] 요리법, 위생, 신체에 대한 찬미 등 거의 모든 영역에서 중간에 낀 기독교 문화보다는 고전 문화에 더 가까운 가정, 가치, 실천을 지니고 있다고 주장한다.

그리고 종교. 마운트에 따르면 현대 서구 사회는 2세기 로마의 종교적 성향, 즉 다양한 종교 선택[99]의 뷔페식 선택지가 실제로는 내재적 영성, 곧 그가 "새로운 범신론"(new pantheism)이라고 부른 사조에 의해 덮여 있는 구조와 매우 유사하다. 그는 드워킨이 행한 아인슈타인 강연의 핵심을 요약하는 듯한 한 문장으로 이 만연한 신앙을 다음과 같이 묘사한다. "온 지구

---

96   Mount, *Full Circle*, 3.

97   Mount, *Full Circle*, 6. 또한 6을 보라("오늘날 우리는 역사가 반드시 발전을 가져올 것이라는 기대를 본능적으로 갖고 있다. 그 발전은 보통 우리가 만든 참혹함으로 얼룩진 결함 있는 것이지만, 그래도 여전히 발전임에는 틀림없다").

98   Mount, *Full Circle*, 96.

99   Mount, *Full Circle*, 441.
2세기 안토니누스 황제들의 시대―Gibbon이 인류 최고의 행복 시대라 여겼던 그 시기―의 로마는 종교적 선택의 용광로였다. 누구든 어떤 것이든 아니면 아무것도 믿지 않을 수도 있었다. 점성술사, 뱀 조련사, 예언자, 점쟁이, 마법사에게 의탁할 수도 있었고, 반쯤은 다른 설화로 창조 신화를 골라 믿거나 여러 종류의 부활 신앙을 선택할 수도 있었다. 만약 교양 있는 엘리트 계층에 속했다면, 루크레티우스의 시를 읽고 우주를 철저하게 물질적으로 해석하는 입장에 동참할 수도 있었다.
요컨대 이 시기는 모든 것이 허용되는 시기였다. 인간 정신의 기이하고 광란적인 산물들이 가장 아름다운 비전, 영감을 주는 영적 도전, 가장 어려운 과학적 탐구 대상들과 함께 어깨를 나란히 한다. 우리 시대를 제외하고는 이전이나 이후에 이토록 다양한 것이 한데 어우러진 시대는 찾아보기 힘들다.

와 그 위의 모든 피조물에 똑같은 광채를 비추는 종류의 경외와 감탄, 즉 우주의 구조를 과학이 드러내는 방식에 대한 존경과 찬미로, 이 신앙은 신적 인물인 알베르트 아인슈타인과 특별히 결부되어 있다."[100]

결국 내재적 종교성—현대 이교—은 우리 주변 어디에서나 드러나 있다. 그렇다면 "현대 이교"에서 성스러움은 정확히 어디에 자리하는가? 모든 이교적 현상과 마찬가지로 하나의 답만 있을 수는 없다. 고대 이교 역시 수많은 다양한 컬트를 넓은 내재적 종교라는 우산 아래 품었듯 현대 이교도 여러 모습으로 출현한다.[101] 예컨대 바버라 에런라이크에게 타자 혹은 현존은 "수없이 많은 현현을 통해 세계를 빛나게 한다." 이는 "우주가 곧 신이다"[102]라고 선언한 발부스의 표현의 현대적 변형처럼 보인다. 또 다른 이들—예를 들어 환경주의자들—은 성스러움을 "자연" 혹은 자연의 일부에 둔다. 드워킨은 그랜드캐니언을 예시로 든다.[103] 어떤 관찰자들은 현대의 진보주의 안에서 국가를 찬양하거나 신성화하는 경향을 감지하기도 한다.[104] 또 어떤 이들은 개인 자신에게 신적 속성을 부여한다. 그래서 "서양 문명에서 이교적 요소가 다시 등장함"을 식별하면서 저명한 개신교 신학자 칼 브라텐과 로버트 젠슨은 이 "신이교"(neopaganism)를 "개인 영혼 안에 신적 불꽃이나 씨앗이 내재한다고 믿었던 기독교 이전 고대 신비 종교 신

---

100 Mount, *Full Circle*, 204-5.

101 비판적 관점에서 글을 쓰는 기독교 신학자 William Cavanaugh는 "인간이 하나님의 임재로부터 공간을 비우려 할 때 남는 것은 탈주술화된 세계가 아니라 우상들로 가득 찬 세계"라고 주장한다. William T. Cavanaugh, *Migrations of the Holy: God, State, and the Political Meaning of the Church* (Grand Rapids: Eerdmans, 2011), 120.

102 이 책 제4장에서 "(로마의) 종교 철학"을 참조하라.

103 Dworkin, *Religion without God*, 2-3.

104 특히 Benjamin Wiker, *Worshipping the State: How Liberalism Became Our State Religion* (Washington, DC: Regnery, 2013)을 보라. 또한 Cavanaugh, *Migrations of the Holy*, 117을 보라(여기서 그는 "서구 문명에서 국가가 여러 측면에서 교회를 대체하고 있다"고 지적한다).

앙의 현대적인 변주"[105]와 동일시한다.

좀 더 일반적으로 테리 이글턴은 다음과 같이 지적한다. "근대의 역사는 본질적으로 하나님을 대신할 대리자를 찾는 과정이었다. 이성, 자연, 정신(Geist), 문화, 예술, 숭고함, 민족, 국가, 과학, 인간성, 존재, 사회, 타자, 욕망, 생명력, 인간관계, 이 모든 것은 시기마다 대체된 신성(divinity)의 형태로 작용해왔다." 이글턴은 또 "적당히 교리가 제거된 종교성은 쉽게 세속적 사유와 결합되어 정통 종교보다 더 설득력 있게 이데올로기적 공백을 메우고 영적 해법을 제시할 수 있다"[106]고 덧붙인다.

로스 다우댓은 미국에서 기독교 정통 신앙이 점점 새로운 운동들에 자리를 내주고 있다고 주장하는데, 그는 이런 운동들을 기독교 이단으로 간주하지만, 나는 그것들을 여기서 말하는 "현대 이교"의 범주에 속하는 것으로 볼 수 있다고 생각한다. 특히 문화 엘리트들 사이에서 다우댓이 지목한 가장 널리 퍼진 영향력 있는 이단은 그가 "내면의 신"(God Within) 철학이라 부르는 것인데, "우리 모두의 내면 어딘가에 영원히 평온한 최고의 자아가 존재한다. 그 최고의 자아가 우리의 진정한 정체성, 즉 보편적이고 신적인 것이다." 그리고 한 개인의 최고의 의무는 "내 안에 내재한 신성을 존중하는 것"이다.[107] 이 관점은 브라텐과 젠슨이 인식한 "신이교"와 거의 동일해 보인다.

---

105   Carl E. Braaten and Robert W. Jenson, preface to *Either/Or: The Gospel or Neopaganism*, ed. Carl E. Braaten and Robert W. Jenson (Grand Rapids: Eerdmans, 1995), 14, 7.

106   Terry Eagleton, *Culture and the Death of God* (New Haven: Yale University Press, 2014), 44.

107   Ross Douthat, *Bad Religion: How We Became a Nation of Heretics* (New York: Free Press, 2012), 215. 『나쁜 종교』(인간희극 역간).

정통 신앙과 이교

그러나 다우댓은 다른 이들과 마찬가지로 기독교 정통 신앙을 옹호하는 입장에서 글을 쓴다. 이는 무시해선 안 될 중요한 사실이다. 지금까지 살펴본 내용만 보면, 이교가 오래전에 사라진 현상에서 이국적이고 변방적인 현상으로, 그리고 결국에는 오늘날의 거의 보편적인 승리의 조건으로까지 전환된 듯 보인다. 그러나 그런 결론은 과잉 수정이다. 내재적 종교 혹은 "현대 이교"가 현대 세계에서 점차 증가하고 더 두드러지게 나타나는 것은 분명하지만 여전히 전통적 기독교 같은 초월적 종교를 완전히 대체하지는 못했다. 아마도 초월적인 종교, 즉 정통 기독교 신자, 독실한 유대인과 무슬림 등 아직도 수많은, 아마도 수백만 명의 신자가 존재할 것이다.

이미 논의한 이유들로 인해, 이교도와 그리스도인(그리고 독실한 유대인 등)의 정확한 통계를 내는 일은 불가능하다. 이런 맥락에서 자기 규정—심지어 진실한 자기 규정도—은 신뢰하기 어렵다. 엘리엇이 강연에서 말한 것처럼 "대다수의 사람은 이쪽도 저쪽도 아니며 무인 지대(no man's land)에서 살아간다"[108]는 말은 지금도 사실이다. 한 사람이 부분적으로는 그리스도인, 부분적으로는 이교도일 수 있고, 하루는 더 기독교적인 날이고, 다음 날은 더 이교적인 날일 수도 있다.

그럼에도 "문화전쟁"의 도발 때문에 예전보다 중립이나 유보의 태도를 유지하기가 점점 더 어려워지고 있다. 예전의 대립—그리스도인과 이교도, 더 넓게는 초월적 종교 지향과 내재적 종교 지향의 대립—이 다시 살아나고 있으며 오랜 세월이 지난 끝에 점점 더 노골적으로 표출되어 가고

---

108   T. S. Eliot, "The Idea of a Christian Society," in *Christianity and Culture* (New York: Harcourt/Harvest, 1948), 39.

있다. 그 결과 더 많은 사람이 어느 한 편을 선택해야만 하는 처지에 몰리고 있다. 우리는 이 문제를 다음 장들에서 다시 논의할 것이다.

먼저 이번 장의 처음 주제, 즉 우리가 길을 벗어난 것처럼 보일 수도 있는 세속주의에 대한 결론을 정리해야 한다.

세속의 삼분법

우리가 앞서 살펴본 것처럼 지난 2세기에 걸쳐 주요 사상가들은 "종교적이지 않다"는 의미에서 현대 세계가 곧 세속화될 것이라고 예측했다. 그러나 그런 예언은 실제로 실현되지 않은 듯하다. 우리가 살펴본 것처럼 오히려 전통 종교는 여전히 활력 있고, 새롭고 더 내재적인 종교성—로널드 드워킨이 말한 "신 없는 종교"—이 예상 밖의 문화적 영역에서도 나타나는 것처럼 보인다. 그렇다면 세속화는 신화일 뿐 실제로 일어난 적도 없고 앞으로도 일어나지 않을까?

꼭 그렇지는 않다. 그러나 이론가들이 점점 더 인식하는 바와 같이 "세속"의 개념은 우리가 흔히 생각하는 것보다 더 복잡하다. "세속"을 "종교적이지 않다"와 간단히 동일시하는 것은 의심스럽다.[109] 일부 학자들은 "세속주의" 대신 복수형 "세속주의들"(secularisms)을 논해야 한다고 주장한다.[110]

---

109 Rajeev Bhargava, "Rehabilitating Secularism," in Calhoun, *Rethinking Secularism*, 92을 참조하라. 이런 어려움과 복잡성을 인정하면서도 세속주의의 재건을 옹호하는 Rajeev Bhargava는 "세속주의의 위기를 부정하는 사람은 시야가 지나치게 좁은 사람일 뿐"이라고 지적한다. 또 Jose Casanova, "The Secular, Secularizations, Secularisms," in Calhoun, *Rethinking Secularism* 54, 63도 참조하라. "예를 들어 (종교와 세속의 경계를 긋는 대표적이고 차별적인 여러 방식을 언급하자면) 미국, 프랑스, 튀르키예, 인도, 중국의 세속주의는 세속 국가와 종교의 분리 방식뿐 아니라 국가가 종교 및 사회 내 종교적 다원성을 규제하고 관리하는 모델에서도 매우 다른 양상을 보여준다."

110 이 주제는 *Rethinking Secularism*에 실린 많은 논문들 전반에 걸쳐 나타난다. 특히 Alfred

미국의 저명한 종교사 학자인 마틴 마티 역시 "종교-세속"(religio-secular)이라는 용어를 사용하기 시작했다.[111] 어떤 이들은 (미국과 다르게) 헌법에 명시적으로 국가의 "세속성"을 규정하지만, 문화와 정치 전반에 종교성이 스며 있는 인도의 사례를 통해 "세속"의 의미를 새롭게 성찰할 필요성을 강조한다.[112]

적어도 몇몇 관점에서 보자면, 우리가 세속화라는 생각 자체를 완전히 버리지 않으려 한다면, "세속"은 단순히 "종교적이지 않다"라는 표현 이상의 것, 혹은 그와 다른 무엇을 뜻해야 할 것이다. 그런데 "세속"을 "종교적이지 않다"라는 의미로부터 분리시키려 할 때, 그것이 단순한 중언부언이나 의미 없는 말장난으로 전락하지 않을 수 **있을까**?

놀랍게도 그 용어의 역사를 살펴보면 그렇지 않음이 드러난다. 오히려 "세속"의 본래 핵심 의미를 복원하는 쪽이 쉽기도 하다. "세속"(secular)이라는 용어는 라틴어 **사이쿨룸**(*saeculum*)에서 왔으며 세대(generation) 또는 시대(age)를 뜻한다. 원래 일반적 의미는 "이 시대에 속한 것" 혹은 "이 세계에 속한 것"이다.[113] 앞서 살펴본 것처럼 이교 종교와 이교 신들은 이 세계의 것들**이었다**. 따라서 우리가 제3-5장에서 보았듯이 이교는 철저하고 본질적으로 세속적인 종교 형태라 할 수 있다.[114] 비록 이교 맥락에서 "세속

Stepan, "The Multiple Secularisms of Modern Democratic and Non-Democratic Regimes," in Calhoun, *Rethinking Secularism*, 114을 보라. 또한 Michael Warner et al., eds., Varieties of *Secularism in a Secular Age*(Cambridge, MA: Harvard University Press, 2013)을 보라.

111   예를 들어 Martin Marty, "Religio-Secular…Again," University of Chicago Divinity School, Martin Marty Center for the Public Understanding of Religion, April 24, 2017, https://divinity.uchicago.edu/sightings/religio-secular-again을 보라.

112   Bhargava, "Rehabilitating Secularism"을 보라.

113   "Secular," English Oxford Living Dictionaries, accessed July 13, 2017, http://www.oxforddictionaries.com/us/definition/american_english/secular.

114   참조. Paul Veyne, *When Our World Became Christian*: 312-394, trans. Janet Lloyd (Cambridge: Polity Press, 2010), 135(그는 여기서 "이교는 너무 피상적이고 가벼운 종교

적"이라는 형용사가 (마치 "젖은 비" 혹은 "차가운 얼음"처럼) 불필요하게 느껴질 수도 있지만 말이다.

이 용어가 진정한 의미 있는 구분을 제공하기 시작한 것은 기독교가 등장하면서부터였다. 기독교에서는 이 세계와 내세 또는 시간적인 것과 영원한 것의 차이가 결정적으로 중요했다.[115] "세속"이라는 말은 이제 **이 세계**─지금 여기, 즉 "세속적" 영역─를 내세나 영원과 구분하는 역할을 하게 되었다. 이 세속적 영역도 여전히 "종교와 전혀 무관하다"는 의미는 아니었다. 오히려 노미 스톨젠버그(Nomi Stolzenberg)의 설명대로 세속적 영역은 "하나님의 영역 안에서 특수화된 부분"[116]을 구성했다. 이 용어에 대한 이러한 의미는 "세속 성직자"(secular clergy)와 "정규 성직자"(regular clergy)라는 흔한 구분에서 특히 선명하게 드러난다. 여기서 "세속" 성직자는 믿음을 잃거나 종교를 거부한 사제가 아니라 **세상**─교구─**안에서** 종교적 사역을 수행하는 사제를 의미한다. 반면 정규 성직자는 세상을 떠나 수도원의 규칙(*regula*)에 따라 은둔하는 사제를 일컫는다.

따라서 근대적 세속주의가 등장하기 이전에도 이미 두 가지 유형의 "세속"이 뚜렷하게 존재했다. 가장 뚜렷한 것은 기독교적 세속이지만, 우리는 "이교적 세속"도 언급할 수 있다. 기독교적 버전이든 이교적 버전이

였기 때문에 세속성의 전형으로 간주될 만했다"고 주장한다).

115 Charles Taylor는 "세속"이라는 개념이 기독교 담론에서 중요한 의미를 갖게 된 것은 그 개념이 세속적 시간(profane time), 즉 "인류가 타락과 파루시아(Parousia 혹은 그리스도의 재림) 사이에서 살아가는 인간 역사 속의 평범한 시간의 연속성을 가리키는 말로 쓰이게 되었기 때문이라고 설명한다. Charles Taylor, "Modes of Secularism," in *Secularism and Its Critics, ed. Rajeev Bhargava* (New York: Oxford University Press, 1998), 32. Taylor의 전근대적 감수성에서 영적 시간과 세속적 시간의 관계에 대한 보다 상세한 설명은 *A Secular Age* (Cambridge, MA: Harvard University Press, 2007), 54-59을 보라.

116 Nomi Stolzenberg, "The Profanity of Law," in *Law and the Sacred*, ed. Austin Sarat (Stanford: Stanford University Press, 2007), 51.

든 "세속"은 결코 "종교적이지 않은"이라는 뜻을 가리키지 않았다.

그러나 근대 초기에 사용법이 변하면서 "세속"은 오늘날 통상적으로 이해되는 의미인 "종교적이지 않은"이라는 뜻을 갖게 되었다.[117] 스톨젠버그는 "근대적 세속주의는 축소적이다. 그것은 [세속적인 것과 성스러운 것] 사이의 긴장을 한쪽만 남기고 다른 쪽은 제거함으로써 해소한다."[118] 이런 보다 새로운 개념은 우리가 앞서 논의한 현대 과학의 자연주의적 세계관과 가장 강하게 공명하는 것으로 보인다. 우리는 이를 기독교적이고 이교적인 버전과 달리 "실증주의적"(positivistic) 세속 개념이라 부를 수 있다. 그리고 바로 이 실증주의적 혹은 "비종교적" 세속주의가 현대 사유와 문화를 지배할 운명인 것처럼 여겨졌다.

요약하자면, 역사는 우리에게 "세속"이라는 세 가지 광범위한 범주 혹은 계열을 전해주었다. 첫째는 **이교적 세속**으로서 이 세계와 현세에 전적으로는 아니더라도 강하게 강조점이 놓이고, 그 세계(혹은 그 일부나 특정 측면)가 성스러운 특성을 갖는 것으로 여겨진다. 둘째는 **기독교적 세속**으로서 일시적 세계와 현세가 "하나님의 영역 안에서 특수화된 부분"이 된다. 따라서 이 삶 역시 가치가 있는—사실은 엄청난 가치가 있는—것으로 여겨지는데, 이는 영원의 더 넓은 영역의 한 (종속적인) 부분이기 때문이다. 마지막으로, 근대 과학의 자연주의적 세계관과 연관된 특유의 근대적 **실증주의적 세속**이 있다. 이는 베버, 러셀, 스테이스 등으로 대표되는 "종교적이

---

117 참조. John Ayto, *Dictionary of Word Origins: Histories of More Than 8,000 English-Language Words* (New York: Arcade, 1990), 465. "**세속**은 **사이쿨룸**이라는 라틴어에서 왔는데, 그 어원은 불확실하지만 본래 '세대, 시대'를 의미했다. 초기 기독교 문헌에서 그것은 '일시적 세계'(temporal world)를 가리키는 데 사용되었으며 이는 '영적 세계'(spiritual world)와 대비되는 개념이었다.…우리가 익숙하게 사용하는 오늘날 영어에서 익숙한 '종교적이지 않음'(nonreligious)이라는 의미는 16세기에 등장했다."

118 Stolzenberg, "The Profanity of Law," 35.

지 않고 탈주술화된" 세계다. 이 세 가지 세속 개념은 우리가 앞서 논의했던 인간 존재의 세 가지 지향과도 상응한다.

이 세속적 가능성들―그리고 각각의 실존적 지향―은 오늘날 사람들에게 여전히 선택지로 남아 있으며 각 개념에는 추종자들이 존재한다. 그러나 아이러니하게도 실증주의적 세속주의가 공식적인 표준처럼 보이지만 실제론 가장 추종자가 적고 정치적 영향력도 약하다. 그 공식적 지위는 앞서 언급했듯 "세속"이 오늘날 흔히 "종교적이지 않은"이라는 뜻으로 받아들여진다는 사실에 나타난다. 그리고 실제로 "성스러움"을 인정하지 않아 (전통적 의미에서도 우리가 제2장에 명시한 종교 개념에서도) 진정으로 종교적이지 않은 것을 **의미하는 것**은 이 실증주의적 세속주의뿐이다. 그러나 실제로 정확히 인구를 집계할 방법은 없지만, 실증주의적 세속주의를 진심으로 따르는 사람은 아마도 가장 적을 것이다. 심지어 드워킨처럼 속속들이 세속적인 문화 엘리트들조차 단순한 **실증주의적 의미에서** 세속만을 지향하지는 **않는다**. 물론 그들은 과학을 믿지만, 과학이 다루는 물질적 혹은 자연주의적 용어와 실재들로 환원될 수 없는 헌신과 가치들도 받아들인다.

우리는 현대인들에게 이를 시험하는 질문 하나를 던져볼 수도 있다. 현대인들에게 인간―예컨대 노인이나 장애인―을 과학 연구를 위한 단순한 물질적 실험 대상으로 사용하는 것이 정당하고 바람직하다고 생각하는지, 즉 나치 독일이 했던 것처럼 여길 수 있는지 질문을 했다고 해보자. 또는 사회적이고 정치적인 갈등을 해결하기 위해 특별히 문제가 되는 소수 민족이나 인구 집단을 대량 학살하는 것이 (만일 이 작업이 과도한 비용이나 특별한 어려움없이 완수될 수 있다면) 정당하다고 생각하는지 물어본다면 어떨까? 거의 모든 사람이 이런 질문에 분노하며 그런 행동이 용납될 수 없고 실제로는 끔찍한 일이라고 항의할 것이다. 우리가 스티븐 호킹의 말처럼

"인류는 그저 중간 크기의 행성 위의 화학 찌꺼기일 뿐"[119]이라고 말할 수도 있다. 더욱이 우리는 노벨상 수상자인 분자 생물학자 자크 모노가 서구 자유주의 휴머니즘을 "유대-기독교적 종교성, 과학주의적 진보주의, 인간의 '자연적 권리'에 대한 신념, 그리고 공리주의적 실용주의가 뒤섞인 역겨운 잡동사니"[120]라고 비판한 논리적 근거를 순수하게 과학적으로 받아들일 수도 있다. 그럼에도 오늘날 대부분의 사람은 이런 탈가치적 견해가 내포하는 규범적 함의를 결코 받아들이려 하지 않는다.[121]

뤽 페리는 다른 예시를 통해 이 점을 설명한다. 그는 다음과 같이 말한다. "나는 만일 당신이 누군가가 피부색이나 종교 때문에 린치를 당하는 장면을 목격한다면, 위험을 무릅쓰더라도 그를 돕기 위해 할 수 있는 일을 할 것이라고 확신합니다. 만약 용기가 부족해 실제 행동에 나서지 못한다 해도 마음속으로는 도덕적으로 이것이 마땅히 해야 할 일임을 스스로 인정할 것입니다. 만약 피해자가 당신이 사랑하는 사람이라면, 그를 구하기 위해 엄청난 위험을 감수하겠지요."[122]

페리는 이렇게 엄청난 위험을 무릅쓰는 데는 희생의 의지, 곧 자기희생이 포함되어 있다고 이어 말한다. "희생(sacrifice)은 **신성하게** 여겨지는 가치의 개념으로 우리를 되돌아가게 하는데('희생'과 '신성'은 모두 '사케르'[*sacer*]라는 라틴어에서 유래), 아이러니하게도 확고한 유물론자에게조차 거의 종교적이라고 묘사할 수 있는 측면을 여전히 간직한다." 더 구체적으로 우리는 이런 헌신 속에서 **"인간을 신성화하는 과정"**을 볼 수 있다.[123]

---

119 Paul Davies, *Cosmic Jackpot*, 222에서 인용함.

120 Joseph Vining, *The Song Sparrow and the Child: Claims of Science and Humanity* (Notre Dame: University of Notre Dame Press, 2004), 50에서 인용함.

121 이 갈등에 대한 심층적 탐구는 Vining, *From Newton's Sleep*을 참조하라.

122 Ferry, *Brief History of Thought*, 243.

123 Ferry, *Brief History of Thought*, 244, 245.

물론 예외가 있을 수도 있다. 예를 들어 극작가 조지 버나드 쇼는 그렇다. 존 그레이의 보고에 따르면 "쇼는 평생 투옥 대신 집단 학살을 대안으로 주장했다. 그는 무용한 사람들을 감옥에 가두느라 공공 자원을 낭비할 바에야 차라리 죽이는 게 낫다고 봤다."[124] 하지만 정말 이것이 쇼의 입장이었다면, 거의 모든 사람은 그것에 경악할 것이다. 왜냐하면 우리는 인간 생명이 "신성하다" 또는 "침해할 수 없다" 혹은 "무한한 가치를 지닌다"는 식의 직관을 가지기 때문이다. 우리가 이런 명제를 굳이 고수하는 한, 우리는 실증주의적 세속에서 벗어나 전통적 기독교나 유대교의 초월적 세속주의 혹은 현대 이교의 내재적 신성 개념 같은 다른 무엇인가를 받아들이는 셈이 된다.

요컨대 실증주의적이거나 자연주의적인 세속주의가 과학적 탐구에는 적절할 수 있다. 하지만 도덕적이고 정치적인 담론의 영역에서는 그 역할이 훨씬 더 복잡하며 독점적이지도 않다. 사람들은 저마다 "관심사"를 가지며, 과학을 이용해 그 관심사를 충족시키려는 도구적 노력은 전혀 이상할 것이 없다. "음울한 학문"이라 불리는 경제학을 실천하는 경제학자들은 악한 것이 아니라 오히려 가치 있고 필수적인 역할을 행한다. 그럼에도 집단학살에 대한 보편적이고 단호한 비난, 그리고 "인간 존엄"이라는 본질적 속성에서 비롯된다고 여겨지는 인권에 대한 광범위한 믿음은 오늘날 대부분의 사람과 정부가 어떤 형태로든 신성에 대한 헌신을 지속하고 있음을 시사한다. 그 신성은 전통적 기독교 등의 초월적 신성일 수도 있고 혹은 "현대 이교"와 같은 내재적 신성일 수도 있다.

124　Gray, *Straw Dogs*, 94을 보라.

세속주의의 외관 아래

이제 우리는 이 장의 서두에서 제시된 은유, 즉 세속주의를 하나의 외관으로 보는 비유로 되돌아온다. 현대 세계는 "세속적이다"라는 서술은 분명히 정확하면서도 동시에 본질을 크게 흐리거나 오히려 가리는, 심지어 혼란을 주기까지 하는 특징을 지닌다.

그래서 오늘날의 정치는 (만약 저 세상이 존재한다 해도) 저 세상이 아니라 **이 세상**에 관심을 둔다. "종교적 우파"의 가장 열성적인 운동가조차도 자신이 선호하는 정책이 더 많은 사람을 천국에 보내줄 것이기 때문에 옹호하지는 않는다.[125] 오늘날 만연한 소비지향적 문화 역시 우리를 지금 여기에 몰입하게 만들며 미래의 삶을 위해 만족을 미루거나 그것에 별다른 가치를 두는 것 같지 않다. 그리하여 오늘날의 정치 세계 그리고 문화의 상당 부분은 "이 세상에 관심을 둔"이라는 옛 의미에서 철저히 "세속적"이다.

그러나 현대 생활—특히 현대 정치 생활—은 "종교적이지 않다"라는 **현대적** 의미에서 "세속적이지" **않다**. 거의 모든 사람은 어떤 대상—신과 천사가 아니더라도 자연 혹은 인간 자신(적어도 어떤 발전 단계의 **일부** 인간들) 또는 국가 혹은 역사의 신성화된 개념 또는 그 밖의 무언가—에 여전히 "신성한" 지위를 부여한다. 우리 시대의 정치적이고 문화적인 투쟁은 이들 상이한 신성성의 경쟁에서 비롯된다. 정치철학자 존 그레이는 "근대 정치는 종교사의 한 장이다"라고 진술한다. 그는 실증주의적 의미의 불가지론자이자 세속주의자이기 때문에 이 말을 한숨과 함께 내뱉는다.[126]

125　자세한 논의는 Steven D. Smith, "The Constitution and the Goods of Religion," in *Dimensions of Goodness*, ed. Vittorio Hösle (Newcastle, UK: Cambridge Scholars, 2013), 328-33을 보라.

126　Gray, *Black Mass*, 1.

물론 현대 문화가 우리에게 제공하는 유효 범주가 여전히 "종교"와 "세속"이고, 또 "세속"이 이 장 서두에서 언급했던 정치적이고 철학적인 이유로 더 존경받는 것으로 간주되는 한, 많은 교양인은 자신을 여전히 "세속적인 사람"—그리고 암묵적으로는 "종교적이지 않은 사람"—이라고 분류할 것이다. 하지만 그들이 신성에 바치는 헌신은 대개 명확하게 표현되지 않을 뿐 아니라 즉흥적이다. 그들은 인권, 평등, 환경에 대한 헌신을 열정적이고 의로운 자세로 고수할 수 있지만, 이러한 헌신이 "종교"의 한 형태이거나 혹은 신성에 대한 직관임을 인정하지는 않을 것이다.

이들은 여전히 자신들의 입장을 "이익"(interest)의 언어로 표현하려 고군분투하곤 한다. 예컨대 멸종 위기에 처한 작은 종, 달팽이 담수어(snail darter) 같은 이전에 들어본 적도 없는 미미한 생물을 보존하기 위해 당장 긴급하게 필요한 에너지와 일자리를 희생해야 하는 이유에 대해 훗날 그 종이 예기치 못한 의학적 가치를 가질 가능성이 있기 때문이라고 말할 수 있다.[127] 하지만 이런 극히 낮은 가능성만으로는 결코 중대한 현재의 이익을 희생하도록 설득할 수 없을 터인데도, 이런 논리는 특정 생물종의 신성함에 대한 꽤나 모호한 판단에 실증주의적 정당성을 부여하는 역할을 한다.

수십 년 전, G. K. 체스터턴은 이런 많은 논쟁에서 실제로 우리가 보는 것은 "정책을 가장한 신념의 싸움"(fight of creeds masquerading as policies)이라고 지적했다. 또한 그는 다음과 같은 말을 덧붙였다. "우리는 새로운 형태의 위선을 발명해냈다. 옛 위선자는…실제로는 세속적이고 실용적인 목적을 추구하면서 그것이 종교적인 것인 양 가장했다. 새로운 위선자는 정반대다. 그의 목적은 실제로 종교적인데, 그것을 세속적이고 실용적인 것처

127　John Copeland Nagle, "Playing Noah," *Minnesota Law Review* 82 (1998): 1171, 1208.

럼 가장한다."[128]

이처럼 세상을 "세속적"이라고 편안하게 정의하는 것은 결국 우리 자신에게서 우리 자신을 불투명하게 만든다. 로널드 드워킨은 우리 시대의 가장 명료한 철학자 중 한 명이었고, 겉보기에는 실증주의적 세속주의 아래서 광범위하게 깔린 종교성을 드러낸 것이 그가 남긴 중요한 공헌이었다. 하지만 드워킨 자신도 수백만 명의 사람이 실제로는 자신의 내재적 종교에 가까운 신앙을 갖고 있음에도 대부분 이 사실을 자신에 대해 말하거나 인정하지 않을 것임을 인정했다. 그는 많은 이들이 자신도 모르게 "알지 못한 채로 종교적"이라고 암시했다. 신학자 칼 라너는 논란 속에 "타종교 신자들 가운데는 실제로 '익명의 그리스도인'이 많다"[129]고 주장했다. 드워킨의 논지는 오히려 많은 자칭 세속주의자들이 실제로는 "익명의 종교인", 더 정확히는 "익명의 이교도"라는 것이다.

이런 상황의 한 결과는 종교에 대한 관련 설문에서 이들—즉 내재적 종교 성향을 지닌 이들—이 "종교 없음"이나 "불가지론자" 칸에 체크한다는 점이다. 아니면 때로는 "로마 가톨릭"이나 "유대교"라고 답하기도 하는데 이런 응답은 그들이 **실제로** 무엇을 믿고, **실제로** 무엇을 신성하게 여기는지에 대해 거의 아무 정보도 제공하지 않는다. 부족한 것은 설문만이 아니다. 현대의 개념 도식 자체가 여전히 겉보기엔 불가피해 보이는 실증주의적 세속주의에 종속되어 있기 때문에 내면적으로 독실한 **이들에게조차 자신이** 무엇을 정말 믿고 신성하게 여기는지조차 제대로 서술할 개념적 자원을 주지 못할 수도 있다.

---

128   G. K. Chesterton, *What's Wrong with the World* (Lexington, KY: CreateSpace, [1910] 2016), 15.

129   Jacques Dupuis, *SJ, Toward a Christian Theology of Religious Pluralism* (New York: Orbis, 1997), 143–49을 참조하라.

그래서 논객들과 학자들 그리고 사회과학자들은 계속해서 사회와 정치의 세계 및 그 움직임을 "종교적"과 "세속적"이라는 구분으로 묘사할 것이다. 하지만 이런 범주들은 실제로 관련된 행위자들의 진짜 동기와 가치를 드러내기보다는 오히려 감추는 역할을 한다. 바로 이런 점에서 T. S. 엘리엇이 이 책에 영감을 주고 구조를 제공한 논문에서 지적했듯이 "우리가 우리 사회를 설명하는 데 사용하는 현재의 용어들은…결국 우리를 속이고 마비시키는 역할만 한다."[130]

요컨대 현대 이교는 살아 있을 뿐만 아니라 심지어 널리 퍼져 있지만, 대체로 명확하게 언어로 표현되지 않고 (심지어 자기 자신에게조차) 감춰져 있다. 우리는 이것이 스스로 드러내리라고 기대할 수 없다. 그저 그 영향, 그 표출, 때때로 드러나는 자기 고백을 분별하려 애쓸 뿐이다. 이어지는 두 장에서는 현대의 "문화전쟁"에 대해 이러한 분별을 시도할 것이다.

후기

이 책이 출판을 위해 제출된 후 저명한 법학자이자 예일 대학교 법학대학원 전 학장이었던(그리고 우연히도 내게 통일상법전[Uniform Commercial Code]을 가르쳐줬던 옛 스승이기도 한) 앤서니 크론만(Anthony Kronman)이 방대한 저서 『다시 태어난 이교도의 고백』을 출간했다.[131] 무려 1,100쪽이 넘는 이 책은 아리스토텔레스에서 아우구스티누스를 거쳐 스피노자, 그리고 니체, 하이데거에 이르는 현대 사상가에 이르기까지 서양 사상의 흐름을 철저하게 영적·철학적으로 재성찰한 결과물이다. 그리고 이 재성찰은 제목이 암시하

---

130   Eliot, "The Idea of a Christian Society," 6-7.

131   Anthony T. Kronman, *Confessions of a Born-Again Pagan* (New Haven: Yale University Press, 2016).

듯 크론만이 "이교도"라고 부르는 세계관 또는 삶의 방향성에 이르러 결실을 맺는다. 여기서 "이교도"라는 용어는 지금까지 논의해온 내재적 종교성을 크론만 자신의 방식으로 받아들인 것이다.

책 제목이 암시하듯 크론만의 이 책은 아우구스티누스의 유명한 『고백록』에 대한 일종의 후속작/대응작을 염두에 두고 기획된 듯하다. 아우구스티누스의 저서가 자신이 이교에서 기독교로 회심한 내용을 담고 있다면, 크론만은 기독교와 그 영향력을 비판하고 (책 초반 장에서)—기독교에서가 아니라 마르크스주의에서 다시 이교로 돌아가는—자기 자신의 보다 현대적인 회심을 설명한다. 아우구스티누스의 영적 자서전이 그 책이 집필된 시대의 기독교 혁명을 반영한다면, 크론만의 이 방대한 저서는 그 혁명의 효과를 벗어던지고 그것에 선행했던 고전적 혹은 "이교적" 지향을 되찾으려는 현대적 흐름을 반영한다.

이 책의 분량과 깊이를 고려할 때, 그리고 내 책이 이미 완성된 뒤에야 크론만의 책이 출간되었으므로, 여기서는 그의 『고백』에 대해 본격적으로 논의하거나 대응하려는 유혹을 억제하는 것이 현명하다고 여겨졌다. 크론만의 책은 성급한 반응에 앞서 충분한 연구와 신중한 사색이 요구되는 대단한 지적 성취다. 하지만 그 책이 이 장의 중심 논지에 실질적 무게를 더해주는 증거라는 점을 지적하는 것은 나쁘지 않을 것 같다. 이 장을 집필할 때 크론만의 저서는 구할 수 없었으므로, 나는 "현대 이교"의 전개를 뒷받침하는 대표적 사례(Exhibit A)로 드워킨의 『신이 사라진 세상』을 사용했다. 하지만 크론만의 책이 훨씬 더 적합한 증거가 되었을지도 모른다. 드워킨과 마찬가지로 크론만도 기독교와 유대교의 유신론은 받아들일 수 없다고 보지만, 더 내재적인 종교성은 옹호할 가치가 있고 매력적이라고 생각한다. 그리고 드워킨처럼 그 역시 스피노자를 기독교적이고 유대교적인 유신론의 대안이 되는 내재적 신앙의 원형 이론가로 제시한다. 크론만의 논증은 훨씬 더 광범위하고 자세하게 전개된다. 그리고 어쩌면 가장 본질적으로 크론만은 자기 입장을 실질적으로 "이교적"이라 인정하고 그것을 공공연히 천명한다.

따라서 여기서는 포괄적 분석이나 비판을 제공할 생각 없이 나는 크론만의 책을 이 해석을 뒷받침하는 또 하나의 중요한 증거 자료로 제시하는 데 그치고자 한다.

제10장

반혁명, 1부:
상징, 성, 그리고 헌법

우리가 제3장에서 보았듯이 로마는 신들의 도시였다. 그 힘과 부, 그리고 찬란함은 이교 신들에 대한 숭배를 통해 유지되고 신성화되었다. 로마의 종교는 실질적으로 수많은 다양한 종파와 신들을 흡수하거나 포섭함으로써 그들을 품을 수 있었다. 그러나 예루살렘을 근거로 한 신앙, 즉 유대교와 기독교만큼은 포용할 수 없었다. 이 두 신앙은 (우리가 제5장에서 보았던 것처럼) 단일하고 **초월적인** 신에게 헌신하는 새로운 종교 형태를 대표했기 때문이다. 다시 말해 그것들은 여러 **내재적** 신들의 판테온에 속한 것이 아니라 전혀 다른 차원의 초월적 신앙이었다. 따라서 기독교가 제국 전역에서 성장하기 시작하자 로마 당국은 (테르툴리아누스와 같은 그리스도인들이 진심으로 충성을 맹세했음에도 불구하고) 이 새로운 신앙을 전복적이며 위협적인 것으로 정확히 간파했다. 그 결과 당국은 간헐적인 박해로 대응했고 결국 4세기 초의 "대박해"에 이르러 기독교를 아예 근절하려 시도했다.

그 시도는 실패했다. 그리하여 4세기는 기독교와 이교 사이에 벌어진 장대한 문화적이고 정치적이며 때로는 군사적인 투쟁의 시대가 되었다. (우리는 역사를 통해 이 사실을 명확히 볼 수 있지만, 당시 사람들은 그 투쟁의 본질을 자각하지 못한 경우가 많았다.) 세기가 끝날 무렵 정치적 투쟁에서는 기독교가 승리했다. 그 정치적 우세는 이후 수 세기 동안 이어졌으며 T. S. 엘리엇 같은 관찰자들은 로마 제국의 몰락 이후 등장한 국가들을 "기독교 사회"라고 묘사할 수 있었다. 물론 실제 이 사회들의 모습은 기독교적 이상과는 언제나 암담할 정도로 거리가 멀었다.

그럼에도 이교는 결코 완전히 사라지지 않았다. 우리가 제8장에서 살펴본 것처럼 오히려 다양한 형태로 표면 아래서 때로는 눈에 잘 띄는 곳에서도 살아남았다. 그 지속적인 형태 중 하나가 바로 서구의 역사적 상상 속에서였다. "즐겁게 춤추던 이교"(merry dance of paganism)가 사라진 것에 대한 집요하고 반복되는 아쉬움, 그리고 그 즐거움의 불빛을 꺼버린 억압적인 힘, 즉 기독교에 대한 원망은 무수한 이론, 책, 소책자, 시, 예술 작품, 세속적 설교, 그리고 분노의 글들로 이어졌다. 그리고 근래에 이르러 다양한 형태의 내재적 종교성 또는 "현대적 이교"—우리가 하나의 설득력 있는 표현으로 살펴본 로널드 드워킨의 "신 없는 종교"—가 노골적이고 당당하게 다시 모습을 드러내기 시작했다.

이러한 상황에서 이교가 언젠가부터 점점 해지고 닳아빠진 기독교의 보호막에 도전하는 것은 전혀 놀랄 일이 아니다(어쩌면 불가피하다고까지 할 수 있다). 다시 말해 이교가 수 세기 전에 기독교가 빼앗아 간 그 도시를 되찾으려 시도하는 것도 놀라운 일이 아니다.

실제로 그런 일이 일어나고 있다. 20세기 후반과 21세기 초는 4세기에 기독교와 이교 간에 벌어진 투쟁의 부활을 목격했다. 이는 고대의 투쟁처럼 후기 고대에 기독교가 이루었던 "혁명"을 뒤집으려는 투쟁이다. 고대 투쟁과 마찬가지로 현대의 투쟁도 시간이 지날수록 더 분명해지고 보다 객관적인 관점을 제공할 것이다. 하지만 지금도 그 투쟁은 우리가 기꺼이 볼 의지만 있다면 감지할 수 있다.

이것이 적어도 우리의 시대에 두드러지는 문화적·법적·정치적 갈등들을 이해하는—내가 이번 장에서 제시할 바와 같이 명료한—방식이다. 모든 해석이 그렇듯이 이 해석 역시 복잡하고 혼란스러운 현실에 인위적인 틀을 씌운 것에 불과하다. 현대의 이교도들은 고대 이교도들과 마찬가지로 보통 자신들을 "이교도"라고 칭하거나 그렇게 인식하지 않는다(때로는 예를 들어 앤서니 크론만처럼 그러기도 하지만).[1] 보다 일반적으로는 지난 장에서 보았듯—이교도, 자칭 그리스도인, 자칭 무신론자, "무종교인", "종교적이진 않지만 영적"이라고 여기는 사람들이든—자기 정체성은 이 맥락에서는 매우 불분명하고 신뢰하기 어렵다. 사람들은 종종 자신도 모르게 한 범주에서 다른 범주로 다시 돌아오고 또 다른 변화를 거듭한다. 매튜 아놀드가 말했듯 "무지한 군대들이 밤중에 충돌하는"[2] 상황에 있기 때문에 다양한 수준과 문제들에서 이런 일이 벌어진다. 우리의 시대를 4세기 기독교와 이교 간의 투쟁이 다시 재현되는 시기로 해석하는 것은 극히 혼란스럽고 혼란을 초래하는 우리 시대에 대한 통찰을 제공한다는 점에서 유용하다.

한 가지 주의점. 비록 유사한 투쟁이 서구 세계 대부분(그리고 어쩌면 그 너머)에서 진행되고 있을 것으로 주장될 수 있지만, 구체적인 정치적·법적 전개는 지역마다 다를 것이다. 범위와 한계 때문에 본 논의는 미국 내 상황에 집중할 것이다. 다른 지역과 국가에 대해 더 깊이 아는 독자들은 그 밖의 장소에서도 비슷한 전개가 관찰되는지 판단할 것이다.

여기까지 오게 된 경위: 시민 종교에서 문화전쟁으로

1892년, 홀리 트리니티 교회 대 미국 사건(Holy Trinity Church v. United States)에서 대법원은 "이 나라는 기독교 국가다"[3]라고 선언했다. 한 세기 후 대법원의 이 판결은 많은 이들에게 당혹스러운 것으로 여겨졌으며,[4] 4년 뒤 대

---

1 Anthony T. Kronman, *Confessions of a Born-Again Pagan*(New Haven: Yale University Press, 2016)을 보라.

2 Matthew Arnold, "Dover Beach," Poetry Foundation, July 13, 2017 접속. https://www.poetryfoundation.org/poems/43588/dover-beach.

3 Holy Trinity Church v. United States, 143 U.S. 457, 470 (1892).

4 예를 들어 Adrian Vermuele, "Legislative History and the Limits of Judicial Competence:

법원이 "분리하지만 평등하다"(separate but equal)는 원칙을 사실상 승인함
으로써 인종 분리 정책인 "짐 크로우"(Jim Crow)[5] 체제를 공식화한 것과 견
줄 만한 불쾌감을 불러일으켰다. 하지만 이 선언이 나왔을 당시 대부분의
미국인에게 이 판결은 명백하고 자명한 사실 그 이상도 이하도 아니었다고
할 수 있다. 미국은 분명히 영국처럼 **공식적으로** 성공회가 국교인 국가는
아니었지만 문화와 실체 면에서는 널리, 비록 때로는 모호하게라도 기독교
적이었다.[6]

대법원은 "기독교 국가"라는 해석을 뒷받침하기 위해 콜럼버스 시기
까지 거슬러 올라가는 다양한 법률과 "기본 선언문"을 상세히 제시했다.[7]
실제로도 이후 수많은 학자의 연구가 이 해석을 뒷받침하며 식민지 및 건
국 시기부터 19세기까지 공적이고 정치적인 담론에서 기독교적 또는 성서
적 가정이 만연했음을 보여주었다.[8] 일부 학자들은 이를 비판적이고 심지

The Untold Story of Holy Trinity Church," *Stanford Law Review* 50 (1998): 1844을 보라.
(그는 여기서 "종교의 자유를 둘러싼 논쟁이라는 특정한 맥락에서 악명 높은" 사건이라고
묘사했다.)

5   Plessy v. Ferguson, 163 U.S. 537 (1896).

6   John Fea, *Was America Founded as a Christian Nation? A Historical Introduction*(Louisville:
Westminster John Knox, 2011), 21을 보라("1789년부터 1865년 사이에 미국인들―북부
와 남부, 연방과 남부 동맹 모두―은 자신을 기독교 국가의 시민으로 이해했다.…창립자
중 다수가 종교적 회의론자였음에도 불구하고 복음주의적 개신교는…문화를 규정했다").

7   *Holy Trinity Church*, 143 U.S. at 471.

8   자료와 연구가 너무 많아서 특정 연구를 인용하는 것은 거의 임의적이다. 예를 들어, Mark
A. Noll, *America's God: From Jonathan Edwards to Abraham Lincoln*(New York: Oxford
University Press, 2002); Michael Novak, *On Two Wings: Humble Faith and Common Sense
at the American Founding*(San Francisco: Encounter Books, 2003)을 참조할 수 있다. Frank
Lambert는 "종파 간의 차이에도 불구하고, 13개 주는 압도적으로 개신교였고, 개신교는
사회의 도덕적 기반을 제공했다. 하나님께서 선택한 민족이라는 확고한 믿음 속에서 미
국인들은 역사를 도덕적 렌즈를 통해 해석했다. 좋은 시기는 하나님의 축복을, 나쁜 시기
는 하나님의 불승인을 의미했다"고 설명한다(Frank Lambert, *Religion in American Politics*
[Princeton: Princeton University Press, 2008], 19-20).

어 신랄하게 보고하기도 한다.[9] 그럼에도 기본 사실은 잘 입증되어 있다.

이와 관련해 사회학자 로버트 벨라는 "시민 종교"(civil religion)로 명명한 널리 퍼진 공적 철학 또는 국가의 자기 이해 방식을 기술했다. 그는 다음과 같이 설명했다. "시민 종교란 모든 민족의 삶에서 발견되는 종교적 차원으로 이를 통해 그 민족은 자신의 역사적 경험을 **초월적 실재**의 빛 아래 해석한다."[10] 독립 선언서에서 신에게 호소하는 구절을 인용하며, 벨라는 "국가 위에 서서 국가를 판단하는 기준이 되고 국가의 존재를 정당화하는 초정치적 주권자인 신에 대한 언급이 그 이후 미국 정치 생활의 영구적 특성이 되었다"[11]고 주장했다.

벨라는 미국의 시민 종교가 기독교 내지 최소한 성서에 기반한 공적 종교의 한 유형임을 보여주었다.[12] "미국인들은 자신들을 고전적이고 성서적인 의미에서 '민족'으로 인식했다."[13] 다른 신앙들처럼 미국 시민 종교도 성스러운 경전(독립 선언서, 헌법), 예언자들(워싱턴, 제퍼슨, 링컨), 순교자들(링컨과 이후 마틴 루터 킹 주니어), 신학자들(다시 링컨),[14] 성일(독립기념일, 현충일, 재향군인의 날), 성일의 의식(대통령 취임식, 국정연설, 7월 4일 퍼레이드와 불꽃놀이)을 가지고 있었다. 이러한 상황은 1960년대까지 지속되었고 벨라는 "성서적 이미지가 미국의 상상적 사고의 기본 틀을 제공해왔으며 무의식적으

9　예를 들어 David Sehat, *The Myth of American Religious Freedom*(New York: Oxford University Press, 2011)을 보라.

10　Robert N. Bellah, *The Broken Covenant: American Civil Religion in Time of Trial* (Chicago: University of Chicago Press, 1975), 3(강조체는 덧붙여진 것이다).

11　Bellah, *The Broken Covenant*, 174.

12　Bellah, *The Broken Covenant*, 168(그는 여기서 "미국 공화국은 공식 국교가 없고 고전적인 시민 종교도 없지만, 결국 기독교 공화국, 아니 오히려 성서적 공화국이며 그곳에서 성서적 종교가 실제로 시민 종교의 역할을 한다"고 제안한다).

13　Bellah, *The Broken Covenant*, 2.

14　See Bellah, *The Broken Covenant*, 179(그는 여기서 링컨을 "우리의 가장 위대하고, 아마도 유일한 시민 신학자"라고 묘사한다).

로 그 영향력은 여전히 강력하다"[15]고 기록했다.

확실히 20세기 전반기에 종교 풍경은 더 복잡해졌다. 19세기의 "교회 일치를 추구하는 개신교의 패권"은 깨졌다.[16] 그럼에도 1950년대까지 공적 종교성은 여전히 강하고 뚜렷했다. 이 시기는 "포토맥 강가의 경건함"(piety on the Potomac) 시대였으며 정부의 모든 부문이 이에 동참했다. 아이젠하워 대통령은 미국인의 삶에서 종교가 중요하다고 반복해서 강조했다.[17] 링컨의 게티즈버그 연설을 빌려 의회는 국기에 대한 맹세(Pledge of Allegiance)에 "하나님 아래"(under God)라는 문구를 추가했고 이미 오래전에 국가 기념곡에 선포된 국가 표어인 "우리는 하나님을 신뢰한다"(In God We Trust)를 비준했다.[18] 대법원은 1892년에 말했던 "우리는 기독교 국가"라는 표현 대

---

15   Bellah, *The Broken Covenant*, 12.

16   이 변화에 관한 논의를 위해서는 예를 들어 Andrew Koppelman, *Defending American Religious Neutrality*(Cambridge, MA: Harvard University Press, 2013), 28-42; Kevin M. Schultz, *Tri-Faith America: How Catholics and Jews Held Postwar America to Its Protestant Promise*(New York: Oxford University Press, 2011)를 참조하라. 19세기 "비종파주의"(nonsectarianism)에 대해서는 Noah Feldman, *Divided by God: America's Church-State Problem—and What We Should Do about It*(New York: Farrar, Straus and Giroux, 2005), 61-62, 109을 참조하라.

17   조금 냉소적인 당시의 기록으로는 William Lee Miller, *Piety along the Potomac: Notes on Politics and Morals in the '50s*(New York: Houghton Mifflin, 1964)를 보라. (1954년 8월 17일자 보고서 41에서 다음과 같이 기록했다). "워싱턴에서의 종교적 현상들은 매우 두드러졌다. 우리는 개회 기도, 성서 조찬 모임, 특별 예배, 기도 모임, '하나님께 돌아가기'(Back to God) 운동, '영적 가치'에 대한 선거 유세 등을 겪었으며, 이제 우표 발행, 헌법 개정안 제안, 국기에 대한 맹세 변경도 있었다. 국기에 대한 맹세는 우리보다 더 경건했던 시대에 잘 활용되었으나, 이제 '하나님 아래'라는 구절 삽입으로 리듬은 깨졌지만 반공 영성은 강화되었다. 우정국 장관은 대통령과 국무장관이 영적 가치 등에 대해 설명하는 헌정식을 거행했고, '우리는 하나님을 신뢰한다'라는 표어가 새겨진 빨강, 흰색, 파랑 8센트 우표를 발행했다. 우체국에 '평화를 위해 기도하라'는 문구가 적힌 우편물을 날인하라는 법안도 제출되었다."

18   "History of 'In God We Trust,'" U.S. Department of the Treasury, 마지막으로 March 8, 2011에 업데이트 됨. https://www.treasury.gov/about/education/Pages/in-god-we-trust.aspx.

신, 보다 초교파적으로 다음과 같이 선언했다. "우리는 최고 존재를 전제로 하는 제도를 가진 종교적 국민이다."[19]

더욱이 공적 종교성은 여전히 성서적 성격을 띠었다. 윌 허버그(Will Herberg)는 고전적인 『개신교인-로마 가톨릭 교인-유대인』에서 "세 개의 '교파'—개신교, 가톨릭, 유대교—를 서로 다르지만 동등하게 정당하고 동등하게 미국적인 포괄적 미국 종교의 표현으로서 개념화했다"[20]고 기록했다. 중요한 것은 이 세 "교파"는 모두 성서에 기초를 두었다는 점이다. 다른 말로 하면, 그것은 초월적 종교성에 기초한다는 의미다.

초창기부터 점점 포괄적인 시민 종교에 대한 대략적인 일반 합의가 계속 존재했지만, 이것이 미국 문화와 정치가 조화롭다는 의미는 결코 아니었다. 가장 명백하고 끔찍한 반례는 엄청난 규모의 노예 제도였으며 이는 셀 수 없는 고통을 낳았고 남북전쟁으로 이어졌다. 그러나 역설적이고 부끄러운 현실이었던 그 비극적 갈등조차 양측 모두 대체로 성서적 시민 종교의 포괄적 틀 안에서 싸웠고 설명되었으며 합리화되었다.[21] 링컨이 아마도 미국 정치 지도자가 남긴 가장 심오한 공적 통찰이라 할 수 있는 그의 두 번째 취임사에서 회고했듯이 미국인은 노예제를 놓고 싸웠지만 "같은 성서를 읽었고 같은 하나님께 기도했다." 그들은 같은 성서와 같은 하나님에 대한 공통의 헌신 위에 국가를 위한 전쟁을 하나님의 정의가 실현되는 과정으로 해석했고 이에 따라 "아무에게도 악의를 품지 말고, 모두에게 자비를…"이라는 유명한 화해의 부름을 내놓을 수 있었다.

벨라는 미국 시민 종교가 국가 역사의 대부분 동안 지속되고 발전해왔

---

19   Zorach v. Clauson, 343 U.S. 306, 312 (1952).

20   Will Herberg, *Protestant-Catholic-Jew: An Essay in American Religious Sociology* (Chicago: University of Chicago Press, [1955] 1983), 87.

21   Noll, *America's God*, 367-438을 보라.

지만, 1960년대 후반과 1970년대 초반에는 해체 과정에 있었다고 믿었다. 시민 종교는 "빈 껍데기이고 깨진 껍데기"[22]가 되었다. "우리는 방향 감각을 잃었다."[23]

그렇다면 이러한 지배적인 서사의 해체 이후에 무엇이 올 것인가? 그 답은 1991년 저명한 사회학자 제임스 데이비슨 헌터가 발표한 『문화전쟁』이라는 책에서 사실상 발표되었다. 헌터는 교육에서 가정, 미디어, 법과 정치에 이르기까지 놀랄 만큼 다양한 문제를 토대로 미국인들이 점점 "정통파"(orthodox)와 "진보파"(progressive)라는 두 개의 광범위하고 대립하는 진영으로 모이고 있음을 발견했다.[24] 전자는 옛 성서 중심의 시민 종교와 연속성을 유지했고 후자는 이에 도전했다.[25]

결과적으로, 미국인이 노예제와 같은 문제로 치열하고 심지어 폭력적으로 대립하더라도 "같은 성서"와 "같은 하나님"이라는 공동 체제 아래 통합되었던 이전 상황은 분명히 더 이상 존재하지 않았다. 오히려 성서의 권위와 하나님의 적절성은 주요한 논쟁점이 되었다. 같은 미국인으로서 옆에 살고 있지만, 정통파와 진보파 시민들은 도덕 개념이 너무 달라서 사실상 각자 "별개의 경쟁하는 도덕적 은하계에 살고 있다."[26]

비평가들은 헌터가 문화적 분열을 과장했고 그가 묘사한 극단적 입장들은 주로 활동가들이 채택했을 뿐 일반 미국인은 그렇지 않다고 반박했다. 공정하게도 헌터 자신도 주요 논쟁들은 주로 "엘리트들" 사이에서 벌

---

22   Bellah, *The Broken Covenant*, 142.

23   Bellah, *The Broken Covenant*, 153. 또한 162도 보라("현재 미국의 영적 상태는 매우 낙관적이지 않다").

24   James Davison Hunter, *Culture Wars: The Struggle to Define America* (New York: Basic Books, 1991), 43-44.

25   Hunter, *Culture Wars*, 120-25을 보라.

26   Hunter, *Culture Wars*, 128.

어졌다고 설명했다.[27] 그럼에도 비평가들의 지적은 일리가 있을 수 있다. 1990년대 초는 적어도 뒤돌아보면 현재와 비교해 상대적으로 평온한 시기로 의회와 대통령이 거의 만장일치로—다음 장에서 더 다룰—종교의 자유를 강력히 보호하는 법안을 통과시킬 수 있었으며, 동성 결혼과 같은 논란이 정치적 지평선에 거의 드러나지 않았던 시기였다. 그러나 **당시** 헌터가 주장을 과장했더라도 그의 평가는 **지금** 더 설득력 있게 보인다. 그의 책 출간 후 25년 동안[28] 정치적이고 문화적인 양극화는 극적으로 증가했다.[29] 따라서 헌터의 진단은 처음 제시되었을 때보다 오늘날 더욱 적절해 보인다.

헌터가 강조한 세 가지 특징은 우리 탐구에 특히 적절하다. 첫째, 헌터는 문화적 관점 차이가 단순한 사적 의견 차이를 넘는다고 설명했다. 오히려 문화전쟁의 대립 진영들은 "우리가 어떻게 함께 살아갈 것인가"[30]에 대한 상충하는 비전을 내세웠다. 헌터의 책 부제가 표현하듯이 각 진영은 "미국을 정의하는 것"을 놓고 싸웠다. 따라서 문화전쟁은 "지배"[31]를 위한 투쟁 혹은 문화적이고 정치적인 공동체와 그 공동체가 자신을 구성하고 통치하는 자아 인식을 지배하려는 투쟁이었다.[32]

---

27   Hunter, *Culture Wars*, 59.

28   최근 소식과 논쟁에 대해서는 James Davison Hunter and Alan Wolfe, *Is There a Culture War? A Dialogue on Values and American Public Life* (Washington, DC: Brookings Institution Press, 2007)을 보라.

29   예를 들어 "Political Polarization in the American Public," Pew Research Center, June 12, 2014. http://www.peoplepress. org/2014/06/12/political-polarization-in-the-american-public을 보라.

30   Hunter, *Culture Wars*, 50-51.

31   Hunter, *Culture Wars*, 52.

32   "지배"를 위한 갈등으로 묘사될 때, 물론 어느 쪽도 특별히 매력적으로 보이지 않을 수 있다. 자유에 대한 역사적 헌신을 가진 미국인들은 "지배"를 추구하는 정당에 공감하기 어렵다. 양쪽 진영의 옹호자들은 이 점을 이용한다. 이에 대해 Martha Nussbaum은 종교 우파가 자신들의 동료 시민들을 "지배하려 한다"라고 비난한다; Martha C. Nussbaum, *Liberty of Conscience: In Defense of America's Tradition of Religious Equality* (New York: Basic Books,

이 갈등의 두 번째 특징은 첫 번째에서 직접적으로 이어진다. 헌터는 미국을 정의하는 싸움에서 상징과 담론이 결정적이라고 설명했다.[33] 결과적으로 각 진영은 **"정당성의 상징을 독점하려고 투쟁한다."**[34]

이와 관련해 우리는 문화적 전투 참가자들이—이미 고대 로마에서 상징을 두고 벌어진 투쟁을 다룬[35]—저명한 학술 연구의 주장을 직관적으로 이해하고 있다고 말할 수 있다. 그 연구는 정치 공동체가 "상상된 것"[36]임을 설득력 있게 주장한다.

다시 말해 사람들의 모임을 서로 부딪히고 튕겨 나가는 산발적인 개인과 집단들의 단순한 모임이 아니라 "공동체"로 변형시키는 것은 단순히 지리적 근접성이라는 경험적 사실이 아니다. 공동체는 물리적 대상이 아니다. 오히려 공동체는 사람들의 상상 속에서, 즉 그들의 마음과 영혼 속에서 창조되고 통합된다. 사람들은 종종 복잡하고 파악하기 어려운 이유 때문에 **자신을 상상하고** 공동체로 여기기 때문에 공동체를 구성한다. 그리고 공동체를 만드는 상상은 상징과 담론 주변에서 발생하고 반응하며 표현되고 유지된다. 공공 상징은 공동체의 성격을 **표현**하지만, 더욱 중요한 것은 그 성격을 **구성하는 데** 도움을 준다. 따라서 놀랍지 않게도 문화전쟁은 주로 공공의 상징을 통제하기 위한 투쟁이었다.

헌터 연구의 세 번째 중요한 통찰은 현대의 문화전쟁이 종교를 중심으로 전개된다는 점이다. "권력을 둘러싼 투쟁은…대부분 본질적으로 '종교

2009), 8, 28; 한편 Jonah Goldberg는 진보 진영의 의제를 "자유주의 파시즘"이라 칭한다; Jonah Goldberg, *Liberal Fascism* (New York: Doubleday, 2009). 하지만 문화전쟁에서 다른 전쟁과 마찬가지로 지배의 대안은 지배당하는 것이다. 문화적으로 정치적으로 지배당하지 않으려는 양쪽 진영의 투쟁임을 인식할 때 우리는 더 많이 공감할 수 있다.

33 Hunter, *Culture Wars*, 58.

34 Hunter, *Culture Wars*, 147.

35 이 책 제7장 "서방 세계가 어떻게 기독교를 위해 정복되었는가"를 보라.

36 Benedict Anderson, *Imagined Communities* (London: Verso, 2006).

적' 성격의 서로 대립하는 진리 주장 사이의 투쟁이다."[37] 그러나 오늘날 중요한 종교적 차이는 초기 근대와 비교적 최근 역사에서 중요했던 것과 다르다. 과거 수 세기 동안 "종교 전쟁"은 로마 가톨릭과 개신교 사이에서, 때로는 개신교 내부에서도 벌어졌다. 반면 현재의 문화적 동맹과 연합은 교파의 경계를 넘어서 형성된다.[38] 헌터는 이전의 교파 간 분쟁 대신 현재의 두 진영 간의 충돌을 서로 대립하는 "도덕적 비전"이나 "도덕적 권위"의 경쟁적 관점의 표현으로 보았다.[39] 이들은 각각 고유하면서도 서로 경쟁하는 종교적 토대 위에 서 있다.

따라서 "정통파" 연합은 "외적이고 규정 가능하며 **초월적인** 권위의 원천"에 대한 헌신으로 결속되어 있었다. 이 관점에서 "도덕적이고 영적인 진리는 인간 경험을⋯넘어선 초자연적 기원을 가진다."[40] 반면 "진보파" 진영은 "세속주의자들"과 자신을 종교인으로 여기는 이들로 구성되어 있었는데, 후자들은 "도덕적 권위의 **내적·세상적** 원천"[41]에 더 의존한다.

요컨대, (도덕 권위의 초월적 원천과 그에 반하는 도덕 권위의 "내적·세상적" 원천으로의) 대립적 지향은 우리가 이 책에서 논의한 경쟁하는 초월적이고 내재적인 종교성을 반영하며 여전히 반영하고 있다. 각각의 종교성은 "미국을 정의하기 위한" 투쟁을 벌이고 있다. 이런 의미에서 현대 미국의 상황은 4세기 로마의 상황과 유사하다. 당시 기독교와 이교가 각각 강력한 대표자들(테오도시우스와 율리우스, 암브로시우스와 심마쿠스)과 함께 도시 내 지배권을 다투었다. 이 장 후반부에서 우리는 그 투쟁의 세 가지 중첩되는 무대인 공

---

37   Hunter, *Culture Wars*, 58.
38   Hunter, *Culture Wars*, 47, 86-88.
39   Hunter, *Culture Wars*, 48, 42.
40   Hunter, *Culture Wars*, 120.
41   Hunter, *Culture Wars*, 124.

공 종교성의 상징과 표현, 규범의 공적 인정과 비준, 그리고 헌법 자체를 살펴볼 것이다.

이 영역 중 첫 두 영역에서는 기독교적 혹은 성서적 성격을 지녔던 요소들을 배제하려는 노력이 있었다. 그 결과 남은 것은 긍정주의적이거나 내재적 종교성 의미에서 "세속적인" 상징이나 메시지 혹은 성 규범이었다. 반면 헌법에 대해서는 약간 다른 역동성이 작용했다. 헌법 제정자들은 처음부터 그 문서가 기독교나 성서적 종교를 지지하는 데 사용되는 것을 의식적으로 피했다.[42] 오히려 이 문서는 일종의 초법적 도구이자 통치의 틀로 설계되었다. (예를 들어 언론 자유와 같은 몇몇 견고하고 실질적인 약속을 제외하면) 이 틀 아래서 각 주와 국가가 "우리 국민"이 채택할 수 있는 정책이나 원칙을 추구하고 표현할 수 있도록 한 것이다. 확실히 수정 헌법 제1조의 종교 조항 같은 특정 제한은 기독교적 혹은 성서적 가정을 반영할 수 있는데 이에 대해서 우리는 다음 장에서 더 다룰 것이다. 하지만 그 문서 자체—그리고 그것이 만든 전반적인 틀—는 종교 문제에 있어 불가지론적이었다. 그것은 기독교 국가, 이교 국가, 다원주의 국가 또는 대체로 종교적 신념과 헌신이 결여된 국가와도 양립할 수 있었다.

최근 수십 년 동안 "진보" 진영의 활동가와 변호사들은—상당한 성공을 거두면서—헌법을 재구성해 이전의 시민 종교와 그 발현들을 거부하고 무효화하는 도구로 사용하려 했다. 따라서 이러한 맥락에서, 투쟁은 기독교적 요소를 이교적 요소로 바꾸려는 것이 아니라 이전에는 보다 중립적이었던 통치의 틀이나 장치를 탈취하여 세속주의나 내재적 종교의 대의에 이용하려는 것이다. 이 발전이 특히 중대한 이유는 그것이 성공한 범위 내에

---

42   이 점은 Isaac Kramnick and L. Laurence Moore, *The Godless Constitution: A Moral Defense of the Secular State*(New York: Norton, 2005), 150-206에서 더욱 자세히 다루어졌다.

서―헌법이라는 존경받던―포괄적 권위의 산물을 당파적 무기로 변모시
킴으로써 "정통파"와 "진보파" 진영 간의 점점 분열하는 공동체를 통합하
는 권위의 능력을 훼손했기 때문이다.

공공 영역의 종교적 상징을 둘러싼 투쟁

상징은 다시금 공동체를 표현할 뿐만 아니라 공동체를 구성하는 요소다.
따라서 우리가 제7장에서 보았듯이 4세기 로마에서 이교와 기독교 간의
지배권 싸움은 대체로 상징을 둘러싼 투쟁이었다. 로마 원로원 건물 밖에
간헐적으로 세워졌던 승리의 제단은 공동체를 상징하면서도 어느 정도 공
동체를 구성하는 요소였다. 그래서 그 신전에 대한 갈등과 타협이 반복되
었다. 그 제단은 이교 황제 시대에도 보존되어 공동체의 이교적 헌신을 나
타냈다. 콘스탄티우스 치세에 기독교가 우위에 서자 제단은 철거되었으나
황제 율리우스가 짧은 기간 부흥을 주도하던 때 다시 제자리에 복원되었
다. 그리고 다시 그라티아누스 치세에 철거되었으며 이교 원로원 의원 심
마쿠스의 간절한 요청도 기독교 황제들에게 거부당했다. 이와 마찬가지로
인상적인 기독교 교회당들이 세워지고 도시의 스카이라인을 지배하며, 일
부 이교 신전이 폐쇄되고 때로는 파괴된 것은 기독교의 정치적 우위를 알
리고 공고히 하는 데 기여했다.[43]

　미국 공화국에서도 건국 이래 정치인과 시민들은 공공 상징의 중요성
을 인식했다. 국가 역사의 대부분 동안 중심 상징들은 성서적 성격을 지니
고 있었다. 따라서 신생 국가의 국장 제작을 위한 첫 위원회에서 벤저민 프

43　Peter Brown, *Power and Persuasion in Late Antiquity: Towards a Christian Empire* (Madison: University of Wisconsin Press, 1992), 120-21.

랭클린은 홍해 가에 서 있는 모세의 이미지를 선호했고, 토머스 제퍼슨은 광야에서 낮에는 구름기둥, 밤에는 불기둥에 이끌리는 이스라엘 백성의 모습을 제안했다. (존 애덤스는 보다 이교적인 상징인 헤라클레스의 그림을 선호했다.) 대륙 회의(Continental Congress)는 신중히 논의한 끝에 모든 달러 지폐에 새겨진 "섭리의 눈"(Eye of Providence)을 포함한 상징을 승인했다.[44] 그리고 물론 국가 표어(우리는 하나님을 신뢰한다)는 1950년대까지는 의회의 공식적인 승인을 받은 것은 아니었으나, 실제로는 국가 "별이 빛나는 깃발"(The Star-Spangled Banner)에 등장하는 "그리고 이것이 우리의 표어가 될지니 우리는 하나님을 신뢰한다"라는 표현에 기원을 둔다.

따라서 내재적 종교가 기독교나 초월적 종교성이 가진 지배력에 도전하면서 초월적인 공공 종교적 상징의 지배력은 점점 반감되고 저항받는 것이 결코 놀라운 일이 아니다. 그리고 실제로 그런 현상이 일어났다.

상징으로의 전환. 이 저항이 작동해온 주요한 수단 중 하나는 수정 헌법 제1조의 비국교조항이었다("의회는 종교의 설립에 관한 법률을 제정할 수 없다"). 미국 연방대법원이 1940년대부터 이 조항을 본격적으로 해석하고 적용하기 시작한 이후 약 40년 동안 주요한 논쟁 대부분은 돈과 물질적 자원과 관련된 분쟁이었다. 대법원이 판결한 사건의 대다수는 종교 학교에 대한 여러 형태의 공적 지원과 관련된 것이었다.[45] 종교 기관에 대한 세금 면

---

44   "Portraits & Designs," U.S. Department of the Treasury, 마지막 업데이트 December 1, 2015. https://www.treasury.gov/resourcecenter/ faqs/Currency/Pages/edu_faq_currency_portraits.aspx; 또한 Derek H. Davis, *Religion and the Continental Congress, 1774-1789* (New York: Oxford University Press, 2000), 138-40을 보라.

45   예를 들어 다음을 보라. Everson v. Board of Education, 330 U.S. 1 (1947); Lemon v. Kurtzman, 403 U.S. 602 (1971); Committee for Public Education & Religious Liberty v. Nyquist, 413 U.S. 756 (1973); School District of City of Grand Rapids v. Ball, 473 U.S. 373, 373 (1985) 판결은 Agostini v. Felton, 521 U.S. 203 (1997) **판결에 의해 폐기되었다.**

제도 또 다른 논쟁의 대상이었다.[46] 그러나 이러한 주제들은 완전히 사라진 것은 아니지만 1980년대 중반 이후부터 그 중요성이 다소 줄어들었고, 대신 공공 영역의 종교적 상징을 둘러싼 논쟁이 주요 쟁점으로 부상했다.

소송 당사자와 각종 주창자들은 공공의 후원 아래 이루어지는 크리스마스 전시, 공적 표어(국가 표어인 "우리는 하나님을 신뢰한다"나 국기에 대한 맹세 속의 "하나님 아래서"라는 문구), 십계명 비석, 입법 기도, 공공장소에 전쟁 기념비로 세워진 십자가, 대통령 취임 선서의 "하나님의 도우심을 받아"라는 문구 등의 문제를 두고 끝없는 논쟁을 벌였다.[47] 이러한 상징에 대한 관심의 고조가 원인인지 결과인지는 분명치 않지만, 그와 더불어 대법원의 헌법 해석 역시 초점을 옮기기 시작했다. 따라서 1980년대 중반부터 대법원은 종교를 "지지"하는 공적 메시지를 헌법이 금지한다는 법리를 명시적으로 제시하기 시작했다.[48]

물론 상징과 메시지에 대한 이러한 관심이 완전히 새로운 것은 아니었다. 1980년대 이전에도 공공장소에 예수 탄생상 설치와 같은 문제를 둘러싼 논의와 소송이 이미 존재했지만, 당시에는 헌법 원리가 이러한 문제를 명시적으로 다룰 만큼 체계화되어 있지 않았다.[49] 또한 1960년대 초 대

---

46 Texas Monthly, Inc. v. Bullock, 489 U.S. 1 (1989); Walz v. Tax Commission, 397 U.S. 664 (1970)을 보라.

47 예를 들어 Lynch v. Donnelly, 465 U.S. 668 (1984); Allegheny County v. ACLU, 492 U.S. 573 (1989); Van Orden v. Perry, 545 U.S. 677 (2005); McCreary County v. ACLU of Kentucky, 545 U.S. 844 (2005); Aronow v. United States, 432 F.2d 242 (9th Cir. 1970); Gaylor v. United States, 74 F.3d 214 (10th Cir. 1996); Newdow v. Lefevre, 598 F.3d 638, 640 (9th Cir. 2010); Newdow v. Peterson, 753 F.3d 105, 106 (2d Cir. 2014); O'Hair v. Murray, 588 F.2d 1144 (5th Cir. 1979); Town of Greece v. Galloway, 572 U.S. (2014); Elk Grove School Dist. v. Newdow, 542 U.S. 1, 35 (2004); Trunk v. City of San Diego, 629 F.3d 1099, 1118 (9th Cir. 2011); Newdow v. Roberts, 603 F.3d 1002 (D.C. Cir. 2010)을 보라.

48 Allegheny County, 492 U.S. 573; Lynch, 465 U.S. 668을 보라.

49 예를 들어 Allen v. Morton, 495 F.2d 65 (D.C. Cir. 1973); Citizens Concerned for Separation of Church & State v. City & County of Denver, 481 F. Supp. 522, 532 (D.

법원의 학교 기도 금지 판결[50]이 큰 논란을 불러일으킨 이유 중 하나는 그러한 결정이 상징적으로 어떤 의미를 지니는가에 있었다. 매일 아침 수업 시작 전 교실이나 방송을 통해 낭독되던 짧고 신학적으로도 빈약한 기도가 학생들에게 실제로 경건함을 심어주었다고 보기 어렵다는 것은 비판자들도 인정한 바였다. 반대로 생각하면, 학생들이 평소에도 듣기 싫거나 지루하다고 느낄 수 있는 많은 말을 의무적으로 들어야 하는 학교 환경에서 형식적으로 짧은 기도를 침묵 속에 듣는 일이 반대하는 학생들에게 큰 해를 끼쳤다고 보기도 어렵다.[51] 적어도 그 행위 자체만으로 큰 선이나 악을 초래한 것은 아니었다. 그러나 그러한 기도는 시민의 형성을 맡은 공적 제도인 학교에서 매일 시행되었다는 점에서 공동체가 성경의 "더 높은 권위"의 원리를 공식적으로 승인하고 있다는 암묵적 신호를 강하게 전달하는 효과를 가졌다고 할 수 있다. 실제로 학생들에게 심리적 피해가 있었다면, 그것은 바로 그러한 상징적 신호에서 비롯된 것이었다.

상징의 중요성. 상징주의가 종교 설립 조항에 관한 판례법에서 완전히 부재했던 것은 아니지만, 앞서 언급했듯이 1980년대에 들어서면서 상징에 대한 강조로의 전환이 뚜렷하게 나타났다. 그것은 해당 주제를 둘러싼 사건의 수와 사회적 주목도, 그리고 상징 혹은 "지지"의 문제를 다루기 위한 대법원 법리(doctrine)의 재정립에서 모두 확인된다. 실용적 혹은 "이익" 중심의 관점에서 보면 이러한 방향 전환은 다소 놀랍고 나아가 유감스럽게 보일 수도 있다. 십자가나 예수 탄생상, 기념비 등을 둘러싼 논쟁과 관련해

Colo. 1979); Conrad v. City & County of Denver, 656 P.2d 662 (Colo. 1982)을 보라.

50   Abington School District v. Schempp, 374 U.S. 203 (1963); Engel v. Vitale, 370 U.S. 421 (1962).

51   참조. Frederick Mark Gedicks, "The Ironic State of Religious Liberty in America," *Mercer Law Review* 46 (1995): 1158. (그는 여기서 "대부분의 공립학교에서 조직적으로 시행되는 기도가 신학적으로 공허하다"는 점을 지적한다.)

서 애덤 사마하는 냉소적으로 이렇게 묻는다. "문제는 정부가 어떤 식으로 장식되어 있는가를 누군가가, 특히 법원이 신경 써야 하느냐는 것이다."[52] 그렇다면 대법원과 소송 당사자들의 한정된 자원—그리고 대중의 제한된 관심—이 사람들에게 실제적으로 강제력이나 물질적 영향을 미치는 사안에 쓰이는 편이 낫지 않겠는가?

예를 들어 당신이 거주하는 도시가 매년 크리스마스를 맞아 시청 앞 광장에 마리아와 요셉, 목자와 천사, 동방의 박사들, 그리고 아기 예수를 포함한 예수 탄생 장면을 전시한다고 가정해보자. 이 전시는 영적 성격을 일부 지닐 수도 있지만, 주로 축제 분위기를 조성하고 지역 상권을 활성화하려는 목적을 가지고 있을 것이다. 즐거움과 경제적 활력은 분명 좋은 것이다. 그렇다면 당신이 그리스도인이 아니라 할지라도 왜 그것에 불만을 가져야 하는가? 도대체 무슨 피해가 있는가? 아무도 당신에게 천사나 동정녀 마리아, 기독교를 **믿으라고** 강요하지 않으며, 심지어 그것들을 **믿는 척하라고** 요구하지도 않는다. 아무도 그 전시를 보라고 강제하지 않는다. 그렇다면 분노나 소송의 열정을 (학생 지원 바우처 제도나 교회 세금 면제와 같이) 사람들의 주머니에서 실제 돈을 빼내는 문제를 위해 남겨 두는 것이 더 낫지 않겠는가?[53]

물론 이 질문은 반대 방향으로도 성립할 수 있다. 당신이 독실한 그리스도인인데, 법원의 명령으로 시의 예수 탄생상이 철거되었다고 하자. 여

---

52   Adam Samaha, "Endorsement Retires: From Religious Symbolism to Anti-Sorting Principles," *Supreme Court Review* 2005, no. 1 (2005): 143. 그러나 Samaha는 법원이 공공 상징에 관심을 가져야 한다고 계속 주장한다.

53   따라서 공개적인 세속주의의 보다 적극적인 수용을 강력히 촉구하면서도 Jacques Berlinerblau는 "공공장소에 있는 종교적 상징에 대한 [일부 세속주의자들의] 집착"을 비판하며, Madison의 권고인 "필요 없는 문제에 시간을 낭비하지 말라"는 말을 재차 강조한다. Jacques Berlinerblau, *How to Be Secular: A Call to Arms for Religious Freedom* (New York: Houghton Mifflin Harcourt, 2012), 51.

전히 당신은 자신의 집 앞이나 지역 교회 마당에 경건한 전시물을 설치할 수 있다. 그렇다면 그 전시가 더 이상 공공 부지에 있지 않게 된 것이 왜 그렇게 중요한가?

그러나 사람들이 상징 그 자체뿐 아니라 더 중요하게는 그러한 상징이 공적으로 후원되는지 여부를 매우 진지하게 **여긴다**는 것은 자명하다. 만약 우리가 이러한 태도를 경박하거나 비이성적인 것으로 비판한다면, 우리는 논리적으로 우리 자신의 건국자들 역시 비난해야 할 것이다(우리가 앞서 보았던 것처럼 이들은 새 국가의 공적 상징들을 신중히 선택했던 자들이었다). 또한 (프랜시스 스콧 키부터 리 그린우드까지) 이오지마 전투에서 국기를 세우기 위해 용감히 싸운 해병대원들, 국가를 작곡한 모든 음악가, 그리고 조지 워싱턴에서 오늘에 이르기까지 취임식에서 상징과 메시지에 세심히 주의를 기울여온 대통령들 역시 그러한 상징의 중요성을 깊이 인식해온 이들임을 우리는 간과할 수 없다.

사실 홈즈 대법관이 주장했듯이 "우리는 상징으로 살아간다."[54] 맥스 러너는 홈즈를 인용하고 프로이트를 거론하며 다음과 같이 부연한다. "아이들이나 신경증 환자들처럼 인간은 정치적 동물로서…현실보다 훨씬 더 크게 드리워지는 그림자가 존재하는 상징의 꿈의 세계에서 살아간다."[55] 보다 구체적으로 앞서 언급했듯이 우리의 정치 공동체는 물리적 사실이 아니라 구성된 혹은 "상상된" 것이다.[56] 그리고 공동체를 구성하고 유지하는 상상은 상징에서 비롯되며, 그 상징들은 공적으로 후원되는 것으로 이해되어 특정한 개인 발화자나 집단뿐 아니라 공동체 그 자체를 표현하고 구성하는 역할을 한다.

54　Oliver Wendell Holmes Jr., *The Collected Legal Papers* (New York: Dover, 2007), 270.

55　Max Lerner, "Constitution and Court as Symbols," *Yale Law Journal* 46 (1937): 1290.

56　이 책 제7장 "서방 세계가 어떻게 기독교를 위해 정복되었는가"를 보라.

이렇듯 시민들이 자신들의 공동체를 구성하고 대표하는 데 어떤 상징이 채택되는지에 대해 때로는 깊이 관심을 기울이는 것은 (고대 이교도들과 그리스도인들이 신에게 바치는 희생제물뿐 아니라 그 희생제물의 공적 후원에 관심을 기울였던 것처럼) 놀라운 일도 비합리적인 일도 아니다.[57] 이런 의미에서 상징을 둘러싼 논쟁은 단순한 재정 투입 문제를 둘러싼 분쟁보다 훨씬 더 중대한 문제일 수 있다. 돈과 관련한 논쟁은 우리의 이해관계에 영향을 미친다. 하지만 상징을 둘러싼 논쟁은 우리가 누구인지, 어떤 종류의 공동체에 속해 있는지에 대한 투쟁인 셈이다.

대법원에서 "종교 지지 금지" 교리의 주된 후원자였던 산드라 데이 오코너 대법관은 이 점을 이해하고 있었다. 그녀가 설명하기를 정부가 종교를 지지하거나 반대하는 메시지를 보내지 말아야 하는 이유는 그런 메시지가 일부 미국인들로 하여금 자신들을 "정치 공동체의 외부인"이나 "하급 구성원"처럼 느끼게 하기 때문이다.[58] (나를 포함해) 이 교리의 비판자들[59]은 때때로 이 논리를 비웃기도 했다. 비판자들은 공개적으로 지지받는 종교를 따르지 않는 사람들이 정치 공동체의 하급 구성원으로 대우받지 않는다고 주장한다.[60] 만약 우리가 의문을 제기하지 않고 당연한 권리로서 자신의 신앙이나 불신과 상충하는 공공 메시지에 노출되지 않을 권리가 헌법적으로 보장된다고 가정하지 않는 한(물론 그것이 핵심 쟁점이다), 그러한 반대자들도 다른 미국인들과 똑같이 — 언론의 자유, 선거권, 법률 상담 권리 등을 포함

57　이 책 제7장 "서방 세계가 어떻게 기독교를 위해 정복되었는가"를 보라.

58　*Lynch*, 465 U.S. at 688(O'Connor 대법관 일치 의견).

59　예를 들어 다음을 보라. Jesse H. Choper, "The Endorsement Test: Its Status and Desirability," *Journal of Law and Politics* 18 (2002): 499; Steven D. Smith, "Symbols, Perceptions, and Doctrinal Illusions: Establishment Neutrality and the 'No Endorsement' Test," *Michigan Law Review* 86 (1987): 266.

60　Smith, "Symbols, Perceptions," 305-9을 보라.

한—권리를 가진다.[61] 종교적 소수자나 반대자들도 (대부분의 다른 시민들과 마찬가지로) 때때로 정부의 어떤 발언에 동의하지 않는 공동체의 완전한 구성원이다.

종교적 소수자들은 분명히 자신들의 소수자 신분 때문에 정치적 "외부인"처럼 느낄 수 있으며, 소수자 신분이 때때로 수반하는 정치적 불리함과 불편함도 함께 느낄 수 있다. 그러나 이 점에서 현실은 그런 반대자들이 외부인인 것이 **사실이고**, 다른 여러 사람들이 완전한 시민이면서도 어느 정도는 공산주의자, 군주주의자, 무정부주의자, 신정주의자, 인종 분리주의자, 아인 랜드(Ayn Rand)류 자유주의자…캘리포니아주의 공화당원들처럼 영구적인 정치적 "외부인"임과 같다. 이 점에서 (가난한 사람들처럼) "외부인"은 항상 존재할 것이며 어떤 법도, 헌법처럼 존엄한 법조차도 때로는 고통스러운 이 현실에 대한 해결책을 제공할 수 없다.[62]

더욱이 이 현실은 때때로 공적 메시지와 상징에 반영된다. 정부와 그 다수의 관료는 피할 수 없이 온갖 논쟁적 사안에 대해 온갖 종류의 발언을 할 것이다. 일부 시민들은 그런 사안들에 깊이 관심을 기울이며 자신의 견해와 가치를 반대하거나 부인하는 공식 발언에 분개할 것이다. 다원주의 사회에서 민주주의란 그러한 것이다. 이 점에서 종교적 반대자가 민주적

---

61 Samaha, "Endorsement Retires," 143을 보라("아무도 투표권이나 언론의 자유, 실질적인 정부 혜택을 받을 권리를 잃지 않는다; 아무도 종교 행사에 참석하거나 불참하도록 공식적으로 강제받지 않는다; 아무도 종교적 목적을 위한 실질적 재정 지원을 위해 세금을 부과받지 않는다").

62 Koppelman, *Defending American Religious Neutrality*, 47을 보라("종교 지지가 종교의 자유를 위협하거나 다양성을 존중하지 못하는 이유가…명확하지 않다. 소외는 정치적 삶에서 분열만큼이나 피할 수 없는 부분이다. 민주주의에서는 누군가가 언제나 표를 잃고 그 결과 외부인처럼 느낀다. 이 경우에도 사법적 개입은 상황을 오히려 악화시킬 수 있다"); Mark Tushnet, "The Constitution of Religion," *Connecticut Law Review* 18 (1986): 712("정치 공동체에서 자신이 제외되었다고 믿는 비신봉자는 정치의 무대에서 공정한 싸움에서 패한 모든 사람이 느끼는 실망을 표현하는 것일 뿐이다").

자유경쟁 과정에서 수적으로 열세이거나 때로는 표결에서 밀린다는 점에 대해 고통받는 사람과 무슨 차이가 있는가?

하지만 이러한 비판이 분석적으로는 설득력이 있을 수 있으나 벨라와 같은 학자들의 연구가 보여주듯이 미국에서는 종교가 많은 다른 요인들보다 정치 공동체의 개념에 더 중심적인—더 구성적인—역할을 해왔다는 사실을 대체로 간과한 것이다.[63] 따라서 정부의 종교적 표현은 정부가 하는 거의 모든 발언이나 행위가 할 수 있는 것처럼 단순히 분열적 논쟁 이슈에 대해 입장을 지지하는 것만이 아니다. 오히려 미국 정치 전통 내에서 그러한 표현들은 논쟁적 이슈에 대한 입장을 지지하는 것뿐 아니라 이 공동체가 **어떤 공동체인지**를 정의할 수도 있다.[64] 이 점에서 오코너 대법관이 인식했지만 그녀의 비판자들이 때로는 간과했던 것처럼 종교적 표현은 일반적인 논쟁적 공적 발언보다 더 근본적인 소외 효과를 가질 수 있다.

요컨대 공공의 종교적 상징은 단순히 특정 공공 정책의 표현만이 아니며 공동체 그 자체를 구성하고 정의하는 데 기여한다. 당연히 중요한 정치적이고 법적인 결정이 이루어지는 공적 담론은 공동체가 자신을 어떻게 이미지화하거나 해석하느냐에 의해 형성되며 이는 다시 공동체를 표현하는 것으로 여겨지는 상징들의 영향 아래 있다.

최근 중요한 예를 하나 들어보자. 동성 결혼 문제를 다룬 주요 사건들에서 대법원 대법관을 포함한 판사들은 결혼법의 공적 정당화에 있어 "종교적" 견해가 고려될 수 없다고 전제했다.[65] 이 문제에 대한 거대한 종교적

---

63   이 책 제10장에서 "여기까지 오게 된 경위"를 보라.

64   참조. Samaha, "Endorsement Retires," 137("종교적 메시지는…또한 공동체의 성격을 비회원들에게 신호할 수 있다").

65   Obergefell v. Hodges, 135 S. Ct. 2584, 2607 (2015)("마지막으로, 강조할 것은 종교와 종교 교리를 따르는 사람들이 신성한 명령에 따라 동성결혼을 용인해서는 안 된다고 최대한 진지한 확신을 가지고 계속 주장할 수 있다는 점이다.…그러나 헌법은 주 정부가 이성

분열을 감안할 때—퓨 재단의 현대 연구는 종교에 속하지 않는 미국인의 85%가 동성 결혼을 지지하는 반면, 백인 복음주의자의 35%, 흑인 개신교인의 44%만이 지지하는 것으로 나타났다[66]—"종교적"이라고 간주된 이유를 처음부터 배제하는 이 문턱 규정은 결정적이었다고 볼 수 있다. 한쪽의 중심적 견해와 가치가 처음부터 배제된다면, 다른 쪽이 논쟁에서 이길 가능성이 크다. 그리고 실제로도 그런 일이 벌어졌다.[67]

그렇다면 **왜** "종교적" 이유가 배제되었는가? (많은 이들에게) 너무도 분명한 이 간단한 답은 헌법이 정부가 "세속적"이어야 함을 요구하고, 따라서 "종교적" 이유에 의존하는 것을 금지한다는 것이다. 이 답변은 법률 엘리트들을 포함한 우리나라의 강력한 집단들이 정치 공동체를 (편리하게 모호하며 대부분 명확히 설명되지 않은 의미로) "세속적"으로 개념화했고, 그 개념을 헌법에 투사했기 때문에 맞는 답일 것이다. 이것이 바로 이러한 미국인들이 살고자 하며, 살아가고 **있는**(적어도 살 "권리"가 있다고 가정하는) 그런 종류의 "상상된 공동체"다.

하지만[68] 또한 사실인 것은 수정 헌법 제1조가 실제로 정부가 반드시 "세속적"이어야 한다고 (명시적이거나 설득력 있는 함축을 통해서도) **말하지** 않

부부에게 부여된 동일한 조건으로 동성 부부의 결혼을 금지하는 것을 허용하지 않는다"); Varnum v. Brien, 763 N.W.2d 862, 904 (Iowa 2009)("우리는 군[County]의 침묵이 [종교적 정서를] 아이오와 헌법에 따라 동성결혼 금지의 정당화 근거로 사용될 수 없다는 이해를 반영한다고 믿는다").

66   "Changing Attitudes on Gay Marriage," Pew Research Center, June 26, 2017, http://www.pewforum.org/fact-sheet/changing-attitudes-on-gaymarriage.

67   물론 최종 판결은 Obergefell, 576 U.S. _, 135 S. Ct. 2584였다.

68   나는 다음에 나오는 잠재적으로 논쟁적인 주장들을 훨씬 더 긴 분량으로 다른 곳에서 논증했다. 예를 들어, Steven D. Smith, *The Rise and Decline of American Religious Freedom* (Cambridge, MA: Harvard University Press, 2014). 줄인 버전은 다음을 보라. Steven D. Smith, "Political Decisions Must Be 'Secular'? Since When?" Law and Liberty, July 31, 2014, http://www.libertylawsite.org/2014/07/31/political-decisionsmust-be-secular-since-when.

으며, 그 조항을 제정한 미국인들이 거의 확실히 그런 의미로 이해하지 않았다는 점이다. 더욱이 공동체에 대한 현대 세속주의적 개념은 미국 정치전통의 많은 부분과 강력히 어긋나며 아마도 그 전통의 중심 의미를 가장 웅변적이고 강력하게 진술한 두 문서, 즉 독립선언서[69]와 링컨의 두 번째 취임사와도 충돌한다. (또는 여러분이 "하나님 아래 한 국가"라는 문구가 나온 링컨의 게티즈버그 연설을 선호한다면 그것과도 마찬가지로 충돌한다.) 하버드의 영향력 있는 정치철학자 존 롤스 같은 현대의 저명인사가 미국 정치 공동체의 현대 세속주의적 개념과 링컨의 장엄한 선언을 조화시키려 했던 노력은 그 불합리성 때문에 우스꽝스럽기까지 하다.[70] 그런 주장을 합리적으로 만들 수 있는 것은 세속주의적 개념을 철저히 고수하려는 단단한 결의뿐이다. 그리고 정치적 결정이 "세속적" 근거에 기반해야 한다는 점을 인정하더라도, 교회에 참석하는 많은 미국인이 결혼 문제와 관련해 중요하다고 여긴 문제들은 어떤 면밀한 분석을 거치더라도 "세속적"으로 간주될 가능성이 크다.[71]

판사들은 이러한 복잡한 문제들에 대해 멈추어 성찰하지 않았다. 오히려 그들은 이른바 "종교적"으로 보이는 이유들을 단호하게 자동적으로 배제했는데, 이는 공동체를 오직 세속적 개념으로 이해하는 전제를 분명히 받아들였기 때문으로 보인다. 그들이 이러한 세속적 개념을 자명한 것으로 취급하면서도 이를 구체적으로 설명하거나 방어하지 않았다는 점에서, 그

---

69   George Fletcher, *Our Secret Constitution* (New York: Oxford University Press, 2001), 102을 보라.

70   이 책 제12장에서 "현대 이교와 인간의 성취"를 보라.

71   추가 논의를 위해서는 Steven D. Smith, "Goods of Religion," in *Dimensions of Goodness*, ed. Vittorio Hösle(Newcastle, UK: Cambridge Scholars, 2013)을 보라. 또한 Francis Beckwith, *Taking Rites Seriously: Law, Politics, and the Reasonableness of Faith* (New York: Cambridge University Press, 2015)을 보라.

개념은 공적 영역에서의 종교적 상징이나 메시지를 금지하는 최근 헌법 판례를 비롯한 여러 요인들에 의해 형성되고 영향을 받은 것으로 추정된다.

(기만적인) 분열의 경계선들. 요컨대 문화적 분열의 양편에 선 미국인들이 공공의 상징들을 두고 관심을 기울이며 그것을 둘러싸고 싸우는 것은 단순히 사소하거나 비이성적인 행동이 아니다. 그렇다면 그 싸움의 전선은 구체적으로 어떠한 방식으로 형성되고 있는가?

표면적으로 보면, 이 싸움은 "종교적" 상징이나 표현을 지지하는 이들과 "세속적인" 공공 영역을 주장하는 이들 간의 대립으로 형성된 듯 보인다. 따라서 겉으로는 "종교 대 세속"이라는 이분법적 서술이 문화전쟁을 설명하는 데 적절해 보일 수도 있다. 그리고 통상적인 해석에 따르면, "종교"의 지지를 금지하는 현재의 헌법적 법리가 이러한 구분을 뒷받침하는 것처럼 보인다. 곧 "종교적인" 공적 표현은 금지되고 "세속적인" 표현은 허용된다.[72]

그러나 앞 장에서 살펴본 것처럼 우리는 "세속"이라는 용어의 모호하고 다의적인 성격, 그리고 "종교"에 대한 (익숙한) 초월적 개념과 (비교적 생소한) 내재적 개념의 구별을 기억할 필요가 있다. 이러한 구별의 빛 아래에서 보면, 공공 상징을 둘러싼 오늘날의 논쟁은 처음에 보이는 것보다 훨씬 복잡하다. "종교"를 지지하는 것을 금지한다는 "무지지" 교리는 국가가 **전통적이거나 초월적인 종교**를 승인해서는 안 된다는 의미**일 수 있다.** 반대로 내재적 종교성을 담고 있는 "세속적" 표현들은 허용될 수도 있다.

대법원이 이러한 용어로 그 법리를 명시적으로 제시한 것은 물론 아니다. 그러나 현대의 대법원은 헌법적 맥락에서 "세속적" 또는 "종교적"이라는 개념이 무엇을 의미하는지에 대해 명확한 정의는커녕 불분명한 정의조

72　예를 들어 *Allegheny County*, 492 U.S. 573을 보라.

차 제시하지 않았다. 서구인 다수에게 "종교"라는 말은 전통적이고 초월적인 종교, 즉 성경과 쿠란에 나타나며 그리스도인, 경건한 유대인, 무슬림들이 실천하는 종교 형태를 연상시킨다.[73] 대법관들이 "종교"의 지지가 허용될 수 없다고 선언할 때, 아마도 그들이 암묵적으로 염두에 둔 "종교"란 이러한 초월적 종교를 가리켰을 가능성이 크다.[74] 반면 종교적 표현이 보다 내재적이거나 현세적인 의미로 해석될 여지가 있다면, 그러한 경우에는 금지 조항이 적용되지 않을 수도 있다.

그렇다면 대법원의 법리를 전통적인 "종교 대 (비구분적) 세속"의 대립 구도로 해석하는 것이 타당한가, 아니면 초월적 메시지는 배제하되 내재적 성스러움의 메시지는 허용된다고 보는 수정된 해석이 더 적절한가? 우리는 이를 판단하기 위해 몇몇 학자들과 소송 당사자들이 주장해온[75] 가설을 상정해볼 수 있다. 즉 통상적으로 "종교적"이라 여겨지는 **모든** 공공 상징과 표현—예컨대 국기에 대한 충성 맹세의 "하나님 아래서"라는 문구, 국가 표어(와 국가) 속에 등장하는 "우리는 하나님을 신뢰한다"라는 구절, 입법 회의의 기도 등—이 체계적으로 제거되거나 사적 영역으로 옮겨졌다고 가정해보는 것이다.

결국 그것이야말로 원칙적으로는 "종교 대 세속"이라는 전통적 해석

---

73   예를 들어 Lambert, *Religion in American Politics*, 11을 보라("이 책에서 종교는 초월적 신에 대한 신앙 체계로 정의되고, 그것은 권위 있는 성전을 근거로 하며, 일정한 의식의 시행과 특정한 도덕규범의 준수를 통해 신앙 공동체에 의해 표현된다.")

74   참조. Abner Greene, "Religious Freedom and (Other) Civil Liberties: Is There a Middle Ground?" *Harvard Law and Policy Review* 9 (2015): 161, 174. (여기서 Ronald Dworkin의 종교 개념이 "우리의 헌법적 문화에서 종교에 대한 타당한 해석이라고 보기 어렵다"고 주장하면서, 그 이유로 "미국에서 종교란 주로 유신론, 곧 하나님에 대한 신앙과 그로부터 파생되는 것들에 관한 것이다"라고 설명한다.)

75   예를 들어 Stephen B. Epstein, "Rethinking the Constitutionality of Ceremonial Deism," *Columbia Law Review* 96 (1996): 2083-2174을 보라.

을 일관되게 적용할 경우 도달하게 될 결론일 것이다. 그러나 그러한 급진적 정화의 결과가 공적 영역에서 모든 상징이나 애국적 표현을 사라지게 만들지는 않을 것이다. 아무도 국가 공동체가 스스로를 언어와 상징을 통해 표현하고 규정하며 기념할 수 없다고 주장하지는 않기 때문이다. 국가표어는 사라지겠지만, 정화된 형태의 맹세문은 여전히 존재할 것이고, (정화된) 국가(國歌)도 남을 것이다. 그리고 물론 국기도 그대로 존재할 것이다.

그렇다면 이러한 나머지 상징들과 표현들을 단순히 "세속적"이라고 표현해야 하는가? 아마 그럴 수도 있을 것이다. 그러나 그것들은 여전히 시민들의 충성을 불러일으키려 할 것이며 경외심과 헌신을 자극하려는 목적을 가지고 있다. 또한 그것들은 중요한 기능, 즉 단순한 비유 이상의 의미에서 **성화** 또는 성별의 기능을 수행한다. 그리고 대법원은 이러한 현세적 성별 행위에 대해 그것이 위헌적이거나 의심스럽다고 언급한 적이 없다.

1989년 단 2주 간격으로 내려진 두 가지 대법원 판례를 살펴보자. 앨러게이니 카운티 대 미국시민자유연맹 사건(Allegheny County v. American Civil Liberties Union)[76]에서, 대법원 다수 의견은 제1차 수정 헌법을 정부는 종교를 지지하는 메시지를 전달하는 상징을 후원해서는 안 된다는 것으로 해석했다. 그러한 논리에 근거해 법원은 피츠버그의 한 법원 청사 안에 설치된 전통적인 성탄절 예수 탄생 장식을 카운티 정부가 후원한 것이 헌법에 위배된다고 판시했다.[77] 반면 텍사스 대 존슨 사건[78]에서 주가 국기 모독 행위를 금지하는 법을 제정한 것이 위헌인지에 대한 판결에서, 윌리엄 브레넌 대법관이 작성한 다수 의견과 윌리엄 렌퀴스트 대법원장이 작성한 반

---

[76] *Allegheny County*, 492 U.S. 573.

[77] 그러나 법원은 건물 입구 옆에 세워진 크리스마스트리 곁에 놓인 유대교의 메노라(촛대) 가 허용 가능한 수준으로 세속화되었다고 판단했다.

[78] Texas v. Johnson, 491 U.S. 397 (1989).

대 의견 모두가 미국 국기가 수행하는 "성별적 기능"(sacralizing function)을 인정했다. 브레넌은 다수 의견에서 "국기는 실질적으로 우리 국가 전체에게 성스러운 것과 다름없다"[79]고 인정하면서도, "국기를 성별하는 올바른 방법은 그 '모독'을 금지하는 것이 아니다"[80]라고 주장했다.

물론 "성별하다"란 본래 거룩한 것과 연결시키는 행위를 뜻한다. 반대로 "모독"(desecration)은 "탈성화"(desacralization)와 동의어다. 그럼에도 대법관들이나 논평가들 어느 누구도 "성스러운 국기"(sacred flag)라는 국가적 상징의 후원과 진흥에 헌법적 문제가 있다고 보지 않았다.[81]

그렇다면 왜 동일한 시기 **앨러게이니 카운티** 사건에서 강조된 공공 종교성에 대한 헌법적 금지가 국기에는 적용되지 않았던 것일까? 왜 그러한 문제가 어느 대법관의 판단에도 제기되지 않았던 것일까? 그 이유는 **그러한 유형의** 성별적이거나 종교적 메시지—즉 초월적이 아니라 **내재적인** 성별 행위의 메시지—는 애초에 종교 지지 금지 조항이 문제 삼는 대상에 포함되지 않기 때문으로 보인다.

결국 대법원이 공적 상징들은 "세속적"이어야 한다고 선언할 때, 그것은 **실증주의적 의미에서** "세속적"이라는 말을 의미하지 않는다. 오히려

---

79   *Johnson*, 491 U.S. at 418.

80   *Johnson*, 491 U.S. at 420. 한편 Rehnquist는 다수의 애국시(patriotic poetry)를 인용하면서 국기가 많은 시민들에게 불러일으키는 "거의 신비적인 경외심"에 대해 논했다(429, Rehnquist 대법관 반대의견). John Paul Stevens 대법관 역시 직접적이지는 않지만, 국기가 수행하는 성별적 기능을 어느 정도 인정한 것으로 보인다. Stevens는 미국 국기가 다른 많은 국가의 국기나 민족적 상징들과 달리 단순한 상징 이상의 의미를 지닌다고 주장했으나, 그 이유를 명확히 설명하기는 어려워했다. 그는 국기를 훼손하는 행위가 애국적 미국인들에게 모욕적이라고 말했는데, 이것이 사실이라 하더라도 그러한 점에서 국기가 특별하다고 보기는 어렵다고 덧붙였다(436, Stevens 대법관 반대의견). 국기는 단순한 상징 그 이상이라는 Stevens의 직관은 명확히 언어화되지는 않았지만, 국기가 지닌 성별적 기능을 암시하는 것으로 볼 수 있을 것이다.

81   Sheldon Nahmod, "The Sacred Flag and the First Amendment," *Indiana Law Journal* 66 (1991): 511.

"세속적"이라는 모호하고 다의적인 용어를 빌려, 대법관들은 자각적으로 든 무의식적으로든 내재적 종교성의 언어로 형성된 정치 공동체의 개념을 사실상 수용하고 있는 것이다.

실제로 대법원은 전통적으로 종교적이라고 여겨지는 모든 공적 상징이나 메시지를 제거하지는 않았다. 대법원과 하급 연방 법원들은 피츠버그의 예수 탄생 장식, 십자가, 그리고 일부 십계명 기념비 등 여러 공적 종교 표현을 위헌으로 판시해왔다.[82] 그러나 동시에 재판부는 국가 표어(우리는 하나님을 신뢰한다),[83] 텍사스주 의사당 부지에 세워진 십계명 기념비,[84] 입법 회의나 시의회 개회 시 기도[85]를 포함해 표면상 종교적으로 보이는 다른 여러 표현을 허용 가능한 것으로 판단하기도 했다. 이 분야의 판례법은 악명 높을 정도로 일관성이 결여되어 있으며 누구나 그 사실을 인정한다. 그럼에도 수정된 해석은 이러한 혼란스러운 판례들에 어느 정도—완전히는 아닐지라도—설명력을 부여할 수 있을 것으로 보인다.

따라서 종교를 옹호하는 것이 헌법적으로 금지되어 있음에도 불구하고 일부 전통적인 종교 표현들이 여전히 허용되는 이유에 대한 사실상의 공식 설명에 가장 근접한 해석은 다음과 같다. 즉 허용 가능한 표현들은 (적어도 "이성적 관찰자"의 눈에는) 더 이상 종교적 의미를 지니지 않으며, 이제는 "공적 행사를 엄숙하게 하고, 미래에 대한 신뢰를 [표현하며], 우리 사회에서 가치 있는 것들에 대한 존중을 고취시키는" 역할을 수행한다는 것이

---

82 *Allegheny County*, 492 U.S. 573; *Trunk*, 629 F.3d at 1118; *McCreary County*, 545 U.S. 844.

83 예를 들어 *Aronow*, 432 F.2d 242; *Gaylor*, 74 F.3d 214; *Newdow v. Lefevre*, 598 F.3d at 640; *Newdow v. Peterson*, 753 F.3d at 106; O'Hair, 588 F.2d 1144을 보라.

84 *Van Orden*, 545 U.S. 677. 비평가들(과 지지자들)은 같은 날 대법원이 켄터키의 일부 법원 청사 안에 설치된 십계명 전시물을 위헌으로 판결했음을 고려할 때, 이번 판결이 특히나 혼란스럽다고 여겼다. *McCreary County*, 545 U.S. 844.

85 Town of Greece, 572 U.S._.

다.[86] 오코너 대법관은 국기에 대한 맹세 속 "하나님 아래서"라는 구절이 종교를 지지하는 위헌적 표현이 아니라고 설명하면서 이 논리를 상당히 자세히 전개했다.[87] 그러나 비판자들은 이러한 해명이 두 겹의 약점을 지닌다고 주장한다. 첫째, 국기에 대한 맹세의 "하나님 아래서"라는 말은 이성적 관찰자에게조차 (어쩌면 바로 그들에게 더욱) 종교적 의미를 잃지 않았다는 것이다.[88] 둘째, 비록 우리가 그러한 구절들이 주로 "공적 행사를 엄숙하게 하는" 기능을 수행한다고 인정한다 해도, 왜 하필 이러한 특정한 언어와 표현들이 그러한 역할을 수행할 수 있는가? 비판자들에 따르면, 오직 그 종교적 내용 때문에 그러한 표현들이 법원이 주장하는 그 존귀한 기능을 감당할 수 있는 것이다.[89]

이러한 반론들은 **모든** 종교적 표현을 금지하고 오직 **실증주의적 의미의** 세속적 표현만을 허용하는 전통적 해석을 기준으로 보면 상당히 설득력 있다. 그러나 다른 해석의 틀에 따르면 그 비판의 타당성은 약화된다. 만일 법리가 초월적 차원의 공적 종교성을 금지하면서도 내재적 종교성을 허용한다면, 종교적 표현이라 할지라도 그것이 보다 내세적이거나 현세적인 의미로 해석될 수 있는 경우에는 그 금지의 대상에 해당하지 않을 수 있는 것이다. 이러한 관점에서 볼 때 법원은 특정 종파적, 예를 들어 명백히 기독교

---

86 *Elk Grove School Dist.*, 542 U.S. at 35(O'Connor 대법관의 보충 의견).

87 *Elk Grove School Dist.*, 542 U.S. at 33-44(O'Connor 대법관의 보충 의견).

88 예를 들어 Douglas Laycock, "Theology Scholarships, the Pledge of Allegiance, and Religious Liberty: Avoiding the Extremes but Missing the Liberty," *Harvard Law Review* 118 (2004): 235(그는 여기서 "이 논거는 진지한 비신앙인들과 진지한 신앙인들에게도 모두 설득력이 없다"고 지적한다); Steven H. Shiffrin, "The Pluralistic Foundations of the Religion Clauses," *Cornell Law Review* 90 (2004): 70-71("나는 미국이 신적 권위에 복속된 국가로 자신을 규정하는 서약은 신의 존재와 권위를 주장하는 것임이 분명하다고 확신한다").

89 Caroline Mala Corbin, "Ceremonial Deism and the Reasonable Outsider," *UCLA Law Review* 57 (2010): 1589.

적 표현들에는 가장 엄격한 태도를 보였다.[90] 반면 내재적 종교성의 범주로 받아들일 수 있는 보다 일반적 표현들에 대해서는 상대적으로 관대한 입장을 취하는 경향을 보여왔다.[91]

"하나님"이라는 용어는 섬세한 문제를 제기한다. 전통적으로 "하나님"이라는 명칭은 기독교, 유대교, 그리고 일반적으로 성서적 종교와 연관되며 따라서 초월적 실재를 가리키는 것으로 여겨진다. 우리가 앞 장에서 살펴본 바와 같이 로널드 드워킨은 자신의 보다 내재적인 종교관을 "신 없는 종교"로 규정했다. 그러나 드워킨은 자신의 무신론적 종교성의 전통에 스피노자, 아인슈타인, 그리고 개신교 신학자 폴 틸리히(Paul Tillich)와 같은 인물들을 포함시켰다. 이들 모두가 "신"이라는 말을 긍정적으로 사용했음에도 말이다. 드워킨의 해석에 따르면 그들은 그 단어를 사용하되 초월적 신을 의미하지 않았고 보다 내재적 의미에서 그 용어를 사용했다.[92] 물론 고대의 이교적 신들은 이 세계 안에 내재하는 존재였으나, 그들 역시 통상적으로 "신들"이라 불렸다. 그러므로 "신"이라는 용어는 초월적 의미나 내재적 의미 모두 가능한 개념이라 할 수 있다. 그리고 국기에 대한 맹세 사건에서처럼 대법관들은 그 표현이 적어도—가상의 "이성적 관찰자"의 시각에서—내재적 해석이 가능한 경우에 가장 편안함을 느끼는 듯하다.[93]

이러한 금지의 해석은 그렇지 않다면 다소 난해하게 보일 수 있는

90　예를 들어 다음을 보라. *Allegheny County*, 492 U.S. 573(성탄절 예수 탄생 장식을 위헌으로 판결함); *Trunk*, 629 F.3d at 1118(역사적 맥락에도 불구하고 공공장소에 전시된 십자가가 정부가 종교를 지지한다는 메시지를 전달해서 정교분리 조항을 위반한다고 판시함).

91　예를 들어 *Elk Grove School Dist.*, 542 U.S. at 31-33, 40-42을 보라. 특히 O'Connor 대법관과 Rehnquist 대법원장의 보충 의견이 그러했는데, 이들은 국기에 대한 맹세에서 "하나님 아래서"라는 표현의 사용을 옹호했다.

92　Ronald Dworkin, *Religion without God* (Cambridge, MA: Harvard University Press, 2013), 31-43을 보라.

93　예를 들어 *Elk Grove School Dist.*, 542 U.S. 1을 보라.

학자들의 견해를 이해하는 데도 일정한 통찰을 제공할 수 있다. 예를 들어 국기에 대한 맹세 논란 당시 컬럼비아 대학교의 켄트 그리니월트(Kent Greenawalt) 교수와 시카고 대학교의 마사 누스바움(Martha Nussbaum) 교수를 비롯한 저명한 학자들은 국기에 대한 맹세 속의 "하나님 아래서"라는 표현이 명백히 종교를 옹호하는 위헌적 메시지를 전달한다고 주장했다. 그러나 이와 동시에 그들은 국가 표어인 "우리는 하나님을 신뢰한다"는 그러한 금지된 의미로 해석되어서는 안 된다고 주장했다.[94] 이러한 판단의 병치는 분명 기묘하게 들린다. 왜 "하나님 아래서"라는 표현이 더 긴 애국적 서사의 한 짧은 구절에 불과함에도 모든 지폐에 인쇄된 절대적이고 단도직입적인 선언인 "우리는 하나님을 신뢰한다"보다 더 종교적으로 여겨지는가? 이러한 인식의 차이는 분명 설명하기 어렵지만, 그 해답은 어쩌면 "아래"라는 단어에 있을지도 모른다. 즉 이 문제는 수직적 관계와 수평적 관계의 문제일 수 있다. 우리를 "아래에" 두신 하나님은 필연적으로 우리 **위에** 존재하시는 분, 그리고 비유적으로 말해 초월적인 하나님이시다. 반면 우리가 "신뢰하는" 하나님은 초월적일 수도 혹은 (신뢰할 만한 형제나 자매 혹은 친구처럼) 내재적일 수도 있다. 어쩌면 이러한 차이가 바로 다소 난해한 그리니월트와 누스바움의 판단을 설명해주는 열쇠인지도 모른다.

어쨌든 다소 일관성을 결여한 판결들과 판단들 속에서도 비교적 확고히 인정될 수 있는 두 가지 명제가 있다. 첫째, 정부의 모든 종교적 표현이 금지되는 것은 아니다. 둘째, 명시적으로 기독교적인 표현은 (보다 보편적인 종교 언어의 혼합 속에 포함되어 있을 경우를 제외하고) 일반적으로 기피된다.[95] 따

---

94 Kent Greenawalt, *Religion and the Constitution*, vol. 2, *Establishment and Fairness* (Princeton: Princeton University Press, 2008), 95-102; Martha C. Nussbaum, *Liberty of Conscience: In Defense of America's Tradition of Religious Equality* (New York: Basic Books, 2009), 308-16.

95 예를 들어 *Allegheny County*, 492 U.S. 573을 보라(법원 청사 내 성탄절 예수 탄생 장식을

라서 대법원이 개회할 때 "하나님께서 미합중국과 이 존경하는 법원을 구원하소서"[96]라는 문구로 절차를 시작하는 것은 허용되지만—이 구절은 해당 맥락에서 법원과 심리를 성스럽게 하는 의미로 받아들여지기 때문이다—오늘날의 대법원이 19세기 대법원이 그랬던 것처럼 "이 나라는 기독교 국가다"라고 선언하는 것은 상상조차 할 수 없는 일이다.[97] 보다 일반적으로, 입법부가 성서 전통과 명확히 연관된 가치나 목적, 예를 들어 전통적인 결혼[98]을 추구하는 것은 사실상 허용되지 않지만, 정부는 그 지지자들이 보다 내재적으로 "성스러운" 성격을 지닌 것으로 여기는 가치들, 예컨대 생명 보호, 인권 옹호, 멸종위기종 보호 등을 증진하는 데는 비교적 자유롭다.

이러한 일련의 판결들과 함축된 전제들의 결과는 미국 시민 종교에서 초월적이거나 기독교적인 층위를 제거함으로써 내재적 혹은 이교적 기반만을 남기게 되었다고 볼 수도 있다. 우리가 제8장에서 살펴본 바와 같이 기독교는 후기 고대에 있어 이교를 공식적으로 그러나 피상적으로 제압한 뒤에도 그것을 완전히 제거하거나 대체하지 못했고 보다 포괄적이고 초월적인 덮개(canopy) 속에 포섭하고 일정 부분 재지향시켰을 뿐이었다. 그러나 그 덮개가 제거되자 이교적 종교성은 여전히 살아 있었고 언제든 다시 자신을 드러낼 준비를 하고 있었다. 따라서 미국의 공적 종교성의 초월적 차원을 제거하려는 사법부의 노력은 결과적으로 정치 공동체에 대한 공적

위헌으로 판결하면서도 유대교의 메노라 전시는 합헌으로 인정함); 그러나 *Town of Greece*, 572 U.S._ 사건에서는(기독교적 언어가 보다 일반적인 종교적 언어와 혼합된 시의회 기도를 승인했다).

96   "The Court and Its Procedures," Supreme Court of the United States, August 19, 2017 접속. https://www.supremecourt.gov/about/procedures.aspx.

97   *Holy Trinity Church*, 143 U.S. at 470(강조체는 덧붙여진 것이다).

98   이 책 제10장에서 "공공 영역의 종교적 상징을 둘러싼 투쟁"을 보라.

개념을 내재적 혹은 이교적 방향으로 밀어낸 셈이 되었다.

그러나 이러한 판결들은 일관되지 않고 논쟁의 여지가 많았으며 종종 대법관들 사이에서도 강한 분열을 야기했다. 실제로 이른바 "종교 지지 금지" 법리 자체가 불안정한 것으로 보이며, 특히 그 주요 옹호자였던 오코너 대법관이 은퇴한 이후에는 더욱 그러하다. 더 넓게 보아도 공공 영역에서 "메리 크리스마스"(Merry Christmas) 사용 논쟁이나 학교의 연말연시 프로그램과 관련된 분쟁이 여전히 반복되듯이 "단지 상징들"에 대한 공적 논의와 갈등은 여전히 격렬하게 지속되고 있다. 결국 이 치열한 투쟁은 어느 한편의 승리나 상호 합의로 쉽게 종결될 것 같지 않다.

성을 둘러싼 논쟁

종교적 상징을 둘러싼 갈등이 빈번했고 때로는 격렬했지만, 그것은 피임, 포르노그래피, 낙태, 동성애, 그리고 동성 결혼 등의 성(sexuality)과 관련된 다양한 문제를 둘러싼 투쟁에 비하면 그 격렬함이 훨씬 미약하다. 이러한 다양하지만 상호 연관된 논쟁들 속에서도 유사한 분열의 선이 드러난다. 카일 하퍼는 고대 로마에서 "성은 결국 그리스도인들과 세상 사이의 거대한 경계선을 표시하게 되었다"[99]고 주장한다. 오늘날에도 이와 유사한 분열이 생겨난 듯하다. 제프리 스톤은 다음과 같이 지적한다. "우리는 지금 헌법적 혁명의 한복판에 있다.⋯이 혁명은 시민들, 정치가들, 그리고 판사들을 깊이 분열시켰다. 그것은 정치적 논쟁을 지배하고, 종교적 열정을 자극하며, 미국인들로 하여금 한때 이미 해결되었다고 여겼던 문제들에 대해

---

99   Kyle Harper, *From Shame to Sin: The Christian Transformation of Sexual Morality in Late Antiquity* (Cambridge, MA: Harvard University Press, 2013), 85.

다시금 생각하고 검토하게 만들었다.…그리고 무엇보다도 이 모든 논쟁은 성에 대한 것이다."[100]

분열의 한쪽에는 성도덕을 기독교적 또는 보다 넓게는 성서적 이해와 명백히 연계된 형태로 규정하는 입장이 있다. 다른 한쪽에는 본질적인 측면에서 고대 로마의 성 이해와 유사한 성도덕에 대한 관점을 지지하는 이들이 있다. 그리고 로마인들처럼 이 입장의 옹호자들은 전통적이거나 성서적인 관점이 부자연스럽고 견딜 수 없을 만큼 억압적일 뿐 아니라 거의 이해 불가능하다고 본다. 양 진영은 모두 자신들이 이해하는 성의 개념을 법률 속에 제도화하려 하며, 그 법적 조항들은 종종 실제적 효과보다 그 상징적 의미 때문에 더 중요하게 여겨진다.

고대의 분열. 우리가 제3장에서 살펴본 바와 같이 "성도덕"이라는 표현은 성에 대한 고대 이교의 태도를 설명하기에는 거의 부적절한 용어처럼 보인다. 왜냐하면 이교적 로마의 관점에서 성은 본래적으로 도덕적 제약을 낳거나 요구하는 성질의 것이 아니었기 때문이다.[101] 오히려 남성에게는 활발한 성생활이 필수적이라 여겨졌으며 금욕이나 성관계를 결혼에만 제한하는 것은 부자연스럽고 심지어 건강에 해로운 것으로 받아들여졌다. 이교의 종교는 이러한 방임적 이해를 축복했다. 성적 열정은 "신들의 신비한 내재적 현존"[102]의 표출로 여겨졌으며, 이는 베누스, 그녀의 아들 에로스(혹은 쿠피도), 거대한 남근으로 상징되는 프리아포스, 그리고 쾌락의 신 바쿠스 등 수많은 신들의 활동에 의해 표현되었다. 이교의 신들은 인간의 성 욕망을 자극했을 뿐 아니라 종종 서로 간에 혹은 매혹적인 인간과 육체적으로 관계를 맺음으로써 그러한 욕망을 신적 모범으로 제시하기도 했다.

---

100 Geoffrey R. Stone, *Sex and the Constitution* (London: Norton, 2017), xxvii.

101 이 점은 Stone, *Sex and the Constitution*, 4-12에서 강조된다.

102 Harper, *From Shame to Sin*, 67.

요컨대 성적 쾌락은 이성 간이든 동성 간이든 그 형태를 가리지 않고—적어도 **남성들에게는**—축하받고 부지런히 추구해야 할 것으로 여겨졌다. 성교에 **대한** 자극은 (가정의 벽화나 등잔, 그리고 공공장소의 곳곳에 만연한 에로틱한 묘사를 통해) 끊임없이 제공되었으며, 성관계**의** 기회 역시 (무수한 매음굴과 노예들, 그리고 물론 아내들을 통해) 항상 열려 있었다.

그러나 성적 쾌락이 자연스럽고 필수적이며 바람직하고 신들에 의해 허락된 것이라 하더라도 그것은 두 가지 상이한 근원이나 관심에서 기인한 **외적** 제약의 영향을 받았다. 첫째는 남성다움(manliness)의 윤리였다. 이 윤리에 따르면, 동성 간 성관계는 허용되었으며 때로는 더 나은 것으로 여겨지기도 했으나, 그 관계에서 수동적이거나 수용적 위치에 있는 것은 불명예스럽고 나약한 것으로 간주되었다. 또한 남성은 자신의 가정과 노예들뿐만 아니라 자신에 대해서도 항상 주인이 되어야 했다. 따라서 자제력을 잃고 성적 욕망에 탐닉하는 것은 수치스럽다고 여겨졌다.

성적 표현에 대한 또 다른 제약의 근원은 인구 감소에 대한 만연한 공포 속에서 발생한 인구학적 요구였다. 즉 가부장적 가족 내에서의 생식이 사회적 필수로 여겨졌다는 점이다. 이것은 남성다움의 윤리와 결합하여 여성—적어도 존경받는 여성—에게는 남성에게 허용된 성적 자유가 전혀 주어지지 않음을 의미했다. 여성은 결혼 전에는 순결을 지키고, 어린 나이에 결혼하며, 결혼 후에는 남편과만 관계를 맺어야 했다.

이러한 성 규범들은 법제도 안에 반영되어 있었고 그 법적 질서에 의해 뒷받침되었다. 간통은 법적으로 금지되었다(그 금지는 자주 위반되었고, 때로는 황제들조차 공공연히 어겼다). 그러나 보다 근본적으로 법은 본래라면 해결 불가능했을 성의 공급 문제를 해소하는—광범위한 매음굴과 수많은 노예 집단 등의—사회 제도들을 인정하고 유지했다.

이에 반해 기독교는 이러한 성 규범을 단호히 거부하고 우리가 제5장에서 살펴본 것처럼 독신과 결혼을 중심으로 하는 새로운 성 윤리를 제시했다.[103] 기독교는 성관계를 인간의 필수 조건으로 보지 **않았고**—오히려 독신의 삶을 찬미했으며—오직 부부 사이에서만 허용했다. 이러한 관념은—성령의 전으로서 몸에 대한—기독교적 순결 이념을 드러냈으며, 이교도들에게는 거의 이해할 수 없는 것이었다. 카일 하퍼는 다음과 같이 설명한다. "남성의 정절을 요구하는 것을 포함해 성의 독점에 대한 기독교의 이상은 그 시대의 일상적 삶의 패턴과 공적 문화의 기대와 근본적으로 불협화음을 이루었다."[104] 반대로 "사도 바울에게 로마 사회의 성적 혼란은 세상이 하나님으로부터 멀어졌다는 가장 강력한 상징이었다"(94).

기독교가 제국의 지배 종교가 되면서 그리스도인의 성 윤리 역시 점차 법에 반영되기 시작했다. 초기 황제들 아래서 적극적으로 장려되던 매춘은 이제 법적 규제를 받으며 억제되었다(186-88). 남색과 동성애는 금지되었다(155-56). 이교적 도덕에서 기독교적 도덕으로의 전환은 일종의 "혁명"이었다(18). 물론 그 혁명은 성도덕의 영역에만 국한된 것은 아니었다. 그러나 그 문화적 현상에서 "그 모든 것의 중심에는 성이 있었다"고 카일 하퍼는 지적한다(1).

요컨대 로마에서 법은 이교적 성 규범에서 기독교적 성도덕으로의 전환을 반영하고 강화했으며, 이는 다시 내재적 종교성을 지닌 이교 세계에서 초월적 신을 지향하는 기독교 세계로의 전환을 드러내는 징표였다.

현대의 분열. 현대 미국에서도 이와 유사한 과정이 나타난다. 다만 방향은 정반대다. 미국의 오랜 역사 동안 기독교적 성 윤리가 지배적이었고 (적어도 공식적으로는 그러했지만, 실제 관행은 언제나 그와 어긋나는 경우가 많았으

---

103   이 책 제4장에서 "철학의 성별화"를 보라.

104   Harper, *From Shame to Sin*, 139. 이후부터는 이 책의 쪽수 표기를 본문 내 괄호 안에 병기한다.

며), 법도 이러한 규범들을 반영했다. 법학자 로버트 로즈는 1950년대까지도 법이 기독교적 또는 성서적 성도덕을 구현하고 있었다고 설명한다. 간음(fornication)은 열 개 주를 제외한 전 지역에서, 간통(adultery)은 다섯 개 주를 제외한 모든 주에서 여전히 형사 범죄였고, 남색은 모든 주에서 금지되어 있었다.[105] 유혹(seduction) 행위는 불법 행위이자 범죄였다.[106] 피임 기구의 배포는 연방법뿐 아니라 대부분의 주법에서도 금지되었고,[107] 외설물 역시 근소한 헌법상 보호만을 받았으며, 많은 주에서는 영화 상영 시 부적절한 내용을 걸러내기 위한 검열 면허제가 시행되었다.[108]

물론 이러한 법들이 완벽하게 혹은 자주 집행된 것은 아니었다. 코네티컷의 피임 금지법을 문제 삼은 포 대 울만 사건에서,[109] 대법원은 1879년 제정 이후 수십 년간 단 한 차례만 기소 시도가 있었고 그마저도 주 정부가 스스로 취하했다는 이유로 소를 각하했다. 또한 실제 사회의 성적 행태는 오랫동안 그 공적 규범과 상당히 괴리를 이루었다. 역사가 존 드에밀리오와 에스텔 프리드먼은 1920년대에 이미 미국인들이 성의 기능과 한계에 대해 보다 개방적인 태도로 나아가고 있었다고 보고한다.[110] 로즈는 이러한 사실들을 인정하면서도, 그러한 법 조항들이 여전히 일종의 공적이거나 공

---

105   Robert E. Rodes Jr., On Law and Chastity (Durham, NC: Carolina Academic Press, 2006), 9.

106   Rodes, On Law and Chastity, 14.

107   Rodes, On Law and Chastity, 22.

108   Rodes, On Law and Chastity, 20-21. 또한 Helen M. Alvare, "Religious Freedom versus Sexual Expression: A Guide," Journal of Law and Religion 30 (2015): 477을 보라. "미국에서는 대략 1970년대 이전까지 국가가 법률을 통해 심지어 합의된 성적 표현까지 개입하며 성과 결혼 그리고 자녀 사이의 연계를 유지하는 데 관심을 가졌다. 여기에는 간음, 동거, 간통 금지법 등이 포함되어 있었다. 이러한 법률들은 시행이 극히 불균등하거나 사실상 집행되지 않았으나, 판사들은 그 법적 기초에 자리한 국가의 이익의 정당성을 주저 없이 인정했다."

109   Poe v. Ullman, 367 U.S. 497 (1961).

110   John D'Emilio and Estelle B. Freedman, Intimate Matters: A History of Sexuality in America, 3rd ed. (Chicago: University of Chicago Press, 2012), 239-42.

동체적인 규범의 틀을 표현하고 유지했다고 분석한다. "드와이트 아이젠하워가 대통령이던 시절에…순결이 사회의 지배적 규범이라는 사실이 널리 이해되고 있었다. 사람들의 실제 행태가 어떠하든 모두가 그 기준을 알고 있었다. 즉 기혼자는 배우자와만 성관계를 맺어야 하며 미혼자는 금욕해야 한다는 것이다."[111]

여론 조사 자료는 로즈의 관찰을 뒷받침한다. 1950년대 미국에서는 미혼의 성관계를 찬성하는 사람이 4분의 1도 되지 않았다.[112] 그러던 중 소위 성 혁명이라 불리는 변화가 일어났다(물론 처음도 마지막도 아니었다).[113] 문화적·정치적·상업적 변화가 맞물리면서 미국의 "성 문화가 재편"되었다고 존 드에밀리오와 에스텔 프리드먼은 설명한다.[114] "1960-70년대 성의 재구성은 대규모였다. 성의 상품화, 새로운 인구학적 변화, 그리고 여성과 동성애자의 평등을 위한 운동은 태도와 행동에 중대한 변화를 촉진했다.… 1970년대 말에는 이전의 합의가 완전히 무너진 것이 분명해졌다. 미국인들은 결혼 연령을 늦추고 출산을 미루며 이혼율도 늘렸고, 페미니스트와 동성애 해방론자들은 이성애의 정통성에 의문을 제기했다. 그 결과 혼외 성관계가 흔하고 공개적이 되었으며, 에로틱한 이미지도 만연한 사회가 되었다."[115]

현대의 성 규범은 본질적으로 고대 이교적 태도 및 행동과 유사하나, 이러한 태도와 행동은 남성뿐 아니라 여성에게도 확장되었다. 당시와 마

---

111   Rodes, *On Law and Chastity*, 3.

112   D'Emilio and Freedman, *Intimate Matters*, 333.

113   D'Emilio와 Freedman은 20세기 동안의 성 변화에 대해 복수의 "성 혁명"이 있었다고 말한다(*Intimate Matters*, 301). Geoffrey Stone은 18세기 미국에서의 성적 방탕주의적 태도를 열정적으로 기록했다(*Sex and the Constitution*, 80-87).

114   D'Emilio and Freedman, *Intimate Matters*, 327.

115   D'Emilio and Freedman, *Intimate Matters*, 343.

찬가지로 현대의 대중적 도덕에서 "성도덕"이라는 말은 다소 부적절한 표현이다. 왜냐하면 성은 정상적이고 건강한 인간 활동이며 **본질적으로** 도덕적 제한을 필요로 하지 않는다는 공통된 전제가 있기 때문이다. 실제로 성적 친밀감은 여전히 일종의 우선순위 혹은 심지어 신성함을 누리고 있다. 이는 성적 친밀감이 단지 어떤 사람들이 (정원 가꾸기, 골프, 악기 연주처럼) 우연히 즐기는 특정한 활동이나 쾌락에 그치는 것이 아니라 온전한 인간의 삶에서 중심에 놓인 것임을 의미한다. 마사 누스바움은 인간이 "진정으로 인간다운" 또는 "완전히 인간다운" 삶을 살아가기 위해 인식되고 보장되어야 할 역량 목록을 제시하는데, 이 목록에는 "육체적 완전성"(bodily integrity)이라는 역량이 포함되어 있으며, 이 역량은 "성적 만족을 누릴 기회를 가지는 것"을 포함하는 것으로 설명된다.[116] 대법원 판례에서도 성적 충족 기회는 명확하지는 않으나 "인간 존엄성"과 연결된다.[117]

메리 에버스타트는 "피임과 낙태에 부여된 신성불가침, 협상 불가능한 지위"를 언급하며 새로운 성도덕을 "새로운 준종교적 정통성"이라고 주장한다.[118] 카일 하퍼가 지적하듯 현대 사회는 로마 시대와 마찬가지로 "성적 충족에서 구원에 못지않은 의미를 발견하는 것"처럼 보인다.[119]

(비록 다소 정도의 차이는 있지만) 고대 로마 시대에도 성적 표현을 자극하는 요소와 성관계 기회가 널리 퍼져 있었다. 드에밀리오와 프리드먼은 "20세기 중반 미국에서 대중 매체 속 성 표현에 대한 대부분의 금기가 붕괴되

---

116 Martha Nussbaum, *Women and Human Development: The Capabilities Approach* (Cambridge: Cambridge University Press, 2000), 78.

117 예를 들어 *Obergefell*, 135 S. Ct. at 2596; Planned Parenthood v. Casey, 505 U.S. 833, 851 (1992)을 보라.

118 Mary Eberstadt, "The First Church of Secularism and Its Sexual Sacraments," *National Review*, June 15, 2016, http://www.nationalreview.com/article/436602/sexual-revolution-secularquasi-religion.

119 Harper, *From Shame to Sin*, 21.

었다"[120]고 관찰한다. 오늘날 상업 광고에서는 소비자들의 성적 욕망을 자극하고 호소하는 매력적인 복장의 여성과 남성이 자동차, 맥주, 햄버거, 발기부전 치료제 등을 홍보하는 데 흔히 등장한다. 포르노그래피는 영화와 잡지뿐 아니라 온라인에서도 쉽게 접할 수 있으며, 이를 규제하려는 법적 시도들은 법정에서 대부분 패소했다.[121] 인터넷과 모바일 앱은 성적 파트너를 연결하는 데 널리 사용된다.[122] 역사가 드에밀리오와 프리드먼은 "성이 문화 전반에 스며들었다"[123]고 기술한다.

이처럼 급격히 변화한 성도덕 규범들의 만연은 여러 매체, 그중에서도 대중적인 텔레비전 시리즈를 통해 반영된다. 수많은 예 중 하나로 1993년부터 2004년까지 11시즌 동안 방영되며 비평가들의 극찬을 받은 시트콤 〈프레이저〉(*Frasier*)를 들 수 있다. 이 시리즈는 문화적으로 세련되고 지나치게 깔끔한 성향의 정신과 의사 형제 프레이저와 나일스, 은퇴한 경찰관 아버지 마틴, 프레이저의 토크쇼 프로듀서 로즈, 그리고 마틴의 물리치료사 대프니를 등장시킨다.[124] 주인공 프레이저는 여러 차례 이혼했고 시리즈가 전개되는 동안 다양한 여성과 짧거나 오랫동안 성관계 만남을 유지한다. 나일스와 마틴도 때때로 바람을 피운다. 등장인물들은 이러한 관계들의 도덕적 측면에 대해 자주 이야기하고 심지어 고민하지만, 그 도덕적 성

---

120   D'Emilio and Freedman, *Intimate Matters*, 277.

121   예를 들어 Reno v. ACLU, 521 U.S. 844, 885 (1997); Ashcroft v. Free Speech Coalition, 535 U.S. 234, 258 (2002)을 보라.

122   예를 들어 다음을 보라. Nancy Jo Sales, "Tinder and the Dawn of the 'Dating Apocalypse,'" *Vanity Fair*, September 2015, http://www.vanityfair.com/culture/2015/08/tinder-hook-up-culture-end-ofdating.

123   D'Emilio and Freedman, *Intimate Matters*, 329. 또한 Leigh Ann Wheeler, *How Sex Became a Civil Liberty* (New York: Oxford University Press, 2013), 222을 보라("성이 점점 더 공적 영역에 퍼져서 결코 사적인 영역이 아니게 되고 있음"을 지적한다).

124   이 등장인물들은 각각 Kelsey Grammar, David Hyde Pierce, John Mahoney, Peri Gilpin, 그리고 Jane Leeves가 연기했다.

찰은 프레이저가 파트너에게 정직한지 혹은 배우자 선택이 너무 겉핥기식인지와 같은 문제들에 국한된다. 어느 누구도 (전통적이며 코믹하게 그려진 마틴조차) 결혼 외 성관계 자체의 적절성에 대해 의문을 제기하지 않는다. 오히려 고대 로마처럼 등장인물들은 그러한 친밀감이 없을 때의 해로운 결과를 걱정하며, 프레이저가 오랜 기간 "여성과 관계를 맺지" 않으면 나일스와 마틴은 매우 걱정한다. 반면 로즈는 대체로 모든 남성과 일정하게 성관계를 맺는 것으로 그려지며, 이 점은 웃음의 소재가 되지만 지속적인 도덕적 평가나 비난의 대상은 아니다.

전통적인 성도덕이 아주 철저하게 반영된 대상이 아니면서도 등장인물들이 고도로 사색적이고 도덕적으로 지나치게 깐깐하게 묘사되는 작품에서 전통적인 성도덕이 완전히 부재한다는 사실은 지배적인 성 윤리의 극적인 변화를 드러낸다. (이 점에서 〈프레이저〉는 전통적인 성도덕을 무시하는 점은 비슷하지만 등장인물들이 결코 도덕적으로 진지하게 그려지지 않는 명성 높은 시트콤 〈사인필드〉[*Seinfeld*]와는 대조적이다.)[125]

페르디난드 마운트는 지배적인 사고방식을 요약한다. "소수의 종교 근본주의자를 제외하고는 우리는 특정한 성적 행위를 그것 자체로 잘못이라고 비난하는 것을 꺼린다.…사적인 합의에 따른 성인 간의 관계에는 거

125　최근의 좀 더 극명한 예는 인기 있고 현재도 방영 중인 드라마 〈블루 블러드〉(*Blue Bloods*)다. 이 드라마는 뉴욕 경찰 국장 프랭크 리건(Tom Selleck 분)과 그의 가족에 대한 이야기다. 아들 중 한 명인 대니(Donnie Wahlberg 분)는 아내에게 충실한 인물로 그려지지만, 프랭크, 미혼 아들 제이미(Will Estes 분), 그리고 이혼한 딸 에린(Bridget Moynahan 분)은 때때로 가벼운 성관계를 맺는다. 이 드라마는 도덕적 문제와 딜레마로 가득하지만, 이들이 종종 맺는 성관계는 도덕 문제로 다뤄지지 않는다(예를 들어 경찰 동료 간의 성적 친밀감이 업무 관계에 문제를 초래할 수 있다는 부분을 제외하고는 말이다). 성관계가 〈프레이저〉에 비해 훨씬 드물고 주된 주제도 아니지만, 〈블루 블러드〉의 가족은 신실한 로마 가톨릭 신자이자 매우 전통적인 인물들로 묘사된다. 이들은 자주 가족 만찬을 가지며, 항상 예수에게 기도를 드리고 식사한다. 그럼에도 전통적인 기독교 성 윤리에 대한 명백한 관심은 보이지 않는다.

의 제한이 없다.ᵉ[126] 마운트에 따르면, 이러한 이해관계는 고대 그리스와 로마에서 지배적이던 태도와 유사하다. 기독교적 관점과는 달리 이교적 관점과는 비슷하게 현대의 지배적 태도에서 "성은 어떠한 형태로든 죄악으로 여겨지지 않는다."[127] 오히려 현대적 태도는 "고대 세계의 쉽고 현실적인 성생활로의 회귀를 갈망하는 신이교적 정서"[128]를 반영한다.

그러나 다시 로마와 마찬가지로 성적 친밀감은 도덕적 제한을 본질적으로 생성하지는 않지만 독자적인 실천적 또는 윤리적 고려 사항에서 기인한 **외적** 제약을 받는다. 로마와 달리 이러한 외적 제약의 근원은 남성다움의 윤리나 인구 보충의 필요성이 아니라 이러한 고대의 제약에 정반대라고 할 수 있다. 그러므로 현대 문화는 남성다움의 윤리 대신 젠더 평등과 개인의 자율성—따라서 개인적 동의—에 대한 두 가지 현대적인 윤리적 헌신을 반영한다. 이러한 헌신들은 특정 상황에서 성행위에 대한 엄격한 제약을 만들어냈는데, 이는 남녀 양측 성적 파트너들이 성적 친밀감의 각 행위나 단계에 완전히 동의하도록 보장하기 위한 것이다.[129] 그리고 자녀 생산에 대한 고대 사회의 사회적 압력 대신, 현대 규범은 원치 않는 임신을 **회피**하도록 설계되었다. 임신과 인구 증가 제한에 대한 이 관심은 성병 위험에 대한 우려와 함께 피임 기구의 접근성을 높이기 위한 일련의 프로그램과 캠페인을 촉진해왔다.

성 혁명의 헌법화. 실정법—특히 헌법—은 기독교적인 성 윤리에서

---

126   Ferdinand Mount, *Full Circle: How the Classical World Came Back to Us* (New York: Simon and Schuster, 2010), 104.

127   Mount, *Full Circle*, 103. 요컨대, "21세기는 즐기기 위한 성관계, 품격 있는 성생활, 삶의 방식으로서 섹스의 시대이며 성사(sacrament)를 의미하는 섹스와는 거리가 멀다"(112).

128   Mount, *Full Circle*, 96.

129   See Kevin Cole, "Sex and the Single Malt Girl: How Voluntary Intoxication Affects Consent," *Montana Law Review* 78, no. 1 (2017): 1-31.

더 이교적인 성 윤리로 바뀌는 이 전환을 표현하고 촉진하는 데 중심적 역할을 해왔다.[130] 앞서 언급했듯 1950년대까지 미국 법은 전통적인 기독교적·성서적 성관계의 허용 범위를 반영했다. 그러나 1960년대부터 미국 법은 명확하게 반대 방향을 보였다.

예를 들어 1965년 그리스월드 대 코넷티컷 사건(Griswold v. Connecticut)에서 대법원은 다양한 헌법 조항의 "영향"(emantion)과 "외연"(penumbra)에서 "사생활"을 인정해 피임 기구 사용에 헌법적 보호를 확장했다. 당시 코네티컷주의 피임법을 무효화하면서 법원은 결혼한 부부의 침실의 신성함을 강조했다.[131] 그러나 이 제한적 이유는 곧 사라졌다. 이후 판결에서는 코네티컷 사건의 "결혼의 신성함" 논리를 일축하며 권리가 개인에게 귀속한다고 판시했다. 따라서 결혼한 사람에게 피임권이 있다면 미혼에게도 동일한 권리가 있어야 한다고 보았다.[132]

1년 뒤, 전설적인 로 대 웨이드 사건[133]에서 법원은 수정 헌법 14조를 해석해 (약간의 제한과 함께) 낙태권을 인정했다. 로 판결은 실질적 결과는 좋아했으나 법리적 정당성에 문제를 제기한[134] 일부 "진보적인" 헌법학자들과 여러 판사의 비판을 받았다. 하지만 20여 년 후 그들 중 법복을 입은 몇몇 비판자들은 입장을 바꾸어 판결 전체 또는 최소한 판결의 "본질적 취

130　이러한 발전에 대한 상세하고 축하하는 역사는 Stone, *Sex and the Constitution*을 참조하라.

131　Griswold v. Connecticut, 381 U.S. 479, 486 (1965).

132　Eisenstadt v. Baird, 405 U.S. 438 (1972).

133　Roe v. Wade, 410 U.S. 113 (1973).

134　예를 들어 John Hart Ely, "The Wages of Crying Wolf," *Yale Law Journal* 82 (1973): 920을 보라. 또한 Mark Tushnet, *Red, White, and Blue: A Critical Analysis of Constitutional Law* (Lawrence: University Press of Kansas, 2015), 54를 보라("우리는 Blackmun 판사의 로 판결을…실질적인 근거가 전혀 없는 전례 없는 판결이라는 의미에서 혁신으로 생각할 수 있다").

지"에 대한 지지를 재확인했다.[135]

동성 파트너 간의 성관계가 헌법적 인정을 받기까지는 더 오랜 시간이 걸렸다. 1986년 대법원은 조지아주의 "남색"(sodomy)을 금지하는 법률을 폐지하지 않았는데, 수 세기에 걸쳐 이루어진 그러한 행위에 대한 법적 비난을 헌법에 대한 암묵적 금지로 해석하는 것이 불가능하다고 판단했다.[136] 그러나 1996년 대법원은 콜로라도주의 게이와 레즈비언에게 "특별권"을 인정하지 않는 조치를 창의적으로 해석해 그 법률이 무효화될 여지가 있도록 만들었다.[137] 그 후 로렌스 대 텍사스 사건[138]에서 대법원은 이전 판결을 번복하고 텍사스주의 남색 법률을 무효화했다. 10여 년 후 대법원은 주들(states)이 동성 간의 관계를 금지해서는 안 될 뿐만 아니라 원하는 동성 커플에게 "결혼"이라는 존엄한 지위도 부여하지 않을 권리가 없다고 판결했다.[139]

그러나 성 혁명의 비준은 헌법에 국한되지 않았다. 법원이 전통적인 결혼법, 즉 결혼을 이성 간의 결합으로 제한하는 법률이 위헌임을 판결했을 무렵, 미국 보건복지부는 (오바마케어로도 불리는) 환자보호 및 부담적정 보험법(Affordable Care Act)의 조항에 따라 대부분의 고용주가 피임약을 포함한 보험을 직원들에게 무상으로 제공할 것을 요구하는 규정을 발포했다. 이 소위 피임 의무 규제는 종교 기관에 대해서는 제한적인 면제를 허용했으나, 면제를 받지 못한 여러 고용주가 피임이나 특히 낙태 유발 피임약에 대한 종교적 반대 입장을 유지하면서 반발했다. 이러한 반발은 피임 의무

---

135 *Casey*, 505 U.S. 833.

136 Bowers v. Hardwick, 478 U.S. 186 (1986).

137 Romer v. Evans, 517 U.S. 620 (1996).

138 Lawrence v. Texas, 539 U.S. 558 (2003).

139 *Obergefell*, 576 U.S. _. Obergefell 사건은 United States v. Windsor, 570 U.S. 744 (2013) 사건에서 강력히 예고되었다.

지지자들과 전통적 종교 자유 관념 옹호자들 사이에 치열한 갈등을 불러일으켰다.[140] 우리는 이 갈등을 다음 장에서 자세히 다룰 것이다.

성의 상징성. 성 문제를 규제하는 법률은 당연히 실질적인 결과에 중요하지만—예컨대 낙태 금지가 가장 명확한 사례일 것이다—그 법률이 상징하는 바 때문에도 중요하며 어쩌면 그것이 더욱 중요하다. 앞서 언급됐듯이 1950년대에 성을 결혼으로 제한하려는 의도로 제정된 법률들은 전면적으로 집행되지 않았다. 이런 법률들이 성행위에 직접적으로 미치는 법적 영향은 거의 **미미했다.** 그럼에도 법률들은 지역 사회가 기독교 또는 성서적 기준이나 이상에 헌신한다는 상징적인 표현이었다. 앞서 논의했듯이 상징이 공동체를 구성한다는 점에서 그 상징적 헌신은 법률의 실질적 또는 강제적 영향이 미미했음에도 일부에게는 지지를, 다른 일부에겐 불만을 초래했다.

마찬가지로, 현대 법률들이 성 혁명의 도덕성을 수용하는 것이 환영받거나 반감의 대상이 되는 이유는 그 법률들의 실질적인 결과 때문만이 아니라 (그리고 어쩌면 주된 이유가 아닐 수도 있다) 오히려 그 법률들이 옛 기독교적 공동체 개념을 거부하고 개정된 개념을 지지한다는 것을 상징적으로 보여주기 때문이다. 내가 제안한 대로 이 개정된 개념은 "이교적"이라고 적절히 부를 수 있을 것이다. 이러한 법률의 측면은 아마도 피임에 대한 법적 처리가 변화하는 데서 가장 분명히 나타난다.

사실 오늘날 대부분의 미국인은 피임에 대해 도덕적으로 반대하지 않으며 법적 규제를 찬성하는 사람도 거의 없다. 그런 규제를 되살리려는 움직임도 없다.[141] 그럼에도 피임은 성도덕성 변화의 표현적이자 상징적인 핵

140　이러한 발전에 대한 설명과 그 문화적 의미에 대한 통찰력 있는 분석은 Paul Horwitz, "Comment: The Hobby Lobby Moment," *Harvard Law Review* 128 (2014): 154을 보라.

141　다음을 보라. Horwitz, "The Hobby Lobby Moment," 172("[피임의] 수용 가능성은 '우리

심에 있다. 따라서 드에밀리오와 프리드먼이 "피임 혁명"이라고 부르는 것이 성적 친밀감과 전통적인 생식 및 결혼의 연결고리를 분리 가능하게 만들었다.[142] 1960년대에 "경구 피임약"의 새롭고 광범위한 등장 역시 젠더 평등에 대한 새로운 헌신과 밀접히 연관된다. "경구 피임약"은 여성들이 임신이라는 고유한 위험 없이 남성들이 이전에 누렸던 성적 활동에 참여할 수 있게 했다.[143]

따라서 피임과 관련된 법률이 공공 규범의 변화를 뚜렷하게 표현하는 것은 놀랍지 않다. 앞서 언급한 바와 같이 1950년대에는 피임 기구의 배포가 대부분 주와 연방 법에 의해 공식적으로 금지되어 있었다. 그 후 피임은 (a) 법적으로 금지되던 것에서 (b) **결혼한 부부**에 대해 헌법적으로 허용되고,[144] (c) 결혼 여부와 상관없이 **성인과 책임 있는 청소년**에게 헌법적으로 보호받으며,[145] (d) 이제는 여성들―적어도 고용된 여성들―이 무료로 제공받을 법적 권리를 가진 것으로 여겨지고 있다. 실제로 이 법적 권리는 (대법원 대다수 판사를 포함해) 정부가 점점 선택적으로 부여하는 혜택이 아니라 정부가 "강력한 이익"(compelling interest)을 가진 것으로 서술되고 있다. 이 이익은 만약 더 덜 부담스러운 방식으로 충족할 수 없다면, 종교의 자유와 같은 오랜 기간 유지되어온 중심적인 약속들을 무시할 수 있는 이익이다.[146]

가 얻을 수 있는 문화적 합의에 가장 가깝다'고 주장한다"). Douglas Laycock은 "미국 내 어떠한 주도 이제 피임을 금지하려 할 수 없으며", 결국 "주교들도 오래전에 그 싸움을 포기했다"고 말한다. Douglas Laycock, "Religious Liberty and the Culture Wars," *University of Illinois Law Review* 2014 (2014): 839, 867.

142 D'Emilio and Freedman, *Intimate Matters*, 242–55, 338.

143 D'Emilio and Freedman, *Intimate Matters*, 250–51.

144 *Griswold*, 381 U.S. 479.

145 *Eisenstadt*, 405 U.S. 438.

146 이 입장은 Burwell v. Hobby Lobby Stores, Inc., 573 U.S._, 134 S. Ct. 2751 (2014) 사건에

피임과 관련된 법률이 사람들에게 중요한 문제로 다가오는—치열한 법적 분쟁과 격렬한 정치적 수사가 벌어지는—이유는 그 법률의 실질적 결과 때문이라기보다는 오히려 그것이 상징하는 바 때문이다. 앞서 언급했듯이 과거 피임 금지법은 대부분 상징적인 것이었으며, 거의 혹은 전혀 집행되지 않았다. 반면 오늘날 대부분의 여성은 고용주가 피임약을 제공하도록 법적으로 요구되지 않더라도, 개인적으로 구입하거나 가족계획연맹(Planned Parenthood) 같은 보조 기관을 통해 피임약을 구할 수 있다.[147] 실제로 종교적 이유로 반대하는 소수의 고용주를 제외하면, 대부분의 고용주는 이러한 보험 혜택을 제공할 가능성이 높다(특히 정부가 주장하듯 피임이 의료 비용을 줄인다면 더욱 그렇다).[148] 일부 경우에는 피임약을 구하는 것이 경제적 부담이 될 수도 있는데(비록 정부가 오랫동안 저소득 여성의 피임을 보조해왔음에도 불구하고 말이다.[149] 게다가 부담이 큰 대다수 여성—가령 실직 여성—은 어차피 피임 자원 의무화 조항의 혜택을 받지 못할 것이다), 대부분의 필수재(주거, 식품, 자동차,…휴대폰, 노트북 등)도 비용이 들며 정부가 일반적으로 제공하거나 의무화하지는 않는다. 따라서 최근 피임에 대한 공공 지원 요구는 정부가 새로운 성도덕성에 대해 공식적인 인정을 하라는 일종의 요구로 이해할 수 있다. 그리고 때때로 제안되는 여러 대안적 방법 대신 굳이 **고용주가** 피임을 제공해야 한다는 뚜렷한 요구는 이러한 정책과 그 근간에 있는 도덕성에 대해 고용주들의 지지를 이끌어내려는 시도로도 볼 수 있다.

서 반대 의견을 낸 네 명의 판사들과 또한 대법관 Anthony Kennedy의 일치 의견에서도 받아들여졌다.

147 See Helen Alvaré, "Meanwhile, Outside the Panic Room: Contraception, Hobby Lobby, and Women's Rights," *Public Discourse*, July 10, 2014, http://www.thepublicdiscourse.com/2014/07/13467을 보라.

148 *Hobby Lobby*, 134 S. Ct. at 2763.

149 Alvaré, "Meanwhile, Outside the Panic Room."을 보라.

성, 문화적 분열의 핵심. 성 혁명의 도덕성이나 이러한 도덕성을 반영하고 비준하는 법률과 헌법적 원칙은 모든 미국인에게 받아들여지지 않는다. 드에밀리오와 프리드먼은 새로워진 성적 의제가 소위 도덕적 다수와 뉴라이트 운동으로 불리는 세력에 종종 반발을 불러일으켰음을 기술한다.[150] 기독교 학자와 활동가들도 성은 본질적으로 결혼과 생식에 연결되어 있다는 입장을 계속 주장한다.[151] "피임 의무"와 모든 주에 동성 결혼을 시행하는 법원 판결은 여전히 활발한 반대를 일으키고 있다.[152] 성과 관련된 문제들—낙태, 피임, 동성 결혼 등—은 현재의 문화전쟁에서 적대하는 집단을 구분하는 가시적인 경계가 된다. 드에밀리오와 프리드먼은 성혁명이—문화, 정치, 종교, 경제 등—다양한 힘의 영향 아래 전개되면서, 성도덕성에 대한 차이가 다양한 의견 대립의 쟁점 중심이 되었다고 언급한다. "사회적·문화적·경제적 관심사 대부분이 성 표현에 반대하거나 성 해방을 지지하는 캠페인으로 흘러갔다."[153] 그 결과 20세기에서 21세기로 넘어가며 "미국인들은 이전보다 훨씬 더 격렬한 성 정치 시대를 목격했다."[154]

문화적이고 법적인 변화를 둘러싼 논쟁의 격렬함은 이러한 변화가 놀라울 만큼 갑작스럽게 일어났다는 사실에 의해 더욱 증폭된 것으로 보인다. 디에밀리오와 프리드먼은 다음과 같이 설명한다. "[1990년대 중반의 묻지 말고 말하지 마라 정책 이후의] 20년 동안 이전 세대에는 상상조

---

150   D'Emilio and Freedman, *Intimate Matters*, 344–61.

151   예를 들어 Sherif Girgis et al., *What Is Marriage? A Man and a Woman; A Defense* (New York: Encounter Books, 2012).

152   예를 들어 Ryan T. Anderson, *Truth Overruled: The Future of Marriage and Religious Freedom* (Washington, DC: Regnery, 2015)을 보라.

153   D'Emilio and Freedman, *Intimate Matters*, 361.

154   D'Emilio and Freedman, *Intimate Matters*, 363. 또한 387도 보라("미국 사회에서 성이 미치는 영향력은 계속해서 확대되어왔다. 지난 세기 초에 에로틱한 요소가 상업과 미디어 전반에 스며들었던 것처럼 이제 그것은 전국적인 정치 영역에도 침투하게 되었다").

차 할 수 없던 수준의 변화가 일어났다."[155] 미국시민자유연맹(American Civil Liberties Union)이 성적 표현과 자유의 헌법적 보장을 확보해온 과정을 다룬 저서에서, 리 앤 휠러는 "1973년까지만 해도 미국 헌법이 성적 권리를 보호하고 성적 시민권(sexual citizenship)을 제공할 수 있다고 상상할 수 있었던 미국인은 거의 없었다"[156]고 지적한다. 시카고 대학교 로스쿨의 전 학장인 제프리 스톤도 이에 동의한다. 새로운 성 윤리 판례법(jurisprudence of sexuality)의 열렬한 지지자이자 오래된 기독교적 관점의 비판자임에도 불구하고, 그는 "미국 역사상 어떤 시대의 연방대법원 판사들이라도 오늘날 대법원과 헌법이 외설, 피임, 낙태, 남색, 동성 결혼과 같은…논쟁적 문제들에 있어서 맡게 된 역할을 알게 된다면 큰 충격을 받을 것이다"[157]라고 인정한다.

이따금 "문화전쟁은 끝났다"[158]라는 낙관적인 선언이 나오기도 하지만, 이러한 근본적 갈등이 가까운 시일 내에 사라질 것이라고 기대하는 것은 비현실적이다. 따라서 디에밀리오와 프리드먼은 미국 성의 역사를 다룬 그들의 저서를 "성은 앞으로도 깊은 개인적 의미와 뜨거운 정치적 논쟁의 원천으로 남을 것이다"[159]라는 확신에 찬 예측으로 마무리한다.

---

155 D'Emilio and Freedman, *Intimate Matters*, 371. 또한 Erwin Chemerinsky, "Law Review Symposium Keynote Address," *U.C. Davis Law Review* 48 (2014): 447-48을 보라(그는 법적으로 동성 결혼이 인정되는 일이 자신이나 다른 이들이 예상했던 것보다 훨씬 더 빠르게 이루어졌다고 설명했다).

156 Wheeler, *How Sex Became a Civil Liberty*, 3.

157 Stone, *Sex and the Constitution*, xxvii-xxviii.

158 예를 들어 다음을 보라. Mark Tushnet, "Abandoning Defensive Crouch Liberal Constitutionalism," *Balkinization* (blog), May 6, 2016, http://balkin.blogspot.com/2016/05/abandoning-defensive-crouchliberal.html; Cathleen Kaveny, "Bookending a Culture War," *Commonweal*, April 19, 2016, https://www.commonwealmagazine.org/bookendingculture-war.

159 D'Emilio and Freedman, *Intimate Matters*, 388.

헌법을 포획하다

공적인 종교 상징들과 성에 관한 한, 우리는 미국 법체계가 벨라가 묘사한 오랜 시민 종교―기독교적 혹은 최소한 성서적 성격을 지닌 시민 종교―에 부합하던 기존의 법적 체제에서 엘리엇이 말한 "현대적 이교"에 더 가까운 내재적 종교성의 체제로 이동하고 있음을 보았다. 우리가 이미 살펴보았던 것처럼 이 변화를 이끌어낸 주된 수단이 현대 대법원의 해석과 운용을 통해 나타난 미국 헌법이었다. 그러나 이러한 변화는 양방향에서 이루어졌다. 헌법이 공적 상징과 성 규범을 덜 기독교적으로 그리고 더 이교적으로 만드는 도구로 사용되었고, 그러한 목적을 위해 헌법이 활용된 결과 헌법 자체가 점차 이교적 성격을 띠게 되었다.

그런데 이 경우 변화는 기독교적 상태에서 이교적 상태로의 단순한 이행이 아니라 중립적 불가지론적 상태에서 이교적 상태로의 전환이다. 그 이유는 애초에 헌법은 공공연하게 기독교적 문서가 아니었기 때문이다. 제정과 비준 과정에, 국가의 기본법에 기독교를 명시적으로 언급하려는 세력이 존재했다. 하지만 헌법 제정자들은 의도적으로 그러한 요구를 거부했다. 따라서 헌법은 그 전신인 연합 규약(Articles of Confederation)과는 달리 또한 당시 (또 이후의) 주 헌법들과도 달리 "섭리"나 "전능하신 하나님" 또는 "우주의 최고 통치자"에 대한 의미 있는 언급을 의도적으로 피했다.[160]

일부 현대 학자들은 헌법에 종교적 혹은 기독교적 용어가 포함되지 않았다는 사실로부터 제정자들이 미국 정부가 "세속적"이어야 한다는 헌법

---

160 예를 들어 Kramnick and Moore, *The Godless Constitution*, 27–45을 보라. 또한 Fea, *America Founded as a Christian Nation?*, 150을 보라("헌법은 결코 종교적 문서로 의도된 것이 아니었으며, 그 제정자들도 이 문서를 통해 기독교 국가를 세우려 한 것이 아니었다"고 주장했다).

적 요구를 의도했다고 추론한다.[161] 그러나 그러한 추론은 명백한 논리적 비약(non sequitur)이다.[162] 헌법이 원했다면, 몇몇 다른 나라들의 헌법처럼 "정부는 세속적이어야 한다"고 명시할 수도 있었지만 실제로 그렇게 하지는 않았다. 남북전쟁 이후에는 헌법에 "세속 정부" 조항을 삽입하려는 운동이 생겨났으나 성공하지 못했다. 같은 시기 "기독교 국가" 수정안 역시 제안되었지만 채택되지 않았다. 건국 당시와 그로부터 한 세기가 지난 시점 모두에 있어서 미국인들은 정부가 기독교적이어야 하는지 혹은 세속적이어야 하는지에 대해 아무 입장도 취하지 않은 헌법을 선택했다.[163]

그 대신 헌법은 통치를 위한 법적 틀을 제공했다. 물론 종교 문제에 대해 정부가 할 수 있는 일에는 광범위한 제약이 부과되었다.[164] 원래의 헌법은 연방 공직에 대한 종교적 자격 심사를 금지하는 조항을 포함하고 있었다. 그 직후 채택된 수정 헌법 제1조에 따라, 연방 정부는 물론 이후에는 주 정부들도 교회를 설립하거나 종교의 자유로운 행사를 방해하는 것이 금지되었다. 이 첫 두 조항은 공식적인 기독교 국가(Christendom)로 회귀하는 것을 막았다. 다음 장에서 논의하겠지만, 앞의 마지막 조항, 즉 종교의 자유로

161　Kramnick and Moore, *The Godless Constitution*, 27-45을 보라. 또한 Susan Jacoby, *Freethinkers: A History of American Secularism* (New York: Metropolitan Books, 2004), 28을 보라(그는 "설립 조항[establishment clause]이나 공직자에 대한 종교적 자격 심사를 금지한 헌법 규정의 중요성을 결코 폄하하지 않더라도 단 하나의 단어—곧 하나님—가 생략된 사실이 새로운 정부의 세속주의적 기초를 형성하는 데 훨씬 더 중요한 역할을 했다고 강하게 주장할 수 있다"고 지적했다).

162　Steven D. Smith, "Our Agnostic Constitution," *NYU Law Review* 83 (2008): 120을 보라. 또한 Fea, *America Founded as a Christian Nation?*, 162를 보라(그는 "헌법이 하나님을 언급하지 않은 것은 제정자들이 세속적 국가를 만들려 했기 때문이 아니라 연방주의의 원칙상 종교 문제는 주에 맡겨야 한다고 믿었기 때문"이라고 주장했다).

163　Philip Hamburger, *Separation of Church and State* (Cambridge, MA: Harvard University Press, 2002), 287-334을 보라.

164　수정 헌법 제1조의 종교 조항들이 지닌 본래의 의미와 목적에 대한 해설은 Smith, *The Rise and Decline of American Religious Freedom*을 보라.

운 행사를 보장한 조항은 파생적인 의미에서 기독교적 성격을 지니고 있었다. 이와 같은 넓은 틀 안에서 시 정부나 주 정부 혹은 연방 정부는 기독교적 원리에 부합하는 정책을 수립할 수도 있었고, 이교적인 규범이나 보다 실증주의적인 세속주의에 맞닿은 조치를 취할 수도 있었다. 헌법은 이러한 다양한 가능성을 모두 허용했지만 그중 어느 하나를 필수적으로 명령하지는 않았다.

이러한 불가지론적 태도는 중요한 기능을 수행했다. 윌 허버그가 적절하게 표현했듯 미국은 "본질적으로 소수자들의 나라"[165]이기 때문이다. 거의 모든 미국인은 시대와 상황이 바뀜에 따라 (마치 자신이 지지하는 정당이 선거에서 패배했을 때 느끼는 것처럼) 전국, 주 정부나 지방 정부가 취하는 입장과 불화를 느끼게 마련이다. 그러한 소외감은 때로 괴롭고 고통스러울 수 있다. 그럼에도 미국인들은 지금 당장 우위를 점하고 있는 입장들이나 정당들이 정치 공동체 그 자체를 궁극적으로 **규정**하는 것은 아니라는 사실을 상기할 수 있었다. 그러한 법적이고 정치적인 권위 위에는 헌법, 즉 기독교적이거나 세속적(혹은 이교적)인 공동체 개념 가운데 어느 쪽에도 승인(imprimatur)을 부여하지 않은 **불가지론적** 헌법이 자리하고 있었기 때문이다.[166]

이같이 보다 중립적인 헌법의 가치는 20세기 중반—법학자들이 흔히 "로크너 시대"(Lochner era)[167]라고 부르는 시기—에 본격적으로 인식되기 시작했다. 법원들은 헌법적 중립성에서 이탈해 헌법을 새롭게 등장하는 규제 국가 체제(regulatory state)에 맞서는 자유방임적 공공정책을 지지하는

165　Herberg, *Protestant-Catholic-Jew*, 247.

166　이 논지는 Smith, "Our Agnostic Constitution"에서 발전적으로 전개되고 있다.

167　이는 대법원의 논쟁적인 판결인 Lochner v. New York, 198 U.S. 45, (1905)에서 이름을 따온 것이다.

도구로 전용했다. 헌법을 이러한 방향으로 전유하는 데 사용된 주요 수단은 바로 "실체적 적법 절차"(substantive due process)라는 개념이었다. 이 개념은 표면상 정부가 적법한 헌법 조항에 **실질적인** 원리나 가치를 도입해 헌법을 경제적 자유방임주의를 지지하고 새롭게 부상하는 규제 국가 체제에 맞서는 도구로 활용하는 것이었다. 이와 같은 (제1조의 상거래 조항[commerce power]을 협의로 해석하는 방식 등의) 해석 도구를 통해 대법원은 간헐적으로 여러 주의 법들과 대공황에 대응하기 위한 뉴딜(New Deal) 입법 중 일부를 무효화시켰다. 그러나 대공황이 장기화되고 프랭클린 루스벨트가 반복해서 재선되면서 이러한 저항 시도―와 함께 "실체적 적법 절차"라는 개념 자체―는 전반적으로 신임을 잃게 되었다.[168]

물론 그것은 몇십 년 동안의 이야기일 뿐이었다. 그 후 미국 법―공공 종교 상징들과 우리가 논의해온 성 관련 법률들―에 잔존한 기독교적 요소들에 맞선 개혁 운동은 하나의 장애물에 부닥쳤다. 그 장애물은 이러한 요소들을 민주적 절차만으로는 제거하기 어렵거나 불가능하게 만든 대중의 지속적인 지지 혹은 최소한의 관성(inertia)이었다. 이에 따라 그러한 변혁의 추진자들은 유권자들의 완강함이나 무관심을 넘어서는 수단으로 헌법을 다시금 동원하게 되었다.[169]

종교 상징의 영역에서 오래된 시민 종교를 해체하기 위해 사용된 주

---

168 로크너 시대(Lochner era)의 이야기는 법학과 미국의 역사를 공부하는 모든 학생이 배우는 헌법적 서사의 익숙한 한 부분이다. 예를 들어, Bernard Schwartz, *A History of the Supreme Court* (New York: Oxford University Press, 1993), 190-202.을 참조하라.

169 참조. Stone, *Sex and the Constitution*, 383. "입법 영역이 마비된 상황에서, 낙태 선택권을 지지하는 이들은 법정을 통해 낙태 금지 법률의 위헌성을 본격적으로 다투는 방안을 진지하게 고려하기 시작했다. 처음에는 그것이 성공하기 어려운 시도로 보였다. 「뉴욕 타임스」 대법원 칼럼니스트 린다 그린하우스(Linda Greenhouse)의 말에 따르면, 헌법상 낙태 권리라는 발상은 '환상적인' 것으로 여겨졌기 때문이다. 그러나 입법적 변화의 길이 사실상 막히면서 법원이 점점 더 가장 현실적이고 유력한 대안으로 인식되었다."

요 수단은 수정 헌법 제1조의 설립 조항이었다. 그러나 이 조항은 이전 세대에게는 놀라움을 줄 만한 방식으로(역설적으로 말하자면, 제퍼슨이 제정한 유명한 버지니아 종교 자유법[Virginia Statute for Religious Liberty]과 같은 초기의 중요한 종교 자유 법률들조차 종교의 자유를 침해한 것으로 간주되어 위헌이 될 만한 방식으로) 해석되었다.[170] 그러나 많은 경우 이러한 목적에 적합한 실질적 조항이나 문구가 결여되어 있었기 때문에 적법 절차 조항이 다시금 가장 활용 가능한 수단으로 여겨졌다. 그 결과 성도덕의 영역에서는 한때 불신받았던 "실체적 적법 절차" 개념이 부활해 전통적 혹은 기독교적 성 윤리를 반영한 규제들을 무효화하는 데 사용되었다. 이처럼 앞서 언급한 주요한 성 관련 판례들—낙태 금지법, 남색 금지법, 전통적 결혼법을 폐지한 판결들—은 모두 헌법의 절차적 보장으로 보이는 문구, 즉 "적법한 법 절차에 의하지 않고서는 생명, 자유 혹은 재산을 박탈당하지 않아야 한다"는 조항에 실질적 내용을 부여함으로써 정당화되었다.[171] 또한 일부 경우에는 거의 사문화된[172] 조항이었던 평등 보호 조항(equal protection clause)이 새롭게 그리고 적극적으로 해석되어 보완적으로 사용되었다.[173]

"실체적 적법 절차"의 부활과 그 외 다른 헌법 조항들에 새로운 내용을 주입한 이 과정은 법률가들에게는 매우 익숙한 이야기다. 사실 이는 대부분의 법학전문대학원에서 1학년 헌법 강의의 기본적인 구성 요소이며,[174] 대부분의 변호사와 판사들에게는 너무도 당연한 것으로 받아들여진

---

170 이 논점의 전개에 대해서는 Smith, *Rise and Decline*, 117-20을 보라.

171 최근의 동성 결혼 관련 판결 이전의 관련 역사에 대한 간결한 서술은 Daniel O. Conkle, "Three Theories of Substantive Due Process," *North Carolina Law Review* 85 (2006): 63, 69-76을 보라.

172 Holmes 대법관은 평등 보호 조항을 "헌법적 논증에서 통상 마지막으로 동원되는 수단"이라고 유명하게 표현한 바 있다. Buck v. Bell, 274 U.S. 200, 208 (1927).

173 예를 들어 *Lawrence*, 539 U.S. 558(O'Connor 판사 보충 의견)을 보라.

174 예를 들어 Paul Brest et al., *Processes of Constitutional Decisionmaking: Cases and Materials*,

다. 그러나 이 새롭게 도입된 헌법적 내용의 대부분은 지금 전통적이고 기독교적인 규범을 뒤엎는 데 동원되고 있는 조항들을 처음 작성하고 비준했던 세대를 포함한 이전 세대[175]가 명확히 예상하지 못했던 것이므로, 이 판결들은 종종 판결 결과의 핵심 내용에 강력히 동의하는 비평가나 학자들로부터도 거센 비판을 받았다.[176]

그러나 이러한 판결들과 헌법을 이용해 굳어진 전통적인 조치와 규범들을 해체하려는 시도들은 강력하게 옹호되어왔다. 실제로 지난 반세기 동안 적법 절차 조항과 헌법 전반에 대한 해석을 정당화하며, 원래 그 조항들을 제정하고 지지했던 미국인들이 의도하거나 예상하지 않았던 결과들을 뒷받침하기 위한 헌법 이론 연구가 활발히 진행되어왔다.[177]

시민들이 토론을 거쳐 신중하게 헌법에 구체적인 조항이나 권리를 제정하고 확고히 함으로써 스스로를 통치할 수 있으리라는 신뢰를 가졌던 시절이 있었을지라도, 이러한 이론화가 설득력 있다고 보든 단지 궤변적이라고 보든 간에, 그러한 신뢰는 이제 거의 사라지는 결과를 낳았다. 헌법 조항을 제정한다는 것은 그 조항을 채택한 사람들이 전혀 예상하지 못했던 결과들을(유익한 것이든 해로운 것이든) 미래에 가져오는 데 사용될 수 있는 문서를 승인한다는 뜻이다.

4th ed. (New York: Aspen, 2000), 1131-1360을 보라.

175 이 책 이번 장 앞에 나오는 성을 둘러싼 논쟁을 보라.

176 예를 들어 Ely, "The Wages of Crying Wolf"; Robert Bork, *The Tempting of America: The Political Seduction of America*(New York: Simon and Schuster, 1990)을 보라.

177 이 문헌들은 방대하다. 그중 대표적인 저서로는 John Hart Ely, *Democracy and Distrust*(Cambridge, MA: Harvard University Press, 1981); Ronald Dworkin, Law's Empire(Cambridge, MA: Belknap Press of Harvard University Press, 1986); Bruce Ackerman, *We the People, vol. 1, Foundations*(Cambridge, MA: Harvard University Press, 1991); Jack M. Balkin, *Constitutional Redemption*(Cambridge, MA: Harvard University Press, 2011) 등이 있다.

이것은 분명히 어떤 이들은 기뻐하고 어떤 이들은 한탄하는 변화다. 긍정적인 관점에서 제프리 스톤은 "1957년부터 현재까지 미국 헌법에는 심오한 변화가 있었고", "우리 문화와 법률에서 놀랍고 실제로 역사적인 변화"[178]가 일어났다고 환호한다. 반면 다른 이들은 법원이 진보적 의제를 추진하기 위해 헌법을 동원하는 일이 사실상 민주적 정부의 종말을 의미한다고 우려한다.[179]

지난 반세기 동안 대법원의 설립 조항 판례법은 이전 세대들이 전적으로 용인했고 현재 세대의 많은 이들도 여전히 용납하고 존경하는 공적 메시지와 상징들을 무효화하는 효과를 가져왔다.[180] 또한 대법원의 실체적 적법 절차 판례법은 과거 법적으로 공식 인정받았던 기독교적 성 윤리와 결혼 규범을 체계적으로 해체했으며, 고대 및 현대 이교의 내재적 종교성과 공명하는 성에 대한 관점으로 법을 결정적으로 이동시켰다.

이 과정에서 좋든 나쁘든 대법원은—한때 종교적이고 세속적인 공동체 개념 간의 다툼에서 당당히 초월적인 위치를 차지하며, 정치적이거나 문화적인 혹은 종교적인 소수자였던 시민들의 충성을 지탱해주는 닻 역할을 했던—국가의 가장 근본적인 법을 이제는 도시에 대한 초월적인 개념과 내재적인 개념이 대립하는 당파적 투쟁의 수단으로 탈바꿈시켰다.

178　Stone, *Sex and the Constitution*, 534, 535.

179　예를 들어 *The End of Democracy? The Judicial Usurpation of Politics*, ed. Mitchell S. Muncy and Richard John Neuhaus(Dallas: Spence, 1997)을 보라.

180　Smith, *Rise and Decline*, 117-20을 보라.

제11장

반혁명, 제2부:
종교의 자유

앞서 첫 장에서 우리는 두 가지 형태로 된 질문을 마주했다. 먼저 우리는 거의 2천 년 전 플리니우스(와 테르툴리아누스)의 질문에 주목했다. 왜 로마인들은 단지 그리스도인이라는 이유만으로 그들을 박해하고 종종 처형했을까? 비록 (테르툴리아누스가 주장했듯) 그리스도인들이 황제와 군단, 그리고 다른 로마 당국과 제도를 지지하며 심지어 그들을 위해 기도했음에도 불구하고 말이다.

로마 종교의 본질과 기독교와의 차이점을 살펴본 후, 우리는 제6장에서 그 질문에 대한 후기 고대 시대의 답변을 다뤘다. 로마인들은 기독교를 관용할 수도 있었고 때때로 그렇게 했다. 그러나 로마의 기독교 박해는 단순히 무의미하거나 악의적인 행위에 불과한 것은 아니었다. 이는 그리스도인들의 진심 어린 충성 선언에도 불구하고 여러 면에서 기독교가 로마 도시, 즉 로마인들이 유지하려 했던 정치 공동체의 형태를 잠재적으로 전복하는 힘을 지니고 있었기 때문이다. 박해는 꼭 필수적이거나 칭찬받을 만한 행동은 아니었지만, 적어도 그 전복적 힘에 대한 도구적이고 상징적인 측면에서 나름 합리적인 대응이었다.

오늘날 미국에서는 이 질문의 두 번째이자 덜 폭력적인 형태가 변호사이자 학자인 더글러스 레이콕과 같은 이들에 의해 제기되고 있다. 왜 차별 철폐 의제를 지지하는 이들은 동성 결혼에 대해 종교적 이유로 반대하는 결혼 상담사, 웨딩 사진사, 플로리스트 등에게 소송을 제기하는가? 이들이 제공하는 서비스는 다른 제공자에게서도 얼마든지 쉽게 이용할 수 있고, 실제로 어떤 동성 커플도 자기들의 결합에 종교적으로 반대하는 제공자의 서비스를 받고 싶지 않을 텐데 말이다. 대체로 자유주의적인 입장을 가진

레이콕은 이러한 소송 행위를 관용 부족의 표현으로 비판하며 자신의 비판을 성행위를 규제하는 법률을 지지하는 그리스도인들에게도 확대한다. 우리는 이전 장에서 성과 법률 문제를 다루며 법이 어떻게 기독교적 성 규범 혹은 반대로 이교적 성 규범을 구현하여 공동체를 기독교적 혹은 이교적 전통(line)을 따라 구성하고 표현하는 중요한 구성적 상징이 되는지를 관찰했다. 이제 우리가 시작한 질문으로 돌아갈 시간이다.

성소수자 옹호자들이 종교적 전통주의자들의 조력이 필요하지도 바람직하지도 않은데도 왜 그들에게 제재를 가하려 **하는가**? 그러한 소송이 레이콕이 지적한 것처럼 포용성 부족의 표현일까? 설령 그렇다고 하더라도, 우리가 그런 꼬리표가 실제로 무엇인지 밝힐 수 있을까? 만약 그것이 "불관용"이라면, 그 불관용의 원인은 무엇인가? 왜 사람들이 굳이 시간과 수고를 들여 이렇게까지 적극적으로 불관용을 드러내려 하는가?

이 질문들은 우리를 우리 시대의 주요한 논쟁 중 하나인 종교의 자유 문제 한가운데로 이끈다. 미국 역사 대부분, 적어도 헌법 채택 이후로 종교의 자유는 거의 모든 시민이 (완벽히 준수하지는 않더라도) 경건하게 받아들인 약속이었다. 비록 그 약속의 의미와 함의는 자주 치열하게 논쟁되었지만 말이다.[1] 오늘날 상황은 달라 보인다. 문화적이고 정치적인 분열의 한쪽에 있는 (일반적으로 이쪽에 있지 **않은** 레이콕과 같은 비평가들을 포함해) 많은 시민, 활동가, 정치인들은 반대편의 활동가, 정치인, 학자들을 종교의 자유에 무관심하거나 적대적이라고 본다. 레이콕은 다음과 같이 주장한다. "거의 300년 만에 처음으로, 미국 사회 내 중요한 세력이 **원칙적으로** 종교의 자유 행사의 정당성 자체를 의심하며, 종교의 자유 행사가 나쁜 생각일지 모

---

[1]   지지하는 조사로는 Steven D. Smith, *The Rise and Decline of American Religious Freedom*(Cambridge, MA: Harvard University Press, 2014)을 참조하라.

른다고 하거나 최소화되어야 할 권리라고 주장한다."[2]

하지만 대체로 사람들은 그런 식의 묘사를 분개하며 거부한다.[3] 거의 모든 사람이 적어도 종교의 자유를 지지한다고 주장하며 이를 반대한다고 인정하는 사람은 거의 없다. 그렇다면 누가 옳은가? 이러한 문화적·법적·정치적 투쟁에서 정확히 무슨 일이 벌어지고 있는가?

앞선 논의들은 이 장에서 제시할 전반적 답변을 이미 예고했다. 현대의 종교 자유를 둘러싼 투쟁은 더 크고 본질적으로 종교적인 미국을 규정하고 구성하려는 정체성 투쟁 속에 자리한 하나의 전장, 그것도 매우 핵심적인 전장이다. 물론 실제 현실은 다른 많은 이런 갈등에서와 마찬가지로 매우 혼란스러울 뿐 아니라 사회 전반에 깊은 혼동을 낳고 있다. 다시 한번 매튜 아놀드의 비유를 빌리자면, 이는 "무지한 군대들이 밤에 충돌하고 있는"[4] 상황이다. 따라서 이 문제에 대한 어떤 평가도 이론 작업이 본래 그렇듯 어느 정도는 인위적인 명료성을 식별하고 부여하려는 시도를 피할 수 없다. 이러한 경고와 함께 간결한 설명을 제시한다.

투쟁의 한쪽은 초월성을 존중하고 그에 대해 열려 있는 도시나 정치 공동체와 일치하는 종교 자유의 개념을 지지한다(이는 상징적으로 표현될 뿐 아니라 어느 정도 공동체의 성격을 구성하는 역할을 한다). 반면 다른 쪽은 다른 시민적 비전의 지배를 받으며 그 개방성을 닫으려 한다. 그러나 도시를 초월성으로부터 봉쇄하는 것이 종교 자체나 심지어 초월적 종교 자체에 반대한

---

2   Douglas Laycock, "Sex, Atheism, and the Free Exercise of Religion," *Detroit-Mercy Law Review* 88 (2011): 407.

3   예를 들어 다음을 보라. Chris Johnson, "DOJ Touts Anti-LGBT Views, Task Force at 'Religious Freedom' Summit," *Washington Blade*, July 30, 2018, http://www.washingtonblade.com/2018/07/30/sessions-announces-newtask-force-at-anti-lgbt-religious-freedom-summit/.

4   Matthew Arnold, "Dover Beach," *Poetry Foundation*, July 13, 2017 접속, https://www.poetryfoundation.org/poems/43588/dover-beach.

다는 뜻은 아니다. 꼭 그렇지도 않고, 적어도 현재로서는 그렇지 않다. 또한 그쪽에 있는 사람들이 반드시 종교의 자유에 반대하는 것도 아니다. 하지만 그들은 문제적이고 **초월적인** 유형의 종교를 공적 영역[5] 밖으로—말자하면 도시 내벽 밖으로—밀어냄으로써 "이익"의 충족과 **내재적으로** 신성한 가치에만 전념하는 공적 영역을 유지하려 한다.

다른 말로 표현하면, 그들은 미국인들이 물려받은 포괄적이고 암묵적으로 기독교적인 도시—1892년 연방대법원이 "우리는 기독교 국가다"[6]라고 선언했던 바로 그 도시—를 거부하고…이교적이라고 더 적절히 설명될 수 있는 (종교 자유에 대한 이해까지도 포함해서) 덕, 감수성, 시민적 성격을 지닌 도시를 새롭게 구축하려 한다. 그리고 그들은 공적 영역에서 초월적 종교가 바로 그런 도시를 전복하는 힘을 지닌 존재임을 인식한다. 이는 고전 시대 로마인들이 기독교가 공동체를 위협할 수 있음을 정확히 인식했던 방식과 유사하다.

요컨대 현대의 종교 자유를 둘러싼 투쟁은 초월적 종교성과 내재적 종교성을 둘러싼 현재적이면서도 영원한 투쟁을 보여주는 일종의 축소판이며 4세기의 기독교 혁명을 되돌리려는 시도다.

미국식 종교의 자유

정치적 논쟁과 학술 토론조차도 종종 "종교의 자유"를 마치 어떤 플라톤적

---

[5] 참조. Stephen Macedo, "Transformative Constitutionalism and the Case of Religion: Defending the Moderate Hegemony of Liberalism," *Political Theory* 26 (1998): 56, 61, 63(여기서 자유주의 국가가 "흐리멍덩한 종교"[wishy-washy religion]를 양성해야 한다고 주장한다).

[6] Holy Trinity Church v. United States, 143 U.S. 457, 470 (1892).

형상, 즉 어떤 사람이 승인하거나 반대할 수 있는 명확하고 단일한 본질을 가진 개념인 것처럼 다룬다. 이러한 본질주의적, 즉 찬성이냐 반대냐 식의 사고방식은 논의를 단순화한다(그리고 양극화하며 그에 따른 활기를 가져온다). 하지만 정부가 다양한 방식으로 "종교"의 여러 형태를 관용, 존중, 때로는 촉진하거나 반대로 억제, 제한 및 금지해온 다양한 현실을 충분히 반영하지 않는다.[7]

종교의 자유를 하나의 단일한 약속이라 생각하면서 우리가 그것을 지지하거나 반대하는 것은 인위적이지만, 우리는 정치적 제도가 사람들이 각기 다르게 이해하는 성스러움에 따라 살아가는 다양한 방식을 좀 더 잘 또는 덜 수용할 수 있게 하는지에 대해 이야기**할 수 있다**. 또한 우리는 이러한 자유를 증진하거나 제한하는 것을 목표로 삼는 다양한 일반적 접근이나 전략을 구분할 수 있다. 미국에서는 종교의 다양성에 대한 지배적인 접근법이 우리가 "비설립"(nonestablishment)과 "수용"(accommodation)이라고 묘사할 수 있는 두 가지 중심 주제나 전략을 전통적으로 강조해왔다.

첫 번째 주제는 보통 수정 헌법 제1조의 설립 금지 조항("의회는 종교를 설립하는 법률을 제정해서는 안 된다")과 연관된다. 두 번째는 같은 수정 헌법의 자유로운 종교 행사 조항("…또는 종교의 자유로운 행사를 금지해서는 안 된다")과 연결된다. 앞 장에서는 비설립의 한 측면, 즉 최근 수십 년 동안 연방대법원이 발전시킨 정부가 종교를 "지지해서"는 안 된다는 헌법 원리를 다룬 바 있다.[8] 반면 이 장의 주요 초점은 두 번째 주제, 즉 "수용"에 맞추어질 것이다. 하지만 우리는 첫 번째 주제에도 종종 주목할 것이다. 그렇게 함으로

---

7 이 점에 대한 논의는 Steven D. Smith, *Foreordained Failure: The Quest for a Constitutional Principle of Religious Freedom* (New York: Oxford University Press, 1995), 6-8에서 다루어지고 있다.

8 이 책 제10장에서 "여기까지 오게 된 경위"를 보라.

써 우리는 비설립의 한 버전이 종교적 수용에 대한 반대의 증가와 결합해 "이교적"이라고 부를 만한 시민 공동체의 부활이나 재구성을 촉진하고 있음을 보게 될 것이다.

수용 전략. 수용 전략을 이끄는 중심 사상은 기본적으로 이렇다. 정부는 시민의 종교적 신념을 존중해야 하며 그러한 신념을 방해하거나 부담이 되지 않도록 적극적으로 노력해야 한다. 다시 말해 정부는 사람들이 성스러움에 대해 그들의 다양한 이해에 따라 살아갈 공간을 적극적으로 보장해야 한다. 만약 특정 법이 한 개인이나 집단의 진실한 종교적 신념을 위반하도록 요구하게 된다면, 정의롭고 인도적인 정부는 **합리적 가능성이 있는 한**(때로는 합리적 가능성이 **없을** 수 있기 때문에)[9] 그 부담을 겪는 사람들에게 법 적용을 면제하는 길을 찾으려고 할 것이다.

가장 널리 알려진 예는 종교적 평화주의와 군 복무와 관련된 것이다. 퀘이커교도들은 식민지 시절부터 미국 사회에서 두드러진 존재였다. 그리고 그들은 전쟁에 참여하는 것에 대해 진실한 종교적 반대를 표하는 것으로 알려져 있다. 그러므로 실제로 퀘이커교도(및 다른 진정한 종교적 평화주의자들)에게서 군 복무 의무를 면제해주는 가능한 방법이 있다면 정부는 퀘이커교도(및 다른 진정한 종교적 평화주의자들)에게 군 복무 의무를 면제해주어야 한다. 적어도 종교 자유에 대한 수용주의자의 이해에 따르면 그렇다.

물론 이것이 정부가 종교에 취할 수 있는 유일한 입장은 아니며 심지

---

[9] 자주 사용되는 예를 들자면, Andrew Koppelman, "Secular Purpose," *Virginia Law Review* 88 (2002): 106n68을 보라. 만약 열성적인 아즈텍 신자 집단이 종교적 의무로 희생제물의 살아 있는 심장을 도려내야 한다고 믿는다면, 주 정부의 살인 금지법을 적용하는 것은 분명 그 신앙의 행사를 제한하게 될 것이다. 그러나 적어도 오늘날 미국에서는 거의 모든 사람이 정부가 아즈텍 신자들에게 살인법 적용을 면제하는 것은 부당하다고 여길 것이다. 살인을 방지하려는 정부의 공익은 아즈텍 신자의 종교적 신념보다 우선한다.

어 종교의 자유를 존중한다고 묘사할 수 있는 유일한 접근도 아니다.[10] 예를 들어, 정부가 종교에 대해 단순히 불가지론적이거나 중립적인 태도를 지향할 수도 있다(찬성도 반대도 하지 않는다). 이 경우 정부는 실정법적인 세속적 공공정책에 저촉되지 않는 한, 사람들이 각자 신앙에 따라 살도록 내버려두지만, 공적 이익이나 정책과 충돌하는 종교 관행을 반드시 수용해야 할 의무는 없다고 선언할 것이다. 이런 불가지론적인 또는 중립적인 입장은 적어도 완화된 의미에서는 다양한 종교적 신앙과 관행이 최소한 잠정적으로 **허용되고** 차별이나 박해의 대상이 되지 않으므로 종교의 자유를 존중한다고 볼 수 있다. 이는 일반적으로 종교 자유 발전에 우호적 인물로 평가받는 존 로크나 로저 윌리엄스가 지지한 접근법에 가까웠다고 할 수 있다.[11] 그러나 수용주의적 입장은 한 걸음 더 나아가 정부가 종교를 적극적으로 존중해야 할 가치가 있는 것으로 보고 합리적으로 가능한 한 종교에 대한 간섭을 피할 방안을 모색해야 한다고 본다.[12]

실제로 수용은 종교의 다양성에 대한 미국의 전형적인 접근이었다. 20

---

10 물론 정부가 종교의 자유를 존중한다고 선언할 필요는 없다. 정부는 종교 혹은 적어도 특정 종교에 적극적으로 적대적일 수 있다(실제로 자주 그래왔다). 예를 들어 공산주의 정부들은 종종 이런 태도를 취했다. Graham Greene의 소설 *The Power and the Glory*(New York: Penguin, 1991)에 그려진 시기의 멕시코 정부 역시 마찬가지였다. 『권력과 영광』(열린책들 역간).

11 Locke에 대해서는 Martha C. Nussbaum, *Liberty of Conscience: In Defense of America's Tradition of Religious Equality* (New York: Basic Books, 2009), 67을 보라. Williams에 대해서는 Steven D. Smith, "Separation and the Fanatic," *Virginia Law Review* 85 (1999): 230-31을 보라.

12 수용 전략은 다양한 수준에서 시행될 수 있으며 실제로 그래왔다. 그것은 헌법 원칙으로 명문화될 수 있고 수십 년 동안 명문화되어온 적도 있다. 수용 전략은 주법과 연방법 모두에서 입법의 형태로 구현될 수 있고 되기도 한다. 학교 구역이나 기업과 같은 기관의 정책을 통해 수용이 이루어지기도 한다. 종종 수용 전략은 비공식적이고 임시적인 방식으로 실행되기도 한다. 예를 들어 한 학생이 종교적 명절 때문에 금요일 수업 면제를 요청하면 교사가 허락하는 (혹은 거절하는) 식이다.

세기 약 30년 동안 연방대법원이 해석한 수정 헌법 제1조 종교 자유 행사 조항의 헌법 원리는 종교적 수용 약속을 명시적으로 받아들였다. 적어도 대부분의 법률가와 학자들의 이해에 따르면,[13] 이 원리는 다음과 같이 요구하는 것이었다. 주법이나 연방법을 준수하는 일이 개인의 종교적 실천에 부담을 주는 경우 정부는 그 준수를 통해서만 달성하고 있고 더 완화된 다른 방법으로 대체할 수 없는 "중대하고 설득력 있는 공익"이 있음을 입증하지 못하는 한, 그 개인을 그 법적 의무에서 면제해주어야 한다는 것이었다. 이 면제 원칙은 1963년 셔버트 대 베르너 사건[14]에서 공식적으로 명문화되었고 1990년 논란이 많은 "페요테 사건"(peyote case)인 고용부 대 스미스 사건(Employment Division v. Smith)[15] 판결에서 대법원이 이를 폐기하기 전까지 지속되었다.

이러한 대법원 판례들을 감안할 때, 논평가들은 때때로 수용 전략이 미국 역사상 비교적 짧은 기간에만 적용되었다고 주장한다.[16] 그러나 이러한 평가는 수용 접근법의 역사적 범위와 중요성을 크게 축소하는 것이다. 국가 초기 역사 대부분 동안 주 정부들이 통치의 주요 무대였고 많은 주에서는 주 헌법에 종교적 수용 규정을 포함시켰다.[17] 공화국 초기의 입법자들도 종교적 반대자들을 수용하려는 지혜와 정의를 인식했다. 그들은 퀘이커교도들이 맹세, 법정에서 모자 벗기, 군 복무 등의 다양한 법적 요구에서 면

---

13   나는 다른 곳에서 대법원의 "종교 자유 행사" 판례가 요구했던 바에 대해 약간 다른 해석을 제시한 바 있다. Steven D. Smith, *Getting Over Equality: A Critical Diagnosis of Religious Freedom in America* (New York: New York University Press, 2001), 83-96을 보라.

14   Sherbert v. Verner, 374 U.S. 398 (1963).

15   Employment Division v. Smith, 494 U.S. 872 (1990).

16   예를 들어 Ira C. Lupu, "Hobby Lobby and the Dubious Enterprise of Religious Exemptions," *Harvard Journal of Law and Gender* 38 (2015): 48-54를 보라.

17   Michael W. McConnell, "The Origins and Historical Understanding of Free Exercise of Religion," *Harvard Law Review* 103 (1990): 1421-29를 보라.

제받을 수 있는 방안을 모색했다.[18] 그뿐만 아니라 판사들 역시 종교적 수용을 지지하고 실천했다. 그들은 헌법상의 약속을 진실한 종교적 반대자라면 그들의 종교적 의무에 위배되는 법률 준수를 면제받아야 한다는 의미로 해석했다. 예를 들어 초기 뉴욕의 한 판례에서 판사는 로마 가톨릭 신부가 고해성사에서 들은 범죄 정보를 공개하지 않아도 된다는 결정을 내렸다.[19]

이처럼 폴 호로위츠가 지적하듯이 "종교의 수용은 본래적으로 미국 공법의 한 특징이다. 공화국 초기부터 종교적 신념과 실천에 법이 부담을 주는 경우 면제를 인정하는 것은 '법과 종교적 신념 사이의 긴장에 대한 자연스럽고 정당한 대응'으로 여겨졌다."[20] 물론 언제, 어떤 경우에 면제를 허용해야 하는지, 그리고 입법부가 주도해야 하는지 사법부가 주도해야 하는지에 대해서는 늘 의견 차이가 있었다. 수용에 대한 약속이 항상 만장일치의 지지를 받은 것은 아니었다.[21] 그럼에도 수용의 가치와 정의는 공화국 창립 때부터 널리 반복적으로 인정받아왔다.

주요한 반대 논거는 19세기 레이놀즈 대 미국 사건(Reynolds v. United States)이다.[22] 이 판례 및 이어진 두 건의 판결에서[23] 연방대법원은 일부다처

---

18   McConnell, "Origins and Historical Understanding," 1467-2.

19   People v. Phillips, Court of General Sessions, City of New York (June 14, 1813), William Sampson, *The Catholic Question in America*(University of Michigan Library, 1813)에 수록. 이 판결문은 비공식적으로 보고되었지만 자주 재인용되었다. 예를 들어 Michael W. McConnell et al., *Religion and the Constitution*, 3rd ed. (2011), 139을 보라.

20   Paul Horwitz, "The Hobby Lobby Moment," *Harvard Law Review* 128 (2014): 167(일부는 McConnell, "Origins and Historical Understanding," 1466을 인용함).

21   예를 들어 Simon's Executors v. Gratz, 2 Pen. & W. 412(Penn. Sup. Ct. 1831)을 보라(유대교 안식일 준수를 위한 수용 요청을 기각함).

22   Reynolds v. United States, 98 U.S. 145 (1878). 수용의 가치와 역사적 중요성을 최소화하려는 해석에서, Ira Lupu는 주로—정확히 말하면 오직 전적으로—Reynolds 판례만을 근거로 1963년 이전의 종교 자유 헌법 판례를 규정한다. Lupu, "Hobby Lobby," 48-9.

23   Davis v. Beason, 133 U.S. 333 (1890); Late Corporation of the Church of Jesus Christ of Latter-Day Saints v. United States, 136 U.S. 1 (1890).

제를 종교적 의무로 여기던 예수 그리스도 후기성도 교회(일명 모르몬교) 신자들이 일부다처 금지법이 종교의 자유를 침해한다고 주장한 것에 대해 이를 받아들이지 않았다.

전통적으로 레이놀즈 판례는 수정 헌법 제1조 종교 자유 행사 조항이 종교적 **신념**만을 보호하고 종교적 행위는 보호하지 않는 것으로 해석한 것으로 알려져 있다.[24]

그러나 레이놀즈 판결은 일반적으로 알려진 것보다 훨씬 복잡하다. 실제로 레이놀즈에는 사실상 **두 개의** 다수 의견이 있다고 볼 수 있다. 하나의 의견에는 대부분의 법률가와 학자들이 주목해온 "신념/행위"(belief/conduct) 구별 언급이 나온다.[25] 만약 이것이 판결의 유일한 논거였다면, 대법원은 그 지점에서 분석을 끝낼 수 있었을 것이다. 모르몬교도들이 "일부다처제"를 실천해야 한다는 **신념을 갖는 것**은 자유지만, 그 신념을 **행동으로 옮기는 것**은 법적으로 자유가 없다고 대법원은 말했을 것이다. 논쟁은 거기서 끝날 수도 있었다.

하지만 실제로 대법원은 그 결론에서 끝마치지 않았다. 오히려 대법원은 미국의 자유 사회에서는 일부다처제가 중대한 악이기 때문에 용납될 수 없다고 길게 논증했다.[26] 일부다처제는 결혼의 신성함을 훼손하는데, 결혼의 신성함은 미국 제도에 필수적이라고 대법원은 판시했다.[27] 그리고 일부다처제는 억압적인 "가부장적 원리"를 내포함으로써 반민주적 권위주의를 촉진한다고 주장했다.[28] (레이놀즈의 이러한 논거는 19세기 미국 법과 사회

---

24   예를 들어 Lupu, "Hobby Lobby," 48; Daniel O. Conkle, *Religion, Law, and the Constitution, Concepts and Insights Series* (Saint Paul, MN: Foundation Press, 2016), 15–17을 보라.

25   *Reynolds*, 98 U.S. at 164.

26   *Reynolds*, 98 U.S. at 164–67.

27   *Reynolds*, 98 U.S. at 165–66.

28   *Reynolds*, 98 U.S. at 166.

가 반성 없이 전적으로 가부장제를 옹호했다고 생각하는 사람에게는 다소 놀라울 수 있다.) 만약 대법원이 종교 자유 행사 조항은 정말로 오직 신념만을 보호하고 행위는 보호하지 않는다는 입장에 확고했다면, 사회적 해악에 대한 이러한 논거는 완전히 불필요했을 것이다. 하지만 대법원의 이러한 논증은 20세기에 들어와서야 본격화된 것으로 여겨지는 수용/균형(accommodation/balancing) 전략과 오히려 잘 들어맞는다.

클라크 롬바르디는 레이놀즈의 두 번째 다수 의견—즉 일부다처제가 너무 심각한 악이기 때문에 용인될 수 없다고 주장한 의견—이 19세기 판사, 입법자, 사법 논평가들이 흔히 공유했던 견해와 공명함을 지적한다.[29] 롬바르디는 (그렇지 않은 이들도 있었지만) 당시 많은 법원과 논평가들이 종교적 수용 의무를 인정했다고 주장했다.[30] 수용론자들은 법적 면제가 지극히 심각하거나 참을 수 없는 해악까지 확장될 수 없다는 점을 인정했다. (모르몬교 등장 전부터 사용된) 이런 참을 수 없는 해악의 대표적 예는 일부다처제였다.[31] 레이놀즈 판결은 이 익숙한 패턴에 정확히 들어맞는다. 해당 판결에서는 인신 공양을 수용할 수 없을 만큼 중대한 해악의 한 예로 제시했고,[32] 일부다처제 역시 그와 같은 사례라고 판단했다. 따라서 레이놀즈 판결의 이 부분은 종교를 원칙적으로 수용해야 한다는 의무가 암묵적으로 전제되고 있음을 시사한다.

물론 레이놀즈 판결에서 나타난 두 번째 주제가 종교 자유의 행사가

---

29   Clark B. Lombardi, "Nineteenth-Century Free Exercise Jurisprudence and the Challenge of Polygamy: The Relevance of Nineteenth-Century Cases and Commentaries for Contemporary Debates about Free Exercise Exemptions," *Oregon Law Review* 85 (2006): 369,403-23.

30   Lombardi, "Nineteenth-Century Free Exercise Jurisprudence," 398-403.

31   Lombardi, "Nineteenth-Century Free Exercise Jurisprudence," 432-41.

32   *Reynolds*, 98 U.S. at 166.

오로지 신념만을 보호하고 행위는 보호하지 않는다는 그 첫 번째 주제를 없애버린 것은 아니다. 이 해석과 이를 뒷받침한 대법원의 주요 논거(가령, 종교적 행위를 면제하면 모든 시민이 "자신만의 법을 갖게 된다"는 주장)[33]는 어떤 의미에서는 당대보다 앞선 논지라고 할 수 있다. 우리는 이 주장에 대해서 곧 다시 논의하겠다. 지금 중요한 점은 레이놀즈 판결이 미국 건국 초기부터 이어진 종교적 수용의 약속이 논란의 여지는 있었지만 미국이 종교적 다양성에 접근하는 데 있어 매우 두드러진―아마도 비설립 원칙과 함께 중심적―주제였다는 사실을 결코 부정하지 않는다는 것이다. 이 수용의 원칙은 20세기에 들어 대법원에 의해 더욱 분명하게 다듬어지고 발전했다.[34]

그러다가 1990년 고용부 대 스미스 사건, 일명 페요테(peyote) 사건에서 대법원은 기존의 종교적 수용 원칙을 헌법적 요구 사항으로서 공식적으로 거부하고, 법이 종교적으로 "중립적"이고 "일반적으로 적용"된다면 더는 종교적 수용이 헌법적으로 요구되지 않는다는 원칙을 채택했다. 그러나 동시에 대법원은 입법부가 실정법적 차원에서 종교적 수용을 규정하는 것은 명시적으로 허용했다.[35] 그리고 실제로―의회와 여러 주 입법부를 포함한―입법부들은 (사실 이미 오래전부터 해오던 대로) 빠르게 이런 입법

---

33 *Reynolds*, 98 U.S. at 167.

34 앞서 언급했듯 대법원이 1963년까지 종교적 수용 의무를 헌법 원칙에 도입하지 않았다고 흔히들 보고하지만(예: Lupu, "Hobby Lobby," 49 참조), 이는 완전히 정확한 설명이 아니다. 대법원은 이미 유명한 Cantwell v. Connecticut, 310 U.S. 296, 303–4 (1940) 사건에서 신념과 행위의 절대적 구별을 명시적으로 거부했고, 종교적 행위에 대한 한정적이지만 인정되는 수용 의무를 암시했다. 법률가들과 학자들은 Cantwell 판시를 잘 알고 있지만(예: Conkle, *Religion, Law, and the Constitution*, 17 참조), 일반적으로 이를 실제 판례 법리의 성명(statement of law)으로 보지는 않는다. 아마도 나중에 통상적으로 받아들여진 법적 "교리"(doctrine)의 공식적인 문장 형태로 제시되지 않았기 때문일 것이다. 이러한 "공식화"(formulaic) 양식에 대해 비판적이고 통찰력 있는 논의는 Robert F. Nagel, *Constitutional Cultures: The Mentality and Consequences of Judicial Review*(Berkeley: University of California Press, 1989), 121–55을 보라.

35 *Employment Division*, 494 U.S. at 890.

을 실행했다.[36] 예를 들어 연방의회는 종교의 자유 회복법(Religious Freedom Restoration Act)을 통과시켜 면제 원칙을 실정법 차원에서 사실상 부활시켰다. 이 법은 의회에서 거의 만장일치로 채택됐고, 미국 시민 자유 연맹(ACLU)에서 전국 교회협의회(National Council of Churches)에 이르기까지 다양한 단체들의 지지를 얻었다.[37] 클린턴 대통령은 법안에 서명하며 종교의 자유를 "아마도 모든 미국적 자유 가운데 가장 소중한 것"으로 칭송하고, 모든 미국인이 "자신의 신념을 실천할 권리를 지키기 위해 마지막까지 싸워야 한다"고 촉구했다.[38]

이런 실정법상의 종교적 수용 요구는 오늘날까지도 법원에서 지속적으로 집행되고 있다.[39] (다만 우리가 앞으로 논의할 여러 이유로 인해, 그러한 요구는 최근 일부 주에서 종교적 수용 조항을 제정하려는 시도가 거센 논란과 반발에 직면하면서 점차 도전에 놓이고 있음을 보여준다.)

수용 전략의 초월적 성격. 그렇다면 왜 정부가 종교를 수용하려는 추정적 의무를 인정해야 하는가? 사실 수용 전략은 명확히 기독교적 성격을 지니는 접근법이다. 아니, 오히려 초월적 권위의 인정을 지향하는 접근이라고 보는 것이 더 정확하다. 이러한 인식은 결코 기독교에만 국한된 것은 아니지만 미국인들이 기독교로부터 물려받은 유산의 일부였다. 수용 전략의 기독교적인 혹은 초월적으로 종교적인 성격은 이 접근을 낳게 한 역사적인 전거에서도 그리고 그 내재적 논리나 구조에서도 뚜렷이 드러난다.

---

36 Conkle, *Religion, Law, and the Constitution*, 121-23을 보라.

37 Conkle, *Religion, Law, and the Constitution*, 123-24.

38 William J. Clinton, "Remarks on Signing the Religious Freedom Restoration Act of 1993," *American Presidency Project*, November 16, 1993, http://www.presidency.ucsb.edu/ws/?pid=46124.

39 예를 들어 Burwell v. Hobby Lobby Stores, Inc., 134 S. Ct. 2751, 2763 (2014); Gonzales v. O Centro Espírita Beneficente União do Vegetal, 546 U.S. 418 (2006)을 보라.

먼저 역사적으로 보자면 수용적 접근은 예수가 소수의 제자에게 복음을 처음 전한 이후 수 세기에 걸쳐 서구에서 발전한 독특한 기독교 사상에 뿌리를 두고 있다. 이 발전 과정은 다른 곳에서 자세히 논의한 바 있다.[40] 다음은 과감하게 요약한 개요다.

신약성서는 세금 납부의 정당성(permissibility)에 대한 질문에 예수가 우리가 두 종류의 권위, 즉 세속적 권위와 영적 권위에 대해 존중할 의무가 있음을 선언한 장면을 전한다. 예수는 "가이사의 것은 가이사에게, 하나님의 것은 하나님께 바치라"[41]고 선언한다. 우리가 제5장과 6장에서 보았던 것처럼 이원론은 아우구스티누스의 "두 도시" 교리를 포함해 후대 기독교 사상가들에 의해 더욱 발전되었다. 이러한 이원론의 실천적이고 법적인 함의가 실제로 자리잡는 데는 수 세기가 걸렸고, 사실 이 함의는 오늘날에도 각 시대의 변화무쌍한 정치적 상황 속에서 그리스도인들에 의해 계속 모색되고 있다. 그러나 최초의 주요한 정치적 성과는 국가의 통제로부터 "교회의 자유"를 보장하는 약속이었다. 이 사상은 기독교가 공식적으로 승인된 직후부터 주교들에 의해 주장되기 시작했다.

일례로 4세기 들어 황제 콘스탄티우스는 아리우스파적 기독교를 교회에 강요하려 했다. 그는 자신의 부친 콘스탄티누스와 마찬가지로 황제가 종교에 대해 늘 해왔던 통제권을 계속 행사할 수 있으리라 믿었던 듯하다. 그러나 이번에는 정통파 주교들이 저항에 나섰고 때로는 황제의 분노를 사기도 했다.[42] 6-7세기에는 교회 지도자들이 국가 권력이 단성론자

---

40 훨씬 더 자세하지만, 간략하게 정리된 내 논의는 Steven D. Smith, *Rise and Decline*, 17-43을 참조하라.

41 마 22:20-21.

42 Hugo Rahner, *Church and State in Early Christianity*, trans. Leo Donald Davis, SJ (San Francisco: Ignatius, [1961] 1992), 51-60을 보라.

(monophysite)의 교리와 단의론자(monothelite)의 교리를 교회에 강요하는 데 맞서 (때로는 목숨을 걸고) 저항했다.[43] 예컨대 고백자 막시무스는 단의론에 반대했다는 이유로 혀와 오른손이 잘리고 고문을 당하고 추방을 당했다.[44] 바로 이 시기 교황 겔라시우스는 자주 인용되는 "둘이 있다", 즉 두 종류의 권위가 있다는 선언을 공식화했다.[45]

교회의 자유(*libertas ecclesiae*)라는 약속은 11세기부터 시작된 소위 "교황 혁명"(papal revolution)에서 더욱 체계적이고 적극적으로 발전했다.[46] 교회가 세속적 정치 권력에 저항하는 과정에서 수많은 논쟁과 선언문, 법적 이론과 정치적 이론들이 쏟아졌다.[47] 이 투쟁 과정에서 신성 로마 제국의 헨리 4세와 교황 그레고리우스 7세의 대결, 잉글랜드의 헨리 2세와 대주교 토마스 베켓의 충돌, 헨리 8세와 신실한 전 대법관 토마스 모어의 갈등처럼 장중한 역사적 대립도 나타났다. 그리고 이 대립에서는—신앙적 관점에서 보면 앞서 언급된 모든 헨리들을 포함한—악당들과 앞서 언급한 두 명의 토마스를 포함해 모두가 존경하는 순교 성인들도 태어났다.[48]

이후 16세기에는 잉글랜드와 기타 지역에서 군주들이 교회를 사실상 장악했고 이제는 개신교도 그리스도인들의 주도로 "교회의 자유"는 "양심의 자유"(freedom of conscience)로 바뀌었다. 양심이 하나의 "내면적 교회"가

---

43   Rahner, *Church and State*, 133-224.

44   Rahner, *Church and State*, 235-37.

45   Rahner, *Church and State*, 174.

46   대체로 Harold J. Berman, *Law and Revolution: The Formation of the Western Legal Tradition* (Cambridge, MA: Harvard University Press, 1983), 85-113을 보라.

47   Brian Tierney, *The Crisis of Church and State, 1050-1300* (Toronto: University of Toronto Press, 1964)을 보라.

48   이러한 중세의 선례들이 현대 미국법에 어떻게 관련되는지에 대한 설득력 있는 논의는 Richard W. Garnett, "'The Freedom of the Church': (Towards) an Exposition, Translation, and Defense," *Journal of Contemporary Legal Studies* 21 (2013): 33을 참조하라.

되어 하나님이 인간과 본질적으로 만나는 새 장소가 된 것이다.[49] 이전까지 독립된 관할권(jurisdiction)으로 인정되었던 **교회**에 대한 존중은 이제 개인의 **양심**으로 확대되었다. 실제로 초기 양심의 자유 옹호자들은 이를 명시적으로 관할권의 문제로 변호하기도 했다. 정부에는 양심에 대한 **관할권이 없으며** 양심은 그리스도의 왕국이라는 것이다.[50] 새롭게 확립된 양심 존중에 대한 강한 약속은 17세기 로저 윌리엄스, 윌리엄 펜, 존 로크와 같은 인물들에 의해 적극적으로 주장되었다.[51] 이후 18세기에 들어 제임스 매디슨과 토마스 제퍼슨을 포함한 미국 건국자들이 이를 계승하게 된다.

이처럼—카이사르와 하나님이라는—기독교적 이중 관할 약속이 종교의 자유에 대한 미국적 이해 속으로 굽이굽이 스며들게 되었다. 매디슨은 "창조자"에 대한 우리의 의무가 사회에 대한 의무보다 우선한다고 세심하게 논증했다. 따라서 "종교"에 대한 사안은 국가와 시민사회의 "심리권"(cognizance)—다른 말로 하면 관할권(jurisdiction)[52]—에서 "완전히 제외

---

49   Steven D. Smith, *Rise and Decline*, 36–38을 보라.

50   예를 들어 Elisha Williams, *The Essential Rights and Liberties of Protestants: A Seasonable Plea for the Liberty of Conscience, and the Right of Private Judgment, In Matters of Religion, Without any Controul from human Authority* (Boston: S. Kneeland and T. Green, 1744), 12(원저자의 강조체는 생략한다). ("만일 그리스도가 양심의 주님이시며, 자신의 왕국에서 유일한 왕이시라면, 인간의 양심을 어떤 방식이나 정도로든 지배하고 통제하려는 모든 자들은 그분의 정당한 권한을 침범한 책임을 지게 된다. 그리스도만이 그들이 주장하는 권리를 오직 홀로 소유하고 계시기 때문이다"라고 주장한다.)

51   일반적으로 Nicholas P. Miller, *The Religious Roots of the First Amendment: Dissenting Protestants and the Separation of Church and State*(New York: Oxford University Press, 2012) 참조하라. 영향력 있는 개신교 인물 중 한 명인 Isaac Backus에 대해 Miller는 다음과 같이 설명한다. "배커스는 완전한 종교적 자유의 옹호를 결국 로크, 엘리샤 윌리엄스, (윌리엄) 펜이 공통적으로 주장했던 세 가지 점에 근거를 두었다. (1) 모든 영적 지식은 개인적이다; (2) 지상에는 궁극적인 영적 권위가 존재하지 않는다; (3) 따라서 세속 권력은 영적 사안에 대해 관할권을 갖지 않는다"(106).

52   참조. Vincent Blasi, "School Vouchers and Religious Liberty: Seven Questions from Madison's Memorial and Remonstrance," *Cornell Law Review* 87 (2002): 783, 789(Madison이 사용한 "cognizance"라는 용어는 "지식"이나 "인지"가 아니라 "책임" 또는

된 것"이라고 설파했다.[53] 다소 느슨하면서도 장엄하게 제퍼슨은 종교적 사안에 있어 정부의 규제로부터 "전능하신 하나님께서 인간의 마음을 자유롭게 창조하셨다"[54]고 선언했다. 두 주장은 모두 더 높은 권위—"창조자"와 "우주의 주재자"(매디슨) 혹은 "전능하신 하나님"(제퍼슨)—가 존재하며 그 관할권에 지상 정부가 침입해서는 안 된다는 전제에 바탕을 두고 있다. 미국의 고전적 종교 자유 선언들은 "하나님의 것은 하나님께 바치라[그리하여 암묵적으로 카이사르에게는 바치지 **말라**]"라는 예수의 가르침의 먼 후예라 할 수 있다.

다시 말해 미국에서 이해되고 실천되고 있는 것처럼 종교 수용의 기본 생각은 아우구스티누스 같은 기독교 사상가들의 "두 도시" 교리나, 우리가 세속 권력—즉 카이사르나 국가—에 대한 의무뿐 아니라 더 높고 초월적인 권위 혹은 하나님에 대한 의무도 지니고 있다는 예수의 가르침에서 나타나는 것과 같은 정치적 이원론의 현대적 표현 또는 구현이다. 매디슨과 제퍼슨, 그리고 다른 이들이 종교의 자유에 대한 약속에 대해 강조한 근거도 바로 이 초월적 권위에 대한 인식에 기반한다. 비록 매디슨과 제퍼슨이 예수나 기독교를 전혀 알지 못했거나, 달리 말해 심지어 그들이 의식적으로 기독교를 거부했더라도—그들(또는 적어도 제퍼슨)이 **거부했다**[55]고 주장되는 것처럼—우리는 종교의 자유에 대한 그들의 접근이 기독교 사유에 중심이 되는 기독교적 이원론과 초월적 권위에 대한 존중을 반영한다고 할

"관할권"으로 이해되어야 한다고 지적함).

53 James Madison, "Memorial and Remonstrance against Religious Assessments [Virginia] 1785," in *Church and State in the Modern Age: A Documentary History*, ed. J. F. Maclear (New York: Oxford University Press, 1995), 59.

54 Maclear, *Church and State in the Modern Age*, 63, 64에서 인용한 버지니아 종교의 자유법 (Virginia Act for Religious Freedom).

55 J oseph J. Ellis, *American Sphinx: The Character of Thomas Jefferson* (New York: Vintage Books, 1996), 309-10을 보라.

수 있다.

놀랍지 않게도 이원론 주제의 미국 버전은 독특한 특성을 지니고 있었다. 예를 들어 중세에는 이 초월적 권위 또는 하나님이 교회—하나의 통합된 **유일한** 교회—로 대표되었으며, 이 교회는 국가가 존중할 의무가 있는 독립적인 관할권을 가진 기관 혹은 천상 왕국의 대사관과 같은 역할을 했다. 만약 사제가 절도나 강간 혐의를 받았다면, 국가가 단순히 범인을 체포하여 법을 적용할 수 없었고, 범죄를 저지른 성직자를 교회에 넘겨 교회 법원에서 재판을 받도록 해야 했다.[56] 이는 오늘날 범죄를 저지른 외국 외교관이 자신이 대표하는 국가에 넘겨지는 것과 마찬가지다. 이후 양심이 하나님과 인간 사이에 이루어지는 교제의 장소로서 교회의 역할을 대신하게 되었다. 그럼에도 영국과 일부 미국 주에서 이러한 양심의 주장들이 유일한 교회, 즉 공식적으로 인정되고 제도화된 교회를 배경으로 계속 주장되었는데, 이 교회는 어떤 정통 교리나 더 높은 진리의 공식적인 의견을 내세웠다.

반면 18세기 말과 19세기 초 미국의 헌법적 이해는 그러한 기관이나 정통 교리를 인정하지 않았다. (물론 이것은 미국의 또 다른 주요 주제인 비설립주의 주제였다.) 여기서 인정된 것은 초월성의 **실재**(또는 좀 더 온건하고 불가지론적인 버전으로 표현하면 초월적인 실재의 **가능성**)였다.[57] 이는 초월성을 대표하는 특정 기관이나 초월적 진리의 공식적 혹은 "정통" 버전을 신중하게 인정하는 것은 아니었다. 이 중요한 의미에서 미국의 입장은—예를 들어 영국의 입장과 달리—기독교에 특별히 국한되거나 독점적이지 **않았다**. 그러나 기독교 유산의 영향을 받은 미국의 입장은 초월자 또는 "종교"의 관할권을

56　Robert E. Rodes Jr., *Ecclesiastical Administration in Medieval England* (Notre Dame: University of Notre Dame Press, 1977), 56-59을 보라.

57　이 책 이번 장에 나오는 "성문 바깥의 하나님"을 보라.

인정했으나 매디슨이 표현한 대로 시민사회와 정부는 이에 대한 법적 "심리권"을 갖지 않았다.

초월성을 인정하면서 제도화된 종교나 정통을 거부한 결과 폭넓은 범위 내에서 초월적 진리와 그에 따른 의무를 판단하는 권한은 개인(과 개인이 자유롭게 소속을 선택할 수 있는 단체나 교회)에게 맡겨졌다. 정부의 의무는 정부가 권한이나 "심리권"이 없는 영역에 대해 단순하게 간섭하지 않는 것이었다(또는 긍정적으로 말하면 **수용하는** 것이었다).

요약하자면, 역사적 뿌리와 그 내재된 구조나 논리 모두에서, 종교 수용에 대한 미국 특유의 헌신은 기독교적이거나 초월적으로 종교적인 성격을 지니고 있다. 그것은 초월적 실재 또는 적어도 그러한 실재의 가능성에 대한 인정을 기반으로 한다.[58] 이러한 의미에서, 종교의 자유에 대한 수용주의적 접근법은 단순히 기독교의 역사와 개념에서 유래하지 않았다. 그것은 기독교 그 자체에 근거하지 않았고 기독교 전통의 유산인 초월성 개념에 기반해 구성되고 형성된 공동체 또는 도시를 상징한다. 앞 장에서 논의된 공공 상징들이나 성 규제 법률이 우리가 속한 공동체의 성격을 구성하고 표현하는 상징으로 기능하는 것과 마찬가지로, 종교 자유에 대한 수용주의적 접근법은 종교의 다양성을 다루기 위한 단순한 전략 이상이다. 그것은 미국이라는 공동체가 어떤 공동체인지를 나타내는 상징—곧 **구성적인** 상징, 즉 **초월적으로 종교적인** 구성적 상징—이다. 이 공동체는 링컨과 현재 국기에 대한 맹세에 표현된 대로 "하나님 **아래** 하나의 국가"다.

---

58   이 결론에 대한 이론적 및 역사적 근거를 바탕으로 한 강력한 주장은 Michael Stokes Paulsen, "The Priority of God: A Theory of Religious Liberty," *Pepperdine Law Review* 39 (2013): 1159을 참조하라.

초월성으로부터의 전환

이것이 바로 적어도 미국 공동체에 대한 기독교적 또는 초월적 종교 개념을 거부하는 시민들에게 근본적인 문제다.[59] 따라서 초월적인 종교성이 도전을 받고 실증주의적 세속주의와 보다 내재적인 종교성의 결합에 의해 상당 부분 대체되면서, 특히 종교적 수용에 우호적인 형태의 미국식 종교의 자유에 대한 전통적 헌신이 점점 더 치열한 논쟁의 대상이 된 것은 결코 놀라운 일이 아니다.[60] 그것은 (초월을 인정하는) "두 도시"의 입장을 거부하고 **하나의** 도시를 선호하는 공동체에 대한 다른 개념과 공명하는 종교의 자유의 또 다른 개념으로부터 도전을 받는다. 우리는 완전하고 배타적으로 주권적인 도시에 대해[61] 마치 고대의 이교적 도시처럼 그것이 내재적 신성들을 인식하고 찬미할 수는 있지만 공적 영역에서는 어떠한 더 높은 혹은 소위 초월적 권위도 인정하거나 그에 복종하려 하지 않는다고 말할 수 있을 것이다.

수용에 대한 반발. 이미 언급했듯 종교적 수용은 결코 논란이 없었던 적이 없으나 최근 10여 년 동안 과거보다 훨씬 더 격렬하고 지속적인 반대에 직면해왔다. 비판자들은 이제 종교적 수용이 헌법상 요구사항이 아닐 뿐 아니라 심지어 본질적으로 반대해야 하며 헌법적으로도 문제가 많다고

---

59 이 반대 의견에 대한 강력한 주장은 Jean L. Cohen, "Freedom of Religion, Inc.: Whose Sovereignty?" *Netherlands Journal of Legal Philosophy* 44 (2015): 169을 보라.

60 비슷한 이유에서 우리가 제9장에서 본 것처럼 Ronald Dworkin이 내재적 종교의 한 형태를 옹호하면서 종교적 수용 혹은 "종교"에 대한 특별한 법적 대우에 반대하는 것도 놀라운 일이 아니다. Ronald Dworkin, *Religion without God* (Cambridge, MA: Harvard University Press, 2013), 105-49을 보라.

61 일반적으로 Cohen, "Freedom of Religion, Inc."을 보라; 또한 Céile Laborde, *Liberalism's Religion*(Cambridge, MA: Harvard University Press, 2017)을 참조하라.

주장한다.[62] 현재 이 충돌의 결과는 여전히 불확실하다.

이 종교적 수용에 대한 반대는 매우 두드러지고 널리 퍼져 있다. 우선은 한 사례만 요약적으로 소개해도 충분할 것이다. 2015년 봄, 인디애나주는 주 정부가 "중대한 이익"이 없는 한, 종교의 자유를 침해당한 사람들이 그들의 신앙을 보호받을 수 있도록 당사자의 신앙을 수용해야 한다는 내용을 담은 법률을 제정했다. 그리고 흔히 말하듯 엄청난 논란이 일었다. 이 법은 당시까지 20여 개 주에서 이미 채택된 법률들과 사실상 동일했고, 앞서 설명했듯 1993년에 제정된 연방 차원의 "종교 자유 회복법"도 거의 다르지 않았으며, 그 법은 당시 빌 클린턴 대통령과 이견 없이 국회의 압도적 지지로 통과된 것이었다. 하지만 그 후 20여 년 사이에 정치적 분위기는 극적으로 변했다. 이번에는 인디애나주의 종교 자유법에도 지지자가 있었으나, 정치인, 평론가, 여러 정부 관계자, 학자, 최고 경영자, 유명 토크쇼 진행자, 체육 단체, 주요 대기업에 의해 극렬히 공격받았다. 불매 운동이 예고되었고, 여러 주지사와 시장은 해당 주로의 공무 출장 경비를 지원하지 않는다고 발표했다. 결국 인디애나주는 공식적으로 "사과드립니다"(*mea culpa*)라고 인정하고 논란이 된 법을 사실상 무력화시켰다.[63]

그에 대한 비난의 물결은 맹렬하고 거의 광적인 성격으로 두드러져, 특히 "세속적" 성향을 가진 미국인들을 특징짓는다는 냉철한 현실주의와는 너무나도 달랐다. 캠페인의 또 다른 특징은 명백한 허위성에 있었다. 더

---

62 예를 들어 다음을 보라. Marvin Lim and Louise Melling, "Inconvenience or Indignity? Religious Exemptions to Public Accommodations Laws," *Journal of Law and Policy* 22 (2014): 705; Louise Melling, "Religious Refusals to Public Accommodations: Four Reasons to Say No," *Harvard Journal of Law and Gender* 38 (2015): 177.

63 이 사건에 대한 간략한 요약은 다음을 보라. Steven D. Smith, "The Tortuous Course of Religious Freedom," *Notre Dame Law Review* 91 (2016): 1553, 1561–65; Patrick J. Deneen, "The Power Elite," *First Things*, June 2015, http://www.firstthings.com/article/2015/06/the-power-elite.

글라스 레이콕이 지적한 바와 같이 이 법률은 "상대 진영의 거대하고 대단히 허위인 선전 캠페인"[64]을 불러일으켰다. 인디애나 법이 동성애자 차별에 대한 무제한 허가를 부여한다고 일상적으로 비난받았거나—단순히 인디애나의 "반동성애" 법이라 불렸지만—옹호자들은 이 법이 그러한 허가를 제공하지 않았으며, 연방법이나 타주에서 유사하게 제정된 법들에 대해 예측된 심각한 부작용이 전혀 발생하지 않았음을 지적했다.[65] 사실 이 법들은 동성애자에 대한 차별을 허용하는 것으로 해석된 적도 없고, 이를 이용하려는 청구인도 매우 드물었다.[66]

그러나 이런 사실에 근거한 차분한 호소는 비평가들에게 전혀 영향을 미치지 않는 듯했다. 그들의 캠페인이 실제 사람들에게 일어날 가능성이 있는 실질적이고 구체적인 피해를 구제하는 문제에 대해서는 2차적인 관심만을 가지고 있었다는 결론을 피하기 어려웠다. 그들의 주된 목적은 달랐고, 더 크며, 더 복음주의적이었고, 복음주의적인 열정을 가지고 추진되고 있었다. 이 캠페인은 정의를 확인하는 것이었고, 악을 박멸하는 것이었으며, 인디애나 법은 그 편리한 상징 또는 초점 역할을 했다. 그 법은 실제 법적이고 실질적인 효과보다는 그것이 상징하는 의미—혹은 옹호자가 해

---

64   Douglas Laycock, "The Campaign against Religious Liberty," in *The Rise of Corporate Religious Liberty*, ed. Micah Schwartzman et al. (New York: Oxford University Press, 2016), 231, 248을 보라. ("인디애나주 종교 자유 회복법에 대한 공개 토론에서는 양측 모두에서 대부분 허위 주장들이 난무했다"). 토론의 허위적인 성격에 대한 더 깊은 논의는 Steven D. Smith, "Tortuous Course," 1563-5를 보라.

65   Laycock, "Campaign against Religious Liberty," 249-0을 보라. 또한 Douglas Laycock의 인터뷰도 보라. "Why Law Professor Douglas Laycock Supports Same-Sex Marriage and Indiana's Religious Freedom Law," *Religion and Politics*, April 1, 2015, http://religionandpolitics.org/2015/04/01/why-law-professor-douglaslaycock-supports-same-sex-marriage-and-indianas-religious-freedom-law.

66   이러한 거짓말은 반복되는 볼거리로 전락했다. 매우 유사한 광경이 또 다른 사건에서도 발생했는데, (내가 이 글을 쓰는 시점인 바로 지난주에) 조지아주에서는 유사한 법안이 거부당하는 결과로 이어졌다.

석의 자유를 활용해 **만들어낼 수 있는 상징**적 의미—가 더 중요했다.

이러한 동기는 메모리스 피자라는 이름의 피자 가게 주인이 자신의 종교적 신념 때문에 동성 결혼 피로연 단체 주문을 제공할 수 없다는 발언에 대한 엄청난 대중의 반응에서 뚜렷이 드러났다. 차분한 세상이라면 그런 발언에 대해 "뭐가 문제냐?"라는 반응이 나올 것이다. 실제로 이 피자 가게는 애초에 결혼식 단체 주문을 받지 않았고, 피자 업계는 자동차나 맥주, 발기부전 치료제 광고만큼이나 경쟁이 치열해 사람이 부족하지도 않다. 그렇지만 인디애나주 논란 상황에서는 피자 가게 주인의 발언이 분노와 항의의 물결을 일으켰고, 가게는 일시적으로 문을 닫아야 했으며, 동시에 동조자들이 80만 달러 이상을 모으는 지지 운동이 폭발적으로 일어났다.[67]

분명히 논쟁의 핵심은 피자 단체 주문의 문제가 아니었다. 그것은 서로 반대하는 당사자들이 각각 (다르게) 이해했던 것처럼 정의와 부정의, 선과 악 사이의 갈등에 대한 문제였다. 인디애나 법이 불러일으킨 갈등은 이후 종교 수용 요구를 입법화하려 했던 다른 주들에서도—일반적으로 비슷한 결과를 낳으며—반복되어왔다. 연방 종교 자유 회복법의 적용과 관련해서도 비슷한 갈등들이 발생했는데, 하비 로비(Hobby Lobby) 사건과 가난한 이들의 작은 자매단(Little Sisters of the Poor) 사건이 많이 논의되었다.[68] 이런 모든 갈등이 보여주듯 정부는 합리적으로 가능한 한 국민의 종교적 신념을 수용해야 한다는 생각은 불과 1993년까지만 해도 거의 보편적인 지지를 누리는 듯 보였지만, 이제는 깊이 논쟁되고 격렬하게 저항받고 있다.

---

67   David McCabe, "Indiana's Memories Pizza Reopens after Gay Rights Furor," *Hill*, April 10, 2015, http://thehill.com/blogs/blog-briefingroom/news/238415-indiana-pizza-parlor-embroiled-in-religious-freedomlaw-reopens을 보라.

68   Hobby Lobby, 573 U.S._, 134 S. Ct. 2751; Zubik v. Burwell, 578 U.S._, 136 S. Ct. 1557 (2016).

적어도 쟁점이 되는 실질적 정책이 피임이나 차별 철폐 문제일 때는 더욱 그러하다. (실질적인 쟁점이 "문화전쟁" 논란과 훨씬 관련이 없을 때—예를 들어, 무슬림 수감자가 짧은 수염을 기르고자 하는 욕구와 관련된 경우—수용은 여전히 거의 무난한 합의를 이끌어낼 수 있다.)[69]

헌법적 주장. 인디애나의 경험이 보여주듯 대중적 논쟁에서 특정 종교 수용에 대한 반대는 반대자들이 반대하는 법적 조항에 대한 공격적 비판(또는 왜곡)으로 표현되곤 한다. 반면 법원과 학술지[70]에서는 통상 두 가지 부분적으로 겹치는[71] 반대 논지가 제기되는데, 우리는 이를 "비설립" 반대와 "평등" 반대라고 부를 수 있다. 이 반대 중 첫 번째는 정부가 "종교를 진전시키는 주요 목적이나 1차적 효과"[72]를 가져서는 안 된다고 보는 현대 비설립 조항의 원칙에 기대어, 종교 신자를 수용하거나 그들을 부담스러운 법에서 면제하는 조치가 종교를 진전시키는 부당한 효과를 낳는다고 주장한다. 두 번째 반대는 이러한 종교 수용 조치가 종교적 반대자들을 비종교적 반대자들보다 더 우대하여 미국의 시민 평등이라는 기본적 약속을 위반한다고 주장한다.

이 주장이 설득력 있다고 느껴지는지의 여부는 주로 이 논증들이 도달하는 결론을 사전에 지지하느냐에 달려 있는 듯하다. 두 논증 가운데 어느 것도 그다지 설득력이 있지는 않다. 그러나 반대로 종교 수용을 거부한다는 결론에 미리 이르고자 한다면 둘 중 어느 논증이든 그러한 결론을 정당

---

69   Holt v. Hobbs, 574 U.S.＿, 135 S. Ct. 853 (2015).

70   논쟁에 대한 심층적 논의와 비판, 그리고 종교 수용에 대한 체계적인 옹호에 대해서는 Kathleen A. Brady, *The Distinctiveness of Religion in American Law: Rethinking Religion Clause Jurisprudence* (New York: Cambridge University Press, 2015)을 보라.

71   Ronald Dworkin의 보다 최근 비판은 비설립 논리와 평등 논리 양쪽 모두에 근거하고 있다. Dworkin, *Religion without God*, 114-16을 보라.

72   예를 들어 Lemon v. Kurtzman, 403 U.S. 602, 612-13 (1971)을 참조하라.

화하기에 충분히 그럴듯하다고 여겨질 수 있다. 따라서 비설립 반대 논거와 관련해, 의미론적 차원에서 보자면 수용을 종교를 "진전시키는" 한 방식이라고 묘사하는 것은 분명 가능하다. 그러나 비설립 조항이 이러한 종류의 수용—혹은 당신이 좋아한다면 "진전"—을 금지한다는 주장은 매우 설득력이 떨어지고, 앞서 논의한 대로 미국 전통과도 상당히 동떨어져 있다. 최근 학술 연구는 현대 비설립 원칙이 입안자들이 생각한 것보다 훨씬 더 광범위하게 발전했음을 설득력 있게 보여준다. 입안자들은 단순히 연방 정부를 종교 영역에서 배제하는 것만을 의도했던 것으로 보인다.[73] 또한 만약 정부가 종교를 "진전"시키는 것을 금지하는 현대의 원칙을 받아들인다고 해도, 법원들은 수십 년간 "진전"과 "수용"을 구별해왔다. 법원들은 "수용"이 금지되지 않았고 사실상 헌법적으로 일정 정도 권장된다고 봤다. 물론 수용이 지나칠 경우에는 부당하게 종교를 진전시키는 효과를 낼 수 있다.[74] 그러나 수용 그 자체가 위헌은 아니며 오히려 장려되어야 한다.[75]

---

73 Steven D. Smith, *Rise and Decline*, 48-66을 보라. 이런 맥락에서 Donald Drakeman은 최근 연구의 결론 부분에서 다음과 같이 설명한다. "[비설립 조항]이 세속주의, 분리주의, 국교 폐지 또는 그 밖의 어떤 원칙을 표명한 것이 아니라는 점을 이해하는 것이 중요하다. 이는 매우 구체적인 질문에 대한 답변이었다. 즉 새로 출범한 국가 정부가 더 큰 개신교 교단들이 연합해 국가 교회를 형성하는 움직임을 용인할 것인가 하는 문제였다. 그 답은 '아니오'였다.…당시 채택될 때 비설립 조항은 단순하고 논란이 적은 한 가지 문제를 다루었으며, 이를 지지한 이들의 명단은 이 조항이 교회와 국가에 대한 철학을 포함한다고 합리적으로 볼 수 없음을 보여준다." Donald L. Drakeman, *Church, State, and Original Intent* (New York: Cambridge University Press, 2010), 330.

74 Estate of Thornton v. Caldor, 472 U.S. 703 (1985)을 보라.

75 예를 들어 Corporation of the Presiding Bishop v. Amos, 483 U.S. 327 (1987)을 보라. 참조. Richard W. Garnett, "Accommodation, Establishment, and Freedom of Religion," *Vanderbilt Law Review En Banc* 67 (2014): 39, 41("종교 신자들이 일반적으로 적용되는 법, 특히 대다수가 선의롭고 현명하다고 여기는 법에서 면제받는 방식으로 그들을 수용하는 것은 종종 합리적이고 올바른 일이며, 단지 '허용될' 뿐만 아니라 '칭찬받을' 만한 일이다"라고 주장한다). 최근 몇 년간 여러 학자가 이러한 초기 수용 인정과는 달리 수용 그 자체는 위헌이 아니지만, 만약 제3자에게 해를 끼친다면 수용이 위헌이 된다는 주장을 통해 이를 구분하려 시도해왔다. 예를 들어 Frederick M. Gedicks and Rebecca Van Tassell, "RFRA

평등 반대 논증 역시 암묵적인 전제와 그것이 지지하려는 결론에 사전 동의한다면 설득력 있고 강력한 것으로 보일 수 있다. 반대로 사전에 동의하지 않는다면, 이 논증은 명백한 선결 오류처럼 보일 것이다. 가장 유명한 종류의 수용―종교적 평화주의자의 병역 면제―은 이 반대 견해의 양상과 설득력, 그리고 선결 오류적 특성을 보여준다. 예를 들어 정부가 전쟁에 대해 종교적 이유로 반대하는 퀘이커교도 제이콥에게는 베트남 복무를 면제해주면서, 신중히 숙고한 도덕적 이유로 전쟁에 반대하지만 종교적 신념이 없는 피터는 복무를 요구한다면(그리고 그는 어쩌면 목숨까지 잃을 수 있다면) 이렇게 제이콥에게 유리한 우대가 피터에게는 불평등한 대우, 즉 "차별"을 가하는 것은 아닌가(로널드 드워킨의 표현을 빌리면)?[76] 보다 넓게 보면, 종교적인 양심 병역거부자와 비종교적인 병역거부자 간 차별적 대우가 미국이 시민을 평등하게 대우하려는 근본적 약속에 위반되는 것은 아닌가?

그러나 조금만 곰곰이 생각해보면, 단순한 "평등" 반대 논증이 지니는 초기의 수사적 힘은 사라진다. 평등이란 "**유사한 경우**는 동일하게 취급되어야 한다"는 뜻이다. 그것이 모든 시민을 모두 **똑같이** 대우해야 한다는 뜻일 수 없다는 점은 자명하다.[77] 실제로 거의 모든 법은 필연적으로 사람

Exemptions from the Contraception Mandate: An Unconstitutional Accommodation of Religion," *Harvard Civil Rights-Civil Liberties Law Review* 49 (2014): 343을 보라. 이 주장은 판례법에 근거한 토대가 매우 약하며 가장 잘 알려져 있고 확립된 종교 수용 사례―즉 종교 평화주의자들의 병역 면제―에서 제3자에게 가해지는 피해가 실제로 심각하다는 사실 때문에 어려움을 겪는다. 베트남 전쟁에서 병역 면제를 받은 퀘이커교도 한 명마다 다른 누군가는 그 대신 복무해야 할 것이다(그리고 아마 죽어야 할 것이다). 제3자 피해 입장 지지자들은 때때로 병역 사례를 구분하려 시도하며, 수용은 식별 가능한 제3자에게 부담이 가해질 때만 위헌이라고 주장하지만, 이 조건의 타당성은 명백하지 않다. 제3자가 부담이나 피해를 입는다는 사실을 안다면, 그 제3자를 정확히 식별할 수 있느냐가 무슨 차이가 있을까? 제3자 피해 논증에 대한 설득력 있는 비판은 Marc O. DeGirolami, "Free Exercise by Moonlight," *San Diego Law Review* 53 (2016): 105, 131-44을 보라.

76 Dworkin, *Religion without God*, 125-26.

77 이 문제는 법률 문헌에서 광범위하게 논의되어왔다. 고전적 논의로는 Peter Westen, "The

들을 다르게 대우하며, 달리 말하면 "차별"을 한다. 사실상 거의 **모든** 법은 (예를 들어 18세 이상의 성인, 장애인, 일정 소득 이상 또는 이하인 사람 등) 일정한 집단을 규정해 그들의 신분을 결정하거나, 처벌을 부과하거나, 혜택을 주는데, 법적으로 규정된 집단 내 사람들은 혜택을 받거나 부담을 지며 그 집단에 속하지 않은 사람들은 받지 않는다. 법이 작동하고 목적을 달성하는 방법이 바로 이처럼 사람들을 집단으로 구분(또는 "차별")해서 다르게 대우하는 것이다. 문제는 언제나 법이 그 구분에 대해 충분한 근거가 있느냐 하는 점이다. 평등은 법이 **정당한 이유 없이** 또는 적절한 근거 없이 비슷한 상황에 있는 사람들을 다르게 대우해서는 안 된다는 것을 의미한다(그리고 오직 그것만을 의미한다). 또는 법률가들이 이야기하는 것처럼 법은 "**유사한 처지에 있는**" 사람들을 다르게 대우해서도 안 된다.[78]

따라서 종교적 수용과 관련해 결정적인 질문은 법 준수를 **종교적인 이유**로 거부하는 사람을, 진지한 **비종교적인 이유**로 법 준수를 거부하는 사람과 다르게 대우할 만한 충분한 정당성이 있는가 하는 것이다. 그럴 정당성이 있을 수도 있고 없을 수도 있다. 이 물음은 분명 논쟁의 여지가 있다. 제1차 수정 헌법이 특별히 종교를 하나의 특별한 법적 범주로 명시적으로

Empty Idea of Equality," *Harvard Law Review* 95 (1982): 537이 있다. 현재 논란에 이 점을 적용한 논의는 Richard W. Garnett, "Religious Accommodations and—and among—Civil Rights: Separation, Toleration, and Accommodation," in *Institutionalizing Rights and Religion: Competing Supremacies*, ed. Leora Batnitzky and Hanoch Dagan (Cambridge: Cambridge University Press, 2017), 42–56을 참조하라. 또한 Steven D. Smith, "Equality, Religion, and Nihilism," in *Research Handbook on Law and Religion*, ed. Rex Ahdar (Northampton, MA: Edward Elgar Publishing, 2018)을 보라.

78 물론 사람들은 어떤 목적에 대해서는 "유사한 처지에 있는 사람들"일 수 있지만, 다른 목적에 대해서는 그렇지 않을 수 있다. 예를 들어, 시각장애인의 투표를 금지하는 법은 평등을 위반한다. 왜냐하면 투표의 목적에 있어서는 시각장애인과 비장애인이 유사한 처지에 있기 때문이다. 그러나 시각장애인의 **운전**을 금지하는 법은 평등을 위반하지 않는다. 운전이라는 목적에 대해서는 시각장애인과 비장애인을 구분할 충분한 정당성이 있기 때문이다.

지정하고 있다는 사실은 차별적 대우가 그 자체로 헌법상의 평등 요구를 반드시 위반하는 것이 **아님**을 시사한다. 어쨌든 종교 신자를 면제하는 것이 그들을 다르게 대우한다는, 곧 "차별"한다는 이유만으로 평등에 위반된다고 주장하는 단순한 논변은 본질적인 쟁점을 가리는 결론적 주장에 불과하다.

그렇다면 그 질문에 대한 답은 **무엇인가**? ("헌법—이나 법률—이 그렇게 규정하고 있으니 우리가 그 이유를 알 수 없다"는 답변은 매우 미흡하고 설득력이 부족하다.) 질문에 대한 각자의 대답은 우리가 살고 있거나 살기를 바라는 공동체의 근본적인 개념에 자연스럽게 반영될 것이다.

따라서 초월적 권위의 실재 혹은 적어도 그 가능성을 인정하는 정치 공동체에서는 **하나님이** 어떤 행위를 자신에게 **금지하신다**고 믿는 사람은 무언가를 하지 않으려는 진지한 **비종교적인** 이유를 가진 사람과는 다른 처지에 있는 것으로 여겨지게 마련이다. 마찬가지로 초월적 권위가 명령한다고 여겨지는 바를 거스르는 정부는 단지 다른 유형의 잠재적으로 정당한 이의 제기를 인정하지 않기만 하는 정부보다 더 문제적이고 덜만족스러운 위치에 놓이게 된다.[79]

실제로 우리가 보았듯이 종교의 자유에 대한 제퍼슨과 매디슨의 주장은 그러한 초월적 권위를 인정하는 데 명시적으로 근거를 두고 있었으며, 따라서 미국 정치 공동체에 대한 그들의 개념에는 묵시적으로 초월적 가정이 반영되어 있었다. 미국 역사 전반에 걸쳐 초월적 권위 아래 있거나 그것에 종속된 공동체라는 유사한 개념이 반복적으로 되풀이되었다. 독립 선언서는 "자연과 자연의 하나님"의 권위를 인용했다. 링컨은 그가 남긴 존경

---

[79]　예를 들어 Michael W. McConnell, "Accommodation of Religion," *Supreme Court Review* 1985 (1986): 1, 15-24을 보라.

받는 게티스버그 연설에서 이 나라가 "하나님 아래 있는 국가"라고 주장했
다(그런데 현대의 진보주의자들은, 약간은 오웰식이라고도 할 수 있는 방식으로 이 표
현을 지우려고 한 적이 있다).[80] 1952년 연방 대법원 판사 윌리엄 O. 더글러스
는 "우리는 최고의 존재를 전제로 하는 종교적 국민이다"[81]라고 선언했다.
"우리는 하나님을 신뢰한다"라는 국가의 표어는 모든 달러 지폐에 인쇄되
어 있다. 이렇게 국가가 초월적 권위를 인정해온 사실은 여러 차례 반복되
어 표현되어왔다.

이 개념이 널리 수용되는 한, 종교 수용에 대한 평등 논증은 법원을 포
함해 거의 힘을 발휘하지 못했다. 종교에 대한 합리적인 수용은 단지 허용
되는 것에 그치지 않고 헌법적으로 요구되기까지 했다(다만 앞서 언급했듯 그
수용이 지나치면 종교의 "설립"에 해당할 수도 있다). 반대로 공동체가 초월적 권
위의 인정을 토대로 성립한다는 그 오래된 개념이 점점 더 문제적인 것으
로 여겨지게 되면서 그러한 권위에의 호소에 근거한 반대 의견을 구별하거
나 우대할 이유가 거의 사라졌고 평등 논증이 점점 더 설득력 있게 느껴지
게 되었다. 따라서 인디애나와 다른 여러 사례에서 보이듯 최근에는 종교
수용에 대한 격렬한 반대가 일어나고 있다.

스스로에게 법이 되는 사람? 초월적 공동체 개념에서 벗어난 공동체
개념의 변화는 일부다처제 사건인 레이놀즈 사건에서 법원이 던진 흥미로
운 발언에 반영되어 있으며, 100년이 넘는 시간이 흐른 후 연방법원의 종

80　Robert P. George, *Conscience and Its Enemies: Confronting the Dogmas of Liberal Secularism*
(Wilmington, DE: Intercollegiate Studies Institute, 2013), 147-52을 보라. George는 진보
적인 미국 헌법 협회가 배포용으로 인쇄한 게티스버그 연설문에서 "하나님 아래서"라는
표현이 포함되지 않은 초기 원고를 사용한 사실을 설명한다. 하지만 역사가들은 링컨의 실
제 연설에는 이 표현이 포함되었다는 데 의견을 같이한다. George는 "이들 단체는 자신들
이 무엇을 하고 있는지 정확히 알고 있으며, 원하는 결과를 얻기 위해 학계의 합의와 상식,
그리고 세대에 걸친 학생들의 암기를 기꺼이 훼손하고 있다"고 주장한다(151-152).

81　Zorach v. Clauson, 343 U.S. 306, 312 (1952).

교 수용 의무화 개념을 부정한 고용부 대 스미스 사건, 일명 페요테 사건에서도 진지하게 다루어졌다. 레이놀즈 사건에서 법원은 그러한 행위를 부담하는 법에서 종교적 행위를 면제하는 것은 용납될 수 없다고 보았는데, 그렇게 할 경우 종교적 반대자가 "스스로에게 법이 되는 사람"(a law unto himself)[82]이 되기 때문이라고 언급했다. 당시 법원은 연방 법률을 위헌으로 선언한 적이 드물고, 제정된 법률에서 부분 면제를 선언하기 위해 이익의 "균형" 또는 "조정"이라는 개념을 잘 몰랐기에 이 발언은 이해될 만하다.[83] 그러나 100년이 지난 1990년, 즉 스미스 사건에서 이러한 개념은 상식이 되었다. 그럼에도 법원은 의무적인 종교 수용이라는 생각을 거부하면서 레이놀즈 판결의 표현을 다시 끌어와 그런 식의 의무적 수용은 사실상 모든 사람을 "스스로에게 법이 되는 사람"[84]으로 만들어버리는 용납될 수 없는 결과를 낳는다고 선언했다. 실제로 다수 의견에서는 이 주장을 세 번 반복했다.[85]

표면적으로 보아 이 주장—즉 종교적 수용이 그 대상이 되는 종교 신자를 "스스로에게 법이 되는 사람"으로 만든다"는 주장—은 명백히 두 배나 허구적인 주장처럼 보인다. 신자의 관점에서는 법원의 주장이 상황을 완전히 잘못 이해한 것이다. 무엇보다도 신자는 자신이 스스로에게 법이 되는 사람이 **아니라** 정부나 자신의 기호와는 무관한 더 높은 법이나 의무—이를테면 하나님의 법—에 매여 있다고 주장한다. 만일 우리가 그 문

---

82   *Reynolds*, 98 U.S. at 167.

83   T. Alexander Aleinikoff, "Constitutional Law in the Age of Balancing," *Yale Law Journal* 96 (1987): 943, 948-52을 보라. Reynolds 법원은 법률의 법적 유효성에 대해 전부 아니면 전무라는 접근 방식을 보였으며, 이는 Reynolds 사건 98 U.S. 166-167에 명백히 드러나 있다.

84   *Employment Division*, 494 U.S. at 885.

85   *Employment Division*, 494 U.S. at 879, 885, 890.

제를 법원이나 정부의 관점에서 살펴본다면 그 주장 역시 잘못된 것으로 보인다. 만약 법원이 면제를 인정한다고 해도, 그것은 신자가 "스스로에게 법이 되는 사람"이기 때문이 아니라 오히려 법원이 공동체의 법—이 경우 수정 헌법 제1조의 자유 행사 조항—을 면제를 허용하는 방향으로 재구성하고 해석하기로 선택했기 때문에 면제가 허락되는 것이다.

결국 신자의 관점이든 정부의 관점이든 양심적 병역거부자가 "스스로에게 법이 되는 사람"이 아님은 분명하다. 그는 최소한 (법원이 해석하고 적용할 권한을 가진) 국가의 법률에 복종하며 또한 자신의 관점에서 하나님의 법에도 복종한다.

보다 일반적으로 입법부와 법원은 예외 범위에 속하는 사람들이 "스스로에게 법이 되는 사람"이 될 것이라는 뚜렷한 우려도 없이 법률에 대한 예외나 면제를 일상적으로 만들어낸다. 입법부는 최저임금법이나 차별금지법에 대해 일정 수 미만의 직원을 둔 소규모 사업주에게 예외를 둔다.[86] 또는 살인죄 법률을 제정하면서 정당방위에 대한 예외를 두기도 한다.[87] 대법원은 헌법을 해석해 부당한 구금이나 경찰의 함정 수사 같은 특정 공무원 행위를 금지하면서, 또한 제한적 면책 특권(qualified immunity)이라는 예외를 인정해 헌법 기준을 위반한 일부 공무원을 면책하기도 한다.[88] 비판자들

---

[86] 예를 들어 Fair Labor Standards Act, 29 U.S.C. § 213(제206조의 최저임금 규정에 대한 면제 조항 포함); Title VII of the Civil Rights Act, 42 U.S.C. § 2000(e)("고용주"를 "상거래에 영향을 미치는 산업에 종사하며 15명 이상의 직원을 둔 자"로 정의한다).

[87] 예를 들어 다음을 보라. Cal. Penal Code § 198.5("임박한 위험이나 중대한 신체 상해에 대한 합리적 두려움"이 있는 경우 가정 내에서 치명적인 무력 사용을 허용한다); Ariz. Rev. Stat. Ann. § 13-11(범죄 예방을 위한 치명적 무력 사용을 정당화함); 또한 다음을 보라. "Self Defense and 'Stand Your Ground,'" National Conference of State Legislatures, March 9, 2017, http://www.ncsl.org/research/civil-and-criminal-justice/self-defense-andstand-your-ground.aspx(성문화된 자기방어 면제를 두는 주가 24개에 달함을 인용).

[88] Harlow v. Fitzgerald, 457 U.S. 800 (1982)을 보라.

이 이러한 예외 조항들을, 예외 대상자를 "스스로에게 법이 되는 사람"으로 만든다는 이유로 공격할 가능성은 거의 없다. 설령 그런 비판이 제기된다 해도 답변은 자명하다. "아니다, 그런 평가는 단순히, 그리고 전적으로 잘못된 것이다. 예외 조항 자체도 일반 규칙만큼 '법'이며 예외에 속한 사람들도 예외에 속하지 않은 사람들만큼이나 똑같이 법의 지배를 받는다."[89]

"우리 국민"(we the people)이나 의회가 제정하고 법원이 해석한 법이 특정한 법적 요구나 금지 때문에 부담을 안게 되는 종교에 속한 신자에게 면제를 허용하는 경우에도 똑같은 답변이 적용될 수 있을 것이다.[90] 종교적 반대자는 **그 법에 따라** 면제를 받을 뿐이다. 어느 누구도 "스스로에게 법이 되는 사람"이 되지는 않는다.

그렇다면 왜 레이놀즈 법원과 스미스 법원은 종교 신자를 "스스로에게 법이 되는 사람"으로 만드는 것에 대해 그토록 깊은 우려를 표했을까? 그러나 이 질문을 좀 더 면밀히 들여다보면 법원이 제시한 규정이 (다소 억지스러우나 학문적으로) 거의 옳다고도 볼 수 있는 한 가지 의미를 찾아볼 수

---

89   모든 법률은 한정된 적용 범위를 가지며 어떤 특정 집단에는 적용되지만 그 집단 외의 사람에게는 적용되지 않는다. 예외란 단순히 법의 적용 범위를 정의하는 방법일 뿐이다. 법률이 특정 집단에만 적용된다는 사실이 모든 그 집단 밖의 사람들을 "스스로에게 법이 되는 사람"으로 만들지 않는 것과 마찬가지로 예외가 있다고 해서 어느 누구도 "스스로에게 법이 되는 사람"이 되는 것은 아니다.

90   종교 수용 반대자들은 종교에 대해 "특별 대우"를 하는 데 정당한 이유가 없다고 종종 주장한다. 예를 들어 다음을 보라. Brian Leiter, *Why Tolerate Religion?* (Princeton: Princeton University Press, 2013); Micah Schwartzman, "What If Religion Is Not Special?" *University of Chicago Law Review* 79 (2012): 1351; Gemma Cornelissen, "Belief-Based Exemptions: Are Religious Beliefs Special?" *Ratio Juris* 25 (2012): 85; Christopher L. Eisgruber and Lawrence G. Sager, *Religious Freedom and the Constitution* (Cambridge, MA: Harvard University Press, 2007); Anthony Ellis, "What Is Special about Religion?" *Law and Philosophy* 25 (2006): 219; James W. Nickel, "Who Needs Freedom of Religion?" *Colorado Law Review* 76 (2005): 941. 그러나 실제로 그들의 입장은 종교를 법적 수용의 허용 불가능한 근거로 삼아 종교를 특별 대우하는 것이다.

있다.

결국 종교적 반대자는 자신이 정부가 제정하지 않은 더 높은 법에 지배를 받는다고 주장하고 **있다**. 그리고 그는 법원에 자신이 속한 더 높은 법을 인정하고 존중해주길 바란다고 요청하고 있다. 물론 이것은 보편적인 차원에서의 요청이 아니며, 정부 자체를 위한 요청도 아닌데(예를 들어 종교적 평화주의자는 정부가 전쟁을 수행하는 것이 법적으로 금지되어야 한다고 주장하는 것은 **아니다**), 최소한 그 지고한 법을 준수하기 위해 자신만큼은 실정법 준수 의무에서 면제 받는 정도로만 인정해달라는 것이다. 아마도 가장 중요하게 반대자는 법원과 정부가 **자신**(반대자)**이 해석하고 이해하는 바에 따라** 그 더 높은 법을 존중하고 따르길 요청하고 있다.

아주 느슨한 의미에서 이러한 주장을 인정하는 것은 반대하는 종교 신자를 "스스로에게 법이 되는 사람"으로 만드는 것이라고 할 수 있다. 그러나 그 표현이 적절한지 여부와 관계없이 중요한 점은 이러한 면제 요구가 다른 종류의 면제 요구와는 본질적으로 상당히 다르다는 것**이다**. 입법부가 소규모 사업체나 정당방위로 인한 살인 행위에 예외를 두기로 할 때, **입법부**는 자신이 평가할 수 있는 현세적 이익이나 가치를 근거로 결정하며 **그러한** 예외의 범위와 내용을 스스로 완전히 규정한다. 입법부는 어떤 초월적 권위나 초월적 관할권에 복종하지 않으며 하물며 정부가 아닌 개별 반대자들로 하여금 그 초월적 권위나 관할권의 요구를 스스로 결정하도록 이해하거나 그에 따라 복종하는 일은 결코 없다.

따라서 종교적 수용 요구는 독특하다. 그렇다면 이처럼 독특한 면제 요구에 특별히 문제가 있을까? 종교에 대한 전통적인 미국식 접근법에서는 그렇지 않다. 우리가 앞서 보았듯이 그 접근법은 정치 공동체가 초월적 권위, 즉 "하나님 아래 하나의 국가"에 복종하는 존재로 자신을 인식하는 개념과 일치한다. 그리고 우리가 앞서 살펴보았던 것처럼 국교를 두지 않고 어느 특정한 종교적 정통성도 공식적으로 인정하지 않기로 한 결정과 결합될 때, 그 개념의 논리적 귀결은 초월적 권위가 무엇을 요구하는지를 판단하는 일을 개인들에게 맡긴다는 점이다. 이것은 바로 제퍼슨이 "마음을 자유롭게 하시고" 세속적 권위에 종속되지 않게 하신 "전능하신 하나님"을 언급하며 전개한 그 논리이며, 동시에 매디슨이 모든 사람의 첫 번째 의무는 하나님께 대한 것이라고 논증한 논리이기도 하다(그는 이 의무에 대해 국가와 시민사회가 "관할권"을 갖지 않는다고 여겼다). 매디슨은 그 의무가 각 개인의 판단에 의해 측정되어야 한다는 점을 거듭 강조했다.[91]

실제로 우리가 앞서 살펴보았듯이 초월적 권위 아래 있거나 그것에 복종하는 공동체에 대한 기본 개념(이는 적어도 자연스럽게 그리고 거의 불가피하게 수용 논리 전체가 전제하고 따르게 되는 사고 방식)은 미국 역사 전반에 걸쳐 반복적으로 재확인되어왔다. 반대로 공동체에 대한 이러한 개념이—내재적인 의미와 실증주의적인 의미에서의 "세속적인"—개념으로 대체됨에 따라 그와 같은 초월적 권위에 대한 인정은 점차 모욕적이고 용납될 수 없으며 거의 이해조차 불가능한 것으로 여겨지게 될 것이다. 이제 초월적 권위에 대한 복종은 공동체의 완전한 주권을 포기하는 용납될 수 없는 행위로 간주될 것이다.[92]

물론, 그러한 주권을 행사함에 있어 관용적이고 인도적인 공동체는 다

---

91 James Madison, "Memorial and Remonstrance against Religious Assessments [Virginia] 1785," in *Church and State in the Modern Age: A Documentary History*, ed. J. F. Maclear(New York: Oxford University Press, 1995)을 보라. 그리고 이 책 이번 장에서 "미국식 종교의 자유"를 참조하라.

92 이 견해를 활발히 제시한 논문으로는 Cohen, "Freedom of Religion, Inc"가 있다. 이와 비슷한 맥락에서 논의한 내용은 Laborde, *Liberalism's Religion*; B. Jessie Hill, "Kingdom without End? The Inevitable Expansion of Religious Sovereignty Claims," *Lewis and Clark Law Review* 20 (2017); Richard Schragger and Micah Schwartzman, "Against Religious Institutionalism," *Virginia Law Review* 99 (2013): 917, 939-45을 참조하라.

양한 근거에 따라 자유롭게 "수용"할 수 있다. 다시 말해, 법의 엄격한 효력을 완화하기 위해 예외나 관용, 면제, 혹은 변칙적 허용을 부여할 수 있는 것이다. 신체적 장애나 경제적 곤란 혹은 의료적 필요성 또는 그 밖의 다양한 사유를 이유로 적용 가능한 법률에서 사람들을 면제할 수도 있다. 그러나 공동체 자체가 더 높은 권위에 종속되어 있다는 주장을 근거 삼아 수용을 요구한 것이라면 어떤가? 그런 종류의 요구는 독특하고 특별히 반대할 만한 것으로 흥미롭게 부각될 것이다. 공동체는 사람들을 수용하기로 선택할 수 있으나, 그러한 수용을 확대하거나 확대하지 않을지의 여부는 공동체—즉 주권 공동체—가 결정한다. 그것은 어떤 추정되는 더 높은 권위를 존중해서 수용하는 것이 아니다.

종교적 신자를 "스스로에게 법이 되는 사람"으로 만드는 일에 대한 대법원의 반대는 그것이 단순히 거짓이거나 무의미한 것으로 받아들여지지 않는 한, 더 높은 권위를 인정하지 않는 공동체 개념의 혼란스러운 표현으로 이해하는 것이 가장 타당하다.[93] 이러한 개념들의 변화는 종교적 수용에 대한 반대가 점점 커지는 이유를 설명해주는 요소이기도 하다. 스미스 사건에서 법원은 "스스로에게 법이 되는 사람"이라는 문제를 **헌법상 의무적**

---

[93] 대법원이 이러한 우려를 표명한 상황은 분명히 다소 특이했다. 일반적으로 19세기 대법원은 더 높은 권위를 인정하는 데 강한 거부감이 없었던 것으로 보인다. 결국 이 법원은 "창조주의 법"(the law of the Creator)에 근거해 여성은 아내와 어머니 역할을 수행해야 한다고 정했다고 하면서 여성들이 변호사로 활동하는 것을 허용하는 일리노이 법률을 위헌 판결한 바로 그 법원이다. Bradwell v. Illinois, 83 U.S. 130, 141 (1873). 같은 법원은 나중에 "우리는 기독교 국가다"라고 선언하기도 했다. Holy Trinity Church, 143 U.S. 470. 레이놀즈 사건의 "스스로에게 법이 되는 사람" 발언은 19세기 미국인들이 모르몬교와 그들의 일부다처제를 혐오한 과도한 표현으로 가장 잘 설명될 수 있다. Scalia 대법관이 스미스 사건에서 "스스로에게 법이 되는 사람" 문제를 언급한 것도 그의 공개적이고 거리낌 없는 종교성에 비추어 다소 의아할 수 있다. 그러나 Scalia의 스미스 판결 일부는 이상하고 방어하기 어려운 점이 많다. Michael W. McConnell, "Free Exercise Revisionism and the Smith Decision," *University of Chicago Law Review* 57 (1990): 1109을 참조하라.

종교 수용에 대한 반대 논거로 제기했지만, 입법에 의한 수용은 명시적으로 허용했다. 그러나 "스스로에게 법이 되는 사람"이라는 문제의 논리(혹은 비논리)는 결코 헌법의 해석에만 한정되지 않는다. 그것을 더 높은 혹은 초월적 권위에 대한 공개적 존중을 거부하는 왜곡된 표현으로 이해한다면, 그 핵심은 입법 영역뿐 아니라 시민 사회의 모든 영역에서도 동일하게 작동한다. 따라서 인디애나 법처럼 종교적 수용을 원칙적으로 인정하도록 규정하는 법률에 반대하는 이들은 법원이 제기한 "스스로에게 법이 되는 사람"이라는 우려를 논리적 결론으로까지 밀어붙이고 있는 것이다.

그리고 다시 강조하지만, 반대의 대상은 수용 그 자체가 아니다. 반대하는 것은 특별히 **종교적** 수용이다. 즉 국가가 더 높은 초월적 권위에 종속된다는 독특한 주장에 근거한 수용에 대한 반대다. 고대 로마의 **가장**(familias)이 가정 안에서 자신의 궁극적 권위에 대한 도전은 결코 용납하지 않으면서도 공정하고 자비롭고자 애쓰는 것과 마찬가지로 주권을 가진 세속 공동체 역시 정의롭고 인도적으로 행동하려 힘쓰며, 그에 따라 여러 형태의 관용과 면제—곧 수용—를 부여할 수 있다. 그러나 그러한 공동체는 자기 권위의 최종성을 부정하는 수용 요구에 대해서는 곧바로 거세게 반발하게 될 것이다.

가치의 전도: "양심의 자유"의 이상한 궤적

그러나 이 진술은 구체적인 단서 또는 적어도 명확한 해명이 필요하다. 더 높은 초월적 권위를 인정하지 않는 정치 공동체라도 개인들이 주장하는 초월적인 종교적 요구를 존중**할 수 있다.** 이는 더 높은 권위에 대한 존중에서가 **아니라** 그러한 주장을 하는 개인들에 대한 배려에서다. 따라서 **종교에** 대한 특별한 수용에 대해 더 공격적인 현대의 비판자들조차도 일반적으로 양심에 대해서는 존중하는 태도를 보인다. 그리고 그들은 종교적 면제를 요구하는 자들이 종종 자신들의 주장을 양심의 자유 범주에 귀속시킬 수 있음을 인정할 수도 있다.[94]

종교를 양심에 종속시키는 것은 놀라운 전환—또는 일종의 "가치의 전도"(transvaluation of values)—을 반영하는 것으로, 이는 지배적인 정치 공동체 개념이 초월적 개념에서 내재적 개념으로 이동하는 변화를 시사한다. 우리는 양심의 자유 역사에서 세 단계를 고려함으로써 이 변화를 이해할 수 있다. (이 세 단계 구분은 복잡한 역사를 단순화한 것으로 분명히 설명 목적으로 유용하다.)

치환: "종교"와 "양심." 초기 단계에서 양심은 본질적으로 종교적이며 양심의 자유는 단지 "정부가 신성하게 내면으로 부름 받은 개인의 자유로운 반응을 보장해야 한다"[95]는 것을 **의미한다**고 마리 파이링거가 지적한다. 따라서 "종교의 자유"와 "양심의 자유"는 본질적으로 동의어이며 교환 가능한 개념이다.[96]

두 번째 단계에서 이 두 개념은 분리될 수 있다. 그리고 그것들이 구별

---

94 다음을 보라. Micah Schwartzman, "Religion as a Legal Proxy," *San Diego Law Review* 51 (2014): 1085; Leiter, *Why Tolerate Religion?*, 64("종교적 양심 문제가 관용을 얻어야 한다면…그것은 종교의 문제가 아니라 양심의 문제이기 때문일 것이다.") Leiter는 양심에 대한 수용은 정당화될 수 있지만, 종교에 대한 수용은 정당화될 수 없다고 주장한다. 그러나 궁극적으로 그는 양심에 대한 수용에 관해서도 회의적이다. Leiter, 17, 63-67, 94-100. Leiter의 입장에 대한 설명과 비판은 Mark L. Rienzi, "The Case for Religious Exemptions—hether Religion Is Special or Not," *Harvard Law Review* 127 (2014): 1395을 보라.

95 Marie A. Failinger, "Wondering after Babel: Power, Freedom, and Ideology in U.S. Supreme Court Interpretations of the Religion Clause," in *Law and Religion*, ed. Rex J. Ahdar (Aldershot, UK: Ashgate, 2000), 94.

96 Nathan Chapman, "Disentangling Conscience and Religion," *University of Illinois Law Review* 2013 (2013): 1457, 1464-71; Michael J. White, "The First Amendment's Religion Clauses: 'Freedom of Conscience' versus Institutional Accommodation," *San Diego Law Review* 47 (2010): 1075, 1075-76, 1081을 참조하라.

될 수 있는 한, 법이 보호하려는 것은―양심의 자유가 아니라―**종교**의 자유다. 그리고 관련 전제로서 양심보다 종교에 우선권을 부여하는 것은 전적으로 논리적이다. 다시 말해 매디슨과 제퍼슨 같은 사람들이 표현한 바와 같이 종교를 수용하는 근거는 인정된 초월적 권위에 대한 존중이다. "카이사르에게는 카이사르의 것을, 하나님께는 하나님의 것을 주라." 만약 어떤 사람이 카이사르의 법을 준수하지 않겠다고 요구하면서 그 요구를 하나님이나 더 높은 권위에 근거해서 호소하지 않는다면, 그러한 면제의 논리는 단순히 적용되지 않는다. 이런 맥락에서 마이클 맥코넬은 수정 헌법 제1조의 제정자들이 종교의 자유와 양심의 자유를 의식적으로 구별했고 오직 전자를 보호하기로 했다고 주장한다.[97] 역사적 관점에서 보자면 맥코넬의 해석은 논쟁의 여지가 있지만,[98] 만약 제정자들이 맥코넬이 생각하는 대로 행동했다면 그들은 완전히 논리적인 방식으로 행동한 것이 될 것이다.

이러한 가정 아래에서도 "양심"은 종교와 거의 근접한 개념으로 보일 수 있어서 그것은 느슨한 유비를 통해 입법적 또는 사법적 호의로 법적 보호를 받을 수도 있다. 이런 과정은 많이 논의되었던 베트남 전쟁 기간의 세거[99]와 웰시[100] 징집 면제 사건에서 분명히 드러난다. 의회가 제정한 징집 면제 조항은 "양심적 병역거부자"를 초월적이고 유신론적인 용어로 명시적으로 규정하고 있었다.[101] 그러나 연방 대법원은 도덕적으로 진지하나

---

97 McConnell, "Origins and Historical Understanding," 1488–500.

98 Chapman, "Disentangling Conscience and Religion."

99 United States v. Seeger, 380 U.S. 163 (1965).

100 인간관계에서 발생하는 모든 문제와는 별도로 Welsh v. United States, 398 U.S. 333 (1970) 이 있다.

101 첫 번째 사건인 세거 사건에서 연방 면제는 "종교적 훈련과 신념"에 기초해 전쟁에 반대하는 사람들에게 적용되었고, 그러한 훈련과 신념은 "인간관계에서 발생하는 어떤 의무보다 우월한 의무를 초월적 존재와의 관계에 부과하는 개인의 신념으로 정의되었으며, 그러나 본질적으로 정치적·사회학적·철학적 견해나 단순한 개인적 도덕 강령은 포함하지 않는

스스로 유신론자가 아니라고 진술한 반대자들에게도 면제를 확장하는 데 성공했다. 법원은 명시적인 유신론적 신념뿐 아니라 대니얼 세거와 엘리엇 웰시 같은 비유신론적인 반대자들의 삶에서도 "유사한 [위치]"(parallel [position])[102]를 가지는 다른 신념도 법적인 면제 범주에 포함된다고 해석함으로써 이 면제 범위를 확장했다.

세거와 웰시 사건의 판결은 **종교**가 **양심**과 구별되고 우선시되는 두 번째 단계에서, **양심**이 **종교**보다 우선시되는 세 번째 단계로의 미묘한 전환을 반영한다. 징집법과 법원의 의견 표면상으로는 여전히 주된 관심 대상은—유신론적이고 초월적인—종교였다. 전통적이고 초월적인 종교에 기초하지 않는 단순한 "양심"은 말하자면, 확장과 유비를 통해 보호를 받았다. 어느 의미에서는 "양심"이 더 경건한 형제인 유신론적인 "종교"의 등에 업힌 모양이었다. 그러나 그 두 개념을 밀접한 친족 관계로 다루거나 혹은 비유신론적 양심을 유신론적 신념과 본질적으로 동등하거나 "유사한" 것으로 다룸에 따라, 법원은 실제로 개인의 더 높은 또는 초월적 권위에 대한 의무가 아니라—이 점에서 유신론적 종교와 비유신론적 양심은 유사하지 **않았기** 때문에—개인의 삶에서 신념의 깊이 또는 주관적 중요성이 중요하다는 것을 은연중에 보여주었다. 유신론적 신념과 비유신론적 "양심"이 유의미하게 "유사할" 수 있는 것은 바로 그런 가정에서만 가능하다.[103]

공식적으로 그리고 형식적으로 초월적인 종교가 여전히 주된 가치였고 양심은 종속적인 파트너였다. 그러나 **실질적으로** 법원이 존중하고 복종한 것은 양심이었다.

세 번째 단계에 이르면 무엇이 주된 가치이고 무엇이 종속적인지에

다"고 규정되었다. *Seeger*, 380 U.S. at 165.

102　*Seeger*, 380 U.S. at 166.

103　Eisgruber and Sager, *Religious Freedom*, 114을 보라.

대한 우선 순위의 역전이 공개적이고 노골적으로 드러난다. 이러한 역전은 오늘날 **종교적** 수용에는 반대하면서도 **양심**의 자유를 옹호하는 이들의 입장에서 특히 두드러지게 나타난다.[104] 이 견해에 따르면, 양심이 가장 핵심적인 가치이며 법이 존중하고 보호해야 할 정당한 대상이다. 반면 종교는 종속적인 파트너다. 기존의 관계가 완전히 뒤바뀌었다. 세거와 웰시 사건에서 또는 적어도 해당 판례의 명시적 법리에서는 "양심"이 보호를 받기 위해서는 자신을 "종교적"이거나 종교와 "유사한 위치"에 있다고 주장해야만 했다. 이제 이 최종 단계에서는 오히려 종교가 보호를 받으려면 자신을 양심으로서 드러내야 한다. 정부나 법원이 종교에 보호를 부여하는 것은 어떤 상위의 권위에 대한 존중에서가 아니라 종교가 신자들의 삶에서 양심과 "유사한 위치"를 차지하기 때문이다. 이제 "종교"가 그 지위를 얻기 위해 양심이라는 이름으로 보호를 청원해야 하는 처지가 되었다.

사실상 이 근본적으로 뒤바뀐 이해는 오늘날 종교적 관용의 의무성 또는 허용 가능성에 대해 겉으로는 반대하거나 반대하는 것처럼 보이는 (그리고 스스로도 그렇게 생각할 수 있는) 많은 학자와 옹호자들을 하나로 묶고 있다. 따라서 오늘날 이 분야에서 이루어지는 학술적 논쟁은 대체로 "종교"에 대한 "특별 대우"가 정당한지의 여부에 집중되어 있다.[105] 한편 앞서 논의한 바와 같이 종교적 수용에 반대하는 학자들은—종교에 특별 대우를 해줄 정당한 근거가 없다고 보면서도—여전히 양심의 자유에는 우호적이다. 그런 이들은 때때로 종교적 주장도 "양심"이라는 범주에 넣음으로써 인정되고 존중될 수 있음을 허용한다. 다른 한편 종교적 수용을 명백히 지지하는 학자들은 "종교"에 특별한 보호를 부여해야 할 충분한 정당화 근거가 있다

---

104   이 책 이번 장에서 "미국식 종교의 자유" 맨 앞을 보라.
105   이 책 제12장 각주 90을 보라.

고 주장한다.[106] 예컨대 헌법 조문 자체가 그 하나의 근거가 될 수 있다. 하지만 겉으로는 종교적 수용을 지지하는 이들도 "종교"를 매우 광범위하게 해석해 유신론적이지만 실존적으로 진지한 어떤 믿음이나 가치를 거의 모두 양심이라 부를 수 있는 영역에 포함시키는 전제하에서만 조건적으로 자신들의 지지를 표명한다.[107] 더 나아가 이들은 "종교"에 대한 보호를 정당화하는 데 있어서 매디슨과 제퍼슨, 그리고 다른 이들이 종교의 자유를 지지했던 초월적인 종교적 근거에 의존하지 않는다. 오히려 그들은 오늘날 다원적이고 "세속적"인 시민사회에서는 그런 근거가 허용되지 않는다고 여긴다.[108] 대신 그들은 종교가 신자들의 삶에서 지니는 중요성이나 종교가 개인의 자율성 또는 개인적 진실성과 연결되어 있다는 보다 순수한 인본주의적 근거에 의존한다.[109] 다시 말해 그들은 오늘날 사상가들이 "양심"을 존중하는 이유와 동일한 종류의 논리를 따른다. 용어상으로는 차이가 있지만—겉보기에는 입장 차이가 나타나지만—실질적 내용에서는 매우 유사하다.

---

106 예를 들어 Douglas Laycock, *Religious Liberty*, vol. 1, *Overviews and History* (Grand Rapids: Eerdmans, 2010): 58–61; Kent Greenawalt, *Religion and the Constitution*, vol. 1, *Free Exercise and Fairness* (Princeton: Princeton University Press, 2006), 3–9.

107 Laycock, Religious Liberty, 69–80을 보라; 또한 Kent Greenawalt, "Religious Toleration and Claims of Conscience," Journal of Contemporary Legal Issues 21 (2013): 449, 461도 참조하라. (여기서는 신중한 논의를 한 이후에 "조직이 아닌 개인과 관련하여…도덕적 양심을 이유로 부여된 대부분의 면제는 비종교적 청구인에게도 확대되어야 한다"고 결론 내린다.)

108 예를 들어 Laycock, *Religious Liberty*, 58; Kent Greenawalt, *Religion and the Constitution, vol. 2, Establishment and Fairness* (Princeton: Princeton University Press, 2008), 57, 195, 492–93, 523–24을 보라.

109 예를 들어 다음을 보라. Greenawalt, *Religion and the Constitution*, 1:3("사람들은 종교적 신념을 채택하고 종교 행위에 참여할 자유가 있어야 하는데, 이는 개인 자율성의 중요한 한 측면이기 때문이다"라고 주장한다); Alan Brownstein, "Protecting the Religious Liberty of Religious Institutions," *Journal of Contemporary Legal Issues* 21 (2013): 201, 206("개인의 종교의 자유를 보호하는 가장 설득력 있는 정당화는 개인의 자율성과 인간의 존엄성에 대한 헌신에 뿌리를 두고 있다"고 주장한다.)

양심과 내재적 신성. 이 모든 것은 우리의 논의 전반에서 줄곧 배회하고 있던 두 가지 잔여적인 질문으로 곧 바로 이어진다. 첫째, 정부가 존중해야 한다고 말한 이 "양심"은 과연 **무엇인가?** 만약 양심이 초월적 권위가 부과하는 의무에 대한 반응으로 이해되는 유신론적 개념으로 더 이상 받아들여지지 않는다면, 양심은 도대체 무엇인가?[110] 둘째, 과거 법의 총애를 받던 이 "종교"가 그 지위를 상실한 지금 "양심"(그것이 무엇이든 간에)은 왜 법으로부터 특별한 존중과 보호를 요구할 자격이 있는가? 이 질문들에 대한 답은 우리가 겪어온 공동체 개념의 변화 양상을 잘 보여준다.

"양심"의 정의는 용례에 따라 분명히 다양하다. 그러나 아마도 가장 적절한 답은 "양심"이란 개인이 침범되어서는 안되거나 "신성한" 것으로 인식하는 것에 대한 판단과 헌신을 의미한다는 진술일 것이다. 만약 그것이 초월적 의미에서의 "신성한 것"이 아니라면, 내재적 의미에서의 "신성한 것"에 대한 판단이라는 뜻이다. 그리고 "양심의 자유" 또는 양심의 수용을 지지하는 입장은 최소한 그러한 종류의 신성함에 대해서는 여전히 민감하게 반응하고 존중하는 정치 공동체의 개념을 시사한다. "종교적" 수용에 반대하는 이들마저 양심에 대해서는 여전히 존중을 표하고 있다는 것은 초월적인 더 높은 권위를 인정하는 도시로부터의 이탈이 (적어도 원칙적으로 가능했을 법한 것처럼) 순수하게 실증주의적인 의미에서 "세속적인" 도시로의 이동은 아니었다는 점을 보여준다. 오히려 변화는 내재적 신성함을 존중하는 공동체로의 이동이었다.

물론 오늘날 양심에 대한 통상적인 설명은 아마 정확히 이러한 용어로 제시되지는 않을 것이다. 대신 양심은 보통 진실한 "도덕적" 확신이나 헌

110　Andrew Koppelman, *Defending American Religious Neutrality* (Cambridge, MA: Harvard University Press, 2013), 136-41을 보라(양심에 대한 네 가지 뚜렷한 개념을 구분하여 설명한다).

신으로 정의되고 이해된다.[111] 하지만 ("도덕적"이라는) 이 용어는 반드시 틀린 것은 아니지만 명확한 설명이 부족하며[112] "양심"의 전형적 의미를 전달하기에는 지나치게 광범위하다. 예를 들어 공리주의는 통상 "도덕적" 입장으로 분류되지만, "나는 공리주의자이며 계산상 전쟁은 거의 항상 인간 행복의 총량을 줄인다"고 말하는 젊은 평화주의자는 엄밀한 의미에서 우리가 "양심"의 항의로 생각하는 주장을 대변하는 사람으로 보이지는 않을 것이다. 또한 "나는 고찰해보았고 보편 법칙으로서 군 복무를 수용할 만한 원리를 찾을 수 없다"고 말하는 젊은 칸트주의자도 "양심적" 병역거부자로 여겨지지는 않을 가능성이 크다. 오히려 양심은 대체로 어떤 사람이 침범할 수 없거나 신성하다고 여기는 가치나 헌신을 위해 숙고하여 내린 판단과 유사한 것을 뜻한다.

그리고 실로 이것이 바로 베트남 전쟁 시기 유명한 비종교적인(또는 전통적으로 종교적이지 않은) "양심적 병역거부자들"의 참모습이었다. 엘리엇 웰시는 자신의 전쟁 반대 이유를 다음과 같이 설명했다. "나는 인간의 생명**이 그 자체로 소중하다**고 믿는다. 그것이 살아 있기 때문이다. 따라서 나는 다른 인간을 해치거나 죽이지 않을 것이다. 이 믿음(과 이에 따른 '의무', 즉 폭력에서 벗어날 책임)은 **인간관계에서 생겨나는 그 어떤 의무보다 우월한 것이 아니다.** 오히려 그것은 모든 인간관계에 필수적이다."[113]

111　예를 들어 Greenawalt, "Religious Toleration," 452-3을 보라.("대부분의 맥락에서 어떤 일이 '양심'의 문제라고 주장하는 것은 강한 도덕적 확신을 수반한다"고 진술한다)

112　철학자 Michael Smith는 "도덕성"(morality)이 과연 무엇을 의미하는지에 대해 매우 상이한 개념들이 존재한다는 점에 대해, "오늘날 메타 윤리학을 다루는 철학자들의 저작을 읽어보면 한 가지 분명해지는 점이 있는데, 그것은 그들 사이에 엄청난 간극이 존재한다는 것이다. 그 간극은 너무 넓어서 그들이 과연 공통된 주제에 대해 이야기하고 있는지 의문이 들 정도"라고 말했다. Michael Smith, *The Moral Problem* (Malden, MA: Blackwell, 1994), 3.

113　*Welsh*, 398 U.S. at 343(강조체는 덧붙여진 것이다).

웰시는 자신의 견해에서 인간의 생명을 신성하거나 침범할 수 없는 것으로 보았음을 분명히 했다. 또한 그는 이 침범할 수 없거나 신성한 특성이 생명에 내재된 것임을 확실히 했다. 그것은 외부나 초월적 출처에서 비롯된 것이 **아니었다**. 그리고 이러한 양심—즉 그러한 내재적 신성에 존중을 표하는 양심—이 바로 대법원에서 강력한 설득력을 갖고 인정된 것이었으며 현대의 논평자들도 매력적이라고 여긴 것이었다. 양심의 중요성을 옹호하면서도 더 높거나 초월적인 "종교적" 권위에 대한 존중을 거부하는 "종교적" 수용 비판자들은 초월적인 권위를 인정하지 않으면서도 내재적 신성에 열려 있고 존중하는 공동체에 대한 헌신을 드러낸다. 이는 (바로의 철학적 의미에서 볼 때) 이교도 공동체 또는 도시일 것이다.

성문 바깥의 하나님

우리가 살펴본 발전—즉 (초월적) 종교의 수용에서 벗어나 이제는 내재적인 의미로 이해되는 양심에의 헌신으로 나아가는 발전—은 고립된 현상이 아니다. 오히려 이 발전은 기독교—또는 보다 일반적으로 초월적 종교성—의 영향을 받는 정치 공동체 개념으로부터 벗어나 그러한 초월성에는 닫혀 있으나 보다 내재적인 종교성에는 열려 있는 공동체 개념으로 이동하는 더 넓은 흐름의 한 측면으로 이해하는 것이 가정 적절하다. 종교의 자유에서 양심의 자유로의 이동과 마찬가지로 이보다 더 일반적인 전개 역시 세 단계로 나누어볼 수 있다. 곧 도시가 초월성에 대해 스스로를 닫아가는 세 단계다. (하지만 이 단계 구분은 한마디로 설명을 위한 인위적인 구분일 뿐이다. 실제로는 변화들이 서로 겹쳐 있으며 그 세 단계는 모두 어느 정도 여전히 진행 중이고 논쟁의 대상이 되고 있다.)

첫 번째 단계에서는 이전에 공적 담론에서 존중되고 정당하다고 여겨진 초월적 종교에서 비롯된 헌신과 가치들이 **도시가 스스로 내린 정치적 의사결정에서** 배제되기 시작한다. 미국에서는 이 변화를 정치적 사상과 헌법에서 감지할 수 있다. 정치철학에서는 최근 수십 년간 "공적 이성"(public reason)이라는 개념을 둘러싼 중심 논의가 이어져왔는데, 이는 존 롤스와 연관되지만 그에게 국한되지 않는 개념이다.[114] 이 개념은 다양한 형태로 발전되었고 롤스 자신도 자신의 입장을 여러 측면에서 지속적으로 수정하고 보완했지만, 중심 주장으로는 다양성을 지닌 정치 공동체 내에서 중요한 정치적 결정들이 "종파적" 고려나 모든 시민이 공유하지 않는 "포괄적 교리"에 기초해서는 안 된다는 것이다.[115] 그리고 "종교"—또는 적어도 전통적 의미의 "종교"—는 이제 중요한 공적 결정에서 용인될 수 없는 "포괄적 교리"의 가장 두드러진 사례로 보인다. 사실 롤스의 이론적 작업의 목적 중 하나는 기독교 세계의 붕괴와 그에 따른 종교 다원주의의 전개로 인해 발생한 차이들을 극복할 방법을 찾는 것이었다.[116]

그러나 이러한 종교적 이유에 대한 제한은 여기서 우리가 내재적인 종교적 가치라고 부른 것에 대한 의존을 배제하는 것으로 이해되지는 않는다. 따라서 공적 이성의 옹호자들은 인간 또는 인권이 신성하거나 침범될 수 없는 성질을 지닌다고 주장하는 논증을 배제할 생각은 없어보인다. 로널드 드워킨이 낙태와 안락사에 대한 접근에서 "신성한 것"을 언급한 부분

114　John Rawls, *Political Liberalism* (New York: Columbia University Press, 1996). 다른 설명을 위해서는 예를 들어 다음을 보라. Kevin Vallier, *Liberal Politics and Public Faith: Beyond Separation* (New York: Routledge, 2014); Gerald Gaus, *The Order of Public Reason: A Theory of Freedom and Morality in a Diverse and Bounded World* (New York: Cambridge University Press, 2011); Stephen Macedo, "Liberalism and Public Justification," in *Liberal Virtues: Citizenship, Virtue, and Community in Liberal Constitutionalism* (New York: Clarendon, 1990), 39-75.

115　Rawls, *Political Liberalism*, 212-47을 보라. 이 점은 다음 장에서 더 자세히 전개된다.

116　Rawls, *Political Liberalism*, xxiv-xxviii.

은 제한되지 않는다.[117] 실제로 드워킨과 롤스는 이후 여러 저명한 사상가들과 함께 대법원의 조력 자살 사건에서 제출된 이른바 "철학자들의 의견서"(philosophers' brief)를 공동 작성하기도 했다.[118] 그러나 공적 이성의 요구는 초월적인 종교적 신앙의 보다 "포괄적 교리"에 대한 결정적인 의존[119]도 종파적인 것으로 보고 배제한다.

물론 학문적 논의의 장에서는 "공적 이성"의 제안이 논쟁의 대상이 되어왔다. 이 제안에는 강력한 옹호자들이 있는 반면, 데이비드 이노크와 크리스토퍼 에버리(Christopher Eberle) 같은 비판자들에 의해 치명적이라 할 만한 반론에도 직면해왔다.[120] 그러나 헌법 질서의 감독 아래 이루어지는 실제 정치적 의사 결정, 즉 이처럼 덜 추상적이고 덜 성찰적인 맥락에서는 공적 이성의 요구—또는 적어도 법에 대한 "종파적"이거나 초월적으로 종교적인 정당화 사유를 배제하는 요구—가 이미 "당연한 전제"로 받아들여지는 성격을 띠게 되었다.[121] 헌법학자들은 공적 결정이 종교적 혹은 신학

117　"신성한 것"에 대한 Dworkin의 언급은 제9장에서 다루어졌다.

118　Ronald Dworkin et al., "Assisted Suicide: The Philosophers' Brief," *New York Review of Books*, March 27, 1997, http://www.nybooks.com/articles/1237에 재수록되었다.

119　Rawls는 자신이 "단서"(proviso)라고 부른 조항에서 "포괄적 교리"의 표현을 전면적으로 제한하던 입장을 다음과 같이 수정했다. 즉 "적절한 시기에 공적 이성들이…제시되어 그 포괄적 교리가 지지하고자 도입된 바를 뒷받침하기에 충분하다면 포괄적 교리의 표현을 허용한다." Rawls, *Political Liberalism*, 152. 다시 말해, 그런 유형의 종교는 중요한 공적 쟁점에 대한 논쟁 속에서 소환될 수 있지만, 최종적인 결론에 실제로 영향을 미치지 않는 한에서만 허용되는 셈이다.

120　예를 들어 다음을 보라. David Enoch, "The Disorder of Public Reason," *Ethics* 124 (October 2013): 141; Christopher Eberle, *Religious Conviction in Liberal Politics* (Cambridge: Cambridge University Press, 2002).

121　존경받는 법학자가 이런 유의 소위 세속주의 제약(secularism constraint)에 대해 충분히 검토하지도 않은 채로 의존하는 사례로는 Edward Rubin, "Assisted Suicide, Morality, and Law: Why Prohibiting Assisted Suicide Violates the Establishment Clause," *Vanderbilt Law Review* 63 (2010): 763을 참조하라.

적 주장에 근거할 수 없다는 점을 자명한 원리로 간주한다.[122] 시민들, 그리고 심지어 정치인들조차도 일반적인 공적 논의의 장에서는 종교에 호소하거나 성경을 인용할 수 있으며 이러한 표현은 표현의 자유에 의해 보호된다. 그러나 입법자들과 더욱이 변호사들은 법이 법정에서 다투어질 때 관습적인 "종교적" 이유에 기대어 그 법을 정당화할 수 없다는 사실을 잘 알고 있다. 그렇게 하는 것은 그들의 주장에 치명적일 것이다.

최근의 동성 결혼에 대한 판결들은 이러한 상황을 극명하게 보여주는 사례다. 결혼을 이성 커플에만 제한하는 법률들은 여러 주에서, 그리고 결국 연방 대법원에서 수정 헌법 제14조의 적법 절차 조항과 평등 보호 조항 위반이라는 이유로 이의를 제기받았다. 법원의 해석에 따르면 이 조항들은 주가 만드는 법률에 최소한의 "합리적 근거"(rational basis)가 있어야 함을 의미한다. 이런 근거를 제시하려 할 때, 전통적인 혼인법을 옹호하는 변호사들은 성경이나 하나님의 법, 또는 이와 유사한 근거를 단호하게 내세

---

[122] 예를 들어 다음을 보라. "Equal Access and Moments of Silence: The Equal Status of Religious Speech by Private Speakers," *Northwestern University Law Review* 81 (1986): 1, 7("설립 조항은 정부가 종교에 대해 찬성이나 반대 입장을 취하는 것을 절대적으로 금지한다.…정부는 입장을 가져서는 안 되며 정부의 역할은 입장을 가지는 것이 아니다"라고 주장한다). Michael Perry는 이 주제를 다음과 같이 보다 자세히 설명한다. "어떤 사람이 한 종교 혹은 여러 종교를 얼마나 선호하든, 정부는 선호되는 종교 또는 여러 종교가 종교 차원에서 가치의 어떤 면에서라도 다른 종교 혹은 무종교보다 더 낫다는 견해에 근거해 어떤 행위도 할 수 없다. 예를 들어 정부는 기독교, 로마 가톨릭 혹은 개별 지역 교회가 종교 혹은 교회로서 다른 종교나 다른 교회들 또는 무종교보다 진리에 더 가깝다는 견해에 근거해 또는 반드시 진리에 더 가까운 것이 아니라 해도 미국인의 종교 역사와 문화의 더 진실한 반영이라는 견해에 근거해 어떤 행위도 할 수 없다.…마찬가지로 어떤 사람이 한 종교적 관행 혹은 여러 관행을 얼마나 선호하든, 정부는 선호되는 관행이 다른 종교적 또는 비종교적 관행이나 무종교적 관행보다 종교 관행으로서 더 낫다―예를 들어 더 참되거나, 또는 영적으로 더 효과적이거나, 혹은 더 진정한 미국적인 것이다―라는 견해에 근거해 어떤 행위도 할 수 없다." Michael J. Perry, *Religion in Politics: Constitutional and Moral Perspectives* (New York: Oxford University Press, 1997), 15. 이러한 널리 받아들여지는 가정에 대한 비판적 검토로는 Richard J. Garnett, "A Hands-Off Approach to Religious Doctrine: What Are We Talking About?" *Notre Dame Law Review* 84 (2009): 837을 참조하라.

우지 않았다. 대신 그들은 전통적인 결혼이 자녀와 결혼 제도, 그리고 궁극적으로 사회 전체에 유익하다는 점을 주로 주장했다. 그런데 법원은 이러한 법률들을 위헌으로 폐지하면서 변호사들이 무엇을 어떻게 주장했든 실제로는 종교가 이 법들의 진짜 이유였다고 시사하는 경우가 많았다.[123] 종교는 법의 정당한 근거가 될 수 없기 때문에(또는 법관들이 그렇게 전제했기 때문에), 결국 전통적인 혼인법은 위헌이라는 결론이 도출되었다.

이러한 "종교적" 고려를 배제하는 과정에서 하급심과 대법원은 모두 이 문제에 대해 진지한 분석을 내놓은 경우가 거의 없다시피 하다. 대신 그들은 "종교적" 고려를 요약적으로, 그리고 마치 "누구나 다 아는 사실"인 양 가볍게 일축해버렸다. 그러나 헌법적 근거를 제시해달라는 요구가 제기될 경우 법원과 대부분의 변호사들은 정부가 오로지 "세속적 목적"을 위해서만 행동할 수 있다는 설립 조항 해석에서 나온 요건을 근거로 들 가능성이 크다.[124] 또는 토마스 제퍼슨이 댄버리 침례교회에 보낸 편지에서 사용했던 이른바 "교회와 국가 사이의 분리의 장벽"이라는 전설적인 구절을 인용할 수도 있다.[125] 이러한 판결들과 유사한 결정들에 대해 비판자들은 흔히 "세속주의" 요건이나 "분리의 벽"(wall of separation)을 개탄하며 반발하곤 한다.[126]

123　예를 들어 다음을 보라. Varnum v. Brien, 763 N.W.2d 862, 904 (Iowa 2009)("그 카운티의 침묵은 우리의 판단에 따르면, [종교적 감정이] 아이오와주 헌법 아래에서는 동성 결혼 금지를 정당화하는 근거로 사용될 수 없다는 이해를 반영한다"); United States v. Windsor, 133 S. Ct. 2675, 2693-4 (2013)(혼인보호법[DOMA]을 "전통적인[특히 유대-기독교적] 도덕성"에 부합하는 도덕적 확신을 표현한 것으로 묘사한다).

124　*Lemon*, 403 U.S. at 612-13을 보라.

125　이 편지에 대한 날카로운 논의를 원한다면 Daniel L. Dreisbach, *Thomas Jefferson and the Wall of Separation between Church and State* (New York: New York University Press, 2002), 66을 참조하라.

126　예를 들어 다음을 보라. David Barton, *Original Intent: The Courts, the Constitution, and Religion* (Aledo, TX: WallBuilder Press, 1997); John Eidsmoe, *Christianity and the*

역사적 사실로 보자면, 실제로 양측 모두 근거가 불안정한 입장에서 있다. 종교적 고려를 요청하는 쪽이나 비판하는 쪽이나 모두 맥락과 동떨어진 주장들을 펼치고 있다는 것이다. 정치적 의사결정에서 초월적 요소가 배제되어온 것은 정부가 "세속적"이어야 한다는 이해에 따른 결과라 할 수 있다. 그러나 그 이해 자체에는 아무런 이의를 제기할 만한 점이 없다. 아우구스티누스에서 아퀴나스를 거쳐 매디슨에 이르는 정치 사상가들은 정부가 교회와 달리 "세속적"이어야 한다는 점에 모두 동의했을 것이다. 실제로 정부가 "세속적인 것"에 제한되어야만 한다는 주장은 거의 기독교적 발명이며 심지어 기독교 교리라고 할 수 있다.[127] 고대 로마에서는 그러한 제약이 인식되지 않았을 것이다(또는 이해되기조차 어려웠을 것이다). 그리고 헌법에 이 문구가 명시적으로 쓰인 적은 없지만 "**교회**와 국가 사이의 분리의 장벽"이라는 표현은 문자 그대로 읽는다면(실제로는 거의 그렇게 이해되지 않으며, 특히 이 표현을 가장 자주 인용하는 현대의 옹호자들 사이에서는 더욱 그러하다)[128] 기독교 사상을 특징짓는 정치적 이원론을 가리키는 적절한 은유로

Constitution: The Faith of Our Founding Fathers (Brentwood, TN: Wolgemuth and Hyatt, 1987), 242–45, 406–11. 더 강경하게 당시 의원이었던 Katherine Harris는 교회와 국가의 분리가 "우리에게 전해진 거짓말"이라며, 이는 종교적 신앙인들을 공적 생활에서 배제하기 위한 것이라고 주장했다. Jim Stratton, "Rep. Harris Condemns Separation of Church, State," *Orlando Sentinel*, August 26, 2006, A9.

127 Charles Taylor, "Modes of Secularism," in *Secularism and Its Critics*, ed. Rajeev Bhargava (New York: Oxford University Press, 1998), 31. 또한 Bernard Lewis, *What Went Wrong? Western Impact and Middle Eastern Response* (New York: Oxford University Press, 2002), 96도 참조하라(""현대 정치적 의미에서의 세속주의는…깊은 의미에서 기독교적이다. 그 기원은 그리스도의 가르침에서 찾을 수 있으며 초기 그리스도인들의 경험에 의해 확인되었다; 이후의 발전은 기독교 세계의 역사에 의해 형성되었고 어떤 면에서는 강요되었다"). 더 자세한 논의는 Steven D. Smith, *The Disenchantment of Secular Discourse* (Cambridge, MA: Harvard University Press, 2010), 112–15을 참조하라.

128 "분리주의자" 해설가나 학자들은 결정적으로 중요한 실질적 변화에도 불구하고 "교회"에서 "종교"로 거의 아무런 의식 없이 넘어가버린다. 예를 들어, T. Jeremy Gunn, "The Separation of Church and State versus Religion in the Public Square: The Contested History

받아들일 수도 있다. 곧 그 정치적 이원론이란 예수부터 아우구스티누스를 거쳐 ("두 왕국" 교리를 내세운)[129] 루터와 칼뱅 그리고 덜 노골적으로 기독교적인 매디슨과 제퍼슨에 이르기까지 이어져온 사유를 말한다.

실질적인 변화는 정부가 "세속적"이어야 한다는 생각에서 비롯된 것이 아니라 그 용어가 미묘하게, 그리고 어쩌면 거의 무의식적으로 우리가 제9장에서 기독교적 혹은 초월적 세속성이라고 부른 것은 배제하고 실증주의적이고 이교적인 세속성 개념만을 남기게 된 데 있다. 오늘날의 "세속적" 도시는 바로 이러한 개념들에 따라 구상되고 있다.

이 결론—즉 초월적인 종교적 고려가 도시의 고유한 정치적 의사결정에 영향을 미쳐서는 안 된다는 입장—은 여전히 **개인들이** 자기 **자신의 삶과 관련해** 내리는 초월적 영역에 대한 **판단에** 대해 법적·정치적 영역에서 존중을 보일 가능성을 열어 둔다. 공동체 당국은 다음과 같이 설명할 수 있다. "**도시로서** 우리는 초월적 이유나 신념에 따라 행동하지 않지만, 우리 시민 중 일부가 그러한 이유에 따라 믿고 행동한다는 사실을 인정한다. 그래서 우리는 그와 같은 종교적 신앙이 방해받지 않고 존중받을 수 있도록 공간을 마련하려고 한다."

이 입장은 초월적 종교와 관련하여 극단적인 시민적 불가지론과도 양립 가능하다. 판사이자 교수인 마이클 맥코넬은 때때로 그러한 시민적 불가지론의 한 버전을 제안해왔다.[130] 맥코넬에 따르면 자유 국가는 종교적으

---

of the Establishment Clause," in *No Establishment of Religion*, ed. T. Jeremy Gunn and John Witte Jr. (New York: Oxford University Press, 2012), 15, 18을 참조하라("'교회와 국가의 분리'[혹은 더 정확하게는 종교와 국가의 분리]를 지지하는" 해석을 주장한다). (강조체는 원저자의 것이다.)

129 John Witte Jr., *Law and Protestantism: The Legal Teachings of the Lutheran Reformation* (Cambridge: Cambridge University Press, 2002), 87-117을 참조하라.

130 예를 들어 McConnell, "Accommodation of Religion," 15-4을 보라.

로 중립을 지켜야 하며 유신론적 종교가 진리임을 주장하거나 그 반대를 주장할 수 없다. 일부 시민들은 유신론적 신앙을 고수하지만, 자유 국가는 이들의 신앙이 옳다고 확언할 수도 없고 그렇지 않다고도 말할 수 없다. 국가는 사실상 그들이 옳을 수도 **있음을** 인정한다. 그리고 만약 그들이 **옳다면**—즉 하나님이 그들에게 (전쟁에 참여하거나 동성 결혼을 축하하는 데 관여하는 것과 같은) 특정한 일을 하거나 하지 말라고 명령한다면—그 국가는 그들로 하여금 하나님을 거역하도록 강제하고 싶지 않을 것이다(그렇게 함으로써 스스로 하나님과 대립하는 위치에 놓이게 되기 때문이다). 따라서 그 국가—불가지론적으로 중립적인 국가—는 가능하다면 이러한 시민들의 종교적 신념을 존중해주어야 한다.

그러나 그들이 종교적 수용이 단지 의무가 아닐 뿐만 아니라 아예 허용되어서는 안 된다고까지 주장하는 한, 수용에 반대하는 이들은 국가가 그런 간접적이고 불가지론적인 방식으로조차 초월성의 가능성을 인정하는 것마저 금지하게 되는 셈이다. 물론 이것이 바로 이번 장 앞부분에서 논의한 비설립 반대와 평등 반대를 옹호하는 이들이 때로는 일정한 수정을 가해가며[131] 주장해온 결론이다. 이들의 입장은 그리하여 도시가 초월성에 대해 스스로를 닫아가는 두 번째 단계에 해당한다. (아직 진행 중이며 논쟁적인) 이 두 번째 단계에서 도시는 더 이상 **자기 고유의 의사결정 과정**에서 초월적인 이유를 인정하거나 그에 따라 행동하지 않을 뿐 아니라 **개별 시민들이 받아들이는** 그런 초월적인 이유에 대해서 존중을 부여하려 하지 않는다.

이 첫 번째 단계와 두 번째 단계가 온전히 구현된다면 도시는 초월성으로부터 철저히 차단된 상태가 될 것이다. 그러나 다른 의미에서 보자면, 도시가 꼭 초월성에 **적대적**이라고까지 말할 수는 없다. 일부 시민들은 여

전히 초월성을 신앙하며 도시는 그러한 신앙을 가졌다는 이유만으로 그들을 기소하거나 처벌하지는 않는다. 실제로 그렇게 **해왔**거나 그렇게 **할 수도 있었**던 국가들도 존재한다. 오히려 시민들은—신앙을 고백하고, 기도하며, 예배하고, 모이며, 선교하기까지—여전히 자기들의 초월적 종교를 믿고 실천할 자유를 부여받는다. 다만 이러한 활동이 공적 의사결정에 개입하지 않으며 어떠한 공적 이익이나 정책 또는 법과도 충돌하지 않는 한에서 그렇다. 이런 점에서 도시는 자기 나름대로 "종교의 자유"를 존중하고 있다고 진지하게 선언할 수도 있다. 종교는 **사적인 영역**, 곧 도시의 성벽 바깥에서 번성할 자유를 가지는 것이다.

이런 입장에는 이미 전례가 있다. 고대 로마에서 그리스도인들은 도시의 성벽 바깥에서 살아가며 신앙생활을 하곤 했고 실제로 그들은 상당 부분 많은 자유를 누리기도 했다. 예를 들어 그리스도인들의 공동묘지가 종종 성벽 바깥에 위치했던 것도 이 때문이다. 근세 유럽의 신앙 고백 국가에서도 이견이 있는 종교 공동체들은 종종 도시의 성벽 바깥에서 모이고 예배하는 것이 허락되었다.[132] 이것도 분명 종교의 자유이기는 했지만, 매우 불안정한 종류의 자유였다. 그것은 완전한 포용과는 거리가 멀었다. 신앙인들은 공적 영역 바깥에 머무는 대가만 기꺼이 치른다면 자신의 신앙을 살아낼 수 있었다. 그 대가는 결코 가볍지 않았지만, 종교가 그보다 더 가혹한 처우를 받아온 사례들도 적지 않았다.

이처럼 앞서 말한 첫 번째 단계와 두 번째 단계가 오늘날에도 그대로 완성된다면 초월적 신앙을 가진 현대의 시민들 역시 비슷한 처지에 놓이게 될 것이다. 그럼에도 대안들을 감안할 때, 많은 이들은 자신들의 신앙을 실

---

132 Benjamin J. Kaplan, *Divided by Faith: Religious Conflict and the Practice of Toleration in Early Modern Europe* (Cambridge, MA: Belknap Press of Harvard University Press, 2007), 144-56을 참조하라.

천할 수 있는 "성벽 바깥"이라는 자유 공간이 주어지는 것에 만족할—심지어 감사할—수 있을 것이다.[133] 그러나 곧 세 번째 단계가 시작될 수 있다. 이 단계에서 도시는 팽창하고 성벽은 바깥으로 확장되며 초월적 종교 실천을 위한 자유 공간은 점점 더 좁아진다.

이러한 과정은 최근 수십 년 동안 공적 영역이 확장되면서 사적 영역을 잠식해온 미국 사회에서 뚜렷이 드러난다. 여러 요인이 이러한 확장에 기여해왔지만, 여기서 문제가 되는 맥락에서 아마 가장 중요한 요인은 전국, 주, 지방 차원에서 다양한 형태로 제정되고 확대되어온 야심찬 차별금지법들일 것이다. 이러한 법들은 내용 면에서는 물론 서로 다르지만, 그 상당수, 어쩌면 대부분은 일정 규모 이상의 거의 모든 사업체를 포함한 각종 기관에 적용되며 인종, 종교, 성별, 그리고 흔히 성적 지향을 이유로 한 차별을 금지한다. 차별금지법은 한때 주로 **사적 영역**에 속하는 것으로 여겨졌던 시장(marketplace)을, 적어도 많은 중요한 목적에 관해서는 **공적 영역**으로 편입시키는 효과를 낳았다. 또는 더 정확히 말하면 시장은 오랫동안 공적 차원과 사적 차원을 모두 지닌 영역으로 이해되어왔다. 차별금지법은 그 영역 안에서 공적 요소를 상당히 확장시키는 효과를 낳았다.[134] 그 결과 종교적 신념이 공적 정책과 충돌하는 사람들은 여전히 사적인 차원에서 종교를 실천할 자유를 갖지만, 이제 "사적"범주에는 더 이상 기업이나 경제 활동의 영역이 포함되지 않는다.

---

133   예를 들어 Rod Dreher, *The Benedict Option: A Strategy for Christians in a Post-Christian Nation*(New York: Penguin, 2017)을 보라.

134   Richard A. Epstein, "Public Accommodations under the Civil Rights Act of 1964: Why Freedom of Association Counts as a Human Right," *Stanford Law Review* 66 (2014): 1241, 1261-77을 보라. 반대되는 해석은 Andrew Koppelman, with Tobias Barrington Wolff, *A Right to Discriminate? How the Case of Boy Scouts of America v. James Dale Warped the Law of Free Association* (New Haven: Yale University Press, 2009), 5-17을 참조하라.

물론 바로 이러한 법률들은 우리가 이 장의 서두에서 주목했던 질문을 직접적으로 야기했다. 예를 들어 한 웨딩 사진 작가는 동성 결혼에 대해 종교적으로 반대할 수 있다. 그녀는 아마 동성애자 개인에게 서비스를 제공하는 것 자체에는 아무런 이의를 제기하지 않을 것이다. 그녀는 누군가가 동성애자라는 이유로 초상사진 촬영을 거부하는 일은 생각해본 적도 없을 것이다. 그러나 그 사진 작가는 자신이 성경이나 하나님의 뜻에 어긋난다고 믿는 결합을 축하하는 데 자신의 창의적이고 예술적인 재능을 사용하는 것에는 양심상 반대한다. 하지만 이러한 거부는 주 차별금지법과 충돌할 수 있으며 그녀는 가혹한 제재에 직면할 위험이 있다.

최근 들어 이러한 갈등은 더욱 빈번해졌고 대중의 관심도 점점 커지고 있다.[135] 엘리트 대중의 상당수는 웨딩 사진 작가의 곤경에 그다지 공감하지 않는 듯하다. 그래서—그 사진작가와 같은 처지에 놓인 이들을 주로 보호하려 했던—인디애나주 법에 대한 비판적 반발이 일어난 것이다. 사진 작가의 호소에 대한 일반적인 반응은 이제 익숙할 만큼 (어쩌면 진절머리가 날 만큼) 반복되어왔다. 논지는 대략 이렇다. 사진 작가는 자신의 종교를 얼마든지 실천할 자유가 있고 아무도 그것을 막으려는 것은 아니다. 다만 그녀는 웨딩 사진 작가로 일하는 동안에는 자신의 종교를 그렇게 실천할 수는 없다는 것이다. 그리고 만약 그 제약을 받아들일 수 없다면, 그녀는 자신의 직업을 내려놓고 다른 곳, 즉 사적인 영역에서 신앙을 실천해야 한다는 결론이 나온다.[136]

---

135 Warren Richey, "How the Push for Gay Rights Is Reshaping Religious Liberty in America," *Christian Science Monitor*, July 11, 2016, http://www.csmonitor.com/USA/Justice/2016/0711/How-the-push-for-gayrights- is-reshaping-religious-liberty-in-America을 참조하라.

136 예를 들어 Warren Richey, "A Push to Help Gay Couples Find Wedding Joy—without Rejection," *Christian Science Monitor*, July 17, 2016, http://www.csmonitor.com/USA/

물론 그 사진 작가가 전통적인 기독교 신자라면 그녀에게는 웨딩 사진 업계만이 아니라 다른 여러 직업의 문도 닫히게 될 가능성이 높다. 비차별 조항과 다른 공적 규범들이 종교적 수용에 예외를 인정하지 않은 채 시장 전체에 확대 적용된다면 그녀는 결혼 상담가,[137] 일반 개원의,[138] 약사,[139] 제 빵사[140] 혹은 플로리스트[141]로 일하는 것도 제약을 받을 수 있다. 교직 또한 문제가 될 수 있다. 적어도 그녀는 자신의 기독교적 신념 일부를 마음속에 만 간직해야 할지도 모른다.[142] 판사가 되려는 경우에도 사정은 비슷할 것

Justice/2016/0717/A-push-to-helpgay-couples-find-wedding-joy-without-rejection을 보라. ("그러나 레즈비언, 게이, 양성애자, 트랜스젠더[LGBT] 공동체의 많은 옹호자는 한 층 단호한 입장을 취한다. 그들은 보수적인 종교 신앙을 가진 사업주가 모든 고객을 동일 하게 대할 수 없다면, 다른 일을 찾아야 한다고 주장한다.")

137 예를 들어 Ward v. Polite, 667 F.3d 727 (6th Cir. 2012)을 보라.

138 North Coast Women's Care Medical Group, Inc. v. San Diego City Superior Court, 44 Cal. 4th 1145, 1156, 189 P.3d 959, 967 (2008)("종교의 자유로운 행사를 보장하는 수정 헌법 제1조의 권리는 설령 그 준수가 피고 의사들의 종교적 신념과 부수적인 충돌을 일으킨다 하더라도 피고들이 그들의 행위를 본 법의 차별금지 요건에 맞추어야 할 의무로부터 면제 해주지 않는다").

139 Stormans, Inc. v. Wiesman, 794 F.3d 1064 (9th Cir. 2015) **상고가 기각되었다.** 136 S. Ct. 2433 (2016)(이 사건은 응급 피임약을 포함해 합법적으로 처방된 의약품을 약국이 공급 하도록 요구하는 주 규제가 실질적 적법 절차의 자유로운 종교 행사 조항을 위반하지 않는 다고 판시한 사례다).

140 Craig v. Masterpiece Cakeshop, Inc., 2015 COA 115, 370 P.3d 272, **상고가 다음 명칭으로 수리되었다.** Masterpiece Cakeshop, Ltd. v. Colorado Civil Rights Commission, 137 S. Ct. 2290 (2017년 연방대법원 심리 예정)(이 사건은 "Masterpiece가 Craig와 Mullins의 동성 결혼 축하를 위한 웨딩 케이크 제작을 거부함으로써 콜로라도의 공공장소 차별금지법을 위반했다"고 판시했다).

141 State v. Arlene's Flowers, Inc., 187 Wash. 2d 804, 389 P.3d 543 (2017)(이 사건은 동성 커플에게 웨딩 플로리스트 서비스를 제공하기를 거부한 행위가 성적 지향에 따른 차별 에 해당하며, 따라서 워싱턴주의 공공장소 차별 금지 규정을 위반한다고 판결했다). 또 한 Warren Richey, "A Florist Caught between Faith and Financial Ruin," *Christian Science Monitor*, July 12, 2016, http://www.csmonitor.com/USA/Justice/2016/0712/A-florist-caughtbetween-faith-and-financial-ruin을 참조하라.

142 Roberts v. Madigan, 921 F.2d 1047, 1050 (10th Cir. 1990)(이 사건은 공립 학교 교장이 한 교사에게 책상 위의 성경책과 교실에 게시된 다른 종교적 포스터들을 제거하도록 명령 한 조치를 정당하다고 판시한 사례다). 또한 Freshwater v. Mt. Vernon City School District

이다.[143] 그녀가 겪게 될 구체적인 갈등의 양상은 그녀의 신앙의 세부 내용, 개인의 재능과 직업적 전망, 현실적으로 선택 가능한 직업, 그리고 그녀가 거주하는 지역의 차별금지법 및 관련 법률의 구체적 조항들에 따라 달라질 것이다. 추상적으로 말해 그녀는 여전히 사적인 영역에서, 즉 "도시의 성벽 바깥"에서 신앙을 자유롭게 실천할 수 있다고 말할 수는 있다. 그러나 문제 는 그 도시의 성벽이 크게 확장되었고 그만큼 사적인 영역은 눈에 띄게 좁 아졌다는 데 있다.

이 발전은 다시금 그리스도인과 이교의 권력 간의 고대의 투쟁을 떠 올리게 한다. 우리가 제6장에서 보았듯이 "상업 활동에 참여하기 위해서는 [그리스도인들이] 황제들에게 특정한 신적 경배를 드려야 했다. 그렇지 않 으면 일상에 필요한 물품을 구할 수 없었는데, 1세기 도시에서 모든 상품 은 공식적으로 승인된 시장을 통해서만 매매될 수 있었기 때문이다."[144] 당 시 사람들은 경제 활동을 하기 위해 일정한 인증을 받아야 했고 "그때에야 비로소 필수 재화를 사고팔 수 있었다."[145]

비슷한 논리가 지금 약사, 의사, 결혼 상담가, 웨딩 사진 작가, 플로리

Board of Education, 2013-Ohio-5000, ¶ 97, 137 Ohio St. 3d 469, 1 N.E.3d 335(이 사건 은 8학년 과학 교사가 "예수 그리스도에 대한 열렬한 신앙을 가질 권리가 있으며 자신의 신앙에 따라 성경 구절을 해석할 자유도 있다"고 인정하면서도, 그가 자신의 종교적 신념 을 교실 수업에 개입시키거나 "직장에서 상급자의 직접적이고 합법적인 명령을 무시하는 것"은 허용되지 않는다고 판시했다).

143 In re Neely, 2017 WY 25, 390 P.3d 728, 753 (Wyo. 2017)(와이오밍주 대법원은 동성 결 혼식을 주재하기를 거부한 판사에게 징계를 내리며, "Neely 판사는 결혼식 주례를 전혀 하 지 않거나, 부부의 성적 지향에 관계없이 모든 결혼식을 주례해야 한다"고 판시했다). 또한 다음 사건을 참조하라. Glassroth v. Moore, 335 F.3d 1282 (11th Cir. 2003)(이 사건은 앨 라배마주 사법 청사에 십계명 석비를 설치한 행위가 정교 분리 조항(설립 조항)을 위반한 것으로 판단되었으며, 그 결과 대법원장 Roy S. Moore가 사법 비위로 해임된 사례다).

144 Bruce W. Winter, *Divine Honours for the Caesars: The First Christians' Responses* (Grand Rapids: Eerdmans, 2015), 286.

145 Winter, *Divine Honours*, 286.

스트, 제빵업자 등에게 적용되고 있는 듯하다. 그들은 자신의 종교적 신념을 위반하게 만드는 요건을 받아들이거나 아니면 직업 세계에서 떠나라는 요구를 받고 있다.

계속되는 질문

이 장의 서두에서 우리는 제1장에서 제기했던 한 가지 물음을 다루겠다고 약속했다. 즉 "동성 결혼이나 성 또는 성적 지향에 따른 차별을 금지하는 법을 지지하는 이들이 왜 동성 결혼에 반대하는 상담사들을 상대로 소송을 제기하는가? 하는 의문이다. 그들의 서비스는 다른 곳에서도 쉽게 구할 수 있고 합리적인 동성 커플이라면 굳이 자신들의 결합에 종교적으로 반대하는 사람에게 상담을 받으려 하지 않을 텐데도 말이다.

지금까지의 논의는 이 질문에 절반 정도만 답했다. 차별금지 정책의 옹호자들이 왜 종교적 상담사, 웨딩 사진 작가, 약사 또는 의사에게 신앙적 예외를 인정하는 헌법적 혹은 법적 원리를 반대하는지를 살펴보았다. 그러한 원리는 기독교적 혹은 초월적 종교성을 반영하는 것으로서 이미 세속적이고 내재적인 종교성으로 재구성된 현대의 "도시"와는 부조화하기 때문이다.

그럼에도 신앙적 이유로 반대하는 전문가나 서비스 제공자가 법적으로 면제를 받을 권리가 없다 하더라도 그것이 반드시 그들에 대한 법의 엄격한 적용을 정당화하는 것은 아니다. 그렇다면 왜 적어도 일부 차별금지 정책의 옹호자들은 이러한 공격적 법 적용을 강하게 선호하는가? 우리는 이 물음을 다음 장에서 다시 다루게 될 것이다.

제12장

귀향? 임박한 내재적 도시

앞선 두 장에서 우리는 소위 문화전쟁—공적 상징을 둘러싼 논쟁, 법적으로 인정된 성 윤리 규범에 대한 갈등, 헌법과 종교의 자유를 둘러싼 논쟁—이 사실상 4세기경의 종교적 투쟁을 재개하려는 지속적인 시도로, 그리고 기독교가 서구 세계에서 지배적인 규범 이상(regulative ideal)을 제공하게 된 그 "종교적 혁명"을 되돌리려는 시도로 이해될 수 있음을 살펴보았다. 다시 말해 문화전쟁은 일종의 반혁명이며 내재적 종교성, 즉 T. S. 엘리엇의 표현에 따르면 "근대적 이교"를 위해 도시를 되찾으려는 일종의 운동이라 할 수 있다.

그런 운동이 과연 성공할 것인지, 성공한다면 어떤 형태로 이루어질 것인지는 여전히 불확실하다. 때때로 한 비평가나 투쟁가가 이 갈등이 이미 끝났다고 선언하기도 한다. 내재적 또는 "진보적" 진영이 승리했다고 말이다. 이러한 맥락에서 하버드 대학교 법대 교수 마크 터쉬넷은 최근 이렇게 선언했다. "문화전쟁은 끝났다. 그들은 졌고, 우리는 이겼다."[1]

터쉬넷의 승리 선언은 다소 무례하게 들릴 수도 있었지만 터무니없다고 하긴 어려웠다. 당시 상황은 내재적 진보주의 측으로 기울어져 있었기 때문이다. 아마 지금도 어느 정도 그러할 것이다. 버락 오바마의 재선(그리고 결혼 문제 등에서 그의 "입장 변화"), 동성 결혼 반대 세력의 사법적 패배, 민주당 임명자들로 채워진 사법부 등 이 모든 것은 내재적 신앙의 신봉자들에게 더 큰 승리를 예고하고 전통과 초월 정당에는 연이은 패배를 암시했

---

1   Mark Tushnet, "Abandoning Defensive Crouch Liberal Constitutionalism," *Balkinization* (blog), May 6, 2016, http://balkin.blogspot.com/2016/05/abandoning-defensive-crouchliberal.html.

다. 그러나 잊지 말아야 할 것은 겨우 10여 년 전 조지 W. 부시가 재선되었을 때는 정반대의 진단이 (대체로 절망에 찬 어조로) 흘러나왔다는 점이다.[2] 그리고 변화무쌍한 도널드 트럼프의 예기치 않은 대선 승리가 이러한 사안들에 대해 무엇을 의미하는지는 아직 누구도 알 수 없는 일이다. 고대 그리스의 장님 예언자인 티레시아스(Tiresias) 같은 신탁자나 이사야 같은 예언자가 없는 이상 섣부른 예측은 삼가는 편이 현명할 것이다.

그렇다 하더라도 터쉬넷의 말이 옳고, 최근의 궤적이 계속 이어지며, 그리고 근대적 이교가 그 세력을 더욱 강화하면서 도시를 확고히 장악한다고 가정해보자. 그러한 전개는 과연 축하해야 할 일인가, 아니면 애도해야 할 일인가?

제8장에서 우리는 서구의 역사적이고 정치적인 상상력을 특징지어온 두 가지 밀접하게 연관된 주제들을 살펴보았다. 첫째는 고전적 이교 도시의 자유와 그 "빛나는 아름다움과 품위"[3]를 상실한 데 대한 지속적이고 깊은 회한(그리고 그것을 되찾고자 하는 열망)이었다. 둘째는 그 도시를 정복한 기독교에 대한 누적된 반감이었다. 따라서 이교 도시의 복원은 오랫동안 가슴속에 쌓여온 그 열망을 충족시키고 그 근원적인 반감을 달래는 일처럼 보일 수도 있다. 오랜 방황 끝에 마침내 귀향한 고귀한 오뒷세우스처럼 계

---

2   묵시적 성향의 작가들은 임박한 "신정정치"의 도래를 예언하기도 했다. 예를 들어 Kevin Phillips, *American Theocracy: The Peril and Politics of Radical Religion, Oil, and Borrowed Money in the 21st Century*(New York: Penguin, 2006)을 참조하라. Ronald Dworkin 역시 다음과 같이 보고했다. "많은 미국인은"―(Dworkin 자신이 그 공포에 동조했는지는 명확하지 않지만)―"공격적인 미신이 강요하는 새로운 암흑기의 가능성에 경악하고 있다. 그들은 무지로 가득한 어두컴컴하고 무지한 밤을 보내며 미국이 지적 후퇴와 정체의 상태에 빠진 신정정치 국가로 전락할까 봐 두려워한다. Ronald Dworkin, *Is Democracy Possible Here? Principles for a New Political Debate* (Princeton: Princeton University Press, 2006), 79.

3   Robin Lane Fox, *The Classical World: An Epic History from Homer to Hadrian* (New York: Basic Books, 2006), 50.

몽된 통치가 수많은 고난과 시련 끝에 마침내 고향으로 돌아와 적을 제압한 셈이 된다.

실제로 완전히 실현된 근대적 이교의 도시는 고대의 그것보다 훨씬 개선된 형태처럼 보일 수도 있다. 계몽주의 사상가 에드워드 기번은 우리가 제3장에서 보았듯 2세기 로마를 인류사에서 가장 부러운 "황금시대"로 상상할 수 있었다. 그러나 그는 의도적으로 혹은 무심히 그 시대를 떠받쳤던 거대한 노예 인구, 빈민 여성들로 채워진 수많은 매음굴, 피비린내 나는 검투 경기의 잔혹성, 광범위한 영아 살해, 화재와 오염과 질병으로 고통받던 비참한 셋방 공동주택을 제대로 보려 하지 않았다. 이에 비해 오늘날의 이교 도시는 노예제를 폐지하고, 남녀의 평등을 선언했으며, 신체적 폭력뿐 아니라 괴롭힘, 학대, 미묘한 차별적 공격(microaggression)까지 규탄하는 사회로 그려진다(물론 실제로 그러한 악이 모두 사라진 것은 아니지만 말이다). 더 나아가 경제적 생산력, 기술, 의학의 눈부신 발전은 고대 세계에서는 상상조차 할 수 없던 수준의 인간적 번영을 현대 시민들이 누리게 해주었다.

그러나 우리가 제1장에서 보았듯 (이 책 전체를 관통하는 논제를 제시한) T. S. 엘리엇은 정반대의 견해를 제시했다. 엘리엇은 갱신된 기독교적 비전을 바탕으로 한 도시를 선호했지만, 자신의 청중 대부분이 그 비전을 **처음 들었을 때** 매력을 느끼지 못하거나 오히려 반감을 가질 것임을 알고 있었다. 사람들은 결국 기독교적 관점에 동의하게 될 것이라고, 그러나 그것은 "근대적 이교"가 실제로 어떤 결과를 낳을지를—진지하게—성찰하고 난 뒤에야 가능하다고 엘리엇은 보았다.[4] 이러한 제안은 어쩌면 설득력이 없어 보일 수도 있다. 오히려 방금 언급했듯 근대적 이교는 더 매혹적으로 보일지도 모른다. 그럼에도 우리는 지금까지 엘리엇의 지적 여정을 따라왔고

---

4   이 책 제1장에 나오는 "시인의 제안"을 참조하라.

이제 마지막으로 그의 제안을 끝까지 따라가 보아야 한다. 즉 "근대적 이교"로 구성된 도시는 실제로 어떤 형태를 띨 것이며 그러한 도시가 과연 우리가 귀의할 고향(home)으로 삼고 싶은 곳인가를 숙고해야 한다.

고향을 향한 그리움

20세기 중엽에 활동한 소설가이자 의사인 워커 퍼시는 "서구인의 실향(homelessness)과 공동체 상실의 감각"에 대해 언급한 바 있다. 퍼시는 현대인이 "그 어느 시대의 사람들보다도 자신의 행복을 위해 세상을 재구성해놓았음에도 바로 그 세상 한가운데서 느끼는 실향의 감각"을 읽어냈다.[5] 물론 모든 사람이 이러한 실향을 느끼거나 동일한 강도로 느끼지는 않는다. 혹은 그 상태가 너무 익숙해져서 많은 이들이 이제는 그것을 거의 의식하지 못하거나, 다른 상태를 상상조차 하지 못하게 되었을지도 모른다. 한 번도 고향을 경험해보지 못한 사람은 그것의 부재를 느끼지 못할 수도 있다. 그럼에도 이러한 암묵적이거나 잠재된 실향의 감각 혹은 소외감은 근대적 진보주의의 반복되는 공동체적 열망을 근본적으로 지탱하는 심층 정서로 작용한다고 할 만하다. 이에 대해서는 잠시 후 다시 언급할 것이다.

이 실향의 상태 혹은 공동체에 대한 그리움은 이 책에서 다루어온 세 가지 주요 존재론적 지향 중 두 가지, 즉 기독교적 혹은 초월적 지향과 실증주의적 세속주의적 지향의 산물로 진단될 수 있을 것이다. 반대로 우리가 지금 숙고한 세 번째 지향—즉 내재적 종교성 또는 "근대적 이교"—은 이러한 "실향"의 상태에 대한 해법을 제공하는 듯 보인다.

---

5 Walker Percy, "The Coming Crisis in Psychology," in *Signposts in a Strange Land: Essays*, ed. Patrick Samway (New York: Farrar, Straus and Giroux, 1991), 251, 252.

실제로 우리가 제5장에서 살펴보았듯 기독교는 "영원한 생명"을 초월적 목표로, 그리고 하나님을 초월적 권위로 설정함으로써 인간을 "거류민"(resident aliens)으로 만들었다. 다시 말해 인간은 이 세상에 더 이상 완전히 속한 존재가 아니다.[6] 근대의 세속주의와 결부되었고 막스 베버[7]가 묘사했던 "세계의 탈주술화"는 이러한 소외 과정을 완결시킨 것으로 보인다. 그리하여 인간은 목적 없는 세계 속에 고립된 이방인으로 남게 되었다. 우리가 제9장에서 보았듯이 이러한 상실의 상태는 버트런드 러셀과 같은 사상가들에 의해 "우리는 의미 없는 세계 속에서 '단호한 절망이라는 확고한 토대'(firm foundation of unyielding despair) 위에서 나아가야 한다"는 식으로 감정적으로 묘사되고 때로는 탄식(혹은 축하)의 대상이 되었다.[8]

그러나 우리가 제9장에서 살펴보았듯이 내재적 종교성의 부활은 이러한 상태에 대한 일종의 처방을 제시하는 듯 보인다. 그것은 신성과 숭고, 의미가 결국은 실제로 존재하며 더 나아가 그것들이 이제는 도달 불가능한 초월적 근원으로 떠넘겨지거나 어떤 미래의 상태로 유예되지 않기 때문에 오히려 더 실재적이고 더 손에 잡힐 만한 것이라고 우리를 안심시킨다. 오히려 이러한 성질들은 바로 이 세계, 그리고 이 도시에 내재해 있다. 우리는 의미와 위안을 얻기 위해 다른 차원을 바라볼 필요가 없다. 우리는 여기 지금 이 자리에서 이러한 가치들을 실현할 수 있다. 근대적 이교의 내재적 종교성은 기독교적 혁명 이후로는 가능하지 않았던 방식으로 이 세계와 이 생애, 그리고 이 도시를 성별하겠다고 약속한다.

---

6   이 책 제5장에서 "세상에서 더는 안식처가 없는가?"를 참조하라.

7   예를 들어 *From Max Weber: Essays in Sociology*, ed. and trans. H. H. Gerth and C. Wright Mills (New York: Oxford University Press, 1946), 155을 참조하라("우리 시대의 운명은 합리화와 지성화를 특징으로 하며 무엇보다도 '세계의 탈주술화'로 특징지어진다").

8   Bertrand Russell, "A Free Man's Worship," in *Why I Am Not a Christian* (New York: Simon and Schuster, 1957), 104, 107.

요컨대 내재적 종교의 부활과 이교 도시의 복원은 고향으로, 즉 기독교 혁명과 함께 상실되었던 고향으로 다시 돌아오라는 초대와 같다. 이는 강력하고 거의 거부하기 어려운 초대처럼 들린다. 그러나 이 초대는 과연 진실한 것인가? 아니면 그것은 일종의 환상에 빠져들라는 초대에 불과한가?

공동체에 대한 그리움. 고대의 이교 도시에는 기독교가 등장한 이후의 도시에서는 찾아보기 어려운 형제적 연대 의식이 존재했던 것으로 여겨져왔다. 물론 고대에 매혹된 근대의 관찰자들이 그렇게 상상해왔다는 말이다. 고대 도시를 하나의 통합되고 형제적인 공동체로 묘사하는 것은 분명 순진한 이상화로 보일 수 있다. 노예의 대군—스파르타쿠스와 그의 동료들—또는 하층 평민 혹은 종속된 여성들이 호화로운 삶을 누리던 부유하고 귀족적인 남성들과 어떤 시민적 연대를 느꼈다고 볼 근거가 우리에게 있는가? 그럼에도 적어도 시민과 피지배자들이 **그 도시**에 대해 느끼는 어떤 형태의 시민적 충성심이 있다면, 그것은 외부의 혹은 초월적인 다른 주권자에 대한 충성에 의해 갈라지지 않고 오롯이 그 도시에 귀속되어 있었다는 의미에서 고대 도시는 통합된 공동체였다. 더 나아가 이교적이거나 다신교적인 다양한 종교 집단들 사이에는 상호 수용과 존중이라는 의미에서 일종의 연대감도 존재했다.

우리가 앞선 장들에서 보았듯이 이러한 연대는 기독교의 우세와 함께 상실되었다. 적어도 기독교는 이교 도시의 단일하고 거대한 연대를 내부로부터 전복하길 **열망했다**. 이제 시민의 충성은 분열되었다(혹은 분열되어야 했다). 그들은 여전히 도시에 충성하지만, 더 높고 더 강한 충성은 하늘의 도시, 곧 하나님의 도성에 대한 것이었다. 또한 기독교는 다양한 종교적 신념과 실천을 존중하며 너그럽게 포용하기는커녕 이교의 제의들(그리고 비정통적 기독교 분파들)이 파멸을 초래하는 오류와 이단이라고 단죄했다.

최근 몇십 년 동안 정치 철학과 헌법 판례는 기독교가 도입한 분열을 극복하고 고대의 시민적 연대를 현대적 형태로 회복하려는 열망을 보여주고 있다. 이 같은 열망은 특히 두 주요 진보적 사상가들에게서 잘 드러난다. 첫 번째는 현대 정치철학에서 가장 영향력 있는 철학자 존 롤스이며 두 번째는 저명한 법학자 로빈 웨스트다.

롤스는 일반적으로 세속적이고 개인주의적인 사상가로 알려져 있고, 정치적 토론에서 종교적 신념을 배제하려 했으며, 인간의 공동체적 특성에 충분한 무게를 두지 않는다는 비판을 받았다.[9] 그러나 롤스의 사상은—세속적이고 개인주의적인 것과 같은—그런 단순한 분류로는 설명하기 힘든 복잡성을 지닌다. 동료 학자인 조슈아 코헨과 토마스 네이글은 "롤스의 저작을 연구하거나 그를 개인적으로 아는 사람들이 그의 삶과 저술에 깊이 있는 종교적 기질이 깃들어 있음을 알고 있다"[10]고 평가했다. 한때 롤스는 성공회 사제가 되기 위해 신학교 입학을 심각하게 고민하기도 했다.[11] 그의 종교적이고 공동체적인 성향은 프린스턴 대학교 재학 시절 작성한 졸업 논문 "죄와 믿음의 의미에 대한 간략한 탐구: 공동체 개념에 기반한 해석"[12]에서 드러난다. 이 논문은 "그리스도인들이 하나님이라 부르는 존재가 있으며 그가 예수 그리스도 안에서 자신을 계시했다"는 생각을 "기본 전제"로 받아들였다.[13] 젊은 시절 롤스는 "인간은 하나님께 의존하며…모든 것

---

9 Rawls에 대한 공동체주의적 비판은 Michael Sandel, *Liberalism and the Limits of Justice*, 2nd ed.(New York: Cambridge University Press, 1998)에서 명백히 드러난다.

10 Joshua Cohen and Thomas Nagel, "Introduction to John Rawls," in John Rawls, *A Brief Inquiry into the Meaning of Sin and Faith*, ed. Thomas Nagel (Cambridge, MA: Harvard University Press, 2009), 1, 5.

11 Cohen and Nagel, "Introduction to John Rawls," 1.

12 John Rawls, "A Brief Inquiry," in Rawls, *A Brief Inquiry*, 105(1942에 작성).

13 Rawls, "A Brief Inquiry," 111; Cohen and Nagel, "Introduction to John Rawls," 6.

은 하나님의 선물이다"[14]라고 주장했다. 이러한 유신론적 전제는 공동체적
함의를 가지며 "우주는 창조주와 피조물의 **공동체**"라는 관점을 담고 있다.
또한 롤스는 이러한 공동체적인 측면을 강조했다. "시대의 분위기는 수 세
기 동안 이어진 개인주의 이후에 '공동체적' 사고의 부활을 가리키는 듯하
다."[15] 로버트 애덤스는 "분명 롤스가 자신의 논문에서 가장 높이 평가한 것
은 공동체"[16]라고 지적했다.

그러나 실제로 롤스는 사제의 길 대신 군 입대를 선택했고 (이후에 개
인적 고백에서 밝힌 것처럼)[17] 자신의 기독교 신앙이 제2차 세계대전의 참화
와 공포 속에서 사라졌다고 했다. 하지만 공동체에 대한 그의 헌신은 여전
했고 그의 사상의 종교적 차원도 변화하여 더 미묘한 형태로 남아 있었다.
일반적인 자유주의 정치철학과 마찬가지로 롤스 사상의 근본 목표는 다원
적 세상에서 서로 다른 견해와 가치를 가진 시민들이 어떻게 평화롭게 그
리고 각자 좋은 삶에 대한 인식에 따라 공존할 수 있는지를 규명하는 것이
었다.[18] 그러나 롤스는 실용주의적으로 작동할 수는 있지만 단지 "생활 방
식"(*modus vivendi*)에 불과한 체제나 타협에 단순히 만족하지 않았다.[19] 오히
려 그는 단순하게 협상된 상호 이익만으로 묶인 공동체가 아니라 모두가
평등하고 존중하는 조건에서 참여하는 공적 담론과 정의의 공유 원칙으로
결속된 진정한 공동체의 기반을 명확히 제시하고자 했다.[20]

---

14 Rawls, "A Brief Inquiry," 242.

15 Rawls, "A Brief Inquiry," 108(강조체는 덧붙여진 것이다).

16 Robert Merrihew Adams, "The Theological Ethics of the Young Rawls and Its Background,"
in Nagel, *A Brief Inquiry*, 24, 68.

17 John Rawls, "On My Religion," in Rawls, *A Brief Inquiry*, 259.

18 John Rawls, *Political Liberalism* (New York: Columbia University Press, 1996); John Rawls,
A Theory of Justice (Cambridge, MA: Belknap Press of Harvard University Press, 1971).

19 Rawls, *Political Liberalism*, xxxix-xl.

20 Rawls의 이론에서 존경이라는 이상이 미친 영향에 대해서는 Paul Weithman, *Why Political*

그러나 문제는 시민들이 가진 근본적인 도덕적·종교적 견해 및 신념
이 서로 다른 상황에서 이런 공동체 통합을 어떻게 이룰 것인가였다. 고대
도시는 롤스가 추구한 종류의 연합적 공동체를 이룰 수 있었다. 역사가들
이 강조했던 것처럼[21] 다양한 이교 혹은 다신교 집단들이 진리에 대해 관대
한 태도를 가지면서 겉으로는 서로 다른 신들이 실은 같은 신들의 다른 이
름들이거나 적어도 공통된 만신전을 구성하는 구성원들이라고 기꺼이 간
주했기 때문이다. 즉 유대교와 기독교를 복잡한 문제로 제쳐놓으면 종교적
형제애는 존 롤스가 추구했던 일종의 자연스러운 "중첩된 합의"(overlapping
consensus)[22]였다. 그것은 철학적 인공물이나 법적 규정이 아니라 문화적 현
실이었다.

반면 현대의 기독교적 혹은 탈기독교적 세계에서는 그런 자연스러운
통합이 불가능하다. 그렇다면 진정한 공동체는 어떻게 이루어질 수 있는
가? 그리고 (인간들이 결코 쉽게 합의하지 못하는) 진리의 파괴적 힘은 어떻게
길들일 수 있는가?

롤스의 답변(그리고 유사한 자유주의자 학자들의 답변)은 본질적으로 분
열을 일으키는 진리로부터 정치 공동체를 분리시키자는 것이었다. 이를
위해 초월적 종교와 잠재적으로 분쟁을 야기할 수 있는 다른 "포괄적 교
리"(comprehensive doctrines)를 배제한 시민 영역(civic sphere)을 구축한다. 시
민들은 사적인 목적을 위해 자신의 종교적 또는 철학적 신념을 유지할 수
있으나 시민 영역에 들어서면 이처럼 경쟁하는 "포괄적 교리"를 제쳐두고
공통의 "공적 이성"을 기반으로 상호 존중 속에서 토론에 임한다.[23] 이런 방

Liberalism? On John Rawls's Political Turn(New York: Oxford University Press, 2010)을 보라.

21   이 책 제4장에서 "믿음은 필수적이었는가?"를 참조하라.

22   Rawls, *Political Liberalism*, 133-72.

23   적어도 이것이 이상이었지만, 현대 다원주의의 실질적 현실은 Rawls가 공적 이성의 "광

식으로 고대 이교 도시에서 자연스럽게 이루어졌던 단결과 공동체가 인위적으로 재구성된다. 다시 말해 핵심 시민 영역을 둘러싼 성벽을 세워 기독교를 비롯한 강력한 신념 체계들을 그 안에서 배제하는 것이다. 그럼에도 "공적 이성"은 기독교처럼 초월적 신앙과 관련된 교리를 배제하더라도, 로널드 드워킨이 선호하고 "신 없는 종교"가 지지하는 내재적 가치에 호소하는 것을 막지는 않는다.[24]

유사한 맥락에서 법학자 로빈 웨스트는 1980년대 초 연구부터 공동체에 대한 갈망을 드러냈다. 그녀는 "법학과 젠더"(Jurisprudence and Gender)라는 글에서 남성과 남성성을 분리성, 개인주의, 경쟁성으로 특징 짓는 반면 여성과 여성성은 "연결성"(connectedness)으로 구성되며 이는 성적 접촉, 임신, 월경, 수유 경험에 기반한 관계 지향성임을 주장했다.[25] 이러한 연결성에 대한 지향은 페미니즘 운동이 공동체에 특별한 가치와 중요성을 부여하게 만들었으며, 이러한 강조가 오늘날 세계에 절실히 필요하다고 웨스트는 말했다.[26] 이후 「하버드 로리뷰」에 실은 논문에서 그녀는 미국 헌법을 이끌

범위한 관점"(wide view)과 "단서"(proviso) 같은 여러 조건을 도입해 타협하도록 강요했다는 점이다. 원래 Rawls는 정치적 자유주의가 공적 이성에 대한 "독점적 관점"(exclusive view)을 지지하는지, 즉 포괄적 교리의 언급을 완전히 배제하는 입장을 지지하는지, 아니면 "포괄적 관점"(inclusive view)을 지지하는지, 즉 시민이 **특정 상황**에서 **자신의 포괄적 교리에 뿌리를 둔 정치적 가치를 제시할 수 있도록 허용하는** 입장을 지지하는지에 대해 논쟁했다(Rawls, *Political Liberalism*, 247[강조체는 덧붙여진 것이다]). 그는 적절한 관점은 역사적이고 사회적인 상황에 따라 달라질 수 있다고 결론 내렸다(247-54). (비평가들이 풍자적인 표현으로 받아들일 수도 있지만), 그는 "이 제안을 설득력 있게 만들려면 훨씬 더 많은 설명이 필요하다"는 점을 인정했다(215). 나중에 Rawls는 이 입장을 명확히 수정하여 "단서"가 덧붙여진 "광범위한 관점"을 채택했다. 이 입장은 "[포괄적] 교리는 공적 이성 안에서 언제라도 도입될 수 있지만, 적절한 시점에 합리적인 정치적 개념에 의해 제시되는 공적 이유들이 그 포괄적 교리가 지지하려는 바를 충분히 뒷받침해야 한다"(li-lii)고 주장했다.

24   이 책 제11장에서 "성문 바깥의 하나님"을 보라.

25   Robin L. West, "Jurisprudence and Gender," *University of Chicago Law Review* 55 (1988): 1.

26   West, "Jurisprudence and Gender," 64-6.

"자유롭고 관용적이며 다양한 공동체"(liberal, tolerant, diverse community)의 비전을 체코 작가이자 정치 지도자인 바츨라프 하벨(Václav Havel)에게서 찾았다.[27]

최근 웨스트는 교회의 자율성, 종교 면제, 총기 소유, 부모의 양육 권리 등 특정 권리를 인정하는 대법원 판결에 반대하며 공동체주의 이상을 재차 지지했다. 그녀는 이런 권리들이 시민들로 하여금 "우리의 시민사회"와 그 규범으로부터 "탈퇴"(exit) 할 수 있게 허용한다고 보았다.[28] 웨스트는 이 권리들이 "우리 공동체를 분열시킨다. 그것들은 온갖 방식으로 우리를 갈라 놓는다.…그것들은 우리를 피할 수 없이 **여럿 중 하나**(*e pluribus unum*)라는 이상에서 **여럿 중의 여럿**(*e pluribus pluribus*)으로 옮겨가게 만든다"[29]고 주장한다.

웨스트가 제시하는 공동체에 대한 이상과 열망은 현존하는 미국 공동체의 실상과 비교하면 현실보다는 환상에 가깝다는 점 때문에 더욱 강렬하고 가슴 아프게 드러난다. 점점 더 심각해지는 (그리고 점점 더 매서워지는) 분열 시대에[30] 웨스트는 "공유된" 가치와 신념으로 결속된 공동체를 반복해서 말한다.[31] (만약 이러한 신념이 진정으로 "공유된" 것이라면, 왜 수천에서 수백만 명의 시민들이 그것들로부터 "탈퇴"를 시도하는 것인가? 그리고 왜 웨스트는 그들의

---

27   Robin L. West, "Taking Freedom Seriously," *Harvard Law Review* 104 (1990): 43, 60.

28   Robin West, "Freedom of the Church and Our Endangered Civil Rights: Exiting the Social Contract," in *The Rise of Corporate Religious Liberty*, ed. Micah Schwartzman et al. (New York: Oxford University Press, 2016), 399; Robin West, "A Tale of Two Rights," *Boston University Law Review* 94 (2014): 893.

29   West, "Freedom," 412. 또한 West, "Tale of Two Rights," 911을 보라("새로운 세대의 탈퇴 권리는…그것들이 받아들여지는 정도에 따라 시민사회를 해체할 가능성을 지닌다").

30   예를 들어 "Political Polarization in the American Public," *Pew Research Center*, June 12, 2014, http://www.peoplepress. org/2014/06/12/political-polarization-in-the-american-public.

31   예를 들어 West, "Freedom," 407, 409, 410, 412, 416을 보라.

"탈퇴"를 막으려 애쓰는가?) 웨스트는 겉보기에는 "사회 계약"에 기반한 공동체를 언급하지만, 일부 사회계약론자들과 달리 시민들이 그 계약에 어떻게 (건설적으로) 동의했는지를 설명하려 하지 않는다. 또한 그녀는 계약의 구체적 조건도 설명하지 않는다. 공동체는 확실히 "상상된" 것이라 할 수 있으나 우리가 제10장에서 본 바와 같이 이 경우 그 상상력은 오로지 웨스트와 비슷한 소수 사상가의 소원 성취적 사고에만 존재하는 듯하다.[32]

하지만 현대의 현실과는 거리가 멀다 할지라도 웨스트가 그리는 공동체 상은 매혹적이며 기번 같은 사상가를 고무시킨 고대 공동체("온화한 고대 정신")[33]의 이미지와 어느 정도 일치한다. 웨스트에 따르면 "우리의 시민사회는 대안에 비해 덜 모욕적이고, 덜 상처 주며, 더 포용적이고, 더 완전한 참여를 허용하며, 더 관대하고, 더 공정하다."[34] 웨스트가 그리는 시민사회는 "인종차별과 성차별 및 그와 관련된 영향을 배제한 평등한 기회와 완전한 참여의 세계"를 약속한다.[35] 그것은 "광범위한 참여와 시민적 평등이 보장된 국가 공동체"다.[36] 만약 그런 공동체가 실재한다면 누가 살고 싶지 않겠는가?

현대 이교는 공동체를 지원할 수 있는가? 하지만 현대 이교는 롤스와 웨스트 같은 사상가들이 상상하는 풍요로운 공동체를 지원할 자원을 갖추고 있는가?

여기서 고대 이교와 현대 이교 사이의 차이가 중요해진다. 우리가 앞

---

32   비슷한 맥락에서 Jean L. Cohen, "Freedom of Religion, Inc.: Whose Sovereignty?" *Netherlands Journal of Legal Philosophy* 44 (2015)을 참조하라.

33   Edward Gibbon, *The History of the Decline and Fall of the Roman Empire*, 2 vols. (London: Penguin, [1776] 1995), 1:57.

34   West, "Freedom," 400.

35   West, "Freedom," 401.

36   West, "Freedom," 404.

서 제3장에서 본 대로 고대 이교는 주로 공적이고 공동체적인 성격을 띠었다. 그것은 성대한 신전과 요란한 행진, 공적 희생과 점술에서 드러났다. 모든 시민은 신들을 위한 희생과 헌주를 붓는 의식을 진행하는 데 참여할 것으로 기대됐으며 신격화된 황제들에게도 마찬가지였다. 이런 의식들이 포럼, 경기장, 시장 등에서 만연하여 참여를 피하기는 거의 불가능했다.

반대로 현대 이교는 이러한 공동체적 요소가 부족하다. 우리가 제9장에서 보았듯이 로널드 드워킨의 "신 없는 종교"[37]에 반영된 바와 같이 현대 이교는 개인이 자유롭게 가지거나 가지지 않을 수 있는 경험, 판단, 그리고 신념에 대한 철학적 성별의 한 형태에 가깝다. 그것은 주로 마르쿠스 바로가 **신화적**이고 **시민적**인 형태에 반대되는 **철학적** 종교성으로 분류한 유형이며, 그래서 주로 개인적인 성격을 띤다.[38]

물론 대통령 취임식, (불꽃놀이와 퍼레이드가 있는) 7월 4일 집회, 헌법 기념일 행사 등 옛 "시민 종교"의 흔적은 남아 있다. 그러나 아메리카 시민 종교는 우리가 제10장에서 보았듯이 기독교적 혹은 성서적 성격을 띠었다. 따라서 현대 이교(와 그것이 따르는 "진보주의")는 시민 종교를 지지하기보다는 의심스러운 태도를 보인다.[39] 결국 오늘날 대통령 취임식은 그것이 발생할 때와 이후 모두에서 결속보다는 분열의 가능성이 크다. 요컨대 현재 이교는 존경받던 선행자와 달리 "나 홀로 볼링"(bowling alone) 유형의 종교성에 더 적합한 듯하며 공동체적 종교성에는 덜 적합해 보인다.

정치 공동체의 언어나 담론은 어떠한가? 우리가 앞서 언급했듯이 존 롤스와 같은 철학자들은 모두 시민이 평등하고 존중하는 조건에서 참여할

---

37   Ronald Dworkin, *Religion without God* (Cambridge, MA: Harvard University Press, 2013).
38   이 책 제4장에서 "중심 딜레마"를 보라.
39   예를 들어 Frederick Mark Gedicks and Roger Hendrix, "Uncivil Religion," *West Virginia Law Review* 110 (2007): 275.

수 있는 "공적 이성"을 유지하려는 열망에 의해 움직이며, 이는 더 "종파적인" 목소리들이 유발하는 분쟁과 불쾌감을 제거한 담론이다. 이들은 (기독교 같은) 분열을 일으킬 수 있는 "포괄적 교리"를 공적 결정에서 배제함으로써 이 취지를 달성하려 한다.

그렇다면 이 시도는 어떻게 되었나? 오늘날의 공적 담론은 과거보다 더 피상적이며 더 심하게 대립적인 경향을 보인다고 자주 지적된다.[40] 그리고 생각해보면 이러한 실망스러운 결과는 놀랍지 않다. "공적 이성" 개념만이 이 상태에 완전히 책임이 있다고는 할 수 없지만, 그것이 일정 부분 기여한 것은 분명하다.[41] 결국 ("포괄적 교리"에서 구현된) 가장 깊은 신념들이 공적 담론에 부적합하다고 선언을 받은 사람들은 당연히 공적 토론에서 배제될 것이고 그런 토론이 지배하는 도시에서 소외감을 느낄 것이다. 게다가 기본적인 신념과 헌신들이 공적 결정 과정에서 배제될수록 사람들이 함께 논리적으로 추론하고 서로를 설득하려 할 때 활용할 수 있는 담론적이고 수사적인 자료가 점점 줄어든다.[42] 때로는 순수하게 실용적인 욕구가 지배하는 논쟁이 이뤄질 수 있다. 예를 들어 자유무역과 보호무역 중 어느 쪽이 경제를 더 잘 활성화하는지 등에 대해 토론할 수 있다. 그러나 가장 근본적인 인간 문제(예를 들어 생명과 죽음, 성, 결혼과 관련된 문제)에 관한 한, 기본 원칙들이 논쟁에서 금지되었다면 사람들이 무엇을 말할 수 있겠는가?

그럴 수 있다. 사실 점점 더 그런 일이 벌어지고 있는데, 남아 있는 주요 또는 유일한 수사적 자원은 모두가 여전히 동의할 수 있는 한 가지, 즉

---

40 예를 들어 Susan Jacoby, *The Age of American Unreason* (New York: Random House, 2008); Dworkin, *Is Democracy Possible Here?*, 4을 보라.

41 이 점에 대해 더 많은 논의는 Steven D. Smith, *The Disenchantment of Secular Discourse* (Cambridge, MA: Harvard University Press, 2010)을 보라.

42 Steven D. Smith, "Recovering (from) Enlightenment?" *San Diego Law Review* 41 (2004): 1263, 1297–1306을 보라.

증오, 편견, 또는 단순히 해를 끼치고자 하는 욕망에서 비롯된 행동은 나쁘거나 잘못되었다는 점에 호소하는 것이다. 결과적으로 근본적인 모든 문제에 대한 공적 논쟁은 점점 더 증오나 편견에 대해 충돌하는 비난으로 퇴화하며 이는 교묘히 길러진 의로운 분노와 함께 전달된다. 이 점에서 미국 연방 대법원과 미국 시민권 위원회는 최근 실망스러운 사례를 보여주었다.[43] 따라서 상이하고 분열적인 "포괄적 교리"가 배제된 고양되고 존중받는 공적 담론에 기반을 둔 공동체 건설에 대한 열망은 오히려 상반된 당사자들이 인종차별주의자, 성차별주의자, 동성애 혐오자 및 편협한 사람이라고 서로를 비난하는 요란하고 피상적인 불협화음으로 이어진다.[44]

공동체와 전통. 보다 일반적으로 에드먼드 버크(Edmund Burke)의 제자가 아니더라도 사람들은 진정한 인간 공동체는 철학적 처방이나 정부의 명령에 의해 창설되는 것이 아님을 알 수 있다. 그것들은 일정 기간 동안 사람들이 공유하거나 최소한 묵인하는 전통과 관습 아래 함께 살아가는 결과물이다. 고대 도시를 살아 숨 쉬게 하고 신성하게 만든 이교는 바로 이런 의미에서 공동체적이고 전통적이었다. 그것은 수 세기에 걸쳐 발전해온 생활방식과 사고방식을 반영했다. 이에 반해 기독교는 당시 새롭고 반항적이며 비판적인 신생 세력이었다. 따라서 (예를 들어 승리의 제단 유지를 간청하는 심마쿠스의 간절한 호소 같은 데서도 능숙하게 표현된 바와 같이)[45] 이교도들이 기독교

---

43   United States v. Windsor, 570 U.S. 744, 133 S. Ct. 2675 (2013)을 보라. 미국 시민권 위원회의 설명을 보려면, 아이러니한 제목을 달고 있는 위원회 보고서 "Peaceful Coexistence: Reconciling Nondiscrimination Principles with Civil Liberties," U.S. Commission on Civil Rights, September 2016, http://www.usccr.gov/pubs/Peaceful-Coexistence-09-07-16. PDF을 참조하라.

44   토론을 위해서는 Steven D. Smith, "Against Civil Rights Simplism" (San Diego Legal Studies Paper No. 17-94); Steven D. Smith, "The Jurisprudence of Denigration," *U.C. Davis Law Review* 48 (2014): 675-701을 참조하라.

45   이 책 제12장에서 "현대 이교와 관용의 문제"를 보라.

를 가장 강력하고 핵심적으로 비난한 점은 이 새 종교가 로마 도시가 기반한 관습을 전복시키고 있다는 것이었다. ("노인으로서 간청하노니, 우리가 소년일 때 받았던 것을 후대에 남겨 주게 허락하소서. 관습에 대한 사랑은 위대합니다.")[46]

오늘날 이 관계는 뒤바뀌었다. 이제는 수 세기 동안 기독교가 지배적인 이상을 제공해왔으며 현재 전통의 성격을 가진 생활방식에 방향성을 제시해왔다. 이에 비해 현대 이교는 기독교와 연관된 관습과 전통에 반대하며 자신을 주장해야 했기에 필연적으로 비판적이고 적대적인 성격을 띠며 전통적인 성격을 가지지 못했다. 따라서 계몽주의 시대에 피터 게이가 인지하고 찬양한 "현대 이교"의 중심 특징은 반전통주의였고 끊임없이 적극적인 비판적 성격이었다.[47]

현대 이교가 전통에 반대하고 그것을 약화시켰다는 바로 그 이유로 비난하는 것은 정당하지 않다. 과연 현재 처한 상황에서 다른 선택의 여지가 있었을까? 그러나 이 비판적이고 반전통적이며 신랄한 태도는 실제 공동체를 구성하고 유지하는 사회적 기반을 전복시키는 것이다.

때때로 현대 탈기독교 도시의 옹호자들은 적어도 암묵적으로 전통의 중요성을 인식하고 최근까지 국가를 지탱해온 초월적인 지향 전통과 자신들의 내재적이고 진보적인 비전을 연결하려 시도한다. 그러나 이러한 노력은 대개 현대의 내재적 비전과 수용된 전통 사이의 큰 단절을 더욱 부각시킬 뿐이다. 이러한 맥락에서 존 롤스는 초월적 종교를 배제한 공적 담론이 어떻게 링컨 대통령의 장엄한 두 번째 취임사("누구에게도 원한을 갖지 말고 모든 이를 사랑하는 마음으로…")를 허용할 수 있는지 설명하려 했다. 이는 쉬운

---

46   Symmachus, https://people.ucalgary.ca/~vandersp/Courses/texts/sym-amb/symrel3f.html
      에서 제시된 3항, 5절(J. Vanderspoel 서문 참조).

47   Peter Gay, *The Enlightenment: An Interpretation; The Rise of Modern Paganism* (New York:
      Norton, 1966), 127-203.

일이 아니었다. 앞서 지적했듯이 롤스의 "공적 이성"은 신학적 호소를 배제하려 하는 반면, 링컨의 연설은 전적으로 신학적인 성격을 띠기 때문이다. 실제로 한 역사가가 지적했듯 이 연설은 "25개의 문장 안에 14회에 걸친 하나님에 대한 언급, 수많은 성경 암시, 네 번의 직접 성경 인용을 포함한 신학적 고전"이라 할 수 있다.[48]

롤스는 이 연설이 "노예제라는 죄에 대한 하나님의 징벌로서 남북전쟁에 대한 (구약성서의) 예언적 해석"을 제시했다고 적절히 설명했다. 그는 그러나 그 연설이 그가 신학을 꺼리는 "공적 이성" 아래에서 검열을 피할 수 있는 두 가지 이유를 제시했다. (그 연설이 "헌법의 본질적 문제나 기본적 정의와 관련된 의미를 담고 있지 않다"는) 롤스의 첫 번째 이유는 거의 우스꽝스러울 정도로 불합리하다. 노예제가 기본적 정의의 문제가 아니었다는 것인가? 남부의 탈퇴와 내전을 지나 공화국 재건이 헌법적 본질과 무관했다는 말인가? 롤스의 두 번째 이유―링컨의 기본 메시지가 "공적 이성의 가치로 확고히 지지될 수 있다"[49]―는 거의 놀라울 정도로 감각이 무딘 주장이다. 물론 롤스의 처방에 더 부합하는 대통령이라면 "친애하는 시민 여러분, 노예제는 잘못된 일이고 평등의 존중을 훼손했지만, 이제 와서 서로 탓할 필요는 없습니다. 과거는 접고 앞으로 나아가야 합니다"와 같은 발언을 할 수 있었을 것이다. 그러나 이런 신학적으로 정화된 평범한 연설은 링컨의 실제 연설이 지닌 힘과 통찰력에 거의 근접조차 하지 못할 것이다.

결국 롤스가 자신의 시민적 비전이 정치 지도자 중 가장 강력한 미국 경험의 해석을 배제하지 않는 이유를 설명하려던 시도는 현대 진보적인 정치 공동체 개념과 실제 그 공동체를 구성해온 정치적 전통 사이의 간극만

---

48 Elton Trueblood, *Abraham Lincoln: Theologian of American Anguish* (New York: HarperCollins, 1973), 135–36.

49 Rawls, *Political Liberalism*, 254.

을 드러냈을 뿐이다.

요컨대 현대의 이교는 공동체에 대한 갈망이 있을 수 있으나 자신이 주장해야만 했던 실제 공동체의 실질적인 기반에 대해서는 적대적인 태도를 취할 수밖에 없었다. 현대의 이교는 고대 도시의 연대를 재구성하는 것을 열망했지만, 사실상 자신이 주어져 있는 공동체를 전복하고 있었다. 따라서 미국 사회에서 관찰되는 심화된 분열 현상이 빈번히 나타나고 있다.

현대 이교와 관용의 문제

다원주의 조건하에서 공동체 가능성의 핵심은 관용의 실천이다. 로마 고대 도시는 기번이 애정 어린 마음으로 (그리고 희망을 담아서) 표현한 것처럼 "보편적인 관용의 정신"[50] 덕분에 다양성 속에서 연대를 유지할 수 있었다. 물론 우리가 제6장에서 보았듯 로마 당국은 "관용"이라는 개념을 명시적으로 지지하지는 않았다. J. A. 노스가 지적했듯 그들의 관용은 "원칙에서 비롯된 관용"[51]이 아니었다. 그것은 제국에서 꽃핀 많은 종교적 다양성에 대한 무관심과 이러한 이교적 틀 안에서 대부분의 종교 집단과 관습을 흡수하거나 병합하는 능력으로 이루어졌다.[52] 기독교와 유대교처럼 흡수를 거부하는 종교에 대해서는 로마 당국이 잔인하고 무자비하게 탄압할 수 있었다. 그럼에도 우리가 그러한 태도를 "관용"이라 부르든 무관심/동화라 부르든 고대 이교는 수많은 다양한 종파와 신들을 포용할 수 있었다.

고대 선구자들을 넘어선 현대 진보적인 공동체 옹호자들은 명시적으로 그리고 우호적으로 관용을 논한다. 실제로 관용은 그들의 자기 이해의

---

50   Gibbon, *History of the Decline*, 1:56.

51   J. A. North, *Roman Religion* (New York: Cambridge University Press, 2000), 63.

52   이 책 제6장 마지막 부분을 참조하라.

핵심이다. 이에 따라 우리는 이미 로빈 웨스트가 "자유롭고, 관용적이며, 다양한 공동체"를 옹호하는 것을 주목했다. 반대로 진보주의자에게 불관용이나 편견은 가장 중대한 죄악으로 여겨진다(로마인들은 그렇게 생각하지 않았다).

현대 진보주의자들이 그 원칙에 대해 보다 개방적이고 명시적으로 지지하는 태도는 그들이 고대의 이교 선조들보다 훨씬 더 관용적일 것이라는 인상을 줄 수 있다. 그러나 역설적이고 안타깝게도 그 덕목을 공개적으로 지지하는 것이 오히려 그 미덕을 훼손하는 결과를 초래하는 상황임이 드러난다.

불관용자에 대한 불관용. 어떻게 그런가? 만약 관용이 미덕이라면 불관용은 악덕이다. 따라서 내가 관용을 강조하면 할수록, 내가 인지하는 (또는 인지한다고 생각하는) 불관용의 악덕에 대해 더욱 강경한 검열자 혹은 비판자가 될 가능성이 크다. 이러한 관찰은 익숙한 질문이나 당황스러운 수수께끼로 이어진다. 관용적인 사람이나 관용적인 사회는 불관용한 사람을 어떻게 대해야 하는가?

아마도 이 질문에 대해 논리적으로 강제되는 답변은 없을 것이다. 한 가지 가능성은 불관용자들조차도 관용되어야 한다는 것이다. 이와 관련해 홈즈 판사는 마르크스주의자들이 그들의 철학이 거부하는 언론의 자유를 누릴 자격이 없다는 주장에 대해 다음과 같이 반박했다. "장기적으로 볼 때, 프롤레타리아 독재에서 표현된 신념이 공동체의 지배 세력에 의해 수용될 운명이라면, 언론의 자유가 갖는 유일한 의미는 그들이 기회를 받고 자신들의 뜻을 펼칠 수 있어야 한다는 것이다."[53] 그러나 홈즈의 엄중한 해석이 언론의 자유에 대한 유일한 해석은 아니었다. 다른 이들은 언론의 자

---

53   Gitlow v. New York, 268 U.S. 652, 673 (1925).

유에 반대하는 자들은 그 권리를 상실한다고 주장하기도 한다.[54] 더 일반적으로 관용이라는 개념은 불쾌한 것 중 많은 것들은 참아야 하지만, **참을 수 없는**(intolerable) 행위나 생각 또는 관용의 범주를 벗어난 것들이 있을 수 있음을 의미한다. 그리고 논리적이거나 신중한 이유에 근거해 관용적인 사회조차도 반드시 참아서는 안 되는 한 가지는…불관용일 것이라고 결론지을 수 있다.[55]

이런 방식으로 관용을 열렬히 지지하는 태도는 불관용적인 견해를 지닌 사람이나 기관을 배제하거나 소외시키거나 제재하는 강력한 논거로 작용할 수 있다. "불관용"의 개념은 매우 탄력적이어서 다른 사람들이 신봉하는 신념이나 생활방식을 거부하는 견해나 신념을 가진 거의 모든 사람에게 적용될 수 있다. 당신은 내가 사는 방식이 도덕적으로 잘못됐다고 생각하는군? 그건 불관용이야.

물론 여기에는 또 다른 역설이 존재한다. 불관용하다고 간주되는 신념이나 행위를 비난하는 것도 결국 다른 사람들이 신봉하는 신념이나 행위를 거부하는 것이 아닌가? 만약 그렇게 본다면 "관용"은 "우리는 우리의 신념이나 관점과 근본적으로 다르지 않는 신념과 행위만을 참아야 한다"[56]는 제안으로 붕괴될 위험이 있다. 그러나 실제로 이 역설은 스스로 관용의 지지자라 자부하는 이들에 의해 쉽게 간과되는 듯하다. 그리고 아이러니하게

---

54 Robert Bork, "Neutral Principles and Some First Amendment Problems," *Indiana Law Journal* 47 (1971): 1, 31; Carl A. Auerbach, "The Communist Control Act of 1954: A Proposed Legal-Political Theory of Free Speech," *University of Chicago Law Review* 23 (1956): 173, 188-89을 보라.

55 이 질문들에 대한 보다 자세한 고찰은 Steven D. Smith, "Toleration and Liberal Commitments," in *Toleration and Its Limits*, ed. Melissa S. Williams and Jeremy Waldron (New York: New York University Press, 2008)을 보라.

56 이 역설은 Stanley Fish, "Mission Impossible: Setting the Just Bounds between Church and State," *Columbia Law Review* 97 (1997): 2255에서 생생하게 전개되고 드러난다.

도 관용에 대한 헌신은 "관용하는" 엘리트들의 신념이나 행위와 다르다고 여겨지는 사람들을 대규모로 소외시키거나 제재하는 정당성을 제공하는 도구가 될 수도 있다.

지금 내가 글을 쓰고 있는 이 순간에도 배타적인(intolerant) 관용의 논리가 광범위하게 작동하고 있다. 이미 언급했듯이 이 논리는 공적 담론의 많은 영역에서 영향을 미치며 이 논리의 옹호자들은 상대방이 편견이나 불관용을 보인다는 이유로 비난하거나 사회적으로 소외시키려고 한다. 이러한 논리는 법의 영역에도 적용된다. 고결한 신념을 가진 판사들은 아무런 역설도 느끼지 않은 채 동성 결혼에 종교적으로 반대하는 사진 작가, 플로리스트, 제빵사에게 혹독한 제재를 가하는 근거로 관용을 내세운다.[57] 성경적 성 윤리를 가르치는 부분이 포함된 주일학교 교재를 자비 출판했다는 이유만으로 모범적인 소방서장이 직장에서 해고당하는 일이 발생한다. 해당 내용이 관용적이지 않다는 이유 때문이다.[58] 입법자들은 동성 결혼을 지지하는 "관용적" 규범을 따르지 않는 종립 대학들(religious universities)에 대

---

[57] Elane Photography, LLC v. Willock, 2013-NMSC-040, 309 P.3d 53(웨딩 사진 작가 Elane Huguenin에게 편의법(accommodations laws)을 적용하는 것이 수정 헌법 1조를 위반하지 않는다고 판시했다. Bosson 판사는 보충 의견에서 다음과 같이 동의했다. "휴게닌 부부는 자신의 신념이 아니라 행동을 조정해야 하며, 이는 사회 속에서 서로 다른 신념을 가진 미국인들이 함께 머물고 살아갈 수 있도록 여지를 마련하기 위함이다. 이러한 타협은 우리가 한 국가로서 함께 묶여 존재할 수 있게 하는 접착제와 같은 역할을 하며, 우리라는 다양한 구성원이 원활히 어우러질 수 있도록 해주는 윤활제와도 같은 관용이라 할 수 있다"(Bosson 판사의 보충 의견, 92항).

[58] 2014년 애틀랜타시 소방서장인 Kelvin Cochran은 자신의 성경 공부 모임을 위해 성경적 성 윤리와 동성애에 반대하는 내용을 담은 책을 출판했다는 이유로 해고당했다. Abby Ohlheiser, "Atlanta Fire Chief Suspended after Distributing His Religious Book to Employees," *Washington Post*, November 26, 2014, https://www.washingtonpost.com/news/postnation/ wp/2014/11/26/atlanta-fire-chief-suspended-after-distributing-hisreligious-book-to-employees.

한 주 정부의 지원을 중단하자고 주장하기도 한다.[59] 이러한 사례는 점점 늘어나고 있다.

이런 배타적인 관용의 정책은 종교의 다양성에 대한 고대 로마의 접근과 중요한 면에서 유사하다. 우리가 제6장에서 살펴보았듯 로마 당국은 여러 종교적 제의와 신들을 널리 받아들였으나 그 신봉자들이 신격화된 황제에게 제물을 바치고, 자신들의 신을 다른 신들과 함께 만신전에 올려놓는 것에 동의할 때만 허용했다. 로마인들에게 이것은 "스스로 살고 남도 살도록 내버려둬라", 즉 우리는 당신의 종교도 인정할 테니 당신도 우리를 인정하라는 합리적이고 상호적인 접근처럼 보였다. 그러나 유일신을 믿는 그리스도인과 유대인들에게 이러한 제안은 전혀 다르게 다가왔다. 그것은 우리는 당신이 사실상 당신이 믿는 종교를 버리고 우리가 선호하는 다신교적 종교 형태를 따르겠다고 한다면 당신의 종교를 받아들이겠다는 의미로 이해되었다. 이와 유사하게 현대의 진보적 관용은 얼마든지 다양한 종교적 견해를 존중하는 듯 보이지만, 그것은 각 종교가 자기만의 진리를 명확히 선포하지 않거나, 따라서 명시적이든 암묵적이든 상반된 견해의 오류를 드러내지 않을 때만 그러하다.

만약 현대의 진보적 이교가 종교적 다원성에 대한 로마의 접근과 평행선을 이루고 있다면, 오늘날의 잠재적인 억압은 고대보다 최소한 두 가지 점에서 훨씬 더 크다고 볼 수 있다. 첫째, 고대의 다신교는 대부분 외적 행위—예를 들어 신에게 제물을 바치는 것—에만 관심을 뒀고 개인의 생

59　예를 들어 캘리포니아주 의회는 캘리포니아 고등교육 형평성법의 차별 금지 조항에 대한 종교적 예외를 제한하는 방안을 제안했다. Alan Noble, "Keeping Faith without Hurting LGBT Students," *Atlantic*, August 15, 2016, https://www.theatlantic.com/politics/archive/2016/08/christian-collegeslgbt/495815.

각이나 감정에는 거의 신경 쓰지 않았다.[60] 반면 기독교는 사람의 마음과 내면에 있는 것에 깊은 관심을 두었으며 실제 간음뿐만 아니라 음욕까지도, 실제 폭력뿐 아니라 미움이나 증오의 감정이나 언사까지도 죄로 규정했다.[61] 이는 현대의 이교가 기독교로부터 온전히 받아들인 특징이라 할 수 있다. 이제는 반사회적 **행위**뿐 아니라 인종주의적이거나 성차별적인 혹은 동성애 혐오적인 **태도**나 표현 자체에 대해서도 강하게 비판한다. 메모리즈 피자 사건을 기억하라.[62]

둘째, 오늘날 "불관용적"이라고 간주되어 용인될 수 없다고 여겨지는 사람들과 기관의 범위는 로마 시대보다 훨씬 넓은 것으로 보인다. 로마인들은 대부분의 경우 유대인들과 공존할 수 있는 **생활 방식**(*modus vivendi*)을 찾아냈다(물론 앞서 언급한 것처럼 끔찍한 예외도 간혹 있었다).[63] 주요한 갈등은 그리스도인들과 있었던 갈등이었는데 기독교는 4세기에도 여전히 신자 수가 비교적 적었던 새로운 종교였다. 반면 오늘날에는 인구의 상당 부분을 차지해온 기독교나 전통 종교 신자들과 대립하면서 새롭게 부상하는 이교가 공적 영역에서 힘을 얻고 있다. 따라서 갈등과 잠재적인 억압의 범위도 고대에 비해 훨씬 더 넓어졌다.

레이콕의 질문 재론. 이는 초기에 던졌던 질문 중 하나—우리가 앞 장에서 반만 답했던 질문—로 다시 돌아오게 한다. 익숙한 차별 금지 의제를 옹호하는 이들은 왜 종교적 신념을 이유로 동성 커플에 대한 상담을 거부하는 결혼상담사들이나, 동성 결혼식에 서비스를 제공하는 것을 거부하는

---

60   이 책 제5장에서 "이교도와 그리스도인들은 정말 그렇게 달랐을까?" 마지막 부분을 참조하라.

61   마 5:27-28.

62   이 책 제11장에서 "초월성으로부터의 전환"을 참조하라.

63   Martin Goodman, *Rome and Jerusalem: The Clash of Ancient Civilizations* (New York: Vintage Books, 2008), 366-487을 보라.

웨딩 사진가와 플로리스트를 상대로까지 굳이 소송을 제기하는가? 다른 곳에서도 동일한 상품과 서비스를 얼마든지 제공받을 수 있고 실제로 어떤 동성 커플도 그런 사람들에게서 상담이나 서비스를 받고 싶어 하지 않을 텐데도 말이다. 더글러스 레이콕과 다른 학자들은 활동가들이 단순히 필요한 구제책을 얻기보다 전통적으로 종교적인 사람들을 시장에서 쫓아내는 데 목적이 있다고 말한다.[64] 아마 그럴지도 모른다. 그러나 왜 그런가?

옹호자들은 경우에 따라서는 물질적 피해가 발생할 가능성을 이야기하지만, 또 다른 맥락에서는 이 소송들이 꼭 서비스 거부행위 그 자체를 문제 삼는 것은 아니라고 분명히 밝히기도 한다.[65] 실제로 사진작가, 플로리스트, 제빵사는 충분히 많다. 그리고 이러한 상업적 피해에 대한 손해액은 다른 사진작가, 플로리스트, 제빵사를 찾는 데 드는 시간과 비용 정도로 보통 매우 경미하다.[66] 진짜 피해는 서비스 거부에 내포되거나 때로는 노골적으로 담긴 메시지에서 비롯된다. 그 피해란 바로 동성 커플 고객들이 겪는 "품위"에 대한 모욕이다.[67] 더글러스 니자임과 레바 시겔의 주장에 따르면,

---

64   예를 들어 Douglas Laycock and Thomas C. Berg, "Protecting Same-Sex Marriage and Religious Liberty," *Virginia Law Review in Brief* 99 (2013): 1, 9을 보라.

65   Douglas NeJaime and Reva B. Siegel, "Conscience Wars: Complicity-Based Conscience Claims in Religion and Politics," *Yale Law Journal* 124 (2015): 2516, 2566-78을 보라.

66   예를 들어 널리 알려진 Arlene's Flowers 사건에서 다른 꽃가게를 찾아야 했던 동성 커플은 그 비용에 대해 7.91달러의 금전적 손해를 주장했다. Warren Richey, "A Florist Caught between Faith and Financial Ruin," *Christian Science Monitor*, July 12, 2016, http://www.csmonitor.com/USA/Justice/2016/0712/A-florist-caughtbetween-faith-and-financial-ruin을 보라.

67   예를 들어 Louise Melling, "Religious Refusals to Public Accommodation: Four Reasons to Say No," *Harvard Journal of Law and Gender* 38 (2015): 177, 189-91; Marvin Lim and Louise Melling, "Inconvenience or Indignity? Religious Exemptions to Public Accommodations Laws," *Journal of Law and Policy* 22 (2014): 705을 보라. 참조. Helen M. Alvare, "Religious Freedom versus Sexual Expression: A Guide," *Journal of Law and Religion* 30 (2015): 475, 476("LGBT로 정체성을 가진 사람이 보기에, 타인이 국가가 인정한 결혼을 인정하지 않는 것은 흔히 자신의 존재 전체를 거부하는 것으로 해석되며 이는 품위, 평

서비스 거부는 "제삼자(고객)를 죄인 취급하는 방식으로 낙인과 모욕을 야기할 수 있다." 예를 들어 피임약 처방전에 반대하는 약사는 "[피임약의 사용을] '잘못'이나 '죄'라고 여긴다"는 메시지를 전달하게 된다.[68]

이 논리는 이해 가능하고 나름 그럴듯해 보인다. 하지만 동시에 어딘가 불길한 구석도 있다. 일단 서비스 거부라는 행위 그 자체와 그 행위를 통해 전달되는 메시지를 구분하고 나면, 실제 서비스 거부 행위는 부차적인 것으로 여겨지기 쉽다. 메시지는 다른 방식으로 (어쩌면 더 노골적인 방식으로) 전달되더라도 비슷한 상처를 남길 수 있기 때문이다. 실제로 이러한 결론은 매우 설득력 있다. 물론 누군가에게 서비스를 거부하는 것은 그 메시지를 전달하는 가장 생생하고 고통스러운 방식일 수 있다. 그러나 반드시 그런 것만은 아니다. 어떤 경우에는 서비스 제공자들이 자신의 종교적 신념을 정중하고 세심하게 밝히려고 노력하기도 하며,[69] 반면 제공자가 아닌 이들의 표현은 극도로 신랄하고 대립적일 수 있다. 예를 들어 웨스트보로(Westboro) 침례 교회[70]를 생각해보라.

어쨌든 종교적 이유로 서비스를 거부하는 전문직 종사자 때문에 모욕감을 느낀 고객이—자신의 행동이 "잘못"되었거나 "죄"라는 암시적 메시지로 인해—"품위"에 상처를 입는다는 그 논리를 그대로 따른다면, 동성애 행위나 동성 결혼을 ("잘못" 또는 "죄"라고) 규정하는 "포괄적 교리"를 옹호하며 설파하는 사람 역시 개인에게 동일한 유형의 상처를 가해 그의 품위를 침해하는 셈이 된다. 궁극적으로 실제로 상처를 주는 것은 그 불쾌한 견해를 노골적으로 드러내어 표현하는 행위 자체만이 아니라 누군가가 견해를

등 사회적 책임에 대한 모욕으로 받아들여진다").

68 NeJaime and Siegel, "Conscience Wars," 2576.

69 Richey, "A Florist Caught between Faith and Financial Ruin"을 보라.

70 Snyder v. Phelps, 562 U.S. 443 (2011)을 보라.

가지고 있고 또 그러한 견해를 가지고 있다는 사실이 알려져 있다는 점이다.[71] 캘리포니아주의 제8호 주민발의(Proposition 8) 사건에서, 연방 판사 본 워커는 이 점을 분명히 했는데, "동성애자와 레즈비언의 관계가 죄이거나 이성애 관계보다 열등하다고 보는 종교적 **신념**은 동성애자들에게 해를 끼친다"는 취지의 "사실 인정"을 내린 바 있다.[72]

판사는 그러한 신념을 가지고 있다는 이유만으로 교회나 개인을 상대로 소송을 제기하거나 형사 처벌을 가해야 한다고 판결한 것은 아니다. 가까운 미래에 그런 소송이나 처벌이 허용될 가능성도 커보이지 않는다. 그럼에도 워커 판사의 이 같은 "사실 인정"은 현대의 이교 도시 안에 자리 잡은 근본적인 긴장과 그 도시가 꿈꾸는 공동체 비전을 실현하는 데 따르는 중대한 장애를 드러낸다. 우리가 앞서 제6장에서 살핀 것처럼 이교도들이 그리스도인들을 못마땅해하는 한 가지 그럴 법한 이유는 기독교가 법적으로는 아니더라도 도덕적으로는 사람들의 자유, 특히 성적 자유와 각자가 선호하는 가치와 목표에 따라 살아갈 자유에 심각한 제약을 가해왔기 때문이다. 기독교가 실제로 법으로 어떤 행위를 금지하지 않았다 하더라도 그 도덕적 비난은 기독교적 기준을 거부하는 이들의 품위와 도덕적 가치를 공격하는 것으로 받아들여질 수 있다. 오늘날에도 이 점은 마찬가지다.

사실 오늘날에는 **더욱 그러하다.** 적어도 3세기 말까지 기독교는 변두리에 머물렀고 정치적으로 무력한 신앙이었으며 권위자들에게 비난받았고 로마 시민 대다수에게 거부당하거나 무시되었다. 따라서 기독교의 도덕

---

71 Larry Alexander는 "혐오 발언"이 야기하는 품위 훼손에 관해 신중하게 유사한 논증을 전개한다. Larry Alexander, "Banning Hate Speech and the Sticks and Stones Defense," *Constitutional Commentary* 13 (1996): 71, 76–78을 보라.

72 Perry v. Schwarzenegger, 704 F. Supp. 2d 921, 985 (N.D. Cal. 2010) (사실 인정 #77)(강조체는 덧붙여진 것이다).

적 비난이 이교도들에게 입힌 상처는 **극히 미미했다**(*de minimis*)고 볼 수 있다. 그러나 오늘날 상황은 완전히 다르다. 기독교는 수 세기 동안 규범적 이상을 제공해왔다(설령 그 이상이 실제로 실현된 적이 전혀 없다 하더라도 말이다). 기독교는 기번과 흄, 볼테르, 그리고 밀과 같은 비기독교적 이탈자들이 자신들의 독립성을 주장해야 했던 일종의 중요한 지배 체제였다. 기독교 성 윤리는 우리가 제10장에서 살핀 바와 같이 1950년대, 심지어 1970년대까지도 법에 반영되어 있었다.[73] 따라서 기독교 성 윤리의 비난은 훨씬 더 실질적이고 강력해졌고 무시하기도 어려워졌으며 후기 고대보다 오히려 품위에 더 큰 상처를 입혔다고 할 수 있다. 그렇기 때문에 1세기, 2세기, 3세기 당시보다 지금 기독교적 이상이 공공 영역에서 적극적으로 혹은 공개적으로 존재하는 것이 훨씬 더 문제가 되고 위협이 되는 것이다.

이 때문에 활동가들과 소송인들이 공개적으로 기독교 신앙을 표방하는 고용주와 전문가들을 공적 광장과 시장에서 몰아내고자 하는 것은 충분히 이해할 수 있다. 이들의 상품과 서비스가 필요할 수도 있고 필요하지 않을 수도 있지만, 그들의 메시지는 지속적으로 품위에 대한 모욕이 되며, 이들의 존재 자체가 현대 진보적인 이교도들이 지향하는 공동체에 불편과 모욕감을 주는 것이다.

더 일반적으로는 고대 도시에서 그랬듯이 오늘날에도 기독교의 강경한 입장이나 진리 지향적 신앙에 헌신하는 시민들은 "현대 이교" 도시에서 이방인이고 분열을 초래하는 존재다. 그때처럼 오늘날에도 독실한 그리스도인들은 도시가 요구하는 협력 조건, 즉 시민들이 공적 영역에 들어서기 전에 자신의 종교적 신념을 내려놓으라는 조건을 받아들이지 않는다. 이들은 진리에 대한 특정적이고 "종파적" 해석에 대한 헌신, 그리고 그런 진리

를 공적 광장으로 가져가려는 시도를 통해 "중첩적 합의"와 롤스 및 유사 시민들이 추구하는 상호 존중의 협의와 공동체를 위협하고 혼란스럽게 한다.

그러므로 롤스식 자유주의 공동체를 옹호하는 이들이 이러한 견해들과 그것들을 굳건히 고수하는 시민들을 시민 영역에서 배제하고 "비합리적"이라 여기는 것은 놀라운 일이 아니다.[74] 이는 로마 제국에서 그리스도인들이 비문명적이고 비합리적 존재로 간주되었던 것과 같은 의미에서 "비합리적"이다.[75] 그리고 로빈 웨스트와 다른 진보주의자들이 이러한 시민들에게 경제 시장을 포함해 공적 영역에 참여하는 조건으로 "공유된" 공적 규범을 받아들이라고 강요하는 것도 놀랍지 않다.

관용 혹은 전쟁? 비기독교화된 도시가 이런 견해와 이런 시민들을 전혀 용납하지 **못한다**는 것은 아니다. 기독교가 여전히 시민적 이해의 규범적 이상(regulative ideal)으로 지배했던 수십 년, 수 세기 동안에도 존 스튜어트 밀과 같은 반대자들은 고대 로마보다 더 원칙적이고 더 폭넓은 관용을 지향하는 매력적인 더 "열린" 사회에 대한[76] 비전을 펼쳤다. 관용적 현대 도시에서 근본적으로 상이한 신념을 가진 사람들이 한데 모여 각자의 경쟁적이고 서로 양립 불가능한 "포괄적 교리들"을 열정적으로 주장하고 토론하며 그 뒤에 공동체가 어떤 길을 갈지 민주적으로 결정할 수 있었다. 이런 보다 고전적인 "자유주의적" 비전은 진리에 대한 헌신을 제쳐두지 않고, 다른 시민들이 각기 다르고 때로는 양립 불가능한 견해를 갖고 있다는 점을

74 　Rawls, *Political Liberalism*, 61.

75 　이 책 제6장에서 "이교의 (받아들일 수 없는) 공존의 조건"을 참조하라.

76 　John Stuart Mill, *On Liberty*, ed. Alburey Castell (New York: F. S. Crofts & Co., Inc. [1859] 1947); Karl Popper, *The Open Society and Its Enemies* (Princeton: Princeton University Press, [1945] 1994).

충분히 이해하며, 자신의 신념과 삶의 방식에 대한 강한 비판 역시 기꺼이 마주하고 응답할 준비가 되어 있는(때로는 논의의 흐름에 따라 신념과 삶의 방식을 수정하기도 하는) 자신감 있고 강인한 정신을 가진 시민들의 활기찬 공동체를 상상한다. 그런 공동체의 공적 담론은 대법원이 말한 바와 같이 "제약받지 않고 건전하며 활짝 열린"[77] 것이 된다. 자신감 있고 심지가 굳은 시민들은 앤드류 코플만이 다소 풍자적으로 묘사한 "상호 경멸의 즐거움"을 받아들이거나 어쩌면 긍정적으로 바라볼 수도 있다.[78] 존 이나즈가 최근 저서에서 말하듯 "자신감 있는 다원주의"라는 더 자유주의적 비전을 고수하는 시민과 이론가들이 분명 지금도 남아 있다.[79]

더욱이 고대 이교 도시에서 때때로 기독교를 강하게 탄압하도록 만든 여러 이유 중 일부는 오늘날에는 해당되지 않는 것으로 보인다. 예를 들어 "현대 이교"의 신봉자들은 대개 그리스도인들이 저지른 신성모독이나 성물 훼손을 공동체가 용인했다고 해서 신들이 분노하여 도시를 벌하거나 예언에 응답하지 않을 것이라고 주장하지 않는다.

그러므로 기독교는 다른 강력하고 초월적인 종교성과 함께 이교 공동체 안에서도, 즉 (내재적인 **진보**와는 대조되는) 고전적인 **자유주의적** 이교 공동체 안에서 관용되고 수용**될 수 있음**을 상상해볼 수도 있다.

하지만 승리주의적 이교는 그 이교 도시를 떠받치는 내재적 종교성을 거부하거나 훼손하는 견해와 가치를 지닌 시민들에게 굳이 이런 관용을 베풀 이유를 찾지 못할 수도 있다. 이번 장 앞부분에서 언급했던 하버드 대학

---

77   New York Times Co. v. Sullivan, 376 U.S. 254, 270 (1964).

78   Andrew Koppelman, "The Joys of Mutual Contempt," in William N. Eskridge Jr. and Robin Fretwell Wilson, eds., *Religious Freedom, LGBT Rights, and the Prospects for Common Ground* (New York: Cambridge University Press, 2018).

79   John D. Inazu, *Confident Pluralism: Surviving and Thriving through Deep Difference* (Chicago: University of Chicago Press, 2016).

교 교수인 마크 터쉬넷의 선언을 떠올려 보라. "그들은 졌고, 우리는 이겼다." 터쉬넷은 패배한 종교 집단에 대해 "강경한" 접근법을 옹호한다. "너희가 졌으니 받아들여라."[80]

터쉬넷의 권고는 사려 깊은 질문을 제기한다. 과연 "강경한" 접근법이 이교 도시가 열망하는 진정한 공동체를 실현하는 데 성공할 수 있을까? 문화적 균열의 양측 관찰자들이 자주 지적하듯 현재 우리의 정치는 양극화되어 있고 우리의 공적 담론은 시끄럽고 천박하며 거칠다. 하지만 아마 이것은 문화적 갈등이 여전히 진행 중이기 때문일 것이다. 전쟁 중에는 결코 예의가 무르익지 않는다. 그러나 만일 내재성을 주장하는 세력이 결정적으로 승리하고 터쉬넷이 상상하듯 "강경한" 조치들을 통해 통제를 공고히 한다면, 마침내 진정 평화롭고 존중하는 공동체가 이루어질 수도 있다.

아마도 그것이 의심할 여지 없는 진보적 열망일 것이다. 그러나 역사학자 에드워드 기번의 관찰은 여기서 적절할 수 있다. 제7장에서 언급했듯이 일부 역사가들은 4세기의 이교도 황제 율리아누스가 더 오래 통치했더라면 이교가 재건되고 기독교가 점차 사라졌을 것이라고 추정해왔다.[81] 하지만 기번은 이에 동의하지 않았다. 4세기 중반에 그리스도인들이 아직도 로마 시민의 다수를 차지하지 않았을 수 있다. 하지만 "우리가 교회의 힘과 정신을 진지하게 생각해보면, 황제가 그리스도의 종교를 제압하기 전에, 그는 나라를 내전의 공포에 빠뜨려야만 했다."[82] 우리가 앞 장에서 보았듯 오늘날의 제안들은 정확히 "그리스도의 종교를 제압하는 것"을 목표로 한

---

80 "자유주의자들에게 지금 남은 과제는 문화전쟁에서 패배한 이들과 어떻게 관계를 맺을 것인가 하는 문제다. 이것은 주로 전략의 문제다. 내 개인적 판단으로는 패자들을 수용하려 하기보다 ('너희가 졌으니 받아들여라'와 같은) 강경한 태도를 취하는 것이 더 낫다고 본다." Tushnet, "Abandoning Defensive Crouch Liberal Constitutionalism."

81 이 책 제7장에서 "서방 세계가 어떻게 기독교를 위해 정복되었는가"를 보라.

82 Gibbon, *History of the Decline*, 1:908.

것이 아니라 점점 확대되는 공적인 영역—현재는 경제 시장까지 포함하는 영역—에서 기독교를 배제하고 그 헌신적 신자들을 도시의 성벽 밖으로, 점점 좁아지는 영역으로 밀어내는 것이다. 그러나 유사하게 사려 깊은 문제가 제기된다. 그리고 다소 축소되기는 했지만 유사한 예측도 그럴듯해 보인다.

그럴듯하지만 확실하다는 뜻은 아니다. 우리가 제9장에서 보았듯 미국인의 대다수가 아직도 그리스도인이라는 조사는 대체로 신뢰하기 어렵다. "그리스도인"(또는 "감리교인" 혹은 "로마 가톨릭교인")으로 표시하는 많은 사람은 자신들의 표면적인 신앙에 깊이 헌신하지 않거나 전혀 알지 못할 수도 있다. 스스로 그리스도인이라고 하는 사람들 속에는 현실적으로 그리스도인보다 이교에 가까운 사람이 널리 퍼져 있을 가능성이 크다.[83] 정확한 숫자를 헤아릴 방법이 없다.

그럼에도 진정으로 헌신적인 그리스도인들이 아직도 충분히 존재하여 이교 사회의 "강경한" 요구를 어렵게 만들 것으로 보인다. 더구나 고대 후기의 그리스도인들은 (자신들의 종교가 역사 무대에 나타나기 전에 거의 형태와 경계가 확립되었던) 제국을 자신들이 세운 것으로 생각하기 어려웠지만, 현대의 그리스도인들은 자신들과 자신들의 선조가 현재 빼앗기고 있는 문명을 건설한 책임이 있다고 어느 정도 그럴듯하게 주장할 수 있다. 물론 그리스도인들은 복종하고 "다른 뺨을 내밀라"라는 가르침을 받는다. 하지만 그 명령은 해석에 따라 다르며, 어떤 경우에도 그리스도인들은 자신들이 발표

---

83 미국 문화와 신앙 연구소가 최근 실시한 일련의 설문조사에 따르면, 실제로 실용적인 결정을 내릴 때 성경적 세계관을 유지하는 미국인은 약 10%에 불과하다. (소위 밀레니엄 세대라 불리는) 젊은 미국인들 사이에서는 그 비율이 훨씬 더 낮았다. "Groundbreaking ACFI Survey Reveals How Many Adults Have a Biblical Worldview," *American Culture and Faith Institute*, August 29, 2017접속, https://www.culturefaith.com/groundbreaking-survey-byacfi-reveals-how-many-american-adults-have-a-biblical-worldview을 보라.

한 이상에 종종 미치지 못했다. 자신들과 선조들이 세운 도시를 현대 이교 주의가 장악하고 그들을 점점 좁아지는 도시의 성벽 바깥으로 내몰려고 할 때 그들이 수동적으로 순응하지 않는 것도 이해할 만하다.

예측은 불안정하며 (결혼, 성, 고용, 교육, 상업 활동 등 여러 사안에서) 전통 기독교에 순응하는 것에 대한 "강경한" 거부가 비순응 집단을 비교적 평화 롭게 억압하는 데 성공할 가능성도 있다. 터쉬넷 교수의 말처럼 "너희가 졌 으니 받아들이라"는 것이다."[84] 그러나 적어도 이 강경한 접근이 단지 지난 몇십 년간 건설적이지 않지만 그렇다고 폭력적이지도 않은 형태로 변성해 온 문화전쟁을 새로운 강도로 끌어올릴 것이라는 가능성도 충분히 있다.

그래서 결국 유감스럽게도 반짝이는 이교 도시도 기독교 도시와 마찬 가지로 단지 법과 힘의 적용으로 이 세상에서 실현되는 것이 아닐지도 모 른다. 혹은 적어도 그렇게 되지 않을 것이다.

현대 이교와 인간의 성취

우리가 살펴본 것처럼 공동체를 만들려는 열망에서 현대의 진보적 프로젝 트는 도시 또는 적어도 시민 영역을 진리에 대한 주장과 분리하려고 노력 해왔다. 진리에 대한 주장은 기독교 혁명과 함께 등장했고 분열적일 가능 성이 크다. 따라서 우리는 지금까지 그 전략이 진정한 공동체를 만드는 데 성공할지를 숙고했고 그 전망이 의심스럽다는 점을 살펴보았다. 그러나 이 제 의심을 잠시 접고 다른 질문을 해보자. 현대 이교 도시가 세워지고 유지 될 수 있다고 가정해보자. 그 도시는 4세기 기독교 혁명으로 인해 수 세기 동안 떠돌던 우리를 마침내 다시 고향으로 돌아오게 해줄까? 워커 퍼시가

---

[84]   Tushnet, "Abandoning Defensive Crouch Liberal Constitutionalism."

현대 세계에서 감지한 "실향"의 감각을 해소해줄까? 더 일반적으로 승리한 현대 이교가 영적 성취를 제공하는 데 얼마나 효과적일까? 달리 말해 현대 이교는 (우리가 제2장에서 논의한 대로) 많은 이들이 찾고 종교가 전통적으로 제공해온 종류의 가치를 제공하는 데 얼마나 성공적일까?

이 질문들을 검토하면서 우리는 진리에 대해서 최종적으로 판단하려는 시도를 하지 않을 것이다. (다양한 형태의) 이교나 (다양한 형태의) 기독교 또는 다른 어떤 종교의 진실성에 대해서도 말이다. 오히려 제7장과 같이 우리는 진리―와 영성―지향의 요구 사항에 대해 현대 이교의 강점과 약점을 살펴보려 한다.

미니멀리즘과 신뢰성. 철학적 형태의 현대 이교의 한 가지 적합한 특징―장점이 될 수도 단점이 될 수도 있는 특징―은 다른 많은 종교와 달리 신자들에게 교리적이거나 행동적인 많은 요구를 하지 않는다는 점이다. 제9장에서 논의한 로널드 드워킨의 "신 없는 종교"를 생각해보라. 드워킨의 종교를 믿는 신자는 삶에 "객관적" 의미가 있고 세상에는 "객관적" 아름다움이나 숭고함이 있다고 확신할 것이다. 사실 그 이상을 요구하지 않는다. 그 종교는 신자들에게 의미와 아름다움이 무엇이고 어디에 있는지, 이러한 "객관적" 특성들이 어떻게 존재하게 되었는지, 그리고 그것들이 만약 있다면 누구에게 무엇을 요구하는지에 대해 가르치지 않는다. 우리가 제2장에서 본 바와 같이 수잔 울프는 철학자들이 가치가 "객관적"이라는 말이 무슨 뜻인지 잘 설명하지 못한다고 주장한다. 드워킨의 종교는 그 부족함을 보완하지 않는다.

간단히 말해 (적어도 암묵적으로 신자들에게 여러 신적 존재를 믿도록 요구했던) 고대 신화적 이교나 (일단의 정교한 신조와 교리를 확립한) 기독교와는 다르게 드워킨의 "신 없는 종교"는 매우 적은 것을 요구한다. 신도로 인정받기 위해서는 단지 "내 삶이 (단지 주관적으로가 아니라) **진정으로** 가치 있다고 생각하며 세상과 석양, 그리고 그랜드캐니언이 (단지 주관적으로가 아니라) **실제로** 숭고하다고 믿는다"고 확언하는 것으로 충분해 보인다.

신뢰성(believability)과 관련해서 이 최소주의적 입장은 한편으로 강점이다. 오늘날 대부분의 사람─특히 고등교육을 받은 이들─은 제우스, 아폴론, 아테나 같은 의인화된 신들을 믿는 것이 불가능하다고 여긴다(고대 후기의 많은 교육받은 이들도 이런 신들을 말 그대로 믿는 것이 불가능하다고 생각했다). 마찬가지로 많은 이들이 과학이나 역사비평 혹은 다른 요소들이 성경이나 기독교 신조의 주장들을 더 이상 믿기 어렵게 만들어버렸다고 확신한다. 우리는 철학자 뤽 페리가 다음과 같이 진술한 점을 주목했다. "비판적이고 정보에 밝은 사람에게 고대 모델도 기독교 모델도 더 이상 신뢰를 제공할 수 없다."[85]

이 관점이 옳든 그르든 페리는 현대의 많은 교육받은 이들의 사고방식을 잘 묘사한다. 동시에 많은 이들이 "신성한" 혹은 "신성불가침한" 또는 "범할 수 없는" 것이 존재한다는 생각을 포기하지 않는다. 그것은 아마도 인간, 자연환경, 특정 동식물 종과 같은 것들일 것이다. 현대 이교는 더 야심차고 복잡하며 (많은 이들에게) 믿기 어려운 전통적인 이교나 초월적인 종교들의 주장을 받아들이지 않고도 이런 최소한의 내재적 신성함을 확언할 수 있게 한다. 제9장에서 살펴본 것처럼 바버라 에런라이크는 다음과 같이 설명한다. 자신이 거부한 기독교와 유대교의 초월적인 하나님과 달리 "도덕성이 없는 신들, 다신교 신들, 동물 신들이 모두 나에게는 괜찮았다. 왜냐하면 이들은 약속도 하지 않고 믿음을 요구하지 않았기 때문이다."[86]

---

85   Luc Ferry, *A Brief History of Thought: A Philosophical Guide to Living*, trans. Theo Cuffe (New York: HarperCollins, 2011), 97.

86   Barbara Ehrenreich, *Living with a Wild God: A Nonbeliever's Search for the Truth about Everything* (New York: Twelve, 2014), 213.

그러나 현대 이교의 신조적 최소주의가 강점이라면, 그 특성은 동시에 약점일 수도 있다. 현대 이교는 고대 철학적 이교가 취약했던 방식과 마찬가지로 취약할 수 있다. 고대 철학적 이교는 (적어도 교육받은 이들에게) 점점 그럴듯하지 않게 되어가는 다신교 체계를 보완하기 위해 신들을 더 단일하고 포괄적인 신성한 실체의 상징으로 해석하고자 했다. 그러나 우리가 제7장에서 본 것처럼 이러한 입장은 아우구스티누스 같은 기독교 비평가들에게 취약점을 드러냈다. 그들은 만약 신성한 실체가 실제로 하나라고 한다면, 방대한 은유적 신들을 숭배하는 척 계속하는 것보다 그 하나의 실체를 인정하고 숭배하는 편이 더 합리적이라고 주장했다. 결과적으로 R. T. 월리스가 지적했듯, "전통적 숭배를 철학적 기반 위에 세우려는 시도 속에서 [이후 이교 철학자들은] 아이러니하게도 기독교의 승리를 보장했다."[87]

다르게 표현하면, 최종적으로 진실이었든 아니든 완전한 다신교와 체계화된 기독교는 적어도 일종의 완전성을 가지고 있었다. 반면 철학적 이교는 어느 한쪽도 아니었으며 이 두 입장 사이의 무주공산을 차지하려 했다. 하지만 중간 입장은 양쪽 대안보다 덜 방어적이고 덜 매력적인 것으로 판명되었다. 그러므로 오늘날 철학자들은 플라톤과 아리스토텔레스를 중심으로 연구하고 토론하는 반면 플로티노스와 포르피리오스는 거의 골동품적 관심사로 다룬다. 역사적 관점에서 플로티노스와 포르피리오스의 철학적 이교는 기독교로 나아가는 디딤돌 역할을 했기 때문에 중요하다고 할 수 있다(그것이 아우구스티누스에게 했던 것처럼 말이다).

마찬가지로 드워킨의 "신 없는 종교"에 반영된 현대 철학적 이교는 과학적 자연주의의 "탈주술화된" 세계와, 기독교와 유대교라는 완전한 초월 종교 사이에서 중간 입장을 차지하려 한다. 자연주의와 달리 드워킨의 종

---

87   R. T. Wallis, *Neoplatonism*, 2nd ed. (Indianapolis: Hackett, 1995), 130-37, 여기서 137.

교는 "객관적" 가치, "객관적" 아름다움, 숭고함, 신성을 인정하고자 한다. 그러나 성서적 신앙과 달리 그런 특성들의 근원으로서 하나님과 같은 초월적 존재를 언급하거나 의존하는 것을 거부한다. 하지만 그런 언급이 없으면 이 확언들이 무엇을 의미하는지, 왜 받아들여야 하는지 전혀 명확하지 않다.

로널드 드워킨이 관찰한 바에 따르면, 대부분의 사람은 가치 있거나 아름답다고 느끼는 대상을 경험한다. 그리고 우리는 그것들을 경험하고 그것들이 지닌 가치와 아름다움이 가진 속성들을 실제적인 것으로 느낀다. 자연과학은 이런 경험을 주관적 투사의 결과로 환원해서 설명한다. 반대로 초월적인 종교는 이러한 경험이 초월적인 근원에서 온 것이라 설명하려 한다. 각각의 해석은 자기 논리와 완전성을 가진다. 자연주의자는 환원주의적 설명이 충분하고 경험적 관찰에 근거한다고 여기며 초월론적인 설명을 "소원 충족"이나 지적 미성숙으로 본다.[88] 반대로 전통적인 종교적 관점은 환원주의적이고 자연주의적인 설명들이 불충분하다고 볼 수 있다(왜냐하면 그것들이 그러한 경험들의 충만함을 인정하거나 적절히 설명하지 못하기 때문이다). 또한 그것은 적어도 하나의 초월적 실재ー하나님ー를 포함하는 확장된 존재론이 우리의 경험을 더 적절하게 설명한다고 여긴다. 이 논쟁은 수 세기 동안 활발히 전개되어왔으며 조만간 사그라들 가능성은 낮아 보인다

반대로 현대 이교의 "신 없는 종교"는 환원주의와 자연주의의 설명이 부적절하다는 데 동의하지만ー그래서 드워킨은 리처드 도킨스에 대한 날선 비판도 내놓았다ー그것은 존재론적 목록(ontology inventory)[89]을 확장하여 초자연적이거나 초월적인 어떤 것을 포함하는 것을 꺼린다. 그것은 오

---

88   이 책 제2장에서 "의미의 한계"를 보라.

89   "존재론적 목록" 개념에 대해서는 Steven D. Smith, *Law's Quandary* (Cambridge, MA: Harvard University Press, 2004), 8-21을 보라.

허려 자연주의자의 환원주의적 규범 판단을 거부하면서도 자연주의자의 보다 내재적인 존재론 안에 머무르려고 한다. 그러나 자연주의자의 존재론 내에서 왜 우리가 "객관적" 가치, "객관적" 아름다움 또는 내재된 신성함을 상정해야 하는지 명확하지 않다. 환원주의와 주관주의적 설명이 우리가 필요로 하는 모든 것, 즉 우리가 관찰하는 모든 것을 충분히 설명하는 것처럼 보인다. 사실상 그러한 "객관적" 실재들이나 속성들을 상정한다는 것이 무엇을 의미하는지, "객관성"이 무엇으로 구성되는지조차 불명확하다. 그것은 자연주의적 체계 내에서는 낯설거나 이질적인 요소로 보인다.

숙고해보면 (적어도 드워킨식 버전에서 나타나는 대로) 현대 이교의 "신 없는 종교"는 자기 참조적인 주장이나 1인칭 판단에 느낌표를 덧붙인 것처럼 보일 수 있다. 예를 들어 "이 렘브란트 작품은 나한테만 아름다운 게 아니라 정말로 아름답다, 그렇지 않다고 하면 당신이 틀린 거다!" 그런 주장들은 자연주의 입장의 강인한 존재론적 검소함도, 유신론적 비전이 보여주는 광대한 숭고함도 갖추지 못했다. 그것들은 주로 과학적 자연주의에서 초월 종교로 혹은 그 반대로 전환 중인 사람들을 위한 불안정한 중간 거처나 경유지 정도로만 이해된다.

미니멀리즘과 영적 효능. 현대 이교의 미니멀리즘이 신뢰성과 관련해서 강점이면서도 약점이라면, 영적 효능과 관련해서도 마찬가지다. 인간은 사회적이고 육체적인 존재다. 고대 이교의 내재적 종교나 기독교와 유대교 같은 초월적 종교는 모두 사람들이 모이게 하고 시각, 청각, 후각, 심지어 촉각과 미각과 같은 몸의 감각을 통해 참여하도록 하는 공연, 호화로운 구경거리, 성찬이나 예식 등을 통해 사람들의 종교적 본성을 다루려 했다. 인간은 지적인 존재이기도 하므로 고대와 현대 종교는 모두 (정교한 이교 신화나 유대교와 기독교의 성서처럼) 서사 형식, (유대교의 탈무드처럼) 대화 형식, (기독교 신조, 신학, 교리 총서[*summas*]처럼) 명제 형식으로 마음의 양식을 제공했다. 이러한 서사, 대화, 명제들은 생명의 기원과 목적, 악의 의미, 죽음의 중요성 같은 질문에 답한다.

또한 인간은 활동적이고 육체적인 존재로서 세상에 살기 때문에 고대와 현대 종교는 모두 신도들에게 계명과 규율, 즉 **실천할** 일들과 **살아가는** 삶의 방식을 제공했다. 이는 고대 이교와 유대교의 의식, 헌주, 희생제사, 그리고 유대교와 기독교의 도덕 지침과 예식을 포함한다.

반면 (적어도 드워킨식 형태의) 현대의 철학적 이교는 이러한 것들을 전혀 제공하지 않는다. 의식을 후원하지 않고 의례를 규정하지 않는다. 세상이 왜 존재하는지, 왜 우리가 고통받는지, 사후에 우리에게 무언가가 있는지 설명하려 하지 않는다. 이 점에서 다시 현대 이교는 고대의 선구자나 현대의 초월적 경쟁자들에 비해 단순하다(minimalist). 현대 이교가 지적으로, 도덕적으로, 의례적 측면에서 너무나도 빈약해서 종교가 제공해야 할 본질적 요소들을 제공하지 못하는 것은 아닌지 의문이 든다.

하지만 그렇다면 이 비판적 판단은 명백한 것을 간과한 부당한 것일지도 모른다. 사실 "신 없는 종교"는 의식, 의례, 심지어 **삶의 나머지 부분과 분리되어** 이교 종교의 의식이나 규범으로 식별될 수 있는 도덕 규범조차 제공하지 않을 수 있다. 그러나 그것이 바로 내재적 종교의 핵심, 즉 **세상 안에서**, 그리고 삶 안에서 신성의 존재를 분별하고 선언하는 것이다. 이점에서 현대 이교는 감각을 자극하고 행동하고 살아가는 방식을 규정한다고 말할 수 있다. 그것은 음악 콘서트나 연극 혹은 운동 경기, 또는 해변이나 숲속 산책을 통해…감각을 자극한다. 존재와 삶과 죽음이라는 큰 질문들을 우리가 이미 숙고하는 방식으로 숙고할 수 있게 한다. 그것은 학교, 가정, 영화, 팟캐스트, 철학 서적 등 이미 지침을 받는 매체와 수단을 통해 행동하고 사는 법에 대한 지침을 받도록 허락한다.

다시 말하면 핵심은 우리가 실제로 살고 있는 세상과 신성 사이의 간극을 매우는 것이다. 우리가 이미 알고 살아가는 삶을 성별하는 한편 외부의 도달 불가능한 초월성의 환상으로 산만하고 불만족스럽게 만드는 것이 아니라, 세상에서 다시 고향처럼 편안하게 느끼게 해주는 것이다. 이처럼 고향을 갈망하는 방황하는 영혼에게 현대의 내재적 종교성은 다음과 같이 말한다. "하지만 당신은 이미 고향에 있어. 더 주의 깊게 주위를 둘러보고 다른 곳 어딘가에서 다른 고향을 찾는 헛된 탐색을 포기하기만 하면 돼."

요컨대 초월적 종교는 현재의 평범한 존재를 넘어선 이상을 향해 우리의 시선을 들어 올리려 한다. 즉 우리가 겸손하고 주의 깊게 볼 수만 있다면, 그것은 우리에게 더 높은 실재가 있음을 보여주려 한다. 반대로 내재적 종교는 현재의 존재를 성별하려 하거나 이미 성별되어 있음을 보여주려 한다. 우리가 그것을 볼 눈만 있다면 말이다(우리가 초월적 종교의 매력을 거부할 수 있다면 말이다. 초월적 종교는 신성이 여기가 아니라 다른 곳에 있다고 가르치기 때문이다).

따라서 이 관점 중 어느 것이 더 매력적이고, 계몽적이며, 지적으로 그리고 영적으로 더 만족스러운가?

세계는 스스로 충분한가?

이 질문은 우리가 앞선 장들에서 고려했던 대안들로 다시 우리를 이끈다. 한 가지 질문 방식은 좋음의 관점에서다. 우리가 제5장에서 보았듯이 아우구스티누스와 같은 사상가들은 세상이 우정, 즐거움, 성적 만족, 직업적 인정, 미적 경험 등 다양한 좋음을 제공한다고 주장했다. 하지만 이러한 좋음들은 두 가지 의미에서 일시적이다. 그것들은 시간으로 인해 시들고 만족스럽지 못하게 된다. 그리고 그것들은 우리의 죽음이나 친구와 사랑하는 이들의 죽음으로 끝난다. 따라서 이 좋음들은 안정된 목적 자체가 아니며 오히려 더 높은 좋음, 즉 영원한 삶이나 하나님과 함께하는 삶으로 향하는 암시와 지시체다. 만약 이 초월적 지시체가 제거된다면, 이 세상과 이 지상 도시는 아우구스티누스가 말한 바와 같이 "삶 속의 죽음 혹은 죽음 속의 삶"[90] 같은 존재가 된다.

아우구스티누스가 옳았을까? 아니면 이 세상의 좋음들이 충분하거나 최소한 최선이며 우리가 관심을 가져야 할 유일한 좋음들일까?

또 다른 질문 방식은 의미의 관점이다. 제2장에서 우리는 빅터 프랭클, 수잔 울프, 랍비 조너선 색스, 레프 톨스토이 등의 견해를 고려했는데, 이들은 인간이 의미를 추구하는 존재라고 본다. 우리는 (우리의 "이익"을 충족하는 의미에서) "번영"이나 심지어 도덕적 규범에 따라 사는 데 만족하지 않는다. 오히려 우리 삶이 어떤 "의미"를 가진 것으로 보고 싶어 하고 그럴 필요를 느낀다. 그리고 그 모호한 의미 개념을 규명하는 시도에서 우리는 철학자 존 위즈덤의 제안을 고려했는데, 그는 "의미"를 연극에 비유했다. 우리는 연극의 일부 장면을 보며 그것이 전체 연극 내에서 어떤 위치인지 궁금해할 수 있다. 또는 전체 연극을 보고 그것이 무엇을 "의미하는지" 궁금해할 수 있다. 서사의 성격이나 요점은 무엇인가? 비극인가, 희극인가, 부조리의 공개인가, 아니면 다른 무엇인가? 전자의 경우 우리는 우리가 본 일부를 완성하고 의미를 주는 더 큰 연극에 대해 궁금해한다. 후자의 경우 우리는 "시간이라는 드라마 속의 질서"[91]를 궁금해한다.

위즈덤의 제안을 따라 우리는 우리의 현재 질문을 다음과 같이 제시할 수 있다. 우리 각자는 우리 시대 인간사 중 극히 작은 일부—즉 우리가 직

---

90   Augustine, *The Confessions of St. Augustine*, ed. and trans. Albert Cook Outler, rev. ed. (New York: Dover, 2002), 1.7, p. 4.

91   John Wisdom, "The Meanings of the Questions of Life," in *The Meaning of Life*, ed. E. D. Klemke, 2nd ed. (New York: Oxford University Press, 1999), 257, 258-59.

접 관여한 것들—만 직접 관찰하지만, 우리 시대와 인간 역사의 이전 단계에서 다른 인간들의 (아마도 극소수에 불과할) 일면을 간접적으로 알 수 있다. 이러한 다양한 인간 활동에 대해 우리는 묻는다. 이 모든 인간 활동, 우리 자신의 활동과—살아 있고 애쓰며 죽어가는 이 모든—타인의 활동에 어떤 종류의 의미가 있는가? 나치 수용소에서 생명을 붙들고 있던 빅터 프랭클이 다음과 같이 물었듯이 말이다. "주변의 이 모든 고통, 이 죽음이 의미를 가지는가?"[92] 인간 존재가 어떤 포괄적 줄거리나 서사에 들어맞는가? 그렇다면 그 서사는 이 세상 안에서 펼쳐지고 의미를 가지는가? 아니면 이 세상의 인간 활동이 더 큰 서사의 한 장면이나 파편처럼 보이며, 다른 존재 차원에서 완성되고 구속될 때 비로소 의미를 가지며 그렇지 않으면 우리의 일상 활동이 궁극적으로 서사적 의미가 없는 것처럼, 즉 "소리와 분노로 가득 차 아무것도 의미하지 않는" 것처럼 보이는가?

이 질문들은 분명 다양한 답변을 낳는다. 그러나 요약하면 답변들은 네 가지 논리적 범주로 나눌 수 있다. 첫째, 개인의 삶이나 전체 인간 활동과 역사가 서사적 의미에서 말하는 의미를 가지지 않을 수 있다. 둘째, 인간 역사는 전체적으로 의미가 없지만 개인의 삶은 의미를 가질 수 있다. 셋째, 반대로 전체 역사는 어떤 종류의 서사적 의미를 가질 수 있지만 개인의 삶은 그렇지 않을 수 있다. 마지막으로, 개인의 삶과 전체 인간의 활동은 모두 어떤 종류의 서사적 의미를 가질 수 있다. 오늘날 적어도 엘리트 계층에서는 첫 번째 답변이 가장 안전하고 익숙하다. 인간 역사에 전체적 의미가 없으며 개인의 삶에도 "객관적" 의미가 없다. 물리학자 스티븐 와인버그가 선언하듯 "우주가 더 많이 이해될수록 그것은 더 무의미해 보인다."[93] 개인

92　Viktor E. Frankl, *Man's Search for Ultimate Meaning* (Cambridge, MA: Perseus Publishing, 2000), 183.

93　Steven Weinberg, *The First Three Minutes: A Modern View of the Origin of the Universe* (New

도 마찬가지로 태어난다. 그들은 삶을 살며 기쁨과 고통, 행복과 실망을 경험한다. 그리고 결국 그들은 죽는다. 원한다면 그들은 자신의 삶을 어떤 이야기 형식으로, 즉 자신이 이야기의 잠정적 저자라고 여기는 이야기로 생각해볼 수 있다. 하지만 객관적인 관점에서 보면, 그들의 존재에는 전체적인 "의미"나 이야기가 없다. 속담처럼 있는 그대로다. 즉 덜함도 없고 분명히 더함도 없다. 톨스토이의 질문—"나를 기다리는 필연적 죽음에 의해 소멸되지 않을 내 삶의 의미가 있는가?"[94]—에 대한 가장 그럴듯한 답은 "아니다, 없다"이다. 버트런드 러셀은 다음과 같이 선언했다. "불도, 영웅심도, 생각과 감정의 강렬함도 개인의 삶을 무덤 너머로 보존할 수 없다.…인간 성취의 모든 성전은 파괴된 우주의 잔해 아래 필연적으로 묻힌다."[95]

우리가 제9장에서 보았듯이 이것은 연구 틀이 아니라 세계관으로서의 과학적 자연주의와 가장 잘 부합하는 견해다. 반면 현대 이교는 두 번째 답변을 선호하는 듯하다. 로널드 드워킨은 개인의 삶에는—실제로 "주관적인" 의미가 아니라 "객관적인"—의미가 있다고 주장한다. 그러나 그것이 인간 역사에 전체적인 의미가 있다는 결론으로 이어지는 것 같지는 않다. 적어도 드워킨이 명확히 표현한 것은 없다. "신 없는 종교"는 그러한 전체적인 의미를 제공하려는 것이 아니라 전체에 아무런 목적이 없더라도 우리 개인의 삶은 여전히 "객관적인" 의미(그것이 무엇이든)를 가질 수 있다는 위안을 제공하려는 것으로 보인다.

그러나 위즈덤이 제안한 서사적 또는 연극적 비유에 비추어보면, **이 세상의 틀 안에서** 개인의 삶이 의미를 가진다는 주장은 일반적 명제로서는

York: Basic Books, 1977), 154.

94   Leo Tolstoy, "A Confession," in *A Confession and Other Religious Writings*, trans. Jane Kentish (London: Penguin, 1987), 34–35.

95   Russell, "A Free Man's Worship," 104, 107.

터무니없어 보인다. 물론 어떤 사람들의 삶은 만족스러운 서사 패턴으로 구성될 수 있다. 그들은 청춘기, 성인기, 노년기와 같은 삶의 단계를 경험하고 음미한다.[96] 그들은 가치 있는 목표를 세우고 달성하며 그들이 추구하는 쾌락과 성취를 누리거나, 건강하고 생산적인 자녀를 키워 그들이 자신을 기억하고 유산을 이어가게 한다. 기번이 말했던 것처럼 "운의 총애를 받은 자들"에게는 행운이 따랐다.[97]

그러나 다른 많은 사람의 삶은 결핍으로 왜곡되거나 비극으로 단축된다. 그들은 목적 없이 방황하며 삶에서 자신이 진짜로 원하는 바가 무엇인지조차 파악하지 못한다. 또는 그들은 열망은 있으나 그것을 성취하는 데 비참하게 실패한다. 어쩌면 그들은 자신과 타인에게 불필요한 해를 심하게 끼치고, 열망과 잠재력을 실현하지 못한 채 너무 이른 시기에 죽는다(때로는 스스로 죽는다). 만약 소설가나 극작가가 인물들을 이런 임의적이고 무의미한 방식으로 학대하거나 고문하거나 죽인다면 우리는 반발할 것이다. 그것은 일관된 이야기의 전개 방식이 아니다. 그러나 너무나 자주 실제 인간의 삶은 그렇게 전개된다.

프랑스 철학자 뤽 페리는 이 생애[98]—그가 "내재성 안의 초월성"이라고 부르는 것[99]—안에서 의미와 가치를 발전시키려고 용기 있게 자기 반성적인 노력을 기울인다. 그러나 그는 죽음이라는 사실이 이 일에 심각한 장애물이라고 인정한다. 죽음의 필연성에 대한 다양한 가능한 응답 중에서 페리는 말한다. "나는 기독교적 제안을 무한히 더 매력적으로 느낀다. 내가

---

96   Ronald Dworkin, *Life's Dominion: An Argument about Abortion, Euthanasia, and Individual Freedom* (New York: Vintage Books, 1993), 88–89을 보라.

97   Gibbon, *History of the Decline*, 1:80.

98   Ferry, *Brief History of Thought*, 232–64.

99   Ferry, *Brief History of Thought*, 236.

그것을 믿지 않는다는 사실을 제외하고는 말이다."[100]

물론 이 회의적이거나 체념적인 반응은 인간의 삶이 위즈덤이 묘사하고 페리가 추구하는 종류의 의미를 단순히 가지지 않으며 가지지 않아도 된다는 것이다. 이것이 다시 버트런드 러셀과 수많은 다른 이들의 답변이었다. 그러나 인간의 삶이 만족스럽거나 충만한 서사적 의미를 가진다면, 그것은 확실히 여기서 실현되지 않는다. 기번이 말한 "운의 총애를 받은 자들"조차도 상대적으로 짧은 기간 후에 죽으며 그들의 유산이 어떻게든 살아남는다 해도 그들은 그것을 누릴 수 없다. 개인에게 이 세상은 그 자체로 충분하지 않은 듯하다. 그래서 기번 자신의 말년이 우울했던 것이다.[101]

또 다른 가능성은 개인의 삶이 서사적 의미를 결여하고 있지만 인간 역사 전체가 의미 있다는 것이다. 마르크스가 이 답변의 한 의견을 제시했다.[102] 헤겔은 다른 의견을 제시했다.[103] 광대한 역사적 흐름은 대가의 체스 게임과 같아서 어떤 훌륭한 승리로 절정에 달할 것이다. 아마도 계급 없는 사회 또는 이성의 최종적 승리일 것이다. 개별 인간들은 그 거대한 절정을 추구하는 과정에서 밀려다니고 때로는 전진하며 종종 희생되는 졸개(pawn)일 뿐이다. 또는 헤겔의 말마따나 역사는 "민족들의 행복, 국가들의 지혜, 개인들의 덕이 희생된 도살장"이지만, 모두 이성이 궁극적으로 세상에 실현되는 포괄적 의제의 일부다.[104]

따라서 우리 개인들―체스판의 졸개들이나 역사의 도살장에서 희생되는 피해자들―은 우리 자신의 삶이 그 자체로는 무의미하고 어쩌면 비

100　Ferry, *Brief History of Thought*, 263.

101　이 책 제7장 "서방 세계가 어떻게 기독교를 위해 정복되었는가"를 참조하라.

102　Karl Löwith, *Meaning in History: The Theological Implications of the Philosophy of History* (Chicago: University of Chicago Press, 1949), 33-51을 보라.

103　Löwith, *Meaning in History*, 52-59를 보라.

104　Löwith, Meaning in History, 53에서 인용함.

참할지라도 더 크고 승리적인 역사적 이야기를 위한 재료라는 성찰에서 위안을 찾아야 하는가? 어떤 사람들은 분명히 그 생각에서 위안을 얻었다. 예를 들어 마르크스주의라는 꿈을 위해 기꺼이 자신을 희생한 모든 이들처럼 말이다. 그러나 그래야 하는가?

앞선 답변들과 달리 기독교는 전체적인 의미가 있으며 또한 개인의 삶이 그 자체의 의미나 의미 있는 서사를 가진다고 가르친다(이러한 의미는 전체 서사나 의미에 들어맞고 완성되는 의미들이다). 그러나 이 가르침은 믿음의 도약을 요구할 수 있다. 그리고 우리가 이 세상과 이생으로 틀을 제한한다면 이 가르침은 전혀 그럴듯하지 않다. **이 세상**은 그 자체로 충분치 않다. 그 자체의 조건으로만 보면, 그것은 식별 가능하거나 만족스러운 어떤 서사로도 구성되지 않는다. 그래서 기독교는 범위를 확장하고 초월적 틀과 목표를 바라본다. G. K. 체스터튼의 가상 사제 탐정 브라운 신부가 말했듯이 "우리는 직물의 잘못된 면에 있다.…여기서 일어나는 일들은 아무 의미도 없는 듯하다. 그것들은 다른 어딘가에서 의미를 가진다."[105]

이 점에서 신학자 E. L. 마스칼은 "[사르트르와 카뮈 같은] 현대 부조리주의자들이 세상은 그 자체로 의미를 가지지 않는다고 주장한 것은 완전히 옳다"[106]고 주장했다. 마스칼은 비트겐슈타인을 인용한다. "세상의 의미는 세상 밖에 있어야 한다.…여기서 일어나는 모든 일과 사실들은 우연적이다. 그것을 비우연적으로 만드는 것은 세상 안에 있을 수 없다. 왜냐하면 그렇게 되면 그것 자체가 우연적이기 때문이다. 그것은 세상 밖에 있어야 한다."[107] 그리고 마스칼은 대안을 요약한다. "따라서 우리는 이런 선택

---

105 G. K. Chesterton, "The Sins of Prince Saradine," in *The Complete Father Brown Mysteries* (Los Angeles: Enhanced Media Publishing, 2016), 97.

106 E. L. Mascall, *The Christian Universe* (London: Darton, Longman and Todd, 1966), 42.

107 Mascall, *The Christian Universe*, 39(Ludwig Wittgenstein, *Tractatus Logico-Philisophicus*, 6.41

에 직면한다. 우리가 그렇게 결정한다면, 우리는 최종 수단으로 무의미하고 적대적인 사막과 같은 세상을 최대한 이용할 수 있다. 그 안에서 우리는 머리를 모래에 묻거나 각자 자신만의 작은 오아시스를 만들 수 있다. 아니면 우리는 세상의 의미를 세상 밖 저 너머의 어떤 실재의 질서에서 찾을 수 있다. 말하자면 세상이 스스로 할 수 없는 일을 세상 대신 해줄 수 있다."[108]

이교도의 도시와 기독교의 도시

이 책에서 우리의 논의는 마스칼이 제시한 대안들에 대한 약간의 수정을 제안한다. 마스칼은 오늘날 기독교나 초월적 종교에 대한 유효한 대안으로 많은 이들이 생각하듯이 제9장에서 논의한 버트런드 러셀과 월터 스테이스 같은 인물들의 체념적 또는 영웅적(혹은 모조 영웅적) 선언과 공명하는 "탈주술화된" 과학적 자연주의 세계관을 가정했다. 그러나 우리가 보았듯이 그런 유형의 "탈주술화된" 세계관은 현대 학계 같은 영역에서 공식 정통 사상일 수 있으나 아마도 비교적 적은 지지 기반을 가질 것이다. 거의 모든 사람은 **어떤 것**이 신성하고 불가침하다고 믿고 주장한다. 따라서 정치 영역에서 잠재적으로 실행 가능한 주요 대안들은 다시 한번 "현대 이교"의 내재적 종교성을 중심에 둔 도시 또는 기독교나 초월적 종교, 적어도 초월 가능성을 규제 이상으로 계속 수용하는 도시인 것으로 보인다.

우리는 이교도의 도시가 정확히 어떤 모습일지 알 수 없지만, 이 장에서 우리는 그러한 전망의 강점과 약점을 평가하려고 시도했다. 이교도의 도시는 내재된 신성을 수용하고 존중하지만 자기 의식적으로 초월과는 단

에서 인용함).

108 Mascall, *The Christian Universe*, 45.

절된 도시일 것이다. 그 도시는 실제로 초월에 대한 믿음을 금지하지 않을 수도 있다. 그러나 그러한 믿음은 이교 문명의 풍토 내에서는 이질적이고 불쾌한 요소다. 따라서 그 도시는 초월성과 그것의 신봉자들을 주변부로 몰아내려 할 것이다. 즉 그것은 시민적 혹은 공적 영역을 정의하는 (끊임없이 확장되는) 성벽 바깥으로 그들을 옮기려 할 것이다. 이러한 단절과 주변화를 이루기 위해 강제적 조치가 필요할 수도 있다.

이번 장에서 우리는 이런 유형의 시민적 이교가 현재 상황에서 공동체의 실행 가능한 기반인지, 그리고 설령 그렇다 하더라도 그것이 상정하는 공동체가 우리가 진정 살고 싶은 도시인지에 대해 의문을 제기했다. 이교도의 도시는 수 세기에 걸친 소외 이후 우리가 다시 세계 안에서 자유롭고 고향에 있는 듯한 느낌을 갖게 해줄까? 아니면 새로이 더욱 억압적인 권위주의를 수반하게 될까? 그리고 그것은 우리의 공동체적이고 개인적인 존재를 빈곤하게 하고 타락시키며 궁극적으로 무의미한 좋음과 쾌락을 쫓는 일상적인 존재로 축소시키고 다른 더 초월적인 비전을 가진 이들을 성벽 바깥에서 목숨을 연명하는 추방자로 내모는 것은 아닐까? 엘리엇은 후자의 시나리오가 더 가능성이 높다고 제안했다

대다수는 다른 견해를 가질 것이다. 그리고 그들은 이렇게 물을 수도 있다. 결국 엘리엇이 선호한 대안, 즉 "기독교적" 대안이란 무엇인가? 이 책이 거의 결론에 다다랐지만, 우리는 그 대안에 대해서는 거의 언급하지 않았다. 그러나 이는 마치 이교도의 도시가 그러했던 것처럼 기독교 도시가 정확히 어떤 모습일지 우리가 알 수 없기 때문이다. 그러나 다른 의미에서 기독교 도시는 우리가 수 세기 동안 이미 알고 거주해온 도시다.

우리는 기독교가 다양한 정치적·문화적 체제와 양립 가능하다는—동시에 그것과 긴장 관계를 유지해왔다는—것을 알고 있다. 기독교는 군주제, 과두제, 민주주의 아래서 지속해왔으며 빈곤 속에서도 번영 속에서도

존재했다. 기술적으로 뒤처진 사회와 진보한 사회에서도 마찬가지였다. 공통점은 기독교 사회들이 "주의 나라가 임하시오며, 뜻이 하늘에서 이루어진 것 같이 땅에서도 이루어지이다"라는 초월적 이상을 열망과 중요한 기준으로 삼았다는 것이다. 그들은 이 초월적 이상이 이 세상에서 실현되지 않을 것을 미리 알고 있었다. 그 초월적 이상은 때때로 (그 이상을 거부하는 사람들에 대한) 배타성의 원천이었고 (그 이상을 실현하는 데 필연적으로 실패한 여기저기 만연한 사회에 대한) 비판의 원천이었으며 (사회가 비판에 응답하고 이상에 더 가까워지려 노력하면서 발생하는) 진보의 원천이었다. 따라서 이단 심문과 박해가 있었고 또한 노예제 폐지, 차별 철폐, 빈곤 타파, 종교 자유 촉진을 위한 운동이 있었다. 그리고 그런 까닭에 기독교적 지상 도시 안에서 거주하는 시민들은 완전히 편안하게 거주할 수 없으며 그래서는 안 된다는 일종의 영원한 불안감이 존재한다. 아우구스티누스가 말했듯 인간의 마음은 영원한 안식처에 안주할 때까지 안식하지 못한다.[109]

과거의 어떤 사례들과 달리 현대의 다원주의 조건 아래에 있는 어떤 현대 기독교 사회의 특징은 초월성이 무엇이며 무엇을 요구하는지에 대한 공식적 설명, 즉 어떤 공식적인 정통성을 제시할 가능성이 낮다는 것이다. 현대 기독교 사회는 초월에 열려 있으며 시민들이 초월에 대한 자신의 이해에 따라 살기 위한 노력을 수용하고 지원하려 할 것이다. 그것은 초월적 진리가 무엇인지 선언하거나 규정하지 않을 것이다. 이러한 열린 태도, 그리고 공식적으로 명확히 표현될 수 없고 이 세상에서 실현될 수 없는 초월적 이상을 파악하고 접근하려는 지속적 투쟁 속에서 그 도시는 필연적으로 시민들의 정치적 기술과 덕성, 창조적 노력, 도덕적 열망과 상상력, 공감, 희생 의지를 요구할 것이다.

109　Augustine, *Confessions* 1.1, p. 3.

이것이 바로 엘리엇이 꿈꾸었던 세상이었던 것 같다. 그의 "문화 예술 영역에서 번영하고 창조적 활동을 지속하려는 사회에 대한 유일한 희망적인 길은 기독교가 되는 것이다. 그 전망은 적어도 규율, 불편, 불쾌를 수반한다. 그러나 여기서나 저기서나 지옥의 대안은 연옥이다"[110]라는 진술은 그의 논제에 대한 우리의 탐구에 가장 적합한 결론으로 보인다.

물론 연옥은 과도기적 장소나 상태다. 인간의 삶도 마찬가지다. 이교도와 그리스도인 모두에게 말이다. 이 세상은 일시적 상태다. 신들과 달리 우리는 필멸자들로서 이 세상에 영속하는 도시를 가지지 않는다. 이것이 더 나은 것인지 아닌지는 알 수 없지만 말이다.

---

110 T. S. Eliot, "The Idea of a Christian Society," in *Christianity and Culture* (New York: Harcourt/Harvest, 1948), 18-19.

기독교와 현대의 문화전쟁

도시의 지배권을 둘러싼 신이교와 기독교 간의 갈등과 경쟁

Copyright © 새물결플러스 2026

1쇄 발행 2026년 1월 26일

지은이 스티븐 D. 스미스
옮긴이 노재현
펴낸이 김요한
펴낸곳 새물결플러스

편 집 왕희광 노재현 이형일 나유영
디자인 황진주 김은경
마케팅 박성민
총 무 김명화 이성순
영 상 최정호
아카데미 차상희

홈페이지 www.holywaveplus.com
이메일 hwpbooks@hwpbooks.com
출판등록 2008년 8월 21일 제2008-24호
주 소 (우) 04114 서울시 마포구 신촌로28가길 29
전 화 02) 2652-3161
팩 스 02) 2652-3191

ISBN 979-11-6129-312-7 93230

책값은 뒤표지에 있습니다.